Handbuch

der

Städtischen Verfassung und Verwaltung

in

Preußen.

Für den praktischen Gebrauch bearbeitet

von

H. Steffenhagen.

Band I.

Die Verfassung der Städte.

Berlin.

J. J. Heines Verlag.

1887.

Vorwort.

Das viel gepriesene und mit vollem Rechte als unschätzbar geltende Prinzip der Selbstverwaltung der Gemeinden, welches durch die Stein-Hardenberg'sche Gesetzgebung vorzugsweise der Verfassung der Preußischen Städte grundleglich gemacht ist, wird nur dann zum Segen der Communen gereichen, wenn unsere zum öffentlichen Gemeindedienste herangezogenen und heranzuziehenden Mitbürger in den weitesten Kreisen ernstlich bestrebt sind, sich die zu ihrer verantwortlichen öffentlichen Thätigkeit erforderlichen Kenntnisse über den weitverzweigten Organismus des gesammten Verwaltungsapparats sowie über das in das bürgerliche Leben tief eingreifende städtische Verfassungs- und Verwaltungsrecht anzueignen. Zu allen Zeiten ist nun das Bedürfniß einer näheren Kenntniß unserer stadtrechtlich-öffentlichen Zustände hervorgetreten. Die vorzüglichen Commentare der Städteordnung von Marcinowski, Oertel, Kotze und Brauchitsch (fortgeführt von Studt und Braunbehrens) haben bereits den Versuch gemacht, jenem allseitig und lebhaft empfundenen Bedürfnisse in weitem Umfange Rechnung zu tragen. Diese Commentare sind und bleiben unentbehrliche litterarische Hülfsmittel zum Studium des Preußischen Stadtrechts. Dieselben haben aber leider in den Kreisen der an der Selbstverwaltung betheiligten Bürgerschaft, insbesondere der nicht juristisch gebildeten Mitglieder der städtischen Behörden, wie dies der Verfasser während seiner Verwaltungsthätigkeit zu beobachten die Gelegenheit gehabt hat, nicht genügend weite Verbreitung gefunden. Der Hauptgrund scheint darin zu liegen, daß die nur in einem oder in wenigen Exemplaren in den Stadtbibliotheken vorhandenen Belagsquellen, auf welche die Anmerkungen der Commentare hinweisen, den ehrenamtlich fungirenden städtischen Beamten nicht leicht zugänglich sind, und weil es diesen in Folge ihres bürgerlichen Berufs theils vorgeblich, theils wirklich an Zeit fehlt, solche zum Verständnisse der Commentare zum Theil unumgänglich nöthigen Quellen aufzusuchen und sich mit dem Studium derselben zu befassen. Dieser Gesichtspunct hat nun den Verfasser veranlaßt, das städtische Verfassungs- und Verwaltungsrecht in einem leicht verständlichen und besonders übersichtlichen Systeme unter möglichster Anlehnung an die aus den Städteordnungen sich ergebende Disposition zur Darstellung zu bringen, sowie insbesondere in seinen einzelnen Theilen den wesentlichen Inhalt der die Städteordnungen vielfach ergänzenden resp. bezielenden Verwaltungsgesetze und sonstigen Bestimmungen, welche in den Gesetzsammlungen, Ministerialblättern, Entscheidungen der obersten Gerichtshöfe u. s. w. zerstreut vorliegen, und welche zum Theil auch von den Commentaren mehr oder weniger eingehend in Bezug genommen werden, an geeigneter Stelle unter der dem Rahmen des gewählten Systems entsprechenden Berücksichtigung wiederzugeben.

Das vorliegende, einem solchen Gesichtspuncte seine Entstehung verdankende Werk, welches als Handbuch zum practischen Gebrauche für die Verwaltungsbeamten bestimmt ist, wird nun mit dem lebhaften Wunsche nach wohlwollender Aufnahme Seitens der interessirten Verwaltungsbehörden und städtischen Verwaltungsbeamten, sowie insbesondere auch Seitens der an der Communalverwaltung betheiligten Bürgerschaft hiermit der Oeffentlichkeit übergeben.

Demmin, den 2. Oktober 1887.

Der Verfasser.

Inhaltsverzeichniß.

I. Band.

Allgemeiner Theil.

Einleitung.

Specieller Theil.

Die städtische Verfassung und Verwaltung.

Der II. Band wird behandeln:

III. Buch. Die Verwaltung der Städte. — IV. Buch. Die Verwaltungszweige. — V. Buch. Das Oberaufsichtsrecht des Staates.

Erklärung der Abkürzungen.

Ges. = Gesetz.
G. S. = Gesetzsammlung für die Preußischen Staaten.
C. O. = Cabinetsordre.
O. St. O. = Städteordnung für die 6 östlichen Provinzen vom 30. Mai 1853
W. St. O. = Städteordnung für die Provinz Westphalen vom 19. März 1856.
R. St. O. = Städteordnung für die Rheinprovinz vom 15. Mai 1856.
H. St. O. = Hannover'sche Städteordnung vom 24. Juni 1858.
Sch. H. St. O. = Schleswig-Holstein'sche Städteordnung vom 14. April 1869.
M. R. = Ministerialrescript.
M. Instr. = Ministerialinstruction.
M. Bl. = Ministerialblatt für die innere Verwaltung.
J. M. Bl. = Justiz-Ministerialblatt.
Ann. = von Kamptz Annalen der Preußischen innern Staatsverwaltung.
L. V. G. = Gesetz über die allgemeine Landesverwaltung vom 30. Juli 1883.
Zust. G. = Gesetz über die Zuständigkeit der Verwaltungs- und Verwaltungsgerichtsbehörden vom 1. August 1883.
A. L. R. = Allgemeines Preußisches Landrecht.
R. G. B. = Reichsgesetzblatt.
D. C. P. O. = Deutsche Civilprozeßordnung vom 30. Januar 1877.
D. K. O. = Deutsche Koncursordnung vom 10. Februar 1877.
C. C. E. = Erkenntniß des Gerichtshofes zur Entscheidung der Competenzconflicte.
O. V. G. E. oder E. O. V. G. = Entscheidungen des Oberverwaltungsgerichts in Berlin.
G. O. = Gewerbeordnung.
Kr. O. = Kreisordnung.

Allgemeiner Theil.

Einleitung.

§ 1. Begriff des Stadtrechts und Stellung desselben im Rechtssysteme.

I. Stadtrecht im objectiven Sinne. Die Stadtgemeindeverfassung und Verwaltung, welche das Stadtrecht im objectiven Sinne zum Gegenstande hat, soll in der vorliegenden Arbeit zur Darstellung gelangen. Es vernothwendigt sich deshalb zunächst, den Begriff des Stadtrechts sowie seine Stellung im Rechtssysteme festzustellen.

Das öffentliche Recht, welches sich auf die Gesammtinteressen des Gemeinwesens, das Gemeinwohl, bezieht und welchem gegensätzlich das die Einzelinteressen, das Privatwohl, bezielende Privatrecht*) gegenübersteht, ist der Inbegriff derjenigen Rechtsnormen, durch welche alle durch die Existenz des Staates begründeten und auf ihn bezüglichen Rechtsverhältnisse geregelt werden. Insofern solche Rechtsnormen nur die gegenseitigen Beziehungen zwischen von einander unabhängigen Staaten feststellen und ordnen, bilden sie den Gegenstand des äußeren öffentlichen Rechts oder Völkerrechts; sofern sie sich aber auf die Rechtsverhältnisse beziehen, durch welche der Staat mit Rücksicht auf seine Verfassung und Verwaltung organisirt und geordnet wird, ergeben sie das innere öffentliche Recht oder Staatsrecht, welches in Gemäßheit der beiden angedeuteten Gesichtspuncte hinsichtlich der Form und der Thätigkeit in das Verfassungs- und Verwaltungsrecht zerfällt. Einen Theil dieses Staatsrechts

*) L. 1 § 2 D. de justitia et jure (1,1) und l 1 § 4 J. eod.

bildet das Stadtrecht, welches sich nunmehr auf Grund der vorstehenden Darstellung definiren läßt als der Inbegriff derjenigen Rechtsnormen, durch welche die Verfassung und Verwaltung der Städte sowie deren Beziehungen zum Staate geregelt werden. Das städtische Verfassungsrecht hat zum Gegenstande die Formen, in welchen und die Schranken, bis zu welchen sich der Wille der Stadtgemeinden durch seine gesetzmäßigen Vertretungsorgane kund giebt und bethätigt. Dagegen legt das städtische Verwaltungsrecht diejenigen Rechtsnormen dar, nach welchen innerhalb der durch das Verfassungsrecht festgestellten Formen und Grenzen die Thätigkeit der den Willen der Stadtgemeinden zum Ausdrucke bringenden Vertretungsorgane mit Rücksicht auf ihre verschiedenen Zwecke und Gegenstände geregelt wird.

II. Stadtrecht im subjectiven Sinne. Lag den vorstehenden Begriffsbestimmungen das Stadtrecht im objectiven Sinne zu Grunde, so ist dem gegenüber das Stadtrecht im subjectiven Sinne zu bezeichnen als das Recht der Stadtgemeinden auf die staatlich anerkannte bezw. festgestellte Stadtverfassung und -Verwaltung, sowie insbesondere die Befugniß der Städte, besondere statutarische und ortspolizeiliche Anordnungen mit verbindlicher Kraft für den Stadtbezirk und dessen Einwohner zu treffen.

III. Das gemeine und particulare Stadtrecht. Es wird sodann noch ein gemeines und ein particulares Stadtrecht unterschieden, je nachdem dasselbe für alle Städte eines Staats, also für das ganze Staatsgebiet, oder auch nur für einzelne Städte bezw. einzelne Gruppen derselben Anwendung findet. In Preußen umfaßt das gemeine Stadtrecht alle gesetzlichen Bestimmungen, welche über städtische Angelegenheiten für sämmtliche Städte der Monarchie erlassen werden und ferner solche, welche sämmtlichen geltenden Städteordnungen übereinstimmend im Principe grundleglich gemacht sind.

§ 2. Entwickelung des Deutschen und Preußischen Städtewesens.

Das Deutsche und Preußische Städteleben hat sich aus sehr verschiedenen Anfängen heraus zu seiner späteren Blüthe entwickelt. In den heute zu Deutschland gehörigen Gebieten auf dem linken Rheinufer und in den Gegenden südlich der Donau finden wir schon frühzeitig eine ganze Reihe städtischer Anlagen, die entweder aus den Standlagern römischer Kriegsschaaren, oder aus förmlichen römischen Militärcolonien erwachsen waren. Wo römische Soldaten eine dauernde Stellung einnahmen, da fanden sich bald auch römische Händler und Handwerker dazu. Ein Markt wurde eröffnet, der sich bald nicht auf den Verkehr mit der römischen Garnison beschränkte, sondern auch mit den deutschen Eingeborenen, auch den entfernter wohnenden, Handelsverkehr anknüpfte. So entstanden an den Ufern des Rheines die Städte Augusta Rauracorum (Augst bei Basel), Argentoratum (Straßburg), Borbetomagus (Worms), Bingium (Bingen), Bacharacum (Bacharach), Confluentes (Coblenz), Antoniacum (Andernach), Bonna (Bonn), Castra Vetera (Xanten), vor allem die Stadt der Ubier, das stolze Colonia Agrippina (Cöln), das sogar italisches Stadtrecht genoß und im späteren Mittelalter die größte Stadt des Deutschen Reiches war, und das wichtige Moguntiacum (Mainz) und viele andere, und weiter vom Rhein entfernt Augusta Trevirorum (Trier), Juliacum (Jülich) und Aquae (Aachen), schon frühe ein besuchter Badeort mit allem römischen Luxus. Nicht weniger zahlreich waren die römischen Städtegründungen im sog. Decumatenlande, im südwestlichsten Winkel Deutschlands, und in den Süddonauländern, z. B. Constanz, Augsburg und viele andere. Recht wohnlich wußten sich hier die römischen Ansiedler, diese Söhne des warmen Südens, einzurichten. Das zeigen die aus dem Schutte der Jahrhunderte durch Ausgrabungen an das Licht gebrachten zahlreichen römischen Bauten mit den bequemsten häuslichen Einrichtungen, zierlichen Wandmalereien, Marmorarbeiten und kunstreichen Mosaikböden. Nicht alle diese Städte freilich waren Neugründungen. Viele derselben hatten sich zweifellos, wie zahlreiche Namen beweisen, aus früherer Zeit keltischer Ansiedelung erhalten. Während hier also im Westen und Süden des heutigen Deutschlands schon ein hochentwickeltes Städteleben bestand, das auch zum größten Theil die wilden Stürme der Völkerwanderung überstanden hat, und aus dem sich vielleicht sogar manche Ueberbleibsel altstädtischer Verfassung und Einrichtung in spätere, ruhigere Zeiten hinübergerettet hat, fehlen im übrigen Deutschland, dem sog. Großgermanien, städtische Bildungen noch vollständig. Die alten Germanen liebten das Stadtleben nicht, weil das Wohnen hinter Mauern die Freiheit schädige und weibisch und knechtisch mache. Deshalb pflegten sie sich, wie Tacitus berichtet, anzusiedeln, wo gerade ein Quell, ein Hügel oder Hain sie dazu einzuladen schien. In Gehöften zerstreut wohnten die alten freien Germanen, kaum daß da und dort eine größere Anzahl solcher Gehöfte zu einer geschlosseneren dörflichen Ortschaft zusammen sich drängte. Freilich in den Grenzgauen, wo die Gefahr plötzlichen kriegerischen Ueberfalls drohte, sind frühe an Orten, die die Natur dazu bot, befestigte Anlagen, Burgen mit Graben und Wall errichtet worden. — Als dann durch eifrige Glaubensboten das Christenthum immer weiter in deutschen Gauen ausgebreitet, das Heidenthum aber immer weiter zurückgedrängt wurde; als an besonders bevorzugten Stellen, nicht selten gerade an Orten, die dem alten Glauben für heilig gegolten hatten, Kirchen und Klöster gegründet wurden, da drängten sich nach solchen Orten auch bald andere Bewohner zusammen, um Handel zu treiben mit den Besuchern der Gotteshäuser. Märkte und Messen wurden abgehalten, weltliche und geistliche Geschäfte, Andacht und Gewinnsucht gingen hier Hand in Hand. Marktflecken entstanden, und unter dem Schutze der Kirche entwickelte sich bald ein reichbewegtes Leben. So entstanden in christlicher Zeit in Großgermanien, östlich vom Rhein und nördlich der Donau bis zur Elbe, die bischöflichen Städte, zahlreich schon im Zeitalter der Karolinger. Daneben erwuchsen, etwa zur selben Zeit, aus den Ansiedelungen, welche sich unter dem Schutze der königlichen Burgen, der Pfalzen, in der Mitte der königlichen Kammergüter bildeten, eine Reihe von städtischen Anlagen, die unter der Vogtei und Gerichtsbarkeit der königlichen Pfalzgrafen standen und als königliche Städte den bischöflichen Städten gegenübertraten. Wir nennen von solchen königlichen Städten beispielsweise nur Frankfurt a. M., Ulm, Nürnberg. In die Reihe dieser sind auch die zahlreichen Burganlagen aus der Zeit der sächsischen Könige und Kaiser zu setzen, welche zum Schutze gegen die Einfälle der Wenden und Magyaren besonders im Osten und Südosten angelegt wurden, vor allem Heinrichs I., des sogenannten Städtegründers Schöpfungen im alten Sachsenlande. Anfangs nur befestigte Plätze, welche durch Besatzungen geschützt, den umwohnenden Landbewohnern bei plötzlichen Ueberfällen eine Zufluchtsstätte für sich und ihre Habe gewähren sollten, wurden auch sie bald der Mittelpunkt städtischen Lebens und eifriger gewerblicher Thätigkeit. — Auch die alten, oben besprochenen Römerstädte am Rhein und an der Donau hatten sich in der Zeit nach der Völkerwanderung diesen beiden Gruppen von neueren Stadtgründungen, besonders den bischöflichen Städten, angegliedert. — Je mehr sich der Handelsverkehr in ihnen vergrößerte, vornehmlich in den Zeiten der Kreuzzüge, je reicher sich die Gewerbthätigkeit entwickelte, je vermögender die Bürger der Städte wurden, desto unmuthiger ertrugen sie die Gerichtsbarkeit und Verwaltung der bischöflichen und königlichen Beamten, und um so eifriger waren sie bereit, in Zeiten der Noth für ihre Herren durch Geldopfer u. s. w. Immunitäten, Befreiungen von der besagten Gerichtsbarkeit und Privilegien aller Art zu erwerben, bis sie schließlich zum größten Theile ihre Angelegenheiten selbst in die Hände bekommen hatten, sogar die Halsgerichtsbarkeit, und durch Bürgermeister und Rathsmannen, die von den Bürgern und aus den Bürgern gewählt wurden, sich regieren ließen. Freilich in den mannigfachsten Variationen, auf die hier nicht näher einzugehen ist. Nur noch unter Kaiser und Reich standen sie, d. h. in den Zeiten des Interregnums und der schwachen oder machtlosen Kaiser; nachher hatten sie gar keine Herren über sich. Es sind das die Reichsstädte. — Daneben wurden immer zahlreicher die Städte, welche durch Fürsten oder in ihrem Auftrage durch besondere Gründer errichtet wurden, die fürstlichen oder Landstädte. Allerdings haben nicht wenige auch von diesen in Zeiten der Noth und Gefahr für sich von ihren Landesfürsten Freiheiten aller Art und die mannigfachsten Privilegien zu erhandeln gewußt, die ihre Stellung der der freien Städte des Reiches sehr nahe brachten. Es bedurfte dann der ganzen Kraft tüchtiger Herrscher und langer Kämpfe, um solche Städte wieder zu territorialer Unterthänigkeit, zu Landstädten hinabzudrücken; man denke an Friedrichs II. des Eisenzahns Kämpfe mit Berlin-Cölln. Fürstliche Städte sind ursprünglich auch jene städtischen Anlagen, welche rechts der Elbe in den Gebieten entstanden, welche seit den Zeiten der Völkerwanderung von dem ganzen Gewimmel slavischer Stämme eingenommen worden waren. Gewöhnlich waren dort, wie die überwiegend slavischen Städtenamen in jenen Gegenden bekunden, alte slavische Ansiedelungen vorhanden. Das waren zumeist fürstliche Burgen und Burgwälle der slavischen Dynasten, in denen der fürstliche Vogt des Bezirkes, hier Castellan genannt, seinen Sitz hatte, die Steuern in Empfang nahm und die Gerichtstage in der taberna, im Kruge, hielt. Dabei wurde dann auch hier ein Markt abgehalten, und so erwuchsen um diese Mittelpunkte der Castellanei Marktflecken, die seit der ersten Hälfte des 13. Jahrhunderts allmählich in deutsche Städte verwandelt wurden und nach und nach mit den verschiedenen im linksalbingischen Deutschland entstandenen und ausgebildeten Stadtrechten ausgestattet wurden. Daneben wurden mit der fortschreitenden Germanisirung dieser Slavenlande auch ganz neue, rein deutsche Stadtgründungen vorgenommen. —

So lassen sich drei Schichten städtischer Gründungen im heutigen Deutschland, und so auch in Preußen unterscheiden: 1. die alten Römerstädte links des Rheins und südlich der Donau, 2. die deutschen Städte, bischöfliche, königliche und fürstliche, in Deutschland links der Elbe und 3. die zumeist aus slavischen Ansiedelungen entstandenen Städte rechts der Elbe.

§ 3. Geschichtliche Entwickelung des Preußischen Stadtrechts.

Die Gemeinden des Deutschen Volks, welche sich, wie im § 2 nachgewiesen ist, nach der Einwanderung und Niederlassung der Germanen in Europa allmählich aus dem Zusammenleben einer Anzahl von Familien an den anfangs zerstreut belegenen Ansiedelungen entwickelt haben, boten die erste Grundlage für die Gründung der Städte und demnächst für die Bildung der deutschen Staaten. So lange die Landeshoheit einer kräftigen und ausgedehnten politischen Macht entbehrte, konnten sich die Gemeinden, vor Allem die Stadtgemeinden, in Bezug auf die Verwaltung ihres Gemeinwesens einer völligen Freiheit, sowie in Bezug auf ihre Verfassung einer uneingeschränkten Autonomie erfreuen. Mit der Consolidirung der Landeshoheit ging dagegen der Niedergang städtischer Freiheit und Autonomie Hand in Hand und trat das Streben des Landesherrn immer mehr hervor, die Gemeinden in das Verhältniß der gänzlichen Abhängigkeit vom Staate und der völligen Unterordnung unter die Staatsgewalt zu bringen.

Dies letztere Bild tritt uns insbesondere auch in Preußen entgegen, nachdem Albrecht der Bär, Graf von Askanien, im Jahre 1134 durch den Kaiser Lothar mit der Nordmark (jetzt Altmark) belehnt wurde und im Jahre 1142 in den Besitz der Markgrafschaft von Brandenburg gelangte. Die Macht und die Selbstständigkeit der Städte wuchs unter der Herrschaft der Askanischen Markgrafen (1134—1320) immer mehr und steigerte sich unter der Regierung der Bairischen Markgrafen (1324—1373) und der Luxemburgischen Kurfürsten (1373—1415) namentlich in Folge der Blüthe und der Macht des Hansabundes, welchem auch ein Theil der Preußischen Städte angehörte, in dem Maaße, daß sich die Stadtgemeinden völlig unabhängig und unbeschränkt vom Staate durch ihre selbstgewählten Obrigkeiten regierten, ihre Verwaltung ohne jegliche Einmischung und Bevormundung seitens der Landesherren oder der staatlichen Organe regelten, sowie sich ihre Verfassung auf Grund autonomischen Rechts in der freiesten und unabhängigsten Weise selbst wählten und schufen. Erst dem mächtigen und ruhmreichen Hause der Hohenzollern, welche 1415 zur Regierung gelangten, war es vorbehalten und gelang es, die übermäßige Macht und schrankenlose Selbstständigkeit der Städte, welche die Entwickelung eines geordneten und thatkräftigen Staatslebens hinderten, zu brechen und durch eine in die städtische Verwaltung und Verfassung tief eingreifende Gesetzgebung einen den Staatszwecken in jeder Beziehung und nach allen Richtungen hin entsprechenden Rechtszustand zu begründen und zu befestigen.

Nachdem der Kurfürst Friedrich I. (1415—1440) die Ruhe und Ordnung in dem durch Fehden zerrütteten Lande wieder hergestellt hatte, beschränkte dessen Nachfolger, der

Kurfürst Friedrich II. (1440—1470), welcher allen Städten gegenüber die volle landesherrliche Gewalt zur Geltung brachte, die Selbstständigkeit der Stadtgemeinden. Von den gesetzgeberischen Werken, welche dann unter den späteren Landesherrn vom Ende des 15. Jahrhunderts bis zum Ende des 18. Jahrhunderts einen wesentlichen Einfluß auf die städtischen Verfassungs- und Verwaltungsangelegenheiten gehabt haben, sind folgende hervorzuhaben:

1. Die von dem Kurfürsten Joachim I. (1499—1535) erneuerten Stadtverfassungen und die von ihm im Jahre 1515 erlassene allgemeine Polizeiordnung der Städte.

2. Die von dem Kurfürsten Joachim II. (1535—1571) erlassenen Organisationsgesetze und Reverse, welche die Bevormundung der Stadtgemeinden seitens der Staatsbeamten in umfassendster Weise anstrebten.

3. Die von dem Kurfürsten Friedrich Wilhelm (1640 bis 1688) und dem König Friedrich Wilhelm I. (1713 bis 1740) zur vollsten Beschränkung der communalen Freiheit und Selbstständigkeit gegebenen Verordnungen und Instructionen.

4. Die von dem König Friedrich II. (1740—1786) verordneten Ressortreglements vom 19. Juni 1749 und 30. März 1767, welche gleichfalls die völlige Einschränkung der Selbstständigkeit in der communalen Stadtverwaltung zum Gegenstande hatten.

5. Die Vorschriften des Allgemeinen Landrechts in Th. II, Tit. 8, Absch. 2 und Th. II, Tit. 6, welche sich im Allgemeinen darauf beschränkten, den in Bezug auf die städtischen Angelegenheiten derzeit bestehenden Rechtszustand festzustellen.

6. Das von dem König Friedrich Wilhelm III. (1797 bis 1840) erlassene Reglement vom 19. December 1799,

welches vereinzelte Bestimmungen über das städtische Verwaltungsrecht enthält.

Durch diese Gesetzgebung verloren die Stadtgemeinden jede politische Bedeutung, ja das Recht der Verwaltung ihrer eigenen Angelegenheiten. Die Communalbehörden wurden in der letzten Hälfte des vorigen Jahrhunderts zum größten Theile mit landesherrlich ernannten Staatsbeamten besetzt. Die Communalangelegenheiten wurden als Regierungssachen angesehen und behandelt. Es entwickelte sich sogar die Theorie, daß das Stadtvermögen als mittelbares Staatsgut aufzufassen sei. Das Resultat dieser fast völligen Vernichtung der communalen Freiheit und Selbstständigkeit war, daß die von der Selbstverwaltung der Commune ausgeschlossenen Bürger jegliches Interesse an den städtischen Angelegenheiten verloren, die städtische Verwaltung die Interessen der Bürgerschaft ungefördert ließ und das städtische Leben selbst in gänzlichen Verfall gerieth.

Eine völlige Wandelung dieses vorstehend geschilderten Zustandes trat erst durch die Stein-Hardenberg'sche Reformgesetzgebung ein, namentlich durch die Städteordnung vom 19. November 1808 (G.-S. p. 324), welche an die Stelle der früher gültig gewesenen Stadtverfassungs- und Verwaltungsgesetze, insbesondere der oben sub 1—6 in Bezug genommenen, getreten ist. Dieser Städteordnung liegt das Princip zu Grunde: Selbstverwaltung der städtischen Gemeindeangelegenheiten durch zwei von den Bürgern selbst gewählte Corporationen, die Stadtverordnetenversammlung als beschließende Gemeindevertretung und den Magistrat als verwaltenden und ausführenden Gemeindevorstand, unter staatlicher, von den Provinzialbehörden auszuübender Oberaufsicht in gesetzlich festgestellten Beziehungen. Diese Städteordnung von 1808, für die derzeit zur Preußischen Monarchie gehörigen Provinzen Preußen, Pommern (mit Ausschluß des Regierungsbezirks

Neu-Vorpommern), Schlesien und Brandenburg (mit Ausschluß der früher Sächsischen Landestheile) erlassen und bestimmt, gelangte in den Städten successive, in einzelnen Städten sogar erst im Jahre 1831 zur Einführung. Dagegen ist die Städteordnung von 1808 in denjenigen Landestheilen, welche erst nach den Befreiungskriegen von Preußen wieder resp. neu erworben wurden, überall nicht eingeführt. Da in diesen neuen Landestheilen das Bedürfniß nach einer Reorganisation der dort geltenden Stadtverfassungen hervortrat, so wurde ein mit den vorberegten Grundprincipien der Städteordnung von 1808 völlig übereinstimmendes, und nur in unwesentlichen Bestimmungen davon abweichendes neues Gesetz, die revidirte Städteordnung vom 17. März 1831 (G.-S. p. 10) erlassen, und zugleich durch die Cabinetsordre vom 17. März 1831 den Städten der alten Provinzen, in welchen die Städteordnung von 1808 eingeführt war, die Wahl zwischen Beibehaltung der letzteren oder Verleihung der revidirten Städteordnung vom 17. März 1831 gelassen — eine Wahl, von welcher zu Gunsten der letzteren nur die Städte Königsberg in der Neumark, Wendisch-Buchholz und Cremmen Gebrauch gemacht haben. Die revidirte Städteordnung wurde successive eingeführt in der Provinz Sachsen, in den mehr als 2500 Einwohner zählenden Städten der beiden Provinzen Westphalen und Posen, in den früher Sächsischen Landestheilen der Provinz Brandenburg, und in den zur Rheinprovinz gehörenden Städten Wetzlar, Essen und Mühlheim a. d. Ruhr.

Neben diesen beiden Städteordnungen galten noch für einzelne Landestheile und Städte besondere Stadtverfassungen, und zwar für die Städte von Neu-Vorpommern und Rügen die für jede einzelne Stadt festgestellten, auf Schwedischen Gesetzen und Patenten beruhenden Stadtgesetze, für die Hohenzollern'schen Lande die Gemeindeordnung vom 6. Juni 1840 (für Sigmaringen) und die Stadtordnung vom 15. Januar

1833 (für die Stadt Hechingen), sowie für die weniger als 2500 Einwohner zählenden Städte der Provinz Posen die Herzoglich Warschauische Stadtverfassung. Ferner wurde in der Rheinprovinz, für welche die Unterscheidung zwischen Stadtgemeinde und Landgemeinde aufgegeben wurde, in allen Gemeinden mit Ausschluß der Städte Wetzlar, Essen und Mühlheim als Verfassungs- und Verwaltungsgesetz die Gemeindeordnung vom 23. Juli 1845 eingeführt, sowie in den weniger als 2500 Einwohner zählenden Städten der Provinz Westphalen die Westphälische Landgemeindeordnung vom 31. October 1841.

Der vorstehend geschilderte buntscheckige Zustand der Gemeindegesetzgebung mußte das Bedürfniß nach weiteren Reformen hervorrufen. Eine solche wurde zunächst in der oktroyirten Verfassungsurkunde vom 5. December 1848 in Aussicht gestellt und in dem Art. 105 der revidirten Verfassungsurkunde vom 31. Januar 1850 unter Feststellung der Grundprincipien angeordnet, welche in Betreff der Städte zum Theil dem oben dargelegten Hauptprincipe der Städteordnung von 1808 entsprachen, vor Allem aber von dem Stein-Hardenberg'schen Principe darin abweichen, daß die Gemeindeverfassung der Städte, Flecken, Landgemeinden und selbstständigen Gutsbezirke für die ganze Preußische Monarchie einheitlich geordnet werden sollte. Es kam demnächst auch auf Grund des Art. 105 der Verfassungsurkunde vom 31. Januar 1850 die Gemeindeordnung vom 11. März 1850 (G.-S. p. 213) zu Stande. Dieses Gesetz, welches in den einzelnen Gemeinden nach Zubereitung der bestehenden Zustände für die neuen Verhältnisse und Einrichtungen Geltung erhalten sollte, gelangte freilich in einem Theile der Preußischen Städte und in einzelnen Landgemeinden zur Einführung; es wurde indeß die Fortsetzung der Einführung der Gemeindeordnung in weiteren Gemeinden durch den Königlichen Erlaß vom 19. Juni 1852 sistirt, weil sich die Ueberzeugung Bahn gebrochen hatte, daß in Bezug auf die Verfassung und Verwaltung der Gemeindeangelegenheiten eine gleichmäßige Behandlung der Stadt- und Landgemeinden wegen übermäßiger Verschiedenartigkeit der bestehenden Verhältnisse unthunlich sei. In weiterer Veranlassung dessen wurde die Gemeindeordnung von 1850 außer Kraft gesetzt, und zwar in Folge zweier Gesetze vom 24. Mai 1853 (G.-S. p. 228 und 238.) Eins derselben erklärte den Art. 105 der revidirten Verfassungsurkunde vom 31. Januar 1850 für aufgehoben und bestimmte statt dessen nur allgemein, daß die Vertretung und Verwaltung der Gemeinden durch besondere Gesetze näher geregelt werden solle; während das andere Gesetz die Gemeindeordnung von 1850 selbst aufhob, die Städteverfassungen von Neu-Vorpommern und Rügen, soweit sie den Bestimmungen der bestehenden Landesgesetze nicht widersprechen, wiederherstellte und den Erlaß besonderer Städteordnungen ankündete. In weiterer Ausführung dieses letztgenannten Gesetzes sind nun erlassen:

1. Die Städteordnung vom 30. Mai 1853 für die sechs östlichen Provinzen mit Ausschluß von Neu-Vorpommern und Rügen.
2. Das Gesetz, betreffend die städtischen Verfassungen für Neu-Vorpommern und Rügen, vom 31. Mai 1853.
3. Die Städteordnung für die Provinz Westphalen vom 19. März 1856.
4. Die Städteordnung für die Rheinprovinz vom 15. Mai 1856,

während die alten Gemeindeverfassungsgesetze der Hohenzollern'schen Lande unverändert erhalten blieben.

Was die neuen Landestheile anlangt, so ist für Schleswig-Holstein die in den wesentlichen Principien der Städteordnung für die 6 östlichen Provinzen vom 30. Mai 1853 sich anschließende Städteordnung vom 14. April 1869 und für die vormals freie Stadt Frankfurt a. M. das Gemeindeverfassungsgesetz vom 25. März 1867 ergangen, während in den übrigen neuerworbenen Provinzen die Stadtgemeindeverfassungen, welche zur Zeit der Einverleibung galten, im Wesentlichen bei Bestand gelassen sind, und zwar für das frühere Königreich Hannover die revidirte Städteordnung vom 24. Juni 1858, für das frühere Kurfürstenthum Hessen die Gemeindeordnung vom 23. October 1834, für das frühere Herzogthum Nassau das Gemeindeverfassungs- und Verwaltungsgesetz vom 26. Juli 1854 und für die frühere Landgrafschaft Hessen-Homburg mit Ausschluß des der Rheinprovinz einverleibten Oberamtes Meißenheim das Gemeindegesetz vom 9. October 1849 nebst den späteren Ergänzungsgesetzen.

Alle Versuche einer Reform der bestehenden Städteordnungen, welche auf den Preußischen Landtagen 1861, 1876 und 1877 durch Vorlegung von Entwürfen zu einer Städteordnung für die gesammte Monarchie resp. zu einer Städteordnung für den Geltungsbereich der Kreis- und Provinzialordnung sowie durch Vorlegung des Entwurfes einer Novelle zur Städteordnung gemacht worden sind, scheiterten, bis endlich durch die §§ 7—23 des Zuständigkeitsgesetzes vom 1. August 1883 (G. S. p. 237) ein erheblicher Theil der Städteordnung für die 6 östlichen Provinzen vom 30. Mai 1853, der Städteordnung für die Provinz Westphalen vom 19. März 1856, der Städteordnung für die Provinz Hannover vom 24. Juni 1858 und der Gemeindegesetze der Provinz Hessen-Nassau theils ganz aufgehoben, theils in einzelnen wesentlichen Bestimmungen abgeändert worden ist. Eine gleiche theilweise Aufhebung und Aenderung steht auch allen sonstigen zur Zeit geltenden Städteordnungen der übrigen Provinzen bevor, je nachdem für dieselben in Gemäßheit des § 155 des Gesetzes über die allgemeine Landesverwaltung vom 30. Juli

1883 (G. S. p. 195) auf Grund besonderer Gesetze neue Kreis- und Provinzialordnungen erlassen sein werden.

Aus der vorstehenden geschichtlichen Entwickelung wird besonders hervortreten, daß die Preußischen Städteordnungen die Basis des Stadtrechts bilden. Sie sind gleichsam als Verfassungsurkunden der Städte aufzufassen. Es wird deßhalb zunächst das Geltungsbereich derselben festzustellen sein.

§ 4. Geltungsbereich der wichtigsten Preußischen Städteordnungen.

I. Die Städteordnung für die östlichen Provinzen vom 30. Mai 1853. Das Geltungsbereich derselben erstreckt sich: *)

1. auf diejenigen Städte der Provinzen Ostpreußen, Westpreußen, Brandenburg, Pommern (mit Ausschluß von Neu-Vorpommen und Rügen), Posen, Schlesien und Sachsen, welche unter der Geltung der beiden älteren Städteordnungen, der Städteordnung vom 19. November 1808 und der revidirten Städteordnung vom 17. März 1831, auf den Provinziallandtagen im Stande der Städte vertreten waren.
2. auf die im Stande der Städte auf den Provinziallandtagen nicht vertretenen Ortschaften der vorgenannten Provinzen, in welchen entweder die Städteordnung von 1808 oder diejenige von 1831 gegolten hat.
3. auf die im Stande der Städte auf den Provinziallandtagen nicht vertretenen Ortschaften (Flecken), wo bisher weder eine jener älteren Städteordnungen gegolten, noch die ländliche Gemeindeverfassung bestanden hat, jedoch nur unter der Voraussetzung, daß deren Ge-

---

*) O. St. O. § 1.

meindeverhältnisse, wie dies für den Flecken Tiegenhof*) (Kreis Marienburg, Regierungsbezirk Danzig) geschehen, in Gemäßheit des Tit. VIII. (§§ 72 und 73) der Städteordnung nach zuvoriger Anhörung des Provinziallandtages und Genehmigung des Königs festgesetzt sind;**) während für die Gemeinde-Verfassung und Verwaltung derjenigen Flecken, in welchen solche Festsetzung nicht erfolgt ist, als Landgemeinden das Gesetz, betreffend die Landgemeindeverfassungen in den sechs östlichen Provinzen der preußischen Monarchie vom 14. April 1856 (G. S. p. 359) sowie die im Eingange desselben erwähnten Landgemeinde-Verfassungsgesetze zur Anwendung kommen.***)

Außerdem bleibt es auf Grund des § 17 des Gesetzes vom 14. April 1856 der Bestimmung des Königs nach Anhörung des Kreistages und des Provinziallandtages vorbehalten, Landgemeinden, in denen ein Bedürfniß dazu obwaltet, die Annahme der Städteordnung mit den etwa erforderlichen Maßnahmen, wie dies den Ortschaften Liebenau, Buckau, Dingelstedt, Lessen, Myslowitz gegenüber geschehen ist, zu gestatten, und ebenso Stadtgemeinden im Falle des Bedürfnisses die Annahme der Landgemeindeverfassung. Der Uebergang von einer Stufe der Gemeindeverfassung zur andern soll jedoch keiner Gemeinde aufgenöthigt, sondern nur auf Wunsch oder Antrag der Gemeinde resp. auf Antrag der zur Wahrnehmung der kommunalen Interesse berufenen Gemeindevertretung genehmigt werden.

Anlangend die Voraussetzungen, unter denen Landgemeinden die Städteordnung erhalten können, und das Ver-

---

*) G.-S. 1861 p. 85.

**) O. St. O. § 1 Abs. 2.

***) M. Instr. vom 10. März 1873 Art. 4 Nr. 10.

fahren, welches bei Einführung der städtischen Verfassung für Landgemeinden zu beobachten ist, so sind letztere über desfallsige Anträge zunächst durch den Landrath unter Erwägung der Bedürfnißfrage zu vernehmen und ist sodann, wenn der Antrag durch die Ausbildung eines bereits eingetretenen überwiegenden städtischen Lebens mit Rücksicht auf den Umfang der Bevölkerung, die Blüthe und Bedeutung der vorhandenen gewerblichen und Verkehrs-Verhältnisse, die Lage an Verbindungsstraßen, frühere historische Verhältnisse u. s. w. für begründet erachtet wird, durch den competenten Landrath ein Entwurf über die etwaigen Modificationen, unter welchen die Städteordnung eingeführt werden soll, aufzustellen. Nachdem die betreffende Landgemeinde darüber vernommen ist, hat der Landrath die Verhandlungen unter gründlicher Darlegung der statistischen Verhältnisse dem Kreistage zur gutachtlichen Erklärung vorzulegen und diese dem Regierungspräsidenten einzureichen, welcher darüber sodann an den Oberpräsidenten berichtet. Letzterer hat hierauf den Antrag, sobald derselbe zur Einholung des Gutachtens des Provinziallandtages hinreichend vorbereitet erscheint, an den Minister des Innern zu befördern. Der König trifft nunmehr nach Anhörung des Provinziallandtages seine Entscheidung.*) Es soll übrigens den Anträgen auf Einführung der Städteordnung in Landgemeinden und der Landgemeindeverfassung in Städten der Regel nach eine Vereinbarung der Interessenten über die Patronat-, Bau-, und Beitragspflicht voraufgehen.**)

II. Das die städtischen Verfassungen von Neu-Vorpommern und Rügen betreffende Gesetz vom 31. Mai 1853, welches die für jede einzelne Stadt festgestellten, auf Schwe-

---

*) Min. Inst. vom 14. Juli 1856 zur Ausführung des Gesetzes vom 14. April 1856, Art. 6.

**) M. R. vom 23. November 1878 im M. Bl. 1879 p. 4.

dischen Gesetzen und Patenten beruhenden Verfassungen mit einigen in den §§ 4 und 5 angeordneten Modificationen wiederherstellte, findet Anwendung in sämmtlichen Städten von Neu-Vorpommern und Rügen, insbesondere auch in Wolgast und Grimmen, in welchen beiden Städten die Gemeindeordnung vom 11. März 1850 bereits eingeführt war. Für jede einzelne Stadt normirt als Verfassungsgesetz ein auf Grund des Gesetzes vom 31. Mai 1853 von dem Rath und dem bürgerschaftlichen Collegium resp. einer besonderen Commission entworfener und vom Könige bestätigter Stadtrezeß, welchem folgende besondere im § 5 leg. cit. aufgestellte Grundbestimmungen grundleglich gemacht sind, nämlich:

1. Für die Besetzung erledigter Bürgermeisterstellen soll es bei den darauf bezüglichen Bestimmungen des Patents vom 18. Februar 1811 bewenden.
2. In allen Angelegenheiten, bei denen eine Mitwirkung der bürgerschaftlichen Collegien verfassungsmäßig eintreten muß, kann ein die Stadtgemeinde bindender Beschluß nur durch Uebereinstimmung des Magistrats und der Repräsentanten-Collegien zu Stande kommen.
3. Hinsichtlich der Aufbringung der Gemeindesteuern sollen nachstehende Normen gelten:
   a. die Steuer für den Gewerbebetrieb im Umherziehen darf nicht durch Zuschläge belastet werden;
   b. bei den Zuschlägen zur classificirten Einkommensteuer muß jedenfalls das außerhalb der Gemeinde belegene Grundeigenthum außer Berechnung bleiben;
   c. die Genehmigung der Regierung ist erforderlich:
      α. für alle Zuschläge zur Einkommensteuer,
      β. für Zuschläge zu den übrigen directen Steuern, wenn der Zuschlag entweder fünfzig Procent der Staatssteuern übersteigen oder nicht nach gleichen Sätzen auf diese Steuern vertheilt werden soll. Zur Frei-

lassung oder geringeren Belastung der letzten Classensteuerstufe bedarf es dieser Genehmigung nicht.

γ. für Zuschläge zu den indirecten Steuern.

Besondere directe oder indirecte Gemeindesteuern bedürfen der Genehmigung der Regierung, wenn sie neu eingeführt, erhöht oder in ihren Grundsätzen verändert werden sollen.

Bei besonderen Communal-Einkommensteuern ist jedenfalls die sub b erwähnte Beschränkung maßgebend. Die bestehenden directen Communal-Einkommensteuern werden einer erneuerten Prüfung und Genehmigung der Regierung unterworfen.

III. Die Städteordnung für die Provinz Westphalen vom 19. März 1856 erstreckt sich auf diejenigen Städte der Provinz Westphalen, in denen

a. bei Verkündigung der Gemeindeordnung vom 11. März 1850 die revidirte Städteordnung vom 17. März 1831 galt, oder

b. bei Verkündigung der Städteordnung vom 19. März 1856 der Tit. II der Gemeindeordnung vom 11. März 1850 zur Ausführung gelangt war, jedoch nur unter der Voraussetzung, daß die betreffenden Städte aus dem Amts- (Sammtgemeinde-) Verbande ausgeschieden sind, in welchem sie bis zur Einführung der Gemeindeordnung von 1850 mit den ländlichen Gemeinden gestanden hatten.

In einer Stadt der sub b bezielten Art kann, wenn die Vertretung der Stadtgemeinde durch einen nach zweimaliger mit einem Zwischenraume von mindestens acht Tagen vorgenommener Berathung gefaßten Beschluß darauf anträgt, nach Vernehmung des Kreistages durch Königliche Verordnung die Landgemeindeordnung vom 19. März 1856 mit denjenigen Modificationen eingeführt werden, welche für diesen Fall in der letzteren angeordnet worden sind.*)

*) W. St. O. § 1 (G. S. p. 237).

In solchen Städten, in welchen die Städteordnung vom 19. März 1856 nicht in Kraft getreten ist oder keine Anwendung findet, gilt die vorberegte Landgemeindeordnung vom 19. März 1856 mit den im § 66 vorgeschriebenen besonderen Modificationen. Es kann indeß solchen Städten statt der Landgemeindeordnung die Städteordnung vom 19. März 1856 nach Vernehmung der Vertretung des competenten Amts und des Kreistages durch Königliche Verordnung verliehen werden, wenn die Gemeinde- (Stadtverordneten-) Versammlung durch einen nach zweimaliger mit einem Zwischenraume von mindestens acht Tagen vorgenommener Berathung gefaßten Beschluß darauf anträgt. Auch kann einer zu den Landgemeinden gehörenden Ortschaft, in welcher sich ein städtisches Leben ausgebildet hat, durch Königliche Verordnung die Städteordnung verliehen werden, wenn die betreffende Ortschaft auf dem durch die Provinzialverfassung bezeichneten Wege in den Stand der Städte aufgenommen worden ist.*)

IV. Die Städteordnung für die Rheinprovinz vom 15. Mai 1856 findet Anwendung:

a. in den auf dem Provinziallandtage im Stande der Städte vertretenen Gemeinden von mehr als 10 000 Einwohnern,

b. in denjenigen Städten von geringerer Einwohnerzahl, in denen zur Zeit der Verkündigung der Gemeindeordnung vom 11. März 1850 die revidirte Städteordnung vom 17. März 1831 gegolten hat, und

c. in denjenigen auf dem Provinziallandtage im Stande der Städte vertretenen Gemeinden mit weniger als 10 000 Einwohnern, welchen auf ihren Antrag die Städteordnung vom 15. Mai 1856 durch Königliche

*) Landgemeindeordnung für die Provinz Westphalen vom 19. März 1856 §§ 1 und 66.

Verordnung besonders verliehen worden ist oder verliehen werden wird.*)

Es ist einer großen Zahl der sub c bezielten Gemeinden in Ausführung des Königlichen Erlasses vom 15. Mai 1856**, welcher die Förderung der Sache angelegentlichst empfiehlt, die Städteordnung verliehen worden, und zwar den Gemeinden Mühlheim, Gladbach, Cleve, Burscheid, Goch, Geldern, Xanten, Lüttinghausen, Burg, Solingen, Neuwied, Rotingen, Ronsdorf, Uerdingen, Burtscheid, St. Vith, Montjoie, Stolberg, Düren, Malmedy, Gemünd, Saarlouis, Wald, Gräfrath, Leichlingen, Höhscheid, Dorp, Kaldenkirchen, Prüm, Rheydt, Radevormwald, Dahlen, Merscheid, Odenkirchen, Wevelinghofen, Oberwesel, Wipperfürth, Süchtelen, Kronenberg, Velbert, Wülfrath, Mettmann, Münstereifel, Vallendar, Enskirchen, Zülpich, Züll, Trarbach, Cochem, Simmern, Sinzig, Remagen, Ahrweiler, St. Goar, Boppard, Bacharach, Andernach, Wittlich, Gummersbach, Ruhort, Stele, Schleiden, Merzig, Werden, Dinslaken, Saarburg, Linz, Stromberg, Sobernheim, Kirn, Siegburg, Dülken, Mayen, Braunsfeld, Lennep, Mörs, Emmerich, Neukirchen, Hitdorf, Deutz, Rees, Heinsberg, Ottweiler, Bernkastel, Bitburg, Neustadt, Rheinberg, Gerrersheim und Kaiserswerth.

Was das bei Beantragung der Verleihung der Städteordnung zu beobachtende Verfahren anlangt, so ist darüber das Nähere in der Ministerialinstruction vom 18. Juni 1856 (M. Bl. p. 164) angeordnet.

V. **Die Hannover'sche Städteordnung vom 24. Juni** 1858 gilt für diejenigen Städte und Flecken, welchen die selbstständige Verwaltung der Landesangelegenheiten zusteht, insofern sie die dafür erforderlichen Bedingungen erfüllen können und kann

*) R. St. O. § 1 (G. S. p. 406).

**) Erlaß vom 15. Mai 1856 (G. S. p. 405).

unter gleicher Voraussetzung auf die bis zum 24. Juni 1858 amtssässig gewesenen Städte, welche mehr als 1500 Einwohner haben, sowie auf Vorstädte, welche mehr als 1500 Einwohner haben, und deren Vereinigung mit der Stadt nicht ausführbar ist, ausgedehnt werden.

Der Uebergang einer mit städtischer Verfassung versehenen Stadt zur Landgemeindeverfassung oder einer Landgemeinde zur städtischen Verfassung kann nur mit Genehmigung des Königs erfolgen.*)

VI. Die Schleswig-Holstein'sche Städteordnung vom 14. April 1869 findet Anwendung auf sämmtliche Städte und sämmtliche als Flecken anerkanntermaßen bestehenden Ortschaften der Provinz Schleswig-Holstein, auf die Flecken jedoch mit den in § 94 festgestellten Modificationen, welche durch die Einrichtung der Gemeindeverfassung ohne collegialischen Gemeindevorstand veranlaßt werden. Es kann auf Antrag ländlicher Gemeinden die Annahme der Städteverfassung oder der einfacheren Fleckensverfassung, sowie Fleckensgemeinden die Annahme der vollen Städteverfassung mit Königlicher Genehmigung nach Anhörung des Kreistages und des Provinziallandtages verliehen werden. Auf gleichem Wege kann Stadtgemeinden, welche die mit der vollen Städteordnung verbundenen Verpflichtungen nicht zu erfüllen vermögen, auch ohne ihre Zustimmung die einfachere Fleckensverfassung ertheilt werden.**)

§ 5. Das Preußische Stadtrecht als autonomisches Recht.

Die Autonomie der Städte, welche uns als Consequenz des mittelalterlichen Feudalstaates entgegen tritt und welche hauptsächlich in jener Zeitperiode der höchsten Machtentfaltung und Selbstständigkeit der Städte während des 16., 17. und

---

*) H. St. O. § 4.

**) Sch. H. St. O. § 96.

18. Jahrhunderts zur vollsten Entwickelung gekommen ist, characterisirt sich als das Recht der Stadtgemeinden, wirkliche Rechtssätze für den Stadtbezirk mit allgemein bindender Kraft festzustellen. Das durch solche Autonomie geschaffene Recht wurde vorzugsweise als Stadtrecht bezeichnet, welches sich als das Product der legislativen Thätigkeit der Städte kennzeichnen läßt und welches zum größten Theile in besonderen Urkunden (z. B. dem noch heute in einem Theile der Pommerschen Städte geltenden lübischen Stadtrechte) zum Ausdrucke gebracht ist. Durch solches Recht wurden nicht bloß die Grundsätze der Communalverfassung und -Verwaltung festgestellt, sondern vor Allem privatrechtliche Satzungen geschaffen. In Bezug auf dieses durch die Autonomie zur Geltung gelangte und privatrechtliche Bestimmungen schaffende Recht ist die Rechtsparoemie „Stadtrecht bricht Landrecht" im vollen Sinne anwendbar, da einem solchen Stadtrechte gegenüber das Landesrecht nur subsidiär zur Anwendung kam.

Der moderne Staat ist nun diesem autonomischen Rechte durch wesentliche Beschränkung, ja fast völlige Entziehung absolut feindlich gegenüber getreten. Insbesondere ist in Preußen die Autonomie der Städte auf ein Minimum herabgedrückt, nachdem durch die Verfassung vom 31. Januar 1850 das Recht der Gesetzgebung einzig und allein der gesetzgebenden Gewalt zugestanden ist und die gesetzgebende Gewalt verfassungsmäßig nur durch den König und die beiden Kammern gleichmäßig ausgeübt wird. Wenn nun auch den Stadtgemeinden das Recht der eigenen Vermögensverwaltung und der Feststellung darauf bezüglicher, die gemeindeangehörigen Personen verbindender Anordnungen belassen ist, so wird hierin eine Gemeindeautonomie nicht erkannt werden können, weil die Vermögensverwaltung und das Recht zur Feststellung darauf bezüglicher Anordnungen nicht als Acte von legislativer Bedeutung aufzufassen sind, sondern sich als administrativ-ausführende Handlungen darstellen. Wohl aber ist den Städten ein Rest des autonomischen Rechts theils durch die Bestimmung der Städteordnungen, daß jede Stadt zum Erlasse besonderer statutarischer Bestimmungen — cfr. § 11 der Städteordnung für die östlichen Provinzen und Westphalen, § 10 der Städteordnung für die Rheinprovinz und §§ 3 und 4 des Neu-Vorpommer'schen Gesetzes vom 31. Mai 1853 — befugt ist, theils durch das ihnen in dem Gesetze über die Polizeiverwaltung vom 11. März 1850 und in dem Gesetze über die allgemeine Landesverwaltung vom 30. Juli 1883 Tit. VI landesgesetzlich verliehene Polizeiverordnungsrecht geblieben, und zwar deßhalb, weil die auf Grund des statutarischen Stadtrechts erlassenen Anordnungen und die ortspolizeilichen Verordnungen als Acte von legislativer Bedeutung, als in Ausübung einer von der gesetzgebenden Gewalt der Stadtgemeinde ausnahmsweise übertragenen gesetzgeberischen Befugniß vollzogene Acte anzusehen sind.

Dies so in seinen Ueberresten den Städten verbliebene autonomische Recht ist nun gesetzlich auf das geringste Maaß beschränkt, insofern als die statutarischen Anordnungen nach den Städteordnungen und dem Zuständigkeitsgesetze vom 1. August 1883 § 16 Abs. 3 der Bestätigung des Bezirksausschusses bedürfen und nur mit Zustimmung dieser Behörde wieder aufgehoben werden können, und als die Polizeiverordnungen keine Bestimmungen, welche mit den Landes- und Reichsgesetzen oder den Verordnungen einer höheren Instanz im Widerspruche stehen, enthalten dürfen und durch die höheren Verwaltungsbehörden außer Kraft gesetzt werden können. Da auch die statutarischen Anordnungen den Landes- und Reichsgesetzen entgegenstehende Bestimmungen nicht festzustellen vermögen, so hat in Bezug auf den jetzt bestehenden Rechtszustand die Rechtsparoemie „Stadtrecht bricht Landrecht" ihre Bedeutung ganz verloren.

Was nun insbesondere die rechtsverbindliche Kraft der Polizeiverordnungen in Bezug auf ihre practische Anwendung und Beachtung im civil- oder verwaltungsgerichtlichen Verfahren anlangt, so unterliegt nur allein die Frage über ihre Gesetzmäßigkeit, d. h. ihre formelle Gültigkeit der richterlichen Prüfung, während sich die Rechtscontrole auf die Angemessenheit und Zweckmäßigkeit ihres Inhalts nicht erstrecken darf. Die gerichtliche Entscheidung, welche die Gesetzmäßigkeit nicht anerkennt und damit die Rechtsverbindlichkeit einer Polizeiverordnung verneint, kann sich indeß nur auf den einzelnen zur Aburtheilung stehenden Rechtsfall beschränken und darf insbesondere die Aufhebung der als gesetzwidrig erkannten Polizeiverordnung nicht aussprechen. Eine solche kann vielmehr nur durch ausdrückliche Wiederaufhebung seitens der städtischen Behörde, bezw. der vorgesetzten Aufsichtsbehörde außer Kraft gesetzt werden, während ein Streitverfahren, in welchem über die formelle Gültigkeit oder Ungültigkeit derselben im Principe entschieden werden könnte, gesetzlich nicht zulässig ist. Der vorstehend geschilderte Rechtszustand kann, wie dies auch in praxi schon wiederholt geschehen ist, in dem Falle zu Unzuträglichkeiten führen und die Veranlassung zu einer Rechtsunsicherheit geben, wenn die Verwaltungsgerichte einerseits und die Civilgerichte, insbesondere die Strafgerichte, andererseits in Bezug auf die Gesetzmäßigkeit einer und derselben Polizeiverordnung entgegengesetzte Ansichten vertreten und beharrlich aufrecht erhalten.

Die vorstehend angeregten Gesichtspuncte veranlassen zur Erörterung des Verhältnisses des Preußischen Stadtrechts zu den Landes-, Ministerial-, Provinzial-, Bezirks- und Kreis-Polizeiverordnungen, ferner den Landesgesetzen sowie der Reichsgesetzgebung.

§ 6. Verhältniß des Preußischen Stadtrechts zu den Landes-, Ministerial-, Provinzial-, Bezirks- und Kreis-Polizeiverordnungen.

Die Ortspolizeiverordnungen, welche sich nach der bisherigen Entwickelung als ein Theil des Stadtrechts darstellen, gelten als allgemein verbindliche Vorschriften für den Umfang der betreffenden Gemeinde, jedoch nur unter der Voraussetzung, daß sie in vorgeschriebener Art und Form verkündet werden, ferner den gesetzlichen Bestimmungen entsprechen und mit den Landes- resp. Reichsgesetzen oder den Verordnungen einer höheren Instanz nicht im Widerspruche stehen. Sie sind für alle im Bereiche des Stadtbezirks geschehenen Uebertretungen, welche sie mit Geldstrafe bedrohen, derart normirend, daß das erkennende Gericht, sowohl das Verwaltungsgericht als das ordentliche Gericht, nicht die Nothwendigkeit oder Zweckmäßigkeit, sondern, wie bei anderen Gesetzen, nur die gesetzliche Gültigkeit der für die gerichtliche Entscheidung fraglichen Verordnung auf Grund der §§ 5, 7 und 15 des für die ganze Monarchie geltenden*) Gesetzes über die Polizeiverwaltung vom 11. März 1850 resp. der §§ 143 und 145 des nur für die Kreisordnungsprovinzen bisher in Kraft getretenen Landesverwaltungsgesetzes vom 30. Juli 1883 zu prüfen hat. Dadurch tritt das Interesse hervor, die Voraussetzungen, welche ihre Gültigkeit bedingen, festzustellen.

In den Städten bedürfen die ortspolizeilichen Vorschriften der mit der örtlichen Polizeiverwaltung beauftragten Behörden, abgesehen jedoch von den sicherheitspolizeilichen Vorschriften, der Zustimmung des Gemeindevorstandes und außerdem, soweit sie in irgend einer Beziehung landwirthschaftliche Polizei betreffen, auch der Zustimmung der Gemeindevertretung nach

*) V. v. 20. Sept. 1867 (G. S. p. 1529).

zuvoriger Berathung, welche unter dem Vorsitze des Polizeiverwaltungsbeamten zu erfolgen hat.*) Versagt der Gemeindevorstand die Zustimmung, so kann dieselbe auf Antrag der Behörde durch Beschluß des Bezirksausschusses ergänzt werden.**) Die Behörde darf die Polizeiverordnungen vor Einholung der Zustimmung des Gemeindevorstandes, abgesehen von den Fällen, welche keinen Aufschub gestatten, nicht erlassen, und muß in den letzteren Fällen, wenn die Zustimmung nicht innerhalb vier Wochen nach dem Tage der Publication der Polizeiverordnung erfolgt, diese außer Kraft setzen. Es darf gegen die Nichtbefolgung derselben in Stadtkreisen nur Geldstrafe bis zu 30 Mark, in anderen Städten dagegen regelmäßig bis zu 9 Mark, und nur im Falle der Genehmigung seitens des Regierungspräsidenten bis zu 30 Mark angedroht werden. Ueber die Art und die Form der Verkündigung ortspolizeilicher Vorschriften hat der Regierungspräsident zu bestimmen. Die Nichtbeachtung solcher Bestimmungen hat die Ungültigkeit der betreffenden Polizeiverordnung zur Folge.

Was nun die Gegenstände der ortspolizeilichen Vorschriften anlangt, so gehören dazu:

a. der Schutz der Personen und des Eigenthums;
b. Ordnung, Sicherheit und Leichtigkeit des Verkehrs auf öffentlichen Straßen, Wegen und Plätzen, Brücken, Ufern und Gewässern;
c. der Marktverkehr und das öffentliche Feilhalten von Nahrungsmitteln;
d. Ordnung und Gesetzlichkeit bei dem öffentlichen Zusammensein einer größeren Anzahl von Personen;
e. das öffentliche Interesse in Bezug auf die Aufnahme und Beherbergung von Fremden; die Wein-, Bier- und

---

*) Polizeiverwaltungsgesetz vom 11. März 1850 § 7.
**) L. V. G § 143.

Kaffeewirthschaften und sonstige Einrichtungen zur Verabreichung von Speisen und Getränken;

f. Sorge für Leben und Gesundheit;

g. Fürsorge gegen Feuersgefahr bei Bauausführungen, sowie gegen gemeinschädliche und gemeingefährliche Handlungen, Unternehmungen und Ereignisse überhaupt;

h. Schutz der Felder, Wiesen, Weiden, Baumpflanzungen, Weinberge u. s. w.;

i. alles andere, was im besonderen Interesse der Gemeinden und ihrer Angehörigen polizeilich geordnet werden muß und was etwa zum Erlasse von ortspolizeilichen Vorschriften durch Specialgesetze für geeignet befunden wird.

Dem Regierungspräsidenten (resp. den Bezirksregierungen in den neuerworbenen Landestheilen), welchen von jeder ortspolizeilichen Verordnung sofort eine Abschrift einzureichen ist, steht die Befugniß zu, ortspolizeiliche Vorschriften unter Angabe der Gründe außer Kraft zu setzen, und zwar abgesehen von Fällen, welche keinen Aufschub zulassen, nur unter Zustimmung des Bezirksausschusses.

Mit Rücksicht darauf, daß die mit den Gesetzen oder den Verordnungen einer höheren Instanz im Widerspruche stehenden polizeilichen Vorschriften ungültig sind, soll hier solcher Verordnungen besonders gedacht werden:

I. **Kreispolizeiverordnungen**, welche der Landrath unter Zustimmung des Kreisausschusses für mehrere Ortspolizeibezirke oder für den ganzen Umfang des Kreises, also auch für einzelne oder alle einem Landkreise angehörigen Städte, zu erlassen befugt ist, können gegen die Nichtbefolgung Geldstrafen bis zu 30 Mark androhen und sind in Betreff der Art und der Form der Verkündung den bei Vermeidung der Ungültigkeit zu beachtenden Bestimmungen des Regierungspräsidenten unterworfen. Letzterer ist befugt, kreispolizeiliche

Vorschriften, abgesehen von Fällen, welche keinen Aufschub zulassen, nur unter Zustimmung des Bezirksausschusses außer Kraft zu setzen.

II. **Bezirkspolizeiverordnungen**, welche der Regierungspräsident für mehrere Kreise oder den Umfang des ganzen Regierungsbezirks erlassen darf, können gegen die Nichtbefolgung Geldstrafen bis zu 60 Mark androhen und bedürfen der Zustimmung des Bezirksausschusses. Der Regierungspräsident kann indeß in Fällen, welche keinen Aufschub zulassen, die Polizeiverordnung vor Einholung der Zustimmung des Bezirksausschusses erlassen und muß, wenn die Zustimmung nicht innerhalb drei Monaten nach dem Tage der Publication der Polizeivorschrift ertheilt wird, diese außer Kraft setzen. Diese Polizeiverordnungen, welche bei Vermeidung der Ungültigkeit als „Polizeiverordnung" zu bezeichnen sind und eine Bezugnahme auf die zutreffenden Bestimmungen des Polizeiverwaltungsgesetzes vom 11. März 1850 und des Landesverwaltungsgesetzes vom 30. Juli 1883 zu enthalten haben, sollen durch die Amtsblätter derjenigen Bezirke, in welchen sie Geltung erlangen sollen, bekannt gemacht werden. Die Bekanntmachung hat die Wirkung, daß, wenn der Zeitpunkt der Wirksamkeit nicht besonders bestimmt ist, diese mit dem achten Tage nach dem Ablaufe desjenigen Tages beginnt, an welchem das betreffende Stück des verkündenden Amtsblatts ausgegeben worden ist. Diese Polizeiverordnungen können nur durch den Minister des Innern außer Kraft gesetzt werden, jedoch mit Ausschluß der Strom-, Schiffahrts- und Hafenpolizeivorschriften, für welche der Minister für Handel und Gewerbe zuständig ist.

III. **Provinzialpolizeiverordnungen** können von dem Oberpräsidenten für mehrere verschiedene Regierungsbezirken angehörige Kreise, für mehrere Regierungsbezirke oder für den ganzen Umfang der Provinz, abgesehen von keinen Aufschub zulassenden

Fällen, unter Zustimmung des Provinzialraths erlassen werden und dürfen gegen Nichtbefolgung Geldstrafen bis zu 60 Mark androhen. Die in Betreff der Art, Form und Blatt der Verkündung, der Folgen der Nichtbeachtung der desfallsigen Bestimmungen, des Beginns der Wirksamkeit, der Einholung der Zustimmung des Provinzialraths in schleunigen Fällen, der nicht erfolgenden Zustimmung und der Befugniß der Außerkraftsetzung bestehenden Vorschriften sind den für die Bezirkspolizeiverordnungen gegebenen — cfr. sub. III. — conform. Es besteht nur der Unterschied, daß die Befugniß, Polizeivorschriften über Gegenstände der Strom-, Schiffahrts- und Hafenpolizei für den Regierungsbezirk oder Theile desselben zu erlassen, ausschließlich dem Regierungspräsidenten zusteht, während der Oberpräsident competent ist, wenn sich jene Vorschriften auf mehr als einen Regierungsbezirk oder auf die ganze Provinz erstrecken sollen und nicht etwa die vorberegten Zweige der Verwaltung besonderen von dem Minister für Handel und Gewerbe ressortirenden Behörden an Stelle des Oberpräsidenten übertragen werden.

IV. **Ministerialpolizeiverordnungen** können von den Ministern in den Fällen, wo die Gesetze ausdrücklich auf den Erlaß besonderer polizeilicher Vorschriften (Verordnungen, Anordnungen, Reglements 2c.) durch die Centralbehörden hinweisen, innerhalb ihrer Ressorts für den ganzen Umfang der Monarchie oder für einzelne Theile derselben erlassen werden, und dürfen gegen die Nichtbefolgung Geldstrafen bis zu 100 Mark androhen. Eine gleiche Befugniß steht zu:

a. Dem Minister der öffentlichen Arbeiten in Betreff der Uebertretungen der Vorschriften der Eisenbahn-Reglements,

b. dem Minister für Handel und Gewerbe in Betreff der zur Regelung der Strom-, Schiffahrts- und Hafenpolizeivorschriften, wenn solche über das Gebiet einer einzelnen Provinz hinaus sich erstrecken sollen, und

c. den zuständigen Ministern zum Erlasse der in § 367, sub 5 des Strafgesetzbuches für das Deutsche Reich gedachten Verordnungen, welche die Aufbewahrung oder Beförderung von Giftwaaren, Schießpulver oder Feuerwerken, oder die Aufbewahrung, Beförderung, Verausgabung oder Verwendung von Sprengstoffen oder anderen explodirenden Stoffen oder die Ausübung der Befugniß zur Zubereitung oder Feilhaltung dieser Gegenstände sowie der Arzneien betreffen.

V. Landespolizeigesetze, welche in derselben Weise, wie die übrigen Landesgesetze, erlassen werden, unterliegen keiner der für die vorberegten Polizeiverordnungen normirenden Beschränkungen.

§ 7. Verhältniß des Preußischen Stadtrechts zum Landesrechte.

Aus der in § 3 dargestellten geschichtlichen Entwickelung des Preußischen Stadtrechts treten mit voller Schärfe mehrere characteristische Zeitperioden heraus, in welchen die Machtverhältnisse der Städte gegenüber der Landeshoheit wesentlich gegeneinander gewechselt haben. Zeiten der unbeschränktesten communalen Freiheit und der höchsten Macht der Städte, wie sie uns während der Blüthe des Hansabundes entgegentreten, haben unter der Regierung der Preußischen Kurfürsten und der ersten Preußischen Könige Zeiten des äußersten Staatsabsolutismus und der völligen Vernichtung der Freiheit und Selbstständigkeit der Städte Platz gemacht. Mit der Machtentfaltung der Städte einerseits und der Consolidirung der Landeshoheit andererseits mußte nothgedrungen der Einfluß des Landesrechts gegenüber dem Stadtrechte steigen und fallen. Mit dem Wechsel der Machtverhältnisse und des Auf- und Niederganges der Selbstständigkeit der Städte mußte sich das durch jenen Einfluß bedingte Verhältniß des Stadtrechts zum

Landesrechte wesentlich ändern und verschiedentlich gestalten. So wurde zur Zeit der höchsten Macht der Städte die Verfassung und Verwaltung derselben durch das autonomische Recht der Gemeinden, durch das Stadtrecht organisirt, und geordnet, während das Landrecht dem letzteren gegenüber in jeder Beziehung nur eine subsidiäre Geltung hatte. Dagegen mußten in der Zeit des vollen Staatsabsolutismus für die Verfassung und Verwaltung der Städte die Bestimmungen des in den Landesgesetzen und Königlichen Verordnungen zum Ausdrucke gelangenden Landesrechts vorzugsweise normirend sein.

Was nun den heutigen Rechtszustand anlangt, so sind es die verfassungsmäßig zu Stande gekommenen und gehörig publicirten Landesgesetze, welche die bestehende Verfassung und Verwaltung der Städte gestaltet und ausgebildet haben und welche, abgesehen von den in § 5 beregten statutarischen Anordnungen und Polizeiverordnungen, für die weitere Entwickelung des städtischen Verfassungs- und Verwaltungsrechts maßgebend bleiben werden. Die Bedeutung der Landesgesetze tritt um so erheblicher und wirkungsvoller hervor, als die statutarischen Anordnungen und Polizeiverordnungen keine Bestimmungen enthalten dürfen, welche mit den Landesgesetzen im Widerspruche stehen. Bei dieser Bedeutung interessiren nachstehende Bemerkungen:

I. Arten der Landesgesetze.

Auf Grund der Art. 45, 62 und 63 der Verfassung vom 31. Januar 1850, welche das früher dem Könige allein vorbehaltene Gesetzgebungsrecht beschränkt hat, lassen sich 3 Arten der Gesetze unterscheiden, nämlich:

a. Die wirklichen Gesetze, welche von dem Abgeordnetenhause und Herrenhause, in getrennter Berathung mit absoluter Majorität der beschlußfähigen Versammlungen, angenommen und vom König bestätigt werden.

b. Die octroyirten Gesetze (Verordnungen mit provisorischer Gesetzeskraft), welche der König in Fällen, wenn es die Aufrechterhaltung der öffentlichen Sicherheit oder die Beseitigung eines ungewöhnlichen Nothstandes dringend erfordert, erlassen kann unter Verantwortlichkeit des gesammten Staatsministeriums während der Zeit, in welcher die Kammern nicht versammelt sind, ohne deren vorherige Mitwirkung und unter dem Vorbehalte der Genehmigung der Kammern, welchen sie beim nächsten Zusammentritte vorzulegen sind.

c. Königliche Verordnungen zur Ausführung der Gesetze, welche ohne Mitwirkung der Kammern erlassen werden und sich, ohne in das Gebiet der eigentlichen gesetzgebenden Gewalt einzugreifen, auf die Ausführungsmaßregeln beschränken müssen, welche zur Anpassung der Gesetze auf die bestehenden Verhältnisse erforderlich sind. Sie heißen „Verordnungen", wenn sie unter Verantwortlichkeit des gesammten Staatsministeriums ergehen, dagegen „Befehl", „Ordre" oder „Erlaß", wenn sie nur unter der Mitwirkung eines oder einzelner Minister erlassen werden.

II. Das verfassungsmäßige Zustandekommen der Landesgesetze. Da auf Grund des Art. 62 der Verfassung vom 31. Januar 1850 die gesetzgebende Gewalt gemeinschaftlich dem Könige und zwei Kammern zusteht und die Uebereinstimmung des Königs und beider Kammern zu jedem Gesetze erfordert wird, so ergeben sich damit die zum verfassungsmäßigen Entstehen der Gesetze erforderlichen Voraussetzungen. Die octroyirten Gesetze, welche im Eingange auf den Art. 63 der Verfassung Bezug nehmen müssen, verlieren ihre provisorische Kraft und treten außer Kraft von dem Momente an, wo eine der beiden Kammern ihre Zustimmung versagt und sind als wirkliche Gesetze zu behandeln, sobald die Zustimmung beider Kammern erfolgt ist. Das auf Art. 45 der Verfassung sich stützende Recht des Königs zum Erlasse der Ausführungsverordnungen, welche der Gegenzeichnung mindestens eines damit die Verantwortlichkeit übernehmenden Ministers bedürfen, ist als Ausfluß der dem ersteren vorbehaltenen vollziehenden Gewalt aufzufassen.

III. Gehörige Publication und Wirkung derselben. Die Publication steht auf Grund des Art. 45 der Verfassung dem Könige allein zu. Der Befehl desselben zur Verkündigung und das Gesetz selbst bedürfen zu ihrer Gültigkeit der Gegenzeichnung mindestens eines Ministers, welcher damit die Verantwortlichkeit übernimmt. Die Gesetze erlangen ihre verbindliche Kraft durch ihre Verkündigung in der Gesetzsammlung. Ist in dem publicirten Gesetze ein anderer Anfangstermin seiner verbindlichen Kraft nicht bestimmt, so beginnt die letztere mit dem vierzehnten Tage nach dem Ablaufe desjenigen Tages, an welchem das betreffende Stück der Gesetzsammlung in Berlin ausgegeben worden ist.*)

Was nun noch insbesondere das Verhältniß der Städteordnungen zu den speciellen Bestimmungen des Allgemeinen Landrechts über die Städte und Stadtgemeinden anlangt, so ist darüber das Nachfolgende hervorzuheben. Das Allgemeine Landrecht enthält in Theil II Tit. 6 und Tit. 8 dergleichen Bestimmungen sowohl in öffentlich-rechtlicher als in rein-civilrechtlicher Beziehung. Die später emanirte Städteordnung vom 19. November 1808 hatte ausgesprochenermaßen den Zweck, den Städten eine selbstständigere und bessere Verfassung zu geben, die Verwaltung der Gemeindeangelegenheiten entsprechend zu ordnen und für die nach Klassen und Zünften sich theilenden Interessen der Bürger einen festen Vereinigungspunct zu bilden. Jene ältere Städteordnung und somit auch

---

*) Ges. v. 16. Febr. 1874 (G. S. p. 23).

die später an deren Stelle getretenen wollten also die inneren Verhältnisse der Gemeinden regeln; sie verfolgten dagegen nicht den Zweck, die rein-civilrechtlichen Bestimmungen, namentlich die im Tit. 6 und 8 enthaltenen materiellen Vorschriften über die Rechtsverhältnisse der Städte als privilegirter Corporationen aufzuheben oder abzuändern.

§ 8. Verhältniß des Preußischen Stadtrechts zum Deutschen Reichsrechte.

Das Deutsche Reichsrecht, welches in Bezug auf die Verwaltung tief einschneidende Gesetze umfaßt, ist dadurch für das Preußische Stadtrecht von wesentlichster Bedeutung, und zwar hauptsächlich deshalb, weil auf Grund des Art. 2 der Deutschen Reichsverfassung die Reichsgesetze stets den Landesgesetzen, und somit auch dem auf die Verfassung und Verwaltung der Städte Bezug habenden Theile derselben, vorgehen Es werden demzufolge durch die Reichsgesetze collidirende Landesgesetze, und somit auch das Preußische Stadtrecht in soweit aufgehoben resp. abgeändert, als die Bestimmungen des letzteren mit den Reichsgesetzen im Widerspruch stehen und nicht vereinbar sind. Dieser Gesichtspunct führt zur Darstellung der nachfolgenden Grundsätze:

I. **Competenz des Reichs in Bezug auf die Gesetzgebung.** Der Art. 4 der Reichsverfassung resp. spätere Reichsgesetze unterstellen der Beaufsichtigung Seitens des Reichs und der ausschließlichen Gesetzgebung desselben nachfolgende Angelegenheiten:

1. Die Bestimmungen über Freizügigkeit, Heimaths- und Niederlassungsverhältnisse, Staatsbürgerrecht, Paßwesen und Fremdenpolizei und über den Gewerbebetrieb einschließlich des Versicherungswesens, desgleichen über die Colonisation und die Auswanderung nach außerdeutschen Ländern.

2. Die Zoll- und Handelsgesetzgebung und die für die Zwecke des Reichs zu verwendenden Steuern.
3. Die Ordnung des Maaß-, Münz- und Gewichtssystems nebst Feststellung der Grundsätze über die Emission von fundirtem und unfundirtem Papiergelde.
4. Die allgemeinen Bestimmungen über das Bankwesen.
5. Die Erfindungspatente.
6. Der Schutz des geistigen Eigenthums.
7. Organisation eines gemeinsamen Schutzes des deutschen Handels im Auslande, der deutschen Schiffahrt und ihrer Flagge zur See und Anordnung gemeinsamer konsularischer Vertretung, welche vom Reiche ausgestattet wird.
8. Das Eisenbahnwesen und die Herstellung von Land- und Wasserstraßen im Interesse der Landesvertheidigung und des allgemeinen Verkehrs.
9. Der Flößerei- und Schiffahrtsbetrieb auf den mehreren Staaten gemeinsamen Wasserstraßen und der Zustand der letzteren, sowie die Fluß- und sonstigen Wasserzölle, und ferner die Schiffahrtszeichen (Leuchtthurm, Tonnen, Backen und sonstige Tagesmarken) auf Grund des Reichsgesetzes vom 3. März 1873.
10. Das Post- und Telegraphenwesen.
11. Bestimmungen über die wechselseitige Vollstreckung von Erkenntnissen in Civilsachen und Erledigung von Requisitionen überhaupt.
12. Bestimmungen über die Beglaubigung von öffentlichen Urkunden überhaupt.
13. Die gemeinsame Gesetzgebung über das gesammte bürgerliche Recht, das Strafrecht und das gerichtliche Verfahren.
14. Das Militärwesen des Reichs und die Kriegsmarine.
15. Maßregeln der Medizinal- und Veterinärpolizei.
16. Die Bestimmungen über die Presse und das Vereinswesen.

17. Die Gesetzgebung in Elsaß-Lothringen auch in den der Reichsgesetzgebung in den Bundesstaaten nicht unterliegenden Angelegenheiten (Reichsgesetz vom 9. Juni 1871).

II. Die gesetzgebende Gewalt des Reichs. Diese wird in Gemäßheit des Art. 5 der Reichsverfassung durch den Bundesrath, als Organ der Gesammtheit der Deutschen Landeshoheiten, welche die Competenz in den sub I, 1—16 aufgeführten Angelegenheiten zu Gunsten des Reichs abgetreten haben, und den Reichstag, als Vertreter des gesammten Deutschen Volkes, zugleich ausgeübt, und zwar in der Art, daß die Reichsgesetze zu ihrer Gültigkeit übereinstimmende Mehrheitsbeschlüsse des Bundesrathes und des Reichstages erfordern.

Die Ausfertigung und Verkündigung der Reichsgesetze sowie die Ueberwachung der Ausführung derselben steht dem Kaiser zu*, während der Bundesrath allein über die zur Ausführung der gemeinschaftlichen Gesetzgebung dienenden Verwaltungsvorschriften und Einrichtungen zu beschließen hat.** Die Anordnungen und Verfügungen des Kaisers, welche im Namen des Reichs erlassen werden und zu ihrer Gültigkeit der Gegenzeichnung des Reichskanzlers bedürfen***, sowie die vom Bundesrathe allein in Gemäßheit des § 37 der Reichsverfassung erlassenen Vorschriften heißen Reichsverordnungen, welche ebenso wie die Reichsgesetze absolut gemeinrechtlich sind.

III. Die Gesetzeskraft der Reichsgesetze. Dieselben erhalten ihre verbindliche Kraft auf Grund des Art. 2 der Reichsverfassung durch ihre Verkündigung im Reichsgesetzblatte (bis 1870 im Bundesgesetzblatte). Es bedarf somit weder einer Bekanntmachung der Reichsgesetze durch die Regierungen

---

*) Reichsverfassung § 17.
**) Reichsverfassung § 37.
***) Reichsverfassung § 17.

der einzelnen Deutschen Bundesstaaten noch der Genehmigung der letzteren. Ist in dem bekannt gemachten Gesetze ein anderer Anfangstermin seiner verbindlichen Kraft nicht bestimmt, so beginnt die letztere mit dem vierzehnten Tage nach dem Ablaufe desjenigen Tages, an welchem das betreffende Stück des Reichsgesetzblattes in Berlin ausgegeben worden ist.

§ 9. Einfluß der neuen Reformverwaltungsgesetze auf die Preußischen Städteordnungen.

Den Reformen der inneren Verwaltung der Preußischen Monarchie, welche mit dem Erlasse der Kreisordnung vom 13. December 1872 eingesetzt und im Jahre 1883 ihren vorläufigen Abschluß gefunden haben, liegen folgende reformgestaltende Hauptprincipien zu Grunde: Feststellung der Competenz der einzelnen Verwaltungsinstanzen, Entwickelung der verschiedenen Communalverbände in der Selbstverwaltung unter staatlicher Oberaufsicht, Abgrenzung der Ressorts der staatlichen und communalen Verwaltungsbehörden, Schutz der in den Bestimmungen des Verwaltungsrechts begründeten Ansprüche der gemeindeangehörigen Personen durch Rechtsprechung besonderer von den Verwaltungsbehörden unterschiedlicher nud unabhängiger Verwaltungsgerichte und Ausbildung des Polizeiverordnungsrechts.

Diese Reformen, welche den durch die Stein-Hardenberg'sche Gesetzgebung geordneten Verwaltungsorganismus den heutigen Staatszwecken, Anschauungen und Verhältnissen anzupassen und in seinem entwickelungsfähigen Theile fortzubilden bestimmt waren, sind nicht ohne wesentliche und durchgreifende Einwirkung auf das Preußische Stadtrecht, und insbesondere auf die Preußischen Städteordnungen geblieben. Namentlich sind es zwei Gesetze, das Gesetz über die allgemeine Landesverwaltung vom 30. Juli 1883 (G. S. p. 195) und das Gesetz über die Zuständigkeit der Verwaltungs- und Verwaltungsgerichtsbehörden vom 1. August 1883 (G. S. p. 237), welche einen Theil der Preußischen Städteordnungen, und zwar fast die Hälfte ihrer Paragraphen, theils aufgehoben theils in wesentlichen Bestimmungen oder in einzelnen Worten abgeändert haben. Beide Gesetze, welche für den gesammten Umfang der Monarchie erlassen sind, finden zur Zeit nur Anwendung in den Provinzen Ostpreußen, Westpreußen, Pommern incl. Neu-Vorpommern, Brandenburg incl. Stadtkreis Berlin, Schlesien, Sachsen, die Hohenzollern'schen Lande, Hannover*), Hessen-Nassau**) und Westphalen, (den sog. Kreisordnungsprovinzen) und werden in den übrigen Provinzen Posen, Schleswig-Holstein und in der Rheinprovinz erst in Kraft treten, je nachdem für dieselben auf Grund besonderer Gesetze neue Kreis- und Provinzialordnungen erlassen und der Zeitpunkt der Gesetzeskraft derselben für jede Provinz durch Königliche Verordnung bekannt gemacht sein wird.

Inwieweit die Bestimmungen der Städteordnungen der Kreisordnungsprovinzen durch den Inhalt der beiden Reformverwaltungsgesetze, insbesondere die §§ 7—23 des Zuständigkeitsgesetzes modificirt worden sind, wird weiter unten in dem speciellen Theile an den entsprechenden Stellen zur Darstellung gelangen. Hier soll nur der Inhalt der beiden Gesetze in seinen Hauptzügen mitgetheilt werden.

I. Das Gesetz über die allgemeine Landesverwaltung vom 30. Juli 1883.

Dies Gesetz setzt fest in

Tit. I. Die Grundlagen der Organisation der Landesverwaltung (§ 1—7) auf Grund

a. der bereits in der Verordnung wegen verbesserter Einrichtung der Provinzialbehörden vom 30. April 1815

*) Ges. vom 6. Mai 1884.

**) Ges. vom 7. Juni 1885 (G. S. p. 193)

angeordneten Verwaltungseintheilung des Staatsgebiets in Provinzen, Regierungsbezirke und Kreise unter Ausscheidung der einen Verwaltungsbezirk für sich bildenden Stadt Berlin aus der Provinz Brandenburg,

b. der Führung der Allgemeinen Landesverwaltungsgeschäfte unter Oberleitung der Minister durch die Oberpräsidenten in den Provinzen, die Regierungspräsidenten und die Regierungen in den Regierungsbezirken und die Landräthe in den Kreisen in der Weise, daß die vorgenannten Beamten innerhalb ihres Geschäftskreises selbstständig unter vollständiger persönlicher Verantwortlichkeit handeln, vorbehaltlich der collegialischen Behandlung der durch das Gesetz bezeichneten Angelegenheiten,

c. der Mitwirkung bei den Geschäften der allgemeinen Landesverwaltung durch den Provinzialrath für die Provinzen, durch den Bezirksausschuß für die Regierungsbezirke, durch den Kreisausschuß in den Kreisen, durch den Stadtausschuß in den mit einem Kreisausschuß nicht versehenen Stadtkreisen und durch den collegialischen Gemeindevorstand in den einem Landkreise angehörigen Städten mit mehr als 10000 Einwohnern, jedoch abgesehen von den Hohenzollern'schen Landen, wo an Stelle des Oberpräsidenten und Provinzialraths der zuständige Minister, an Stelle des Kreises der Oberamtsbezirk, an Stelle des Landraths der Oberamtmann, und an Stelle des Kreisausschusses der Amtsausschuß tritt.

d. der Ausübung der Verwaltungsgerichtsbarkeit durch die Kreis- (Stadt-) Ausschüsse und die überall an Stelle der Deputationen für das Heimathwesen tretenden Bezirksausschüsse als Verwaltungsgerichte und durch das in Berlin für den gesammten Umfang der Monarchie bestehende Oberverwaltungsgericht, deren Entscheidungen unbeschadet aller privatlichen Verhältnisse ergehen.

Tit. II. Die Organisation der Verwaltungsbehörden (§ 8—49), und zwar

a. der Provinzialbehörden (Oberpräsident, Provinzialrath und Generalcommissionen) (§ 8—16)

b. der Bezirksbehörden (Regierungspräsident und die Bezirksregierung sowie Bezirksausschuß) (§ 17—35), der

c. Kreisbehörden (Landrath und Kreisausschuß resp. Stadtausschuß) (§ 36—40).

d. der Behörden für den Stadtkreis Berlin, für welchen in Betreff der Organisation besondere Bestimmungen erlassen sind (§ 40—47).

e. der Stellung der Provinzial-, Bezirks- und Kreisbehörden zu einander in Betreff der Competenz der dienstlichen Aufsicht über die Geschäftsführung der einzelnen Verwaltungsinstanzen, des Verfahrens bei Vorstellungen über die geschäftlichen Aufsichtsverfügungen und im Falle der gegenseitigen Requisitionen der Behörden (§ 48 und 49).

Tit. III. Die Vorschriften über das Verwaltungsstreitverfahren und das Beschlußverfahren, welche sich hinsichtlich der Competenz von einander dadurch unterscheiden, daß das erstere zur Entscheidung der streitigen Verwaltungssachen (Streitsachen über Ansprüche und Verbindlichkeiten aus dem öffentlichen Rechte), das letztere dagegen zur Entscheidung der der Verwaltungsgerichtsbarkeit nicht unterliegenden Sachen bestimmt ist. (§ 50—126.) Die einzelnen Abschnitte handeln über

a. Allgemeine Vorschriften (§ 50—60).

b. Das Verwaltungsstreitverfahren (§ 61—114).

1. Die Ausschließung und Ablehnung der Gerichtspersonen (§ 61 und 62).
2. Das Verfahren in erster Instanz (§ 63—81).
3. Das Verfahren in den weiteren Instanzen und die Wiederaufnahme des Verfahrens (§ 82—101).

4. Die Kosten des Verwaltungsstreitverfahrens (§ 102—109).
5. Schlußbestimmungen für das Verwaltungsstreitverfahren (§ 110—114).

c. das Beschlußverfahren (§ 115—126).

Tit. IV. Die Rechtsmittel gegen polizeiliche Verfügungen nebst Verfahren (§ 127—131).

a. Die Beschwerde gegen polizeiliche Verfügungen der Orts- und Kreispolizeibehörden (§ 127), und zwar:

1. Gegen die Verfügungen der Ortspolizeibehörden auf dem Lande oder einer zu einem Landkreise gehörigen Stadt mit einer Einwohnerzahl bis zu 10 000 Einwohnern an den Landrath und gegen dessen Bescheid an den Regierungspräsidenten.
2. Gegen die Verfügungen der Ortspolizeibehörden eines Stadtkreises excl. Berlin, einer zu einem Landkreise gehörigen Stadt mit mehr als 10 000 Einwohnern oder des Landraths an den Regierungspräsidenten, und gegen dessen Bescheid an den Oberpräsidenten.
3. Gegen ortspolizeiliche Verfügungen in Berlin an den Oberpräsidenten.

b. Die Klage gegen den in letzter Instanz ergangenen Bescheid des Regierungspräsidenten resp. des Oberpräsidenten bei dem Oberverwaltungsgerichte, jedoch nur zulässig in folgenden zwei Fällen (§ 127):

1. Wenn der angefochtene Bescheid durch Nichtanwendung oder unrichtige Anwendung des bestehenden Rechts, insbesondere auch der von den Behörden innerhalb ihrer Zuständigkeit erlassenen Verordnungen den Kläger in seinen Rechten verletzt und
2. wenn die thatsächlichen Voraussetzungen nicht vorhanden sind, welche die Polizeibehörde zum Erlasse der Verfügung berechtigt haben würden,

bei Ausschluß jeder weiteren Instanz, aber unbeschadet aller privatrechtlichen Verhältnisse.

c. Die Klage an Stelle der sub. a bezielten Beschwerde unter den sub. b, 1 und 2 angeführten Bedingungen (§ 128), und zwar:

1. gegen die Verfügungen der Ortspolizeibehörden auf dem Lande oder einer zu einem Landkreise gehörigen Stadt bis zu 10000 Einwohnern bei dem Kreisausschusse,
2. gegen die Verfügungen des Landraths oder der Ortspolizeibehörden eines Stadtkreises oder einer zu einem Landkreise gehörigen Stadt mit mehr als 10000 Einwohnern bei dem Bezirksausschusse.

d. Die Beschwerde gegen polizeiliche Verfügungen des Regierungspräsidenten an den Oberpräsidenten, und gegen dessen Bescheid Klage bei dem Oberverwaltungsgerichte. (§ 130).

Tit. V. Die Zwangsbefugnisse des Regierungspräsidenten, des Landraths, der Ortspolizeibehörede und des Gemeinde- (Guts-) Vorstehers für die von ihnen in Ausübung der obrigkeitlichen Gewalt getroffenen, durch ihre gesetzlichen Befugnisse gerechtfertigten Anordnungen. (§ 132—135.)

Der Titel behandelt:

1. Die Arten der Zwangsmittel, nämlich:
   a. Die Ausführung der zu erzwingenden Handlung durch einen Dritten nebst Einziehung des muthmaßlichen Kostenbetrags im Zwangswege nach zuvoriger schriftlicher Androhung und Fristbestimmung für die Ausführung, wenn dies thunlich ist.
   b. event. im Falle der Unmöglichkeit solcher Ausführung oder des Unvermögens, sowie im Falle der Erzwingung einer Unterlassung die schriftliche Androhung und Festsetzung von Geldstrafen nebst Bestimmung der Höhe der entsprechenden Haftzeit. (Die Ortspolizei-

behörden können Geldstrafen bis zur Höhe von 60 Mark festsetzen und für den Fall des Unvermögens höchstens eine Haft von einer Woche substituiren).

c. Anwendung unmittelbaren Zwanges, wenn die Anordnung ohne einen solchen unausführbar ist.

2. Die Rechtsmittel gegen die Androhung eines Zwangsmittels. Es sind die Rechtsmittel, abgesehen von dem Falle, daß gegen die Festsetzung und Ausführung eines Zwangsmittels nur die Beschwerde im Aufsichtswege stattfindet, ganz dieselben, wie die gegen die polizeilichen Anordnungen selbst gerichteten — cfr. oben IV., sub. a.-d. —, und wird durch sie bis zur Rechtskraft die Vollstreckung der substituirten Haftstrafen gehemmt.

Tit. VI. Das Polizeiverordnungsrecht (§ 136—145), durch welches festgestellt wird:

a. Die Berechtigung der Minister, des Oberpräsidenten, des Regierungspräsidenten, des Landraths und der Ortspolizeibehörden zum Erlaß polizeilicher Vorschriften innerhalb der ihnen zugewiesenen Ressorts. — cfr. oben § 6. —

b. Die Befugniß zur Außerkraftsetzung polizeilicher Vorschriften:

1. Seitens des Regierungspräsidenten betreffs der orts- oder kreispolizeilichen unter Zustimmung des Bezirksausschusses.
2. Seitens des Ministers des Innern betreffs der orts-, kreis-, bezirks- oder provinzialpolizeilichen,
3. Seitens des Ministers für Handel und Gewerbe betreffs der Strom-, Schiffahrts- und Hafenpolizeivorschriften.

Tit. VII. Die Uebergangs- und Schlußbestimmungen, durch welche u. A. angeordnet wird, daß durch das Gesetz unberührt bleiben:

a. die Bestimmungen der §§ 20 und 21 der Gewerbeordnung vom 21. Juni 1869.

b. Die Bestimmungen des Gesetzes vom 21. Juli 1852 betreffend die Dienstvergehen der nicht richterlichen Beamten.

c. Die Bestimmungen des Reichsgesetzes über den Unterstützungswohnsitz vom 6. Juni 1870

und durch welche ältere collidirende Gesetze theilweise aufgehoben werden.

II. Das Gesetz über die Zuständigkeit der Verwaltungs- und Verwaltungsgerichtsbehörden vom 1. August 1883.

Durch dies Gesetz wird die Zuständigkeit der einzelnen Verwaltungsbehörden für die verschiedenen Competenzangelegenheiten geregelt, und zwar in:

a. Tit. I—V für die Angelegenheiten der Provinzen, Kreise, Amtsverbände, Stadtgemeinden, Landgemeinden und selbstständigen Gutsbezirke.

b. Tit. VI—X für Armen-, Schul-, Einquartirungs-, Sparkassen- und Synagogengemeindeangelegenheiten.

c. Tit. XI—XVI und XX für Polizeiangelegenheiten, und zwar Wege-, Wasserpolizei, Deichangelegenheiten, Fischerei-, Jagd-, Gewerbepolizei (gewerbliche Anlagen, gewerbliche Konzessionen, Ortsstatuten, Innungen, Märkte, öffentliche Schlachthäuser, Kehrbezirke, Ablösung gewerblicher Berechtigungen) und Baupolizei.

d. Tit. XVII—XIX. für Handelskammer-, kaufmännische Korporationen-, Börsen-, Feuerlöschwesen- uud Hülfskassensachen.

e. Tit. XXI. und XXII. für Dismenbrations-, Ansiedelungs- und Enteignungssachen.

f. Tit. XXIII. für Personenstands- und Staatsangehörigkeitssachen.

g. Tit. XXIV. für Steuerangelegenheiten.

§. 10. Die Quellen des Preußischen Stadtrechts.

Für das Preußische Stadtrecht sind die Quellen im Allgemeinen dieselben, wie sie uns im ganzen Rechtssysteme entgegentreten. Es sind dies

I. **Das geschriebene Recht**, nämlich

1. Die Gesetze (Landes- und Reichsgesetze), und zwar diejenigen, welche ausschließlich städtische Angelegenheiten betreffen, und diejenigen, welche nur beiläufig besondere stadtrechtliche Bestimmungen enthalten. Während die für das Deutsche Reich gegebenen Gesetze als Reichsgesetze und Reichsverordnungen — cfr. § 8 — bezeichnet werden, haben die Landesgesetze im Laufe der Zeiten wiederholt die Form und die Bezeichnung gewechselt. Die Landesgesetze zerfielen vor der Zeit der Preußischen Verfassung vom 31. Januar 1850 in

a. Königliche Gesetze, welche von dem Könige, als damaligen alleinigen Gesetzgeber, erlassen wurden und in den Gesetzsammlungen als Gesetz, Verordnung, Edict, Publicandum, Instruction, Declaration, Reglement, Patent bezeichnet werden.

b. Die Cabinetsordres, welche sich als von dem Könige erlassene und an eins der Ministerien gerichtete Verordnungen darstellen, erlangten die Kraft und Wirkung eines Gesetzes durch ihre vorgeschriebene Verkündigung.

c. Ausführungsverordnungen der Ministerien, soweit letztere ausdrücklich durch den Befehl des Königs ermächtigt waren, die zur Ausführung Königlicher Gesetze erforderlichen Bestimmungen zu treffen.

Nach der Zeit der Verfassung dagegen unterschied man — cfr. § 7 — nur noch:

a. die wirklichen Gesetze,

b. die oktroyirten Gesetze,

c. Königliche Verordnungen zur Ausführung der Gesetze.

2. Die Polizeiverordnungen — cfr. § 6. —

3. Die Ministerialrescripte, durch welche die Minister allgemeine die Verwaltung betreffende Anweisungen an die von ihnen ressortirenden Behörden erlassen können, sind für die betreffenden Behörden und Beamten so lange verbindlich, bis dieselben wieder aufgehoben werden. Diese Ministerialrescripte, welche wegen dieser verbindlichen Kraft als Quelle des Preußischen Stadtrechts zu beachten sind, müssen unterschieden werden von denjenigen Ministerialrescripten, welche von den Ministern in einem bestimmten Falle zur Entscheidung einer an sie im Beschwerdewege gelangten einzelnen Verwaltungssache erlassen werden. Diese zuletzt bezielten Rescripte und die darin enthaltenen Entscheidungen haben für andere Fälle überhaupt keine bindende Kraft und sind auch nicht einmal eine verbindliche Norm für das erlassende Ministerium, da letzteres an die in solchen Rescripten ausgesprochene und für die einzelne Entscheidung relevant gewesene Ansicht nicht gebunden ist, vielmehr solche Ansicht jederzeit aufgeben und statt dessen eine andere seinen späteren Entscheidungen grundlich machen darf. Trotzdem haben diese Rescripte in wissenschaftlicher Beziehung einen nicht zu unterschätzenden Werth.

4. Urkunden der Städte, welche auf das städtische Verfassungs- und Verwaltungsrecht Bezug haben, insbesondere die auf Grund des statutarischen Rechts der Städte erlassenen Anordnungen, Regulative, Ordnungen pp.

II. **Das ungeschriebene Recht,** welches sich in dem Gewohnheitsrechte kundgiebt und gestaltet. Das Gewohnheitsrecht erscheint in den Städten als die im öffentlichen Verkehre fortdauernd geübte und von der Rechtsüberzeugung der gemeindeangehörigen Personen getragene Rechtsnorm.

III. Das Recht der Wissenschaft und die Praxis.

Der Wissenschaft fällt die Aufgabe zu, die in der Entwickelung zurückgebliebene Rechtsbildung zu ersetzen, das in den Rechtsquellen zerstreute Material zu sammeln und zu sichten, seine innersten Prinzipien aufzudecken und diese durch Entwickelung zu einem juristischen Systeme zu gestalten. Das Resultat der wissenschaftlichen Thätigkeit liefert freilich keine bindenden Rechtsnormen, wie das geschriebene Recht und das Gewohnheitsrecht; es hat indeß wegen der Macht der Wissenschaft selbst einen wesentlichen Einfluß auf die Entwickelung und Fortbildung des Rechts.

Einen gleichen Einfluß hat die Praxis der höchsten Gerichtshöfe, insbesondere in Bezug auf das Stadtrecht die Entscheidungen des Obertribunals, des Oberverwaltungsgerichts und des Gerichtshofes zur Entscheidung der Competenz-Conflicte.

§ 11. Litteratur des Preußischen Stadtrechts.

I. Die Schriften, welche die rechtlichen Verhältnisse der Gemeinden überhaupt und in ihrem Verhältnisse zum Staate betreffen:

Reichard, Statistik und Vergleichung der jetzt geltenden städtischen Verfassungen in den monarchischen Staaten Deutschlands.

J. Weiske, Sammlung der neueren Deutschen Gemeindegesetze.

Zachariae, Deutsches Staatsrecht.

Bluntschli, Allgemeines Staatsrecht.

Stahl, Philosophie des Rechts.

von Mohl, Staatsrecht des Königreichs Würtemberg.

II. Schriften, welche die Entwickelung des Deutschen Städtewesens betreffen:

Gaupp, über Deutsche Städtegründung, Städteverfassung und Weichbild im Mittelalter.

Hüllmann, Städtewesen des Mittelalters.

Rauschnik, das Bürgerthum und Städtewesen der Deutschen im Mittelalter.

Schilling, Lehrbuch des Stadt- und Bürgerrechts der Deutschen Bundesstaaten.

Reichard, historisch-politische Ansichten und Untersuchungen, betreffend die Frage von der practischen Ausbildung der städtischen Verfassung in Deutschland.

Barthold, Geschichte des Deutschen Städtewesens.

Eichhorn, Abhandlung über den Ursprung der städtischen Verfassung in Deutschland in der Zeitschrift für geschichtliche Rechtswissenschaft Band I und II.

III. Die Schriften, welche die Entwickelung des Städtewesens in Preußen behandeln:

Lancizolle, Grundzüge der Geschichte des Deutschen Städtewesens mit besonderer Berücksichtigung auf die Preußischen Staaten.

Rönne und Simon, Gemeindeverfassung des Preußischen Staats.

IV. Schriften, welche besonders das Preußische Stadtrecht und speciell die Städteordnungen betreffen.

Zimmermann, Versuch einer historischen Entwickelung der Märkischen Städteverfassung.

Dr. L. von Roenne, die Preußischen Städteordnungen von 1808 und 1831.

Dr. L. von Roenne, die Gemeindeordnung vom 11. März 1850.

Dr. L. von Roenne, das Staatsrecht der Preußischen Monarchie.

Hübner, die Städteordnung für die sechs östlichen Provinzen der Preußischen Monarchie vom 30. Mai 1853.

Mascher, die städtische Communalverfassung.

von Möller, das Preußische Stadtrecht.

Marcinowski (früher G. Stein), die Städteordnung für die sechs östlichen Provinzen der Preußischen Monarchie pp.

Kotze, Commentar zur Städteordnung vom 30. Mai 1853.

O. Oertel, die Städteordnung vom 30. Mai 1853 und die Verwaltungsreformgesetze.

M. von Brauchitsch (fortgesetzt von Studt und Braunbehrens), die neuen Preußischen Verwaltungsgesetze, Band III.

B. Graeser, Monatsschrift für Deutsches Städte- und Gemeindewesen.

§ 12. Plan und System des speciellen Theils.

Der nachfolgende specielle Theil soll die städtische Verfassung und Verwaltung zur Darstellung bringen. Diese Darstellung wird sich im Wesentlichen auf die in den Provinzen Ostpreußen, Westpreußen, Pommern, Schlesien, Brandenburg, Sachsen, Posen, Westphalen und Rheinprovinz bestehenden Verhältnisse, und somit auf die dort geltenden Städteordnungen stützen sowie die in den übrigen Provinzen geltenden wesentlichen Abweichungen an geeigneter Stelle hervorheben.

Die Disposition des speciellen Theils wird sich an die durch die Städteordnungen sich bietende anlehnen. Demzufolge werden zunächst die Grundlagen, welche die städtische Verfassung und Verwaltung zur Voraussetzung haben und welche uns in vier Gruppen als Stadtbezirk, Stadtgemeinde, Bürgerschaft und Gemeindeabgabenpflichtige entgegentreten, festzustellen sein. Darauf wird die Darstellung der Verfassung, welche sich in den beiden städtischen Communalbehörden verkörpert, im II. Buche folgen, und sich hieran im III. Buche die eigentliche Verwaltung der Städte in Bezug auf ihre Organisation und im IV. Buche in Bezug auf ihre verschiedenen Zweige anschließen. Endlich wird das Verhältniß der Städte zum Staate wegen des ihm zustehenden Oberaufsichtsrechts und wegen der von ihm ressortirenden Verwaltung erörtert werden müssen. Der specielle Theil wird danach in fünf Abschnitte zerfallen und zwar:

I. Buch: Die Grundlagen der städtischen Verfassung.

a. Der Stadtbezirk,
b. die Stadtgemeinde,
c. die Bürgerschaft,
d. die Gemeindeabgabenpflichtigen.

II. Buch: Die Verfassung.

a. Die Gemeindevertretung,
b. der Gemeindevorstand,
c. die städtische Verfassung ohne collegialischen Gemeindevorstand.

III. Buch: Die Verwaltung.

a. Der Magistrat als geschäftsführende Behörde,
b. die städtischen Unterbehörden,
c. die Communalbeamten.

IV. Buch: Die Verwaltungszweige.

V. Buch: Das staatliche Oberaufsichtsrecht.

Specieller Theil.

Die Stadtverfassung und Verwaltung.

I. Buch: Die Grundlagen der städtischen Verfassung und Verwaltung.

Erstes Kapitel: Der Stadtbezirk.

§ 13. Begriff und Umfang des Stadtbezirks.

O. St. O. § 2, W. St. § 2, R. St. § 2, H. St. O. § 8, Sch. H. St. O. § 2.

Der Stadtbezirk (städtischer Gemeindebezirk) ist dasjenige Territorium, innerhalb dessen Grenzen die städlische Verfassung Geltung hat. Ein solcher Bezirk umfaßt alle diejenigen Grundstücke, welche demselben bisher (d. h. bis zur Publication der betreffenden jetzt geltenden Städteordnungen) angehört haben.*)

Die betreffende letztere Bestimmung der Städteordnungen hat vielfach zu Zweifeln über den Umfang des Bezirks der Städte Anlaß gegeben, insofern es sich um die Frage handelte: Welches sind die Grundstücke, welche dem Stadtbezirke bisher angehört haben? In dieser Beziehung sind drei Gruppen von Städten zn unterscheiden, nämlich

1. Diejenigen Städte, deren Bezirke in Gemäßheit der §§ 146 und 147 der Gemeindeordnung vom 11. März 1850

*) St. O. § 2.

durch die Kreiscommissionen als in ihren Grenzen fortbestehend anerkannt oder nach zuvoriger Grenzregulirung durch die Kreis- und Bezirkscommissionen unter Bestätigung des Ministers des Innern festgestellt worden sind. Für den Umfang des Bezirks dieser Städte ist das Anerkenntniß resp. die von Bestand gebliebene Feststellung der Commissionen allein maßgebend.

2. Diejenigen unter der Geltung der Städteordnung vom 19. November 1808 gestandenen Städte, auf welche sich jene Thätigkeit der Kreiscommissionen nicht erstreckt hat. Auf Grund der §§ 3 und 4 dieser St. O. umfaßt hier der Bezirk alle Grundstücke der Städte und Vorstädte (d. h. derjenigen zusammenhängenden Etablissements, welche vor der eigentlichen Stadt auf städtischem Gebiete liegen) sowie alle auf der städtischen Feldmark belegenen Grundstücke.*)

3. Diejenigen dem Geltungsbereiche der revidirten Städteordnung vom 17. März 1831 angehörig gewesenen Städte, auf welche sich gleichfalls die sub. 1 beregte Thätigkeit der Kreiscommissionen nicht ausgedehnt hat. Hier gehören auf Grund der §§ 5, 7 und 8 jener Städteordnung zum Stadtbezirke alle innerhalb der Städte, Vorstädte und der städtischen Feldmark belegenen Grundstücke, jedoch mit Ausschluß der Dominialgrundstücke der Besitzer mittelbarer Städte und der zur Zeit der Publication der Städteordnung für sich bestandenen Königlichen Grundstücke und Rittergüter.

Im Uebrigen erstreckt sich der Stadtbezirk auch auf die Grundstücke der zu ihm gehörigen mehreren Ortschaften, aus welchen eine Stadtgemeinde bestehen kann**, und auf die ihn

---

*) M. R. v. 24. Dec. 1836 (Ann. Bd. XX, p. 952); M. R. v. 12. Juli 1837 (Ann. Bd. XXI, p. 453); M. R. v. 6. Sept. 1836 (Ann. Bd. XX' p. 643).

**) O. St. O. § 14 und 15.

berührenden öffentlichen Land- und Wasserstraßen, indem diese, falls nicht etwa im einzelnen Falle Gründe für das Gegentheil bestehen, den sie umgebenden oder bis zu ihrer Mitte den auf jeder Seite an sie anstoßenden Gemeindebezirken zuzurechnen sind.*)

Streitigkeiten über die bestehenden Grenzen der Stadtbezirke unterliegen in den Kreisordnungsprovinzen der Entscheidung im Verwaltungsstreitverfahren. Ueber die Festsetzung streitiger Grenzen beschließt dort vorläufig, sofern es das öffentliche Interesse erheischt, der Bezirksausschuß. Bei dem Beschlusse desselben behält es bis zur rechtskräftigen Entscheidung im Verwaltungsstreitverfahren sein Bewenden.**) Dagegen werden in den übrigen Provinzen Posen, Schleswig-Holstein und der Rheinprovinz, solche Grenzstreitigkeiten im Instanzenzuge durch die Staatsaufsichtsbehörden entschieden. Der Rechtsweg ist unbedingt ausgeschlossen für Streitigkeiten darüber, ob ein Grundstück zu einem Stadtbezirke resp. Gemeindeverbande gehört oder nicht, resp. ob und welchem Gemeindebezirke gewisse Grundstücke oder Etablissements zuzurechnen sind;*) und zwar deshalb ausgeschlossen, weil die betreffenden Rechtsfragen dem öffentlichen Rechte angehören. — Nur in dem Falle, wenn bei Grenzstreitigkeiten das Eigenthum an einem streitigen Grundstücke oder andere privatrechtliche Ansprüche geltend gemacht werden, steht der Rechtsweg offen; es kann aber in einem solchen Prozesse die Entscheidung über die streitigen Grenzen nur für die Partheien, dagegen nicht für die öffentlich-rechtlichen Verhältnisse verbindlich sein.

---

*) M. R. v. 17. Juni 1868 (M. Bl. p. 244).

**) Zust. G. § 9.

***) C. C. E. vom 22. Oct. 1853 (J. M. Bl. p. 423) und vom 12. April 1862 (J. M. Bl. p. 280).

§ 14. Veränderungen des Stadtbezirks.

O. St. O. § 2, W. St. O. § 2, R. St. O. § 2, Sch. H. St. O. § 3, H. St. O. § 10. u. 11.

Die bestehenden Stadtbezirke können verändert werden. Für solche Veränderung sind folgende Bestimmungen maßgebend:

I. Grundstücke, welche bisher noch keinem Gemeinde- oder selbstständigen Gutsbezirke angehört haben, können in den Kreisordnungsprovinzen nach Vernehmung der Betheiligten und nach Anhörung des Kreistages durch Beschluß des Bezirksausschusses*) (in Schleswig-Holstein durch den Oberpräsidenten, in der Rheinprovinz nur durch Genehmigung des Königs, in den übrigen Provinzen durch Genehmigung der Centralbehörden) mit dem Stadtbezirke vereinigt werden, und zwar selbst gegen den Willen der Betheiligten. Unter den „Betheiligten" sind zu verstehen**) nur die Besitzer derjenigen Grundstücke, um deren Incommunalisirung es sich handelt, sowie die Vertretungen derjenigen Gemeinde (Magistrat und Stadtverordnetenversammlung), mit deren Communalbezirke die fraglichen Grundstücke auf Antrag ihres Eigenthümers oder nach der Absicht der Gemeinde vereinigt werden sollen; während andere Gemeinden bloß deshalb, weil auch ihre Bezirke an die zu incommunalisirenden Grundstücke grenzen, noch nicht zu den Betheiligten, deren Anhörung erfolgen muß, zu rechnen sind.***) Eine solche durch die Organe der Staatsgewalt angeordnete Veränderung des Stadtbezirks kann im Rechtswege nicht angefochten werden.†)

---

*) Zust. G. § 8.

**) M. R. v. 21. April 1831 Ann. 1839 p. 392.

***) M. R. v. 20. Sept. 1858 (M. Bl. p. 249).

†) C. C. E. vom 12. April 1862 (M. Bl. p. 288) und vom 4. Juli 1863 (J. M. Bl. p. 231).

Die Domainen und Königlichen Forsten stehen in communaler Beziehung den selbstständigen Gutsbezirken gleich.*) Handelt es sich um die Incommunalisirung eines Domainengrundstücks, so hat diejenige Behörde, welcher dasselbe zur ausschließlichen Benutzung für die Zwecke ihrer Verwaltung ausdrücklich überwiesen ist, resp. welche sich in dessen factischem Besitze und Benutzung befindet, auch die Erklärung wegen Einverleibung des betreffenden Grundstücks in den Stadtbezirk abzugeben.**)

II. Die Vereinigung eines ländlichen Gemeinde- oder selbstständigen Gutsbezirks mit einer Stadtgemeinde kann nur unter Zustimmung der Vertretungen der betheiligten Gemeinden resp. des betheiligten Gutsbesitzers nach Anhörung des Kreistages mit Genehmigung des Königs erfolgen. Handelt es sich dagegen um die Vereinigung von Theilen eines Gutsbezirks mit verschiedenen anderen Bezirken, so gestaltet sich die Sache nach dem Ministerialrescripte vom 29. Mai 1867***) folgendermaßen: Hat ein Gut durch faktische Zertheilung oder auf Antrag des Eigenthümers die Eigenschaft eines selbstständigen Gutsbezirks verloren, so tritt für den Fall der Vereinigung einzelner Theile mit dem Stadtbezirke das Verfahren sub I ein. Erfolgt eine Theilung des Gutes und bleibt nach der Zertheilung noch ein selbstständiger Gutsbezirk übrig, so greift wegen Incommunalisirung des Theils das Verfahren sub III Platz, während wegen etwaiger Zulegung des verbliebenen selbstständigen Gutsbezirks zum Stadtbezirke das Verfahren sub II zu beobachten ist.

Nach den Intentionen der Centralbehörden soll eine Vereinigung eines Gemeinde- und eines selbstständigen Gutsbezirks,

---

*) M. R. v. 3. März 1859 (M. Bl. p. 95).

**) M. R. v. 30. Nov. 1857 (M. Bl. 1858 p. 4).

***) M. Bl. 1867 p. 200.

welche innerhalb derselben Ortschaft nebeneinander bestehen, angestrebt werden.*)

III. Sollen einzelne Grundstücke von einem Stadtbezirke abgetrennt und mit einem angrenzenden Gemeinde- oder selbstständigen Gutsbezirke vereinigt werden, oder sollen einzelne bisher zu einer anderen Gemeinde oder zu einem selbstständigen Gute gehörende Grundstücke abgetrennt und mit einem angrenzenden Stadtbezirke vereinigt werden, so erfolgt in den Kreisordnungsprovinzen die Veränderung nach Anhörung des Kreistages durch Beschluß des Bezirksausschusses (in den übrigen Provinzen durch Genehmigung der Centralbehörde) und zwar nach zuvoriger Einwilligung der Vertretungen der betheiligten Gemeinden und der betheiligten Gutsbesitzer, sowie der Eigenthümer der abzutrennenden Grundstücke. Nur in dem Falle, wenn sich die Veränderung des Stadtbezirks im öffentlichen Interesse als nothwendiges Bedürfniß ergiebt, kann dieselbe in Ermangelung der Einwilligung aller Betheiligten mit Genehmigung des Königs nach Vernehmung der Betheiligten und nach Anhörung des Kreistages erfolgen.

In den vorstehend sub I—III beregten Fällen ist der Beschluß des Kreistages vor Einholung der höheren Genehmigung den Betheiligten nachrichtlich mitzutheilen. Was die in Folge einer Veränderung der Grenzen der Stadtbezirke nothwendig werdende Auseinandersetzung zwischen den betheiligten Gemeinden anlangt, so ist diese in den Kreisordnungsprovinzen durch Beschluß des Bezirksausschusses, jedoch vorbehaltlich der den Gemeinden gegen einander zustehenden Klage im Verwaltungsstreitverfahren**) (in den übrigen Provinzen im Verwaltungswege) zu bewirken. Die bei der Auseinandersetzung maßgebenden Principien sind in den Mi-

*) M. R. v. 4. Juni 1860 (M. Bl. p. 114).

**) Zust. G. § 8, für Berlin das Oberverwaltungsgericht (Zust. G. § 21).

nisterialrescripten vom 21. April 1831 (Ann. p. 392) und vom 13. Mai 1845 (M. Bl. p. 116) ausführlich angegeben. Es ist zu beachten, daß privatrechtliche Verhältnisse durch dergleichen Veränderungen niemals gestört werden dürfen, vielmehr durch letztere ganz unberührt bleiben. Sobald die Veränderung durch den Bezirksausschuß beschlossen worden, ist sie durch das betreffende Amtsblatt bekannt zu machen.

Die vorstehend dargelegten Bestimmungen finden bei Veränderungen, welche bei Gelegenheit einer Gemeinheitstheilung vorkommen, keine Anwendung. Es normiren in letzterer Beziehung das Gesetz betreffend die Ausführung der Gemeinheitstheilungs- und Ablösungsordnungen vom 7. Juni 1821*) und die Verordnung vom 30. Juni 1834.*) Die bei solchen Separationen, Ablösungen u. s. w. für abgetretene Grundstücke und Berechtigungen gewährten Landabfindungen erhalten in Ansehung ihrer privatrechtlichen und communalen Verhältnisse die Eigenschaften derjenigen Grundstücke und Gerechtigkeiten, für welche sie gegeben werden, und gehen also ohne Weiteres in den Communalverband der berechtigten Gemeinde über.***)

Fällt die Veränderung des Stadtbezirks mit der Veränderung der bestehenden Kreisgrenzen zusammen, so erfolgt diese durch das Gesetz, und es beschließt der Bezirksausschuß über die Auseinandersetzung der betheiligten Kreise.†) Es ziehen nun Veränderungen solcher Stadtbezirksgrenzen, welche zugleich Kreisgrenzen sind, sowie die Vereinigung eines Grundstückes, welches bisher überhaupt einem Gemeinde- oder Gutsbezirke nicht angehörte, mit einem zum Kreise gehörigen Stadtbezirke immer die Veränderung der betreffenden Kreisgrenzen, und, wo die Kreis- und Wahlbezirksgrenzen zusammen-

*) G. S. 1821 p. 83.

**) G. S. 1834 p. 96.

***) M. R. v. 13. August 1860 (M. Bl. p. 235).

†) Kreisordnung vom 13. Dec. 1872, § 3 und Zust. G. § 2.

fallen, auch die Veränderung der letzteren ohne Weiteres nach sich.*)

Dagegen hat die lediglich in Bezug auf die Verwaltung der Polizei auf Grund des § 49a der Kreisordnung vom 13. December 1872 und des Zuständigkeitsgesetzes vom 1. August 1883 § 6 angeordnete Vereinigung ländlicher Gemeinde- und Gutsbezirke mit dem Stadtbezirke eine Veränderung des letzteren nicht zur Folge. Eine solche im polizeilichen Interesse verfügte Vereinigung erfolgt durch den Minister des Innern im Einvernehmen mit dem Bezirksausschusse nach vorheriger Anhörung der Betheiligten und des Kreistages.

§ 15. Die Stadt.

I. Begriff. Den wesentlichsten Bestandtheil des Stadtbezirks bildet die Stadt, als der Sitz der städtischen Behörden und der Mittelpunct der städtischen Verwaltung. Die Bedeutung der Stadt tritt um so mehr hervor, als sich innerhalb ihrer Begrenzung hauptsächlich die beiden das öffentliche Verkehrsleben vorzugsweise vermittelnden Factoren, das Gewerbe und der Handel, concentriren. Dieser Gesichtspunct ist es, welcher der Begriffsbestimmung des Allgemeinen Landrechts in Th. II. Tit. 8 § 86 zu Grunde liegt, indem dort die Stadt als diejenige Ortschaft definirt wird, welche hauptsächlich zum Aufenthalte der sich mit der Verarbeitung und Verfeinerung der Naturerzeugnisse und mit dem Handel beschäftigenden Einwohner des Staats bestimmt ist. Das Gewerbe und der Handel sind denn auch die charakteristischen Merkmale, welche einen Unterschied der Städte von den Dörfern und den Flecken herbeiführen, und zwar insofern,

---

*) Kreisordnung § 3.

als die Dörfer vorzugsweise zum Aufenthalte der Ackerbau treibenden Bewohner des Staates dienen, und als in den Flecken die Hauptbeschäftigung ihrer Einwohnerschaft nicht vorwiegend entweder auf Ackerbau oder auf Gewerbebetrieb, sondern zugleich auf beide Nahrungszweige in annähernd gleichem Verhältnisse gerichtet ist.

In Betreff der Begriffsbestimmung bietet die Hannoversche Städteordnung insoweit eine Besonderheit, als dort der Ausdruck „Stadt" ausnahmslos alle Gemeinden begreift, auf welche die Städteordnung Anwendung findet.*)

II. Eintheilung der Städte. In mehrfacher Beziehung macht sich eine Scheidung der einzelnen Städte unter einander geltend. Hauptsächlich ist dies im Allgemeinen der Fall in Betreff der Höhe ihrer Einwohnerzahl. Der dadurch bedingte Unterschied wird wiederholt in den Verwaltungsgesetzen und den Städteordnungen berührt, wie z. B. hinsichtlich der Voraussetzungen zum Erwerbe des Bürgerrechts (§ 5 der St.-O. vom 30. Mai 1853), ferner der Zusammensetzung der Stadtverordnetenversammlung (§ 12 ibidem), der Zusammensetzung des Magistrats (§ 29 ibidem), der Wahlfähigkeit des Gemeindeeinnehmers zum Magistratsmitgliede (§ 30 ibidem und § 56 sub. 6), der Bestätigung der Wahl der Magistratsmitglieder Seitens des Königs oder des Regierungspräsidenten (§ 33 ibidem), der Beschlußfähigkeit des Magistrats (§ 57 ibidem), der Ausscheidung der Städte aus einem Landkreise (Kreisordnung vom 13. December 1872 § 4, nach welchem Städte von mindestens 25000 Seelen mit Ausschluß der activen Militärpersonen befugt sind, aus einem Landkreise, welchem sie angehört haben, völlig auszuscheiden und für sich einen Kreisverband, Stadtkreis, zu bilden) und dergleichen mehr.

*) H. St. O. § 4, Abs. 5.

Als namentliche Eintheilungen sind hervorzuheben:

1. Große, mittlere und kleine Städte im Geltungsbereiche der St.-O. vom 30. Mai 1853, je nachdem dieselben über 10000, bezw. 2500 bis 10000, oder nicht mehr als 2500 Einwohner zählen. Diese Eintheilung ist insofern beachtenswerth, als die kleinen d. h. die nicht mehr als 2500 Einwohner zählenden Städte Anspruch auf Einrichtung der städtischen Verfassung ohne collegialischen Gemeindevorstand haben (cfr. Tit VIII., § 72 und 73 der St.-O. vom 30. Mai 1853).

2. Unmittelbare und mittelbare Städte. Unmittelbare Städte heißen diejenigen, welche ausschließlich unter der obrigkeitlichen Aufsicht des Staates stehen, während als mittelbare oder Mediat-Städte diejenigen bezeichnet werden, über welche außer dem Staate noch einer Grundherrschaft obrigkeitliche Aufsichtsrechte zugewiesen sind.*) Dieser Unterschied, welcher zu einer desfallsigen Controverse die Veranlassung gegeben hat, ist noch heutzutage von practischer Bedeutung.

Es hat freilich die Städteordnung von 1808 in ihrem Geltungsbereiche die obrigkeitlichen Rechte der Gutsherrn über die Mediatstädte gänzlich beseitigt,*) dagegen sind solche Rechte durch die Städteordnung von 1831 (§§ 133—138) bei Bestand gelassen. Während die Städteordnung von 1853 die Mediatstädte ganz unerwähnt läßt, werden in dem Gesetze, betreffend die ländlichen Ortsobrigkeiten in den 6 östlichen Provinzen, vom 14. April 1856 (G. S. p. 358, denjenigen Gutsherren, welchen zur Zeit des Erlasses der Gemeindeordnung von 1850 polizeiobrigkeitliche Rechte über die Mediatstädte zugestanden haben, solche Rechte noch ausdrücklich zuerkannt.

Was insbesondere die durch die Rheinbundsacte vom

---

*) A. L. R. Th. II, Tit. 8 § 166.

**) St. O. v. 1808 §§ 7 und 8.

12. Juli 1806 mittelbar gewordenen Deutschen Standesherren, welche als vormals unmittelbare Deutsche Reichsstände bis zum Jahre 1806 reichsständische Besitzungen innegebabt haben,*) anlangt, so ist diesen das Aufsichtsrecht über die ihnen früher unterstellten Städte durch den Art. XIV der deutschen Bundesacte unter Vorbehalt der höheren Regierungsrechte belassen und demnächst durch die Verordnung, betreffend die Verhältnisse der vormals unmittelbaren Reichsstände in den Preußischen Staaten, vom 21. Juni 1815 (G. S. p. 105) und die dazu erlassene Allerhöchste Instruction vom 30. Mai 1820 (G. S. p. 81) noch besonders garantirt. Insbesondere ist in dem § 45 der letztberegten Instruction ausgesprochen, daß den Standesherren in dem ganzen Umfange ihrer standesherrlichen Bezirke die Aufsicht über die Städte- und Dorfcommunen sowie die Concurrenz bei der Wahl und Anstellung der Vorgesetzten und Beamten jener Communen verbleiben soll, und zwar innerhalb derjenigen Grenzen, welche die bereits bestehenden oder noch zu erlassenden Gemeindeordnungen den Regierungen und Landräthen in Beziehung auf die dem Landesherrn unmittelbar unterworfenen Gemeinden vorschreiben. Wenn nun auch dieses obrigkeitliche Recht der Standesherren durch den Art. 42 der Preußischen Verfassungsurkunde beseitigt worden ist, so ist dessen volle Geltung durch das Gesetz, betreffend die Declaration der Verfassungsurkunde, vom 10. Juni 1854 und durch die Königliche Verordnung vom 12. November 1855 in seinem früheren Umfange wiederhergestellt worden. Die nach dieser Zeit im Jahre 1856 für die Rheinprovinz und die Provinz Westphalen erlassenen Städteordnungen enthalten die Bestimmung, daß die anderweitige Regulirung der Verhältnisse der Standesherren in Beziehung auf die in ihren vormaligen reichsunmittelbaren Gebieten be-

*) Instruction vom 30. Mai 1820 § 1 (G. S. p. 81).

legenen Städte, Gemeinden und Aemter einer besonderen Königlichen Verordnung vorbehalten bleiben soll.*) Eine solche Regelung ist demnächst in den beiden vorgenannten Provinzen zum Theil durch Verträge erfolgt, welche von Seiten der Staatsregierung mit einzelnen dort angesessenen Standesherren abgeschlossen sind, während eine desfallsige Königliche Verordnung nicht erlassen ist.

Hinsichtlich der im Jahre 1866 mit der Preußischen Monarchie vereinigten Landestheile, in welchen die Preußische Verfassung vom 31. Januar 1850 (G. S. p. 17) vorbehaltlos und insbesondere ohne die sog. Declaration vom 10. Juni 1854 eingeführt worden ist, sind die den Standesherren durch den Art. XIV der Deutschen Bundesacte garantirten standesherrlichen Privilegien, und somit das Aufsichtsrecht über die Stadtgemeinden, zweifellos bis dahin beseitigt, daß solche Privilegien in verfassungsmäßiger Weise wiederhergestellt werden.

3. Selbstständige und amtssässige Städte. Dieser Unterschied besteht nur für die Provinz Hannover. Es werden dort unter selbstständigen Städten diejenigen begriffen, welche vor der dortigen Einführung der Kreis- und Provinzialordnung in Bezug auf die städtische Verwaltung unmittelbar unter den Landdrosteien standen, während die amtssässigen Städte und Flecken zunächst dem Amte untergeordnet waren.

Zweites Kapitel: Die Stadtgemeinde.

§ 16. Begriff der Stadtgemeinde.

O. St. O. § 9; W. St. O. § 9; R. St. O. § 8.

Während das Preußische Staatsgebiet nach dem territorialen Gesichtspunkte in Bezug auf seine eigene Verwaltung

---

*) W. St. O. §§ 85 und 87 und R. St. O. § 94.

in Provinzen, Regierungsbezirke und Kreise eingetheilt wird, läßt sich der Staat mit Rücksicht auf die Selbstverwaltung der einzelnen Theile in Provinzen, Kreise und Gemeinden gliedern. Jedes dieser drei Glieder bildet für sich einen Communalverband mit den Rechten einer Corporation — einen Communalverband, welcher nicht blos zur Decentralisation der staatlichen Verwaltung, sondern vorzugsweise zur Erreichung eigener selbstständiger wirthschaftlicher Zwecke bestimmt ist.

Die Provinzen theilen sich in Kreise; letztere (mit Ausschluß der Stadtkreise) zerfallen in Amtsbezirke, wenn dem Kreise Städte nicht angehören, event. in Stadt und Amtsbezirke. Während die Amtsbezirke aus einer oder mehreren Landgemeinden oder aus einem oder mehreren Gutsbezirken resp. aus Landgemeinden und Gutsbezirken*) bestehen, wird der Stadtbezirk nur durch eine Gesammtgemeinde, nämlich die Stadtgemeinde, gebildet. Die Stadtgemeinde ist also der den Stadtbezirk umfassende Communalverband, welchem die Selbstverwaltung seiner eigenen Angelegenheiten mit den Rechten einer Corporation zusteht.

§ 17. Vertretung der Stadtgemeinde.

O. St. O. § 10; W. St. O. § 10; R. St. O. § 9; H. St. O. §§ 71 u. 80.

In allen Preußischen Provinzen mit Ausschluß der Rheinprovinz werden die Stadtgemeinden vertreten durch einen collegialischen Gemeindevorstand (Magistrat, resp. in Hessen Stadtrath, in Nassau Bürgermeister und Gemeinderath genannt), und durch eine Gemeindevertretung, welche in den altpreußischen Provinzen als Stadtverordnetenversammlung, in Hannover als Bürgervorstehercollegium resp. in Neu-Vor-

*) Kreisordnung vom 13. Dec. 1872 § 21.

pommern als bürgerschaftliches Collegium bezeichnet wird. In der Rheinprovinz wird die Stadtgemeinde durch den Bürgermeister und die Stadtverordnetenversammlung vertreten. Der Magistrat ist die verwaltende und ausführende Gemeindebehörde, während die Stadtverordnetenversammlung nur als beschließende Gemeindevertretung thätig ist. Der Magistrat vertritt auf Grund gesetzlicher Bestimmung die Stadtgemeinde als Corporation nach Außen, während die Stadtverordnetenversammlung dem Magistrate gegenüber in Bezug auf die ihm obliegende Verwaltung der städtischen Gemeinde-Angelegenheiten die Stadtgemeinde, als Auftraggeberin, vertritt und somit als dasjenige Organ hervortritt, in welchem der Wille der Stadtgemeinde zum Ausdrucke gelangt. Eine Ausnahme bieten die nicht mehr als 2500 Einwohner zählenden Städte, in welchen auf Grund des Tit. VIII der St. O. vom 30. Mai 1853 eine städtische Verfassung ohne collegialischen Gemeindevorstand eingerichtet ist.

Der Magistrat wird als Organ der Staatsgewalt auch Ortsbehörde genannt, und zwar im Gegensatze zu den Centralbehörden und Mittelbehörden. Die Centralbehörden, von denen jede selbstständig ihre Ressortgeschäfte erledigt und welche nur zur Erledigung gemeinsamer Angelegenheiten in dem Staats-Ministerium zusammenberufen werden, gliedern sich in Einzel-Ministerien, und zwar:

1. Das Ministerium des Innern,
2. Das Justiz-Ministerium,
3. Das Finanz-Ministerium,
4. Das Ministerium der auswärtigen Angelegenheiten,
5. Das Kriegs-Ministerium,
6. Das Ministerium der geistlichen, Unterrichts- und Medicinal-Angelegenheiten,
7. Das Ministerium für Handel und Gewerbe,
8. Das Ministerium der öffentlichen Arbeiten.

9. Das Ministerium für Landwirthschaft, Domainen und Forsten.

Die Mittelbehörden zerfallen in Provinzialbehörden (Oberpräsident und Provinzialrath), in Bezirksbehörden (Regierungspräsident und Bezirksausschuß) und in Kreisbehörden (Landrath und Kreisausschuß).

§ 18. Umfang der Stadtgemeinde.

O. St. O. § 3, W. St. O. § 3, R. St. O. § 3, H. St. O. § 14, Sch. H. St. O. § 4.

Zur Stadtgemeinde gehören alle Einwohner des Stadtbezirks mit Ausnahme der Mitglieder des Königlichen Hauses,*) der Besitzer der mittelbaren Städte und der servisberechtigten Militairpersonen des activen Dienststandes. Zu diesen Militairpersonen müssen auf Grund der Beilage I zum Reichsgesetze betreffend die Revision des Servistarifs und der Klasseneintheilung vom 3. August 1878 (R. G. B. p. 244) gerechnet werden:

1. Alle activen Militairs des Deutschen Landheeres und der Kaiserlichen Marine (Officiere, Unterofficiere, Gemeine, Mitglieder des Sanitätscorps und Mitglieder des Maschinen-Ingenieur-Corps).
2. Alle oberen (d. h. im Officiersrange stehenden) und unteren Militairbeamten, welche im Heere und in der Marine für das Bedürfniß beider Kategorien dauernd oder auf Zeit angestellt sind, nicht zum Soldatenstande gehören, unter dem Kriegsminister oder Chef der Admiralität, als Verwaltungschefs, stehen und einen Militairrang haben, ohne Unterschied, ob sie einen Diensteid geleistet haben oder nicht, nämlich: General-Auditeur, Feldprobst, Intendant eines Armeecorps, Corpsauditeur,

---

*) M. R. vom 30. Mai 1850.

Militair-Oberpfarrer, Intendanturrath, Stationsintendant, Werftdirector, Intendantur-Assessor, Divisions- &c. Auditeur, Divisions- und Garnisonpfarrer, Intendantur-Secretariats- und Registraturbeamte, Zahlmeister, Festungs-Inspections- bezw. Fortifications-Secretair und Bureau-Assistent, Bureauvorsteher beim großen Generalstabe, Militairgerichts-Actuar, Corps- und Ober-Roßarzt, Corps-Stabsapotheker, etatsmäßiger Stallmeister, Marine-Auditeur, Marine-Pfarrer, Hafenbau-, Schiffsbau- und Maschinenbau-Oberingenieur, Ingenieur und Unteringenieur, Marinegerichtsactuar, Unterzahlmeister, Lootsencommandeur, Oberlootse, Militairküster, Lootse, Materialienverwalter, Maschinist, Schiffsführer, Steuermann beim Lootsenwesen, Marineküster, Büchsenmacher und Sattler, während die hier nicht besonders benannten Beamten der Militairverwaltung als Civilbeamte anzusehen sind und deshalb zu der Zahl der Einwohner gehören.

Jene servisberechtigten Militairpersonen, zu welchen auch die Gensdarmen gezählt werden, können selbst dann nicht als Einwohner angesehen werden, wenn sie in dem betreffenden Stadtbezirke einen Wohnsitz haben, ein stehendes Gewerbe betreiben oder ein Grundstück erwerben, oder selbst wenn sie wegen ihres daraus fließenden Einkommens zu den auf den Grundbesitz oder auf das stehende Gewerbe gelegten Gemeindelasten herangezogen werden. Die activen Militairpersonen des Soldatenstandes, ohne Unterschied der Charge, können selbst dadurch allein, daß sie sich an dem ihnen dienstlich angewiesenen Orte aufhalten oder in Garnison befinden, einen Wohnsitz nicht erwerben.*) Was diejenigen Einwohner des Stadtbezirks betrifft, welche durch Einziehung zur Fahne, wie die zum Heere einberufenen Reservisten, nachträglich die Eigen-

*) M. R. vom 17. August 1850 (M. Bl. p. 355).

schaft einer servisberechtigten Militairperson des activen Dienststandes erlangen, so ruhen während des Dienstes die aus der Stadtgemeindeangehörigkeit originirenden Rechte und Pflichten (z. B. Zahlung von Gemeindesteuern, Leistung von Diensten pp.) mit der Wirkung, daß dieselben mit dem Ablaufe des Militärdienstes wieder aufleben, ohne daß es eines wiederholten Erwerbes des Einwohnerrechts bedarf.*)

§ 19. Begründung des Einwohnerrechts durch den Wohnsitz in der Stadtgemeinde.

Als Einwohner werden mit Ausschluß der servisberechtigten Militärpersonen des activen Dienststandes alle Diejenigen betrachtet, welche in dem Stadtbezirke nach den Bestimmungen der Gesetze ihren Wohnsitz haben. Dieser den Preußischen Städteordnungen entnommene Wortlaut hat zu einer Streitfrage darüber, welche Gesetze gemeint sind, die Veranlassung gegeben. Das Ministerialrescript vom 10. October 1855 (M. Bl. p. 178) hat zur Beseitigung dieser Streitfrage darauf hingewiesen, daß das Gesetz über die Aufnahme neu anziehender Personen vom 31. December 1842, in welchem der nur für die Armenpflege in Frage kommende Begriff des Unterstützungswohnsitzes festgestellt wird, nicht gemeint sei, sondern die Vorschriften der Allgemeinen Gerichtsordnung Th. I, Tit. 2 §§ 9—15. Mit Rücksicht hierauf bedarf es zur Feststellung der Einwohnerqualität der nachstehenden Erörterungen.

I. **Begriff des Wohnsitzes.** Es fehlt in den Landesgesetzen, insbesondere auch in der Gerichtsordnung eine ausdrückliche allgemein gesetzliche Vorschrift hinsichtlich der Be-

---

*) M. R. vom 14. December 1864 (M. Bl. 1865 p. 2) und vom 9. October 1866 (M. Bl. p. 214.)

griffsbestimmung. Die vorcitirten §§ der Gerichtsordnung beziehen sich freilich zunächst nur auf den Gerichtsstand, man hat ihnen indeß in der Theorie und Praxis bisher immer eine allgemeine Bedeutung beigelegt, insoweit es sich um den Begriff und die Kennzeichen des Wohnsitzes handelt. Es bleibt übrigens, wie auch das M. R. vom 10. October 1855 betont, dadurch nicht ausgeschlossen, unter Umständen im Wege der Analogie auf die Bestimmungen des Gesetzes vom 31. December 1842 Rücksicht zu nehmen, wie im Falle einer zu dem ausgesprochenen Zwecke der Niederlassung erfolgten Meldung, in welcher die Absicht, den beständigen Wohnsitz an einem Orte nehmen zu wollen, im Sinne des § 10 der Gerichtsordnung zu erkennen sein wird. Wohnsitz wird sich im Sinne der Gerichtsordnung definiren lassen als derjenige Ort, welchen eine Person sich zum beständigen Aufenthalte, und zugleich zum Mittelpunkte ihrer beruflichen oder wirthschaftlichen Thätigkeit gewählt hat.

II. **Begründung des Wohnsitzes.** Diese erfolgt entweder ausdrücklich durch Erklärung oder stillschweigend durch solche Handlungen resp. Thatsachen, welche die Absicht, den beständigen Wohnsitz an einem Orte nehmen zu wollen, unzweideutig erkennen lassen. Für eine stillschweigende Begründung erachtet beispielsweise der § 11 der Gerichtsordnung die Thatsache, daß Jemand an einem Orte ein Amt, welches seine beständige Gegenwart daselbst erfordert, übernommen, oder daß er Handel oder Gewerbe daselbst zu treiben angefangen oder daß er sich daselbst Alles, was zu einer eingerichteten Wirthschaft gehört, angeschafft hat. Dagegen kann aus dem bloßen Aufenthalte, welchen Jemand eine geraume Zeit hindurch wegen seiner Geschäfte oder Gesundheit oder des Studirens, oder um einem drohenden Arreste, einer Kriegs- oder anderen Gefahr zu entgehen, an einem Orte genommen hat, die Absicht der beständigen Wohnsitznahme, und somit die

Begründung des Wohnsitzes, nicht gefolgert werden.*) Die Möglichkeit der Begründung mehrerer Wohnsitze durch eine Person an verschiedenen Orten ist in dem § 15 der Allgemeinen Gerichtsordnung zugegeben — eine Möglichkeit, welche bedingt, daß die betreffende Person an mehreren Orten die Eigenschaft und Rechte eines Einwohners gewinnt.

Von der Regel, daß die Uebernahme eines Amtes die Begründung des Wohnsitzes eo ipso zur Folge hat, bestehen Ausnahmen: z. B. für Referendarien, falls sie nicht etwa den Berufsort als ihren Wohnsitz ausdrücklich oder durch concludente Handlungen, wie Verheirathung, bestimmt haben oder wenn sie nicht etwa bei einer Behörde als Hülfsarbeiter gegen Diäten angestellt sind**), ferner für die außerordentlichen und einstweiligen Staats-Bureaugehülfen, wie Hülfsarbeiter, Diätarien, Supernumerarien und Lohnschreiber, welche in dem Falle, wenn für sie die rechtlichen Voraussetzungen des Wohnsitzes nicht besonders vorliegen, zu den Einwohnern, und somit zur Gemeinde nicht gerechnet werden sollen.***)

III. Rechtliche Fähigkeit zur Begründung des Wohnsitzes. Ein unbedingtes Erforderniß ist die Handlungsfähigkeit der Person, welche ihren Wohnsitz wählen will. Handlungsunfähige Personen, welche sich durch Rechtsgeschäfte nicht verpflichten dürfen (z. B. Kinder, Unmündige, Geisteskranke), können sich ihren Wohnsitz nicht aus eigenem freien Willen begründen. Die ehelichen Kinder theilen nothwendig den Wohnsitz des Vaters, die unehelichen Kinder denjenigen der

---

*) Allg. Gerichtsordnung § 14.

**) M. R. vom 10. März 1831 (Ann. p. 106), vom 20. Mai 1834 (Ann. p. 439), vom 7. August 1835 (Ann. p. 767) und vom 11. Juli 1845 (M. Bl. p. 254).

***) M. R. v. 30 Juni 1825 (Ann. 669) und Ges. vom 11. Juni 1822 § 11.

Mutter, und zwar solange, bis sie sich kraft eigenen Rechts frei oder im Falle der Minderjährigkeit mit Einwilligung des Vaters resp. des Vormunds einen anderen Wohnsitz wählen. Die Ehefrau muß den Wohnsitz des Mannes theilen, und dieser dauert auch für die Wittwe fort bis zu einer neuen Ehe oder willkürlichen Veränderung.

IV. **Recht auf Begründung des Wohnsitzes.** Das Reichsgesetz über die Freizügigkeit vom 1. November 1867*) gewährt jedem Deutschen das Recht, innerhalb des Deutschen Reichsgebiets an jedem Orte sich aufzuhalten oder niederzulassen, wo er eine eigene Wohnung oder ein Unterkommen sich zu verschaffen im Stande ist. Er muß jedoch der Ortsbehörde auf Verlangen den Nachweis seiner Reichsangehörigkeit und, wenn er noch unselbstständig ist, den Nachweis der Genehmigung desjenigen erbringen, unter dessen (väterlicher, vormundschaftlicher oder ehelicher) Gewalt er steht.

Diese Regel erleidet nachstehende Ausnahmen, indem die Niederlassung und der Aufenthalt an einem Orte versagt werden kann:

a. Sträflingen, welche zu Zuchthaus oder wegen eines Verbrechens, wodurch der Thäter sich als einen für die öffentliche Sicherheit oder Moralität gefährlichen Menschen darstellt, zu irgend einer anderen Strafe verurtheilt worden oder in einer Correctionsanstalt eingesperrt gewesen sind, und zwar Seitens der Landespolizeibehörde auf Grund des § 3 des Freizügigkeitsgesetzes und des § 2 des Gesetzes vom 31. December 1842.

b. Deutschen (mit Ausschluß der Preußischen Unterthanen), welche in Preußen innerhalb der letzten zwölf Monate wegen wiederholten Bettelns oder wegen wiederholter Landstreicherei bestraft worden sind, Seitens der Landes-

*) R. G. Bl. 1868 p. 55.

polizeibehörde auf Grund des § 3 des Freizügigkeitsgesetzes.

c. Den durch gerichtliches Urtheil aus dem Amte entlassenen Geistlichen und anderen Religionsdienern, welche nach der Entlassung eine Handlung vornehmen, aus welcher hervorgeht, daß sie die Fortdauer des ihnen entzogenen Amtes beanspruchen und ferner Personen, welche wegen Vornahme von Amtshandlungen in einem Kirchenamte, welches den Vorschriften der Staatsgesetze zuwider ihnen übertragen oder von ihnen übernommen ist, rechtskräftig zu Strafe verurtheilt sind oder zur Untersuchung gezogen werden, von Seiten der Landespolizeibehörde auf Grund des Gesetzes, betreffend die Verhinderung der unbefugten Ausübung von Kirchenämtern, vom 4. Mai 1874 §§ 1, 2 und 5. (R. G. Bl. p. 43.)

d. Denjenigen Personen, welche die Agitation für die auf Umsturz der bestehenden Staats- oder Gesellschaftsordnung gerichteten socialdemokratischen, socialistischen und kommunistischen Bestrebungen schuldig machen und gegen welche die Zulässigkeit der Einschränkung ihres Aufenthalts erkannt ist, von Seiten der Landespolizeibehörde auf Grund des § 22 des Reichsgesetzes gegen die gemeingefährlichen Bestrebungen der Socialdemokratie vom 21. October 1878 resp. 31. Mai 1880 und 28. Mai 1884.

e. Für Bezirke oder Ortschaften, welche durch socialdemokratische, socialistische und kommunistische Bestrebungen mit Gefahr für die öffentliche Sicherheit bedroht sind, kann auf Grund der von den Centralbehörden mit Genehmigung des Bundesraths getroffenen Anordnungen denjenigen Personen, von denen eine Gefährdung der öffentlichen Ordnung zu besorgen ist, der Aufenthalt in jenen Bezirken oder Ortschaften versagt werden, und zwar auf Grund des § 28 des Reichsgesetzes vom 21. October 1878.

f. Neuanziehenden von Seiten der Gemeinde, wenn diese nachweisen kann, daß der Neuanziehende nicht hinreichende Kräfte besitzt, um sich und seinen nicht arbeitsfähigen Angehörigen den nothwendigen Lebensunterhalt zu verschaffen, und wenn er solchen weder aus eigenem Vermögen bestreiten kann, noch von einem dazu verpflichteten Verwandten erhält. Dagegen berechtigt die Besorgniß vor künftiger Verarmung den Gemeindevorstand nicht zur Zurückweisung (cfr. § 4 des Freizügigkeitsgesetzes).

V. Erwerb des Wohnsitzes durch Ausländer. Der Ausländer (jetzt ein Nicht-Deutscher) hat in Gemäßheit des § 6 des Gesetzes vom 31. December 1842 freilich nicht das Recht, zum Aufenthalte und zur Niederlassung in einer Preußischen Gemeinde zugelassen zu werden; er kann indeß, wenn ihm die Niederlassung nicht versagt wird, im Inlande einen Wohnsitz begründen, ohne zuvor die Eigenschaft eines Preußischen Unterthans erworben zu haben. Ein solcher Ausländer ist nach geschehener Begründung des Wohnsitzes als Einwohner des Stadtbezirks, als Gemeindemitglied, zu betrachten, und als solcher zur Theilnahme an den Gemeindelasten verpflichtet.*)

Dagegen kann das volle Bürgerrecht nur von Preußischen Staatsangehörigen ausgeübt werden. Ausländer können somit jenes Bürgerrecht durch bloße Niederlassung und dadurch begründete Gemeindemitgliedschaft ohne zuvorigen Erwerb des Preußischen Staatsbürgerrechts niemals erlangen.

VI. Verlust des Wohnsitzes. Die Aufhebung eines Wohnsitzes geschieht im Allgemeinen durch freie Willkühr, wie die Begründung. Da in der Regel ein anderer Wohnsitz an die Stelle tritt, so stellt sich jene Aufhebung als Uebertragung

---

*) M. R. vom 5. Mai 1857 (M. Bl. p. 104).

bar. Das Aufgeben des Wohnsitzes, welches nicht beschränkt werden darf, hat den Verlust der Gemeindeangehörigkeit zur Folge. Der Aufgebende ist jedoch zur Theilnahme an den Gemeindelasten bis zum Ablaufe desjenigen Monats verpflichtet, in welchem er die Anzeige über das Aufgeben seines Wohnsitzes der Ortsbehörde gemacht hat, und muß auch die städtischen Lasten noch für einen bestimmten Zeitraum mittragen, wenn er Vortheile, welche die Stadt ihren Mitgliedern gewährt, schon für eine darüber hinausgehende Zeit vorweg genossen hat.

Der erzwungene Verlust des Wohnsitzes kann eintreten:

a. für Neuanziehende, wenn sich nach deren Anzuge die Nothwendigkeit einer öffentlichen Unterstützung offenbart, bevor sie an dem Aufenthaltsorte einen Unterstützungswohnsitz (durch zwei Jahre lang ununterbrochen fortgesetzten Aufenthalt nach zurückgelegtem 24. Lebensjahre*) erworben haben, und wenn die Gemeinde nachweist, daß die Unterstützung aus anderen Gründen, als wegen einer nur vorübergehenden Arbeitsunfähigkeit, nothwendig geworden ist.**)

b. In den oben sub. IV, a—e aufgeführten Fällen, in welchen bestimmten Personen die Niederlassung an einem Orte versagt werden darf. Die dortigen Gründe berechtigen auch zur Versagung der Fortsetzung des Aufenthalts und zur Ausweisung.

Im Uebrigen darf Niemandem die Fortsetzung des Aufenthalts an einem Orte verboten werden. Der § 10 des Reichsgesetzes vom 1. November 1867 bestimmt noch speciell, daß in dem Falle, wenn ein Neuanziehender die im § 8 des Gesetzes vom 31. December 1842 vorgeschriebene Meldung bei

*) Unterstützungswohnsitzgesetz vom 6. Juni 1870 § 10.

**) Freizügigkeitsgesetz vom 1. Nov. 1867 § 5.

seinem Anzuge der Polizeiobrigkeit nicht macht, die unterlassene Meldung nur mit einer Polizeistrafe, niemals aber mit dem Verluste des Aufenthaltsrechts geahndet werden darf.

§ 20. Rechte und Pflichten der Einwohner der Stadtgemeinde.

O. St. O. § 4; W. St. O. § 4; R. St. O. § 4; Sch. H. St. O. § 5; H. St. O. § 36.

Die mit dem Wohnsitze verbundenen und somit allen Einwohnern des Stadtbezirks zustehenden Rechte concentriren sich in der Mitbenutzung der öffentlichen Gemeindeanstalten der Stadt. Alle Einwohner sind in Betreff dieser Mitbenutzung gleichmäßig berechtigt. Wenn es auch faktisch nicht möglich ist, nur solche Anstalten herzustellen, welche den Interessen aller Einwohner in gleicher Weise und in gleichem Maße entsprechen, so wird es doch als unzulässig zu erachten sein, wenn in einer Gemeinde aus allgemeinen städtischen Mitteln solche Gemeindeanstalten begründet und unterhalten werden, von deren Mitbenutzung trotz ihrer sonst dazu geeigneten Lebensverhältnisse gewisse Einwohnerklassen grundsätzlich ausgeschlossen sein sollen.*) Es darf auch, wie dies in dem Ministerialerlasse vom 31. März 1871**) anerkannt ist, nicht durch Gemeindebeschluß eine Ungleichmäßigkeit der Berechtigungen eingeführt oder aufrecht erhalten werden, je nachdem ein Gemeindeglied in der Gemeinde oder außerhalb derselben geboren ist u. dgl.

Zu den öffentlichen Gemeindeanstalten gehören auf Grund der Motive zur Gemeindeordnung von 1850 die Sicherungs-

---

*) M. R. vom 28. Juli 1861.
**) M. Bl. 1871 p. 108.

Anstalten, Schulen, Armen- und Krankenhäuser, Sparkassen, Wegeanlagen und ähnliche zum Besten der Gesammtheit bestehende Einrichtungen. Dem Mitbenutzungsrechte der Einwohner entspricht die Pflicht der Gemeinde, solche Gemeindeanstalten so einzurichten und zu unterhalten, daß alle Einwohner, soweit ihre Lebensbedürfnisse dazu angethan sind, auch wirklich davon Gebrauch machen können.*)

Was die Pflichten der Einwohner anlangt, so bestehen diese in der Theilnahme an den städtischen Gemeindelasten, worüber im vierten Kapitel das Nähere zu erörtern sein wird.

Die Bestimmungen besonderer Stiftungen, welche mit den städtischen Gemeindeanstalten etwa verbunden sind, sowie die hinsichtlich solcher Anstalten auf besonderen Titeln beruhenden Privatrechte werden durch die vorberegten allgemeinen Rechte und Pflichten der Einwohner nicht berührt. Inwieweit die Mitbenutzung solcher Stiftungen, zu welchen die Hospitäler, Erziehungsinstitute, Wittwen- und Waisen-Unterhaltungsanstalten, auch Stiftungskrankenhäuser nnd ähnliche Anstalten zu rechnen sind, den Einwohnern oder einzelnen Klassen derselben freisteht, wird durch die bezüglichen Stiftungsurkunden event. durch Observanz festgestellt sein.

§ 21. Die Privilegien der Stadtgemeinde.

O. St. O. § 9; W. St. O. § 9; R. St. O. § 8.

I. Rechte der juristischen Person. Die Stadtgemeinde ist eine dem Staate untergeordnete Corporation im Sinne der §§ 25—202 Tit. 6 Theil II und des § 69 Tit. 10 Th. II des Allgemeinen Landrechts und hat als solche die Eigenschaft einer juristischen Person d. h. eines selbstständigen Subjekts

---

*) M. R. v. 28. Juli 1861 und v. 25. Nov. 1862.

von Vermögensrechten und Verbindlichkeiten. Auf ihre Angelegenheiten finden die gesetzlichen Vorschriften über die Rechte und Verhältnisse der Corporationen jedoch nur insoweit Anwendung, als die Städteordnungen und die für die städtischen Verhältnisse erlassenen gesetzlichen Bestimmungen als Spezialgesetze keine besonderen Anordnungen treffen. Die Stadtgemeinde ist als juristische Person aller den privilegirten Corporationen überhaupt zustehenden Vermögensrechte fähig, also insbesondere des Eigenthums, der beschränkteren Rechte an Grund und Boden, der Servituten an Grundstücken, des Nießbrauchs und des Pfandrechts; sie ist ferner fähig, zu besitzen, durch Verträge in Obligationsverhältnisse als Schuldner und Gläubiger einzutreten, aus den gegen sie begangenen Delikten Rechtsansprüche zu erwerben, sowie mit Vermächtnissen bedacht zu werden; sie kann endlich ihre Rechte vor Gericht verfolgen und belangt werden. — Was die civilprozessualischen Bestimmungen, welchen die Stadtgemeinden unterworfen sind, anlangt, so normirt desfalls die Deutsche Civilprozeß-Ordnung vom 30. Januar 1877 nebst Einführungsgesetz und ist hier besonders hervorzuheben:

a. Der allgemeine Gerichtsstand der Stadtgemeinde wird durch den Sitz derselben d. h. den Ort bestimmt, wo die städtische Verwaltung geführt wird (§ 19 der D. C. P. O.).

b. Die Zustellungen erfolgen an den Bürgermeister der Stadt, als Vorsteher, der Gemeinde und können in dem Falle, wenn er in dem städtischen Geschäftslokale während der gewöhnlichen Geschäftsstunden nicht angetroffen wird oder wenn er an der Annahme verhindert ist, an einen andern im Geschäftslocale anwesenden städtischen Beamten oder Bediensteten bewirkt werden (§§ 157 und 169 der D. C. P. O.).

c. Die landesgesetzlichen Vorschriften über die Zwangsvollstreckung wegen Geldforderungen gegen die Stadtgemeinde sind durch die D. C. P. O. nicht aufgehoben, vielmehr insoweit bei Bestand gelassen, als es sich um Geldforderungen handelt und nicht dingliche Rechte verfolgt werden (§ 15 sub 4 des Einführungsgesetzes zur D. C. P. O.). Es ist insbesondere die Bestimmung der Preußischen Allgemeinen Gerichtsordnung Th. I Tit. 24 § 153, nach welcher die zuständigen Gerichte wegen der wider eine Gemeinde zu ergreifenden Zwangsvollstreckungsmaßregeln die Vermittelung der zuständigen Staatsaufsichtsbehörde anrufen müssen, durch die D. C. P. O. nicht aufgehoben worden. Dagegen ist solche Bestimmung für die Kreisordnungsprovinzen dadurch modificirt, daß dort auf Grund des Zustg. vom 1. Aug. 1883 § 17 sub 4 jetzt über die Art der Zwangsvollstreckung der Bezirksausschuß an Stelle der Aufsichtsbehörde zu beschließen hat.

d. Die Zuschiebung oder Zurückschiebung des Eides ist nur an die gesetzlichen Vertreter der Stadtgemeinde, also die Mitglieder des Magistrats, und nur insoweit zulässig, als die vertretene Stadtgemeinde, wenn sie den Prozeß in Person führte oder die Vertreter, wenn sie selbst Partei wären, dieselbe zulassen müßten. (§ 435 der D. C. P. O.) Betrifft der Eid die eigenen Handlungen oder Wahrnehmungen nur einiger oder eines der Vertreter, so ist er von den übrigen nicht zu leisten (§ 436 eod.). Im Uebrigen normiren die Bestimmungen des § 434 der D. C. P. O.

II. Rechte der Minderjährigen. Der § 157 Titel 8 Theil II des Allgemeinen Landrechts hat den Stadtgemeinden in Ansehung ihres Kämmereivermögens die Rechte der Minderjährigen verliehen d. h. diejenigen Rechtswohlthaten, welche den Minderjährigen rücksichtlich ihres Vermögens beigelegt sind und welche sich auf die Verhältnisse der Stadtgemeinden in ihrer Eigenschaft als juristischer Personen überhaupt anwenden lassen. Die Deutsche Civilprozeßordnung vom 30. Januar 1877 hat diese Rechte insoweit geschmälert, als sie die früher den Gemeinden für die Anmeldung von Rechtsmitteln zugebilligten längeren Fristen gänzlich beseitigt und im § 210 die ihnen gleich den Minderjährigen zugestandenen besonderen Rechte auf Aufhebung der Folgen einer Versäumung im civilprocessualischen Verfahren aufgehoben hat. Die Stadtgemeinden genießen also jetzt in Bezug auf die Folgen einer Versäumung und die Wiedereinsetzung in den vorigen Stand einen besonderen Vorzug nicht mehr; es normiren vielmehr für dieselben nur die allgemeinen Bestimmungen der §§ 208—216 der D. C. P. O., nach welcher eine Wiedereinsetzung in den vorigen Stand nur im Falle eines durch Naturereignisse oder andere unabwendbare Zufälle herbeigeführten Versäumung zulässig ist, sowie ferner die Specialbestimmung des § 210 ibidem, nach welcher in dem Falle, wenn die Aufhebung der Folgen einer unverschuldeten Versäumniß zulässig ist, eine solche Versäumung, welche lediglich in der Verschuldung eines Vertreters ihren Grund hat, als eine unverschuldete nicht angesehen werden soll.

III. Vorzugsrechte im Concurse eines Gemeinschuldners.

a. Das Absonderungsrecht. Die Gemeinden sind auf Grund des § 41 sub 1 der Deutschen Concursordnung vom 10. Februar 1877 berechtigt, aus den von ihnen zurückgehaltenen oder in Beschlag genommenen zoll- und steuerpflichtigen Sachen abgesonderte Befriedigung wegen der betreffenden öffentlichen Abgaben zu verlangen, zunächst wegen der Kosten, dann wegen der Zinsen, zuletzt wegen des Abgabenbetrags. Es steht dagegen den Gemeinden ein solches Recht nicht zu wegen direkter Steuern, abgesehen jedoch von dem Falle einer zuvorigen Pfändung, welche schon an sich ein Absonderungsrecht in Ansehung der gepfändeten Sachen begründet.*)

b. **Das Vorrecht rücksichtlich der Vertheilung der Masse.** Es ist den Gemeinden in Betreff ihrer Befriedigung aus der Concursmasse durch den § 54 der D. C. O. ein Vorzugsrecht in folgender Art gewährt worden. Es werden vorweg berichtigt die für das letzte Jahr vor der Eröffnung des Concursverfahrens oder dem Ableben des Gemeinschuldners rückständigen Forderungen an Lohn, Kostgeld oder anderen Dienstbezügen derjenigen Personen, welche sich dem Gemeinschuldner für dessen Haushalt, Wirthschaftsbetrieb oder Erwerbsgeschäft zu dauerndem Dienste verdungen hatten. Es werden dann berichtigt (im Falle der Unzureichlichkeit der Masse nach dem Verhältnisse ihrer Beträge) die Forderungen der Reichskasse, der Staatskassen und der Gemeinden, sowie der Amts-, Kreis- und Provinzialverbände wegen öffentlicher Abgaben, welche im letzten Jahre vor der Eröffnung des Verfahrens fällig geworden sind, oder als betagte wie Maisch-, Rübenzucker-, Tabakssteuern pp. erst nach der Zeit, für welche sie schuldig geworden sind, fällig werden, ohne daß es einen Unterschied machen soll, ob der Steuererheber die Abgabe bereits vorschußweise zur Kasse entrichtet hat. Nach Deckung dieser öffentlichen Abgaben kommen zur Hebung die Forderungen der Kirchen und Schulen, der öffentlichen Verbände (wie Amts-, Kreis-, Provinzial-, Kirchen- und Schulwege-, Deich-, Meliorationsverbände und dergl.) sowie der zur Annahme der Versicherung verpflichteten Feuerversicherungsanstalten wegen der nach Gesetz oder Verfassung

---

*) Motive znm Entwurfe der D. K. O. und § 41 sub 9 der D. K. O.

zu entrichtenden Abgaben und Leistungen aus dem letzten Jahre vor der Eröffnung des Verfahrens. Der danach verbleibende Bestand der Masse fällt dann erst den übrigen Concursgläubigern zur weiteren Vertheilung zu.

Mit den bevorzugten Forderungen rangiren zugleich die den Gläubigern vor der Eröffnung des Verfahrens erwachsenen Kosten, die Vertragsstrafen und die bis zur Eröffnung des Verfahrens aufgelaufenen Zinsen.*)

IV. **Das Feldmarkrecht.** Dieses Recht ist durch die Cab.-Ordre vom 14. März 1825**) den Gemeinden der westlichen Provinzen zugestanden in Bezug auf diejenigen Parzellen, welche sich bei den Cataster-Vermessungen als herrenlos entdecken. Solche Parzellen sollen den zur Annahme des Eigenthums bereiten Gemeinden, in deren Feldmark sie liegen, mtt allen Vortheilen und Lasten überlassen werden. Im Falle der Nichtannahme sollen sie für Rechnung des Fiscus, welchem sie im Uebrigen zufallen, verkauft, nöthigenfalls bloß gegen Uebertragung der Steuerlast „ausgethan" werden.***)

V. **Das Recht, den juristischen Besitz von Sachen oder Rechten durch städtische Beamte oder Einwohner zu erwerben.** Die Stadtgemeinde erwirbt solchen Besitz, wenn er für sie entweder von der Mehrheit ihrer sämmtlichen Mitglieder oder von städtischen Beamten redlicher Weise ergriffen wird.†) Die obsolet gewordene landrechtliche Bestimmung, daß der Besitz für eine Gemeinde auch durch die Mehrheit ihrer Repräsentanten†† erworben werden könne, hat zu verschiedenen Contro-

---

*) D. C. O. § 55.

**) Ann. Bd. IX, p. 605.

***) M. R. v. 17. März 1825 in Kamptz, Annalen Bd. IX, p. 606.

†) A. L. R. Th. I, Tit. 7 § 26, 28, 30 und 34.

††) A. L. R. Th. I, Tit. 7 § 32.

versen die Veranlassung gegeben. Die Besitzergreifung durch die Mehrheit der Stadtverordneten genügt zweifellos zum Erwerbe nicht, weil die Stadtverordneten nicht als Repräsentanten der Stadtgemeinde angesehen werden können; eine Mehrheit der Magistratsmitglieder dagegen ist zum Erwerbe nicht erforderlich, weil die Magistratsmitglieder städtische Beamte sind, und schon jeder einzelne städtische Beamte an sich für eine Gemeinde mit rechtlicher Wirkung Besitz ergreifen kann.*) Wesentliche Voraussetzung des Erwerbs ist unbedingt die, daß der Besitz für die Gemeinde von der Mehrheit seiner Einwohner oder von einem städtischen Beamten redlicher Weise ergriffen wird. Das Bewußtsein der Redlichkeit ist für die rechtliche Wirkung der Besitzhandlungen das allein entscheidende Moment; es bedarf deshalb dazu eines stadtverfassungsmäßigen Beschlusses der Vertreter der Gemeinde oder der städtischen Behörden nicht.

VI. Das Recht auf eine zwanzigjährige Acquisitiv-Verjährung. Die Rechtsregel, daß die Frist, innerhalb welcher das Eigenthum an einer Sache durch Verjährung erworben werden kann, 10 Jahre beträgt, soll in Bezug auf die einer Stadtgemeinde gehörenden Gegenstände keine Anwendung finden. Eine solche Frist soll sich vielmehr einer Stadtgemeinde gegenüber in Bezug auf die ihr gehörigen Gegenstände nicht auf zehn, sondern auf zwanzig Jahre belaufen.**) Dagegen kommt den Gemeinden, welchen rücksichtlich ihres Kämmereivermögens nur die Rechte der Minderjährigen, und nicht diejenigen des Fiscus zustehen, die dem Letzteren gewährte außerordentliche Verjährungsfrist von 44 Jahren und die Wiedereinsetzung in den vorigen Stand unbedingt nicht

*) A. L. R. ibidem § 34.

**) A. L. R. Th. I, Tit. 9 § 624.

zu statten, wenn die Rechte des Fiscus nicht etwa durch besondere Privilegien verliehen worden sind.*)

VII. Das Recht auf Beitreibung der Gemeindeabgaben und sonstigen Gemeindegefälle im Steuerexecutionswege. Das Nähere wird weiter unten, wo die Verwaltungsgrundsätze zur Darstellung gelangen, erörtert werden.

§ 22. Das statutarische Recht der Stadtgemeinde.

O. St. O. § 11, W. St. O. § 11, R. St. O. § 10, Sch. H. St. O. § 18, H. St. O. §§ 1—3.

I. Allgemeine Bestimmungen über Abfassung und Inhalt der Ortsstatuten. Es ist bereits im § 5 der Nachweis geführt, daß sich das autonomische Recht der Städte nur in der Befugniß der Gemeinden zum Erlasse statutarischer Anordnungen und in dem ihnen verliehenen Polizeiverordnungsrechte erhalten hat. Die Instruction vom 20. Juni 1853 sub VII**) geht von dem Gesichtspunkte aus, daß das statutarische Recht für die ersprießliche organische Entwickelung der Stadtverfassungen mit Rücksicht auf bewährte ältere Einrichtungen und wirklich städtische Elemente und Eigenartigkeiten von großer Wichtigkeit ist. Es hat die Bestimmung, der Eigenthümlichkeit der verschiedenen Städte Rechnung zu tragen und ihnen die Möglichkeit zur Erhaltung und Ausbildung solcher Eigenthümlichkeit zu gewähren. Ein solches Recht wird geschaffen durch den übereinstimmenden Beschluß des Magistrats und der Stadtverordnetenversammlung, und findet Ausdruck in den städtischen Ortsstatuten, welche wirkliche Rechtssätze für den Stadtbezirk und seine Einwohner

---

*) A. L. R. Th. I, Tit. 9 § 629.

**) M. Bl. 1853 p. 138.

mit allgemein bindender Kraft festzustellen bestimmt sind. Die Ortsstatuten unterliegen, abgesehen davon, daß sie keine den Landes- und Reichsgesetzen entgegenstehende Bestimmungen enthalten dürfen, einer weiteren Beschränknng darin, daß sie in den Kreisordnungsprovinzen der Bestätigung des Bezirksausschusses,*) in der Provinz Posen der Bestätigung der Königlichen Regierung und in der Rheinprovinz der Genehmigung des Oberpräsidenten bedürfen, und daß ihr Inhalt über die in den Stadtverfassungen gesteckten Grenzen nicht hinausgehen darf. In letzterer Beziehung sind in § 11 der Städteordnung für die östlichen Provinzen und Westphalen und § 10 der Städteordnung für die Rheinprovinz**) die Grenzen dahin festgestellt, daß

1. Die Statuten nur über solche Angelegenheiten der Stadtgemeinde sowie über solche Rechte und Pflichten ihrer Mitglieder, hinsichtlich deren die Städteordnungen Verschiedenheiten gestatten oder keine ausdrücklichen Bestimmungen enthalten, Anordnungen treffen können, und
2. daß sie über sonstige eigenthümliche Verhältnisse und Einrichtungen der Stadt, insbesondere über eine den gewerblichen sowie anderen Genossenschaften und Berufsclassen***) bei Eintheilung der stimmfähigen Bürger und bei Bildung der Wahlversammlungen und der städtischen Vertretung zu gewährende angemessene Berücksichtigung bezügliche Bestimmungen treffen können. Wie eine solche Berücksichtigung stattfinden kann, ist in dem Art. VII der Ministerialinstruction vom 20. Juni 1853 (M. Bl. p. 138) näher dargelegt; insbesondere sind dort Beispiele angegeben, wie die Kaufmannschaft und der Hand-

---

*) Zust. G. § 16 Abs. 3.

**) In Schleswig-Holstein besteht nur die Grenze sub 1.

***) M. R. vom 15. März 1854.

werkerstand, als die vorwiegenden städtischen Elemente, sowie die Innungen und deren Genossen sowohl bei Eintheilung der stimmfähigen Bürger, Bildung der Wahlversammlungen, bei den Wahlen, bei der Zusammensetzung der Stadtverordnetenversammlung pp. den andern Einwohnern gegenüber begünstigt werden können.

Auch verschiedene Reichsgesetze, wie die Reichsgewerbeordnung, das Arbeiterkrankenversicherungsgesetz, das Hülfskassengesetz, die Reichsgesetze über die Kriegs-, sowie die Quartier- und Naturalleistungen für die bewaffnete Macht im Frieden, haben verschiedene Gegenstände der statutarischen Regelung der Gemeinden überwiesen. Hier sind in den einzelnen Gesetzen die Grenzen, innerhalb deren sich der Inhalt der Ortsstatuten bewegen darf, theils scharf markirt, theils dem Ermessen der Gemeinden überlassen.

II. Die der statutarischen Regelung speciell vorbehaltenen Gegenstände. Es sind dies folgende, und zwar:

1. Nach der Städteordnung für die östlichen Provinzen, Westphalen und die Rheinprovinz nebst Ministerialrescripten:

a. Die Ertheilung von Bürgerbriefen (§ 5) und die Bestimmung der feierlichen Form rücksichtlich der Aufnahme der Einwohner in die Bürgerschaft.*)

b. Die Festsetzung der Zahl der Stadtverordneten (§ 12).

c. Die Verlegung der zur Berichtigung, Offenlegung und Anfechtung der Liste der stimmfähigen Bürger und zu den Wahlen der Stadtverordnetenversammlungen festgesetzten Termine auf anderweitige Zeiträume (§ 19—21).

d. Die Festsetzung der Zahl der Magistratspersonen (§ 29).

*) M. R. vom 10. Mai 1855.

e. Die Zusammensetzung der städtischen Deputationen und Commissionen (§ 59).

f. Die Verlegung des für die Legung und Feststellung der städtischen Jahresrechnung angeordneten Termins (§ 70).

g. Die Art der Erhebung von Communalsteuern (§ 53).

h. Die Entrichtung des Bürgerrechtsgeldes und Einkaufsgeldes.*)

i. Die Art der Auseinandersetzung mit einem ausscheidenden Einwohner hinsichtlich der über die Zeit seines Aufenthalts in der Stadt hinaus genossenen Nutzungen, sofern an dem betreffenden Orte die Gemeindelasten ganz oder theilweise als Aequivalent für bestimmte, den Gemeindemitgliedern gewährte Nutzungen anzusehen sind.**)

k. Die Verhältnisse der Mediatstadt zu ihrer Grundherrschaft.***)

2. Nach der Reichsgewerbeordnung:

a. Die Bestimmung darüber, daß einzelne Ortstheile vorzugsweise zu Anlagen der in § 16 der Gewerbeordnung bezeichneten Art zu bestimmen, in anderen Ortstheilen aber dergleichen Anlagen entweder gar nicht oder nur unter besonderen Beschränkungen zuzulassen sind. (§ 23 der G. O.)

b. Die Bestimmung darüber, daß die Erlaubniß zum Pfandleihergeschäfte von dem Nachweise eines vorhandenen Bedürfnisses abhängig sein solle. (Reichsgesetz vom 23. Juli 1879 bei § 34 der G. O.)

c. Die Festsetzung der Marktordnung, namentlich die Be-

---

*) Ges. vom 14. Mai 1860 § 2 (G. S. p. 237).

**) M. R. vom 14. Juli 1856.

***) M. R. vom 7. Sept. 1853.

stimmung des Platzes für das Feilbieten von gleichartigen Gegenständen, und die Bestimmung der Tageszeit und der Gattung der Waaren für das Feilbieten im Umhertragen mit oder ohne Ausruf. (§ 69 der G. O.)

d. Die Festsetzung von Taxen für Dienstmänner, Lohnbediente und andere Personen, welche auf öffentlichen Straßen und Plätzen oder in Wirthshäusern ihre Dienste anbieten, ferner für die Benutzung von Wagen, Pferden, Sänften, Gondeln und anderen Transportmitteln, welche öffentlich zum Gebrauche aufgestellt sind, sodann für die Dienste der Schornsteinfeger, sowie endlich für die Arbeiten der Feldmesser, Auctionatoren und derjenigen Personen, welche den Feingehalt edler Metalle oder die Beschaffenheit, Menge oder richtige Verpackung von Waaren irgend einer Art feststellen (der Güterbestätiger, Schaffner, Wäger, Messer, Bracker, Schauer, Stauer u. s. w.) (§§ 76, 77 und 78 der G. N.)

e. Die Einsetzung von Schiedsgerichten zur Entscheidung von Streitigkeiten der selbstständigen Gewerbebetreibenden mit ihren Arbeitern, welche sich auf den Antritt, die Fortsetzung oder Aufhebung des Arbeitsverhältnisses, auf die gegenseitigen Leistungen aus demselben, auf die Ertheilung oder den Inhalt der Arbeitsbücher oder Zeugnisse beziehen. (§ 120 a der G. O.)

f. Die Bestimmung über die Verpflichtung der Gesellen, Gehülfen, Lehrlinge und Fabrikarbeiter, einer bestimmten Kranken-Hülfs- oder Sterbekasse beizutreten. (§ 141 der G. O.)

g. Die Ordnung aller den Ortsstatuten durch die Gewerbeordnung überwiesenen gewerblichen Gegenstände. (§ 142 der G. O.)

3. Nach dem Reichsgesetze, betreffend die eingeschriebenen Hülfskassen, vom 8. April 1876:*)
   a. Die Bildung von Hülfskassen nach Maßgabe des Gesetzes über die eingeschriebenen Hülfskassen vom 7. April 1876 zur Unterstützung von Gesellen, Gehilfen und Fabrikarbeitern.
   b. Die Bestimmung über die Heranziehung der über 16 Jahre alten Gesellen, Gehilfen und Fabrikarbeiter zur Betheiligung an den Kassen, über die Verpflichtung zur Vorschießung von Beiträgen zu den Hülfskassen seitens der Arbeitgeber, über die Verpflichtung der Fabrikinhaber zu Beiträgen an die qu. Kassen sowie über die Pflicht der Anmeldung des vorberegten Personals zu solchen Kassen seitens der Arbeitgeber. (§ 141a, b und c.)
4. Nach dem Reichsgesetze, betreffend die Quartierleistung, vom 25. Juni 1868:**)
   a. Die örtliche Vertheilung der Quartierleistungen während des Friedenszustandes. (§ 7, Abs. 3 und 5.)
   b. Die Uebertragung der dauernden Verwaltung der Einquartierungsangelegenheiten an eine städtische Deputation. (§ 5, Abs. 3.)
5. Nach dem Reichsgesetze über die Kriegsleistungen vom 13. Juni 1873:***)

   Die Vertheilung der den Gemeinden dem Reiche gegenüber obliegenden Kriegsleistungen, des Naturalquartiers, der Naturalverpflegung, der Vorspannleistungen pp. bezw. die Umlegung der dieserhalb erwachsenden Kosten. (§§ 3 und 6.)

---

*) R. G. B. 1876 p. 134ff.
**) R. G. B. 1868 p. 523.
***) R. G. B. 1873 p. 129.

6. Nach dem Reichsgesetze über Naturalleistungen vom 13. Februar 1875:*)

Die Festsetzung der örtlichen Vertheilung der für die bewaffnete Macht im Frieden zu gewährenden Naturalleistungen. (§ 7.)

7. Nach dem Arbeiter-Krankenversicherungsgesetze vom 15. Juni 1883:**)

a. Die Erstreckung der Krankenversicherungspflicht auf die im § 2 leg. cit. bezeichneten Klassen von Personen, sowie die Bestimmung über die Verpflichtung zur An- und Abmeldung und über die Verpflichtnng zur Einzahlung der Beiträge.

b. Die Bestimmung, ob die Arbeitgeber, in deren Betrieben Dampfkessel oder durch elementare Kraft bewegte Triebwerke nicht verwendet werden, und mehr als 2 krankenversicherungspflichtige Personen nicht beschäftigt werden, von der Verpflichtung zur Leistung von Beiträgen zu den Krankenkassen aus eigenen Mitteln befreit sein sollen oder nicht. (§ 52.)

c. Die Erstreckung der Vorschriften der §§ 49—53 leg. cit. auf die Arbeitgeber der im § 2 ibidem bezeichneten Klassen von Personen. (§ 54.)

Zu einer statutarischen Regelung geben außerdem viele Bestimmungen der Städteordnungen Anregung. Die betreffenden §§ der Städteordnung vom 30. Mai 1853 sind namentlich folgende: § 13 Abs. 6, § 15, § 18 Abs. 5, § 22 Abs. 2, § 23 Abs. 1, § 28 Abs. 2, § 32 Schlußsatz, § 36 Abs. 2, § 38 Abs. 1, § 45 Abs. 2, § 47 Abs. 2, § 53, § 54, § 60 Abs. 1, § 66 Abs. 2 und § 74 Abs. 3.

---

*) R. G. B. 1875 p. 52.
**) R. G. B. 1883 p. 73.

III. **Die zur Durchführung ortsstatutarischer Anordnungen anwendbaren Zwangsmittel.** Es sind freilich auf Grund des § 132 des Gesetzes über die allgemeine Landesverwaltung vom 30. Juli 1883*) die Gemeindevorstände, ebenso wie die Ortspolizeibehörden allgemein hinsichtlich der polizeilichen Verfügungen berechtigt, die von ihnen in Ausübung der obrigkeitlichen Gewalt getroffenen zulässigen Anordnungen durch Anwendung von Zwangsmitteln (Ausführung der zu erzwingenden Handlung auf Kosten des Verpflichteten durch dritte und Einziehung der muthmaßlichen Kosten im Zwangswege, ferner Androhung und Festsetzung von Geldstrafen event. Festsetzung einer Haftstrafe im Unvermögensfalle) durchzusetzen. Unter diesen obrigkeitlichen Anordnungen sind aber nur die in Ausübung der Staatshoheit in der allgemeinen Landesverwaltung getroffenen (sog. Landeshoheitssachen) zu verstehen, dagegen nicht die von der Obrigkeit in der Verwaltung der Gemeinden erlassenen Anordnungen.**) Es können deshalb die Bestimmungen der Ortsstatuten nicht ohne Weiteres durch die im § 132 leg. cit. verliehenen obenbegten Zwangsbefugnisse den Einwohnern gegenüber durchgesetzt werden, sondern nur dann, wenn durch besondere Polizeiverordnungen, welche in Gemäßheit des den Gemeinden zustehenden Polizeiverordnungsrechts zu erlassen sind, allgemeine Strafen zum Schutze ortsstatutarischer Vorschriften festgestellt werden.

IV. **Einfluß der Bestätigung der Ortsstatuten auf die Berechtigung zur Anfechtung derselben.** Ein ordnungsmäßig durch den übereinstimmenden Beschluß des Magistrats und der Stadtverordnetenversammlung zu Stande gekommenes Ortsstatut erlangt freilich seine Rechtsgültigkeit und verbindliche Kraft durch die seitens der Aufsichtsbehörde zu ertheilende

---

*) G. S. 1883 p. 195 ff.

**) O. V. G. E. Bd. IX p. 57.

Bestätigung; es kann indeß ein solches Statut, auch wenn dasselbe bestätigt und unmittelbar nicht angegriffen worden ist, noch später mit dem Einwande der Ungesetzlichkeit im Civil- und Verwaltungsstreitverfahren angefochten werden, und die Frage, ob es den Gesetzen widerspricht, und deshalb anwendbar ist oder nicht, der gerichtlichen Entscheidung unterliegen.*)

Uebrigens steht die Entscheidung darüber, ob ein Ortsstatut von der Stadtgemeinde überhaupt erlassen werden konnte, nicht den Gerichten, sondern den Verwaltungsbehörden zu, wie z. B. in dem Falle, wenn durch dasselbe den Adjacenten eine Gemeindeabgabe auferlegt ist.**)

V. Publication der Ortsstatuten. Ortsstatuten, auch Communalsteuer-Regulative, müssen in gehörig wirksamer, ihrem Zwecke entsprechender Weise durch Abdruck in den zur Veröffentlichung derartiger Erlasse, insbesondere der polizeilichen Verordnungen, für den betreffenden Ort dienenden Blättern zur öffentlichen Kenntniß gebracht werden. Es genügt nicht, wenn die Veröffentlichung nur mittelst einer ein- oder mehrmaligen Offenlegung im Amtslocale des Magistrats bewirkt wird.***)

VI. Aufhebung der Ortsstatuten. Wenn auch die Preußischen Städteordnungen hierüber keine besonderen Vorschriften geben, so wird es doch als selbstverständlich anzusehen sein, daß die Aufhebung der Ortsstatuten durch die Zustimmung der für die Bestätigung zuständigen Aufsichtsbehörde (cfr. oben sub. I) bedingt ist und durch Abdruck in den zur Veröffentlichung der polizeilichen Verordnungen für den betreffenden Ort bestimmten Blättern bekannt gemacht wird.†)

---

*) O. V. G. E. Bd. II p. 107—112, Bd. III p. 97 und Bd. IV p. 117 und 143—145.

**) Erkenntniß des Gerichtshofs zur Entscheidung der Competenzconflicte vom 10. Mai 1879 (M. Bl. p. 210).

***) M. R. vom 30. August 1872 (M. Bl. p. 225).

†) M. R. vom 1. August 1881 (M. Bl. p. 229).

Drittes Kapitel: Die Bürgerschaft.

§ 23. Begriff und Bedeutung des Bürgerrechts.

O. St. O. § 5, W. St. O. § 5, R. St. O. § 5, Sch. H. St. O. § 6 u. H. St. O. § 19.

Aus der Zahl der Einwohner des Stadtbezirks, welche in ihrer Gesammtheit die Stadtgemeinde bilden und welchen als solchen weitere öffentliche städtische Rechte als dasjenige der Mitbenutzung der öffentlichen Gemeindeanstalten nicht zustehen, recrutiren sich diejenigen Personen, welche als die eigentlichen Träger der communalen Selbstverwaltung unter der Bezeichnung „Bürger" zur Theilnahme an den Gemeindewahlen berechtigt und zur Uebernahme unbesoldeter Aemter in der Gemeindeverwaltung und zur Gemeindevertretung befähigt sind. Vorstehender Gesichtspunct liegt allen Preußischen Städteordnungen zu Grunde. Sie unterscheiden deshalb scharf zwischen dem durch die bloße Gemeinde-Mitgliedschaft, durch den Wohnsitz begründeten Einwohnerrechte und dem durch anderweitige Voraussetzungen zu erwerbenden Bürgerrechte. Sie gestehen das letztere nur denjenigen Gemeindemitgliedern zu, welche das Preußische Staatsbürgerrecht besitzen und bei welchen die gesetzlich vorgeschriebenen Voraussetzungen zutreffen. Nur die Schleswig-Holsteinsche Städteordnung enthält im § 7 eine abweichende Bestimmung dahin, daß auch Angehörige des Norddeutschen Bundes durch einjährigen Wohnsitz und einige anderweitige Voraussetzungen das Bürgerrecht erwerben sollen. An diesen Grundsätzen ist durch das Freizügigkeitsgesetz vom 1. November 1867 Nichts geändert, indem dort im § 11 ausdrücklich anerkannt ist, daß durch den bloßen Aufenthalt oder die bloße Niederlassung andere Rechtsverhältnisse, namentlich die Gemeindeangehörigkeit, das Ortsbürgerrecht, die Theilnahme an den Gemeindenutzungen und der Armenpflege, nicht begründet werden können.

In Maßgabe der vorstehenden Erörterung ist nun das Bürgerrecht begrifflich zu definiren als dasjenige Recht, durch welches die Gemeindemitglieder zur Theilnahme an den Gemeindewahlen berufen, sowie zur Uebernahme unbesoldeter Aemter in der Gemeindeverwaltung und zur Gemeindevertretung befähigt werden. Dieses Recht ist es, welches der städtischen Verfassung und Selbstverwaltung eine der wichtigsten Grundlagen bietet, und zwar nicht allein deshalb, weil aus der Bürgerschaft durch den im Wege der Wahlen hervortretenden Beschluß derselben das einzige Organ, durch welches sich der Wille der Stadtgemeinde dem Magistrate gegenüber kundgeben kann (die Stadtverordnetenversammlung) hervorgeht, sondern insbesondere deshalb, weil die Gemeindemitglieder durch den Erwerb des Bürgerrechts erst die Qualification erlangen, zur eigenen Betheiligung an der Verwaltung der Gemeindeangelegenheiten durch Uebernahme von Aemtern herangezogen zu werden.

Was insbesondere noch den Begriff von Bürger anlangt, so sollen die obigen Bestimmungen in dem Falle nicht maßgebend sein, wenn es hinsichtlich der Verwaltung und Verwendung des Vermögens der Stiftungen auf den Begriff „Bürger" ankommt. Es ist vielmehr in einem solchen Falle die Frage, wer in Betreff der Verwaltung oder des Genusses der Stiftung als Bürger anzusehen ist, nach den bei Errichtung der Stiftungen maßgebend gewesenen Grundsätzen zu entscheiden.*)

---

*) O. St. O. 49, W. St. O. § 48.

§ 24. Rechte und Pflichten der Bürger.

O. St. O. § 5, W. St. O. § 5, R. St. O. § 5, Sch. H. St. O. § 6, H. St. O. § 19.

Die allgemeinen Rechte der Bürger concentriren sich in dem activen und passiven Gemeindewahlrechte*) sowie in der Befähigung zur Uebernahme unbesoldeter Communalämter. Alle Bürger sind in dieser Beziehung gleichberechtigt. Insbesondere sind alle aus der Verschiedenheit des religiösen Bekenntnisses hergeleiteten Beschränkungen der bürgerlichen und staatsbürgerlichen Rechte durch das Reichsgesetz vom 3. Juli 1869 (R. G. Bl. p. 292) aufgehoben, indem dasselbe bestimmt, daß die Befähigung zur Theilnahme an der Gemeinde- und Landesvertretung, sowie zur Bekleidung öffentlicher Aemter vom religiösen Bekenntnisse unabhängig sein soll. Auch in Bezug auf die Benutzung des Bürgervermögens treten Begünstigungen einzelner Klassen von Bürgern nicht hervor, wenn nicht etwa die Berechtigung zur Benutzung durch den Besitz von Grundstücken bedingt ist. Auf einer solchen Berücksichtigung beruht die besondere Unterscheidung der Bürger und Begünstigung einzelner Klassen derselben in der Gemeinheitstheilungsordnung vom 7. Juni 1821 (G. S. p. 53), indem dort durch den § 41 festgestellt ist, daß in dem Falle, wenn in den Städten die besondere Ortsverfassung das Verhältniß der Theilnahme an der gemeinen Weide nicht bestimmt, die Hütungsrechte der Ackerbürger d. h. der mit Ländereien angesessenen Bürger, welche Landwirthschaft betreiben, als mit ihrem Grundbesitze verbundene Theilnehmungsrechte anzusehen und bei der Gemeinheitstheilung zu berechnen sind, während die mit Häusern ohne Acker angesessenen Bürger soviel Vieh auf die gemeine Weide bringen können, als zur

---

*) M. R. vom 11. März 1874 (M. Bl. p. 99).

Befriedigung der nothwendigsten Bedürfnisse eines Haushalts für Mann, Frau und 3 Kinder erforderlich ist, und während den überhaupt nicht angesessenen Bürgern und Einwohnern eigene Hütungsbefugnisse nicht zustehen. Dies allgemeine Bürgerrecht ist die Quelle der speciell durch Ortsstatute der Bürgerschaft verliehenen Befugnisse und Berechtigungen.

Einem solchen Rechte steht die Pflicht des Bürgers gegenüber, eine unbesoldete Stelle in der Gemeindeverwaltung oder Gemeindevertretung anzunehmen und eine solche Stelle mindestens drei Jahre (in der Provinz Schleswig-Holstein sechs Jahre) zu versehen. Zur Ablehnung oder zur früheren Niederlegung einer solchen Stelle berechtigen, worüber in den Kreisordnungsprovinzen die Stadtverordnetenversammlung zu beschließen hat,*) nur folgende Entschuldigungsgründe:

1. anhaltende Krankheit;
2. Geschäfte, die eine häufige oder lange dauernde Abwesenheit mit sich bringen;
3. ein Alter über sechzig Jahre;
4. die früher stattgehabte Verwaltung einer unbesoldeten Stelle für die nächsten drei Jahre**);
5. die Verwaltung eines anderen öffentlichen Amtes;
6. ärztliche oder wundärztliche Praxis;
7. sonstige besondere Verhältnisse, welche nach dem Ermessen der Stadtverordnetenversammlung eine gültige Entschuldigung begründen.***)

Die Hannoversche St. O. bezeichnet im § 31 als Ausnahmen von der Regel, daß jeder Bürger zur Uebernahme eines Communalamts verpflichtet ist, nur: Königliche Civil-

---

*) Zust. Ges. § 10.

**) In Schleswig-Holstein für die nächsten sechs Jahre — cfr. Sch. H. St. O. § 10.

***) O. St. O. § 74, W. St. O. § 74, R. St. O. § 79 und Sch. H. St. O. § 9.

und Hofdiener, active Militärpersonen, Geistliche und Schullehrer, Aerzte, Wundärzte und Apotheker, über 60 Jahre alte Bürger und die durch Gebrechlichkeit oder Krankheit verhinderten Personen.

Es ist hier schließlich noch hervorzuheben, daß durch das für die ganze Monarchie erlassene Ausführungsgesetz vom 8. März 1871 § 4 (G. S. p. 130) in Betreff der Verpflichtung zur Annahme einer unbesoldeten Stelle in der Gemeinde**armen**verwaltung bezw. zur Fortführung eines solchen Amtes innerhalb der festgesetzten Zeit von 3 Jahren resp. der sonst vorgeschriebenen längeren Zeit nur die vorstehend sub. 1—3, 5 und 7 beregten Gründe befreien sollen. Die ärztliche und wundärztliche Praxis kann also überhaupt nicht, dagegen die Wahrnehmung einer unbesoldeten Stelle in der Gemeinde**armen**verwaltung während der gesetzlich vorgeschriebenen Zeit nur für die nächstfolgende gleich lange Zeit von der Uebernahme solcher Stelle bei der Armenverwaltung befreien.

§ 25. Erwerb des Bürgerrechts.

O. St. O. § 5; W. St. O. § 5; R. St. O. § 5; Sch. H. St. O. § 7 u. H. St. O. § 26.

I. Voraussetzungen des Erwerbs. Es müssen zur Erzielung eines solchen Erwerbs in allen Provinzen der Monarchie mit Ausschluß von Hannover*) verschiedene Erfordernisse, welche den Erwerb des Bürgerrechts bedingen, in der Person des erwerbenden Gemeindemitglieds zusammentreffen. Diese Erfordernisse sind folgende: **)

---

*) H. St. O. § 26.

**) O. St. O. § 5, W. St. O. § 5, R. St. O. § 5, Sch. H. St. O. § 7.

1. **Preußische Staatsangehörigkeit** (nur in Schleswig-Holstein genügt die Angehörigkeit zum Norddeutschen Bunde).*)

Die Preußische Staatsangehörigkeit wird begründet: Durch Abstammung und Legitimation für die Kinder, durch Verheirathung für die Ehefrau, durch urkundliche Aufnahme für die Angehörigen der übrigen Deutschen Staaten, durch Naturalisation für einen Ausländer**) und durch die von der Regierung oder einer höheren Verwaltungsbehörde ohne desfallsigen Vorbehalt vollzogene oder bestätigte Bestallung für einen in den unmittelbaren oder mittelbaren Staatsdienst oder in den Kirchen-Schul- oder Communaldienst aufgenommenen Ausländer oder nicht Preußischen Reichsangehörigen.

Wenn auch die Angehörigen eines Deutschen Staates sich überall im Deutschen Reiche aufhalten und niederlassen können, und wenn sie auch auf Grund des Art. 3 der Verfassung des Deutschen Reichs vom 16. April 1871 in jedem anderen Deutschen Staate als Inländer zu behandeln sind, so werden doch dadurch diejenigen Bestimmungen, welche die Aufnahme in den localen Gemeindeverband betreffen, nicht berührt.**)

2. **Männliches Geschlecht.** Es gestattete die Städteordnung vom 19. November 1808 den Erwerb des Bürgerrechts mit Ausschluß des Gemeindewahlrechts auch Personen weiblichen Geschlechts, dagegen die Städteordnung vom 17. März 1831 § 14 und die Schleswig-Holsteinsche § 7 nur Personen männlichen Geschlechts. Dieser letztere Grundsatz ist, wenn auch nicht direct ausgesprochen, auch in den übrigen Städteordnungen adoptirt und in

*) Sch. H. St. O. § 7.

**) Reichsgesetz vom 1. Juni 1870 (R. G. Bl. p. 355) § 2 und 9.

***) Freizügigkeitsgesetz vom 1. Nov. 1867 § 11, Abs. 2 und M. R. vom 8. Febr. 1875 (M. Bl. p. 100).

der Praxis anerkannt. Nur in Hannover können auf Grund der Hannover'schen Städteordnung §§ 22 und 30 auch Frauenzimmer das Bürgerrecht erwerben.

Die juristischen Personen sind deshalb von dem Erwerbe des Bürgerrechts ausgeschlossen, weil nur physische Personen die Eigenschaft eines Bürgers erlangen dürfen; es kann ihnen indeß das active Wahlrecht unter gewissen Voraussetzungen — cfr. unten § 30 — eingeräumt werden.*)

3. Selbstständigkeit. Als selbstständig wird nach vollendetem 24. Lebensjahre ein Jeder betrachtet, welcher einen eigenen Hausstand hat, und welchem das Verfügungsrecht über sein Vermögen oder dessen Verwaltung durch richterliches Erkenntniß nicht entzogen ist. Wenn auch die vorberegte Altersgrenze dadurch veranlaßt ist, daß zur Zeit der Emanation der Städteordnungen das Alter der Großjährigkeit in Preußen mit dem vollendeten 24. Lebensjahre begann, so ist doch durch das Preußische Gesetz vom 9. December 1869 (G. S. p. 1177) und das Reichsgesetz vom 17. Februar 1875 (R. G. Bl. p. 71), wonach jetzt in Preußen bezw. Deutschland das Alter der Großjährigkeit bereits mit dem vollendeten 21. Lebensjahre beginnen soll, eine Aenderung der die obenberegte Altersgrenze betreffenden Bestimmung nicht eingetreten.

Was den Begriff „eigenen Hausstand" anlangt, so ist darunter beim Mangel einer gesetzlichen Definition nach dem gewöhnlichen Sprachgebrauche nichts Anderes als eine eigene eingerichtete häusliche Wirthschaft zu verstehen. Deshalb involvirt der Beginn eines selbstständigen Gewerbebetriebs oder die Etablirung eines practischen Arztes an sich noch nicht die Begründung einer häuslichen Wirthschaft, eines selbstständigen

*) O. St. O. § 8.

Hausstandes*); es geschieht dies erst, wenn die Einrichtung einer eigenen häuslichen Wirthschaft hinzutritt. Wann dieselbe erfolgt, ist quaestio facti.**)

4. Einjährige Gemeindemitgliedschaft. Es kann also nur derjenige Bürger werden, welcher durch Begründung des Wohnsitzes seit einem Jahre Einwohner des Stadtbezirks und dadurch Mitglied der Stadtgemeinde ist. Es können deshalb die Forensen das Bürgerrecht nicht erlangen, wenn ihnen auch beim Vorhandensein der übrigen Erfordernisse das active Wahlrecht in dem Falle zusteht, wenn sie seit einem Jahre mehr als einer der drei höchstbesteuerten Einwohner an directen Staats- und Communalabgaben entrichten.***)

Nur eine Ausnahme besteht hinsichtlich des Erfordernisses des einjährigen Wohnsitzes. Wenn nämlich ein Bürger oder der Besitzer des einen selbstständigen Gutsbezirk bildenden Guts oder ein stimmberechtigter Einwohner einer Landgemeinde seinen Wohnsitz nach einer andern Stadt bezw. in die Stadt verlegt hat, so kann ihm das Bürgerrecht in seinem neuen Wohnorte beim Vorhandensein der sonstigen Erfordernisse von dem Magistrate im Einvernehmen mit der Stadtverordneten-Versammlung schon vor Ablauf eines Jahres verliehen werden†, ohne daß es der Genehmigung Seitens der Aufsichtsbehörde bedarf.

Insbesondere wird das Bürgerrecht durch die Uebernahme eines besoldeten städtischen Amtes an sich noch nicht vor Ablauf eines Jahres erworben.††)

---

*) M. R. vom 22. März 1856 und vom 30. Juni 1857 — ungedruckt —.

**) O. V. G. E. Bd. VIII p. 129.

***) O. St. O. § 8.

†) § 6 der O. St. O., W. St. O. und R. St. O.

††) O. V. G. E. Bd. V p. 11.

5. Nichtempfang einer Armenunterstützung und Zahlung der Gemeindeabgaben während des letzten Jahres. Es muß also Derjenige, welcher das Bürgerrecht erlangen will, seit einem Jahre keine Armenunterstützung aus öffentlichen Mitteln empfangen und seit einem Jahre die ihm obliegenden Gemeindeabgaben bezahlt haben.
6. Erfüllung eines bestimmten Vermögenscensus seit einem Jahre entweder durch den Besitz eines Wohnhauses im Stadtbezirke oder durch die Veranlagung zur classificirten Einkommensteuer oder durch die Entrichtung eines Classensteuerjahrbetrags von mindestens sechs Mark oder durch die Einschätzung in den früher mahl- und schlachtsteuerpflichtigen Städten nach der durch das Ges. vom 25. Mai 1873 (G. S. p. 213) § 9b gestatteten Art. Im Einzelnen ist zu bemerken:
   a. Besitz eines Wohnhauses im Stadtbezirke. Es ist zunächst der Eigenthümer bezielt; es gilt aber auch als Hausbesitzer derjenige, welchem der Nießbrauch oder ein erbliches Besitzrecht an einem Wohnhause zusteht.*) Mit Rücksicht auf das Erforderniß des einjährigen Besitzes besteht die Bestimmung, daß im Falle der Vererbung dem Erben bei Berechnung der Dauer des einjährigen Wohnsitzes die Besitzzeit des Erblassers zu Gute kommt. Ist ein Wohnhaus im gemeinschaftlichen Besitze mehrerer Personen, so tritt für alle der Erwerb des Bürgerrechts beim Vorhandensein der sonstigen Erfordernisse ein. Nur für Hannover besteht die singuläre Bestimmung, daß im Falle des ungetheilten Besitzes Mehrerer nur Einer das Bürgerrecht zu gewinnen verbunden ist.**)

---

*) O. St. O. § 16.
**) H. St. O. § 25.

b. Veranlagung zur classificirten Einkommensteuer. Es kommt also nicht darauf an, ob der Steuerbetrag in dem letzten Jahre berichtigt worden ist.

c. Entrichtung eines Classensteuerjahrbetrags von mindestens 6 Mark seit einem Jahre. Es hat das Gesetz vom 25. Mai 1873 (G. S. p. 213) allgemein den betreffenden Steuerstufensatz, welcher in den Städteordnungen auf einen höheren Betrag gesetzlich festgesetzt ist, auf 6 Mark pro anno ermäßigt; ferner alle Ortsstatuten, welche das Wahlrecht an einen höheren Klassensteuersatz als 12 Mark knüpfen, für ungültig erklärt, und außerdem bestimmt, daß dort, wo solche Ortsstatuten zulässig sind, das Wahlrecht durch neue Statuten von der Veranlagung zur 2. bis 8. Steuerstufe abhängig gemacht werden kann. Wenn nun auch die beiden untersten Classensteuerstufen durch das Gesetz vom 26. März 1883 (G. S. p. 37) aufgehoben sind, so hat dies doch eine Aenderung in der Anwendung des obenberegten Gesetzes vom 25. Mai 1873 auf die Ermäßigung der Steuerstufe bis zu 6 Mark pro anno nicht herbeigeführt.

d. Einschätzung in den früher mahl- und schlachtsteuerpflichtigen Städten. In solchen Städten konnten die Stadtbehörden beschließen, an die Stelle des Classensteuersatzes von mindestens 12 Mark ein jährliches Einkommen von

600 Mark in Städten von weniger als 10000 Einw.,
750 Mark in Städten von 10000 bis 50000 Einw.,
900 Mark in Städten von mehr als 50000 Einwohnern

treten zu lassen. Wenn nun auch die Mahl- und Schlachtsteuer durch das Gesetz vom 25. Mai 1873 (G. S. p. 222) aufgehoben worden ist, so bestimmt doch der § 9b, Abs. 2 des Ges. vom 25. Mai 1873

(G. S. p. 213), daß in den bisher mahl- und schlachtsteuerpflichtigen Städten der östlichen Provinzen*) die vorberegten Einkommensbeträge, unabhängig von dem Fortbestande der Mahl- und Schlachtsteuer, durch Communalbeschluß als Bedingung des Bürgerrechts beibehalten werden können.**)

In allen vorstehenden Beziehungen sind die bedingenden Steuerzahlungen, Einkommen, Haus- und Grundbesitz der Ehefrau stets dem Ehemanne, und Steuerzahlungen, Einkommen, Haus- und Grundbesitz der minderjährigen bezw. in väterlicher Gewalt befindlichen Kinder stets dem Vater anzurechnen.

7. Besitz der bürgerlichen Ehre und des Rechts der Ausübung der bürgerlichen Ehrenrechte. Der § 32 des Reichsstrafgesetzbuchs hat festgestellt, in welchen Fällen auf den Verlust der bürgerlichen Ehrenrechte zu erkennen ist.

II. Das Bürgerrecht, als Voraussetzung von Berechtigungen. Das Bürgerrecht verleiht, wie bereits in § 24 hervorgehoben ist, außer den allgemeinen Berechtigungen noch speciell diejenigen Befugnisse, welche durch Ortsstatute festgestellt werden. Es darf jedoch auf Grund des § 13 der Reichsgewerbeordnung vom $\frac{\text{21. Juni 1869}}{\text{1. Juli 1883}}$ von dem Besitze des Bürgerrechts die Zulassung zum Gewerbebetriebe in keiner Gemeinde und bei keinem Gewerbe abhängig gemacht werden.

III. Heranziehung der Gewerbetreibenden zum Erwerbe des Bürgerrechts. Die Städteordnungen haben als ein wei-

---

*) Hübner, Städteordnung, enthält pag. 110 ein Verzeichniß dieser Städte.

**) Ueber die abweichenden Bestimmungen in der Rheinprovinz cfr. die R. St. O. § 5 und 15.

teres Erforderniß zum Erwerbe des Bürgerrechts den selbstständigen Betrieb eines stehenden Gewerbes, als Haupterwerbsquelle, bezw. mit mindestens 2 Gehülfen in Städten von mehr als 10000 Einwohnern aufgestellt. Diese Bestimmung ist nur modificirt durch den § 13 der Reichsgewerbeordnung vom 21. Juni 1869, nicht aufgehoben. Bei Feststellung desselben ist nämlich legislatorischerseits davon ausgegangen, daß in allen den Fällen, wo bisher nach der bestehenden Gemeindeverfassung der Betrieb eines Gewerbes die Verpflichtung zum Erwerbe des Bürgerrechts (wie z. B. in den 6 östlichen Provinzen nach der St.=O. vom 30. Mai 1853 § 5 sub. 4, b) begründet hatte, diese Verpflichtung fortan erst nach Ablauf von 3 Jahren nach dem Beginne des Gewerbebetriebes und unter Befreiung von dem sonst vorgeschriebenen Bürgerrechtsgelde auf Verlangen der Gemeindebehörde eintreten soll. Auf Grund dieses den Landesgesetzen derogirenden Reichsgesetzes findet also jetzt ein Erwerb des Bürgerrechts ipso jure gegen den Willen des Gewerbetreibenden dadurch, daß einzig und allein die Thatsache des einjährigen selbstständigen Gewerbebetriebes zu den Erfordernissen des § 5, sub. 1, 2 und 3 der St.=O. vom 30. Mai 1853 (einjährige Gemeindemitgliedschaft, sowie Nichtempfang von Armenunterstützungen und Berichtigung der Gemeindeabgaben im letzten Jahre) hinzutritt, vor Ablauf der qu. 3 Jahre nicht mehr statt. Selbstverständlich muß aber der Erwerb des Bürgerrechts mit der Verpflichtung zur Zahlung des Bürgerrechtsgeldes für den Gewerbetreibenden, ebenso wie im Allgemeinen für alle Einwohner, vor Ablauf der 3 Jahre ipso jure in dem Falle erfolgen, wenn nur eine der übrigen Voraussetzungen des § 5 sub. 4, a, c und d (Besitz eines Wohnhauses, Veranlagung zur klassificirten Einkommensteuer und bezw. Entrichtung einer Klassensteuer von 6 Mark pro anno) zu den sonstigen Erfordernissen des § 5 sub. 1, 2 und 3 hinzutritt. Auch ist der Gewerbetreibende als solcher zur Zahlung des Bürgerrechtsgeldes verpflichtet, wenn er den Erwerb des Bürgerrechts vor Ablauf der qu. 3 Jahre verlangt, und zwar auf Grund seiner durch den § 13 der Reichsgewerbeordnung nicht berührten Berechtigung, aus dem Gesichtspuncte des selbstständigen stehenden Gewerbebetriebes beim Vorhandensein der übrigen concurrirenden Erfordernisse das Bürgerrecht zu erlangen. Wenn dagegen der Gewerbetreibende nach Ablauf von 3 Jahren auf Verlangen der Gemeindebehörde das Bürgerrecht ohne Zahlung des Bürgerrechtsgeldes auf Grund des § 13 der Reichsgewerbeordnung erworben hat und dann in den Besitz eines Wohnhauses gelangt bezw. zur klassificirten Einkommensteuer oder Klassensteuer von 6 Mark veranlagt wird, so fällt für ihn die Verpflichtung fort, noch nachträglich das Bürgerrechtsgeld zu zahlen.*)

IV. Formen hinsichtlich des Erwerbs des Bürgerrechts. Der Erwerb erfolgt an sich ipso jure selbst gegen den Willen des Erwerbenden, so daß dieser beim Vorhandensein der gesetzlichen Erfordernisse gleichviel, ob er es will oder nicht, in die Bürgerrolle einzutragen ist. Es kann indeß ortsstatutarisch festgesetzt werden, daß über die Erlangung des Bürgerrechts von dem Magistrate ein Bürgerbrief zu ertheilen, ferner, in welcher angemessenen und feierlichen Form der Bürgerbrief auszuhändigen, sowie inwiefern dessen Ertheilung auf gewisse Voraussetzungen und Fälle, um vornehmlich dauernde und nähere Beziehungen zu städtischen Gemeindeangelegenheiten zur besonderen Anerkennung zu bringen, zu beschränken ist, z. B. mit besonderer Berücksichtigung derjenigen Personen, welche durch Hausbesitz oder selbstständigen Gewerbebetrieb der Stadt angehören oder als Auszeichnung diejenigen, welche durch regelmäßige oder verdienstliche Theilnahme an den

---

*) M. R. vom 27. August 1872 (M. Bl. p. 224).

öffentlichen Geschäften der Gemeinde (Wahlen, Thätigkeit in Deputationen, Stadtverordnetenversammlungen, Stadtämtern pp.) ihr lebendiges Interesse für die Stadt an den Tag gelegt haben.*) Die Bestimmung der feierlichen Form der Bürgerbriefbehändigung bleibt der ortsstatutarischen Regelung überlassen. Es ist aber die Wiedereinführung des Bürgereides in dem M. R. vom 10. Mai 1855 für unzulässig erklärt.

Nur in einer einzigen Provinz, und zwar in Hannover, wird auf Grund der dortigen Städteordnung § 21 das Bürgerrecht nur durch Verleihung erworben, und es ist ferner dort auf Grund des § 30 ibidem der Bürgereid, vor welchem jedesmal der Huldigungseid zu leisten ist, als feierliche Form bei Bestand gelassen.

§ 26. Verlust des Bürgerrechts.

O. St. O. § 7, 18, 75; W. St. O. § 7, 18, 75; R. St. O. § 7, 17, 18; Sch. H. St. O. § 12—14; H. St. O. § 32

Das Bürgerrecht kann entweder auf Zeit sowohl durch Suspension als durch völlige Ausschließung entzogen oder gänzlich verloren werden. Diese einzelnen Entziehungs- bezw. Verlustarten sind mit verschiedenen Folgen verbunden, welche näher darzulegen sind.

I. **Die zeitweise Entziehung des Bürgerrechts** hat im Gegensatze zum gänzlichen Verluste gemeinsam die Folge, daß der damit belegte Bürger nur während der Dauer der zeitweisen Entziehung an der Ausübung aller allgemeinen Bürgerrechte behindert ist, und somit weder das active und passive Gemeindewahlrecht ausüben noch ein städtisches Communalamt

---

*) Art. VII der Ausführungsinstruction vom 20. Juni 1853 (M. Bl. p. 138).

verwalten darf. Es unterscheiden sich aber in Betreff der Veranlassung und der Folgen sehr wesentlich die Suspension und die Ausschließung auf Zeit.

1. Die Suspension ist mit der Wirkung verknüpft, daß sich der eine das Bürgerrecht voraussetzende Stelle in der Verwaltung und Vertretung der Stadtgemeinde bekleidende Bürger in der Zwischenzeit außer dem Wahlrechte aller Functionen in Betreff der städtischen Verwaltung enthalten muß, dagegen nach Beendigung der Suspension ohne zuvorige Wiederwahl und ohne Weiteres seine Thätigkeit in der Verwaltung und bei den Wahlen in vollem Umfange wieder aufnehmen darf. Die Suspension tritt in folgenden Fällen ein:

   a. Wenn gegen einen Bürger wegen eines Verbrechens die Versetzung in den Anklagestand oder wegen eines Vergehens, welches die Untersagung der bürgerlichen Ehrenrechte nach sich ziehen muß oder kann, die Verweisung an das Strafgericht ausgesprochen, oder wenn derselbe zur gerichtlichen Haft gebracht ist, bis zur Beendigung der gerichtlichen Untersuchung. Was die Versetzung in den Anklagestand anlangt, so beginnt diese jetzt auf Grund der § 196 und ff. der Reichsstrafprozeßordnung mit der Eröffnung des Hauptverfahrens bezw., wenn eine Voruntersuchung nicht stattfindet, mit der Erhebung der Anklage;

   b. Wenn über das Vermögen eines Bürgers das Concursverfahren eröffnet wird, so dauert die Suspension bis zur Beendigung des Verfahrens. Die früheren Bestimmungen, welche in solchem Falle, wie die Städteordnungen für die 6 östlichen Provinzen und Westphalen, den gänzlichen Verlust des Bürgerrechts eintreten ließen, sind durch den § 52 des Preußischen Ausführungsgesetzes zur deutschen Concursordnung vom 6. März 1879 (G. S. p. 109) aufgehoben, indem derselbe den Grundsatz ausspricht, daß alle Beschränkungen, welche nach den gesetzlichen Bestimmungen das Concursverfahren oder das bisherige Fallimentsverfahren für den Gemeinschuldner in der Ausübung eines auf das Vermögen sich nicht beziehenden Rechts zur Folge hat, mit der Beendigung des Verfahrens wegfallen sollen.*)

2. Die Ausschließung auf Zeit bewirkt, daß derjenige Bürger, welcher als solcher schon eine Stelle in der Verwaltung oder Vertretung bekleidet, in der Zwischenzeit von der Theilnahme an den Wahlen ausgeschlossen wird und aus den von ihm versehenen städtischen Stellen völlig ausscheidet, so daß er nach Ablauf der Ausschließungszeit freilich das active und passive Wahlrecht ohne Weiteres wieder ausüben, dagegen zur Uebernahme einer solchen unbesoldeten Stelle nur durch eine Wiederwahl gelangen kann. Die Ausschließung kann in nachstehenden Fällen erfolgen:

a. Wenn sich ein Bürger ohne einen der ihm gesetzlich zur Seite stehenden Entschuldigungsgründe weigert**), eine unbesoldete Stelle in der Gemeindeverwaltung oder Vertretung anzunehmen oder die noch nicht drei Jahre lang versehene Stelle ferner zu versehen, oder wenn sich ein Bürger der Verwaltung solcher übernommenen Stellen thatsächlich entzieht. Die Folge solcher Weigerung und Entziehung ist die, daß der betreffende Bürger durch Beschluß der Stadtverordneten auf drei bis sechs Jahre der Ausübung des Bürgerrechts verlustig erklärt, und um ein Achtel bis ein

---

*) M. R. vom 5. Dec. 1881 (M. Bl. 1882 p. 30).

**) cfr. oben § 24.

Viertel stärker zu den direkten Gemeindeabgaben herangezogen werden kann.*)

b. Wenn einem Bürger durch rechtskräftiges Erkenntniß die Ausübung der bürgerlichen Ehrenrechte untersagt wird. Nach § 34 des Reichsstrafgesetzbuchs soll nämlich die Aberkennung der bürgerlichen Ehrenrechte die Unfähigkeit zur Folge haben, öffentliche Aemter zu erlangen, in öffentlichen Angelegenheiten zu stimmen, zu wählen oder gewählt zu werden oder andere politische Rechte auszuüben. Die Wirkung solcher Aberkennung tritt schon mit der Rechtskraft des Urtheils ein, dagegen läuft die im Urtheile festgesetzte Zeit, auf welche die Ehrenrechte aberkannt sind, von dem Tage, an welchem die Freiheitsstrafe, neben welcher die Aberkennung ausgesprochen wurde, verbüßt, verjährt oder erlassen ist.**)

II. **Der gänzliche Verlust des Bürgerrechts**, welcher die sofortige und dauernde Aufhebung aller mit ihm verbundenen Befugnisse nach sich zieht, tritt in folgenden Fällen ein:

a. Wenn eines der zur Erlangung desselben vorgeschriebenen Erfordernisse — cfr. § 25 — bei dem bis dahin dazu Berechtigten nicht mehr zutrifft. Derselbe erlangt das Bürgerrecht selbstverständlich wieder, sobald er sämmtliche gesetzliche Erfordernisse wieder in sich vereinigt; jedoch darf in den Städten, in welchen ein Bürgerrechtsgeld eingeführt ist, auf Grund des § 7 des Gesetzes vom 14. Mai 1860 (G. S. p. 237) eine solche Abgabe nicht zum zweiten Male innerhalb derselben Gemeinde erhoben werden.

b. Wenn ein Bürger in Folge rechtskräftigen Erkenntnisses der bürgerlichen Ehre verlustig geworden ist. Der § 32

*) O. St. O. § 74, W. St. O. § 74, R. St. O. § 79.

**) Reichsstrafgesetzbuch § 36.

des Reichsstrafgesetzbuchs bezeichnet die Fälle, in welchen auf Verlust der bürgerlichen Ehrenrechte erkannt werden kann. Es geschieht nämlich neben der Todesstrafe und der Zuchthausstrafe ohne Beschränkung, dagegen neben der Gefängnißstrafe nur, wenn die Dauer der erkannten Strafe drei Monate erreicht und entweder das Gesetz den Verlust der bürgerlichen Ehrenrechte ausdrücklich zuläßt oder die Gefängnißstrafe wegen Annahme mildernder Umstände an Stelle von Zuchthausstrafe ausgesprochen wird. Bei Meineid und schwerer Kuppelei*) muß auf Verlust der bürgerlichen Ehrenrechte erkannt werden. Die Dauer des Verlustes beträgt bei zeitiger Zuchthausstrafe mindestens 2 und höchstens 10 Jahre, bei Gefängnißstrafe mindestens 1 Jahr und höchstens 5 Jahre. Die Aberkennung bewirkt den dauernden Verlust der aus öffentlichen Wahlen hervorgegangenen Rechte sowie der öffentlichen Aemter, und bewirkt ferner die Unfähigkeit, innerhalb der im Urtheile bestimmten Zeit öffentliche Aemter zu erlangen, in öffentlichen Angelegenheiten zu stimmen, zu wählen oder gewählt zu werden oder andere politische Rechte auszuüben. Ueber die Berechnung der Zeit cfr. oben I, sub. 2, b.

Alle übrigen gesetzlichen Verlustgründe, insbesondere die sich früher auf die Anrüchigkeit eines Gewerbe (z. B. Scharfrichterei) sich stützenden, sind völlig beseitigt.**)

§ 27. Das Bürgerrechtsgeld.

Das Gesetz vom 14. Mai 1860 (G. S. p. 237), welches die entgegenstehenden Vorschriften der Städteordnungen —

*) Strafgesetzbuch § 181.

**) M. R. vom 28. Oct. 1827.

cfr. § 52 der St.=O. vom 30. Mai 1853 — aufgehoben hat, berechtigt die Gemeinden, auf Grund von Gemeindebeschlüssen, die Entrichtung von Bürgerrechtsgeld bei Erwerb des Bürgerrechts anzuordnen. Diese Gemeindebeschlüsse bedürfen in den Kreisordnungsprovinzen der Bestätigung des Bezirksausschusses, und in den Provinzen Posen, Schleswig-Holstein sowie der Rheinprovinz der Genehmigung der Königlichen Regierung, dagegen nirgends der Zustimmung des Ministers des Innern und der Finanzen.*) Hierin hat das Gesetz vom 2. März 1867 (G. S. p. 361), durch welches nur die Erhebung von Einzugsgeldern beseitigt ist, Nichts geändert. Daß das Bürgerrechts- und Einkaufsgeld durch das Gesetz vom 2. März 1867 nicht hat aufgehoben werden sollen, ist bei den desfallsigen Berathungen im Abgeordnetenhause den dort zur Beseitigung der Verpflichtung zur Zahlung des Bürgerrechtsgeldes gemachten Versuchen gegenüber besonders hervorgehoben. Rücksichtlich der Erhebung normiren folgende Grundsätze:

I. **Wirkung der Zahlung.** Es darf in denjenigen Städten, in welchen ein Bürgerrechtsgeld eingeführt ist, vor dessen Berichtigung das Bürgerrecht nicht ausgeübt werden. Die Verpflichtung zur Entrichtung tritt erst mit dem Zeitpuncte des Erwerbes des Bürgerrechts ein. Das Bürgerrechtsgeld darf in derselben Gemeinde nicht zum zweiten Male erhoben werden. In dieser Beziehung ist das frühere Hausstandsgeld auch dem Bürgerrechtsgelde gleichgestellt.

II. **Abstufungen in dem Betrage des Bürgerrechtsgeldes** sind statthaft. Die Sätze desselben sind gesetzlich nicht näher begrenzt; dagegen wird in dem M. R. vom 16. Juni 1860 (M. Bl. p. 134) empfohlen, die Abstufungen an die Wahleintheilung der Bürgerschaft dergestalt anzulehnen, daß den

---

*) M. R. vom 3. März 1885 (M. Bl. p. 107).

3 Wahlabtheilungen 3 Stufen des Bürgerrechtsgeldes entsprechen, und daß entweder die neuen Bürger, je nachdem sie in die 1., 2. oder 3. Abtheilung eintreten, auch entsprechend mit dem höchsten, mittleren oder niedrigsten Satze zu veranlagen sind oder daß zwar die Stufen nach festen Normen des Einkommens oder der Steuern abgegrenzt werden können, hierbei aber zu beachten ist, daß die Abgrenzung in den Resultaten thunlichst nahe mit den Grenzen der Wahlabtheilung zusammentrifft.

III. Von der Entrichtung des Bürgerrechtsgeldes befreite Personen. Es sind dies:

1. ausnahmlos alle unmittelbaren und mittelbaren Staatsbeamten, einschließlich Lehrer und Geistliche, welche gemäß dienstlicher Verpflichtung ihren Wohnsitz in der Stadt nehmen, gleichviel ob sie ihre Versetzung beantragt haben oder nicht.
2. Militärpersonen, welche 12 Jahre im activen Dienststande sich befunden haben, bei der ersten Niederlassung, sowie die sub. 1 genannten Personen bei der ersten Verlegung des Wohnsitzes nach dem Ausscheiden aus dem activen Dienste.

IV. Verjährung und Reclamationen. Es findet hierauf das Gesetz vom 18. Juni 1840 Anwendung, jedoch mit der Maßgabe, daß der Anspruch auf Bürgerrechtsgeld erst in zwei Jahren nach Ablauf desjenigen Jahres, in welchem die Zahlungsverbindlichkeit entstanden ist, verjährt. Die Reclamationsfrist beträgt in Communalsteuersachen 6 Wochen und kommt in dieser Ausdehnung sowohl den steuerpflichtigen Gemeindemitgliedern als auch der steuerberechtigten Gemeinde zu Gute.*)

---

*) M. R. vom 16. März 1871 (M. Bl. p. 166).

V. Verpflichtung der Gewerbetreibenden zur Zahlung. — cfr. hierüber das Nähere in § 25 sub. III. —

Eine Besonderheit ist hierbei rücksichtlich der Provinz Schleswig-Holstein zu vermerken, indem dort nach deren Städteordnung § 15 die Erhebung eines Bürgerrechtsgeldes oder dergleichen besonderen Abgabe für den Erwerb des Bürgerrechts oder aus Anlaß dieses Erwerbs überhaupt nicht gestattet, sondern nur für die Ausstellung des Bürgerbriefs eine angemessene Ausfertigungsgebühr gefordert werden kann.

§ 28. Competenz für Bürgerrechtsstreitsachen.

Für die Competenzfrage ist zunächst von Bedeutung der auf das A. L. R. Th. II Tit. 14 §§ 4, 5, 78 und 78 sich stützende Fundamentalsatz, demzufolge über die Verbindlichkeit zur Entrichtung allgemeiner Abgaben, denen sämmtliche Einwohner des Staats oder alle Mitglieder einer gewissen Klasse derselben nach der Landesverfassung unterworfen sind, der Rechtsweg ausgeschlossen ist, wenn nicht etwa eine Befreiung davon aus einem besonderen Rechtstitel (Vertrag, Privilegium, Verjährung) in Anspruch genommen oder in der Bestimmung des Antheils eine Belastung über die Gebühr geltend gemacht wird. Dieser Grundsatz ist im Allgemeinen in Bezug auf die Erhebung städtischer Steuern, sowie im Speciellen in Bezug auf die Erhebung des Bürgerrechtsgeldes vielfach in den Entscheidungen des Königlichen Gerichtshofes zur Entscheidung der Competenzconflicte anerkannt, insbesondere in den Entscheidungen vom 25. September 1852 (J. M. Bl. 1853 p. 26), vom 13. Februar 1858 (M. Bl. 1858 p. 186), vom 14. Januar 1860 (J. M. Bl. p. 322), vom 12. April 1862 (J. M. Bl. p. 280), vom 8. October 1870 (J. M. Bl. p. 340), vom 11. November 1876 (M. Bl. p. 276), vom 13. October 1873 (M. Bl. p. 334), vom 23. Mai 1871 (M.

Bl. p. 337). Die solche Erhebung betreffenden, vom Rechtswege ausgeschlossenen Streitigkeiten unterliegen nun der Entscheidung im Verwaltungswege. Das in Bürgerrechtsstreitsachen zu beobachtende Verfahren ist für alle Provinzen mit Ausschluß von Posen, Schleswig-Holstein und Rheinprovinz durch die §§ 10, 11 und 21 des Zuständigkeitsgesetzes vom 1. August 1883 geregelt. Danach beschließt die Stadtverordnetenversammlung, als Gemeindevertretung, auf alle Beschwerden und Einsprüche, welche nachstehende hierher gehörige Gegenstände betreffen:

a. Den Besitz oder den Verlust des Bürgerrechts, insbesondere des Rechts zur Theilnahme an den Wahlen zur Gemeindevertretung sowie des Rechts zur Bekleidung einer den Besitz des Bürgerrechts voraussetzenden Stelle in der Gemeindeverwaltung oder Gemeindevertretung.
b. Die Verpflichtung zum Erwerbe oder zur Verleihung des Bürgerrechts, bezw. zur Zahlung von Bürgergewinngeldern incl. Ausfertigungsgebühren.
c. Die Verpflichtung zur Leistung des Bürgereides.
d. Die Zugehörigkeit zu einer bestimmten Bürgerklasse.
e. Die Berechtigung zur Ablehnung oder Niederlegung von Aemtern und Stellen in der Gemeindeverwaltung oder Vertretung.
f. Die Nachtheile, welche gegen Mitglieder der Stadtgemeinde wegen Nichterfüllung der ihnen nach den Gemeindeverfassungsgesetzen obliegenden Pflichten zu verhängen sind.

Die Beschlußfassung der Stadtverordneten ist eine völlig selbstständige, da sie keiner Genehmigung und keiner Bestätigung seitens des Magistrats, als Gemeindevorstandes, bezw. der Aufsichtsbehörde bedarf. Gegen den Beschluß der Stadtverordneten ist die Klage im Verwaltungsstreitverfahren zulässig. Dieselbe ist binnen zwei Wochen in erster Instanz direct bei dem zuständigen Bezirksausschusse schriftlich anzustellen*) und steht auch dem Gemeindevorstande zu. Letzterer sowohl als die Stadtverordnetenversammlung können sich zur Wahrnehmung ihrer Rechte im Verwaltungsstreitverfahren einen besonderen Vertreter bestellen. Die das Verfahren vor dem Bezirksausschusse regelnden Vorschriften sind in dem Gesetze über die allgemeine Landesverwaltung vom 30. Juli 1883 § 63—81 dargelegt. Das Endurtheil des Bezirksausschusses kann durch die Berufung angefochten werden. Competent ist in der Berufungsinstanz das Oberverwaltungsgericht in Berlin.

In den Provinzen Posen, Schleswig-Holstein und Rheinprovinz sind bis dahin, daß dort neue Kreis- und Provinzialordnungen erlassen werden, für die fraglichen Bürgerrechtsstreitsachen die in den betreffenden Gemeindeverfassungsgesetzen dazu bestimmten Verwaltungsbehörden bezw. für die Beschwerdeinstanz die Staatsaufsichtsbehörden zuständig.

§ 29. Die Ehrenbürger.

O. St. O. § 6, W. St. O. § 6, R. St. O. § 6, Sch. H. St. O. § 11, H. St. O. § 34.

Der Magistrat kann im Einverständnisse mit der Stadtverordnetenversammlung Männern, welche sich um die Stadt verdient gemacht haben, ohne Rücksicht auf die den Erwerb des Bürgerrechts bedingenden Erfordernisse das Ehrenbürgerrecht ertheilen. Die so ausgezeichneten Männer heißen Ehrenbürger. Ihnen stehen die aus dem Bürgerrechte fließenden Befugnisse, namentlich das Gemeindewahlrecht, zu; dagegen sind sie als solche von allen städtischen Verpflichtungen befreit. Ein solches Ehrenbürgerrecht kann auch Männern, welche sich um den Staat verdient gemacht haben, verliehen werden, wie

*) L. V. G. vom 30. Juli 1883 § 63.

dies bei der Berathung der St. O. vom 30. Mai 1853 ausdrücklich mit der Begründung hervorgehoben ist, daß derjenige, welcher sich hohe allgemeine Verdienste um das Vaterland, um Kunst und Wissenschaft u. s. w. erworben und sich dadurch um den Staat verdient gemacht, mit Fug und Recht als ein solcher angesehen werden könne, welcher sich um die Stadt Verdienste erworben habe.

Die Ehrenbürger gehören der zum Zwecke der Gemeindewahlen gebildeten ersten Abtheilung der Bürgerschaft an; jedoch kommt das Einkommen oder die Steuern derselben überhaupt bei der Eintheilung der einzelnen Abtheilungen nicht in Anrechnung.*)

Daß die Grundsätze über den Verlust des Bürgerrechts auch sinngemäße Anwendung auf das Ehrenbürgerrecht finden, bedarf wohl nur der Hervorhebnng.

Für die Provinz Hannover besteht in Betreff des Ehrenbürgerrechts noch eine singuläre Bestimmung. Dort kann nämlich solches Recht von dem Magistrate und den Bürgervorstehern als Zeichen der Ehre und Dankbarkeit verliehen werden, und sind dort Ehrenbürger von der Leistung des Bürgereides befreit.

§ 30. Erstreckung des Rechts der Bürger zur Theilnahme an den Wahlen auf die höchstbesteuerten Forensen, juristischen Personen und Actiengesellschaften.

O. St. O. § 8, W. St. O. § 8, H. St. O. § 25.

Eine solche Erstreckung ist nur in den 6 östlichen Provinzen und in Westphalen zulässig, und zwar unter der Voraussetzung, daß der Forense bezw. die juristische Person oder Actiengesellschaft in einer Stadt seit einem Jahre mehr

*) R. St. O. § 12.

als einer der drei höchstbesteuerten Einwohner sowohl an directen Staats- als an Gemeindeabgaben entrichtet. Dieselben sind in dem Falle, wenn eine solche Voraussetzung vorliegt und die übrigen Erfordernisse vorhanden sind, berechtigt, an den Gemeindewahlen Theil zu nehmen, bezw. ihr Stimmrecht durch solche Bevollmächtigte auszuüben,*) welche selbst stimmfähige Bürger sind und sich durch Vollmacht legitimiren müssen.

Die Forensen sind diejenigen physischen Personen, welche im Stadtbezirke, ohne daselbst zu wohnen oder sich länger als drei Monate aufzuhalten, Grundbesitz, gewerbliche Anlagen, Eisenbahnen oder Bergwerke haben, Pachtungen, stehende Gewerbe, Eisenbahnen oder außerhalb einer Gewerkschaft Bergbau betreiben.**)

Zu den juristischen Personen, deren Begriff oben im § 21 festgestellt ist, gehören auf Grund der Bestimmungen des Allgemeinen Landrechts Th. II:

a. Die Stadtgemeinden (Tit. 8 § 108).
b. Die Dorfgemeinden (Tit. 7 § 19).
c. Die Zünfte und die Innungen oder Gilden der Künstler und Handwerker (Tit. 8 § 191 und 401).
d. Die vom Staate ausdrücklich aufgenommenen Kirchengesellschaften (Tit. 11 § 17).
e. Die vom Staate aufgenommenen Stifte, Klöster und Orden (Tit. 11 § 1219).
f. Die öffentlichen niederen Schulen (Tit. 12 § 19).
g. Die gelehrten Schulen und Gymnasien (Tit. 12 § 54).
h. Die Universitäten (Tit. 12 § 67).
i. Die vom Staate ausdrücklich oder stillschweigend genehmigten Armen- und andere Versorgungsanstalten (Tit. 19 § 42).

---

*) O. St. O. § 25, Abs. 2.
**) Ges. vom 27. Juli 1885 § 1, Abs. 3.

k. Der Fiscus (Tit. 14 § 1).

l. Diejenigen Gesellschaften und Anstalten, welchen die Rechte der juristischen Person landesherrlich besonders verliehen sind (Tit. 6 § 25).

Was die Actiengesellschaften anlangt, so ist derselben in den St. O. für die 6 östlichen Provinzen und Westphalen nicht besonders gedacht. Auch steht ihnen die juristische Persönlichkeit nicht zu. Trotzdem sind sie in der Praxis, wie dies auch in dem Ministerialerlasse vom 23. Juni 1881*) anerkannt wird, ohne Ausnahme, mögen sie vor oder nach dem Erlasse des Actiengesetzes vom 11. Juni 1870 gegründet worden sein, den juristischen Personen hinsichtlich der Gemeindeabgabenpflicht und des Gemeindewahlrechts völlig gleichgestellt.

In letzterer Beziehung ist hier einer auffallenden Eigenthümlichkeit der Hannover'schen Städteordnung zu gedenken, indem nach § 25 derselben für gewerbliche Gesellschaften, welchen juristische Persönlichkeit zusteht, der zu bestellende verantwortliche Geschäfts- oder Werkführer zur Gewinnung des vollen Bürgerrechts verpflichtet ist.

Viertes Kapitel: Die Gemeindeabgabenpflichtigen.

O. St. O. § 4, W. St. O. § 4, R. St. O. § 4, Sch. H. St. O. § 5, 19, 20, 21, 22, 24—27; H. St. O. § 13—16.

§ 31. Allgemeine Principien über die Heranziehung zu den städtischen Gemeindelasten.

I. Vertheilung der Gemeindelasten im Allgemeinen. Dem Rechte aller Einwohner des Stadtbezirks auf Mitbenutzung

---

*) M. Bl. 1881 p. 206.

der öffentlichen Gemeindeanstalten der Stadt steht die Pflicht derselben zur Theilnahme an den städtischen Gemeindelasten gegenüber. Die Einwohner des Stadtbezirks sind es, welche uns als das eigentliche abgabenpflichtige Element entgegentreten; es sind indeß aus verschiedenen Gesichtspunkten noch weitere Personen, Genossenschaften und Gesellschaften zu den zur Existenz der Gemeinden in finanzieller Beziehung erforderlichen Lasten und Abgaben beizutragen verpflichtet. Diese Lasten und Abgaben können bestehen in der Aufbringung von Gemeindesteuern sowie in der Leistung von Hand- und Spanndiensten, welche zur Ausführung von Gemeindearbeiten für erforderlich erachtet werden.

Die Gemeindesteuern können erhoben werden entweder bloß in Zuschlägen zur Staatsklassen- und klassificirten Einkommensteuer oder in besonderen directen und indirecten Gemeindeabgaben, welche im Falle der Neueinführung oder der Erhöhung oder im Falle der Veränderung ihrer Grundsätze der Genehmigung der höheren Behörden (in den Kreisordnungsprovinzen der Genehmigung des Bezirksausschusses und bezw. der Zustimmung der Minister des Innern und der Finanzen) bedürfen.

Die besonderen directen Gemeindesteuern können endlich aufgebracht werden in der Form einer allgemeinen Einkommensteuer oder ohne solche Form nach einem andern Erhebungsmodus, nämlich durch Zuschläge zur Staats-, Grund-, Gebäude- und Gewerbesteuer sowie durch sonstige besondere Communalreal- und Personalabgaben (wie Haus-, Mieths-Wohnungs-, Hunde- und Luxussteuern).

Welcher Erhebungsmodus in den einzelnen Stadtbezirken zur Anwendung kommen soll, ist durch das Steuerregulativ jeder einzelnen Stadtgemeinde festzustellen. Die Form der gewählten Erhebungsart ist für die einzelnen gemeindeabgabenpflichtigen Personen von entscheidender Bedeutung und von erheblicher Tragweite. Dies tritt hauptsächlich in folgenden Fällen scharf hervor:

a. Das Diensteinkommen der Beamten kann von den Gemeinden, zu welchen dieselben gehören, überhaupt nur dann besteuert werden, wenn auch der Beitrag der übrigen Einwohner des Orts in der Form einer allgemeinen Einkommensteuer erhoben wird.*)

b. Geistliche und Schullehrer können zu solchen persönlichen Gemeindediensten herangezogen werden, welche auf den ihnen gehörigen Grundstücken lasten.**)

c. Die servisberechtigten Militairpersonen und Forensen sind zu den auf den Grundbesitz oder auf das stehende Gewerbe gelegten Lasten verpflichtet, wenn sie im Stadtbezirke mit Grundeigenthum angesessen sind oder ein stehendes Gewerbe betreiben.

d. Das Gesetz, betreffend Ergänzung und Abänderung einiger Bestimmungen über Erhebung der auf das Einkommen gelegten directen Communalabgaben, vom 27. Juli 1885***) kommt in den einzelnen Stadtbezirken nur insoweit zur Anwendung, als dort auf Grund jenes Gesetzes eine Erhebung der auf das Einkommen gelegten directen Gemeindeabgaben eingeführt ist; während dessen Anwendung dort ausgeschlossen ist, wo die Bestreitung der Gemeindebedürfnisse durch anderweitige Gemeindeabgaben, insbesondere durch bloße Zuschläge zu den Staatssteuern, durch indirecte Gemeindesteuern oder durch sonstige Real- oder Personalabgaben erfolgt.

II. **Erstreckung der Gemeindeabgabenpflicht.** Zu denjenigen Personen, welche zu den städtischen Gemeindelasten herangezogen werden können, gehören im Allgemeinen:

---

*) Ges. vom 11. Juli 1822. § 1.

**) O. St. O. § 4.

***) G. S. 1885 p. 327.

1. Alle Einwohner, d. h. diejenigen physischen Personen, welche in dem Stadtbezirke nach den Bestimmungen der Gesetze ihren Wohnsitz haben, auf Grund der Städteordnungen (cfr. oben § 19), jedoch mit wesentlichen Modificationen in Bezug auf die Beamten, Pensionaire, Wittwen und Waisen ehemaliger Beamten, ferner auf die Geistlichen, Kirchendiener und Elementarschullehrer sowie auf die servisberechtigten Militairpersonen (cfr. die folgenden §§).
2. Alle diejenigen Personen, welche auch, ohne im Stadtbezirke zu wohnen, sich länger als drei Monate in demselben aufhalten, auf Grund des § 8 des Freizügigkeitsgesetzes vom 1. November 1867 (sog. vorübergehend anwesende Personen).
3. Actiengesellschaften, Commanditgesellschaften auf Actien, Bergwerkschaften, ferner eingetragene Genossenschaften, deren Geschäftskreis über den Kreis ihrer Mitglieder hinausgeht, und juristische Personen (insbesondere auch Gemeinden und weitere Communalverbände), welche in dem Stadtbezirke Grundbesitz, gewerbliche Anlagen, Eisenbahnen oder Bergwerke haben, Pachtungen, stehende Gewerbe, Eisenbahnen oder Bergbau betreiben, hinsichtlich des ihnen aus diesen Quellen in der Gemeinde zufließenden Einkommens auf Grund des Gesetzes vom 27. Juli 1885 § 1, Abs. 1.
4. Der Staatsfiscus hinsichtlich des Einkommens aus den von ihm im Stadtbezirke betriebenen Gewerbe-, Eisenbahn- und Bergbauunternehmungen sowie aus den im Stadtbezirke belegenen Domainen und Forsten auf Grund des Gesetzes vom 27. Juli 1885 § 1, Abs. 2.
5. Die Forensen hinsichtlich des Einkommens, welches ihnen sowohl aus dem Besitze von Grundeigenthum, gewerblichen Anlagen, Eisenbahnen oder Bergwerken, als aus

dem Betriebe von Pachtungen, stehenden Gewerben, Eisenbahnen oder außerhalb einer Gewerkschaft stehendem Bergbau zufließt, auf Grund des Gesetzes vom 27. Juli 1885 § 1, Abs. 3.

III. Vermeidung von Doppelbesteuerung bei einem mehrfachen Wohnsitze oder einem den Zeitraum von drei Monaten übersteigenden Aufenthalte. Bis zur Emanation des Gesetzes vom 27. Juli 1885 stand in dem Falle, wenn eine Person wegen eines mehrfachen Wohnsitzes oder eines den Zeitraum von drei Monaten übersteigenden Aufenthaltes in mehreren Gemeinden abgabepflichtig war, jeder Wohnsitzgemeinde bezw. der Aufenthaltsgemeinde das Recht zu, von einer solchen Person die volle Gemeindeeinkommensteuer zu erheben. Diese früher so zulässige Doppelbesteuerung eines und desselben Einkommens soll der § 11 des citirten Gesetzes mit der Wirkung beseitigen, daß nunmehr das Gesammteinkommen in dem beregten Falle von den abgabeberechtigten Gemeinden nur einmal zur Besteuerung herangezogen werden kann, und zwar dürfen die einzelnen Gemeinden dann nur einen Bruchtheil des Einkommens für sich zur Besteuerung in Anspruch nehmen. Es soll dann nicht etwa eine Theilung pro rata temporis des Wohnsitzes bezw. des Aufenthalts eintreten, sondern eine derartige Theilung, daß das Einkommen der betreffenden Person, soweit dasselbe nicht aus Grundeigenthum oder aus Pacht-, Gewerbe-, Eisenbahn- oder Bergwerksbetriebe fließt, in jeder der abgabenberechtigten Gemeinden nur zu einem der Zahl derselben entsprechenden Bruchtheile herangezogen wird, und zwar mit der Beschränkung, daß bei solcher Theilung diejenigen Wohnsitzgemeinden, in welchen der Abgabepflichtige bezw. seine Familie sich im Laufe des vorangegangenen Jahres überhaupt nicht oder kürzere Zeit als drei Monate aufgehalten haben, nicht mitgezählt werden. Zur Erläuterung soll folgendes Beispiel dienen: X., welcher ein

Einkommen von 2400 Mark Zinsen bezieht, hält sich während eines Jahres in seiner Wohnsitzgemeinde A. während acht Monaten und in der Gemeinde B., ohne dort einen Wohnsitz zu begründen, während vier Monaten auf. Es kann dann B. nur 1200 Mark auf vier Monate, dagegen A. 1200 Mark auf vier Monate und 2400 Mark auf acht Monate für sich zur Besteuerung heranziehen. Es gelangen also in A. $^8/_{12} + {}^2/_{12} = {}^5/_6$ des Einkommens, dagegen in B. $^2/_{12} = {}^1/_6$ zur Besteuerung. Bezieht X. außerdem noch 3000 Mark aus der Verpachtung eines in der Gemeinde C. belegenen Guts, so verbleiben diese 3000 Mark der Gemeinde C., als Forensalgemeinde, zur alleinigen Besteuerung. Hat X. zwei Wohnsitze, in der Gemeinde A. und D., und hat er sich in D. während des letzten vorangegangenen Jahres nur zwei Monate aufgehalten, so hat D. gar keinen Anspruch auf Heranziehung des X. zur Besteuerung. Es ist aber hierbei wohl zu beachten, daß in dem letzteren Falle die Gemeinde D. ihr Besteuerungsrecht nur als Wohnsitzgemeinde, dagegen nicht als Aufenthaltsgemeinde einbüßt. Hat sich also X. in D. während des letzten Jahres zwei Monate, und in dem folgenden Jahre länger als drei Monate aufgehalten, so participirt D. selbstverständlich an der Theilung als Aufenthaltsgemeinde auf Grund des § 8 des Reichsgesetzes über die Freizügigkeit vom 1. November 1867, da die durch dasselbe den Gemeinden gewährte Berechtigung zur Heranziehung Neuanziehender zu den Gemeindelästen durch das Landesgesetz vom 27. Juli 1885 nicht aufgehoben werden kann.

Mit Rücksicht auf den zum Zwecke der Vermeidung der Doppelbesteuerung im § 11 des Gesetzes vom 27. Juli 1885 angeordneten Repartitionsmodus bedarf noch folgende besondere Bestimmung einer Hervorhebung. Es sollen nämlich in dem Falle, wenn in den Gemeinden, in welchen der Abgabenpflichtige seinen Wohnsitz hat oder in welchen der Abgaben=

pflichtige bezw. dessen Familie sich im Laufe des voraufgegangenen Jahres länger als drei Monate aufgehalten haben, das in ihnen steuerpflichtige Einkommen weniger als ein Viertheil des Gesammteinkommens beträgt, jene Gemeinden berechtigt sein, durch Gemeindebeschluß ein volles Viertheil des Gesammteinkommens, d. h. ohne Rücksicht auf die Quelle, aus welcher es fließt, unter entsprechender Verkürzung des der Forensalgemeinde zur Besteuerung zufallenden Einkommentheils für sich zur Besteuerung in Anspruch zu nehmen. Sie participiren dann an diesem Viertheile in Gemäßheit des oben beregten Vertheilungsmaßstabes.

§ 32. Die Einwohner.

Der hinsichtlich der Besteuerung bestehende Fundamentalsatz: „Alle Einwohner d. h. diejenigen physischen Personen, welche in dem Stadtbezirke ihren Wohnsitz haben, sind zur Theilnahme an den städtischen Gemeindelasten verpflichtet" erleidet in sofern eine Modification, als in den Fällen, wo die Personal-Communalsteuern durch Zuschläge zu der Gewerbe- und der Klassen- und klassificirten Einkommensteuer aufgebracht werden oder die Veranlagung der Steuerpflichtigen in Gemäßheit der für die Einschätzung zu solchen Steuern bestehenden Grundsätze erfolgt, eine Besteuerung nach Haushaltungen eintritt. Es werden dann zu den städtischen Gemeindelasten nur die Haushaltungsvorstände und solche Personen herangezogen, welche keiner Haushaltung angehören, dagegen nicht die Angehörigen einer Haushaltung. Andererseits wird dem Einkommen des steuerpflichtigen Haushaltungsvorstandes das Einkommen der Angehörigen zum Zwecke der Schätzung zugerechnet. Zur Haushaltung gehören die Ehefrau bei bestehender Ehe, ferner die Kinder, welche den Unterhalt des Vorstandes genießen, ohne Unterschied, ob sie sich im Haushalte oder außerhalb desselben aufhalten, und endlich andere Verwandten und Pflegekinder, welche factisch vom Vorstande unterhalten werden. Dagegen sind die erwachsenen Kinder, welche sich selbst unterhalten, nicht mehr als Angehörige zu behandeln, wenn sie sich noch im Hause der Eltern aufhalten, und selbst dann nicht, wenn sie ihren Erwerb zur Bestreitung der Haushaltskosten hergeben, und sich im Wesentlichen selbst dauernd zu ernähren vermögen. Auch sind die Dienstboten, Privatbeamte, Hauslehrer, Altentheiler und alle Personen ähnlicher Lebens- und Berufsstellung nicht als Haushaltsangehörige anzusehen. Im Falle des Todes und der Auswanderung des Ehemannes oder der Scheidung der Ehe tritt die Wittwe als steuerpflichtiger Haushaltungsvorstand hervor, event. in Ermangelung derselben ein anderes Familienhaupt, welches der Haushaltung vorsteht. Zusammenwohnende Geschwister und andere Verwandte, welche eine gemeinschaftliche Wirthschaft führen oder gemeinschaftlich ein Gewerbe betreiben, bilden keinen Haushalt, wenn nicht etwa Einer derselben dem andern factisch den Unterhalt gewährt. Der Haushaltungsvorstand haftet für die Steuer, welche rücksichtlich des Einkommens der Angehörigen aufzubringen ist, während das etwaige Vermögen der letzteren für die von dem Vorstande zu zahlende Steuer nicht verhaftet ist.

Beim Wechsel des Wohnsitzes tritt die Verpflichtung zur Zahlung der Gemeindesteuer in der neuen Gemeinde an sich, falls die Ortsstatuten nicht Etwas Anderes bestimmen, mit dem Tage der Begründung des Wohnsitzes ein, während die Steuerpflicht in der früheren Gemeinde erst mit dem Ablaufe desjenigen Monats erlischt, in welchem dem Magistrate die Anzeige gemacht worden, daß der Wohnsitz aufgegeben ist.*)

---

*) Ges. vom 18. Juni 1840 § 1 und A. L. R. Th. II, Tit. 6, § 183.

Hat der abziehende Einwohner Vortheile, welche die Stadt ihren Mitgliedern gewährt, schon für eine darüber hinausgehende Zeit vorweg genossen, so muß er auch die städtischen Lasten noch für einen entsprechenden Zeitraum tragen.*)

Im Uebrigen wird auf den obigen § 19 verwiesen, welcher von der Begründung des Einwohnerrechtes durch den Wohnsitz in der Stadtgemeinde handelt.

§ 33. Die in einem Stadtbezirke sich vorübergehend aufhaltenden Personen.

Die in einem Stadtbezirke sich vorübergehend aufhaltenden Personen konnten auf Grund der Städteordnungen vor dem Inkrafttreten des Reichs-Freizügigkeitsgesetzes vom 1. Nov. 1867 (R. G. B. p. 55) zu den städtischen Gemeindeabgaben herangezogen werden, und zwar:

1. in den Städten, wo solche Abgaben durch Zuschläge zur Klassen- oder klassificirten Einkommensteuer erhoben wurden, zur Zahlung solcher Zuschläge sofort, wenn sie sich in dem Stadtbezirke aufhielten, um dort ihren Unterhalt zu erwerben, und sobald sie zur Klassen- oder klassificirten Einkommensteuer veranlagt waren.
2. Dagegen in den Städten, wo nicht eine Zuschlagssteuer, sondern eine Kommunalsteuer anderer Art eingeführt war, zur Zahlung der letzteren im Falle eines dortigen Aufenthaltes von mehr als drei Monaten vom Ablaufe des dritten Monats an.

An Stelle dieser Bestimmungen ist der § 8 des citirten Reichsgesetzes vom 1. Nov. 1867 getreten. In Gemäßheit desselben steht jetzt in allen Städten den Gemeinden unmittelbar das Recht zu, jene Personen nach dreimonatlicher Dauer

*) A. L. R. Th. II, Tit. 6 § 184 und 185.

ihres Aufenthalts gleich den übrigen Gemeindeeinwohnern zu den Gemeindelasten heranzuziehen,*) wogegen den Gemeinden die Befugniß genommen ist, von neu Anziehenden wegen des Anzugs eine Abgabe zu erheben. Es ist also jetzt für die qu. Besteuerung einflußlos, ob die Communalabgaben durch Zuschläge zu den Staatssteuern oder in anderer Form erhoben werden, und ferner, ob der Zweck des Aufenthalts auf den Erwerb des Unterhalts gerichtet ist. Für die Heranziehung soll einzig und allein die Thatsache, daß der im Wesentlichen ununterbrochene Aufenthalt den Zeitraum von drei Monaten übersteigt, entscheidend sein, und zwar mit der Maßgabe, daß dann die Heranziehung ex tunc d. h. vom Tage des Anzuges ab gestattet ist,**) und daß die Verpflichtung zur Besteuerung mit dem Ende des Aufenthalts erlischt.***)

Die rücksichtlich der Vermeidung von Doppelbesteuerungen solcher Personen im § 11 des Communalnothsteuergesetzes vom 27. Juli 1885 festgestellten Grundsätze sind oben in § 31 sub III. bereits zur Darstellung gelangt.

Die Beibehaltung eines den größten Theil des Jahres leerstehenden, zur Erlangung eines bequemen Unterkommens bei gelegentlichen Besuchen dienenden Absteigequartiers begründet dagegen keine Verpflichtung zu Gemeindesteuerbeiträgen, wenn nicht etwa aus den nähern Thatumständen gefolgert werden muß, daß der Inhaber des Quartiers bei wechselndem Aufenthalte auch in der betreffenden Stadt ein Domicil begründet hat.†)

---

*) M. R. vom 27. Mai 1870 (M. Bl. p. 190).

**) O. V. G. E. Bd. III, p. 102.

***) M. R. vom 14. Juli 1856.

†) M. R. vom 14. Februar und 10. März 1836 (Ann. p. 147).

§ 34. Die Beamten.

Während die Civilbeamten mit Einschluß der Geistlichen, Kirchendiener und Lehrer in Bezug auf die staatsbürgerlichen Lasten und Abgaben besondere Vorrechte nicht genießen, sind ihnen solche Vorrechte hinsichtlich der städtischen Gemeindelasten und Abgaben in einer besondern Weise zugebilligt, und zwar insofern, als die Geistlichen, Kirchendiener und Elementarlehrer von den directen persönlichen Gemeindeabgaben hinsichtlich ihres Diensteinkommens insoweit befreit sind, als ihnen diese Befreiung zur Zeit der Verkündigung der Gemeindeordnung vom 11. März 1850 zustand, und die Geistlichen, Kirchendiener und Schullehrer von allen persönlichen Gemeindediensten, soweit sie nicht auf den ihnen gehörigen Grundstücken lasten, ganz (die Kirchendiener jedoch nur insoweit, als ihnen die Befreiung zur Zeit der Verkündigung der Gemeindeordnung vom 11. März 1850 zustand) entfreit bleiben, und ferner, als den übrigen Civilbeamten in Betreff der Heranziehung zu den auf das Einkommen gelegten Gemeindelasten besondere Privilegien zustehen. Diese Privilegien sind in dem Gesetze vom 11. Juli 1822 den besoldeten unmittelbaren Staatsdienern verliehen, und dann ausgedehnt für alle Provinzen mit Ausschluß von Neu-Vorpommern und Rügen durch die Kabinetsordre vom 14. Mai 1832 auf alle städtischen, landschaftlichen und andere Beamte, welche nach der Bezeichnung des A. L. R. Th. II. Tit. 10 § 69 als mittelbare Staatsdiener zu betrachten sind (für Neu-Vorpommern und Rügen erst durch das Gesetz vom 23. Februar 1870). Sodann sind die Reichsbeamten in Betreff der Privilegien durch das Reichsgesetz vom 31. März 1873 § 19 den Staatsdienern gleichgestellt. Auf das Gebiet der im Jahre 1866 mit Preußen vereinigten Landestheile mit Ausschluß des Gebiets der Stadt Frankfurt a. M. ist das Gesetz vom 11. Juli 1822 durch die Verordnung vom

23. September 1867 (R. G. Bl. p. 59) erstreckt worden, dagegen auf das Gebiet der Stadt Frankfurt a. M. durch das Gemeindeverfassungsgesetz vom 25. Mai 1867. Auf Grund dessen sind nun in der ganzen Monarchie die Civilbeamten in Maaßgabe der nachfolgenden in dem Gesetze vom 11. Juli 1822, in den Städteordnungen, in Ministerialrescripten und gerichtlichen Entscheidungen dargelegten Grundsätze zu den städtischen Lasten heranzuziehen. Diese Grundsätze sind folgende:

I. Zulässigkeit und Höhe der Besteuerung des Diensteinkommens. Das Diensteinkommen der Beamten kann von den Gemeinden, zu welchen dieselben gehören, überhaupt nur dann besteuert werden, wenn auch der Beitrag der übrigen Einwohner des Orts in der Form einer allgemeinen Einkommensteuer erhoben wird; es bleibt deshalb der Beamte in dem Falle communalsteuerfrei, wenn die Gemeindeabgaben nicht nach dem Gesammteinkommen der Einwohner, sondern durch Umlegen auf den Grundbesitz, Gewerbe, Wohnungsmiethe und dergl. aufgebracht werden. Dagegen ist dann die Form einer allgemeinen Einkommensteuer gewählt, wenn das gesammte Einkommen der Einwohnerschaft der Besteuerung grundleglich gemacht d. h. zwecks Veranlagung einer Schätzung unterliegt und die Repartition der Steuern im Verhältniß der ermittelten Beträge erfolgt. — Es darf aber das Diensteinkommen nur mit der Hälfte seines Betrages (nicht etwa mit der Hälfte der vom ganzen Diensteinkommen zu berechnenden Steuer) zur Besteuerung herangezogen werden, und zwar mit der Beschränkung, daß im äußersten Falle an directen Beiträgen aller Art, zu welchen auch die in Form einer Einkommensteuer repartirte Einquartirungslast*) und die der politischen Gemeinde obliegende Schulunterhaltungslast zu rechnen ist, sowie ferner zu sämmtlichen Gemeindebedürfnissen bei Gehalten von 750 Mark nicht

*) M. R. vom 8. März 1871 (M. Bl. p. 110).

mehr als 1%, bei Gehalten von 750—1500 Mark excl. nicht mehr als 1½% und bei höheren Gehalten nicht mehr als 2% des gesammten Diensteinkommens gefordert werden können. Für den Begriff des Diensteinkommens der Staatsdiener ist es irrelevant, ob dasselbe aus der Staatskasse gezahlt wird oder nicht.

Was nun die Berechnung des Diensteinkommens anlangt, so kommen dabei nachstehende Grundsätze zur Anwendung.

a. Das Diensteinkommen von zufälligen Emolumenten wird gleich den fixen Gehalten besteuert, nachdem der Betrag der ersteren in runder Summe durch die dem steuerpflichtigen Beamten vorgesetzte Dienstbehörde für den Zweck der Einschätzung bestimmt worden ist.*)

b. Die Dienstemolumente, welche bloß als Ersatz baarer Auslagen zu betrachten sind, bleiben außer Berechnung.**)

c. Der Werth der Dienstwohnungen excl. der Geschäftslocalien wird nach einem entsprechenden, am Orte üblichen Miethsbetrage festgestellt. Etwaige Miethsentschädigungen werden ihrem jährlichen Betrage nach zum Betrage des Baargehalts hinzugerechnet.***)

d. Die Wittwenkassenbeiträge, zu welchen der Beamte gesetzlich verpflichtet ist, sind von dem Diensteinkommen in Abzug zu bringen.†) Das Gleiche gilt von den Beiträgen zum Pensionsfonds.

e. Bezieht ein Beamter zugleich Gehalt und Pension, so werden beide zusammengerechnet.††)

f. Gehaltsabzüge kommen bei der Berechnung nicht zum

*) Ges. vom 11. Juli 1822 § 5.

**) Ges. vom 11. Juli 1822 § 10 sub d.

***) M. R. vom 18. Juni 1848.

†) M. R. vom 5. Mai 1828.

††) M. R. vom 22. October und 18. November 1837.

Abzuge.*) Die Communalsteuer ist von dem für den Beamten freibleibenden Theile zu entrichten.

g. Der Betrag des Diensteinkommens wird durch die Dienstbehörde, nicht aber durch eidliche Angabe des Beamten festgestellt.**)

II. Unmittelbare und mittelbare Staatsdiener. Im Allgemeinen sind unmittelbare Staatsdiener diejenigen Beamten, welche ihre Anstellung von dem Könige resp. einer Königlichen Behörde empfangen haben und auf Grund dieser Anstellung für den unmittelbaren Dienst des Staates fungiren; mittelbare Staatsdiener dagegen diejenigen Beamten, welche für den Dienst einer dem Staate untergeordneten öffentlichen Corporation (Gemeinden, Collegien, Societäten u. s. w.) angestellt sind, uud zwar ohne Unterschied, ob die Ernennung oder die Bestätigung dem Könige resp. einer Königlichen Behörde vorbehalten ist oder nicht. Es sind im Laufe der Zeit in Betreff einzelner Berufsklassen Zweifel und Bedenken darüber entstanden, ob auf sie das Gesetz vom 11. Juli 1822 Anwendung zu finden habe oder nicht. In dieser Beziehung ist hervorzuheben:

a. Rechtsanwälte und Notare werden freilich zu den unmittelbaren Staatsdienern gerechnet, sie genießen aber die Rechtswohlthat des Beamtensteuerprivilegs deshalb nicht, weil sie davon im § 8 des Gesetzes vom 11. Juli 1822 ausdrücklich ausgeschlossen sind und hierin zu ihren Gunsten die Kabinetsordre vom 14. Mai 1832 nichts abgeändert hat.***)

b. Seminardirectoren und Seminarlehrer. Sie sind nicht als Elementarlehrer zu behandeln, weil den

---

*) M. R. vom 31. Juli 1869.

**) M. R. vom 22. März 1839.

***) M. R. vom 5. April und 14. Juli 1836 (Ann. Bd. XX, p. 375 und 657) und Obertribunalserkenntniß vom 24. Juni 1873.

Seminarien nach ihrer Einrichtung sowie ihrer Aufgabe die Eigenschaft als Elementarschulen nicht beigelegt werden kann, sondern als Beamte im Sinne des Gesetzes vom 22. Juli 1822 communalsteuerpflichtig.*) Auch die Seminardirectoren, welche früher ein geistliches Amt bekleidet haben, sind nicht als Geistliche, sondern als Staatsbeamte anzusehen und sind demzufolge auf Grund des Gesetzes vom 11. Juli 1822 zur Communalsteuer heranzuziehen.**)

c. Beamte der nicht unter staatlicher Verwaltung stehenden Privat-Eisenbahngesellschaften, insbesondere diejenigen, welche die Bahnpolizei ausüben, genießen nicht die Wohlthat des Gesetzes vom 11. Juli 1822, weil sie nicht einmal als mittelbare Staatsdiener anzusehen sind.***)

d. Die bei den Auseinandersetzungsbehörden beschäftigten Vermessungsbeamten sind als besoldete unmittelbare Staatsdiener im Sinne des Gesetzes vom 11. Juli 1822 auch dann anzusehen, wenn dieselben keine fixirten Diäten aus der Staatskasse beziehen.†)

e. Die Gerichtsvollzieher gelten als besoldete unmittelbare Staatsdiener im Sinne des Ges. vom 11. Juli 1822.††)

f. Beamte der Provinzial-Feuerversicherungsinstitute, Geschäftsführer derselben und Betriebscommissarien sind als mittelbare Staatsdiener zu behandeln.†††)

---

*) M. R. vom 4. April 1860 (M. Bl. p. 70).

**) M. Bl. 1860 p. 204.

***) E. O. V. G B. II, p. 175; M. R. vom 25. April 1876, vom 8. Juni 1846 und 23. Mai 1847.

†) M. R. vom 31. Januar 1883 (M. Bl. p. 45).

††) M. Bl. 1882 p. 81.

†††) E. O. V. G. B. XI, p. 71.

g. Die Königlichen Hofdiener gelten ausnahmslos als unmittelbare Staatsdiener*) auf Grund eines Ministerialbescheids, während das Gegentheil von Koch, Perthes und Klüber vertheidigt wird. Beachtung verdient eine vermittelnde Ansicht von Dr. von Möller (Preußisches Stadtrecht) und von Dr. von Rönne (Ergänzungen und Erläuterungen der Preußischen Rechtsbücher), welche zwischen Dienern, deren Functionen sich auf die politische Stellung des Königs beziehen und solchen, deren Dienste seinen Privatangelegenheiten gewidmet sind, unterscheiden und nur die erstere Kategorie zu den Staatsdienern rechnen.

h. Oeconomie-Commissarien der Generalcommissionen, welche mit fixirten Diäten angestellt sind,**) gehören zu den unmittelbaren Staatsbeamten im Sinne des Gesetzes vom 11. Juli 1822, während die nur nach Maßgabe ihrer Beschäftigung remunerirten dazu nicht gerechnet werden.

i. Die Civil-Supernumerare;***) ferner Feldmesser Bauführer und Baumeister, denen von einer öffentlichen Behörde eine amtliche Funktion übertragen ist;†) auch Beamte der kaufmännischen Corporationen, insbesondere die Börsen-Secretaire††) und die Chausseegeld-Erheber bei Staats-, Kreis-, Gemeinde- und Actienchausseen†††) sind als Staatsdiener anzusehen, auf welche das Gesetz vom 11. Juli 1822 Anwendung findet.

---

*) M. R. vom 25. September 1837 (Ann. Bd. XXI, p. 704).

**) M. R. vom 12. Juni 1823.

***) M. R. vom 15. März 1858.

†) M. R. vom 31. Juli 1851 und 13. März 1858, C. O. vom 19. Jannar 1833 und C. C. E. vom 8. April 1854.

††) M. R. vom 1. Juli 1837.

†††) M. R. vom 4. Dec. 1864 und vom 7. Juli 1866.

k. Die Assessoren und Referendare, welche als Hülfsarbeiter auf unbestimmte Zeit gegen Diäten beschäftigt werden, sind als Staatsbeamte im Sinne des Gesetzes vom 11. Juli 1822 communalsteuerpflichtig,*) während dies Gesetz auf sie keine Anwendung findet, wenn sie bei einer Behörde nur außerordentlich und einstweilig als Gehülfen beschäftigt werden.**)

l. Die Arbeiter an Königlichen Salinen sind nicht als Staatsdiener zu behandeln.***)

m. Auf fremde, in Preußen wohnhafte Staatsbeamten findet das Gesetz vom 11. Juli 1822 keine Anwendung.†)

n. Pensionirte und auf Wartegeld gestellten Beamten sind in Bezug auf Anwendung des Gesetzes vom 11. Juli 1822 den activen Beamten gleich zu behandeln.††)

o. Wegen der mit Pension zur Disposition gestellten Offiziere vergleiche unten § 36 sub. II.

p. Handelskammer-Secretaire sind auf Grund einer jüngst im Einverständniß mit dem Minister für Handel und Gewerbe erlassenen Entscheidung des Ministers des Innern als mittelbare Staatsbeamte unter der Voraussetzung anzusehen, wenn dieselben mit fester Besoldung angestellt sind und nicht unter die außerordentlichen und einstweiligen Gehülfen im Sinne des § 11 des Gesetzes vom 11. Juli 1822 fallen.

III. Umfang der Gemeindebedürfnisse. Dazu gehören nicht die Staatssteuern und Staatslasten, welche gemeindeweise

---

*) M. R. vom 7. August 1835.

**) Ges. vom 11. Juli 1822 § 11; M. R. vom 10. März 1831, vom 20. Mai 1834 und 11. Juli 1836.

***) M. R. vom 29. Juni 1835.

†) M. R. vom 13. Juni 1837.

††) M. R. vom 25. Juli 1854.

erhoben und abgetragen werden; wohl aber sind darunter begriffen die Beiträge der Gemeinden zu provinziellen Institutionen und zur Abwickelung sowohl der Provinzial- und Kreis-, als ihrer besonderen Kriegs- und anderen Schulden, Rückstände und Verpflichtungen. Insbesondere ist im § 11 der Kreisordnung vom 13. December 1872 bestimmt, daß den Städten vorbehalten ist, ihr Kreisabgabensoll nicht durch Untervertheilung auf die einzelnen Steuerpflichtigen, sondern in der Form der Communalbesteuerung aufzubringen. Auch bei Aufbringung aller dieser Gemeindebedürfnisse darf in Betreff der Besteuerung der Gehalte der Beamten über das sub I beregte Maximum des Procentsatzes nicht hinausgegangen werden.

Erfolgt die Aufbringung der Kreisabgaben nicht im Wege der Communalbesteuerung, sondern durch Untervertheilung auf die einzelnen Steuerpflichtigen Seitens der Stadtgemeinde, so findet eine Heranziehung der Beamten zu den Kreisabgaben in dem Falle überhaupt nicht statt, wenn die Beiträge derselben zu den Gemeindeabgaben bereits das sub I gedachte Maximum erreicht haben event. bis zu solcher Grenze, wenn solche bei der Besteuerung noch nicht überschritten ist.*)

Erfolgt die Aufbringung der Kreisabgaben im Wege der Communalbesteuerung, so darf der Betrag derselben, soweit er auf die unmittelbaren und mittelbaren Staatsdiener entfällt, bei Berechnung des einer Stadtgemeinde zur Einziehung und Abführung zu überweisenden Kreisabgabensolls nur bis zur Höhe des beitragspflichtigen Procentsatzes (je 1 resp. $1^1/_2$ und $2^0/_0$ des Gesammteinkommens) in Berechnung gebracht werden.**)

---

*) E. O. V. G. Bd. VIII, p. 34, Kreisordnung vom 13. Dec. 1872 § 18.

**) E. O. V. G. Bd. I, p. 27.

IV. Beginn und Ende der Communalsteuerpflicht der Beamten. Die Beamten werden im Momente ihrer Niederlassung an einem Orte communalsteuerpflichtig und sind von da ab zur Leistung aller Gemeindesteuerbeiträge verpflichtet, welche innerhalb der Zeit, während welcher sie der Gemeinde angehören, auf die Steuerpflichtigen vertheilt und zugleich fällig werden, wenn auch das Bedürfniß vor ihrem Eintritte (z. B. bei Deckung von Ausfällen früher ausgeschriebener Gemeindeabgaben oder früher contrahirter Gemeindeschulden*) entstanden ist; jedoch haben in dem Falle, wenn die ganze Jahressteuer vom Einkommen der Einwohner erst im letzten Quartale erhoben wird, die Beamten nur zu dem auf die Zeit nach ihrem Eintritte in die Gemeinde zu rechnenden Theile beizutragen.**) Dagegen werden die Beamten von dem Momente, wo sie die Stadt verlassen, auch von jeder ferneren Beitragsverbindlichkeit völlig befreit.

V. Veranlagung der Beamten mit Privateinkommen zur Communalsteuer. Die Beamten werden von ihrem besonderen Vermögen und anderen Einkommen in derselben Weise, wie die übrigen Einwohner der Stadt, zu den Gemeindelasten herangezogen; es wird indeß ein solches Privateinkommen nicht abgesondert besteuert. Die bezügliche Steuerstufe wird dadurch gefunden, daß der steuerpflichtigen Hälfte des Diensteinkommens das volle Privateinkommen hinzugerechnet wird. Nach Ermittlung der Steuerstufe ist der derselben entsprechende gesetzliche Normalsteuersatz auf das halbe Diensteinkommen und auf das Privateinkommen nach Verhältniß der beiden bezüglichen Beträge zu vertheilen und der auf das halbe Diensteinkommen entfallende Antheil, sofern die Maximalgrenze des

---

*) M. R. vom 12. August 1825, 31. Aug. 1838 und vom 20. October 1838.

**) M. R. vom 23. Februar 1868.

§ 3 des Ges. vom 11. Juli 1822 (1 % resp. $1^1/_2$ % und 2 % des vollen Diensteinkommens) überschritten wird, entsprechend herabzusetzen.*)

Als Beispiel diene der einer Entscheidung des Oberverwaltungsgerichts (Band XI p. 67) zu Grunde liegende Rechtsfall. Ein Beamter hat ein steuerpflichtiges Diensteinkommen von 4720 Mk. und daneben ein Privateinkommen von 475 Mk; der Communalsteuerzuschlag beträgt 252 % der Staatssteuer.

Es wird dem halben Diensteinkommen (2360 Mk.) das volle Privateinkommen mit 475 Mk. hinzugerechnet. Durch Addition der beiden Beträge ergiebt sich das steuerpflichtige Gesammteinkommen, also 2835 Mk. Der entsprechende gesetzliche Normalsteuerbetrag von 72 Mk. wird verhältnißmäßig auf das Privateinkommen mit 12 Mk. 6 Pf. und auf das halbe Diensteinkommen mit 59 Mk. 94 Pf. vertheilt. Von jedem dieser Beträge wird das 2,52 fache, als die zu zahlende Gemeinde-Einkommensteuer, mit 30 Mk. 39 Pf. und 151 Mk. 5 Pf. berechnet. Da der letztere Betrag 2 % des vollen Diensteinkommens übersteigt, so wird er auf diese 2 % = 94 Mk. 38 Pf. ermäßigt. Die von dem Beamten zu zahlende Communalsteuer beläuft sich also auf 30 Mk. 39 Pf. und 94 Mk. 38 Pf. = 124 Mk. 77 Pf.**)

VI. Steuerdomicil der Beamten. Nachdem die Bestimmung des § 8 des Ges. vom 11. Juli 1822, nach welcher ein Staatsdiener von seinem Diensteinkommen nur von derjenigen Gemeinde besteuert werden kann, in deren Bezirke die Behörde, welcher der Staatsdiener angehört, ihren Sitz hat, durch den § 12 des Gesetzes vom 27. Juli 1885 aufgehoben ist, findet

---

*) E. O. V. G. Bd. XI, p. 67; M. R. vom 4. December 1884 (M. Bl. 1885 p. 10).

**) E. O. V. G. Bd. XI, p. 67; M. Bl. 1885 p. 64 u. M. Bl. 1868 p. 62.

jetzt das nothwendige Domicil der Beamten bei der Communalbesteuerung keine Anwendung mehr, sondern der Beamte wird jetzt von seinem Diensteinkommen in derjenigen Gemeinde zur Besteuerung herangezogen, wo er thatsächlich seinen Wohnsitz hat. Fixirt angestellte Beamte einer Behörde, welche an einem andern Orte nur interimistisch beschäftigt sind, können nur an dem Orte besteuert werden, auf deren Etat sie stehen, nicht aber an dem Orte ihrer interimistischen Beschäftigung,*) wenn sie dort ihren Wohnsitz nicht begründet haben.

VII. Befreiung von allen directen Beiträgen zu den Gemeindelasten. Wenn auch Civil= und nicht servisberechtigte Militairbeamte, sowie sämmtliche Empfänger von Wartegeldern und Pensionen nach gleichen Grundsätzen behandelt werden, so sollen doch von allen directen Beiträgen zu den Gemeindelasten befreit bleiben: **)

a. Die aus Staatskassen zahlbaren Pensionen der Wittwen und die Erziehungsgelder für Waisen ehemaliger Staatsdiener. Es ist diese Befreiung durch die declarirende K. O. vom 21. Januar 1829 (G. S. p. 9) ausgedehnt auf diejenigen Pensionen und Unterstützungen, welche die Wittwen und Waisen ehemaliger öffentlicher Beamten und Diener aus einer der besonderen mit Genehmigung des Königs errichteten Versorgungsanstalten empfangen, namentlich der Allgemeinen Wittwen=Verpflegungsanstalt, Militair=Wittwenkasse sowie sämmtlichen Anstalten, welche zum Zwecke der Wittwen= und Waisenversorgung für einzelne Klassen der öffentlichen Beamten und Diener z. B. für die Professoren an den Universitäten, für Geistliche und Schullehrer gebildet sind. Die Befreiung steht auf Grund der K. O. vom 14. Mai 1832 jetzt den

---

*) M. R. vom 17. Januar 1837 und vom 7. März 1837.
**) Ges. vom 27. Juli 1822 §§ 9 und 10.

Pensionen der Beamtenwittwen und den Erziehungsgeldern der Beamtenwaisen allgemein zu,*) und ist insbesondere auch auf die Hinterbliebenen von Militairpersonen hinsichtlich der ihnen aus Reichs- oder Staatsfonds oder aus öffentlichen Versorgungskassen zufließenden gleichartigen Bezüge durch § 48 des Reichsmilitairgesetzes vom 2. Mai 1874 ausgedehnt.

b. Ebendergleichen Pensionen (auch Militair-Invalidenpensionen) und Wartegelder der Staatsdiener selbst, sofern deren jährlicher Betrag die Summe von 750 Mk. nicht erreicht.

c. Die Sterbe- und Gnadenmonate.

d. Alle diejenigen Dienstemolumente, welche bloß als Ersatz baarer Auslagen zu betrachten sind.

e. Alle Besoldungen der Militairpersonen, ingleichen der auf Inactivitätsgehalt gesetzten Officiere und der servisberechtigten Militairbeamten. Wegen der zur Disposition gestellten Officiere vergl. unten § 36 sub. II.

f. Alle Besoldungen und Emolumente der Geistlichen und Elementarlehrer, sowie das sog. Gnadenjahrsgehalt der Hinterbliebenen der Geistlichen.

g. Die Gehalte der außerordentlichen und einstweiligen Gehülfen in den Bureaux der Behörden, jedoch nur in dem Falle, wenn sie sich nicht anderweitig ihren Wohnsitz im rechtlichen Sinne am Orte begründet haben und in Folge solcher Begründung in Betreff der Besteuerung gleich allen Einwohnern behandelt werden. Es gehören hierher namentlich die Diätarien und Lohnschreiber, welche lediglich nach Maaßgabe ihrer Beschäftigung remunerirt werden;**) ferner Referendare, wenn sie nur außerordent-

---

*) M. R. vom 7. März 1862 (M. Bl. p. 213).

**) M. R. vom 18. Mai 1869 und 15. December 1836.

lich und einstweilig als Gehülfen beschäftigt werden und nicht etwa als Hülfsarbeiter auf unbestimmte Zeit gegen Diäten beschäftigt werden; *) auch Hülfsaufseher der Strafanstalten. **) Dagegen sind als außerordentliche Gehülfen nicht anzusehen commissarisch beschäftigte Beamte, welche eine etatsmäßige Stelle verwalten.***) Die vorberegten Befreiungen sind nicht durch den § 4, Abs. 13 der St. O., nach welchem alle persönlichen Communalabgabenbefreiungen ohne Entschädigung aufgehoben worden sind, mitaufgehoben. — cfr. M. R. vom 10. Mai 1858. —

VIII. **Indirecte Gemeindeabgaben.** Zu solchen muß ein Jeder, auch die von directen Gemeindebeiträgen befreiten Personen, beitragen. Die Beamten sind nicht berechtigt, dasjenige, was sie auf indirecte Gemeindeabgaben entrichten, bei den directen Beiträgen von den Besoldungen in Abrechnung zu bringen.†)

IX. **Persönliche Dienste der Beamten.** Die Beamten sind von solchen Diensten gänzlich befreit. Nur in dem Falle, wenn sie Besitzer von Grundstücken sind oder wenn sie ein stehendes Gewerbe betreiben, müssen sie die mit diesem Grundbesitze resp. Gewerbebetriebe verbundenen persönlichen Dienste entweder selbst oder für den Fall der Behinderung durch Stellvertreter leisten.††)

X. **Competenz für einzelne Streitsachen der Beamten über ihre Communalbesteuerung.** Es unterliegt der richterlichen Cognition die Entscheidung über nachstehende Fragen:

a. ob die Beamten auf Grund des Gesetzes vom 11. Juli

---

*) M. R. vom 7. August 1835.

**) M. R. vom 22. November 1855.

***) E. O. V. G. Bd. VI, p. 131.

†) Ges. vom 11. Juli 1822 § 12.

††) O. St. O. § 4, letzter Absatz.

1822 verpflichtet sind, die verlangten Gemeindeabgaben überhaupt oder in der geforderten Höhe zu leisten,*)

b. ob die Beamten auch zu der in der Form der Einkommensteuer repartirten Einquartirungslast heranzuziehen sind.**)

c. inwiefern die Beamten auf Grund des Gesetzes vom 11. Juli 1822 auf Befreiung von der Communallast der Einquartirung Anspruch machen dürfen,***)

d. ob die Beamten zu den Gemeindelasten heranzuziehen sind, wenn nicht eine besondere Gemeinde-Einkommensteuer, sondern ein Zuschlag zur Klassen- und Einkommensteuer erhoben wird,†) und zwar deshalb, weil der betreffende Rechtsgrund ein Privilegium des Beamten ist.

Dagegen ist der Rechtsweg ausgeschlossen, und im Verwaltungswege zur Entscheidung zu bringen:

a. Wenn ein Beamter sich beschwerdet fühlt, daß auch sein Einkommen aus einem ihm gehörigen, außerhalb des Gemeindebezirks liegenden Grundbesitze mit in Berechnung gezogen sei,††)

b. die Frage über die Zulässigkeit der Maximalsätze nach dem § 3 des Ges. vom 11. Juli 1822,†††)

c. wohin ein Beamter steuerpflichtig ist,*†)

d. ob die außerordentlichen und einstweiligen Bureaugehülfen von den Communallasten auf Grund des § 11

---

*) C. C. E. vom 31. October 1847, 21. Juni 1851, 20. April 1854, 22. September 1855, 22. Nov. 1856, 13. Oct. 1866 und vom 23. Mai 1871.

**) C. C. E. vom 14. Oct. 1876 (J. M. Bl. p. 229).

***) C. C. E. vom 24. Juni 1851 (M. Bl. p. 143).

†) M. R. vom 2. Juni 1856.

††) C. C. E. vom 13. Oct. 1866.

†††) Obertribunalserkenntniß vom 25. April 1876.

*†) C. C. E. vom 9. Juni 1877 (M. Bl. p. 209).

des Ges. vom 11. Juli 1822 befreit sind oder nicht,*) weil der betreffende Einwand des Beamten sich nicht auf ein Privilegium stützen kann.

§ 35. Die Geistlichen, Kirchendiener und Lehrer.

I. In Bezug auf die directen persönlichen Gemeindeabgaben.

1. Die Geistlichen, als welche durch das Allg. Landrecht Thl. II, Tit. 11 § 59 diejenigen bezeichnet werden, welche bei einer christlichen Kirchengemeinde zum Unterrichte in der Religion, zur Besorgung des Gottesdienstes und zur Verwaltung der Sacramente bestimmt sind, und zu welchen auch die Domgeistlichen gehören,**)
2. Die Kirchendiener d. h. diejenigen Personen, welche in Gemäßheit des A. L. R. Th. II. Tit. 11 §§ 550 und 556 zwar zum Dienste der Kirche, aber nur in mechanischen Verrichtungen oder weltlichen Angelegenheiten bestimmt sind, und zu welchen die Kirchenvorsteher, die Küster, Kantoren, Organisten, Kirchenknechte, Todtengräber und andere ihnen gleich zu achtende Kirchendiener gehören, und
3. Die Elementarschullehrer d. h. alle an den Elementarschulen angestellten Lehrer ohne Unterschied, ob sie seminaristisch oder academisch ausgebildet sind, indem für den Begriff „Elementarschullehrer" nicht die Ausbildung des Lehrers, sondern der Charakter der Schule, je nachdem sie über den Rahmen einer Volksschule hinausreicht oder nicht, allein maßgebend ist,

sind zu den directen persönlichen Gemeindeabgaben nur von ihrem Privateinkommen aus Grundbesitz, Gewerbebetrieb,

---

*) C. C. E. vom 13. Oct. 1860 (M. Bl. 1861 p. 162).

**) M. R. vom 6. Dec. 1826 und 6. April 1828.

Privatvermögen und Privatunterricht heranzuziehen; sie bleiben dagegen hinsichtlich ihres Diensteinkommens insoweit befreit, als ihnen diese Befreiung zur Zeit der Verkündigung der Gemeindeordnung vom 11. März 1850 zustand. Eine solche Befreiung bestand für die Geistlichen und Elementarschullehrer nur in Betreff ihrer Amtseinkünfte und Amtswohnungen*) (Exemtion von der Einquartirungslast), und für die Kirchendiener nur für den Fall, wenn sie in einer als Specialgesetz gültigen Kirchenordnung den Geistlichen hinsichtlich deren Vorrechte ausdrücklich und mit klaren Worten gleichgestellt sind.**)

Die Befreiung der Geistlichen und Elementarschullehrer erstreckt sich auch auf die emeritirten Geistlichen und Elementarschullehrer.***)

Die Befreiung der Geistlichen competirt jedoch nicht den Missionspredigern, welche von der Gesellschaft zur Beförderung des Christenthums unter den Juden angestellt sind,†) auch nicht den Seminardirectoren, welche früher ein geistliches Amt bekleidet haben.††)

Die Befreiung der Elementarschullehrer steht auch den an der Uebungsschule eines Seminars angestellten Lehrern†††) zu, sowie den an den Volksschulen dauernd angestellten Musik-*†) und Zeichenlehrern. Dagegen erstreckt sich die Befreiung nicht auf die Privatlehrer,*†*) die jüdischen Religions-

*) M. R. vom 28. Februar 1817, vom 21. März 1831 und 25. November 1867.

**) M. R. vom 9. April und 15. Juni 1842.

***) M. R. vom 22. Juli 1854.

†) M. R. vom 22. Januar 1864.

††) M. R. vom 9. Sept. 1860.

†††) M. R. vom 27. Aug. 1870.

*†) M. R. vom 6. April 1828.

†) M. R. vom 15. Januar 1830.

und Schullehrer,*) die an den Seminarien fungirenden Seminardirectoren und Seminarlehrer, die an den Taubstummen- und Blindenanstalten**) angestellten Lehrer, die Lehrer an den Mittelschulen, höheren Töchterschulen und allen andern Schulen, welche über den Rahmen einer Volksschule hinausgehen, also auch nicht auf die an höheren Unterrichtsanstalten incl. Vorschulen (Gymnasien, Realgymnasien, Ober-Realschulen, Progymnasien, Realprogymnasien, Realschulen und höheren Bürgerschulen) angestellten Lehrer.

II. In Bezug auf die persönlichen Gemeindedienste.

Alle Geistlichen und Schullehrer d. h. ausnahmslos alle an öffentlichen Schulen jeglicher Gattung und Confession angestellten Lehrer (nicht bloß Elementarschullehrer) bleiben von allen persönlichen Gemeindediensten, soweit diese nicht auf den ihnen gehörigen Grundstücken lasten, völlig befreit; dagegen die Kirchendiener nur insoweit, als ihnen diese Befreiung zur Zeit der Verkündigung der Gemeinde-Ordnung vom 11. März 1850 zustand.

Es steht ihnen indeß das Recht zu, diejenigen persönlichen Dienste, welche mit dem Grundbesitze oder einem etwaigen Gewerbebetriebe verbunden sind, für den Fall der Verhinderung durch Stellvertreter leisten zu lassen.

§ 36. Die Militairpersonen.

I. Die servisberechtigten Militairpersonen des activen Dienststandes sind auf Grund der Städteordnungen bezw. auf Grund der Reichsverordnung vom 22. Dec. 1868 (R. G. B. p. 571) und der Landesverordnung vom 23. Sept. 1867 (G. S. p. 1648) von allen directen Gemeindeabgaben und

---

*) M. R. vom 12. Jan. 1825, vom 10. November 1834, vom 8. October 1835 und 12. Juni 1840.

**) M. R. vom 28. Mai 1864.

Lasten befreit, abgesehen jedoch von den folgenden Ausnahmen:

1. Die mit Grundeigenthum in einem Stadtbezirke angesessenen oder dort ein stehendes Gewerbe betreibenden Militairpersonen sind ohne Unterschied nicht bloß zu den unmittelbar darauf entfallenden, sondern auch zu den besonders auf das Einkommen aus Grundbesitz und Gewerbe gelegten Gemeindelasten Seitens der betreffenden Gemeindebehörde ebenso, wie die Forensen, heranzuziehen*), und genießen hinsichtlich solcher Besteuerung keinerlei Begünstigung.
2. Den Militairärzten steht rücksichtlich ihres Einkommens aus einer Civilpraxis die Communalsteuerfreiheit nicht zu; sie werden vielmehr wegen jenes Einkommens gleich den übrigen Einwohnern ohne irgend eine Begünstigung besteuert.
3. Die im Offiziersrange stehenden Militairpersonen des Friedensstandes sind erst seit dem 1. April 1887 in Maaßgabe des Gesetzes vom 29. Juni 1886 (G. S. p. 181), abgesehen von den auf Grundeigenthum und Gewerbebetrieb bezw. die Einnahmen aus der Civilpraxis der Militairärzte gelegten Communalabgaben, auch rücksichtlich ihres aus sonstigen Quellen fließenden außerdienstlichen selbstständigen Einkommens unter Hinzurechnung des etwaigen besonderen Einkommens der zu ihrem Haushalte gehörigen Familienglieder zur Communalbesteuerung heranzuziehen, jedoch unter den folgenden Modalitäten:
   a. Es sollen rücksichtlich der Feststellung der Höhe seines Betrags außer Ansatz bleiben: das für sich besonders communalpflichtig bleibende Einkommen aus Grundbesitz

*) V. O. vom 23. Sept. 1867 § 1 sub 1.

und stehendem Gewerbebetriebe bezw. aus der Civilpraxis der Militairärzte, sowie ferner in Ansehung der vor dem 1. April 1887 in den Ehestand getretenen Militairpersonen derjenigen Chargen, welche bei Nachsuchung des Heirathskonsenses zur Führung des Nachweises eines bestimmten außerdienstlichen Einkommens verpflichtet sind, der vorschriftsmäßige Satz des letzteren.

b. Der hier in Frage stehende außerdienstliche Einkommensbetrag ist gleich dem der Veranlagung zur Klassen- oder klassificirten Einkommensteuer für das betreffende Steuerjahr zu Grunde gelegten, jedoch um die vorstehend sub a erwähnten, hier außer Ansatz zu lassenden Positionen verminderten Betrage.

c. Von diesem so verbleibenden außerdienstlichen Einkommensbetrage ist nun an die Gemeinde des Garnisonorts — bezw. an die Gemeinde des Wohnorts, wenn die Garnison mehrere Gemeindebezirke umfaßt oder der Abgabepflichtige nicht in dem Garnisonorte wohnt — eine Abgabe zu entrichten, welche der von einem gleichen Jahreseinkommen zu entrichtenden Staatssteuer gleichkommt, mindestens aber den Satz der ersten Stufe der Klassensteuer betragen muß.

d. Die Feststellung des der Abgabe unterliegenden Einkommensbetrags und die Ermittelung der Steuerstufe erfolgt durch den Vorsitzenden der Einkommensteuer-Einschätzungscommission. Die Benachrichtigung des Abgabepflichtigen erfolgt durch eine verschlossene Zuschrift, diejenige der abgabeberechtigten Gemeinde durch Mittheilung einer Liste, welche die Personen der Abgabepflichtigen und den von ihnen zu entrichtenden Abgabebetrag nachweist.

e. Gegen die Feststellung steht dem Abgabepflichtigen und der Gemeinde binnen zwei Monaten vom Empfange der Benachrichtigung die mit keiner aufschiebenden Wirkung verbundene Beschwerde bei der Bezirksregierung frei, deren Entscheidung endgültig ist.

f. Die Abgabepflicht beginnt mit dem Ersten desjenigen Monats, welcher auf den Monat folgt, in welchem die Ernennung bezw. die Verlegung des Wohnsitzes stattfindet, dagegen für die zur Klassen- oder klassificirten Einkommensteuer einstweilen noch nicht herangezogenen Personen mit dem Zeitpunkte der Heranziehung. Die Abgabepflicht endigt mit dem Ablaufe des Monats, in welchem der Abgabepflichtige seinen Wohnsitz in der abgabeberechtigten Gemeinde aufgiebt, versetzt wird, stirbt oder aus dem activen Dienste ausscheidet.

Die Abgabepflicht ruht während der Zugehörigkeit zur Besatzung eines zum auswärtigen Dienste bestimmten Schiffes oder Fahrzeuges der Kaiserlichen Marine, und zwar vom Ersten desjenigen Monats ab, welcher auf den Monat folgt, in welchem die heimischen Gewässer verlassen werden, bis zum Ablaufe des Monats, in welchem die Rückkehr in dieselben erfolgt. Sie ruht ferner während der Zugehörigkeit zu einem in der Kriegsformation befindlichen Theile des Heeres oder der Marine vom Ersten desjenigen Monats ab, welcher auf den Monat des Beginns der Zugehörigkeit folgt, bis zum Ablaufe des Monats, in welchem dieselbe endigt.

g. Ab- und Zugänge am Einkommen während des Steuerjahrs ändern an den einmal veranlagten Abgaben Nichts. Nur im Falle des Nachweises, daß durch den Verlust einzelner Einnahmequellen das veranlangte Einkommen um mehr als den vierten Theil vermindert worden, darf eine verhältnißmäßige Ermäßigung der veranlagten Abgabe gefordert werden. Es entscheidet darüber der Vorsitzende der Einkommensteuer-Einschätzungscommission vorbehaltlich der Beschwerde an die endgültig entscheidende Bezirksregierung.

4. Die Hundesteuer ist auch von den Militairpersonen zu entrichten. Die Einführung dieser Steuer beruht nämlich hauptsächlich auf polizeilichen Gründen, und nicht auf dem finanziellen Interesse der Gemeinden. Es ist deshalb als angemessen erachtet, daß diese Steuer auch von allen denjenigen am Orte wohnenden Hundebesitzern, welche sonst nicht communalsteuerpflichtig sind, zu erheben ist.*)

II. Die den servisberechtigten Militairpersonen des activen Dienststandes gewährte Immunität steht in demselben Umfange auch den Reservisten während der Einstellung derselben beim Heere oder der Marine,**) sowie den Offizieren und Mannschaften der Landwehr während der Mobilmachungen zu.***)

III. Die mit Pension zur Disposition gestellten Offiziere werden,†) solange dieselben nicht zum activen Dienste wieder herangezogen werden, hinsichtlich der Verpflichtung zur Entrichtung der Gemeindeabgaben den verabschiedeten Offizieren, für deren Communalbesteuerung das Gesetz vom 11. Juli 1822 (G. S. p. 184) normirt, völlig gleichgestellt;††) die vor dem 1. April 1886 mit Pension zur Disposition gestellten

---

*) Cabin.-Ordre vom 29. April 1829 und Ministerialerlaß vom 22. April 1864 (M. Bl. p. 202).

**) Ministerialbescheid vom 14. Dec. 1864 (M. Bl. 1865 p. 2).

***) Ministerialbescheid vom 9. Oct. 1866 (M. Bl. p. 214.

†) Ges. v. 29. Juni 1886 § 9.

††) cfr. oben § 34.

Offiziere jedoch nur dann, wenn ihre Militairpension auf Grund des Reichsgesetzes vom 21. April 1886 (R. G. B. p. 78) entsprechend erhöht worden ist. Was die vor dem 1. April 1886 zur Disposition gestellten Offiziere anlangt, denen eine entsprechende Erhöhung ihrer Pension nicht zu Theil geworden ist, so sind diese, trotzdem sie Einwohner der Stadt sind, doch hinsichtlich ihrer Pension auf Grund des § 10 des Ges. vom 11. Juli 1822 von allen directen Gemeindeabgaben befreit, während sie wegen ihrer sonstigen Einnahmen gleich allen andern abgabepflichtigen Einwohnern besteuert werden. In letzterer Beziehung besteht demnach ein Unterschied zwischen ihnen und den servisberechtigten activen Militairpersonen, welchen die sub I, 3 geschilderten Begünstigungen zustehen.

IV. Alle servisberechtigten activen Militairpersonen, ferner die auf Inactivitätsgehalt gesetzten oder mit Pension zur Disposition gestellten Offiziere und Militairbeamte sowie endlich alle mit Pension verabschiedeten Militairpersonen sind im Allgemeinen von allen persönlichen städtischen Diensten befreit. Sind sie jedoch Besitzer von Grundstücken oder betreiben sie ein stehendes Gewerbe, so müssen sie die mit diesem Grundbesitze oder Gewerbe verbundenen persönlichen Dienste entweder selbst oder durch Stellvertreter leisten.*)

V. Alle sub III benannten Militairpersonen sind verpflichtet, gleich anderen Gemeinde-Einwohnern zu den indirecten Gemeindeabgaben beizutragen und sind demzufolge von Zuschlägen zu indirecten Verbrauchssteuern nicht befreit. Sie sind auch nicht befugt, das von ihnen darauf Entrichtete bei ihren directen Communalbeiträgen in Anrechnung zu bringen.**)

---

*) Cab.-Ordre vom 29. Mai 1834 und Gesetz vom 23. Sept. 1867 § 10.

**) Ges. vom 23. Sept. 1867 § 11.

Es sollen jedoch die Militair-Speiseeinrichtungen und ähnliche für Militairzwecke bestehende*) Anstalten in dem in den altpreußischen Landestheilen bestehenden Umfange**) von Verbrauchssteuern befreit bleiben, also:

a. die in Kasernen, Cadettenhäusern***) und Lazarethen befindlichen Speise-Einrichtungen und die in den nicht mit Kasernen versehenen Garnisonen unter Aufsicht der Militair-Vorgesetzten bestehender Speisungsvereine†)

b. die Speiseanstalten der Militair-Strafsection††)

c. überhaupt alle eigenen Militair-Speiseanstalten in allen Garnisonen†††), dagegen nicht die besonders eingerichteten Offizier-Kasinospeiseanstalten*†)

d. selbst die in Lagern, auf Märschen oder im Kantonnement den Truppen gewährten Speiseeinrichtungen.

Die in allen diesen Fällen etwa gezahlte Communal-Verbrauchssteuer für die consumirten Gegenstände ist, soweit der Nachweis geführt werden kann, seitens der Gemeinde zurückzuerstatten.*†*) In dem Erkenntnisse des Gerichtshofes zur Entscheidung der Competenz-Conflicte vom 13. Nov. 1880 ist dementsprechend entschieden, daß der durch die Kab.-Ordres vom 12. August 1824 und 13. Febr. 1836 der Militairverwaltung eingeräumte Anspruch auf Rückvergütung der Communalsteuer für das in den Garnison-Speiseanstalten consumirte

---

*) Obertribunals-Erkenntniß vom 17. November 1864. Entscheidungen Bd. 57, p. 104.

**) Ges. vom 23. Sept. 1867 § 11, Abs. 2.

***) M. R. vom 24. April 1852.

†) M. R. vom 28. October 1824 (Ann. p. 1201).

††) M. R. vom 6. März 1825 (Ann. p. 270.

†††) C. O. vom 12. August 1824 (Ann. p. 1200) und M. R. vom 12. Mai 1837 (Ann. p. 452).

*†) M. R. vom 7. Februar 1825 (Ann. p. 268.)

†) Cab.-Ordre vom 13. Februar 1836 (Ann. p. 151).

Fleisch 2c. ein Privilegium im Sinne der §§ 4—8, 78 und 79 Tit. 14 Thl. II des A. L. R. ist, und deßhalb von der Militairverwaltung resp. deren Cessionar im Rechtswege geltend gemacht werden kann.*)

§ 37. Die Actiengesellschaften, Commanditgesellschaften auf Actien, Berggewerkschaften, eingetragenen Genossenschaften, juristischen Personen, insbesondere auch die Gemeinden und weiteren Communalverbände, der Staatsfiscus und die Forensen.

Die Heranziehung derselben stützt sich auf das Gesetz, betreffend Ergänzung und Abänderung einiger Bestimmungen über Erhebung der auf das Einkommen gelegten directen Communalabgaben, vom 27. Juli 1885 (G. S. p. 327), welches als Communalsteuer-Nothgesetz um deswillen bezeichnet worden ist, weil die durch die Praxis immer unabweislicher hervorgetretene Dringlichkeit der Neuregelung seiner Materie eine längere Verschiebung als unthunlich erscheinen ließ, und weil diesem Gesetze ausdrücklich ein provisorischer Character mit Rücksicht auf ein für die Zukunft vorbehaltenes allgemeines Communalsteuergesetz beigelegt worden ist. Dies Communalsteuer-Nothgesetz vom 27. Juli 1885, welches für die ganze Monarchie mit Ausschluß der Hohenzollernschen Lande erlassen und mit dem 1. April 1886 in Kraft getreten ist, kommt nun in den einzelnen Stadtbezirken nur in soweit zur Anwendung, als dort auf Grund desselben eine Erhebung der auf das Einkommen gelegten directen Gemeindeabgaben eingeführt ist, während dessen Anwendung dort ausgeschlossen ist, wo die Bestreitung der Gemeindebedürfnisse durch anderweitige Gemeindeabgaben, insbesondere dnrch bloße Zuschläge

*) Ministerialblatt von 1881 p. 6.

zu den Staats-, Grund-, Gebäude- und Gewerbesteuern, oder durch indirecte Gemeindeabgaben oder durch sonstige besondere Real- und Personalabgaben (wie Haus-, Mieths-, Wohnungs-, Hunde- und Luxussteuern) erfolgt.*) Wo nur Zuschläge zu den Staatssteuern erhoben werden, oder wo überhaupt die Erhebung einer directen Gemeinde-Einkommensteuer nicht stattfindet, können die in der Ueberschrift dieses § benannten Abgabepflichtigen nur auf Grund eines zuvorigen Gemeindebeschlusses zur Einkommensbesteuerung herangezogen werden. Macht eine Gemeinde von der durch das Gesetz vom 27. Juli 1885 gegebenen Befugniß der Erhebung von Gemeinde-Einkommensteuern Gebrauch, so sind die Vorschriften jenes Gesetzes ausschließlich normirend. Sind ferner bisher in einer Gemeinde auf Grund der älteren Gesetze nur die juristischen Personen, Forensen und Actiengesellschaften zur Gemeinde-Einkommensteuer herangezogen worden, so können dort die Commanditgesellschaften, Berggewerkschaften und eingetragenen Genossenschaften nicht ohne Weiteres, sondern gleichfalls nur auf Grund eines zuvorigen Gemeindebeschlusses zur Einkommensbesteuerung für verpflichtet erachtet werden. Was nun die in die früher bestandenen Communalsteuerverhältnisse tief einschneidenden Bestimmungen des Gesetzes vom 27. Juli 1885 anlangt, so ist mit Rücksicht auf die hier zur Erörterung stehende Gemeindeabgabenpflicht das Nachstehende hervorzuheben.

I. Die gemeindesteuerpflichtigen Subjecte im Sinne des Communalsteuer-Nothgesetzes. Es können auf Grund dieses Gesetzes zu allen auf das Einkommen gelegten directen Gemeindeabgaben herangezogen werden:

1. Die Actiengesellschaften, d. h. diejenigen Handelsgesellschaften, bei welchen sich die sämmtlichen Gesell-

*) Circularverfügung der Minister des Innern und der Finanzen vom 19. October 1885.

schafter nur mit Einlagen betheiligen, ohne persönlich für die Verbindlichkeiten der Gesellschaft zu haften.*) Die frühere Gesetzgebung hat nirgends die Steuerpflicht der Actiengesellschaften ausgesprochen; trotzdem sind dieselben, wenn ihnen auch die juristische Persönlichkeit nicht zusteht, in der Praxis in Betreff der Communalbesteuerung stets den juristischen Personen gleichbehandelt worden.**) Was die Consumvereine anlangt, so sind dieselben, insofern sie die Form einer Actiengesellschaft oder einer Commanditgesellschaft auf Actien oder einer über den Kreis der Mitglieder hinaus betriebenen eingetragenen Genossenschaft annehmen, zur Communalsteuer heranzuziehen; sie sind dagegen steuerfrei, wenn sie in einer jener Formen nicht auftreten.

Daß auf Gegenseitigkeit gegründete Gesellschaften den steuerpflichtigen Personen nicht zugezählt worden sind, erklärt sich daraus, daß sie principgemäß ein Einkommen nicht erzielen.

2. Die Commanditgesellschaften auf Actien d. h. diejenigen Handelsgesellschaften, bei denen mehrere Gesellschafter unter einer gemeinschaftlichen Firma das Handelsgewerbe in der Art betreiben, daß sich einer oder mehrere der Gesellschafter sich nur mit Vermögenseinlagen in Form von auf Namen lautenden Actien oder Actienantheilen betheiligen, während einer oder mehrere andere Gesellschafter persönlich für die Verbindlichkeiten der Gesellschaft haften.***)

3. Die Berggewerkschaften, und zwar nicht bloß die auf Grund des Allgemeinen Berggesetzes vom 24. Juni

*) Das Allgemeine Deutsche Handelsgesetzbnch Art. 207.

**) M. R. vom 6. März 1869 (M. Bl. p. 74) und v. 23. Juni 1881 (M. Bl. p. 206).

**) Allg. Deutsches Handelsgesetzbuch Art. 150 und 173.

1865*) errichteten Berggewerkschaften, welche in der Praxis in Betreff der Communalbesteuerung ebenso, wie die Actiengesellschaften, den juristischen Personen gleichbehandelt worden sind,**) sondern auch die Berggewerkschaften des alten Rechts.

4. Die eingetragenen Genossenschaften, deren Geschäftsbetrieb über den Kreis ihrer Mitglieder hinausgeht. Es sind dies die Erwerbs- und Wirthschaftsgenossenschaften im Sinne des Gesetzes vom 4. Juli 1868 (R. G. Bl. p. 415). Jene Genossenschaften unterlagen schon nach dem früheren Rechte auf Grund der §§ 2 und 3 des Gewerbesteuergesetzes vom 30. Mai 1820 der Gewerbesteuerpflicht, und zwar ohne Rücksicht darauf, ob sie in das Handelsregister in Gemäßheit des Reichsgesetzes vom 4. Juli 1868 eingetragen waren oder nicht, jedoch nur unter der Voraussetzung, daß sie ein Handelsunternehmen betrieben und ihre Thätigkeit damit auf die Verfolgung gewerblicher Zwecke sowie auf die Erzielung eines Gewinnes gerichtet war. Diese Genossenschaften sind also auch jetzt noch in der gedachten Weise gewerbesteuerpflichtig. Sie unterliegen demzufolge der Gewerbesteuerpflicht nicht, wenn ihre Thätigkeit darauf hinzielt, auf gemeinschaftliche Rechnung der Mitglieder Geld und Waaren zu beschaffen, und dies durch Anleihen bezw. durch Verkauf in kleineren Partieen an ihre Mitglieder abzulassen, um den Letzteren die bezüglichen Bedürfnisse besser und billiger zu beschaffen, und dadurch deren Ausgaben zu vermindern. Sobald aber deren Thätigkeit beginnt, sich darauf zu richten, auch Nichtmitgliedern Waaren abzulassen bezw. Geld

*) G. S. p. 705.

**) M. R. vom 6. März 1869 (M. Bl. p. 74).

gegen Credit zu gewähren, überhaupt des Erwerbes wegen Handels- oder Bankgeschäfte zu betreiben, so liegen die Voraussetzungen des Handelsbetriebes vor, und tritt damit die Gewerbesteuerpflichtigkeit in Gemäßheit des § 2 und 3 des Ges. vom 30. Mai 1820 ein. Es ist also die der einen oder der andern Richtung zugewandte Thätigkeit der Genossenschaften, und demzufolge der jeweilige Geschäftsbetrieb der einzelnen Genossenschaft für die Frage der Heranziehung derselben zur Gewerbesteuer maßgebend und entscheidend. Werden vorstehende Prämissen zugegeben, so geht das Ministerialrescript vom 5. August 1885 zweifelsohne zu weit, wenn es die Steuerbehörden anweist, alle Consumvereine, welche ein offenes Verkaufslocal, wenn auch nur für die Mitglieder, halten, sowie ferner alle Vorschuß- und Creditvereine ohne Unterschied, ob deren Geschäftsbetrieb über den Kreis ihrer Mitglieder hinausgeht oder nicht, zur Gewerbesteuer zu veranlagen und solchen Genossenschaften nur in dem Falle Gewerbesteuerfreiheit zuzugestehen, wenn sie nachweisen, daß der Zweck des Erwerbes bezüglich ihres Geschäftsbetriebes unbedingt ausgeschlossen sei.

Dagegen waren bis zum 1. April 1886 die Erwerbs- und Wirthschaftsgenossenschaften, nämlich:

a. die Vorschuß-Vereine und Creditvereine,
b. die Rohstoff- und Magazinvereine,
c. die Productivgenossenschaften (Vereine zur Anfertigung von Gegenständen und zum Verkaufe der gefertigten Gegenstände auf gemeinschaftliche Rechnung).
d. Die Consumvereine (Vereine zum gemeinschaftlichen Einkaufe von Lebensbedürfnissen im Großen und Ablaß in kleineren Partieen an ihre Mitglieder),

überhaupt nicht communalsteuerpflichtig. Ihre Heranziehung zur Einkommensteuer kann jetzt nur auf Grund eines Gemeindebeschlusses in Gemäßheit des Gesetzes vom 27. Juli 1885 erfolgen, jedoch nur unter der Voraussetzung, daß sie in das Handelsregister auf Grund des Reichsgesetzes vom 4. Juli 1868 eingetragen sind, und daß ihr Geschäftsbetrieb über den Kreis ihrer Mitglieder, sei es unmittelbar oder auch nur mittelbar d. h. durch Vermittelung der Mitglieder, hinausgeht. Sie unterliegen also der Einkommensteuerpflicht nicht, wenn sie die Eintragung in das Handelsregister unterlassen haben, und wenn sie im Falle der Eintragung ihre wirthschaftliche Thätigkeit ganz auf den Kreis ihrer Mitglieder beschränken. Ein Hinausgehen des Geschäftsbetriebes über den Kreis der Mitglieder liegt nicht schon dann vor, wenn die Genossenschaft mit Rücksicht auf die Betreibung ihrer Geschäfte überhaupt mit Nichtmitgliedern einen geschäftlichen Verkehr anknüpft und unterhält, sondern erst in dem Falle, wenn die Genossenschaft Vortheile, welche sie ihren eigenen Principien und ihren besonderen Statuten gemäß nur ihren Mitgliedern zuzuwenden bestimmt ist, auch Nichtmitgliedern gewährt. So geht z. B. der Geschäftsbetrieb über den Kreis ihrer Mitglieder nicht hinaus, wenn ein eingetragener Consumverein die im Großen von Nichtmitgliedern eingekauften Waaren nur an seine Mitglieder in einzelnen kleineren Parteien abläßt, oder wenn ein eingetragener Vorschußverein die für die Bedürfnisse seiner Mitglieder erforderlichen Gelder von Nichtmitgliedern durch Anleihen oder selbst durch Annahme von Spareinlagen beschafft und dann diese Gelder an seine Mitglieder weiter verleiht, oder wenn solcher Verein die etwa durch Zurückzahlung seitens der Mitglieder zeitweilig flüssig gewordenen Gelder bei Nichtmitgliedern zinsbar belegt. Erst dann, wenn der Consumverein thatsächlich an Nichtmitglieder Waaren verkaufsweise abläßt oder der Vorschußverein auch Nichtmitgliedern Anleihen gegen Credit gewährt, wird der Geschäftsbetrieb solcher Genossenschaften über den Kreis seiner Mitglieder ausgedehnt. Es wird also in jedem einzelnen Falle die für die Heranziehung zur Einkommensteuer allein relevante Frage zu prüfen sein, ob sich der Geschäftsbetrieb auf den eigenen Mitgliederkreis beschränkt oder nicht. Sobald aber der Geschäftsbetrieb über den Kreis der Mitglieder hinausgegangen ist, wird die Genossenschaft nicht bloß insoweit, als dies geschehen, sondern überhaupt wegen ihres gesammten Betriebes abgabepflichtig.

Zu den zu besteuernden Genossenschaften zählen auch die auf Grund des Gesetzes vom 1. April 1879 gebildeten Wassergenossenschaften,*) dagegen nicht die Fischereigenossenschaften im Sinne des Gesetzes vom 30. Mai 1854 und die Waldgenossenschaften im Sinne des Gesetzes vom 6. Juli 1875.

5. Die juristischen Personen, insbesondere auch Gemeinden und weitere Communalverbände. Zu den juristischen Personen, als selbstständigen Subjecten von Rechten und Verbindlichkeiten, gehören auf Grund des Allgemeinen Landrechts die Stadt- und Landgemeinden, Innungen, Kirchen, Stifte, Schulen, Universitäten, Armen- und Versorgungsanstalten, der Fiscus, sowie diejenigen Anstalten und Gesellschaften, welchen die juristische Persönlichkeit landesherrlich besonders verliehen ist.**) Was den Preußischen Staatsfiscus anlangt, so unterliegt dessen Heranziehung in Betreff des steuerpflichtigen Objects, wie sub II nachgewiesen werden wird, einer von den allgemeinen Principien der Besteuerung juristischer Personen abweichenden Behandlung.

Dagegen ist der Reichsfiscus, obgleich juristische Person, nicht communalsteuerpflichtig im Sinne des Gesetzes vom 27. Juli 1885, weil ohne Zustimmung des Reichs oder

---

*) Ges. vom 1. April 1879 (G. S. p. 297) § 13.

**) A. L. R. Th. II, Tit. 6 § 25.

ohne reichsgesetzliche Ermächtigung die Landesgesetzgebung nicht befugt ist, das Reich oder das demselben aus irgend einer Quelle zufließende Einkommen zu einer staatlichen oder communalen Besteuerung heranzuziehen. Eine desfallsige reichsgesetzliche Bestimmung fehlt; es ist bisher nur durch das Reichsgesetz vom 25. Mai 1873 (R. G. B. p. 113) die Heranziehung der nicht zu einem öffentlichen Dienste oder Gebrauche bestimmten Grundstücke des Reichs zu den dinglichen Lasten Seitens der Gemeinden ermöglicht. Dagegen ist die Reichsbank im Sinne des Gesetzes vom 27. Juli 1885 abgabepflichtig, da dieselbe sich als eine durch privates Capital der Antheilseigner gegründete Erwerbsgesellschaft*) darstellt, und ihr in dem § 12 des Bankgesetzes vom 14. März 1875 die Eigenschaft einer juristischen Person beigelegt ist.

Daß der Reichsfiscus wegen seines Post- und Telegraphiebetriebes überhaupt nicht der Steuerpflicht unterliegt, erklärt sich schon daraus, daß jener Betrieb, welcher principiell nicht auf Erwerb gerichtet, sondern vornehmlich dem öffentlichen Verkehre gewidmet ist, aus diesem Grunde nicht unter den Gesichtspunkt eines abgabepflichtigen Gewerbebetriebes fällt.

6. Der Preußische Staatsfiscus. Für denselben bestehen in Betreff seiner Abgabepflicht besondere Grundsätze, welche von den für die Heranziehung der juristischen Personen allgemein geltenden abweichen, und im § 1 des Gesetzes vom 27. Juli 1885, Absatz 2 zur Darstellung gelangen.

Der außerpreußische Staat wird in Betreff der Abgabepflicht den juristischen Personen gleich gestellt, und nicht dem Preußischen Staatsfiscus gleichbehandelt. Dasselbe ist der Fall hinsichtlich der Königlichen Gymnasien und Universitäten, welche in Gemäßheit des A. L. R. Th. II, Tit. 12 § 54

*) Bankgesetz vom 14. März 1875 § 23 (R. G. B. p. 177).

und 67 nicht als fiscalische Anstalten, sondern als selbstständige Corporationen zu erachten sind.*)

7. Die Forensen d. h. diejenigen physischen Personen, welche im Stadtbezirke, ohne daselbst zu wohnen oder sich länger als drei Monate aufzuhalten, Grundbesitz, gewerbliche Anlagen, Eisenbahnen oder Bergwerke haben, Pachtungen, stehende Gewerbe, Eisenbahnen oder außerhalb einer Gewerkschaft Bergbau betreiben.**) Der Begriff der Forensen, welcher so, wie vorsteht, in dem Gesetze vom 27. Juli 1885 Abs. 3 festgestellt worden, ist dem früheren Zustande gegenüber wesentlich erweitert, indem bisher auf Grund der Städteordnungen als Forensen nur diejenigen physischen Personen angesehen wurden, welche, ohne in dem Stadtbezirke zu wohnen, daselbst Grundbesitz hatten oder ein stehendes Gewerbe betrieben.

Als gewerbtreibende, und somit abgabepflichtige Forensen gelten demzufolge u. A. auch die Mitglieder einer offenen Handelsgesellschaft***) oder Kommanditgesellschaft,†) welche in dem Stadtbezirke, in welchem die Gesellschaft ihren Sitz hat, weder einen Wohnsitz haben noch sich länger als 3 Monate aufhalten, ebenso der stille Gesellschafter, welcher sich an dem Betriebe des Handelsgewerbes eines Anderen mit einer Vermögenseinlage gegen Antheil an Gewinn und Verlust betheiligt,††) und ferner die auswärtigen Kuxbesitzer von Berggewerkschaften des älteren Rechts als Grundstückseigenthümer.

---

*) O. V. G. E. Bd. III, p. 14.

**) Ges. vom 27. Juli 1885 § 7, Abs. 3.

***) Allg. Deutsches Handelsgesetzbuch Art. 85—149.

†) Allg. Deutsches Handelsgesetzbuch Art. 150—172.

††) Allg Deutsches Handelsgesetzbuch Art. 250.

Dagegen gehören zu diesen abgabepflichtigen Forensen nicht die auswärtigen Kuxbesitzer der in Gemäßheit des Berggesetzes vom 24. Juni 1865 errichteten Gewerkschaften, weil ihnen ihr Einkommen nicht aus dem Bergwerkbetriebe, sondern aus Kapitalvermögen zufließt.

II. Das steuerpflichtige Object. Hinsichtlich des Einkommens aus den steuerpflichtigen Betrieben wird im § 1 des Gesetzes vom 27. Juli 1885 eine Unterscheidung zwischen dem Staatsfiscus und den übrigen Abgabenpflichtigen gemacht, und zwar dahin:

1. Die Actiengesellschaften, Kommanditgesellschaften auf Actien, Berggewerkschaften, sodann die eingetragenen Genossenschaften, deren Geschäftsbetrieb über den Kreis ihrer Mitglieder hinausgeht, ferner die juristischen Personen und Forensen unterliegen in den Gemeinden, in welchen sie Grundeigenthum, gewerbliche Anlagen, Eisenbahnen oder Bergwerke haben, Pachtungen, stehende Gewerbe, Eisenbahnen oder Bergbau betreiben, hinsichtlich des ihnen aus diesen Quellen in der Gemeinde zufließenden Reineinkommens den auf das Einkommen gelegten Gemeindeabgaben. Es sollen indeß als Besitzer von Eisenbahnen diejenigen Eisenbahngesellschaften nicht gelten, welche ihr Unternehmen dem Staate gegen eine unmittelbar an die Actionäre zu zahlende Rente übertragen haben.

Es sind demnach zur Communalbesteuerung nicht heranzuziehen das Einkommen aus dem Gewerbebetriebe im Umherziehen und die Gemeindesparkassen, und zwar letztere nach einer oberverwaltungsgerichtlichen Entscheidung deshalb nicht, weil sie sich nicht als auf Erwerb gerichtete, sondern als öffentliche, gemeinnützige Anstalten darstellen.*)

---

*) O. V. G. E. XI, p. 54 und M. R. vom 22. Sept. 1883.

2. Der Staatsfiscus dagegen ist gemeindeabgabenpflichtig bezüglich seines Reineinkommens aus den von ihm betriebenen Gewerbe-, Eisenbahnen- und Bergbauunternehmungen, sowie aus den Domainen (d. h. jedem Domanialgrundstücke) und den Forsten.

III. Abgabenberechtigte Stadtbezirke. Während in Betreff der Besteuerung der Einwohner die Wohnsitzgemeinde, und in Betreff des Einkommens aus dem Besitze von dem im Stadtbezirke belegenen Grundeigenthum, gewerblichen Anlagen, Eisenbahnen oder Bergwerken der Einwohner sowie der nach § 1 des Gesetzes vom 27. Juli 1885 Gemeindeabgabenpflichtigen die Gemeinde der belegenen Sache (s. g. Belegenheitsgemeinde) abgabenberechtigt ist, so gestaltet sich die Sache in Betreff des aus dem Pacht-Gewerbe-Bergbau- und Eisenbahnbetriebe, sowie aus den zu solchen Betrieben gehörenden Grundstücken und Anlagen fließenden Einkommens folgendermaßen:

1. In Betreff des Pacht-Gewerbe- oder Bergbaubetriebes ist diejenige Gemeinde abgabenberechtigt, in welcher sich der Sitz, eine Zweigniederlassung, eine Betriebs-, Werk- oder Verkaufsstätte oder eine solche Agentur des Unternehmens befindet, welche ermächtigt ist, Rechtsgeschäfte im Namen und für Rechnung des Inhabers bezw. der Gesellschaft selbstständig abzuschließen. In einzelnen Fällen wird die Frage, wo sich die solche Abgabepflicht begründende Betriebsstätte bezw. Agentur befindet, von Bedeutung, wie z. B.

a. bei landwirthschaftlich benutzten Grundstücken, wenn dieselben in verschiedenen Gemeindebezirken belegen sind und von einem derselben aus bewirthschaftet werden. Hier wird jedes einzelne Grundstück als Betriesstätte zu gelten haben, und somit die Gemeinde des belegenen Grundstücks abgabenberechtigt sein, wie

z. B. jede Stadtgemeinde in Bezug auf ihre innerhalb des Stadtbezirks belegenen, an auswärts wohnende Ackerbautreibende verpachteten städtischen Grundstücke.

b. Bei den Bergbauunternehmungen. Während früher in der Praxis im Anschlusse an die Darlegung des M. R. vom 15. März 1861 (M. Bl. p. 80) die Lage der unterirdischen Betriebsstätten entscheidend war, sollen jetzt in Gemäßheit der Motive des Gesetzes die oberirdischen Betriebsanlagen ohne Rücksicht auf die Ausdehnung des unterirdischen Bergbaubetriebes als Betriebsstätten zu behandeln sein.

c. Bei den Agenturen der Versicherungsgesellschaften. Hier ist für die Frage, ob sich an einem Orte eine zum selbstständigen Abschlusse von Rechtsgeschäften Namens der Gesellschaft ermächtigte Agentur befindet, der Inhalt der Agenturvollmacht einzig und allein entscheidend.

2. In Betreff des Eisenbahnbetriebes sind diejenigen Gemeinden abgabenberechtigt, in welchen sich der Sitz der Verwaltung bezw. einer Staatsbahnverwaltungsbehörde (z. B. des vom Sitze der Direktion abgezweigten Eisenbahnbetriebsamtes), eine Station oder eine für sich bestehende Betriebs- oder Werkstätte (z. B. Rangirbahnhöfe, Reparaturwerkstätten) oder eine sonstige gewerbliche Anlage (z. B. eine von einer Eisenbahnunternehmung betriebene Wirthschaft) befindet. Dagegen gilt der Bahnkörper nicht als Betriebsstätte, selbst dann nicht, wenn er mit Bahnwärterbuden- oder Wohnungen besetzt ist.

3. Die zu einem Pacht-, Gewerbe-, Bergbau-, oder Eisenbahnbetriebe gehörenden Grundstücke und Anlagen, welche in einer in Maßgabe der vorstehenden Principien zur Erhebung von Abgaben nicht berechtigten

Gemeinde liegen, können von Letzterer bezüglich des aus ihnen fließenden Einkommens zu den Gemeindeabgaben nicht herangezogen werden; solche Grundstücke und Anlagen unterliegen vielmehr der Abgabepflicht in denjenigen Gemeinden, welche wegen des dort befindlichen Betriebs abgabeberechtigt sind. Es haben durch diese Bestimmung hauptsächlich die s. g. Eisenbahnstreckengemeinden, welche nur von dem Bahnkörper berührt werden, getroffen werden sollen.

Andererseits soll in dem Falle, wenn der Betrieb nicht auf Rechnung des Eigenthümers solcher zum Betriebe gehörenden Grundstücke und Anlagen geführt wird, das Pacht- oder sonstige Einkommen des Eigenthümers aus diesem Besitze in ebendenselben Gemeinden zur Besteuerung gelangen, in welchen das aus dem Betriebe fließende Einkommen abgabepflichtig ist.

Schließlich wird hier noch einer singulären Bestimmung zu gedenken sein. Während eine juristische Person, welche in demselben Gemeindebezirke mehrere abgabepflichtige Gewerbe betreibt, in Betreff der daraus fließenden Einkommen nur als Einheit zur Communalbesteuerung in der betreffenden Gemeinde heranzuziehen ist, soll hinsichtlich des Staatsfiscus jeder abgabepflichtige Grundstückskomplex, sowie jedes abgabepflichtige Unternehmen desselben in Beziehung auf die Abgabepflicht als selbstständige abgabepflichtige Person gelten und die Festsetzung, was als selbstständige gewerbliche oder Bergbauunternehmung des Staatsfiscus zu betrachten ist, durch die zuständige obere Verwaltungsbehörde erfolgen.

IV. Ermittelung des steuerpflichtigen Reineinkommens. Steuerpflichtig ist das jährliche Reineinkommen d. h. dasjenige Einkommen, welches nach Abrechnung aller zur Bewirthschaftung bezw. zum Betriebe erforderlichen abzugsfähigen Ausgaben übrig bleibt. Rücksichtlich der Ermittelung desselben kommen in Betracht allgemeine Grundsätze und Specialbestimmungen.

1. Allgemeine Grundsätze.

Es soll bei der Ermittelung nach den für die Einschätzung zur Staatseinkommensteuer geltenden Grundsätzen verfahren werden, und insoweit, als eine Einschätzung zur Staatseinkommen bezw. Klassensteuer stattzufinden hat, das Ergebniß derselben für die Gemeindebesteuerung maßgebend sein. Was nun die für die Einschätzung zur Staatseinkommensteuer geltenden Grundsätze anlangt, so sind diese enthalten in dem Gesetze vom 1. Mai 1851, betreffend die Einführung einer Klassen- und klassifizirten Einkommensteuer (G. S. p. 193), ferner in dem Ergänzungsgesetze vom 25. Mai 1873 (G. S. p. 213) und in der Instruktion vom 3. Januar 1877 (M. Bl. p. 44). Davon kommen selbstverständlich hier nur diejenigen über die Ermittelung des jährlichen Reineinkommens aus Grundbesitz im § 28 des Gesetzes vom 1. Mai 1851, und sodann aus Handel, Gewerbe, Pachtungen im § 30 ibidem in Betracht. Die bezüglichen Grundsätze lassen sich im Wesentlichen folgendermaßen zusammenfassen:

a. Rücksichtlich des Grundbesitzes. Das steuerpflichtige Einkommen aus Grundstücken, welche verpachtet oder vermiethet sind, besteht in dem für das Steuerjahr (1. April bis ultimo März) vereinbarten Pacht- bezw. Miethszinse, einerseits unter Hinzurechnung etwaiger Natural- oder sonstiger Nebenleistungen und der dem Verpächter etwa vorbehaltenen Nutzungen nach ihrem durchschnittlichen Werthe, sowie andererseits unter Abrechnung der dem Verpächter verbliebenen Lasten. Läßt sich der Pacht- bezw. Miethspreis für das Steuerjahr, für welches eingeschätzt werden soll, noch nicht im Voraus bestimmen, so ist für die Berechnung der Pacht bezw. Miethspreis maßgebend, welcher in dem solchem Steuerjahre vorhergehenden Jahre festgestellt worden ist. Läßt sich auch auf letztere Weise solcher Preis nicht berechnen, so wird der muthmaßliche Ertrag durch Schätzung in Maßgabe derjenigen Pacht- bezw. Miethsbeträge ermittelt, welche für ähnliche Grundstücke gezahlt werden.

Dagegen wird das Einkommen aus Besitzungen, welche nicht verpachtet sind, sondern selbst bewirthschaftet werden, durch Schätzung des durchschnittlichen Reinertrages ermittelt welcher aus dem betreffenden Grundstücke in den letzten dem Steuerjahre (1. April bis ultimo März) vorhergehenden drei Jahren erzielt worden ist. Läßt sich so eine Schätzung nicht bewerkstelligen, so wird der durchschnittliche Ertrag nach den über die dreijährigen Durchschnittserträge ähnlicher Grundstücke gemachten Erfahrungen berechnet.

Das Einkommen aus Gebäuden, welche nicht vermiethet, sondern von dem Eigenthümer selbst bewohnt oder sonst benutzt werden, ist das Einkommen in Maßgabe der ortsüblichen Miethspreise zu berechnen.

Von dem nach den vorstehenden Grundsätzen ermittelten Einkommen sind in Abzug zu bringen: die auf dem Grundstücke ruhenden dinglichen Lasten und Steuern, also etwaige Servituten oder Reallasten, Altentheile, Leibgedinge oder Leibzuchten, ferner die Deichlasten und die Staats-Grund- und Gebäudesteuer, die Feuersocietätsprämien, und endlich die Zinsen von Schulden jeglicher Art, welche auf Erfordern unter Angabe des Namens und Wohnortes des Gläubigers sowie des Datums der Schuldurkunde, nöthigenfalls auch durch Vorlegung der Zinsquittungen nachzuweisen sind, jedoch die Zinsen abzüglich der etwa darin begriffenen Amortisationsraten.

b. Rücksichtlich des Handels, Gewerbes und der Pachtungen. Das steuerpflichtige Einkommen besteht hier aus dem wirklichen Reingewinne, welcher aus dem Handel, Gewerbe und Pachtungen erzielt, und nach dem

Durchschnitte der drei letzten Jahre, sofern das Geschäft oder die Pachtung des Steuerpflichtigen schon so lange gedauert hat, berechnet wird. Als Ausgaben dürfen dabei, außer der üblichen Absetzung für jährliche Abnutzung von Gebäuden, Maschinen und Utensilien, nur solche in Abzug gebracht werden, welche Behufs der Fortführung des Handels oder des Gewerbebetriebes u. s. w. in dem bisherigen Umfange gemacht worden sind, mithin nicht solche Ausgaben, welche sich auf die Bestreitung des Haushalts des Steuerpflichtigen und des Unterhalts seiner Angehörigen beziehen, oder welche in einer Capitalanlage zur Erweiterung des Geschäfts oder zu Verbesserungen aller Art bestehen. Ist während des dreijährigen Zeitraums in einem der Jahre kein Gewinn, sondern nur Verlust erzielt, so muß der Gewinn und Verlust aller drei Jahre gegeneinander balancirt und aus dem sich daraus ergebenden Betrage der dreijährige Jahresdurchschnitt ermittelt werden, z. B.: Es beläuft sich der Gewinn pro 1884 auf 2000 Mark und pro 1885 auf 5000 Mark, dagegen der Verlust pro 1886 auf 1000 Mark, so ist das steuerpflichtige Object:

$$\frac{2000 + 5000 - 1000}{3} \text{ Mark} = 2000 \text{ Mark.}$$

2. Specialbestimmungen für einzelne steuerpflichtige Objecte:

a. Für Bergbauunternehmungen, d. h. diejenigen Unternehmungen, welche sich mit der Hebung der unterirdischen Mineralien befassen. Das daraus fließende steuerpflichtige Einkommen wird im Uebrigen unter Anwendung der sub 1 dargestellten allgemeinen Principien durch Ermittelung bezw. Schätzung des vollen Durchschnittseinkommens der dem Steuerjahre vorhergehenden drei letzten Jahre festgestellt, jedoch mit der

Maßgabe, daß die der jährlichen Verringerung der Substanz entsprechenden Abschreibungen zu den abzugsfähigen*) Ausgaben gerechnet werden.

Hinsichtlich des Betriebes des Bergbaues durch Gewerkschaften, Actien- oder ähnliche Gesellschaften ist hier noch besonders hervorzuheben, daß die Kuxen von Berggewerkschaften des älteren Rechts in Gemäßheit des Berggesetzes vom 24. Juni 1865 § 228 die Eigenschaft unbeweglicher Sachen behalten, und somit die Besitzer solcher Kuxen Grundstückseigenthümer sind, während die Kuxen der auf Grund des vorcitirten Berggesetzes neuerrichteten Gewerkschaften auf Grund des § 101 ibidem die Eigenschaft beweglicher Sachen haben, und solchen Kuxbesitzern somit ihr Einkommen nicht aus dem Bergbaubetriebe, sondern aus Kapitalvermögen zufließt. Der sich daraus ergebenden Consequenz zufolge gestaltet sich das Einkommen der ersterwähnten Kuxen des älteren Rechts als Einkommen aus Grundbesitz, dagegen dasjenige der letztberegten Kuxen des neueren Rechts als Einkommen aus Kapitalvermögen.

Dagegen characterisirt sich das Einkommen des Pächters einer Bergbauunternehmung zweifellos als Einkommen aus dem Gewerbebetriebe, während es controvers ist, ob das Einkommen der Gewerkschaft selbst oder der außerhalb der Gewerkschaft Bergbau treibenden Personen als Einkommen aus Grundbesitz oder als Einkommen aus Gewerbebetrieb zu behandeln ist. In der Praxis ist der in dem M. R. vom 12. April 1872 (M. Bl. 306) ausgesprochene Gesichtspunct, daß es als gewerbliches Einkommen zu benehmen ist, bisher aufrecht erhalten worden.

b. Für Privateisenbahnunternehmungen, zu denen auch die im Betriebe eines auswärtigen Staates be-

*) Ges. vom 1. Mai 1851 § 28 und 30.

findlichen inländischen Bahnen zu rechnen sind. Das steuerpflichtige Object ist hier der gesammte Reinertrag der Eisenbahnunternehmungen, welcher nach Vorschrift der Gesetze vom 30. Mai 1853 (G. S. p. 449) und vom 16. März 1867 (G. S. p. 465) behufs Erhebung der Eisenbahnabgabe für jede derselben als Ueberschuß abzüglich der Eisenbahnabgabe ermittelt wird, — jedoch mit der Maßgabe, daß bei der Berechnung nach dem Gesetze vom 16. März 1867 die zur Verzinsung und planmäßigen Tilgung der etwa gemachten Anleihen erforderlichen Beträge als Ausgabe mit in Anrechnung gebracht werden dürfen. Es wird also jetzt der Ermittelung des steuerpflichtigen Reineinkommens der Privateisenbahnen nicht mehr, wie früher auf Grund des Ges. vom 1. Mai 1851 § 30, der Durchschnitt der letzten drei Jahre zu Grunde gelegt, sondern zu solchem Zwecke nur das Reinertragsergebniß des letzten Rechnungsjahres festgestellt.

Die sich danach ergebenden abgabepflichtigen Beträge werden alljährlich von den Staatsaufsichtsbehörden (also in erster Instanz von den Eisenbahncommissariaten und in zweiter Instanz im Falle der Beschwerde von dem Minister der öffentlichen Arbeiten) endgültig durch Resolut bestimmt, welches in dem Reichs- und Staatsanzeiger bekannt gemacht und in den betheiligten Regierungsbezirken durch die Regierungsamtsblätter veröffentlicht werden soll.*)

c. Für die gesammten Staats- und für Rechnung des Staats verwalteten Eisenbahnen, welche als eine einzige abgabepflichtige Unternehmung angesehen werden sollen.

*) Ministerialverfügung vom 19. Oct. 1885.

Das steuerpflichtige Reineinkommen ist hier der rechnungsmäßige Ueberschuß der Einnahmen über die Ausgaben mit der Maßgabe, daß unter die Ausgaben eine $3^1/_2$ procentige Verzinsung des Anlage- bezw. Erwerbskapitals nach der amtlichen Statistik der im Betriebe befindlichen Eisenbahnen zu übernehmen ist. Zu solchen abzugsfähigen Ausgaben werden die an die Actionäre und Obligationeninhaber der für Rechnung des Staates verwalteten Eisenbahnen gezahlten Raten, Zinsen und Amortisationen nicht gerechnet, wie dies in den Verhandlungen des Abgeordnetenhauses bei Berathung des Gesetzes ausdrücklich anerkannt worden ist.

Auch hier wird dem Resolute, welches den abgabepflichtigen Gesammtbetrag festzustellen hat, nicht der dreijährige Durchschnittsertrag, sondern die Höhe des Einkommens des dem Steuerjahre vorhergehenden Rechnungsjahrs zwecks Ermittelung grundleglich gemacht. Das Resolut wird alljährlich endgültig von dem Minister der öffentlichen Arbeiten, als Ressortminister, festgestellt, und in dem Reichs- und Staatsanzeiger sowie in den Regierungsamtsblättern bekannt gemacht.*)

d. Für die fiscalischen Domänen und Forsten. Das aus denselben fließende Reineinkommen wird für die einzelnen Liegenschaften aus dem Grundsteuerreinertrage nach dem Verhältnisse berechnet, in welchem der in der betreffenden Provinz aus den Domänen- und Forstgrundstücken erzielte etatsmäßige Ueberschuß der Einnahmen über die Ausgaben unter Berücksichtigung der auf denselben ruhenden Verbindlich-

*) Ministerialverfügung vom 19. Oct. 1885.

keiten und Verwaltungskosten zum Grundsteuerreinertrage steht.

Der bei der Schätzung des Einkommens aus Waldungen im Uebrigen in Betracht kommende Durchschnittsertrag der letzten 3 Jahre fällt bei der Berechnung des Einkommens aus den fiscalischen Forsten und Domänen fort, es wird der Berechnung des letzteren vielmehr der für das Steuerjahr selbst festgestellte etatsmäßige Ueberschuß grundleglich gemacht. Die Feststellung des zu berechnenden Verhältnisses erfolgt alljährlich endgültig durch ein Resolut des Ministers für Landwirthschaft, Domänen und Forsten, als Ressortminister. Dies Resolut wird demnächst im Reichs- und Staatsanzeiger bekannt gemacht und durch die Regierungsamtsblätter der einzelnen Provinzen weiter veröffentlicht.*)

V. Vermeidung von Doppelbesteuerungen in Betreff des steuerpflichtigen Einkommens aus dem Besitze oder Betriebe einer sich über mehrere Gemeinden erstreckenden Gewerbe-, Bergbau- oder Eisenbahnunternehmung.

Das Gesetz stellt zunächst für den vorstehenden Concurrenzfall den betheiligten Gemeinden und dem betreffenden Abgabepflichtigen völlig frei, hinsichtlich des desfallsigen steuerpflichtigen Einkommens unter sich den Vertheilungsmaßstab durch freie Vereinbarung festzustellen. Erst in Ermangelung einer solchen Vereinbarung, welche in keiner Weise zu erzwingen ist, tritt die im § 7 des Ges. vom 27. Juli 1885 gesetzlich angeordnete Vertheilung des qu. Einkommens auf die einzelnen abgabeberechtigten Gemeinden, sowohl die einheimischen, als auch event. bei Erstreckung des Betriebes ins

*) Ministerialverfügung vom 19. Oct. 1885.

Ausland die außerpreußischen Gemeinden, ein. Die Vertheilung erfolgt in folgender Weise:

1. bei den Versicherungs-, Bank- und Kreditgeschäften. Hier wird derjenigen Gemeinde, (inländischen oder ausländischen,) in welcher die Leitung des Gesammtbetriebes stattfindet, der zehnte Theil des Einkommens zur Besteuerung vorabüberwiesen, während der Ueberrest nach Verhältniß der in den einzelnen Gemeinden erzielten Bruttoeinnahme vertheilt wird. Diese Bruttoeinnahme setzt sich bei den Versicherungsgesellschaften nicht bloß aus den gezahlten Versicherungsprämien, sondern auch aus den gezahlten Zinsen des Anlagecapitals und des Reservefonds, aus Rückversicherungsbeträgen und dergl. zusammen.
2. Bei den übrigen Gewerbe-, Bergbau- oder Eisenbahnunternehmungen wird dagegen das Verhältniß der in den einzelnen Gemeinden erwachsenen Ausgaben an Gehältern und Löhnen einschließlich der Tantiemen des Verwaltungs- und Betriebspersonals zu Grunde gelegt. Die Ausgaben an Löhnen und Gehältern erwachsen dort, wo die betreffenden Arbeiten geleistet werden, und daraufhin die Arbeiter mit ihren Gehältern und Löhnen in Ansatz gebracht werden. Es ist irrelevant, wo die empfangenden Arbeiter pp. wohnen.

Bei den Eisenbahnen kommen jedoch rücksichtlich des Maßgabes für Vertheilung des steuerpflichtigen Reineinkommens Gehälter, Tantiemen und Löhne desjenigen Personals, welches in der allgemeinen Verwaltung beschäftigt ist, nur mit der Hälfte, dagegen diejenigen des in der Werkstättenverwaltung und im Fahrdienst beschäftigten Personals nur mit zwei Dritttheilen ihrer Beträge zum Ansatze. Für den Fall, daß sich eine Betriebsstätte, Station pp., innerhalb deren die den

Vertheilungsmaßstab bestimmenden Ausgaben an Gehältern und Löhnen erwachsen, über den Bezirk mehrerer Gemeinden erstreckt, so beschließen über die Vertheilung des Einkommens nach Lage der örtlichen Verhältnisse unter Berücksichtigung des Flächenverhältnisses und der den betheiligten abgabeberechtigten Gemeinden durch das Vorhandensein der Betriebsstätte, Station pp. erwachsenden Kommunallasten in den Kreisordnungsprovinzen die dortigen Verwaltungsbeschlußbehörden, also der Kreis- bezw. der Bezirksausschuß; dagegen in den Provinzen Posen, Schleswig-Holstein und in der Rheinprovinz bis dahin, daß dort die Kreis- und Provinzialordnung eingeführt wird, die Communalaufsichtsbehörden, und endlich in den Fällen, in welchen die Stadt Berlin betheiligt ist oder eine bezw. mehrere, aber nicht alle Gemeinden den Kreisordnungsprovinzen angehören, eine besondere von dem Minister des Innern zu berufende Behörde. Gegen die Beschlüsse der vorbezeichneten Behörden steht den Betheiligten nach Maßgabe der einschlägigen Gesetze die Beschwerde zu.

3. Rücksichtlich der Staats- und für Rechnung des Staats verwalteten Eisenbahnen ist ein Provisorium betreffs der Vertheilung angeordnet. Es soll nämlich vom 1. April 1886 ab auf fünf Jahre die Hälfte, und auf weitere fünf Jahre ein Dritttheil des gesammten abgabepflichtigen Reineinkommens denjenigen Gemeinden, welche vor dem 1. April 1880 abgabeberechtigt waren und dieses Recht thatsächlich ausgeübt haben, zur Vertheilung nach Verhältniß der im Durchschnitte der dem 1. April 1880 vorangegangenen drei Steuerjahre zu den Gemeindeabgaben herangezogenen Reinerträge vorab überwiesen werden, während der Ueberrest nach den sub 2 dargelegten Grundsätze auf sämmtliche abgabenberechtigte

Gemeinden zu vertheilen ist. Nach Ablauf der vorberegten 10 Jahre fällt die vorstehende Begünstigung der vor dem 1. April 1880 bereits abgabeberechtigten Gemeinden fort, und erfolgt dann die Vertheilung des Einkommens nach den sub 2 dargelegten Grundsätzen unter alle betheiligten Gemeinden.

Was nun schließlich die Ermittelung der vorstehend sub 1, 2 und 3 beregten Ausgaben an Löhnen und Gehältern bezw. Bruttoeinnahmen der Versicherungs-, Bank- und Creditgeschäfte anlangt, so erfolgt dieselbe in dreijährigem Durchschnitt nach Einsicht eines den abgabeberechtigten Gemeinden von dem Unternehmer bezw. Gesellschaftsvorstande jährlich mitzutheilenden Vertheilungsplanes, welcher indeß im Falle von Unrichtigkeiten für die Gemeinden unmaßgeblich bleibt. Der Plan ist bezüglich der Staatseisenbahnen für jeden Directionsbezirk besonders aufzustellen. Es ist streitig, ob unter den für den Durchschnitt maßgebenden drei Jahren die dem Veranlagungsjahre oder die dem Steuerjahre unmittelbar vorangehenden drei Jahre von der Gesetzgebung gemeint sind. Für die erstere Alternative spricht der Umstand, daß der im Jahre 1884 vorgelegte Gesetzentwurf die Berechnung der dem Jahre, in welchem die Veranlagung erfolgt, vorgehenden drei Jahre festgestellt hatte, sowie ferner die Erwägung, daß die Veranlagung schon in dem dem Steuerjahre vorgehenden Jahre zu erfolgen hat, und in solchem Veranlagungsjahre die qu. Bruttoeinnahmen und Ausgaben, welche für die Ermittelung normiren sollen, überhaupt noch nicht feststehen, und daß demzufolge die Gesetzgebung die zur Zeit der Veranlagung überhaupt noch nicht ermittelten Bruttoeinnahmen und Ausgaben nicht bezielt haben kann, sondern die dem Veranlagungsjahre vorgehenden drei Jahre als normirend hat berücksichtigt wissen wollen.

Die auf Grund des Vertheilungsplanes zu bewirkende Veranlagung erfolgt seitens der abgabenberechtigten Gemeinden. Wird die Aufstellung oder Mittheilung des Vertheilungsplanes verweigert, so wird die betreffende Gemeinde für berechtigt zu erachten sein, die Veranlagung nach ihrem Ermessen vorläufig festzustellen, da ihr, abgesehen von der Erhebung einer Feststellungsklage, weitere Zwangsmittel nicht zu Gebote stehen.

VI. Freilassung des aus außerhalb des Gemeindebezirks belegenem Grundeigenthum oder außerhalb des Gemeindebezirks stattfindendem Pacht-, Gewerbe-, Eisenbahn- und Bergbaubetriebe fließenden Einkommens (des s. g. Forensaleinkommens) von der Heranziehung zu den Gemeindeabgaben der Wohnsitzgemeinde. Bei Einschätzung der Forensen zur Einkommensteuer in den Wohnsitzgemeinden ist das vorberegte Forensaleinkommen unbeschadet der Bestimmungen des § 2, Abs. 2 u. 3 des Ges. vom 27. Juli 1885 außer Berechnung zu lassen. Die Wohnsitzgemeinde kann jedoch, wenn das in ihr steuerpflichtige Einkommen weniger als ein Viertheil des Gesammteinkommens des betreffenden Abgabepflichtigen (Bruttoeinnahme abzüglich aller abzugsfähigen Ausgaben) beträgt, auf Grund eines gemeinschaftlichen Beschlusses des Gemeindevorstandes und der Gemeindevertretung ein volles Viertheil des Gesammteinkommens unter entsprechender Verkürzung des der Forensalgemeinde zur Besteuerung zufallenden Einkommentheils für sich zur Besteuerung in Anspruch nehmen und im Falle eines mehrfachen Wohnsitzes des Abgabepflichtigen mit einer verhältnißmäßigen Quote an jenem Viertheile auf Grund des § 11 leg. cit. participiren — cfr. oben § 31 sub III — Die Ausführung erfolgt in der Art, daß das Gesammteinkommen des Abgabepflichtigen zu der Gemeindeabgabe eingeschätzt, und der so ermittelte Steuerbetrag dem Verhältnisse des außer Berechnung zu lassenden Einkommens zu dem Gesammteinkommen entsprechend verkürzt wird; es wird hier also ausnahmsweise nicht eine Vertheilung des Einkommenbetrags, sondern eine Theilung des dem ganzen Einkommen entsprechenden Steuersatzes für das Ermittelungsverfahren grundleglich gemacht. Das oben bezüglich der Wohnsitzgemeinde Gesagte findet auch auf die Aufenthaltsgemeinde Anwendung, welche nach dreimonatlichem Aufenthalte abgabeberechtigt ist. Concurriren in dem obenberegten Falle an den übrigbleibenden 75 % des Gesammteinkommens mehrere Forensalgemeinden, so participiren sie bei der Vertheilung nach dem Verhältnisse ihrer Einkommensquoten.

VII. Erstreckung der vorstehenden Grundsätze auf die Zahlung von Kreis- und Provinzialabgaben. Die sub III—VI vorstehend entwickelten Grundsätze finden auch gleich- und sinngemäße Anwendung, insoweit juristische Personen, Gesellschaften pp. zur Entrichtung der in Kreisen bezw. Provinzen auf das Einkommen gelegten Abgaben verpflichtet sind, oder physische Personen in verschiedenen Kreisen oder Provinzen solchen Abgaben unterliegen. Der diese Bestimmung enthaltende § 13 des Ges. vom 27. Juli 1885 hat besonders für diejenigen Gemeinden Bedeutung, welche von dem Rechte Gebrauch machen, ihr Kreisabgabensoll nicht durch eine besondere Untervertheilung nach dem Kreisabgabenmaßstabe, sondern im Wege der Kommunalbesteuerung auf Grund des § 11 der Kreisordnung vom 13. Dec. 1872 aufzubringen.

§ 38. Die Waldbesitzer.

Unter den gemeindeabgabenpflichtigen Objecten treten die Waldungen als eine Gruppe hervor, welche hier einer besonderen Erörterung bedarf. Die Waldungen unterliegen allerdings als Grundeigenthum hinsichtlich ihrer Heranziehung zur Communalbesteuerung auch den Bestimmungen des Gesetzes vom 27. Juli 1885. Das daraus fließende Einkommen ist also insoweit abgabenpflichtig, als die betreffenden Waldungen den in der Ueberschrift des vorgehenden § aufgeführten Personen, Erwerbsgesellschaften pp. gehören, und als eine Erhebung der auf das Einkommen gelegten directen Gemeindeabgaben in den einzelnen Städten eingeführt ist.

Aber auch abgesehen hiervon können die Waldungen auf Grund des § 4, Abs. 5 und 6 der Städteordnung für die östlichen Provinzen in einer eximirten Weise zu den Gemeindeabgaben und Lasten herangezogen werden. Im Geltungsbereiche jener Städteordnung hat nämlich der Provinzial-Landtag darüber nähere Bestimmungen zu treffen, inwieweit die innerhalb eines Stadtbezirks belegenen Waldungen, welche nicht Eigenthum der Gemeinde sind, sondern einen Theil des Bürgervermögens bilden, oder auch einzelnen Einwohnern oder Forensen gehören, zu den fraglichen Abgaben heranzuziehen sind. Es sollen dafür die besonderen Verhältnisse solcher Waldungen zu den betreffenden abgabeberechtigten Gemeinden maßgebend sein. Die Bestimmung des Provinzial-Landtags bedarf der Genehmigung des Königs. Bis zum Erlasse solcher Specialbestimmungen dürfen die Waldbesitzer zu den städtischen Abgaben und Lasten nicht in höherem Maaße, als dies vor dem Inkrafttreten der Städteordnung vom 30. Mai 1853 geschehen ist, in Anspruch genommen werden.

Außerdem besteht noch eine singuläre Bestimmung über die Ermittelung des Reineinkommens der fiscalischen Forsten. Das Nähere ist bereits in dem vorgehenden § sub. III dargestellt.

§ 39. Befreiungen von dinglichen Gemeindeauflagen.

Unter dinglichen Gemeindeauflagen sind diejenigen zu verstehen, welche auf Grundstücke gelegt und demzufolge von dem Eigenthümer oder Nutznießer nicht in seiner Eigenschaft als Gemeindeeinwohner persönlich, sondern nur mit Rücksicht auf seinen Besitz des zu besteuernden Grundstücks zu entrichten sind. Von solchen dinglichen Gemeindelasten sind befreit:

I. **Die Dienstgrundstücke der Geistlichen, Kirchendiener und Elementarschullehrer (bezw. auch der übrigen Schullehrer in der Rheinprovinz).** Als solche versteht man diejenigen Grundstücke, deren Verwaltung und Nutznießung diesen Beamten als Theil ihres Diensteinkommens überwiesen sind, und zwar ohne Unterschied, ob sie bereits früher befreit waren oder nicht; ferner ob sie unmittelbar zum öffentlichen Dienste und Gebrauche bestimmt oder anderweitig benutzt, und endlich ob sie insbesondere verpachtet*) oder vermiethet sind.**) Unter den Dienstgrundstücken ist einbegriffen sämmtliches Grundeigenthum, welches zum Unterhalte bezw. zur Besoldung jener Personen dient, also nicht nur der Grund und Boden, sondern auch die darauf stehenden Gebäude, sowohl die Dienstwohnungen als die dazu gehörigen Wirthschaftsgebäude.***) Dagegen steht solchen Kirchengrundstücken, deren Benutzung nicht einem Geistlichen oder anderen Kirchenbeamten als Theil der Besoldung überwiesen ist, deren Erträge vielmehr zur Kirchenkasse fließen und zur Aufbringung der Gehälter der Kirchenbeamten oder zur Bestreitung sonstiger kirchlicher Ausgaben verwendet werden, eine Gemeindeabgabenbefreiung nicht zu.†)

Bei Streitigkeiten darüber, ob gewisse Grundstücke zu einem öffentlichen Dienste oder Gebrauche bestimmt und des=

---

*) M. R. vom 4. Juli 1871 (M. Bl. p. 246).

**) M. R. vom 24. Oct. 1855 (M. Bl. p. 198).

***) E. O. V. G. Bd. VIII, p. 23.

†) Obertribunals=Erkenntniß vom 12. März 1863, Entsch. Bd. 49 p. 249.

halb befreit sind, kann nicht im Rechtswege, sondern nur im Verwaltungswege entschieden werden.*)

Was insbesondere noch die Einquartirungslast anlangt, so kann diese je nach der Vertheilungsart eine dingliche oder persönliche Gemeindelast sein. Von derselben bleiben die Geistlichen, Kirchendiener und Elementarschullehrer befreit, mag sie nun durch Umlegung auf die Häuser schlechthin, oder durch Repartition auf die Häuser resp. deren Wohnungen, oder durch Casernirung der Truppen und die dadurch bedingte Aufbringung der Kosten im Wege der Communalbesteuerung vertheilt werden; in letzterem Falle sind sie jedoch nur hinsichtlich ihres Diensteinkommens befreit.**)

Selbstverständlich genießen nur die Dienstgrundstücke die Steuerfreiheit. Eine solche wird den genannten Personen in Betreff der anderweitig von ihnen besessenen Grundstücke nicht gewährt.

II. **Die im § 2 des Gesetzes vom 24. Februar 1850 bezeichneten ertragsunfähigen oder zu einem öffentlichen Dienste oder Gebrauche bestimmten Grundstücke, welche dem Staate, den Provinzen, den Kreisen oder den Gemeinden gehören,** auf Grund des § 4 der Städteordnungen. Die Befreiung kann nur dann eintreten, wenn die folgenden beiden Voraussetzungen zusammentreffen, einmal, daß die Grundstücke unter die im § 2 des Gesetzes vom 24. Februar 1850 bezeichneten fallen, und sodann zweitens, daß sie nach Maßgabe der Kab. Ordre vom 8. Juni 1834 befreit sind. In Betreff der ersten Voraussetzung ist zu bemerken, daß jener § 2 dazu insonderheit rechnet folgende Liegenschaften nebst den dazu gehörigen,

*) Erkenntniß des Gerichtshofes zur Entscheidung der Competenzconflicte vom 11. Sept. 1869 (M. Bl. 1870 p. 51).

**) M. R. vom 13. Oct. 1860 (M. Bl. p. 116); M. R. vom 29. März 1871 (M. Bl. p. 112).

mit ihnen in derselben Befriedigung belegenen Hofräumen und Gärten:

a. Gassen, Plätze, Brücken, Land- und Heerstraßen, die Schienenwege der Eisenbahnen, Fahr- und Fußwege, Leinpfade, Ströme, Flüsse, Bäche, Brunnen, schiffbare Kanäle, Häfen, Werfte, Ablagen, Festungswerke, Exercierplätze, Kirchhöfe, Begräbnißplätze, Spaziergänge, Lust- und botanische Gärten;

b. lediglich zur Bepflanzung öffentlicher Plätze, Straßen und Anlagen bestimmte Baumschulen und die zur Uferbefestigung des Meeres, öffentlicher Ströme oder Flüsse dienenden Anpflanzungen;

c. Königliche Schlösser und zum Gebrauche öffentlicher Behörden oder zu Dienstwohnungen für Beamte bestimmte Gebäude, als: Militair-, Regierungs-, Justiz-, Polizei-, Steuer- und Postverwaltungs-Gebäude, Kreis- und Gemeindehäuser;

d. Kirchen, Kapellen und andere dem öffentlichen Gottesdienste gewidmete Gebäude;

e. die Diensthäuser der Erzbischöfe, der Bischöfe, der Dom- und Kurat- oder Pfarrgeistlichen und sonstiger mit geistlichen Functionen bekleideter Personen der verschiedenen Religionsgesellschaften; ferner der Gymnasial-, Seminar- und Schullehrer, der Küster und anderer Diener des öffentlichen Kultus;

f. Bibliotheken, Museen, Universitäts- und alle anderen zum Unterrichte bestimmten Gebäude;

g. Armen- und Krankenhäuser, Besserungs-, Aufbewahrungs- und Gefängnißanstalten;

h. alle Brücken, Kunststraßen, Schienenwege der Eisenbahnen und schiffbare Kanäle, welche mit Genehmigung des Staates von Privatpersonen oder Actiengesellschaften zum öffentlichen Gebrauche angelegt sind.

Es werden ferner, weil die Aufzählung der Liegenschaften in dem § 2 des Gesetzes vom 24. Februar 1850 in Anbetracht des dort gebrauchten Ausdrucks „insonderheit" eine nicht erschöpfende sein soll, nach der ratio legis zu den steuerfreien Grundstücken ferner gerechnet:

i. Die zu Kinderbewahranstalten angekauften Locale, sofern sie nicht einzelne Zimmer, sondern selbstständige Gebäude sind, und solange sie ausschließlich zu diesem Zwecke dienen (M. R. v. 27. Juni 1843 im M. Bl. p. 317).

k. die Seminargebäude (M. R. v. 22. November 1837 im M. Bl. p. 1019).

l. Artillerieschießplätze, auch wenn sie landwirthschaftliche Nebennutzungen abwerfen (E. O. V. G. Bd. II p. 23).

m. Kanaldämme als nothwendige Pertinentien der befreiten Kanäle (E. O. V. G. v. 19. September 1877).

n. Die Haffe an der Ostküste (E. O. V. G. B. III p. 30).

o. Die dem Staate gehörigen, zu Dienstwohnungen für Königliche Forstbeamte bestimmten Gebäude (E. O. V. G. B. I p. 40).

p. Fiscalische Schleusenetablissements (E. O. V. G. vom 19. September 1877).

q. Die Pferdeställe und Reitbahnen der Landgestüte (E. d. O. V. G. B. IV, p. 66).

r. Gebäude der Staats-Telegraphen-Verwaltung (Obertribunals-Erkenntniß vom 19. December 1858 im Just. M. Bl. 1859 p. 74 und M. R. vom 13. März 1868 im M. Bl. p. 125.

Dagegen sind folgende Liegenschaften nicht befreit:

1. Theatergebäude (M. R. vom 14. August 1843 im M. Bl. p. 232).
2. Die dem Gewerbebetriebe der Staatseisenbahnen dienenden fiscalischen Gebäude (M. R. vom 16. August 1843 im M. Bl. p. 233 und E. O. V. G. B. IV p. 15

und 21). Jene Gebäude sind nur insoweit befreit, als sie zu Wohnungen für Beamte dienen.

3. Die den Landschaften oder landschaftlichen Creditverbänden gehörigen Gebäude (M. R. vom 25. Februar 1863 im M. Bl. p. 60).
4. Die nutzbaren Aecker der Kirchen, milden Stiftungen und anderen bevorzugten Institute (M. R. vom 24. October 1855 im M. Bl. p. 198).
5. Die Weidenpflanzungen an Strömen, s. g. Kämpe (E. O. V. G. Bd. I, p. 91).
6. Die der Landesgestütverwaltung zur landwirthschaftlichen Nutzung überwiesenen Vorwerke (E. O. V. G. Bd. IV, p. 67).

Was sodann die zweite Voraussetzung für die Steuerbefreiung der qu. Grundstücke anlangt, so bestimmt die Cab.-Ordre vom 8. Juni 1834 Folgendes: „Wo in den Provinzen und Ortschaften, in denen das Allgemeine Landrecht oder das Gemeine Recht gilt, dergleichen Grundstücke von Communallasten befreit sind, hat es dabei sein Bewenden; wo sie dazu beitragen, verbleibt es bei dem Antheile, der bisher stattgefunden hat. Wenn in Zukunft ein Grundstück von Seiten des Fiscus zu einem öffentlichen oder gemeinnützigen Zwecke erworben wird, so müssen davon die vermöge des Communalverbandes vor der Erwerbung geleisteten Realverpflichtungen weitergeleistet werden.“ Letzteres ist auch nach einer Entscheidung des Oberverwaltungsgerichts (E. Bd. XI, p. 58) dann der Fall, wenn von Seiten des Fiscus ein Grundstück zwar ursprünglich nicht zu einem öffentlichen oder gemeinnützigen Zwecke erworben ist, später aber zu einem solchen benutzt wird, da als Zeitpunkt der „Erwerbung zu solchem Zwecke“ derjenige Moment anzusehen ist, wo bei einem bisher anderweitig verwendeten Grundstücke die Benutzung zu öffentlichen Zwecken pp. hinzutritt. Die Cab.-Ordre vom 8. Juni

1834 bestimmt nun außerdem, daß Naturalleistungen auf eine Geldrente nach den zur Zeit der Erwerbung bestehenden Preisen zu berechnen sind, ferner daß persönliche Prästationen der bisherigen Privatbesitzer von Seiten der Gemeinde nicht weiter gefordert werden dürfen, sowie endlich, daß die Heranziehung des Fiscus oder der betreffenden Anstalt zu den Gemeindelasten auf die Erwerbung von Gebäuden beschränkt bleiben, und nicht auf Grundstücke bezogen werden soll, welche mit Gebäuden nicht besetzt sind, wie z. B. bei der Anlage von Festungswerken, Chausseen pp.

III. **Die im Eigenthume des Deutschen Reichs befindlichen, ertragsunfähigen oder zu einem öffentlichen Dienste oder Gebrauche bestimmten Grundstücke** auf Grund des Reichsgesetzes vom 25. Mai 1873 (R. G. B. p. 113) § 1, Absatz 2, welcher jene Grundstücke hinsichtlich der Befreiung von Steuern und sonstigen dinglichen Lasten den im Eigenthume des einzelnen Staates befindlichen gleichartigen Gegenständen gleichstellt.

IV. **Die Grundstücke der Mitglieder des Königlichen Hauses und des Fürstlichen Hauses Hohenzollern-Sigmaringen** (die früher gleichfalls befreite Hechingen'sche Linie ist ausgestorben) auf Grund des Königlichen Erlasses vom 14. August 1852 (G. S. p. 771).

V. **Die innerhalb der Standesherrschaft belegenen, im Kommunalverbande begriffenen Besitzungen der vormals unmittelbaren Deutschen Reichsstände** auf Grund der Instr. vom 30. Mai 1820 § 32, und vom 14. Juli 1829. Es ist dort bestimmt, daß solche Besitzungen, rücksichtlich deren die Standesherren die Befreiung von der ordentlichen Grundsteuer genießen, auch in Betreff aller communalen Rechte und Verbindlichkeiten, soweit nicht Verträge oder ergangene Judicate ein Anderes besonders festsetzen, den Königlichen Domainen derselben Provinz unter einerlei Verhältnissen gleichgestellt sein sollen.*) Die qu. Steuerfreiheit steht dagegen den außerhalb des standesherrlichen Gebiets in auswärtigen Gemeinden belegenen Grundstücken der Standesherren nicht zu.**)

VI. **Für neugebaute Grundstücke** sind zeitweilige Befreiungen von Gemeindeabgaben und Lasten auf Grund der Städteordnung vom 30. Mai 1853 § 4, Absatz 8 gestattet.

Weitere dingliche Befreiungen existiren nicht. Die vor dem Inkrafttreten der Preußischen Städteordnungen bestandenen dinglichen Befreiungen sind entweder von den Stadtgemeinden abgelöst, oder durch Nichtanmeldung erloschen. Es bestimmen nämlich die altpreußischen Städteordnungen in § 4 bezw. die Schleswig-Holstein'sche in § 25 übereinstimmend, daß solche Befreiungen abgelöst werden können, und nach Feststellung sowie Zahlung des Ablösungsbetrags aufhören, und ferner, daß die Befreiung und der Anspruch auf Entschädigung erlöschen sollen, wenn sie in Städten, in welchen die Preußische Gemeindeordnung vom 11. März 1850 bereits eingeführt war, nicht binnen der präclusivischen Frist eines Jahres***) nach deren Einführung bei dem Gemeindevorstande, und in den übrigen Städten bei demselben nicht binnen gleicher Frist nach Einführung der vorberegten resp. Städteordnungen angemeldet worden sind.

Die desfallsigen Bestimmungen der Städteordnungen über Ablösung, Nichtanmeldung und Erlöschen solcher Befreiungen können jetzt nur noch in dem Falle zur Anwendung kommen, wenn in einer Ortschaft eine der obengenannten Städteordnungen erst neu eingeführt werden wird. Das dabei zu beobachtende Verfahren ist folgendes:

---

*) cfr. oben § 15 sub II, 2.

**) M. R. vom 8. Januar 1840 (M. Bl. p. 9).

***) Obertribunals-Erkenntniß vom 23. April 1863 (E. B. 50, p. 93).

Die Entschädigung wird im Falle der Ablösung zum zwanzigfachen Betrage des Jahreswerthes der Befreiung nach dem Durchschnitte der letzten zehn Jahre berechnet, falls nicht etwa ein anderer Entschädigungs-Maßstab, bei welchem es sein Bewenden haben muß, durch speciellen Rechtstitel feststeht. Die Höhe der Entschädigung wird durch Schiedsrichter, mit Ausschluß der ordentlichen Rechtsmittel, festgestellt. Der eine Schiedsrichter ist von dem Besitzer des bisher befreiten Grundstücks, der andere von der Stadtverordnetenversammlung zu ernennen. Beide Schiedsrichter haben den Obmann zu wählen; können sie sich über die Person desselben nicht verständigen, so wird dieser von der Communal-Aufsichtsbehörde bestimmt.

§ 40. Befreiungen von persönlichen Gemeindeauflagen.

I. **Gänzlich befreit** sind:

1. Die Mitglieder des Königlichen Hauses und des Fürstlichen Hauses Hohenzollern-Sigmaringen auf Grund des Königlichen Erlasses vom 14. August 1852 (G. S. p. 771).
2. Die vormals unmittelbaren Deutschen Reichsstände nebst ihren Familien für ihre in den standesherrlichen Gebieten belegenen Besitzungen auf Grund des Art. XIV. der deutschen Bundesacte, der Verordnung vom 21. Juni 1815 § 4 (G. S. p. 105), der Instruction vom 30. Mai 1820 § 13 (G. S. p. 81), des Gesetzes vom 10. Juni 1854 (G. S. p. 263), der Verordnung vom 12. November 1855 (G. S. p. 688) und der Kabinets-Ordre vom 16. März 1857. Dagegen ist solche Steuerfreiheit nicht auf die Communalabgaben einer außerhalb des standesherrlichen Gebiets liegenden Stadt auszudehnen.*)

*) M. R. vom 8. Juni 1840 (M. Bl. p. 9).

3. Die obersten Repräsentanten fremder Staaten mit ihrem Gefolge bei einem etwaigen Aufenthalte in Preußen und die beim Könige beglaubigten Diplomaten der Deutschen Staaten und der außerdeutschen Mächte jeden Ranges, als Botschafter, Gesandte, Geschäftsträger, und zwar nebst ihrem ganzen Gefolge (den im Gesandschaftshotel wohnenden Familienmitgliedern, Hausofficianten und Privatdienerschaft, ferner den ständigen Beamten der Gesandschaft als Legationsräthen, Legationssecretairen, Gesandschaftskanzler mit seinem Kanzleipersonal, Consulenten, Syndici, Militairbevollmächtigten, Translateuren, Dolmetschern, Attachés, Curieren ꝛc., sowie endlich dem die Ceremonialgesandten begleitenden Personale für Ceremonialdienste als Marschall, Cavaliere, Pagen ꝛc.) auf Grund des Völkerrechts. Die Steuerfreiheit steht dagegen den Consuln fremder Mächte völkerrechtlich nicht zu. Trotzdem sind die Berufsconsuln für ihre Person (nicht die als fremde Consuln fungirenden diesseitigen Unterthanen) während ihres Amts, solange sie sich darauf beschränken, keinerlei Gewerbe betreiben und Grundstücke nicht erwerben, stets von persönlichen Communalauflagen freigelassen.*)

II. Mit gewissen Beschränkungen sind befreit:

1. Die Militairpersonen — cfr. oben § 36 p. 143.
2. Die Beamten in Betreff der persönlichen Gemeindedienste — cfr. oben § 34 p. 139. —
3. Die in dem Gesetze vom 11. Juli 1822 § 9 und 10 privilegirten Personen — cfr. oben § 34 sub. VII. —
4. Die Geistlichen, Kirchendiener und Elementar-Schul-Lehrer hinsichtlich ihres Diensteinkommens in Betreff der persönlichen directen Gemeindeabgaben, sowie die Geist-

*) M. R. vom 31. December 1851.

lichen, die Kirchendiener und alle Schullehrer in Betreff der persönlichen Gemeindedienste — cfr. das Nähere darüber oben § 35 p. 143.

Alle übrigen persönlichen Befreiungen sind durch die Städteordnungen der altpreußischen Provinzen ohne Entschädigung aufgehoben, während sie in Schleswig-Holstein den zur Zeit des Erlasses der dortigen Städteordnung im wohlerworbenen Besitze der Immunität befindlichen Personen für die Dauer der Genußberechtigung reservirt worden sind, und alsdann ohne Entschädigung erlöschen.*)

Es ist also, abgesehen von Schleswig-Holstein und den seit 1866 neuerworbenen Provinzen, durchaus unstatthaft, die persönliche Steuerfreiheit zu gewähren:

a. den früher auf Grund der Kabinets-Ordre vom 16. Januar 1817 begünstigten Hebeammen;
b. den 50 Jahre lang Bürger gewesenen Einwohnern;**)
c. dem jedesmaligen Schützenkönige für das laufende Schützenkönigsjahr.***) Die Aussetzung einer Prämie von Seiten der Stadtverordneten statt der Befreiung ist indeß als statthaft zu erachten.

Wie die den gesetzlichen Bestimmungen nicht entsprechenden Befreiungen von den Gemeindelasten unstatthaft sind, so sind auch die auf solche Befreiung abzielenden Verträge nach dem Rechtsgrundsatze: jus publicum pactis privatorum mutari non potest nichtig.†)

Daß Personen, welche mit einer Stadtgemeinde in keiner rechtlichen Verbindung stehen, z. B. Personen, deren Ländereien von städtischen Grundstücken umschlossen sind, zu den städtischen

---

*) Sch.-H. St. O. § 24.

**) M. R. vom 23. März 1823 (Ann. p. 634).

***) M. R. vom 26. Juli 1839 (Ann. p. 399).

†) Entscheidung des Reichsgerichts vom 14. October 1884.

Lasten nicht herangezogen werden können, und in dem vorberegten Falle insbesondere zur Besoldung des städtischen Feldhüters beizutragen nicht verpflichtet sind, läßt sich als eine Steuerbefreiung überhaupt nicht auffassen, sondern ergiebt sich aus anderen naheliegenden Rechtsgründen.*)

*) M. R. vom 21. Juli 1833 (Ann. p. 687) und vom 10. Nov. 1834 (Ann. p. 1050).

II. Buch: Die Verfassung der Städte.

Erstes Kapitel: Die Gemeindevertretung.

§ 41. Begriff und Charakteristik der Gemeinde-Vertretung.

Die bisherige Darstellung hat ergeben, daß sich die Stadtgemeinde aus sämmtlichen Einwohnern des Stadtbezirks zusammensetzt, und daß aus den letzteren ein bevorzugter Theil, die Bürgerschaft, hervortritt, welche, als die eigentliche Trägerin der communalen Selbstverwaltung, an den Gemeindewahlen activ und passiv theilzunehmen berechtigt ist. Diese Gemeindewahlen, welche der Bürgerschaft im Ganzen die einzige Gelegenheit zur gemeinsamen Thätigkeit an der Selbstverwaltung bieten, sind nur dazu bestimmt, das alleinige Organ zu schaffen, durch welches sich der Wille der Stadtgemeinde dem Gemeindevorstande gegenüber kundzugeben vermag. Dieses Organ wird in den sechs östlichen Provinzen, Westfalen, der Rheinprovinz, Schleswig-Holstein und in dem Stadtkreise Frankfurt a. M. als Stadtverordnetenversammlung bezeichnet, dagegen in Neu-Vorpommern und Rügen als bürgerschaftliches Collegium, in Hannover als Bürgervorsteher-Collegium und in den Hohenzollernschen Landen als Bürger-Ausschuß. Die Gemeindevertretung ist demnach die Gesammtheit der durch Wahlen aus der Bürgerschaft berufenen Vertreter der Stadtgemeinde. Sie wird aus dem Grunde mit Recht zu den politischen Körperschaften*) gerechnet, weil sie eine in politischer Beziehung räumlich und persönlich begrenzte Gesammtheit von Unterthanen in Bezug auf die inneren städtischen Angelegenheiten im öffentlichen Leben zu vertreten berufen ist. Die Gemeindevertretung ist aber in keiner Beziehung eine Corporation, da ihr selbst irgendwelche corporative Rechte nicht beigelegt sind; sie ist vielmehr nur ein Collegium von Vertretern der als Corporation anerkannten Stadtgemeinde, ein Collegium von Beauftragten, welches nur zur Wahrnehmung der Rechte und Befugnisse seiner Auftraggeberin, der Gemeinde, gesetzlich bestimmt ist.

Die Gemeindevertretung ist auch als Behörde anzusehen, weil sie staatlich als Organ der städtischen Verfassung anerkannt und als solches mit der Befugniß ausgestattet ist, nicht bloß durch Beschlüsse, sondern selbst durch Controle der Gemeindeverwaltung in Bezug auf die ihr zugewiesenen Gemeindeangelegenheiten öffentlich thätig zu werden. Sie ist überall, wo in den Gesetzen der städtischen Behörden gedacht wird, unter diesem Ausdrncke mitinbegriffen, wie z. B. im § 7, 13 und 63 der Städteordnung vom 30. Mai 1853, welcher sich in Bezug auf den Gemeindevorstand und die Gemeindevertretung des Ausdrucks „Stadtbehörden“ bedient, und ferner im § 59 ibidem, wo diese beiden Körperschaften als „Gemeindebehörden“ bezeichnet werden.

Das Amt, welches die Mitglieder der Gemeindevertretung bekleiden, ist ein Ehrenamt, für welches weder ein Gehalt noch eine Remuneration gewährt wird. Dagegen sind die einzelnen Mitglieder als solche, und selbst der Vorsteher der Gemeindevertretung nicht als öffentliche Beamte anzusehen,

*) Erkennt. des Obertribunals vom 10. Sept. und 19. Dec. 1856 (Goltdammer, Archiv für Preußisches Strafrecht Bd. IV, p. 834 und Bd. V, p. 93).

weil sie keine Amtswirksamkeit nach Außen haben, sondern nur zu einer berathenden und controlirenden Theilnahme an der Gemeindeverwaltung berufen sind, und jedes obrigkeitlichen Charakters entbehren.*) Sie erlangen erst dann die Eigenschaft öffentlicher Beamten, wenn sie zu Mitgliedern städtischer Verwaltungs-Deputationen erwählt werden, wie dies in dem Erkenntnisse des Obertribunals vom 28. Juni 1861 anerkannt ist.

Daraus, daß den Mitgliedern der Gemeindevertretung an sich die Eigenschaft öffentlicher Beamten fehlt, erklärt sich auch die Bestimmung, daß wider dieselben ein Disciplinarverfahren, wie dies in dem § 21 des Zuständigkeitsgesetzes vom 1. Juli 1883 ausdrücklich ausgesprochen ist, nicht stattfinden kann. Die dem Regierungspräsidenten bezw. der Regierung auf Grund des § 48 sub 2 der Verordnung vom 26. December 1808 und des § 11 der Regierungsinstruction vom 23. October 1817**) zustehende Befugniß, die Mitglieder der Gemeindevertretung, insbesondere die Vorsteher und deren Stellvertreter, zur Erfüllung von Dienstobliegenheiten oder zur Unterlassung pflichtwidriger Handlungen durch die gewährten Executivmittel, Geldstrafen bis zu 300 Mark oder Gefängniß bis zu 4 Wochen, anzuhalten, ist ein Ausfluß des staatlichen Oberaufsichtsrechts, dessen Zweck auf die Verhütung gesetz- und rechtswidriger Handlungen und Beschlüsse gerichtet, und welchem die Gemeindevertretung ebenso, wie der Gemeindevorstand, unterworfen ist.***) Die §§ 7 und 8 der vorberegten

---

*) M. R. vom 4. Juli 1841 (M. Bl. p. 210) und M. R. vom 26. Mai 1843 (M. Bl. p. 140).

**) G. S. 1817 p. 248.

***) M. R. vom 6. Juni 1863 (M. Bl. 118) und M. R. vom 29. Juni 1863 (M. Bl. p. 153) und Erkenntniß des Gerichtshofes zur Entscheidung von Competenz-Conflicten vom 12. März 1859 (M. Bl. 1860 p. 94).

Instruction, welche in Gemäßheit des § 6 des Gesetzes über die allgemeine Landesverwaltung vom 30. Juli 1883 aufrecht erhalten sind, legen den Aufsichtsbehörden die Verpflichtung auf, darauf zu sehen und zu halten, daß in Ansehung des gesammten Communalwesens den Gesetzen und Vorschriften überall gehörig nachgelebt werde, während der § 11 ibidem den Aufsichtsbehörden die Ermächtigung ertheilt, in dem ihnen angewiesenen Geschäftskreise ihren Verfügungen nöthigenfalls durch gesetzliche Zwangs- und Strafmittel Nachdruck zu geben, und sie zur Ausführung zu bringen, ohne daß eine Execution zulässig ist.*)

Schließlich ist noch hervorzuheben, daß die Gemeindevertretung nur eine berathende und beschließende Behörde ist, welche ihre Beschlüsse nicht selbst zur Ausführung bringen darf. Es kann diese den Städteordnungen ausdrücklich und wörtlich zu Grunde liegende Bestimmung aber nicht dahin verstanden werden, daß die Gemeindevertretung überhaupt niemals berechtigt ist, zur Ausführung ihrer gesetzmäßig gefaßten Beschlüsse zu schreiten. Es hat mit jener Bestimmung vielmehr nur ein allgemeines Princip hinsichtlich der die städtische Verwaltung betreffenden Beschlüsse der Gemeindevertretung ausgesprochen sein sollen. Denn es giebt sogar gesetzliche Ausnahmen, welche Abweichungen von jenem Principe gestatten. Es braucht hier nur erinnert zu werden an die Befugniß der Gemeindevertretung, die Gemeindeverwaltung zu controliren und auf Grund des Tit. IV des Zuständigkeitsgesetzes vom 1. Aug. 1883 in den dort angegebenen Fällen die Klage im Verwaltungsstreitverfahren zu erheben. Daß hierauf gerichtete Beschlüsse der Gemeindevertretung von dieser selbst auszuführen sind, bedarf wohl nur der Hervorhebung. Es giebt aber auch Fälle, wo die Natur der Sache eine Ab-

*) M. R. vom 29. Juni 1863 (M. Bl. p. 153).

weichung von dem vorberegten Principe nothgedrungen gebietet, wie z. B. dann, wenn die Gemeindevertretung beschließt, sich über die Gemeindeverwaltung, und insbesondere über den Gemeindevorstand bei der Aufsichtsbehörde zu beschweren.*) Daß auch solche Beschlüsse, welche die Handhabung der Geschäftsordnung und die Geschäftsführung in den Sitzungen betreffen, der eigenen Ausführung der Gemeindevertretung unterliegen, wird wohl als selbstverständlich erscheinen.

§ 42. Zusammensetzung der Gemeindevertretung.

I. Die Zahl der Mitglieder der einzelnen Gemeindevertretungen. Die Zahl derselben ist in den Provinzen Schleswig-Holstein und Hannover für jede Stadt nach Verhältniß ihrer Größe und nach dem Umfange der städtischen Verwaltung durch Ortsstatut näher zu bestimmen; sie darf aber in Schleswig-Holstein niemals weniger als sechs und nicht mehr als dreißig,**) dagegen in Hannover nicht weniger als vier und nicht mehr als 24***) betragen.

In den Städten der sechs östlichen Provinzen und der Provinz Westphalen soll zunächst die Zahl der Stadtverordneten dieselbe bleiben, welche vor der Emanation der betreffenden Städteordnungen vom 30. Mai 1853 resp. vom 19. März 1856 für jede einzelne Stadt festgestellt war, und zwar bis dahin, daß durch ortsstatutarische Anordnung, welcher überhaupt in Betreff der Zahl abweichende Festsetzungen vorbehalten sind, eine Abänderung getroffen ist. Im Uebrigen wird hier die Zahl nach der jedesmaligen Größe der städtischen

---

*) M. R. vom 10. Januar 1842 (M. Bl. p. 5).

**) Sch.-H. St. O. § 35.

***) H. St. O. § 81.

Civilbevölkerung beim Mangel ortsstatutarischer Bestimmungen festgestellt:

in Städten von weniger als 2500 Einwohnern auf 12 Mitglieder, welche jedoch in den sechs östlichen Provinzen, und nur in diesen, auf Antrag der Gemeindevertretung mit Genehmigung des Bezirksausschusses unter gewissen Modalitäten bis auf sechs Mitglieder vermindert werden können — cfr. St. O. vom 30. Mai 1853 Tit. VIII § 72 und das weiter unten folgende Cap. III § 68 —

in Städten von 2500 bis 5000 Einwohnern auf 18 Mitglieder,

in Städten von 5001 bis 10 000 Einwohnern auf 24 Mitglieder,

in Städten von 10 001 bis 20 000 Einwohnern auf 30 Mitglieder,

in Städten von 20001 bis 30 000 Einwohnern auf 36 Mitglieder,

in Städten von 30 001 bis 50 000 Einwohnern auf 42 Mitglieder,

in Städten von 50 001 bis 70 000 Einwohnern auf 48 Mitglieder,

in Städten von 70 001 bis 90 000 Einwohnern auf 54 Mitglieder,

ferner in den Westphälischen Städten von 90 001 bis 110 000 Einwohnern auf 60 Mitglieder, welche in noch größeren Städten für jede weiteren 20 000 Einwohner um je 6 Stadtverordnete vermehrt werden;

dagegen in den Städten der 6 östlichen Provinzen von 90 001 bis 120 000 Einwohnern auf 60 Mitglieder, welchen in noch größeren Städten für jede weiteren 50 000 Einwohner je 6 Stadtverordnete hinzutreten.*)

---

*) O. St. O. § 12 und W. St. O. § 12.

In der Rheinprovinz ist dagegen die Stadtverordneten-versammlung zusammengesetzt:

in Städten von weniger als 2500 Einwohnern aus 12 Mitgliedern,

in Städten von 2501 bis 10000 Einwohnern aus 18 Mitgliedern,

in Städten von 10001 bis 30000 Einwohnern aus 24 Mitgliedern,

in Städten von mehr als 30000 Einwohnern aus 30 Mitgliedern.*)

Was die Feststellung sämmtlicher vorberegten Einwohnerzahlen anlangt, so besteht auch hier der in der Preußischen Gesetzgebung constant durchgeführte Grundsatz, daß die servisberechtigten Militärpersonen des activen Dienststandes nicht als Einwohner der Gemeinden und der weiteren Communalverbände betrachtet werden, und demzufolge bei der Feststellung der Kopfzahl, welcher das Resultat der letzten allgemeinen Volkszählung zu Grunde zu legen ist, außer Berechnung bleiben sollen.**) Der durch die Vermehrung der Ortseinwohnerzahl bedingte Uebergang einer Stadt in eine höhere Classe tritt ipso jure ein; es bedarf in dieser Beziehung, wenn es sich in Folge eines solchen Ueberganges um die Erhöhung der Stadtverordnetenzahl handelt, weder eines Antrags an die Aufsichtsbehörde noch einer Genehmigung derselben. Das Gegentheil wird freilich in dem Ministerialrescripte vom 27. April 1828***) angenommen; die dort zum Ausdruck gebrachte Ansicht, daß eine solche Stadt trotz der

*) R. St. O. § 11.

**) M. R. vom 23. Novemb. 1864 (M. Bl. 1865 p. 2), M. R. vom 3. Mai 1866 (M. Bl. p. 137) und das Zuständigkeitsgesetz vom 1. August 1883 § 162.

***) von Kamptz Annal. Bd. XII, p. 421.

entsprechenden Zunahme der Bevölkerung bis zur ertheilten Genehmigung in der bisherigen Classe verbleiben müsse, ist indeß jetzt nicht mehr haltbar, weil die später erlassenen Städteordnungen über die Höhe der Zahl der Stadtverordneten bezw. die Vermehrung derselben positive Gesetzesvorschriften enthalten, und es sich bei dem Eintritte der Voraussetzungen zu solcher Vermehrung nur um die Beachtung und Ausführung der betreffenden gesetzlichen Bestimmungen handelt. Es wird also im gegebenen Falle bei solchem Eintritte der Magistrat, als ausführende Gemeindebehörde, die qu. Vermehrungswahlen ohne Weiteres anzuordnen haben.

II. **Der Bestand der Stadtverordnetenversammlungen in den mehrere Ortschaften umfassenden Stadtgemeinden.** Auf Grund des § 15 der St. O. vom 30. Mai 1853 kann in den 6 östlichen Provinzen für die mehrere Ortschaften umfassenden Stadtgemeinden durch den Bezirksausschuß*) (in Posen durch die Regierung) in Maßgabe des Verhältnisses der Einwohnerzahl angeordnet werden, wie viel Mitglieder zur Stadtverordnetenversammlung aus jeder einzelnen Ortschaft gewählt werden sollen. Die facultative Fassung dieser Bestimmung ist nach einem Ministerialrescripte vom 3. September 1850 dahin zu verstehen, daß es völlig dem Ermessen der zuständigen Behörde überlassen bleibt, ob dieselbe für jede einzelne Ortschaft eine bestimmte Anzahl der daraus zu wählenden Stadtverordneten festsetzen will oder nicht; daß aber in dem Falle, wenn solche Festsetzung beliebt wird, die Repartition auch nur nach dem Verhältnisse der Einwohnerzahl erfolgen darf, ein anderer Vertheilungsmodus dagegen durchaus ausgeschlossen ist. Jene facultative Fassung weist aber auch zugleich darauf hin, daß die Anregung zu solcher Festsetzung von der Stadtgemeinde ausgehen, und die betreffende Regelung in einem

*) Zust. G. vom 1. August 1883 § 12.

der Bestätigung der zuständigen Behörde bedürfenden Ortsstatute erfolgen kann, wie dies auch bei den Berathungen über den Entwurf der Städteordnung noch besonders hervorgehoben worden ist. In dem hier gedachten Falle, welcher durch die Vereinigung früher selbstständig für sich bestandener Gemeindebezirke herbeigeführt wird, kann auf Anordnung des Bezirksausschusses (bezw. der Regierung in Posen) oder in Gemäßheit eines Ortsstatuts eine Ausnahme von der allgemeinen Regel eintreten, daß den stimmberechtigten Gemeindemitgliedern bei der Wahl von Stadtverordneten die freie Auswahl unter sämmtlichen wahlfähigen Bürgern des gesammten Gemeindebezirks freisteht.

III. Die Vertretung der Hausbesitzer in den Gemeindevertretungen. Für alle Preußischen Provinzen mit Ausschluß von Neuvorpommern und Hannover besteht die gesetzliche Bestimmung, daß die Hälfte der von jeder Abtheilung zu wählenden Stadtverordneten aus Hausbesitzern (Eigenthümern, Nießbrauchern und solchen, die ein erbliches Besitzrecht haben) bestehen soll.*) Selbstverständlich braucht die Zahl der Hausbesitzer nicht auf die Hälfte beschränkt zu werden; es wird als durchaus zulässig zu erachten sein, daß selbst die ganze Stadtverordnetenversammlung nur aus Hausbesitzern zusammengesetzt wird, da die vorberegte Bestimmung nur den Zweck hat, die Hälfte als Minimum festzustellen.**) Von solchem Zwecke abweichende Anordnungen können selbst in einem Ortsstatute nicht getroffen werden, weil die Städteordnungen in dieser Beziehung Verschiedenheiten nicht gestatten.***) Der Magistrat hat nun jederzeit für die Ergänzung der erforder-

*) O. St. O. § 16, W. St. O. § 16, R. St. O. § 15, Sch. H. St. O. § 35, Abs. 2.

**) M. R. vom 11. März 1837 (von Kamptz Ann. p. 99).

***) Instruction vom 20. Juni 1853 (M. Bl. p. 138) sub VII.

lichen Anzahl von Hausbesitzern durch die geeigneten Anordnungen Sorge zu tragen. Insbesondere hat der Magistrat in dem Falle, wenn bei den Ergänzungswahlen nicht die genügende Anzahl Hausbesitzer gewählt ist, die Wahl der nicht mit einem Hause angesessenen Stadtverordneten, auf welche bei der Wahl die wenigsten Stimmen gefallen sind, in der erforderlichen Zahl sofort zu cassiren und eine Neuwahl, in welcher die fehlende Anzahl Hausbesitzer zu wählen ist, anzuordnen.

Für Hannover gilt die singuläre Vorschrift, daß es ortsstatutarischer Regelung überlassen bleibt, ob ein Theil und welcher Theil der Bürgervorsteher aus der Mitte der hausbesitzenden bezw. der nicht hausbesitzenden Bürger zu erwählen ist.*)

§ 43. Active und passive Wahlbefähigung.

Die active Wahlberechtigung, also das Recht, die Stadtverordneten zu wählen, steht ausnahmlos allen stimmberechtigten Bürgern und Ehrenbürgern, dagegen den Forensen, juristischen Personen sowie den Actiengesellschaften nur unter der Voraussetzung zu, daß sie in der betreffenden Stadt seit einem Jahre mehr als einer der drei höchstbesteuerten Einwohner sowohl an directen Staats- als an Gemeindeabgaben entrichtet haben.

Dagegen sind zu Stadtverordneten wählbar nur die stimmberechtigten Bürger und Ehrenbürger. Als ein Erforderniß der Wählbarkeit ist die Schreibens- und Lesenskundigkeit nicht zu erachten, und ist in Bezug hierauf schon in dem Ministerialrescripte vom 14. März 1809 der Grundsatz ausgesprochen, daß in den kleinen Städten, in denen nicht die

---

*) H. St. O. § 85, Abs. 4.

erforderliche Anzahl des Schreibens und Lesens kundiger stimmfähiger Bürger vorhanden ist, auch darin unerfahrene Individuen zu Stadtverordneten gewählt werden können, weil überhaupt diese Kenntnisse nicht durchaus erforderlich sind. Auch die Confession macht nach der heutigen Gesetzgebung hinsichtlich der Wählbarkeit keinen Unterschied mehr. Insbesondere können auch Juden Stadtverordnete sein. Bereits in dem Landesgesetze über die Verhältnisse der Juden vom 23. Juli 1847 Tit. I § 2 (G. S. p. 263) ist der Grundsatz zur Anerkennung gekommen, daß ein Jude zu einem unmittelbaren oder mittelbaren Staatsamte sowie zu einem Communalamte nur dann, wenn damit die Ausübung einer richterlichen, polizeilichen oder executiven Gewalt nicht verbunden ist, zugelassen werden könne, und daß die Juden außerdem allgemein von der Leitung und Beaufsichtigung christlicher Cultus- und Unterrichtsangelegenheiten ausgeschlossen bleiben sollen. Es bestimmt sodann das Reichsgesetz vom 3. Juli 1869 (R. G. Bl. p. 292), daß alle in den deutschen Staaten noch bestehenden, aus der Verschiedenheit des religiösen Bekenntnisses hergeleiteten Beschränkungen der bürgerlichen und staatsbürgerlichen Rechte aufgehoben werden, und daß insbesondere die Befähigung zur Theilnahme an der Gemeinde- und Landesvertretung sowie zur Bekleidung öffentlicher Aemter vom religiösen Bekenntnisse unabhängig sein solle.

Dagegen können folgende Categorien von Personen nicht zu Stadtverordneten gewählt werden:

I. Diejenigen Beamten und Mitglieder derjenigen Behörden, durch welche die Aufsicht des Staats über die Städte ausgeübt wird. Dazu gehören der Regierungspräsident bezw. die Mitglieder der Regierung, als Aufsichtsbehörde, ferner der Oberpräsident, der Minister des Innern sowie die Mitglieder des Bezirksausschusses und des Provinzialraths; auch der Landrath aus dem Grunde, weil der Regierungspräsident bezw. die Regierung demselben, als ihrem ständigen Commissar, eine Mitwirkung bei Ausübung des Oberaufsichtsrechts über die Städte jederzeit übertragen kann, und weil insbesondere alle Städte, welche keinen eigenen Kreis bilden, der landräthlichen Polizeiaufsicht unterworfen sind. Dagegen gehören die Bureaubeamten der vorgenannten Aufsichtsbehörden nicht hierher; sie sind vielmehr wählbar, wie dies bei den Berathungen über den Gesetzentwurf der Städteordnung vom 30. Mai 1853 in Folge der gegen die Fassung des Gesetzes erhobenen Bedenken ausdrücklich ausgesprochen worden ist.

II. **Die Mitglieder des Magistrats und alle besoldeten Gemeindebeamten** in den 6 östlichen Provinzen, Westphalen und Schleswig-Holstein (alle Gemeindebeamten mit Ausschluß der Beigeordneten in der Rheinprovinz). Eine Abweichung hiervon besteht nur für die Städte von weniger als 2500 Einwohner, für welche eine Gemeindeverwaltung ohne collegialischen Gemeindevorstand eingerichtet ist, indem hier der Bürgermeister selbst den Vorsitz in der Stadtverordnetenversammlung mit Stimmrecht führt, und die Schöffen zugleich als Stadtverordnete wählbar sind.

Was die besoldeten Gemeindebeamten anlangt, so gehören dazu alle städtischen Subaltern- und Unterbeamten, welche nicht im Magistratscollegium Sitz und Stimme haben, sondern von dem Magistrate zum Dienste der Stadt angenommen und rücksichtlich der Ausübung ihrer Functionen dem Magistrate unterstellt sind.*) Namentlich gehören auch zur Categorie der Unterbeamten folgende Personen:

a. Die Amtleute und Förster auf den Cämmereigütern, ferner die Aufseher über gewerbliche Anlagen, welche

---

*) M. R. vom 25. März 1840 (M. Bl. p. 173) und Erkenntniß des Gerichtshofs zur Entscheidung der Competenzconflicte v. 23. Juni 1858 (cfr. J. M. Bl. p. 261).

Stadteigenthum sind. (M. R. vom 8. November 1809).

b. Die städtischen Sparkassen-Rendanten (M. R. vom 7. August 1835).

c. Die Gemeinde-Einnehmer, wenn sie nicht Mitglieder des Magistrats sind (M. R. vom 23. Juni 1836).

d. Die Controleure und Assistenten bei den Cämmereikassen (M. R. vom 21. Juli 1837).

e. Die Armenärzte und die für Krankenhäuser pp. angestellten städtischen Medizinalpersonen (M. R. vom 23. Juli 1838 und vom 25. März 1840).

f. Die Stiftsprovisoren (M. R. vom 23. September 1839).

g. Die städtischen Hospital-Rendanten (M. R. vom 15. Januar 1840).

h. Die mit der Erhebung der fiscalischen Gefälle beauftragten Ortssteuerempfänger (M. R. vom 31. Dec. 1847).

i. Die Feldhüter, auch wenn deren Besoldung nicht aus der Cämmereikasse, sondern von den Ackerbesitzern aufgebracht wird (M. R. vom 17. April 1852).

k. Die mit Genehmigung des Regierungspräsidenten von dem Magistrate angestellten besonderen Standesbeamten und deren Stellvertreter (Ges. v. 6. Februar 1875 § 4).

Dagegen gehören nicht zu den Unterbeamten die Raths-, Zimmer- und Maurermeister (M. R. vom 23. September 1823) und die Lehrer an den städtischen Gymnasien und Elementarschulen (M. R. vom 23. April 1864). In Betreff der Gymnasiallehrer, welche zu Stadtverordneten gewählt werden können, ist jedoch der Eintritt in die Stadtverordnetenversammlung von der Genehmigung des Provinzial-Schulcollegium, als Aufsichtsbehörde, abhängig. Dieselbe kann ihre Genehmigung verweigern bezw. eine bereits ertheilte jederzeit zurückziehen, wenn sich in Folge der Theilnahme eines Lehrers an den Geschäften der Stadtverordnetenversammlung irgend welche Unzuträglichkeiten ergeben.*)

III. **Geistliche, Kirchendiener und Elementarlehrer.** Die Begriffe derselben sind bereits oben im § 35 festgestellt. Hier ist noch besonders hervorzuheben, daß der Ministerialbescheid vom 14. December 1874**) die Kirchenvorsteher aus dem Grunde als wählbar erklärt hat, weil unter Kirchendiener in dem hier vorliegenden Sinne dieselben Personen zu verstehen sind, deren Diensteinkommen eine Immunität von städtischen Auflagen genießen sollen, und die Kirchenvorsteher zu der Categorie besoldeter Kirchendiener nicht gehören.

Was die Elementarlehrer anlangt, so ist für den Begriff derselben nicht die seminaristische oder academische Ausbildung des Lehrers, sondern nur der Character der Schule, an welcher sie angestellt sind, allein maßgebend. Ein an einer Volksschule angestellter Theologe oder Philologe ist deshalb Elementarlehrer im Sinne der Städteordnungen, dagegen nicht ein nur seminaristisch gebildeter Lehrer an einer Gymnasial-Vorschule oder an solchen Schulen, welche, wie die Mittelschulen, höheren Töchterschulen pp., über den Rahmen der Volksschulen hinausreichen.***) Solche letztberegten Lehrer sind demzufolge als Stadtverordnete wählbar, bedürfen aber zur Uebernahme des Amtes der Genehmigung ihrer Aufsichtsbehörde.

IV. **Die richterlichen Beamten**, zu denen jedoch in den 6 östlichen Provinzen, Westphalen und Schleswig-Holstein die technischen Mitglieder der Handels-, Gewerbe- und ähnlicher Gerichte, und in der Rheinprovinz sämmtliche Mitglieder der Handels- und Gewerbegerichte und die Ergänzungs-Friedensrichter nicht zu rechnen sind. Zu diesen richterlichen

---

*) M. R. vom 23. April 1864 (M. Bl. p. 138).

**) M. Bl. 1875 p. 6.

***) M. Bl. 1882 p. 31 und 1878 p. 36.

Beamten gehören nur die zum eigentlichen Rechtsprechen berufenen Personen, dagegen nicht die bei den Gerichten angestellten Bureaubeamten, und nicht die Rechtsanwälte und Notare. Die Letzteren, sowohl die Rechtsanwälte als die Notare, bedürfen zur Annahme der Wahl der Genehmigung ihrer vorgesetzten Dienstbehörde, wie dies in dem Erkenntnisse des Obertribunals vom 10. Februar 1865 (M. Bl. p. 82) näher dargelegt ist, ebenso wie auch alle Staatsbeamte ohne Ausnahme zur Einholung solcher Genehmigung, welche jederzeit zurückgenommen werden kann, verpflichtet sind.*)

V. Die Beamten der Staatsanwaltschaft.

VI. Die Polizeibeamten.

VII. Die servisberechtigten Militärpersonen des activen Dienststandes. Diese Personen können aus dem Grunde, weil sie nicht als Einwohner gelten und deshalb nicht das allgemeine Bürger- und Gemeindewahlrecht erlangen, zu Stadtverordneten nicht gewählt werden, abgesehen jedoch von dem Falle, wenn ihnen das städtische Ehrenbürgerrecht verliehen worden ist. In letzterem Falle bedürfen sie zur Annahme einer etwaigen Wahl in die Gemeindevertretung auf Grund des § 47 des Reichsmilitairgesetzes vom 2. Mai 1874 (R. G. Bl. p. 58) der Genehmigung ihrer Dienstvorgesetzten.

VIII. Vater und Sohn, sowie Brüder dürfen nicht zugleich Mitglieder der Stadtverordnetenversammlung sein. Sind sie gleichzeitig gewählt, so wird nur der ältere derselben zugelassen. Auch dürfen Vater und Sohn, Schwiegervater und Schwiegersohn sowie Brüder nicht zugleich Mitglieder des Magistrats und der Stadtverordnetenversammlung sein. Bei einer solchen Concurrenz bleibt der zuletzt Erwählte von dem Amte eines Stadtverordneten ausgeschlossen.

---

*) M. B. vom 2. März 1851 (M. Bl. p. 38) und M. R. vom 23. April 1864 (M. Bl. p. 138).

Alle vorstehenden Bestimmungen gelten für sämmtliche Provinzen der Monarchie, jedoch mit Ausschluß von Hannover. Die dortige Städteordnung bestimmt nämlich abweichend im § 85, daß nur stimmfähige Bürger zu Bürgervorstehern wählbar sind, und daß das Amt derselben mit demjenigen eines Dienstuntergebenen des Magistrats nicht vereinbar ist, sowie ferner im § 31, daß nachstehende Categorien:

a. Königliche Civil- und Hofdiener
b. Militairpersonen im Dienste
c. Geistliche und Schullehrer
d. Aerzte, Wundärzte und Apotheker

die Uebernahme städtischer Ehrenämter, also auch dasjenige eines Bürgervorstehers, abzulehnen berechtigt sind.

§ 44. Wahlperiode.

I. Dauer der Wahlperiode. Die Zusammensetzung der Stadtverordnetenversammlung geht aus den Wahlen hervor, und zwar aus den regelmäßig alle zwei Jahre im November stattfindenden Ergänzungswahlen oder den im Bedürfnißfalle in Folge des Ausscheidens eines bereits gewählten Stadtverordneten anzuordnenden Ersatzwahlen. Die Wahl derselben erfolgt durch die Ergänzungswahlen auf sechs Jahre. Die Wahlperiode beginnt dann mit dem auf solche Wahlen folgenden 1. Januar, und auch selbst dann, wenn sich zufällig aus irgend einem Grunde die regelmäßige Wahl vom November bis in das nächstfolgende Jahr hinzieht, und dadurch die Wahl einzelner Stadtverordneten erst in dem Jahre perfect wird, welches das erste ihrer sechsjährigen Amtsdauer ist.*) Die Wahlperiode endigt mit dem Ablaufe des auf jenen 1. Januar folgenden sechsten Amtsjahres.

---

*) M. R. vom 23. Februar 1861 (M. Bl. p. 65).

Anders verhält sich die Sache im Falle der Ersatzwahlen, wenn ein bereits gewählter Stadtverordneter innerhalb der Wahlperiode ausscheidet, und sich dadurch eine Ersatzwahl vernothwendigt. In diesem Falle beginnt die Wahlperiode sofort nach stattgehabter Wahl und endigt mit dem Ablaufe derjenigen sechs Jahre, für welche der ausgeschiedene Stadtverordnete gewählt war.*)

Nur für Hannover besteht die in einer Beziehung abweichende Bestimmung, daß die Bürgervorsteher dort, wo die Zahl derselben nicht durch drei theilbar ist, ausnahmsweise nur auf vier Jahre gewählt werden.**)

II. **Modus des Verfahrens bei Ergänzungswahlen.** Es scheidet alle zwei Jahre aus der Stadtverordnetenversammlung ein Dritttheil der Mitglieder aus, und wird diese Lücke durch die regelmäßigen Ergänzungswahlen gedeckt. Die nach der Emanation der Städteordnungen das erste und das zweite Mal ausgeschiedenen Stadtverordneten sind für jede Abtheilung durch das Loos bestimmt worden. Dadurch hat sich für die Folge der Turnus der jedesmaligen Ergänzungswahlen in jeder einzelnen Stadt festgestellt. Die ausgeschiedenen Stadtverordneten sind stets wiederwählbar, jedoch mit der Beschränkung, daß zunächst der Bestimmung über die genügende Anzahl von Hausbesitzern, welche in der Stadtverordnetenversammlung zu vertreten sind, genügt ist.

Nur in Schleswig-Holstein scheidet alljährlich ein Sechstheil der Stadtverordneten aus.***) In Hannover wird gleichfalls alle zwei Jahre ein Dritttheil, und nur in dem Falle,

---

*) O. St. O. § 21, Absatz 2; W. St. O. § 21; R. St. O. § 20, Sch. H. St. O. § 36.

**) H. St. O. § 87 Abs. 1.

***) Sch. H. St. O. § 36.

wenn die Dienstzeit der Bürgervorsteher eine vierjährige ist, alljährlich ein Viertel derselben ergänzt.*)

III. Einfluß des Verlustes bezw. der Suspension des Bürgerrechts eines Stadtverordneten auf dessen Wahlperiode. Der Verlust des Bürgerrechts und die Ausschließung davon auf Zeit hat die Folge, daß der dadurch betroffene Stadtverordnete völlig aus der Stadtverordnetenversammlung ausscheidet und erst durch eine Wiederwahl in dieselbe wieder eintreten kann, während im Falle der Suspension der dadurch betroffene Stadtverordnete sich während der Suspensionszeit aller Funktionen seines Amtes enthalten muß, dagegen nach Beendigung jener Zeit ohne zuvorige Wiederwahl seine Thätigkeit als Stadtverordneter in vollem Umfange wieder aufzunehmen berechtigt ist. — cfr. oben § 26. —

Die vorerwähnten Ergänzungs- und Ersatzwahlen sind durch dieselben Wahlabtheilungen bezw. Wahlbezirke zu beschaffen, von denen die ausgeschiedenen Stadtverordneten gewählt worden sind.

§ 45. Wahlabtheilungen und Wahlbezirke.

I. Beim Bestande der Abtheilungen aus 500 oder weniger Wählern. Zum Zwecke der Wahl der Stadtverordneten werden die stimmfähigen Bürger in drei Wahlabtheilungen getheilt, und zwar in Maßgabe der von ihnen zu entrichtenden öffentlichen Abgaben bezw. ihres Einkommens. Es werden nämlich der desfallsigen Berechnung zu Grunde gelegt:

a. in den sechs östlichen Provinzen die directen Gemeinde-, Kreis-, Bezirks-, Provinzial- und Staatsabgaben, oder in den früher mahl- und schlachtsteuerpflichtigen Städten

---

†) H. St. O. § 87.

jener Provinzen auf Grund eines desfallsigen Beschlusses der Stadtbehörden das Einkommen der Wähler;

b. in Westphalen nur die directen Staatssteuern (Grund-, Einkommen-, Klassen- und Gewerbesteuer) und die Gemeindesteuern;

c. in der Rheinprovinz nur die vorberegten directen Staatssteuern.

Ueberall werden jedoch diejenigen Steuern, welche für Grundbesitz oder Gewerbebetrieb in einer anderen Gemeinde entrichtet werden, ferner die Steuern für die im Umherziehen betriebenen Gewerbe, sowie die Gemeindedienste nicht mitgerechnet.

Die in den neuen Preußischen Verwaltungsgesetzen von M. von Brauchitsch Bd. III pag. 20 in der Anmerkung zu § 13 vertretene Ansicht, daß der dritte Satz des § 13 der Städteordnung vom 30. Mai 1853 Abs. 1 gegenstandslos geworden ist, kann als richtig nicht anerkannt werden, da nach wie vor trotz der Aufhebung der Mahl- und Schlachtsteuer in den früher mahl- und schlachtsteuerpflichtigen Städten der sechs östlichen Provinzen die dort eingeführte Bildung der Wahlabtheilungen in Maßgabe des Einkommens der Wähler bei Bestand geblieben ist, und nach wie vor die Stadtbehörden befugt sind, auch ferner solche Bildung nach der bezielten Maßgabe zu bewirken. Nur der zweite Satz ibidem ist deshalb gegenstandslos geworden, weil er nicht blos das Bestehen der Mahl- und Schlachtsteuer, sondern auch die Nichtheranziehung der Wähler zur Staatseinkommensteuer, vielmehr statt dessen die Einschätzung nach den Grundsätzen der Klassensteuerveranlagung voraussetzt, und weil diese letztere Bestimmung durch das Gesetz über die Aufhebung der Mahl- und Schlachtsteuer vom 25. Mai 1873 (G. S. p. 222) außer Kraft gesetzt, und überall die Klassensteuer eingeführt worden ist.

Daß in dem Falle, wenn die Bildung der drei Abtheilungen nach Maßgabe des Einkommens der stimmfähigen Bürger erfolgt, die directen Steuern außer Betracht bleiben, bedarf wohl nur der bloßen Erwähnung.

Was nun die Bildung der einzelnen Abtheilungen selbst anlangt, so gelten folgende Bestimmungen:

Es wird zunächst die Höhe der von den Wählern zu entrichtenden Steuern bezw. die Größe ihres Einkommens festgestellt. Demnächst werden die Namen sämmtlicher Wähler in einer nach der Höhe der Steuern bezw. der Größe ihres Einkommens geordneten Reihenfolge in ein Verzeichniß eingetragen, wobei in dem Falle, wenn mehrere einen gleichen Betrag von Steuern entrichten oder ein gleich hohes Einkommen beziehen, diese nach der alphabetischen Folge ihrer Familiennamen rangirt werden. Daraufhin wird die Gesammtsumme der Steuern bezw. des Einkommens der eingetragenen Wähler durch Addition festgestellt. Es folgt dann die Bildung der Wahlabtheilungen selbst, und zwar in folgender Weise:

Die erste Abtheilung besteht aus denjenigen Wählern, auf welche die höchsten Beträge der Steuern bezw. des Einkommens bis zum Belaufe eines Drittels des Gesammtbetrags fallen, wobei in dem Falle derjenige Wähler, dessen Steuerbetrag oder Einkommen nur theilweise in dies erste Drittel hineinreicht, der ersten Abtheilung, welcher außerdem auch die Ehrenbürger, sowie die etwa stimmberechtigten Forensen, juristischen Personen und Actiengesellschaften hinzuzufügen sind, zugetheilt wird. Die zweite Abtheilung wird sodann gebildet aus den übrigen Wählern, auf welche die höchsten Steuer- bezw. Einkommensbeträge bis zum Belaufe des zweiten Drittheils der Gesammtsteuer bezw. des Gesammteinkommens entfallen, und wird auch hierbei Derjenige, dessen Steuerbetrag oder Einkommen nur theilweise in dies zweite Drittel hineinreicht, der zweiten Abtheilung hinzugezählt. Alle danach übrig bleibenden Wähler bilden schließlich die dritte Abtheilung. Ergiebt sich bei solcher Eintheilung, daß mehrere einen gleich hohen Steuerbetrag zahlen oder ein gleich hohes Einkommen besitzen, und handelt es sich dabei um die Frage, wer von denselben noch der höheren Abtheilung zuzutheilen ist, so wird die Reihenfolge, nach welcher sie solche Zutheilung beanspruchen können, zunächst durch die alphabethische Ordnung ihrer Familiennamen bestimmt und event., wenn auch dabei mehrere gleichen Namens concurriren, durch das Loos in der event. durch das Ortsstatut zu regelnden Weise entschieden. Zu beachten ist bei solchem Verfahren der Grundsatz, daß kein Wähler zweien Abtheilungen zugleich angehören darf.

Jede Abtheilung wählt dann für sich ein Drittel der Stadtverordneten, ohne dabei an die Wähler der Abtheilung und der Wahlbezirke, welche bei dem Bestande einer Abtheilung aus mehr als 500 Wählern gebildet werden können, gebunden zu sein. Denn es besteht der Grundsatz, daß den Wählern, selbstverständlich abgesehen von der Beschränkung, daß mindestens die Hälfte der zu wählenden Stadtverordneten aus Hausbesitzern bestehen muß, die freie Wahl unter sämmtlichen stimmfähigen Bürgern derselben Gemeinde zusteht. Es wird in dieser Beziehung nur die eine Ausnahme gestattet, wenn für die mehrere Ortschaften umfassenden Stadtgemeinden auf Anordnung des Bezirksausschusses oder durch ein Ortsstatut die Zahl der aus jeder einzelnen Ortschaft zu wählenden Stadtverordneten festgestellt wird. Ist nun die Zahl der zu wählenden Stadtverordneten nicht durch drei theilbar, so ist in dem Falle, wenn nur Einer übrig bleibt, dieser von der zweiten Abtheilung, und in dem Falle, wenn zwei übrig bleiben, der eine von der ersten und der andere von der dritten Abtheilung zu wählen. Diese in den Städteordnungen gegebene Bestimmung bezieht sich indeß nur auf die erste zu constituirende Stadtverordnetenversammlung, dagegen nicht auf die späteren Ergänzungswahlen, wie dies auch in einem Erlasse des Oberpräsidenten der Provinz Preußen vom 25. Januar 1865 in einem zur Entscheidung gekommenen Streitfalle anerkannt ist.

Hiervon abweichende Bestimmungen bestehen für Schleswig-Holstein und Hannover insofern, als dort zum Zwecke der Wahlen ihrer Gemeindevertretungen Abtheilungen der Bürgerschaft mit Rücksicht auf Steuern und Einkommen überhaupt nicht gebildet werden. In Schleswig-Holstein kann die Wahl der Stadtverordneten in gesonderten Wahlbezirken in der Art vorgenommen werden, daß jeder Bezirk eine bestimmte Anzahl von Stadtverordneten selbstständig zu wählen hat, oder daß nur die Abstimmung bezirksweise erfolgt, jeder Stadtverordnete aber aus der gesammten Bürgerschaft zu wählen bleibt, und sind die desfallsigen Bestimmungen sowie die näheren Festsetzungen über die Abgrenzung der Wahlbezirke bezw. die Zahl der in einem jeden derselben zu wählenden Stadtverordneten der ortsstatutarischen Regelung vorbehalten.*) In Hannover dagegen wird behufs der Wahlen der Bürgervorsteher die Stadt in eine angemessene Zahl von Bezirken getheilt, und bleibt es den Ortsstatuten überlassen, Ausnahmen davon festzustellen.**)

II. **Beim Bestande der Abtheilungen aus mehr als 500 Wählern.** In solchem Fälle kann in den sechs östlichen Provinzen, in Westphalen und in der Rheinprovinz durch den Magistrat aus den Wählern der betreffenden Abtheilung mehrere Wahlbezirke ausschließlich zum Zwecke der Vornahme der Wahlen gebildet werden. Die Festsetzung der Anzahl und der Grenzen der Wahlbezirke, sowie der Anzahl der von jedem

---

*) Sch. H. St. O. § 39.

**) H. St. O. § 82.

Wahlbezirke zu wählenden Stadtverordneten erfolgt nach Maßgabe der Zahl der stimmfähigen Bürger durch den Magistrat. Bei solcher Wahlbezirkseintheilung sind die Wähler der einzelnen Bezirke nicht an die Wähler des Bezirks gebunden, es steht ihnen vielmehr die freie Auswahl unter sämmtlichen stimmfähigen Bürgern ohne Beschränkung auf die einzelnen Bezirke und Wahlabtheilungen zu. Ist die Zahl der Hausbesitzer, welche in derselben Abtheilung durch die Wahlbezirke zu wählen sind, nicht durch die Zahl der Wahlbezirke theilbar, so wird die Vertheilung auf die einzelnen Wahlbezirke in der auch ortsstatutarisch zu regelnden Weise durch das Loos bestimmt.*) Es wird auch darauf Rücksicht zu nehmen sein, daß die Anzahl der von jedem Wahlbezirke überhaupt zu wählenden Stadtverordneten möglichst durch die Zahl drei theilbar ist, um den Zweck zu erreichen, daß jeder Wahlbezirk regelmäßig alle zwei Jahre an den Ergänzungswahlen Theil nimmt.

III. Bei der Zusammensetzung einer Stadtgemeinde aus mehreren Ortschaften. Auch in diesem Falle kann die Gemeinde in Wahlbezirke eingetheilt werden. Es kommen dann auf die Bildung derselben die sub II vorgetragenen Grundsätze gleichfalls zur Anwendung, jedoch mit der Modification, daß die stimmberechtigten Mitglieder jeder einzelnen Ortschaft auf Anordnung des Bezirksausschusses oder in Folge einer bezüglichen ortsstatutarischen Bestimmung über die Zahl der aus jeder einzelnen Ortschaft zu wählenden Stadtverordneten hinsichtlich der Wahl auf die stimmfähigen Bürger ihrer betreffenden Ortschaft beschränkt bleiben können, und ihnen in solchem Falle die Auswahl unter sämmtlichen Mitgliedern der Gesammtgemeinde nicht gestattet wird.**)

---

*) O. St. O. § 22.

**) O. St. O. § 14 und 15, W. St. O. § 14 und 15, R. St. O. § 13 und 14.

§ 46. Wahlzeiten.

O. St. O. § 21, W. St. O. § 21, R. St. O. § 20, Sch. H. St. O. § 41.

I. **Ergänzungswahlen.** Die Wahlen zur regelmäßigen Ergänzung der Stadtverordnetenversammlungen sollen in den 6 östlichen Provinzen, in Westphalen und der Rheinprovinz alle zwei Jahre, in Schleswig-Holstein alljährlich im November stattfinden, wenn nicht etwa durch ortsstatutarische Anordnung eine andere Wahlzeit bestimmt ist. In Hannover wird die Zeit solcher Wahlen nur durch das Ortsstatut festgestellt.*)

II. **Ersatzwahlen.** Außergewöhnliche Wahlen zum Ersatze der innerhalb der Wahlperiode ausscheidenden Mitglieder sind dagegen nur dann anzuordnen, wenn die Stadtverordnetenversammlung oder der Magistrat oder der Bezirksausschuß in den Kreisordnungsprovinzen**) bezw. die Regierung in Posen, Schleswig-Holstein und in der Rheinprovinz es für erforderlich erachten. Es ist also nicht unbedingt nöthig, bei jedem Abgange eines Stadtverordneten sofort eine Ersatzwahl anzusetzen. Nur in einem Falle ist die sofortige Anordnung einer solchen Wahl unerläßlich, und zwar dann, wenn ein ausgeschiedenes Mitglied der Stadtverordnetenversammlung Hausbesitzer war und bei seinem Ausscheiden die Hälfte der Stadtverordneten nicht mehr aus Hausbesitzern bestehen würde, weil der Magistrat die gesetzliche Bestimmung, jederzeit für die Ergänzung der erforderlichen Anzahl von Hausbesitzern Sorge zu tragen, nicht unbeachtet lassen darf.

§ 47. Wahlvorbereitungen.

I. **Führung und Berichtigung der Wählerliste.** Zum Zwecke der Wahlen wird fortlaufend von dem Magistrate eine

*) H. St. O. § 87.

**) Zust. G. vom 1. August 1883 § 12.

Wählerliste geführt, welche die erforderlichen Eigenschaften der stimmfähigen Bürger nachweist. Diese Liste, welche alljährlich in der Zeit vom 1. bis 15. Juli zu berichtigen und nach den drei Wahlabtheilungen und event. nach den etwa gebildeten Wahlbezirken einzutheilen ist, muß durch Einrichtung bezw. Ausfüllung zweckentsprechender Colonnen so angelegt und so geführt werden, daß daraus zu ersehen ist, ob und inwiefern bei jedem einzelnen Wähler die das Wahlrecht bedingenden Voraussetzungen, wie solche oben in § 25 zur Darstellung gebracht sind, zutreffen.

II. **Offenlegung der Wählerliste.** Dieselbe ist nach geschehener Berichtigung alljährlich während der Zeit vom 15. bis 30. Juli in einem oder mehreren Localen, welche durch öffentliche Bekanntmachung seitens des Magistrats zuvor bestimmt werden, in der Stadtgemeinde offen zu legen. Jedem Mitgliede der Stadtgemeinde, also jedem Einwohner der Stadt mit Ausschluß der servisberechtigten Militairpersonen des activen Dienststandes, steht es frei, während der vorberegten Offenlegungsfrist die Liste einzusehen.

III. **Einspruchsverfahren.** Jedem Mitgliede der Stadtgemeinde steht das Recht zu, gegen die Richtigkeit der Wählerliste während der Dauer der Offenlegung der letzteren bei dem Magistrate Einspruch zu erheben.*) Die Entscheidung darüber competirt der Stadtverordnetenversammlung, welche bis zum 15. August ihren desfallsigen Beschluß fassen muß. Dieser Beschluß bedarf keiner Zustimmung des Magistrats. Handelt es sich um die Ausstreichung des Namens eines einmal in die Liste aufgenommenen Einwohners, so muß dies dem Auszustreichenden acht Tage vorher unter Angabe der Gründe seitens des Magistrats mitgetheilt, und muß er im Falle des Einspruchs zunächst gehört werden, bevor die

*) Zust. G. vom 1. August 1883 § 10.

Entscheidung der Stadtverordnetenversammlung eingeholt wird. Die zu dem Zwecke zu erlassende Verfügung ist an die betreffende Person, deren Namen gestrichen werden soll, speciell zu richten, da in Maßgabe des Ministerialrescripts vom 23. November 1869 (M. Bl. p. 279) generelle, die eventuelle Streichung androhende Bekanntmachungen nicht als genügend anzusehen sind.

Hinsichtlich des hier zulässigen Rechtsmittels ist zu bemeiken, daß der Beschluß der Stadtverordnetenversammlung durch eine Klage, welche nicht bloß dem betheiligten Einwohner, sondern auch dem Gemeindevorstande zusteht, im Verwaltungsstreitverfahren beim Bezirksausschusse binnen einer präclusivischen Frist von zwei Wochen angefochten werden kann. Die Klage hat keine aufschiebende Wirkung, jedoch dürfen vor ergangener rechtskräftiger Entscheidung Ersatzwahlen nicht vorgenommen werden.*) In denjenigen Provinzen, in welchen die Kreis- und Provinzialordnung noch nicht in Kraft getreten ist, regelt sich das Einspruchsverfahren in Gemäßheit des § 20 der Städteordnung.

IV. Ladung der Wähler. Vierzehn Tage vor der Wahl werden die in der Liste verzeichneten Wähler durch den Gemeindevorstand zu den Wahlen mittelst schriftlicher Einladung oder mittelst Bekanntmachung, für deren Publicationsform die Ortsüblichkeit eines jeden Ortes maßgebend ist, berufen. Die Einladung oder Bekanntmachung muß das Local, wozu auch unter Umständen die Räume der Kirche benutzt werden können,*) ferner die Tage und die Stunden, in welchen die Stimmen bei dem Wahlvorstande abzugeben sind, genau bestimmen. Es ist jedoch unstatthaft, den Wählern für den Fall des Nicht-

---

*) Zust. G. vom 1. August 1883 § 11.

**) M. R. vom 10. Juli 1828 (von Kamptz Annal. Bd. XII, p. 1029).

erscheinens im Wahltermine irgend welche Strafe anzudrohen.*)

V. Bildung des Wahlvorstandes. Die Leitung der Wahl wird einem Wahlvorstande übertragen, welcher aus dem Bürgermeister oder einem von dem Letzteren ernannten Stellvertreter, als Vorsitzenden, und aus zwei von der Stadtverordnetenversammlung gewählten Beisitzern zusammengesetzt wird. Für den Fall der Behinderung der Beisitzer treten deren Stellvertreter ein, welche gleichfalls für je einen Beisitzer von der Stadtverordnetenversammlung ernannt werden. Während die Städteordnung von 1808 ganz specielle Vorschriften über die Functionen des Wahlvorstandes enthielt, und ebenso, wie die revidirte Städteordnung von 1831, dem Wahlvorstande die Ueberwachung der Legalität und Ordnungsmäßigkeit der Wahlhandlung zur Pflicht machte, ist dieser Punkt in den neueren Städteordnungen gar nicht berührt worden. Es wird deshalb keine Bedenken haben, wenn der Vorsitzende des Wahlvorstandes das Recht der Geschäftsleitung, namentlich die Geschäftsvertheilung z. B. die Bestimmung des Protocollführers, des Stimmzählers und dergleichen für sich in Anspruch nimmt. Dagegen wird der Wahlvorstand in allen sachlichen Beziehungen, welche die Wahlhandlung betreffen, event. durch Abstimmung zu entscheiden haben.

VI. Kirchliche Hinweisung auf die Wahl. Vor den im November stattfindenden Ergänzungswahlen ist in den 6 östlichen Provinzen die Geistlichkeit von Seiten des Gemeindevorstandes zu ersuchen, bei dem den Wahlen zunächst vorhergehenden wöchentlichen Hauptgottesdienste auf die Wichtigkeit der Wahlen hinzuweisen. Die Geistlichen sind freilich nicht verpflichtet, einem solchen Ersuchen Folge zu geben; es ist aber bei der Plenarberathung der II. Kammer über die Städte-

---

*) M. R. vom 6. Sept. 1838 (von Kamptz Ann. p. 677).

ordnung vom 30. Mai 1853 durch den Minister der geistlichen Angelegenheiten dem Wunsche Ausdruck gegeben, daß zur Bethätigung des großen Antheils, welchen die Regierung an diesen Wahlen nehme, ihnen eine Ermahnung von kirchlicher Seite vorangehe. Unterbleibt übrigens aus irgend einem Grunde die kirchliche Hinweisung, so wird dadurch die Wahl nicht ungültig.*) Daß die Theilnahme der Wähler an der kirchlichen Feier nicht als Bedingung der Ausübung des Wahlrechts gestellt werden kann, ist in dem Ministerialrescripte vom 12. Mai 1848 (M. Bl. p. 148) anerkannt.

Die sub I—V beregten Vorbereitungen sind in den 6 östlichen Provinzen, Westphalen, Rheinprovinz und Schleswig-Holstein zu beobachten. In Hannover findet auch das sub III beregte Einspruchsverfahren statt. Im Uebrigen bestehen dort folgende Abweichungen: Die Wählerliste wird nur 8 Tage lang vor dem Wahltermine ausgelegt. Die Wahl erfolgt unter Leitung eines Magistratsmitgliedes, welches zwei Bürgervorsteher oder sonstige stimmfähige Bürger als Gehülfen zuzuziehen hat. Der Wahltermin wird öffentlich bekannt gemacht. Ob eine besondere Ladung erforderlich ist, bestimmt das Ortsstatut.**)

Schließlich ist noch hervorzuheben, daß sämmtliche in diesem § beregten Termine durch statutarische Anordnungen abgeändert werden können.

§ 48. Wahlverfahren.

O. St. O. § 25—27, W. St. O. § 25—27, R. St. O. § 24—26, Sch. H. St. O. § 44 und 45.

I. Reihenfolge der Abtheilungswahlen. In denjenigen Provinzen, in welchen die Bürgerschaft zum Zwecke der Wahlen

*) O. St. O. vom 30. Mai 1853 § 27.

**) H. St. O. § 90 und 91.

in 3 Abtheilungen eingetheilt wird, also in den 6 östlichen Provinzen, Westphalen und der Rheinprovinz werden die Wahlen der dritten Abtheilung zuerst, diejenigen der ersten Abtheilung zuletzt erledigt.*)

II. **Abstimmung.** Jeder Wähler muß dem Wahlvorstande mündlich und laut zu Protocoll erklären, wem er seine Stimme geben will, und zwar hat er so viele Personen zu bezeichnen, als von der betreffenden Abtheilung zu wählen sind. Er muß zu dem Zwecke persönlich im Wahllocale erscheinen; indeß ist es den stimmberechtigten Forensen, juristischen Personen und Actiengesellschaften gestattet, sich durch Bevollmächtigte, welche selbst stimmfähige Bürger sein müssen, bei der Wahl vertreten zu lassen, und durch dieselben ihr Stimmrecht auszuüben. Die desfallsige Vollmacht, welche in beglaubigter Form oder ohne Beglaubigung ausgestellt werden kann, muß dem Wahlvorstande vor der Stimmabgabe vorgelegt werden. Die Beglaubigung braucht nicht nothwendig eine gerichtliche oder notarielle zu sein; es genügt, wenn dieselbe nur von einer Behörde oder einem Beamten, welchem die Führung eines Dienstsiegels zusteht, durch Unterschrift unter Beidrückung eines solchen Siegels erfolgt. Ist dagegen die Vollmacht nicht in beglaubigter Form ausgestellt, so entscheidet über die Anerkennung derselben der Wahlvorstand endgültig.

Die Oeffentlichkeit der Wahlen ist gesetzlich nicht angeordnet; es ist vielmehr bei den Kammerverhandlungen über den § 23 der Gemeindeordnung, welcher mit dem § 25 der Städteordnung der 6 östlichen Provinzen und der Provinz Westpreußen, bezw. dem § 24 der Rheinischen Städteordnung wörtlich übereinstimmt, ein auf Anerkennung der Oeffentlichkeit der Wahlen gerichteter Antrag ausdrücklich abgelehnt worden. Demzufolge ist in dem Ministerial-Erlasse vom 13. November

---

*) O. St. O. § 21, W. St. O. § 21 und R. St. O. § 20.

1883 (M. Bl. p. 276) ausgesprochen, daß ein unbedingter Anspruch der Wähler darauf, dem Wahlacte dauernd beizuwohnen, Niemandem außer dem Wahlvorstande zusteht; daß es aber der Tendenz der Städteordnungen entspricht, den sich einfindenden Abtheilungswählern den Aufenthalt im Wahllocale sowohl vor als nach der Stimmabgabe der Regel nach nicht zu verschränken, und von dieser Regel nur in dem Falle abzuweichen, insoweit es sich aus räumlichen Gründen oder sonst im Interesse der öffentlichen Ordnung als nothwendig erweist. Die von diesem Gesichtspuncte aus den jedesmaligen Umständen nach zu treffenden Dispositionen müssen dem pflichtmäßigen Ermessen des Wahlvorstandes überlassen bleiben.

Die Frage, ob ein als Wahlcandidat vorgeschlagener Wähler oder überhaupt ein stimmberechtigter Wähler auf sich selbst seine Stimme abgeben kann, muß beim Mangel entgegenstehender gesetzlicher Bestimmungen bejaht werden. In der Ministerialverfügung vom 14. Juli 1841 (M. Bl. p. 207) ist dagegen eine entgegengesetzte Anschauung, welche sicherlich vom moralischen Standpuncte aus als richtig anzuerkennen ist, zum Ausdrucke gebracht, indem dort dargelegt wird, daß der Zweck der Wahlen auf die Feststellung, welcher Wähler am meisten das Vertrauen seiner Mitbürger besitzt und als der Würdigste zur Vertretung der Gemeinde anerkannt wird, gerichtet ist; daß aber ein Candidat, welcher sich selbst wählt, über solches Vertrauen der Mitbürger eine unpartheiische Stimme nicht abgeben kann, und schon das gewöhnliche Schicklichkeitsgefühl jeden Bürger, über dessen Candidatur durch eine Wahl entschieden werden soll, von der Theilnahme an der Abstimmung über sich selbst und über die Mitbewerber abhalten muß.

Aus dem Gesichtspunkte, daß die Oeffentlichkeit der Stadtverordnetenwahlen gesetzlich nicht angeordnet und die Proclamation des Schlusses des Wahlacts nicht vorgeschrieben ist, konnte das im Herbste 1886 in Colberg bei der dort stattgehabten Ergänzungswahl beobachtete Verfahren, nach welchem der Wahlvorstand nach Ablauf der festgesetzten Wahlzeit die Thür des Wahllocals geschlossen, nur die Abstimmungen der beim Schlusse der Wahlzeit im Wahllocale noch anwesenden Wähler zu Protocoll genommen, dagegen weitere Wähler nicht mehr zugelassen, sowie den Schluß des Wahlacts nicht publicirt hatte, als unstatthaft und an einem wesentlichen Mangel des Wahlverfahrens leidend, wie dies auch in dem Erkenntnisse des Oberverwaltungsgerichts vom 9. September 1887 anerkannt ist, nicht erklärt werden. Es ist in dieser betreffenden Verwaltungsstreitsache insbesondere ausgesprochen, daß die während der festgestellten Wahlzeit im Wahllocale erschienenen Wähler trotz des Ablaufs der Wahlzeit zur Ausübung des Wahlrechts berechtigt, weitere Wähler dagegen nach dem Ablaufe nicht mehr zugelassen werden durften.

III. Feststellung des Wahlresultats event. Nachwahl. Die von den Wählern abgegebenen Stimmen werden in das Wahlprotocoll, welches über jede Abtheilungswahl getrennt aufzunehmen ist, bezw. in eine dem Protocolle beizufügende Anlage eingetragen. Auf Grund des Protocolls wird sodann durch den Wahlvorstand das Wahlresultat festgestellt. Gewählt sind diejenigen, welche bei der ersten Abstimmung die meisten Stimmen und zugleich absolute Stimmenmehrheit (d. h. mehr als die Hälfte der abgegebenen Stimmen) erhalten haben; so daß also in dem Falle, wenn mehr Personen, als zu wählen sind, die absolute Majorität erlangt haben, diejenigen gewählt sind, welche relativ die meisten Stimmen haben. Wenn sich dagegen bei der ersten Abstimmung nicht für so viel Personen, als zu wählen sind, die absolute Stimmenmehrheit ergeben hat, wird rücksichtlich dieser Personen, welche die absolute Stimmenmehrheit nicht auf sich vereinigt haben, zu einer zweiten Wahl (Nachwahl) geschritten. Zu dem Zwecke stellt der Wahlvorstand die Namen derjenigen Personen, welche nächst den Gewählten die meisten Stimmen (die relative Stimmenmehrheit) erhalten haben, soweit zusammen, daß die doppelte Zahl der noch zu Wählenden erreicht wird. Diese Zusammenstellung gilt alsdann als die Liste der in der Nachwahl wählbaren Candidaten. Zu dieser Nachwahl werden die Wähler nicht vom Gemeindevorstande, sondern vom Wahlvorstande durch eine das Ergebniß der ersten Wahl angebende Bekanntmachung sofort oder spätestens innerhalb acht Tagen berufen; dagegen muß in solcher Bekanntmachung der demnächstige Wahltermin soweit hinausgerückt werden, daß zwischen der Einladung und dem Wahltage ein Zeitraum von mindestens 14 Tagen liegt. Bei der Nachwahl ist nicht mehr absolute Stimmenmehrheit erforderlich, sondern es gelten diejenigen als gewählt, welche relativ die meisten Stimmen erhalten haben. Unter denjenigen, auf welche eine gleiche Anzahl von Stimmen gefallen ist, entscheidet das Loos. Auf welche Weise das Loos gezogen werden soll, wird durch den Wahlvorstand bestimmt und kann auch durch ortsstatutarische Anordnung festgestellt werden.

Anders verhält sich die Sache, wenn ein in der ersten Abstimmung Gewählter die auf ihn gefallene Wahl aus einem genügenden Grunde ablehnt. Es wird dann nicht zu einer Nachwahl, sondern zu einer ganz neuen Wahl in der sub II dargestellten Weise geschritten.

IV. Erklärung der Gewählten. Wer in mehreren Abtheilungen oder Wahlbezirken gewählt ist, hat sich auf eine desfallsige Aufforderung des Gemeindevorstandes darüber zu erklären, welche Wahl er annehmen will. Diejenige Wahlabtheilung oder derjenige Wahlbezirk, rücksichtlich deren die Wahl nicht angenommen ist, schreitet dann zu einer ganz neuen Wahl. Wenn der Gewählte seine Erklärung verweigert, so wird er als beide Wahlen Ablehnender anzusehen und zu behandeln sein.

V. **Bekanntmachung des Resultats der Wahlen.** Nachdem der Wahlvorstand die von ihm zu unterzeichnenden Wahlprotocolle dem Gemeindevorstande zur Aufbewahrung überreicht hat, ist von dem Letzteren das Ergebniß der vollendeten Wahlen sofort bekannt zu machen. Er darf hiemit nicht etwa bis zur Beendigung aller Einzelwahlen, wenn vielleicht noch Nachwahlen oder Neuwahlen erforderlich sind, zögern, wie dies bei den Kammerverhandlungen über den Entwurf der Städteordnung vom 30. Mai 1853 ausdrücklich ausgesprochen worden ist.

Für Hannover bestehen hievon abweichende Bestimmungen. Nach § 92 der dortigen Städteordnung ist zur Gültigkeit der Wahl die Abgabe von wenigstens $^1/_3$ der nach den Listen vorhandenen Stimmen erforderlich. Wird diese Zahl nicht erreicht, so ruht die durch die Wahl bezweckte Vertretung für den betreffenden Wahlbezirk auf ein Jahr. Bei der Ladung ist auf diese Bestimmung hinzuweisen. Nach Ablauf eines Jahres ist die Wahl zu wiederholen, es kann jedoch der Bezirksausschuß auf Antrag des Magistrats eine frühere Wiederholung der Wahl gestatten. Die Stimmabgabe kann durch mündliche Abstimmung zu Protocoll oder durch verschlossene Stimmzettel nach der Entschließung jedes Wählenden geschehen. Der Gewählte muß mindestens ein Drittel der abgegebenen Stimmen haben, event. erfolgt eine Nachwahl, bei welcher im Falle von Stimmengleichheit das Loos entscheidet.

§ 49. Anfechtung der Wahlen durch Einspruch.

I. **Berechtigung zur Anfechtung.** Bei erheblichen Unregelmäßigkeiten des Wahlverfahrens steht es in den Kreisordnungsprovinzen jedem stimmfähigen Bürger frei, gegen die Gültigkeit der Wahlen innerhalb zwei Wochen nach Bekanntmachung des Wahlergebnisses bei dem Gemeindevorstande Einspruch zu erheben.*) Welche erhebliche Unregelmäßigkeit die Ungültigkeit einer stattgehabten Wahl herbeizuführen vermag, ist gesetzlich nicht festgestellt und muß deshalb der Entscheidung jedes einzelnen Streitfalles überlassen bleiben. Von besonderer Wichtigkeit sind deshalb für die Praxis die zur analogen Anwendung geeigneten ministeriellen und oberverwaltungsgerichtlichen Entscheidungen, welche die vorliegende Frage berühren. Es sind dies hauptsächlich folgende:

a. Wenn Wähler, welche an der ersten Abstimmung nicht Theil genommen, bei der darauf folgenden Nachwahl ihre Stimme abgeben, so ist dies beim Mangel entgegenstehender Bestimmungen statthaft. (Entscheidungen des Oberverwaltungsgerichts Band III p. 20.)

b. Wenn die Mitglieder des Wahlvorstandes erst nach beendigter Wahlhandlung und Verlesung des Protocolls unter Verpflichtung durch Handschlag an Eidesstatt dem Vorsteher erklären, daß die Wahlhandlung ihrerseits so vorgenommen sei, als wenn sie vorschriftsmäßig bei Beginn verpflichtet worden seien, so ist dies als ein die Ungültigkeit herbeiführender Mangel nicht anzusehen. (E. O. V. G. Bd. IV p. 5.)

c. Wenn den Theilnehmern an der Wahl das Wahlrecht mangelt oder wenn der Gewählte nicht wählbar ist, so begründet dies die Ungültigkeit der betreffenden Wahl; dagegen kann diese nicht durch die bloße Behauptung angefochten werden, daß überhaupt kein gesetzlicher Anlaß zur Vollziehung vorliege. (E. O. V. G. Bd. V p. 91.)

d. Wenn die Gewählten nur eine absolute Stimmenmehrheit um wenige überschießende Stimmen erlangt haben und in die dem Wahlacte grundleglich gemachte Wählerliste die

*) Zust. G. vom 1. August 1883 § 10.

Namen mehrerer stimmfähiger Personen, deren Anzahl jene überschießenden Stimmen übersteigt, nicht aufgenommen sind, so macht dies den Wahlact ungültig. (E. O. V. G. Bd. VIII p. 118.)

e. Die den Gesetzen nicht entsprechende Zusammensetzung des Wahlvorstandes ist ein genügender Ungültigkeitsgrund und führt auf erhobenen Einspruch die Ungültigkeit sämmtlicher Wahlen, nicht bloß derjenigen Wahlabtheilung, welcher der Einsprechende angehört, herbei. (E. O. V. G. Band IX, p. 87.)

f. Wenn nicht stimmfähige Bürger an den Wahlen theilnehmen oder selbst zu Stadtverordneten gewählt werden, so wird die Wahl ungültig. (Ministerialrescript vom 19. Februar 1854.)

Wenn die den Geistlichen anheimzugebende kirchliche Hinweisung auf die Wichtigkeit der Wahl unterblieben ist, so ist dies kein Ungültigkeitsgrund, wie in dem § 27 der Städteordnung vom 30. Mai 1853 — cfr. oben § 47 sub VI — ausdrücklich hervorgehoben ist. Daß dagegen dadurch, daß den Wählern gestattet wird, nur auf Candidaten ihrer betreffenden Abtheilung ihre Stimmen abzugeben, die Nichtigkeit der Wahl herbeigeführt wird, bedarf wohl keiner weiteren Begründung.

II. Das Einspruchsverfahren. Der beim Gemeindevorstande innerhalb der präclusivischen Frist von zwei Wochen eingereichte Einspruch wird in den Kreisordnungsprovinzen der Gemeindevertretung zur Beschlußfassung über die Gültigkeit der Wahl in Gemäßheit des Zuständigkeitsgesetzes vom 1. August 1883 § 10 überwiesen. Der Beschluß derselben bedarf keiner Genehmigung oder Bestätigung von Seiten des Gemeindevorstandes oder der Aufsichtsbehörde, kann aber durch Klage im Verwaltungsstreitverfahren bei dem Bezirksausschusse innerhalb einer gleichfalls präclusivischen Frist von zwei

Wochen angefochten werden.*) Die Klage, welche sowohl dem Einspruch erhebenden Bürger, als auch dem Gemeindevorstande zusteht, hat keine aufschiebende Wirkung, jedoch dürfen Ersatzwahlen vor ergangener rechtskräftiger Entscheidung nicht vorgenommen werden.**)

Eine solche Klage steht, abgesehen vom Gemeindevorstande, nur denjenigen Gemeindewählern zu, welche gegen das Wahlverfahren Einspruch erhoben haben. Aus diesem Grunde sind diejenigen Wähler, welche in dem auf pag. 216 mitgetheilten Verwaltungsstreitfalle die auf Ungültigkeitserklärung der in Colberg im Herbste 1886 stattgehabten Wahlen gerichtete Klage beim Bezirksausschusse in Cöslin erhoben, die zuvorige Erhebung des Einspruchs aber verabsäumt hatten, wegen mangelnder Activlegitimation von dem Oberverwaltungsgerichte in dem Urtheile vom 9. September 1887 abgewiesen worden, während der gewählte Stadtverordnete, welcher rechtzeitig den Einspruch gegen die qu. Wahl beim Magistrate geltend gemacht hatte, als zur Klagerhebung berechtigt anerkannt und deshalb sachlich beschieden worden ist.

Die Gemeindevertretung tritt also in diesem Verfahren als Beschlußbehörde auf. Dagegen steht ihr eine generelle und allgemeine Prüfung und Bestätigung der Wahlen, wie solche in den älteren Städteordnungen vorgesehen war, nicht zu; sie kann nur in dem einzelnen Falle, welcher zu ihrer Cognition in Folge des jedem stimmfähigen Bürger, und somit auch jedem einzelnen Stadtverordneten zustehenden Einspruches gelangt, in Function treten.***) Die Gemeindevertretung war früher, als sie noch nicht zur Beschlußbehörde

---

*) Zust. G. § 11 und 21.

**) Zust. G. § 11.

***) M. R. vom 12. Juni 1863 (M. Bl. p. 234).

bestimmt war, berechtigt, selbst Einspruch bei der Königlichen Regierung zu erheben.

In der Rheinprovinz und Posen kann jeder Bürger binnen zehn Tagen nach der Bekanntmachung des Wahlergebnisses bei der Regierung Beschwerde erheben. Letztere hat bei erheblichen Unregelmäßigkeiten die Wahlen auf erfolgte Beschwerde oder von Amtswegen innerhalb 20 Tagen nach der Bekanntmachung durch eine motivirte Entscheidung für ungültig zu erklären.*) In Schleswig-Holstein ist der Wahlprotest binnen einer Frist von zehn Tagen beim Bürgermeister anzuzeigen, die Entscheidung dagegen erfolgt durch gemeinschaftlichen Beschluß der beiden städtischen Behörden, welcher auch in dem Falle erforderlich wird, wenn binnen gleicher Frist von zehn Tagen entweder im Magistrate oder in der Stadtverordnetenversammlung Zweifel gegen die Rechtmäßigkeit der Wahl angeregt werden. Gegen diesen Beschluß findet der Recurs an die Regierung statt. Letztere entscheidet endgültig, auch wenn sich die beiden städtischen Behörden über den Beschluß nicht einigen können.

§ 50. Einführung der gewählten Mitglieder der Gemeindevertretung.

O. St. O. § 28, W. St. O. § 28, R. St. O. § 27.

Die Wahlperiode der in den regelmäßigen Ergänzungswahlen im November gewählten Mitglieder ist freilich auf sechs Jahre festgesetzt, indem sie mit dem auf den Wahlmonat November folgenden ersten Januar beginnen und mit dem Ablaufe des darauf folgenden sechsten Jahres endigen soll. Wenn aber aus besonderen Umständen die Abhaltung

*) O. St. O. § 27 und R. St. O. § 26.

der regelmäßigen Wahlen im November nicht stattfindet, oder sich zufällig aus einem sonstigen Grunde die Wahlen über den ersten Januar hinaus bis in das nächstfolgende Jahr hineinziehen, so müssen die ausscheidenden Mitglieder stets bis zur Einführung der Neugewählten in Funktion bleiben, wenn dadurch auch ihre sechsjährige Amtsdauer überschritten wird.*) Andererseits treten die Neugewählten, deren Wahl sich auf diese Weise gegen die Regel bis in das nächstfolgende Jahr hineinzieht, ihre Verrichtungen sofort nach Vollendung der Wahl an, und wird dann deren sechsjährige Wahlperiode schon von dem voraufgegangenen 1. Januar an berechnet.**)

Die Einführung der Neugewählten und deren Verpflichtung durch Handschlag an Eidesstatt wird durch den Gemeindevorstand angeordnet. Für die sechs östlichen Provinzen, Westphalen und die Rheinprovinz besteht keine gesetzliche Vorschrift, wem die Einführung selbst obliegt. Es wird dort durch ortsstatutarische Anordnung oder durch die Geschäftsordnung der Stadtverordnetenversammlung festzustellen sein, ob die Einführung durch den Bürgermeister bezw. dessen Stellvertreter oder durch den Stadtverordnetenvorsteher bewirkt werden soll. In Schleswig-Holstein muß der Bürgermeister in einer gemeinschaftlichen Sitzung der städtischen Stadtbehörden solche Einführung und Verpflichtung übernehmen.***) In Hannover dagegen werden die Gewählten vom Magistrate auf getreue Erfüllung ihrer Pflichten beeidigt, und demnächst deren Namen öffentlich bekannt gemacht.†)

---

*) M. R. vom 23. Februar 1861 (M. Bl. p. 65).

**) M. R. vom 23. Februar 1861 (M. Bl. p. 65).

***) Sch. H. St. O. § 27.

†) H. St. O. § 87.

§ 51. Amtszeichen der Mitglieder der Gemeindevertretung.

Die Städteordnung von 1808 bestimmte im § 208, daß die Magistratsmitglieder und Stadtverordneten, sowie die Bezirksvorsteher und Bürgerbeisitzer der Deputationen und Commissionen bei ihren Zusammenkünften im Dienste der Stadt und bei der Ausübung ihres Amtes außer einer ganz schwarzen Kleidung besondere Amtszeichen tragen sollten, und zwar:

1. In großen Städten:
   a. die Magistratsmitglieder und Stadtverordneten goldene Ketten mit goldenen Medaillen,
   b. Die Bezirksvorsteher und Bürgerbeisitzer silberne Ketten mit silbernen Medaillen;
2. In mittleren Städten:
   a. die Magistratsmitglieder und Stadtverordneten silberne Ketten mit silbernen Medaillen,
   b. die Bezirksvorsteher und Bürgerbeisitzer silberne Medaillen an einem Bande mit silberner Einfassung;
3. In kleinen Städten:
   a. die Magistratsmitglieder und Stadtverordneten silberne Medaillen an einem Bande mit silberner Einfassung,
   b. die Bezirksvorsteher und Bürgerbeisitzer silberne Medaillen an einfachen Bändern.

Diese Vorschrift wurde durch die Königliche Cabinetsordre vom 10. December 1847, deren Inhalt den betreffenden Regierungen durch den Ministerialerlaß vom 1. Februar 1848 (M. Bl. p. 34) nebst der erläuternden, die gleiche Größe der Medaillen anordnenden Verfügung vom 26. Juni 1848 nachrichtlich mitgetheilt worden ist, unter Festsetzung der Bestimmungen über die Form der Ketten und das Gepräge der

Medaillen auf die mit der revidirten Städteordnung von 1831 bewidmeten Städte für anwendbar erklärt; es wurde indeß ausgesprochen, daß die Annahme oder Nichtannahme solcher Amtszeichen jeder Stadt überlassen bleiben, und die Anlegung der Amtszeichen ferner nicht mehr als eine Pflicht, sondern als ein Recht betrachtet werden solle.

Wenn nun auch dieser Gegenstand in der Gemeindeordnung vom 11. März 1850, durch welche die vorberegten älteren Städteordnungen aufgehoben wurden, und demnächst in den neueren, jetzt geltenden Städteordnungen nicht berührt worden ist, so sind doch in der vorliegenden Beziehung anderweitige Bestimmungen der Kabinetsordre vom 9. April 1851 und verschiedener Ministerialrescripte maßgebend geblieben. So hat zunächst das M. R. vom 15. April 1851 (M. Bl. p. 37) angeordnet, daß die fraglichen Amtszeichen nur noch von denjenigen Communalbehörden bezw. Communalbeamten, welchen das Recht dazu durch ausdrückliche Verleihung des Königs beigelegt wird, getragen werden dürfen, und daß insbesondere auch diejenigen Städte, welche sich zur damaligen Zeit im Besitze der fraglichen Insignien befünden und dieselben auf Grund der älteren Gesetzgebung erhalten haben, ohne eine erneuerte Verleihung dieselben anzulegen nicht für befugt erachtet werden können.

Gleichzeitig sind in der allerhöchsten Kabinetsordre vom 9. April 1851 (M. Bl. p. 87) die künftig in der Sache maßgebenden Grundsätze angeordnet. In Gemäßheit derselben soll das Tragen der fraglichen Amtszeichen künftig nur als eine besondere, in jedem einzelnen Falle von dem Könige selbst zu verleihende Auszeichnung gestattet sein. Wenn einzelne städtische Gemeinden auf die Verleihung antragen, so hat der Minister des Innern die Würdigkeit der städtischen Behörden und die Gesinnung der betreffenden Gemeinden genau zu prüfen und die Bewilligung des Gesuches nur dann dem

Könige vorzuschlagen, wenn die Gemeindebehörden durch einzelne hervorragende Thaten oder durch fortgesetztes treues Wirken dem Könige und dem Vaterlande oder ihren Gemeinden ausgezeichnete Dienste geleistet haben. Es ist ferner festzustellen, ob eine oder beide Gemeindebehörden, oder nur die Vorstände derselben oder die ganzen Collegien derartige Verdienste sich erworben haben, da nur für die wahrhaft würdigen Behörden die qu. Auszeichnung beantragt werden soll. Letztere soll in der Regel dem Amte verliehen, und von dem jedesmaligen Inhaber desselben als ein bleibendes Erinnerungszeichen der Königlichen Anerkennung für wahrhaften Bürgersinn, für aufopfernde Vaterlandsliebe und für treue Hingebung an den König und das Königliche Haus so lange getragen werden, als dieser Bürgersinn und diese Vaterlandsliebe in den Gemeinden und den Behörden derselben fortlebt. Die Auszeichnungen sind nach Vorschrift der Kabinetsordre vom 10. December 1847 zu tragen, so daß hinsichtlich der Medaillen und der Ketten zwischen denjenigen der Magistratsmitglieder und der Stadtverordneten eine augenfällige Unterscheidung getroffen, und dieser Unterscheidung gemäß den Bürgermeistern und Stadtverordnetenvorstehern eine passende Auszeichnung (doppelte Kette) gegeben werden soll, und so daß ferner die Medaillen auf dem Avers das Wappen der betreffenden Stadt und die Jahreszahl MDCCCVIII, und auf dem Revers entweder das Brustbild des Königs Friedrich Wilhelm III. oder die Inschrift: „Friedrich Wilhelm III. König von Preußen, Gründer der Städteordnung" enthalten müssen. In dieser Beziehung soll künftig nur zwischen großen und kleinen Städten unterschieden, und zu den ersteren alle diejenigen gerechnet werden, in welchen die erwählten Bürgermeister der Bestätigung des Königs bedürfen. Letzterer hat sich noch ausdrücklich das Recht vorbehalten, in besonderen Fällen einzelnen Städten, welche sich während einer schweren

Zeit durch große patriotische Opfer oder durch besondere Gesinnungstreue hervorgethan haben, die qu. Auszeichnungen zu verleihen und die zum Tragen derselben berechtigten Behörden zu bestimmen, auch die Erlaubniß zum Tragen einzelnen Gemeindebeamten für besondere Berufstreue und wahren Bürgersinn auf ihre Amtsdauer zu gewähren.

Was die Beschaffung der qu. Amtszeichen anlangt, so ist hier zweier Ministerialrescripte zu gedenken, und zwar des M. R. vom 5. Februar 1836 (von Kamptz, Ann. Bd. XX p. 130), nach welchem Diejenigen, welche die Amtszeichen tragen wollen, dieselben im Falle der Nichtbewilligung der Kosten seitens der Stadtverordneten auf eigene Kosten, wie die Staatsdiener ihre Uniform, anschaffen müssen, sowie ferner des M. R. vom 4. Februar 1854, nach welchem die für die Magistratsmitglieder erforderlichen Amtszeichen nicht von der Staatsregierung geliefert oder aus Königlichen Kassen bezahlt werden sollen, sondern die Anschaffung durch die städtischen Behörden für Rechnung der städtischen Fonds zu erfolgen habe.

§ 52. Verhandlungen der Gemeindevertretung in den Sitzungen.

O. St. O. § 38—48, W. St. O. § 37—47, R. St. O. § 36—46.

I. Leitung der Verhandlungen und Protokollführung. Die Verhandlungen werden geleitet von einem Vorsitzenden, dem Stadtverordnetenvorsteher, welcher überhaupt den zwischen den beiden Gemeindebehörden bestehenden geschäftlichen Verkehr vermittelt. Er eröffnet und schließt die Sitzungen, und handhabt die Ordnung im Sitzungslocale, so daß sich jeder der dort Anwesenden unbedingt seinen Anordnungen fügen muß; insbesondere kann er jeden Zuhörer aus dem Sitzungslocale entfernen lassen, welcher öffentliche Zeichen des Beifalls oder des Mißfallens giebt, oder Unruhe irgend einer Art verursacht. Im Falle seiner Behinderung werden seine Funktionen von einem Stellvertreter wahrgenommen.

Die Niederschreibung der Protokolle und der Beschlüsse, sowie die Anfertigung der sonstigen schriftlichen Arbeiten, welche durch die Verhandlungen veranlaßt werden, liegt dem Schriftführer ob, event. in dessen Behinderung seinem Stellvertreter. Diese vier Personen bilden das Bureau der Gemeindevertretung.

Letzteres constituirt sich jährlich aufs neue für das laufende Geschäftsjahr. Zu dem Zwecke werden der Stadtverordnetenvorsteher und der Schriftführer, sowie die beiden Stellvertreter alljährlich auf ein Jahr von der Gemeindevertretung aus ihrer Mitte gewählt; es kann indessen auch die Stelle eines Schriftführers ein von der Gemeindevertretung nicht aus ihrer Mitte gewählter, in öffentlicher Sitzung hierzu von dem Bürgermeister vereideter Protokollführer vertreten.

Für jedes zu wählende Mitglied des Bureaus wird besonders abgestimmt, und zwar mittelst Stimmzettel. Wird die absolute Stimmenmehrheit bei der ersten Abstimmung nicht erreicht, so werden diejenigen vier Personen, auf welche die meisten Stimmen gefallen sind, auf eine engere Wahl gebracht. Wird auch hierdurch die absolute Stimmenmehrheit noch nicht erreicht, so findet unter denjenigen zwei Personen, welche bei der zweiten Abstimmung die meisten Stimmen erhalten haben, nochmals eine engere Wahl statt. Bei etwaiger Stimmengleichheit entscheidet dann das Loos. Wie dasselbe gezogen werden soll, wird von dem Vorsitzenden bestimmt, kann aber auch ein- und für allemal durch ortsstatutarische Anordnung festgestellt werden. Diese Wahlen bedürfen der Zustimmung des Gemeindevorstandes nicht, weil es sich hierbei nicht um Beschlüsse handelt, welche der Ausführung desselben anheimfallen.

Nur in der Rheinprovinz führt der Bürgermeister bezw. dessen Stellvertreter den Vorsitz in den Stadtverordnetenversammlungen mit vollem Stimmrechte in den Städten, wo ein collegialischer Gemeindevorstand nicht besteht.

II. Zusammenberufung und Zeit der Versammlungen. Die Gemeindevertretung wird in der ein- für allemal von ihr festgestellten Art und Weise zu ihren Berathungen durch den Vorsitzenden zusammenberufen, so oft es ihre Geschäfte erfordern, und muß so zusammengerufen werden, wenn es von einem Viertheil der Mitglieder, oder von der Aufsichtsbehörde, oder in den sechs östlichen Provinzen und Westfalen von dem Magistrate verlangt wird. Es können indeß auch durch Beschluß der Gemeindevertretung regelmäßige Sitzungstage bestimmt werden. In allen Fällen müssen die Gegenstände der Verhandlung, die s. g. Tagesordnung, mit Ausnahme etwa dringender Fälle, für welche eine besondere Frist nicht vorgeschrieben ist, mindestens zwei freie Tage vorher sowohl den Mitgliedern der Gemeindevertretung, als dem Magistrate angezeigt werden, so daß also zwischen dem Tage der Anzeige und dem Sitzungstage noch mindestens zwei volle Tage liegen bleiben müssen. Von wem die im Anfange eines jeden Jahres hauptsächlich zur Constituirung der Versammlung und zur Wahl des Bureaus bestimmte erste Sitzung zusammenzuberufen ist, ob von dem vorjährigen Vorsteher oder im Falle des Ausscheidens des Letzteren von dem ältesten Mitgliede der Versammlung, ist gesetzlich nicht bestimmt worden; es wird deshalb die in dieser Beziehung von jeder Gemeindevertretung angenommene Geschäfts-Instruction normiren müssen.

Auch fehlt, abgesehen von der Provinz Schleswig-Holstein, eine gesetzliche Bestimmung über die Zusammenberufung gemeinschaftlicher Versammlungen der beiden städtischen Behörden, welche als unzulässig nicht zu erachten sind, und welche sich wegen besonderer Dringlichkeit ausnahmsweise vernothwendigen können. Beim Mangel desfallsiger besonderer Vorschriften werden sich der Bürgermeister und der Stadtverordnetenvorsteher über die Zeit der Versammlung zu verständigen haben, und wird dann jedes Collegium von ihrem betreffenden Vorsitzenden zusammenzuberufen sein. Der Vorsitz einer solchen gemeinschaftlichen Versammlung wird dem Bürgermeister event. dessen Stellvertreter gebühren. Die Berathung wird eine gemeinschaftliche sein, während die Abstimmung innerhalb jeder Behörde besonders zu erfolgen hat. Die Reihenfolge, in welcher sich jede Behörde schlüssig zu machen und ihre Erklärung abzugeben hat, richtet sich nach dem jedesmaligen Stande der zur gemeinschaftlichen Berathung stehenden Angelegenheit, so daß in Betreff der Abgabe der erforderlichen Erklärungen auch hier der gewöhnliche Gang des Verfahrens, allerdings nur in sehr abgekürzter Weise, Platz greifen wird.

Für die Provinz Schleswig-Holstein besteht die singuläre Bestimmung, daß sich die Stadtverordneten in der Regel nur gemeinschaftlich mit dem Magistrate auf die Zusammenberufung des Bürgermeisters versammeln, und daß in dem Falle, wenn das Stadtverordneten-Collegium dies wünscht, der Vorsteher desselben dem Bürgermeister zum Zwecke der Veranstaltung der Versammlung die behufige schriftliche Anzeige zu machen hat.*) Im Uebrigen ist dort auch der Stadtverordnetenvorsteher befugt, besondere Sitzungen der Gemeindevertretung, so oft er es nöthig findet, zu veranlassen, und ist dazu verpflichtet auf den schriftlichen Antrag von wenigstens einem Drittheil der Mitglieder.**)

III. Ort der Versammlung. Nur in Schleswig-Holstein müssen die Stadtverordnetenversammlungen in dem dazu ein-

---

*) Sch. H. St. O. § 50.

**) Sch. H. St. O. § 54.

für allemal bestimmten Amtslocale stattfinden,*) während sie in den übrigen Provinzen der Monarchie auch in anderen Localen, jedoch mit Ausschluß der Wirthshäuser und Schänken, abgehalten werden können.**)

IV. Theilnahme des Magistrats an den Sitzungen der Stadverordneten. Der Magistrat ist in allen Städten, in welchen ein Magistratscollegium als Behörde fungirt, ausnahmslos zu allen Sitzungen der Gemeindevertretung, insbesondere auch zu ihren s. g. geheimen Sitzungen,***) für welche die Oeffentlichkeit ausgeschlossen ist, von Seiten des Stadtverordnetenvorstehers einzuladen und zuzulassen. Der Magistrat kann sich dort durch Abgeordnete vertreten lassen. Es ist in diesem Falle nicht nur den Abgeordneten, sondern überhaupt allen Mitgliedern des Magistrats gestattet, an den Verhandlungen theilzunehmen. Die Stadtverordnetenversammlung ist berechtigt, die Anwesenheit solcher Abgeordneten zum Zwecke der Auskunftsertheilung und der Kenntnißnahme der Verhandlungen zu fordern, während der Magistrat verpflichtet ist, dem desfallsigen Verlangen Folge zu geben, andererseits aber auch das Recht hat, stets gehört zu werden, so oft er es begehrt.

V. Oeffentlichkeit der Verhandlungen. Dieselben sind in der Regel öffentlich. Es steht somit an sich einem jeden Einwohner der Zutritt in diejenigen Räume frei, in welchen die Sitzungen abgehalten werden, insbesondere auch den Frauenspersonen, Schülern und Lehrlingen, welche auf Grund des Vereinsgesetzes vom 11. März 1850 § 8 von dem Besuche der Versammlungen und Sitzungen politischer Vereine ganz ausgeschlossen sind, und zwar aus dem Grunde, weil die Stadtverordnetenversammlung freilich als politische Körperschaft,

---

*) Sch. H. St. O. § 54.

**) O. St. O. § 45, W. St. O. § 42.

***) M. R. vom 11. Juli 1851 (M. Bl. p. 116).

aber niemals als ein politischer Verein zu betrachten ist. Daß durch ortsstatutarische Bestimmungen, und selbst durch eine Geschäftsinstruction der Stadtverordneten-Versammlung Beschränkungen in Betreff des Besuchs derselben festgestellt werden können, wird wohl als selbstverständlich erscheinen.

Es kann indeß für einzelne Berathungsgegenstände durch besonderen Beschluß, welcher in geheimer Sitzung zu fassen ist, die Oeffentlichkeit ausgeschlossen werden. Selbst die Zulässigkeit statutarischer Anordnungen über die Ausschließung der Oeffentlichkeit für bestimmte Fälle z. B. Wahlbesprechungen, Beschwerden u. s. w. ist in den Verhandlungen der Kammern über den Entwurf der Städteordnung vom 30. Mai 1853 ausdrücklich anerkannt, und insbesondere dort auch dem Magistrate die Befugniß zugesprochen, in den Fällen, in welchen er aus Gründen des städtischen Interesses oder der Stellung zu anderen Behörden oder aus Rücksichten auf besondere Verhältnisse die Berathung in öffentlicher Sitzung ausgeschlossen zu sehen für angemessen erachtet, die Stadtverordneten-Versammlung darauf aufmerksam zu machen. Wird eine geheime Sitzung von dem Stadtverordnetenvorsteher beabsichtigt bezw. anberaumt, so ist die desfallsige Tagesordnung in der regelmäßigen Weise sowohl den Stadtverordneten als dem Magistrate mitzutheilen, dagegen in öffentlichen Blättern nicht bekannt zu machen.

Aus dem Prinzipe der Oeffentlichkeit folgt die Berechtigung der Stadtverordnetenversammlung, selbstständig, ohne an die Zustimmung des Magistrats gebunden zu sein, die in den öffentlichen Sitzungen gepflogenen Verhandlungen in den Localblättern zu veröffentlichen.*)

VI. Beschlußfähigkeit. Die Gemeindevertretung ist nur dann beschlußfähig, wenn mehr als die Hälfte der Mitglieder

*) M. R. vom 17. Juli 1860 (M. Bl. p. 170).

in der Sitzung gegenwärtig ist. Unter dieser Hälfte ist jedoch nicht diejenige der gesetzlich oder statutarisch festgestellten regelmäßigen Anzahl von Mitgliedern — cfr. oben § 42 sub I — zu verstehen, sondern nur diejenige der zeitweilig der Gemeindevertretung angehörigen Mitglieder.

Eine Ausnahme von vorstehender Regel tritt ein, wenn die Stadtverordneten, zum zweiten Male zur Verhandlung über denselben Gegenstand in Folge der vorhergehenden Beschlußunfähigkeit zusammenberufen, dennoch nicht in genügender Anzahl erschienen sind. Sie sind dann ohne Rücksicht auf die Anzahl der Erschienenen stets beschlußfähig, wenn bei der zweiten Zusammenberufung hierauf ausdrücklich hingewiesen ist, und die für die Zusammenberufung überhaupt bestehenden gesetzlichen Formalitäten beobachtet sind.

VII. Berathungen. Die Stadtverordneten können sich bei den Berathungen, ohne an die Instruction oder Aufträge ihrer Wähler oder ihrer Wahlbezirke gebunden zu sein, über sämmtliche Verhandlungsgegenstände frei und unumwunden äußern. Es steht ihnen insbesondere der Schutz des § 193 des Reichsstrafgesetzbuchs zur Seite, nach welchem tadelnde Urtheile über wissenschaftliche, künstlerische oder gewerbliche Leistungen, ingleichen Aeußerungen, welche zur Ausführung oder Vertheidigung von Rechten oder zur Wahrnehmung berechtigter Interessen gemacht werden, sowie Vorhaltungen und Rügen der Vorgesetzten gegen ihre Untergebenen, dienstliche Anzeigen oder Urtheile von Seiten eines Beamten und ähnliche Fälle nur insofern als strafbar zu erkennen sind, als das Vorhandensein einer Beleidigung aus der Form der Aeußerung oder aus den Umständen, unter welchen sie geschah, hervorgeht.

Sie dürfen sich auch nach beendigter Sitzung über die stattgehabten Berathungen äußern. Denn mit dem Prinzipe der Oeffentlichkeit und mit der Thatsache, daß die Stadtverordneten als Vertreter und Mandatare der ganzen aus der

Einwohnerschaft zusammengesetzten Gemeinde fungiren, ist die für öffentliche Beamte durchweg bestehende Verpflichtung zur Amtsverschwiegenheit, welche zweifellos die Bewahrung von Amtsgeheimnissen voraussetzt, im Allgemeinen unvereinbar. Es können selbstverständlich Fälle eintreten, in welchen aus besonderen Gründen, also ausnahmsweise, der Zweck und die Berathungen der Versammlung geheim zu halten sind. Es gehören dazu hauptsächlich diejenigen Angelegenheiten, in welchen der Magistrat als Organ der Staatsgewalt auftritt, wie z. B. die auch in den Deputationen zu behandelnden Militär- und Steuerangelegenheiten pp., wenn sie Gegenstände betreffen, welche ohne Nachtheil überhaupt nicht, insbesondere nicht vor dem Schlusse der Verhandlungen ins Publicum gebracht werden können. In solchen Fällen wird der Dirigent die Mitglieder der Deputationen besonders zur Amtsverschwiegenheit zu verpflichten haben. Es können auch in eigentlich städtischen Verwaltungssachen Fälle vorkommen, in Betreff deren ein frühzeitiges Bekanntwerden im Publicum Nachtheile zur Folge haben kann. Es wird dann durch die Stadtverordneten die Geheimhaltung der Sache zu beschließen sein. Ist solche Geheimhaltung auferlegt bezw. beschlossen, so ist jeder Stadtverordnete ohne Zweifel sich darnach zu achten verpflichtet. Die Verletzung der so auferlegten Amtsverschwiegenheit ist in Gemäßheit der für solchen Fall ortsstatutarisch oder in der Geschäftsordnung festzustellenden Strafbestimmungen zu ahnden. Die vorstehenden Grundsätze entsprechen den Anschauungen der Ministerialrescripte vom 2. Juli 1836, 24. Januar 1837, 6. März 1837 und 24. Juli 1841 (M. Bl. p. 207 ff).

Die Unzulässigkeit von Berathungen und Beschlußfassungen der Gemeindevertretung über Petitionen und Gegenstände der Staats- und Verfassungsangelegenheiten ist in dem M. R. vom 6. Juni 1863 (M. Bl. p. 118) ausgesprochen, und sind dort insbesondere Beschlüsse derselben über Angelegenheiten der Staatsverfassung, des Landtages und der allgemeinen Politik, über Abfassung von Adressen, Entsendung von Deputationen und andere Kundgebungen für gesetzwidrig und als der Ahndung der Aufsichtsbehörde sowie der Beanstandung unterliegend erachtet. Der Minister des Innern hat im Jahre 1865 in dem Abgeordnetenhause gleiche Grundsätze bei der Besprechung der Frage, ob den städtischen Behörden das Recht auf Beschlußfassung über Petitionen in den vorberegten Angelegenheiten zustehe, geltend gemacht. Das Abgeordnetenhaus hat demnächst in Folge der desfallsigen Verhandlungen die Resolution angenommen, daß Ministerialrescripte, welche den städtischen Behörden das Petitions- und Beschwerderecht in öffentlichen Angelegenheiten untersagen oder beschränken, sowie die darauf gerichteten Executivmaßregeln dem Art. 32 der Verfassungsurkunde widerstreiten (cfr. die stenographischen Berichte des Abgeordnetenhauses ex anno 1865). Das M. R. vom 6. Juni 1863 stützt sich dagegen auf die in den Städteordnungen der altpreußischen Provinzen enthaltene Bestimmung, daß die Stadtverordneten über andere als Gemeindeangelegenheiten nur dann berathen dürfen, wenn solche durch besondere Gesetze oder in einzelnen Fällen durch Aufträge der Aufsichtsbehörde an sie gewiesen sind, sowie auf die Deduction, daß dazu die obenberegten Petitionen in den fraglichen Angelegenheiten nicht gehören. Das M. R. geht in dieser Allgemeinheit jedenfalls zu weit, da den Stadtverordnetenversammlungen das Recht niemals entzogen werden kann, solche Petitionen zu beschließen, welche auch nur durch das allgemeine Gemeindeinteresse der Städte, welches von selbst dasjenige der betreffenden einzelnen Stadt in sich schließt, und dadurch zu einer Gemeindeangelegenheit wird, veranlaßt werden.*) Dagegen

*) M. R. vom 29. April 1852.

sind Beschlüsse über Petitionen, welche über den Rahmen der Gemeindeangelegenheiten hinausgehen, selbstverständlich nicht statthaft.

VIII. **Beschlüsse.** Die Stadtverordneten sind auch hinsichtlich der Beschlüsse, welche aus den Berathungen hervorgehen und event. durch Abstimmung zu Stande kommen, an keinerlei Instruction ihrer Wähler oder Wahlbezirke gebunden.

Die Beschlüsse werden bei Abweichungen der Ansichten nach Stimmenmehrheit gefaßt. Bei Stimmengleichheit entscheidet die Stimme des Vorsitzenden, bei den Wahlen das Loos. Derjenige Stadtverordnete, welcher sich der Abstimmung enthält, wird zwar, insoweit es sich um die Constatirung der Beschlußfähigkeit handelt, als anwesend angesehen, dagegen wird die Stimmenmehrheit lediglich nach der Zahl der abgegebenen Stimmen festgestellt. Das Abstimmungsverfahren wird beim Mangel gesetzlicher Bestimmungen im Falle eines fehlenden Beschlusses oder einer fehlenden Geschäftsordnung dem Ermessen des mit der Leitung der Verhandlungen betrauten Vorsitzenden zu überlassen sein. Die Abstimmung kann nach zuvorigem Beschlusse auch durch verdeckte Stimmzettel erfolgen.

Die Beschlüsse und die Namen der bei Fassung derselben anwesend gewesenen Mitglieder sind in ein besonderes Buch einzutragen, und von dem Vorsitzenden und wenigstens drei Mitgliedern zu unterzeichnen. Der Vorsteher und der Schriftführer sind nicht berechtigt, die Unterschrift bezw. die Niederschreibung eines von der Versammlung durch Stimmenmehrheit gefaßten Beschlusses aus dem Grunde zu verweigern, weil sie selbst demselben nicht beigestimmt haben.*) Die Eintragung und die Unterzeichnung der Beschlüsse hat jedoch keineswegs die Bedeutung eines Formalactes, so daß etwa das Fehlen

---

*) M. R. vom 15. Dec. 1836 (von Kamptz Annal. Bd. XX, p. 929).

derselben ihre Nichtigkeit herbeiführen könnte. Jeder Beschluß ist vielmehr als rechtsgültig zu Stande gekommen anzusehen, sobald sich dies nur auf irgend eine Weise feststellen läßt.*) Die Führung des zur Eintragung der Beschlüsse bestimmten Buchs ist obligatorisch und kann niemals durch die Niederschreibung der Beschlüsse in die Specialacten ersetzt werden.

Dem Magistrate müssen alle Beschlüsse der Stadtverordneten, auch diejenigen, welche ihm durch das Gesetz zur Ausführung nicht überwiesen sind, mitgetheilt werden. Da der Magistrat sich vor der Ausführung die Ueberzeugung davon verschaffen muß, ob die Beschlüsse in gültiger Form der gesetzlichen Vorschrift entsprechend abgefaßt sind, so ist er auch berechtigt, die Originalbeschlüsse bezw. die Protokollbücher zur Einsicht zu verlangen, so oft es ihm dienlich erscheint.**)

Alle Beschlüsse bedürfen, wenn sie solche Angelegenheiten betreffen, welche gesetzlich dem Magistrate zur Ausführung überwiesen sind, der Zustimmung des Letzteren. Versagt dieser die Zustimmung, so hat er die Gründe der Versagung der Stadtverordnetenversammlung mitzutheilen. Erfolgt hierauf keine Verständigung, zu deren Herbeiführung von jeder der beiden städtischen Behörden die Einsetzung einer gemeinschaftlichen Commission verlangt werden kann, so ist in den 6 östlichen Provinzen excl. Posen, ferner in Westphalen und Hannover die Entscheidung des Bezirksausschusses über die entstandenen Meinungsverschiedenheiten einzuholen, wenn von einem Theile darauf angetragen wird und zugleich die Angelegenheit nicht auf sich beruhen bleiben kann.***) In der Provinz Posen ist zur Zeit bei solchen entstehenden Differenzen die Entscheidung der Re-

---

*) A. L. R. Th. I, Tit. 3 § 40 und 41.

**) M. R. vom 11. October 1828 (von Kamptz Ann. Bd. XII, p. 1029) und vom 8. Nov. 1828 (von Kamptz Ann. ibidem p. 1031).

***) Zust. G. vom 1. August 1883 § 17 sub 1, O. St. O. § 36, W. St. O. § 36.

gierung anzurufen. In der Rheinprovinz und in Schleswig-Holstein dagegen ist ein solches Verfahren ausgeschlossen, und zwar in der Rheinprovinz in denjenigen Städten, in welchen ein collegialischer Gemeindevorstand nicht besteht.

Was die Ausführung der Beschlüsse anlangt, so steht diese der Versammlung nicht zu, weil der Magistrat die alleinige ausführende Behörde ist. Wollen die Stadtverordneten in einer Angelegenheit eine Beschwerde bei den höheren Behörden erheben, so müssen sie zu diesem Zwecke die Vermittelung des Magistrats anrufen. Dieser hat sodann entweder ihrem Beschlusse, wenn er ihn begründet findet, Folge zu geben oder sie motivirt zu bescheiden, aus welchen Gründen er ihren Antrag oder ihre Beschwerde höheren Orts nicht befürworten könne. Selbstverständlich findet eine Ausnahme von dieser Regel dann statt, wenn sich die Stadtverordneten über den Magistrat selbst beschweren wollen, oder wenn der Magistrat einem von deu Stadtverordneten im Interesse der Stadtgemeinde gestellten Antrage Folge zu geben sich weigert.*)

IX. Ausschließung der Stadtverordneten von der Theilnahme an den Berathungen und Beschlüssen wegen collidirenden eigenen Interesses. An den Verhandlungen und Beschlüssen, welche in den Sitzungen über Rechte und Verpflichtungen der Stadtgemeinde gepflogen bezw. gefaßt werden, dürfen bei Vermeidung der Nichtigkeit der betreffenden Beschlüsse diejenigen Stadtverordneten nicht Theil nehmen, deren Interesse mit demjenigen der Gemeinde hinsichtlich der zur Verhandlung stehenden Angelegenheit in Widerspruch steht, und müssen die so Betheiligten selbst während der Berathungen das Sitzungslocal verlassen. Dieser aus der Allerhöchsten Cabinetsordre vom 18. Juli 1833 (M. Bl. p. 84) in die neueren Städteordnungen übernommene Prinzipalsatz bezielt

*) M. R. vom 10. Januar 1842 (M. Bl. p. 5).

jedoch nur das persönliche, eigene und pecuniäre Privatinteresse der betheiligten Mitglieder, wie dies wiederholt in mehreren Ministerialrescripten ausgesprochen ist. Das vorberegte Prinzip der Ausschließung kommt demzufolge nicht zur Anwendung, wo es sich bei einer Abstimmung überhaupt nur um die Interessen von Verwandten einzelner Stadtverordneten, und insbesondere um die Wahl eines nahen Verwandten zum Rathsherrn handelt.*) Die Anwendung jenes Prinzips ist ferner ausgeschlossen in allen Angelegenheiten, bei welchen das Interesse des Grundeigenthums mit dem allgemeinen Interesse in Widerspruch kommen kann, rücksichtlich der der Gemeindevertretung angehörenden Grundbesitzer,**) oder wenn es sich bei einer Abstimmung um das Interesse handelt, welches einem Stadtverordneten nur dadurch erwächst, daß er einer Corporation, z. B. einer Kirchengemeinde, deren Rechte und Verpflichtungen im Verhältniße zur Stadtgemeinde in Frage stehen, als Mitglied angehört.***) Ueberall, wo es sich nicht um einen individuellen Privatvortheil einzelner Mitglieder handelt, dürfen die betreffenden Mitglieder an den desfallsigen Verhandlungen und Beschlüssen sich betheiligen. Insbesondere wird diese Betheiligung bei einer Wahlverhandlung zu gestatten sein, bei welcher ein Stadtverordneter selbst als Candidat vorgeschlagen ist oder als Bewerber auftritt. Die dem M. R. vom 27. Mai 1828 (v. Kamptz Ann. p. 425) und mehreren anderen sich daran anschließenden Rescripten†) zu Grunde liegende gegentheilige Ansicht, daß ein solcher Stadtverordneter an der Wahl nicht Theil nehmen darf, läßt sich

*) M. R. vom 30. April 1839 (von Kamptz Ann. Bd. XXIII, p. 385) und M. R. vom 8. October 1841 (M. Bl. p. 271).

**) M. R. vom 13. August 1840 (M. Bl. p. 343).

***) M. R. vom 28. Mai 1850.

†) M. R. vom 17. Juli 1832 (Ann. p. 667) und vom 28. Februar 1839 (Ann. p. 115).

gesetzlich nicht aufrecht erhalten, während das richtige Tactgefühl schon jeden davon abhalten wird, auf sich selbst seine Stimme abzugeben.

Kann wegen der Ausschließung einzelner Stadtverordneten eine beschlußfähige Versammlung überhaupt nicht gebildet werden, so ist zunächst von dem Magistrate und event., wenn auch dieser aus dem vorgedachten Grunde des eigenen Interesses einen gültigen Beschluß zu fassen nicht befugt ist, von dem Bezirksausschuße in den Kreisordnungsprovinzen (bezw. von der Bezirksregierung in den übrigen Provinzen) für die Wahrung des Gemeindeinteresses Sorge zu trageu, und nöthigenfalls ein besonderer Vertreter für die Stadtgemeinde zu bestellen.

X. Geschäftsordnung. In der obigen Darstellung sind schon verschiedene Gesichtspuncte hervorgetreten, aus welchen sich die Annahme einer Geschäftsordnung seitens der Gemeindevertretung empfiehlt. Es ist nun in der zur Ausführung der Städteordnung vom 30. Mai 1853 bestimmten Instruction vom 20. Juni 1853 (M. Bl. p. 138) sub XIII von dem Minister des Innern darauf hingewiesen, daß bei den Geschäftsordnungen der Stadtverordnceten, insoweit jene Städteordnung keine entgegenstehenden ausdrücklichen Bestimmungen enthält, die als Anlage zur Städteordnung vom 19. November 1808 oder die als Anhang zur revidirten Städteordnung vom 17. März 1831 ergangene Instruction zur Geschäftsführung der Stadtverordneten als Grundlage zu benutzen ist.

Die Abfassung solcher Geschäftsordnungen bleibt freilich der Entschließung der Gemeindevertretungen überlassen, sie bedarf aber der Zustimmung des Magistrats. Wird diese versagt, so hat Letzterer die ihn bestimmenden Gründe der Gemeindevertretung mitzutheilen. Es kann dann von jeder der beiden städtischen Behörden die Einsetzung einer aus

Mitgliedern derselben zu bildenden gemeinschaftlichen Commission zum Zwecke der Herbeiführung einer Verständigung verlangt werden. Erfolgt dieselbe nicht, so ist die Entscheidung des Bezirksausschusses in den 6 östlichen Provinzen, Westphalen und Hannover (bezw. der Regierung in Posen) auf den Antrag einer der beiden Behörden einzuholen.

In diesen Geschäftsordnungen dürfen Zuwiderhandlungen der Mitglieder gegen die zur Aufrechterhaltung der Ordnung gegebenen Vorschriften mit Strafen belegt werden. Diese Ordnungsstrafen können bestehen:

1. im ersten Falle der Zuwiderhandlung nur in Geldbußen bis zu 15 Mark, und
2. erst im mehrmaligen Wiederholungsfalle in der auf eine gewisse Zeit oder selbst auf die Dauer der Wahlperiode zu verhängenden Ausschließung aus der Versammlung.

Für die Festsetzung der Strafen ist in den Kreisordnungsprovinzen nur die Gemeindevertretung bei gänzlicher Ausschließung des Rechtsweges zuständig. Der Beschluß derselben bedarf keiner Genehmigung oder Bestätigung seitens des Magistrats oder der Aufsichtsbehörde, kann aber durch Klage im Verwaltungsstreitverfahren beim Bezirksausschusse binnen der präclusivischen Frist von zwei Wochen angefochten werden.*) Was die Vollstreckung der qu. Ordnungsstrafen anlangt, so liegt dem Magistrate, als der allein ausführenden Behörde, nur die Beitreibung der Geldstrafen ob. Andere zur Aufrechterhaltung der Ordnung gefaßte Beschlüsse bedürfen der Concurrenz des Magistrats nur in dem Falle, wenn der Betheiligte sich ihnen nicht unterwirft, sondern sie als unzulässig behandelt, indem dann der Magistrat in seiner Eigenschaft als Obrigkeit einzuschreiten hat.**)

---

*) Zust. Ges. vom 1. August 1883 § 10.

*) M. R. vom 5. Mai 1828 (von Kamptz Ann. Bd. XII, p. 424).

§ 53. Competenz der Gemeindevertretung.

Die der Gemeindevertretnng in Bezug auf die städtische Verwaltung zustehenden Rechte beschränken sich auf das Beschlußrecht, das Wahlrecht, das Recht zur Abgabe von Gutachten und das Controlerecht, während das Recht der Ausführung der über Gemeindeangelegenheiten gefaßten Beschlüsse ihr nicht eingeräumt, sondern dem Magistrate übertragen ist. Das Beschlußrecht äußert sich in dreifacher Beziehung, und zwar insofern, als ihre Beschlüsse entweder einer Genehmigung oder Bestätigung überhaupt nicht bedürfen, oder die Zustimmung des Magistrats zu ihrer rechtlichen Verbindlichkeit voraussetzen, oder außer der Zustimmung des Magistrats noch die Bestätigung einer höheren Behörde (des Bezirksausschusses bezw. des Regierungspräsidenten, der Regierung oder des Ministers des Innern und der Finanzen) erfordern. Diese Unterscheidung wird in der nachfolgenden Darstellung noch schärfer hervortreten.

Die Competenz der Gemeindevertretung erstreckt sich nun im Einzelnen auf folgende Gegenstände:*)

I. Beschlüsse über die Handhabung ihrer Geschäftsordnung und Geschäftsführung. Diese unterliegen der eigenen Ausführung der Gemeindevertretung und bedürfen überall der Zustimmung des Magistrats nicht.

II. Beschlüsse über alle Gemeindeangelegenheiten, soweit dieselben nicht ausschließlich dem Magistrate überwiesen sind. In allen Städteordnungen wird als Regel festgehalten, daß die Gemeindevertretung berechtigt ist, über alle Gemeindeangelegenheiten zu beschließen, und daß von den Letzteren nur diejenigen ausgenommen sind, für welche auf Grund der Städteordnungen oder anderweitiger Gesetze die ausschließliche

---

*) O. St. O. § 35, W. St. O. § 35, R. St. O. § 34.

Competenz des Magistrats ausdrücklich anerkannt ist. Zu diesen Ausnahmen gehören im Wesentlichen die unten im § 66 aufgeführten Gegenstände. Die in Gemäßheit der vorstehenden Einschränkung somit der Gemeindevertretung hinsichtlich der Gemeindeangelegenheiten als zuständig verbleibenden Beschlüsse bedürfen nun zu ihrer rechtlichen Verbindlichkeit, abgesehen von den sub III aufgeführten Ausnahmen, stets der Zustimmung des Magistrats, wenn es sich um Angelegenheiten handelt, welche durch das Gesetz dem Magistrate zur Ausführung überwiesen sind. Die vorstehenden Gesichtspuncte geben die Erklärung dafür, daß die Städteordnungen einerseits davon Abstand nehmen, die Fälle der zur Competenz der Gemeindevertretung gehörenden Beschlüsse speciell zu bezeichnen, und sich andererseits nur darauf beschränken, diejenigen Gemeindeangelegenheiten, für welche die alleinige Competenz des Magistrats festgesetzt ist, zusammenzustellen. Wenn nun trotzdem die Städteordnungen aus dem weiten Gebiete der Beschlüsse der Gemeindevertretung einzelne besonders herausheben und berühren, so geschieht dies deshalb, entweder weil für einen Theil besondere Verwaltungsgrundsätze normiren, wie z. B. für

a. die Benutzung des Gemeindevermögens (St. O. vom 30. Mai 1853 § 49),
b. die freiwillige Veräußerung von Grundstücken (a. a. O. § 51),
c. die Aufbringung von Gemeindesteuern (a. a. O. § 53)
d. die Heranziehung der Gemeinde zur Leistung von Hand- und Spanndiensten (a. a. O. § 54)

oder deshalb, weil ein Theil der Beschlüsse außer der Zustimmung des Magistrats noch ausnahmsweise die Bestätigung höherer Behörden erfordert, wie z. B.

a. Die Veräußerung oder wesentliche Veränderung von Sachen, welche einen besonderen wissenschaftlichen, historischen oder Kunstwerth haben, insbesondere von Archiven oder Theilen derselben, indem hier die Genehmigung des Regierungspräsidenten erforderlich ist (a. a. O. § 50).

b. Die Veräußerung von Grundstücken und solcher Gerechtsamen, welche jenen gleichgestellt sind (a. a. O. § 50, sub 1).

c. Anleihen, durch welche die Gemeinde mit einem Schuldenbestande belastet, oder der bereits vorhandene vergrößert wird (a. a. O. § 50 sub 2).

d. Veränderungen in dem Genusse von Gemeindenutzungen (Wald, Weide, Haide, Torfstich und dergleichen) — cfr. a. a. O. § 50 sub 3. —

In den vorstehend sub b—d beregten Angelegenheiten ist die Genehmigung des Bezirksausschusses in den Kreisordnungsprovinzen bezw. der Regierung in den übrigen Provinzen angeordnet. — cfr. Zust. G. § 16. —

e. Statutarische Anordnungen (a. a. O. § 11).

f. Beschlüsse über Entrichtung des Bürgerrechtsgeldes und des Einkaufsgeldes (cfr. oben § 27).

In den sub e und f beregten Fällen ist die Genehmigung des Bezirksausschusses in den Kreisordnungsprovinzen bezw. der Regierung in den übrigen Provinzen zu erwirken.

g. Die Beschlüsse über besondere directe oder indirecte Gemeindesteuern, welche neu eingeführt oder in ihren Grundsätzen verändert werden. Diese bedürfen der Genehmigung des Bezirksausschusses und zugleich der Zustimmung der Minister des Innern und der Finanzen, während für die nur zu erhöhenden gleichen Steuern schon die Bestätigung des Bezirksausschusses genügt. (St. O. vom 30. Mai 1853 § 53 und Zust. G. vom 1. August 1883 § 16, Abs. 4 und 5.)

III. Beschlüsse über Gemeindeangelegenheiten, welche ausnahmsweise der Genehmigung oder Bestätigung Seitens des Magistrats bezw. einer höheren Behörde nicht bedürfen. Es gehören hierher die in dem Zust. G. vom 1. August 1883 § 10 bezeichneten Gegenstände, nämlich:

1. Beschwerden und Einsprüche, betreffend den Besitz oder den Verlust des Bürgerrechts, insbesondere des Rechts zur Theilnahme an den Wahlen zur Gemeindevertretung, sowie des Rechts zur Bekleidung einer den Besitz des Bürgerrechts voraussetzenden Stelle in der Gemeindeverwaltung oder Gemeindevertretung; ferner Beschwerden und Einsprüche, betreffend die Verpflichtung zum Erwerbe oder zur Verleihung des Bürgerrechts bezw. zur Zahlung von Bürgergewinngeldern (Ausfertigungsgebühren) und zur Leistung des Bürgereides, sowie betreffend die Zugehörigkeit zu einer bestimmten Bürgerclasse und die Richtigkeit der Gemeindewählerliste.
2. Die Gültigkeit der Wahlen zur Gemeindevertretung.
3. Die Berechtigung zur Ablehnung oder Niederlegung von Aemtern und Stellen in der Gemeindeverwaltung oder Vertretung; ferner die Nachtheile, welche gegen Mitglieder der Stadtgemeinde wegen Nichterfüllung der ihnen nach den Gemeindeverfassungsgesetzen obliegenden Pflichten, sowie die Strafen, welche gegen Mitglieder der Gemeindevertretung wegen Zuwiderhandlungen gegen die Geschäftsordnung nach Maßgabe der Gemeindeverfassungsgesetze zu verhängen sind.

Derartige Beschlüsse der Gemeindevertretung können nur durch Klage, welche auch dem Magistrate zusteht, im Verwaltungsstreitverfahren binnen zwei Wochen beim Bezirksausschusse angefochten werden. Die beiden städtischen Behörden können sich in diesem Verfahren zur Wahrnehmung ihrer Rechte je einen besonderen Vertreter bestellen. Die Klage hat in den Fällen sub 1 und 2 keine aufschiebende Wirkung; jedoch dürfen Ersatzwahlen vor ergangener rechtskräftiger Entscheidung nicht vorgenommen werden.*)

Was die Erhebung der qu. Beschwerden und Einsprüche anlangt, so sind dieselben in allen Fällen bei dem Magistrate anzubringen, und zwar die Einsprüche gegen die Richtigkeit der Wählerliste während der Dauer der Auslegung der letzteren, dagegen Einsprüche gegen die Gültigkeit der Wahlen zur Gemeindevertretung innerhalb zwei Wochen nach Bekanntmachung des Wahlergebnisses.

IV. **Wahlen** der Mitglieder des Magistrats in das Magistratscollegium, ferner der Mitglieder der Gemeindevertretung und der stimmfähigen Bürger in die städtischen Deputationen und Commissionen, sowie der stimmfähigen Bürger zu dem Amte eines Bezirksvorstehers ohne Concurrenz des Magistrats, dagegen Wahlen der städtischen Kreistagsabgeordneten in den Kreistag in Gemeinschaft mit dem Magistrate.**)

V. Abgabe von Gutachten. Die Gemeindevertretung hat ihr Gutachten über alle Gegenstände abzugeben, welche ihr zu diesem Zwecke Seitens der Aufsichtsbehörde vorgelegt werden.

VI. Verordnungen über Gegenstände der landwirthschaftlichen Polizei. Es ist zu denjenigen Polizeiverordnungen, welche die mit der örtlichen Polizeiverwaltung beauftragten Behörden im Einverständniß mit dem Magistrate über Gegenstände der landwirthschaftlichen Polizei erlassen wollen, auf Grund des Gesetzes über die Polizeiverwaltung vom 11. März 1850 § 7 ein die Zustimmung aussprechender Beschluß der Gemeindevertretung erforderlich. Bezüglich des Verfahrens ist hervorzuheben, daß die Berathung derselben unter dem

---

*) Zust. G. vom 1. August 1883 § 11 und 21.

**) Kreisordnung vom 13. Dec. 1872 § 103.

Vorsitze des mit der örtlichen Polizeiverwaltung beauftragten Beamten erfolgen muß.

VII. Controle der städtischen Verwaltung und der Verwaltung städtischer milder Stiftungen.*) Die Städteordnungen der sechs östlichen Provinzen, der Rheinprovinz und der Provinz Westphalen haben der Gemeindevertretung das Recht zugesprochen, die städtische Verwaltung zu controliren. In dem M. R. vom 27. Juli 1844 (M. Bl. p. 266) ist anerkannt, daß ein solches Recht sich auch auf die Verwaltung der städtischen Stiftungen erstreckt. Der Umfang dieses Controlerechts ist gesetzlich nicht festgestellt; die Städteordnungen haben sich vielmehr nur darauf beschränkt, einzelne daraus originirende Befugnisse hervorzuheben, und zwar die Befugniß der Gemeindevertretung, sich von der Ausführung ihrer Beschlüsse und der Verwendung aller Gemeindeeinnahmen Ueberzeugung zu verschaffen, zu diesem Zwecke von dem Magistrate die Einsicht der Acten zu verlangen und aus ihrer Mitte Ausschüsse, zu welchen der Bürgermeister ein Mitglied des Magistrats abordnen kann, zu ernennen. Es sind in Folge dessen wiederholt sowohl in der Praxis als in der Theorie Streitfragen über den Umfang des qu. Rechts hervorgetreten, welche zum Theil den Entscheidungen der Ministerialrescripte grundleglich gemacht sind. In dieser Beziehung ist zunächst hervorzuheben, daß sich jenes Recht nur auf diejenigen Angelegenheiten, in welchen der Magistrat als eigentliche Verwaltungsbehörde thätig ist, zu beschränken hat, und sich nicht auf diejenigen Gegenstände erstreckt, welche ihm, als Organ der Staatsgewalt überwiesen sind und in Betreff deren er von der Gemeindevertretung völlig unabhängig ist.**) Es

---

*) M. R. vom 20. Februar 1837, vom 28. October 1837, vom 19. März 1839 und vom 27. Juli 1844.

**) M. R. vom 6. Juni 1841 (M. Bl. p. 162).

steht ihr ferner die Controle nur in soweit zu, als ihr dadurch das volle Recht gewahrt wird, über alle Gegenstände der Stadtverwaltung orientirt zu werden, und dadurch der überhaupt mit dem Begriffe des Controlerechts verbundene Zweck ermöglicht werden kann. Aus diesem Gesichtspunkte rechtfertigt sich die Entscheidung des M. R. vom 9. Juni 1843 (M. Bl. p. 186), daß die vom Magistrate zu secretirenden Personalacten der städtischen Beamten nicht zu den der Gemeindevertretung zur Einsicht vorzulegenden Acten gehören sollen, weil die ersteren die Erreichung jenes Zweckes nicht herbeizuführen vermögen. Abgesehen hiervon steht es nicht im Belieben des Magistrats, die zur Controle erforderlichen Acten selbst zu bestimmen, oder nur Extracte oder Darstellungen aus denselben vorzulegen, oder einzelne Actenstücke vorzuenthalten, weil dadurch dem Zwecke, daß die Gemeindevertretung sich nach eigener Entschließung über alle einschlagenden Verhältnisse vollständige Kenntniß und Ueberzeugung zu verschaffen hat, entgegengetreten wird.*) Der Magistrat ist deshalb verpflichtet, hierzu durch Vorlegung derjenigen Acten beizutragen, deren Einsicht die Gemeindevertretung für den zulässigen Zweck verlangt. Die Frage, ob der Gemeindevertretung die formelle Beaufsichtigung der einzelnen städtischen Beamten und ihres Fleißes zusteht, und ob sie zu solchem Zwecke die Ausfertigung und Vorlegung von Restextracten verlangen kann, ist in dem M. R. vom 18. Mai 1839 (von Kamptz Ann. Bd. XXIII, p. 381) mit Recht verneint; sie hat die Veranlassung zur Unterscheidung zwischen formeller und materieller Controle gegeben. Die formelle Controle, welche mit der Ueberwachung der städtischen Beamten in Bezug auf die Erledigung der ihnen obliegenden Arbeiten und ihren Fleiß identisch ist, steht dem Dirigenten des Magistrates allein zu,

*) M. R. vom 6. Juni 1841 (M. Bl. p. 162).

und kann von der Gemeindevertretung nicht in Anspruch genommen werden, weil die Beamten in der angedeuteten Beziehung nur der Aufsicht des Vorgesetzten unterstellt sind, und der Gemeindevertretung die Eigenschaft einer vorgesetzten Dienstbehörde nicht zukommt. Dagegen ist dieselbe ausnahmslos berechtigt zur materiellen Controle, durch welche sie die Ueberzeugung gewinnen soll, ob die Verwaltung redlich, zweckmäßig, in Maßgabe ihrer Beschlüsse und zum wahren Besten der Stadt geführt werde, und welche nur dadurch geführt werden kann, daß die Mitglieder der Gemeindevertretung sich persönlich an Ort und Stelle durch eigenen Augenschein von der Lage der Verwaltung überzeugen, sich die Acten des Magistrats vorlegen lassen und den Letzteren um Auskunft ersuchen. Daß zum Zwecke dieser materiellen Controle im einzelnen Falle unter Umständen die Vorlegung von Restextracten nicht bloß wünschenswerth ist, sondern sich zum Zwecke der Begründung etwaiger Beschwerden sogar als nothwendig herausstellen kann, und daß für den einzelnen Fall die Vorlegung solcher Extracte nicht vorzuenthalten ist, möchte in Anbetracht und in richtiger Würdigung des mehrberegten Zweckes wohl nicht zu bezweifeln sein. Daß übrigens das Recht der Controle nicht jedem einzelnen Mitgliede, sondern nur der Gemeindevertretung, als städtischer Behörde, mit der Befugniß zur Ernennung von Ausschüssen zusteht, bedarf mit Rücksicht auf den Wortlaut des § 37 resp. 35 der Städteordnungen wohl nur der Andeutung.

VII. Zustimmung zur Uebernahme der Verwaltung eines benachbarten Amtsbezirkes durch den Bürgermeister. Hierfür ist die städtische Vertretung in dem § 58 der Kreisordnung vom 13. December 1872 für zuständig erklärt, während sonst die Uebernahme eines Nebenamtes Seitens der besoldeten Magistratsmitglieder nur von der Genehmigung ihrer vorgesetzten Behörde abhängt — cfr. § 63. —

Daß die Gemeindevertretung über andere als Gemeinde-angelegenheiten nur dann berathen darf, wenn solche durch besondere Gesetze oder in einzelnen Fällen durch Aufträge der Aufsichtsbehörde an sie gewiesen sind, wurde bereits in dem vorgehenden § 52 sub VII bei der Besprechung, ob der Gemeindevertretung das Petitionsrecht zu versagen ist, besonders hervorgehoben.

§ 54. Auflösung der Gemeindevertretung.

O. St. O. § 79, W. St. O. § 81, R. St. O. § 86 und Sch. H. St. O. § 65.

Die Stadtverordnetenversammlung kann auf den Antrag des Staatsministeriums durch Königliche Verordnung aufgelöst werden. In solchem Falle ist eine Neuwahl derselben anzuordnen, und muß diese binnen sechs Monaten (in Schleswig-Holstein schon binnen drei Monaten) vom Tage der Auflösungs-Verordnung an gerechnet erfolgen.

Bis zur Einführung der neugewählten Stadtverordneten werden die laufenden Geschäfte und die dadurch bedingten Verrichtungen der Stadtverordnetenversammlung durch besondere Behörden oder Beamte besorgt, nnd zwar sollen an Stelle der aufgelösten Gemeindevertretung beschließen: in den Kreisordnungsprovinzen mit Ausschluß von Hannover der Bezirksausschuß,*) in Posen und in der Rheinprovinz besondere durch den Minister des Innern bestellte Commissare,**) in Schleswig-Holstein der Magistrat***) und in Berlin der Oberpräsident.†)

*) Zust. Ges. vom 1. August 1883 § 17 sub 3.

**) O. St. O. § 79 und R. St. O. § 86.

***) Sch. H. St. O. § 65.

†) Ges. über die allgemeine Landesverwaltung vom 30. Juli 1883 § 43.

In der Hannoverschen Städteordnung ist der Fall einer Auflösung des Bürgervorsteher-Collegiums nicht vorgesehen.

Zweites Capitel: Der Gemeindevorstand.

§ 55. Begriff und Charakteristik des Gemeindevorstandes.

Es ist bereits oben im § 17 darauf hingewiesen, daß die Stadtgemeinde von den beiden städtischen Behörden, und zwar nach wesentlich verschiedenen Richtungen hin, vertreten wird. Während die Gemeindevertretung (Stadtverordnetenversammlung pp.) nur dazu berufen ist, dem Gemeindevorstande gegenüber die gesammte Gemeinde, als ihre Auftraggeberin, zu vertreten und somit den Willen der Stadtgemeinde zum Ausdrucke zu bringen, ist der Gemeindevorstand dasjenige Organ, welches die Stadtgemeinde, als geschlossene Corporation, nach außen hin vertritt und dem gesetzmäßig kundgegebenen Willen derselben durch Ausführung der erforderlichen Beschlüsse Geltung zu verschaffen bestimmt ist.

Zwei Hauptfunctionen sind es, welche der Gemeindevorstand als solcher gesetzlicher Vertreter in sich vereinigt. Er ist nämlich der Verwalter der städtischen Angelegenheiten und zugleich ein zur Erreichung des allgemeinen Staatszwecks bestimmtes Organ der Staatsgewalt. Er tritt uns in ersterer Beziehung als Gemeindeverwaltungsbehörde, dagegen in letzterer Beziehung als Ortsobrigkeit entgegen. Seine Thätigkeit, welche ihm, als Gemeindeverwaltungsbehörde, zugewiesen ist, beschränkt sich auf die Vermögensverwaltung und die inneren Angelegenheiten der Stadtgemeinde, während er als Ortsobrigkeit in allen denjenigen Beziehungen eintritt, in welchen es sich um Vollziehung der Gesetze handelt. Diese Doppelstellung bedingt eine völlig verschiedene Gestaltung seines Verhältnisses zu der Gemeindevertretung. Während die beiden städtischen Behörden in Bezug auf die internen Gemeindeangelegenheiten, welche der Beschlüsse der Gemeindevertretung bedürfen, in Bezug auf einander coordinirt sind, so gestaltet sich die Sache doch anders, wenn der Gemeindevorstand in seiner Eigenschaft als Obrigkeit thätig wird, indem in solchem Falle nicht bloß die Gemeinde, sondern auch die Gemeindevertretung seinen Befehlen unterworfen ist, und Letztere somit hier ihm als subordinirte Behörde gegenübersteht.*)

Der Gemeindevorstand wird im Gegensatze zur Gemeindevertretung, welche ihre Beschlüsse nicht selbst zur Ausführung bringen darf und somit im Wesentlichen nur eine berathende und beschließende Thätigkeit entwickelt, als ausführende Behörde bezeichnet. Es kann mit diesem Ausdrucke nur der vorberegte Gegensatz bezielt und angedeutet, dagegen nicht der Sinn verbunden werden, daß sich die Thätigkeit des Gemeindevorstandes lediglich auf die Ausführung der Beschlüsse der Gemeindevertretung beschränkt. Es ist in dieser Beziehung ganz besonders hervorzuheben, daß alle Beschlüsse der Letzteren, welche die ihm gesetzlich zur Ausführung überwiesenen Angelegenheiten betreffen, stets seiner Zustimmung bedürfen, und daß er dadurch den Charakter einer beschließenden Behörde nicht weniger als die Gemeindevertretung hervortreten läßt.

Wie dem Gemeindevorstande in seiner Gesammtheit die Eigenschaft einer Behörde zukommt, so sind auch alle einzelnen Mitglieder desselben, sowohl die besoldeten als die unbesoldeten Magistratspersonen, öffentliche Beamte. Die unbesoldeten Magistratsmitglieder und die Stadtverordneten gleichen sich darin, daß beide aus derselben Bürgerschaft rekrutiren und ihr Amt als Ehrenamt bekleiden; sie unterscheiden sich aber wesentlich dadurch, daß den Stadtverordneten als solchen nicht, wie den Magistratsmitgliedern, die Rechte und Pflichten öffentlicher Beamten zustehen.

*) M. R. vom 9. Januar 1843 (M. Bl. p. 5).

§ 56 Zusammensetzung des Gemeindevorstandes.

Der Gemeindevorstand der Preußischen Städte ist entweder ein unter dem Vorsitze des Bürgermeisters zusammengesetztes Collegium von Magistratspersonen (Magistratscollegium) oder ein Bürgermeister als Einzelbeamter, welchem zwei oder, wo es das Bedürfniß erfordert, mehrere Schöffen bezw. Beigeordnete zum Zwecke der Besorgung einzelner ihnen überwiesener Amtsgeschäfte, sowie zum Zwecke der Vertretung zur Seite stehen. Das Collegium führt stets den Titel „Magistrat"; es sind aber auch die mit der Funktion der Stadtobrigkeit als Einzelbeamte betrauten, und somit als Behörde fungirenden Bürgermeister in Gemäßheit des Ministerialerlasses vom 20. März 1856 (M. Bl. p. 91) befugt, sich der Firma: „Magistrat" zu bedienen, da die Städteordnungen keine Bestimmungen enthalten, welche der Führung eines solchen Titels ausdrücklich entgegenstehen. Der Magistrat ist nun in der Regel eine collegialisch zusammengesetzte Behörde. Als von diesem Prinzipe abweichende Ausnahmen sind folgende zu verzeichnen:

1. In den sechs östlichen Provinzen kann in Städten von nicht mehr als 2500 Einwohnern, in Westphalen auch in größeren Städten und in Schleswig-Holstein in den kleineren Städten ohne Beschränkung der Einwohnerzahl sowie den Flecken die Ortsobrigkeit und Gemeindeverwaltungsbehörde nur aus einem Bürgermeister gebildet werden, welchem zwei oder drei Schöffen (in den sechs östlichen Provinzen und Westphalen) bezw. zwei oder drei Rathsmänner (in Schleswig-Holstein) zur Unterstützung in den Amtsgeschäften und zur Vertretung beizuordnen sind.*)

*) O. St. O. § 72, Sch. H. St. O. § 94, W. St. O. § 72.

2. In den Städten der Rheinprovinz besteht in der Regel ein nicht collegialischer Magistrat, indem dort nur ein Bürgermeister, welchem zwei oder je nach dem Bedürfnisse mehrere Beigeordnete zur Unterstützung und Vertretung zugewiesen sind, an der Spitze der Verwaltung steht und als Ortsobrigkeit fungirt; es kann indeß in jeder Stadt auf desfallsigen besonderen Antrag ein Magistratscollegium eingesetzt werden.*)

Was nun insbesondere die Zusammensetzung des aus den Wahlen der Gemeindevertretung hervorgehenden Magistratscollegiums anlangt, so besteht dasselbe theils aus besoldeten, theils aus unbesoldeten Mitgliedern. Es sind dies:

I. **Der Bürgermeister.** Er ist als Dirigent der unmittelbare Vorgesetzte der Mitglieder des Collegium und seiner Unterbeamten sowie der mittelbare sämmtlicher übrigen Communalbeamten; er leitet und beaufsichtigt den ganzen Geschäftsgang der städtischen Verwaltung, und wird vorzugsweise zu dem Amte des Ortspolizeiverwalters, Amtsanwaltes und Standesbeamten herangezogen. Er kann den Titel „Oberbürgermeister", welcher früher in Gemäßheit der Städteordnung von 1808 stets dem ersten Bürgermeister einer Stadt von mehr als 10 000 Einwohnern eo ipso zustand, jetzt erst durch Allerhöchste Verleihung erwerben. Er wird in allen Städten besoldet; nur für Schleswig-Holstein besteht die singuläre Vorschrift, daß in denjenigen Städten, welche die einfachere Städteverfassung ohne collegialischen Gemeindevorstand angenommen haben, die Bürgermeister auch ohne Besoldung angestellt werden können.

II. **Der Beigeordnete oder zweite Bürgermeister.** Er ist das erste Magistratsmitglied nach dem Bürgermeister und dessen gesetzlich berufener Stellvertreter in Krankheits-, Abwesenheits- und sonstigen Behinderungsfällen desselben. Er

*) R. St. O. § 9 und 66.

hat nicht bloß die Pflicht, sondern auch das Recht, als Stellvertreter des Bürgermeisters einzutreten, so daß die Aufsichtsbehörde die Stelle des letzteren im Falle der Behinderung nicht einmal nach freiem Ermessen unter Uebergehung des Beigeordneten auf Kosten der Stadt commissarisch verwalten lassen darf.*) Der Beigeordnete ist befugt, den Titel „zweiter Bürgermeister" zu führen, da es nach der Fassung der Städteordnungen**) zur Annahme jenes Titels einer besonderen Verleihung, wie dies in einem Ministerialrescripte vom 1. Mai 1854 ausdrücklich anerkannt ist, nicht bedarf. Der Beigeordnete kann mit oder ohne Besoldung angestellt werden. Eine solche Verschiedenheit der Anstellung hat nur die Folge, daß die besoldeten Beigeordneten mindestens auf 12 Jahre, die unbesoldeten dagegen nur auf 6 Jahre zu wählen sind.

III. **Die Schöffen**, welche in den altpreußischen Provinzen je nach der Größe der Städte als Rathsmänner bezw. Rathsherren oder Stadträthe, dagegen in Hannover als Senatoren und in Schleswig-Holstein im Allgemeinen als Rathsverwandte (im Speziellen je nach der Bestimmung der Ortsstatuten als Stadträthe bezw. Rathsherren oder Senatoren) titulirt werden. Dieselben bekleiden ihr Amt als Ehrenamt und beziehen deshalb keine Besoldung. Nur in Schleswig-Holstein kann ein Theil der Stellen der Rathsverwandten nach Festsetzung des Ortsstatuts besoldet werden; auch können ebendort für unbesoldete Magistratsämter festbestimmte Entschädigungen für Dienstunkosten ausgesetzt werden.***)

In den Städten der sechs östlichen Provinzen und in Westphalen soll zunächst die Zahl der Magistratsmitglieder dieselbe bleiben, welche vor der Emanation der betreffenden

*) E. O. V. G. Bd. VI, p. 35.
**) O. St. O. § 29, Sch. H. St. O. § 28.
***) Sch. H. St. O. § 28.

Städteordnungen vom 30. Mai 1853 bezw. vom 19. März 1856 für jede einzelne Stadt festgestellt war, und zwar bis dahin, daß durch ortsstatutarische Anordnung, welcher überhaupt in Betreff der Zahl abweichende Festsetzungen vorbehalten sind, eine Abänderung getroffen ist. Im Uebrigen wird die Zahl nach der jedesmaligen Größe der Civilbevölkerung beim Mangel ortsstatutarischer Bestimmungen festgestellt, und zwar:

a. in den sechs östlichen Provinzen:

in Städten von weniger als 2500 Einwohnern auf 2 Schöffen,

in Städten von 2500 bis 10 000 Einwohnern auf 4 Schöffen,

in Städten von 10 001 bis 30 000 Einwohnern auf 6 Schöffen,

in Städten von 30 001 bis 60 000 Einwohnern auf 8 Schöffen,

in Städten von 60 001 bis 100 000 Einwohnern auf 10 Schöffen, welchen für jede weiteren 50 000 Einwohner je 2 Schöffen hinzutreten.

b. in Westphalen:

in Städten von weniger als 2500 Einwohnern auf 2 Schöffen,

in Städten von 2500 bis zu 10 000 Einwohnern auf 4 Schöffen,

in Städten von 10 001 bis zu 30 000 Einwohnern auf 6 Schöffen, welche in noch größeren Städten für jede weiteren 20 000 Einwohner um je 2 Schöffen vermehrt werden.

c. in der Rheinprovinz:

in Städten von weniger als 10 000 Einwohnern auf 2 Schöffen, in Städten von 10000 bis zu 20000 Einwohnern auf 4 Schöffen,

in Städten von mehr als 20000 Einwohnern auf 6 Schöffen.

Wegen des durch die Vermehrung der Ortseinwohnerzahl bedingten Ueberganges einer Stadt in eine höhere Klasse vergleiche oben § 42 sub I.

In Schleswig-Holstein und Hannover wird die Zahl der Magistratsmitglieder durch das Ortsstatut bestimmt. Für Hannover besteht noch die besondere Bestimmung, daß ein Theil der Senatoren der Klasse der Handel- und Gewerbetreibenden angehören oder angehört haben muß, wenn nicht etwa durch das Ortsstatut Ausnahmen festgestellt sind.*)

Was insbesondere noch die Titel der Schöffen anlangt, so ist für die sechs östlichen Provinzen zunächst durch den Allerhöchsten Erlaß vom 21. Januar 1854**) angeordnet, daß die Schöffen denselben Titel beibehalten sollen, welchen sie zur Zeit des Erlasses der Gemeindeordnung vom 11. März 1850 geführt haben. Der Allerhöchste Erlaß vom 5. Febr. 1873 hat sodann bestimmt, daß in den sechs östlichen Provinzen künftighin die Annahme eines der Amtstitel: „Rathmann bezw. Rathsherr oder Stadtrath“ auf Grund ortsstatutarischer, von der vorgesetzten Regierung zu bestätigender Gemeindebeschlüsse erfolgen, und diese Bestätigung überall, wo der gewünschte neue Titel der Bedeutung der betreffenden Stadt angemessen erscheint, ertheilt werden kann.

Im Anschlusse hieran wird in dem Ministerialcirculare vom 15. Februar 1873 (M. Bl. p. 59) erläuternd bemerkt, daß im Allgemeinen die Höhe der Civileinwohnerzahl einer Stadt,

*) H. St. O. § 40.

**) M. R. vom 3. Febr. 1854 (M. Bl. p. 24).

sobald die Erreichung einer gewissen numerischen Stufe als constant geworden anzusehen ist, als maßgebend für die Genehmigung ortsstatutarischer Beschlüsse wird gelten können, und daß somit der Regel nach für den Titel „Stadtrath" die Bevölkerungszahl von mindestens 10 000 Civileinwohnern, für den Titel „Rathsherr" aber die Seelenzahl von mindestens 5000 und für den Titel „Rathmann" eine noch geringere Zahl festzuhalten sein wird.

IV. **Besondere sachverständige Magistratsmitglieder.** Es steht den Stadtgemeinden frei, für solche Verwaltungszweige, in Betreff deren besondere technische Kenntnisse nothwendig sind, in dem Falle, wenn das Bedürfniß es erfordert, außer den unbesoldeten Schöffen noch besoldete sachverständige Mitglieder anzustellen. Es sind dies hauptsächlich:

a. Der Syndicus. Er hat als Rechtsconsulent des Magistrats denselben mit seinem Rathe zu unterstützen, damit nichts Gesetzwidriges beschlossen werde; er ist ferner zur Bearbeitung der Prozeßsachen als Sachverständiger verpflichtet, hat die für die Mandatarien erforderliche Information auszufertigen und überhaupt dahin zu sehen, daß die Prozesse der Commune mit Gründlichkeit geführt werden; er hat ferner für die gehörigen Formen aller rechtlichen Verpflichtungen des Magistrats zu sorgen sowie die Concepte oder andere Ausfertigungen, wodurch das Collegium Rechte erwirbt oder Verbindlichkeiten eingeht, mitzuzeichnen, und ist insbesondere für die deutliche und richtige Fassung, sowie insbesondere dafür verantwortlich, daß aus der Verletzung rechtlicher Formen keine Rechtsstreite oder andere Nachtheile erwachsen; er führt in der Regel die vorkommenden Disciplinar-Untersuchungen gegen die Untergebenen des Magistrats und der Verwaltungsdeputationen und ist endlich verpflichtet, in denjenigen Sachen, welche der Entscheidung des Magistrats unterliegen, die erforderlichen Verfügungen und Entscheidungen abzufassen.

b. Der Kämmerer. Er führt die Aufsicht über das ganze Rechnungswesen der Commune und bearbeitet in der Regel die Etats und die Generalien in Kassen- und Rechnungssachen; er muß sich in fortdauernder Uebersicht von der gesammten Verwaltung des Communalvermögens erhalten und dem Collegium die Uebersichten über die Lage des Stadthaushaltes und der städtischen Finanzen auf Erfordern geben, sowie auch bei Zeiten die nöthigen Anträge zur Beschaffung der Gelder machen. Inwieweit derselbe noch sonstige Geschäfte zu bearbeiten hat, hängt von dem Umfange der Kassengeschäfte, von der bei seinem Eintritte ihm ertheilten Bestallung und nöthigenfalls von der Entscheidung der vorgesetzten Aufsichtsbehörde ab.

c. Der Schulrath. Zu dessen Ressort gehört das gesammte städtische Schulwesen. Er ist Mitglied der Schuldeputation und hat alle die interna des Schulwesens betreffenden Angelegenheiten zu bearbeiten.

d. Der Baurath. Er ist Mitglied der Baudeputation und führt die Aufsicht über das gesammte städtische Bauwesen. Er sorgt insbesondere für die Unterhaltung der Communalgebäude; er giebt dem Collegium über die zu unternehmenden Neubauten und Reparaturen, sowie über die zu erwerbenden Grundstücke sein Gutachten, fertigt die verlangten Pläne und Anschläge und leitet nach dem Beschlusse des Collegiums die Ausführung; er muß dieselben fleißig besichtigen und hierbei auch den Requisitionen der unteren Communalbehörden genügen, zu deren Ressort die betreffenden Bauten gehören. Es liegt ihm ferner die Revision aller Anschläge, die Aufnahme der Revisionsprotokolle über gefertigte Bauarbeit und die Revision der Berechnungen nicht allein hinsichtlich der Preise, sondern auch hinsichtlich der richtigen und untadelhaften Ausführung der Arbeit ob. Auch hat er in Feuer-Societäts-Angelegenheiten bei stattgefundenen Brandschäden nach den Bestimmungen, welche in dem für den Ort geltenden Reglement enthalten sind, zu verfahren.*)

Schließlich ist noch darauf besonders hinzuweisen, daß die Vermehrung oder Verminderung der Zahl der besoldeten technischen Magistratsmitglieder auf die Zusammensetzung des Magistrats aus unbesoldeten Schöffen völlig einflußlos ist. In dieser Beziehung interessirt der Ministerialbescheid vom 7. März 1860, in welchem ausgesprochen ist, daß der wesentliche Unterschied zwischen unbesoldeten und besoldeten Mitgliedern durch den § 29 Abs. 3 der St. O. vom 30. Mai 1853 nicht aufgehoben sei, und daß es bei der Zahl der beiden Kategorien von Magistratspersonen bis zu einer anderweitigen statutarischen Anordnung zu bewenden habe. Es kann demnach bei der Vermehrung oder Verminderung der Zahl der besoldeten Mitglieder ohne vorgängige statutarische Anordnung eine Aenderung der Zahl der unbesoldeten Mitglieder niemals eintreten.

Völlig abweichende Bestimmungen bestehen für Neuvorpommern und Rügen.**) Dort erfolgt nämlich auf Grund des Schwedischen Patents vom 18. Februar 1811 die Bestellung des Bürgermeisters in der Art, daß der Magistrat derjenigen Stadt, in welcher sich eine Erledigung ereignet, drei zu dem Bürgermeisteramte qualificirte Personen binnen gehöriger Zeit in Vorschlag zu bringen, diesen Vorschlag an die

---

*) Instruction der Magisträte für die östlichen Provinzen vom 25. Mai 1835 § 22, 23 und 24, sowie Instruction vom 20. Juni 1853 (Mc. Bl. p. 138) sub XIII.

**) Ges. vom 31. Mai 1853.

Regierung einzureichen, und diese denselben dem Könige zu unterbreiten hat. In den einzureichenden Vorschlägen sind auch alle übrigen Personen, welche sich etwa zu der erledigten Stelle gemeldet haben, mit namhaft zu machen und ihre Meritenlisten beizufügen. Der König ernennt darauf eine von den so vorgeschlagenen Personen zum Bürgermeister und läßt diesen dann mit Vollmacht versehen. Der Magistrat jeder Stadt ergänzt sich im Uebrigen durch Cooptation. Die Zahl der Magistratsmitglieder ist durch die für jede Stadt besonders bestätigten Stadtrecesse festgesetzt.

§ 57. Wählbarkeit.

Ein unbedingtes Erforderniß zur Wählbarkeit eines unbesoldeten Magistratsmitgliedes ist der Besitz des Bürgerrechts oder des Ehrenbürgerrechts, da allen Städteordnungen übereinstimmend das Prinzip zu Grunde liegt, daß zur Uebernahme unbesoldeter Aemter in der Gemeindeverwaltung und zur Gemeindevertretung nur die Bürger der betreffenden Stadt*) befähigt sind. Dagegen besteht eine solche Beschränkung nicht hinsichtlich der Bürgermeister und aller übrigen besoldeten Magistratsmitglieder. Es bedarf rücksichtlich der Wahl derselben auf Grund des Ministerialbeschlusses vom 21. Juli 1868 (M. Bl. p. 197) jetzt nicht einmal der für die Zulassung von Ausländern zu öffentlichen Aemtern vorgeschriebenen höheren Genehmigung, insoweit es sich um Angehörige eines Deutschen Staates handelt, weil durch den Art. 3 der Reichsverfassung für ganz Deutschland ein gemeinsames Indigenat mit der Wirkung eingeführt ist, daß der Angehörige (Unterthan, Staatsbürger) eines jeden Deutschen Staates in jedem andern Bundesstaate als Inländer zu behandeln und dem-

*) M. R. vom 14. April 1855 (M. Bl. p. 18).

gemäß unter Anderem auch zu öffentlichen Aemtern unter denselben Voraussetzungen, wie der Einheimische, zuzulassen ist.

Auch die Confession macht nach dem Stande der heutigen Gesetzgebung hinsichtlich der Wählbarkeit keinen Unterschied mehr. Was insbesondere die früher überhaupt nicht wahlfähigen und später in Gemäßheit des Landesgesetzes vom 23. Juli 1847 Tit. I § 2 beschränkt wählbaren Juden anlangt, so können diese jetzt ohne alle Einschränkung zu Magistratsmitgliedern gewählt werden, seitdem das Reichsgesetz vom 3. Juli 1869 (R. G. Bl. p. 292) bestimmt hat, daß alle in den Deutschen Staaten noch bestehenden, aus der Verschiedenheit des religiösen Bekenntnisses hergeleiteten Beschränkungen der bürgerlichen und staatsbürgerlichen Rechte völlig aufgehoben werden, und daß insbesondere die Befähigung zur Theilnahme an der Gemeinde- und Landesvertretung sowie zur Bekleidung öffentlicher Aemter vom religiösen Bekenntnisse unabhängig sein soll.

Dagegen ist als ein allgemeines Erforderniß zur Bekleidung des Magistratsamts die geschäftliche Qualification der gewählten Personen zu erachten. Dementsprechend ist in den zur Ausführung der Städteordnungen erlassenen Instructionen*) bestimmt, daß die Regierungen nach Befinden (nöthigenfalls) eine Prüfung des Gewählten anordnen können, um von der Befähigung desselben diejenige Ueberzeugung zu gewinnen, von welcher die Ertheilung der staatlichen Bestätigung der Wahl pflichtgemäß bedingt erscheint. Diese Bestimmung ist indeß im Wesentlichen nur zu dem Zwecke getroffen, um dem Gewählten in dessen eigenem Interesse bezw. zu Gunsten des communalen Wahlrechts die Behebung der gegen die Bestä-

---

*) Instruction vom 20. Juni 1853 (M. Bl. p. 138) sub IX, vom 9. Mai 1856 (M. Bl. p. 144) sub VII und vom 18. Juni 1856 (M. Bl. p. 161) sub § 10.

tigung in Bezug auf die nöthige Befähigung etwa bestehenden, durch anderweitige Mittel nicht genügend zu beseitigenden Bedenken durch eine nur auf entsprechenden Antrag, also mit Zustimmung des Gewählten vorzunehmende Prüfung zu ermöglichen. Von dieser Befugniß sollen nun nach Anweisung der Ministerialverfügung vom 5. Mai 1868 (M. Bl. p. 153) die Regierungen in keiner anderen Weise Gebrauch machen, als daß sie dem gewählten Bewerber bei dem Obwalten obenberegter Bedenken anheimgiebt oder durch die städtische Behörde anheimgeben läßt, ob er sich einer zu beantragenden Prüfung unterziehen will.

Ausgeschlossen von der Wahl zum Magistratsmitgliede sind folgende Categorien von Personen:

I. **Diejenigen Beamten und die Mitglieder derjenigen Behörden, durch welche die Aufsicht des Staates über die Städte ausgeübt wird.** Wer hierzu gehört, ist bereits oben im § 43 sub I in Betreff der Wahlbefähigung der Mitglieder der Gemeindevertretung dargestellt.

II. **Die Stadtverordneten, die städtischen Gemeindeunterbeamten** und in denjenigen Städten der 6 östlichen Provinzen, welche mehr als 10 000 Civileinwohner zählen, die **Gemeindeeinnehmer.** Es ist nämlich ausschließlich nur in den 6 östlichen Provinzen den Gemeinden der Städte bis zu 10 000 Einwohnern freigelassen, ihren Gemeindeeinnehmer als Mitglied des Magistrats zu wählen bezw. ein solches Mitglied mit dem Amte eines Gemeindeeinnehmers zu betrauen, während in den größeren Städten ausnahmslos der Gemeindeeinnehmer ein besonderer Unterbeamte sein, und außerdem ein Kämmerer als Decernent in Cassensachen dem Magistratscollegium angehören muß.

Wer zu den Gemeindeunterbeamten gehört, ergiebt sich aus dem obigen § 43 sub II.

III. **Geistliche, Kirchendiener und Lehrer an öffentlichen Schulen.** Ueber den Begriff „Geistliche und Kirchendiener" vergl. das Nähere oben in § 35 und § 43 sub III.

Hinsichtlich der Lehrer ist hervorzuheben, daß ausnahmslos alle Lehrer, welche an öffentlichen Schulen, sowohl Elementar= als höheren Schulen, angestellt sind, von der Wahl zum Magistratsmitgliede ausgeschlossen bleiben, während in Betreff der Wählbarkeit der Stadtverordneten nur die Elementarlehrer eximirt sind.

IV. **Die richterlichen Beamten,** zu denen jedoch in den 6 östlichen Provinzen, Westphalen und Schleswig=Holstein die technischen Mitglieder der Handels=Gewerbe= und ähnlicher Gerichte, und in der Rheinprovinz sämmtliche Mitglieder der Handels= und Gewerbegerichte sowie die Ergänzungs=Friedensrichter nicht zu rechnen sind. Zu diesen richterlichen Beamten gehören nur die zum eigentlichen Rechtsprechen berufenen Personen, dagegen nicht die bei den Gerichten angestellten Bureaubeamten, und nicht die Rechtsanwälte und Notare. Diese zu den richterlichen Beamten nicht zu rechnenden Personen bedürfen zur Annahme der Wahl, ebenso wie alle wählbaren Staatsbeamten, der Genehmigung ihrer vorgesetzten Dienstbehörde, welche jederzeit wieder zurückgenommen werden kann.*)

Was insbesondere die Rechtsanwälte anlangt, so können dieselben als Bürgermeister und als Stadtsyndicus nur unter der Bedingung angestellt werden, daß sie sich verpflichten, weder für noch gegen Einwohner der Stadt Prozesse zu führen, und daß die vorgesetzte Justizbehörde diese Bedingung genehmigt.**) Auch wird in solchem Falle der Anstellung der

---

*) Erkenntniß des Obertribunals vom 10. Febr. 1865 (M. Bl. p. 82), M. R. vom 2. März 1851 (M. Bl. p. 38) und M. R. vom 23. April 1864 (M. Bl. p. 138).

**) M. R. vom 5. April 1834 (von Kamptz Ann. Bd. XVIII, p. 412) und M. R. vom 22. März 1842 (M. Bl. p. 54).

Rechtsanwälte der Vorbehalt zu machen sein, daß die Bestätigung jederzeit zurückgenommen werden kann, wenn der Betrieb der Anwaltsgeschäfte Nachtheile für die Geschäfte des Amtes des Bürgermeisters bezw. des Syndicus herbeiführt.

V. **Die Beamten der Staatsanwaltschaft.**

VI. **Die Polizeibeamten.**

VII. **Die servisberechtigten Militairpersonen des activen Dienststandes** (cfr. das Nähere hierüber oben § 43 sub VII).

VIII. **Vater und Sohn, Schwiegervater und Schwiegersohn, Brüder und Schwäger** dürfen nicht zugleich Mitglieder des Magistrats sein. Sind sie gleichzeitig gewählt, so wird nur der ältere derselben zugelassen. Entsteht die Schwägerschaft (die Verbindung des einen Ehegatten mit den Blutsverwandten des Anderen) im Laufe der Wahlperiode, so scheidet dasjenige Mitglied aus, durch welches das Hinderniß herbeigeführt worden ist.

Auch dürfen Vater und Sohn, Schwiegervater und Schwiegersohn, sowie Brüder nicht zugleich Mitglieder des Magistrats und der Stadtverordnetenversammlung sein.

Außer den obigen allgemeinen Ausschließungsgründen sind hier noch die speciellen Bestimmungen hervorzuheben, welche die Qualification und Wählbarkeit einzelner Magistratsmitglieder betreffen. Solche Specialbestimmungen existiren hinsichtlich nachbenannter Magistratsbeamten:

1. Bürgermeister. Es sind dazu nicht wählbar:

   a. Diejenigen Personen, welche die in dem Gesetze vom 7. Februar 1835 (G. S. p. 18) bezeichneten Gewerbe betreiben, nämlich den Kleinhandel mit Getränken, die Gast- und Schankwirthschaft, überhaupt die gewerbsweise Verabreichung von zubereiteten Speisen oder Getränken zum Genusse auf der Stelle gegen Bezahlung.*)

---

*) O. St. O. § 30, W. St. O. § 30, R. St. O. § 29.

b. Die Einnehmer der Staats-Klassensteuer oder Districts-Commisssare.*)

c. Die Agenten derjenigen Versicherungsgesellschaften, deren Betrieb und Controle der polizeilichen Aufsicht unterliegt,**) z. B. insbesondere der Hagelschaden- und Feuerversicherungsgesellschaften.

2. Syndicus. Derselbe muß mindestens das Examen eines Gerichtsassessors bestanden haben. Unter der Herrschaft der Städteordnung von 1808 mußte er in einer Stadt von 3500 bis 10 000 Einwohnern wenigstens die Qualification des ordentlichen Richters des betreffenden Orts***), also die Qualification zu den derzeit bestandenen Untergerichtsstellen haben, dagegen in den größeren Städten über 10 000 Einwohner das sog. große Staatsexamen bestanden haben.†)

3. Stadtbaurath. Hierzu können nur diejenigen Personen gewählt werden, welche die Prüfung als Baumeister absolvirt haben. In Betreff derselben ist in der Ministerialvorschrift vom 1. August 1849 § 10 (M. Bl. p. 198) bestimmt, daß die Baumeister für Land- und Schönbau bezw. für Wege- und Wasserbau, welche die Anfertigung von Bauplänen und die Leitung von Bauunternehmungen selbstständig zu betreiben befugt sind, zu jeder Anstellung in den der abgelegten Prüfung entsprechenden Zweigen des Staats- oder Communaldienstes befähigt sind, und daß diejenigen Stellen, zu deren Verwaltung umfassende Kenntnisse von Land- und Wasserbau erfor-

---

*) M. R. vom 28. April 1836 (von Kamptz Ann. p. 366) und vom 23. Juli 1838 (von Kamptz Ann. p. 670).

**) M. R. vom 29. Juni 1854 (M. Bl. p. 145).

***) M. R. vom 22. Nov. 1809 (Rumpf's St. O. p. 120).

†) Rescript des Polizeidepartements vom 24. Juni 1814 (Rumpf's St. O. p. 121).

derlich sind, nur mit solchen Baumeistern besetzt werden können, welche die Prüfung als Land- und Wasserbaumeister bestanden haben. Es ist ferner ebendort vorgeschrieben, daß die Privatbaumeister, welche die Anfertigung von Bauplänen und die Leitung von Bauunternehmungen nur für die Gegenstände des Landbaues selbstständig betreiben können, zur Bekleidung eines Communal-Bauamtes nur insoweit befähigt sind, als mit diesem nicht die Besorgung von Wege- und Wasserbaugeschäften verbunden ist.

§ 58. Amtsperiode.

Der Bürgermeister und die übrigen besoldeten Magistratsmitglieder können auf Lebenszeit gewählt werden.*) Ist von dieser Berechtigung kein Gebrauch gemacht, so dauert die Amtsperiode derselben incl. der besoldeten Beigeordneten 12 Jahre. Die unbesoldeten Beigeordneten und die Schöffen werden dagegen nur auf 6 Jahre gewählt. Den Gemeinden ist es freigelassen, die Beigeordneten mit oder ohne Besoldung anzustellen.

Die 12 bezw. 6 jährige Periode beginnt mit dem Tage des erfolgten Amtsantritts**) und dauert bis zum Ablaufe der darauf folgenden 12 bezw. 6 Jahre. Es steht indeß den unbesoldeten Magistratsmitgliedern das Recht zu, ihr Amt schon nach dreijähriger Verwaltung niederzulegen, da im Allgemeinen jeder stimmfähige Bürger einerseits verpflichtet ist, eine unbesoldete Stelle in der Gemeindeverwaltung oder Vertretung anzunehmen, andererseits jedoch berechtigt ist, aus der angenommenen Stelle nach Ablauf von mindestens 3 Jahren

---

*) Ergänzungsgesetz vom 25. Februar 1856, W. St. O. § 31, R. St. O. § 30, Sch. H. St. O. § 30.

**) M. R. vom 6. Febr. 1864.

wieder auszuscheiden.*) Es ist aber zu beachten, daß eine solche freiwillige Niederlegung zu ihrer rechtlichen Wirksamkeit sowohl der Genehmigung des Magistrats als auch der Zustimmung der Gemeindevertretung bedarf.**) Auch den besoldeten Magistratspersonen soll die freiwillige Niederlegung vor Ablauf der Amtsperiode prinzipiell nicht erschwert und in Gemäßheit des § 95 Tit. 10 Th. II des A. L. R. nur dann versagt werden, wenn aus der vorzeitigen Entlassung ein erheblicher Nachtheil für das gemeine Beste zu besorgen ist.***)

Die Ergänzungswahlen der besoldeten Magistratsmitglieder sollen bei Erledigungen durch Ablauf der Dienstzeit in der Regel — Abweichungen sind gerechtfertigt, wenn die Erhaltung eines fungirenden Mitgliedes im Amte für längere Zeit aus Rücksichten des öffentlichen Interesses für besonders wünschenswerth erscheint†) — nicht früher als 1 Jahr und nicht später als 6 Monate vor dem Ablaufe vorgenommen werden, in außerordentlichen Erledigungsfällen dagegen sofort erfolgen.††) In Betreff der Wahl des unbesoldeten Beigeordneten ist besonders darauf hinzuweisen, daß es gesetzlich unzulässig ist, denselben nur für die Dauer des Restes der Wahlperiode eines vorzeitig aus dem Amte geschiedenen Vorgängers zu wählen, da die Städteordnungen ausdrücklich dessen Wahlperiode auf 6 Jahre festsetzen.†††)

Rücksichtlich der Schöffen (Rathsmänner, Rathsherren, Stadträthe) finden alle drei Jahre die regelmäßigen Ergän-

---

*) O. St. O. § 74, W. St. O. § 74, R. St. O. § 79.

**) M. R. vom 28. März 1872 (M. Bl. p. 137).

***) M. R. vom 8. Nov. 1809.

†) M. R. vom 19. Oct 1858 (M. Bl. p. 231).

††) Ministerial=Instruction v. 20. Juni 1853 Art. IX, Abs. 1, vom 9. Mai 1856 Art. VII und vom 18. Juni 1856 § 10.

†††) M. R. vom 14. Dec. 1859 und vom 17. Juli 1873 (M. Bl. p. 220).

zungswahlen statt. Es scheidet zu dem Zwecke aus dem Magistratscollegium alle drei Jahre die Hälfte der Schöffen aus. Die nach der Emanation der Städteordnungen das erste Mal Ausgeschiedenen sind durch das Loos bestimmt, und ist dadurch für jede Stadt der Turnus aller späteren regelmäßigen Ergänzungswahlen festgestellt worden. Scheidet ein Schöffe dagegen vor Ablauf seiner Amtsperiode in Folge des Todes, der freiwilligen Niederlegung und der Amtsentsetzung aus, so findet eine außergewöhnliche Ersatzwahl statt, wenn die Gemeindevertretung oder der Gemeindevorstand oder der Bezirksausschuß (in den Kreisordnungsprovinzen) bezw. die Regierung (in den übrigen Provinzen) es für erforderlich erachten. Der Ersatzschöffe bleibt dann nur bis zum Ende derjenigen 6 Jahre in Thätigkeit, auf welche der Ausgeschiedene gewählt war.

Es soll hier nicht unerwähnt bleiben, daß die bei den regelmäßigen Ergänzungswahlen ausscheidenden Schöffen für die nächste Amtsperiode wiedergewählt werden können.*)

Hiervon abweichende Bestimmungen bestehen nur für Hannover insofern, als dort die Mitglieder des Magistrats auf Lebenszeit gewählt werden und auch wider ihren Willen nach Ablauf von je 12 Jahren nach der Wahl auf Antrag des Magistrats sowie der Bürgervorsteher von dem Minister des Innern in den Ruhestand versetzt werden können, und ferner, als die unbesoldeten Senatoren berechtigt sind, erst nach 6jähriger Dienstzeit ihr Amt freiwillig niederzulegen.**)

§ 59. Wahlverfahren.

I. Vorbereitende Verhandlungen. Die Vornahme derselben ist für die 6 östlichen Provinzen und für Westphalen

*) O. St. O. § 31, W. St. O. § 31, R. St. O. § 30.

**) H. St. O. § 43 und 44.

in dem M. R. vom 28. November 1868 (M. Bl. 1869 p. 124) angeordnet. Der Gang wird sich dort in der Regel folgendermaßen gestalten. Abgesehen von den Fällen, in welchen die Besoldungsverhältnisse durch einen gesetzlich beschlossenen und bestätigten Normal-Etat geregelt, und andere sonstige Wahlbedingungen ein für alle Mal von den städtischen Behörden beschlossen und regierungsseitig bestätigt worden sind,*) werden zunächst für jede Wahl die Bedingungen, insbesondere die Höhe der Besoldung, durch einen übereinstimmenden Beschluß des Magistrats und der Stadtverordnetenversammlung festgestellt. Sämmtliche Bedingungen werden demnächst dem Regierungspräsidenten zur Kenntnißnahme, Prüfung und event. Aeußerung vorgelegt, und zwar mit Rücksicht darauf, daß derselbe für Beseitigung derjenigen Bedingungen, welche etwa gegen die Gesetze oder das öffentliche Wohl verstoßen, Sorge zu tragen hat, und ferner mit Rücksicht darauf, daß er, als Aufsichtsbehörde, auf Grund des § 64 der St. O. ebenso befugt als verpflichtet ist, zu verlangen, daß den Mitgliedern des Magistrats die zu einer zweckmäßigen Verwaltung angemessenen Besoldungsbeträge bewilligt werden.**) Der die Besoldung festsetzende Gemeindebeschluß bedarf aber in Maaßgabe des Zust. G. vom 1. Aug. 1883 § 16, Abs. 3 in den Kreisordnungsprovinzen der Genehmigung des Bezirksausschusses, dagegen in Posen auf Grund des § 64 der St. O. der Genehmigung der Regierung. Ist ein übereinstimmender Gemeindebeschluß nicht zu erreichen, so hat der Magistrat die Gründe für seinen abweichenden Beschluß der Stadtverordnetenversammlung mitzutheilen und, wenn auch dann in einer gemeinschaftlichen Commission beider städtischen Behörden eine Verständigung nicht erfolgt, stellt der Bezirksausschuß bezw.

---

*) M. R. vom 14. April 1870 (M. Bl. p. 129).

**) Zust. G. vom 1. August 1883 § 7.

in Posen die Regierung die Höhe der Besoldung durch Beschluß fest. Erst nach dieser Festsetzung sowie nach Genehmigung sonstiger Wahlbedingungen durch den Bezirksausschuß kann eine Aufforderung zur Bewerbung erfolgen. Die Stadtverordneten dürfen sich vor dem Wahlacte gegenseitig Candidaten vorschlagen und sich über die Qualification derselben besprechen.*)

II. Wahlact. Die Wahl der Magistratspersonen erfolgt in den altpreußischen Provinzen durch die Stadtverordnetenversammlung,**) in Schleswig-Holstein durch die wahlberechtigte Bürgerschaft,***) in Hannover durch die vorhandenen Magistratspersonen und eine gleiche Anzahl Bürgervorsteher in einer vereinigten Versammlung oder auf Grund ortsstatutarischer Anordnung durch den Magistrat und das Bürgervorstehercollegium in getrennter Versammlung†), sowie endlich in Neuvorpommern und Rügen durch den Magistrat kraft des ihm zustehenden Cooptationsrechts. Zur Wahl wird überall absolute Stimmenmehrheit erfordert. Was das in den altpreußischen Provinzen zu beobachtende Wahlverfahren anlangt, so wird für jedes zu wählende Magistratsmitglied besonders abgestimmt. Die Wahl erfolgt durch Stimmzettel. Wird die absolute Stimmenmehrheit bei der ersten Abstimmung nicht erreicht, so werden diejenigen vier Personen, auf welche die meisten Stimmen gefallen sind, event., wenn sich die Stimmen auf weniger als vier Personen vertheilt haben, die Gewählten auf eine engere Wahl gebracht. Wird auch hierdurch die absolute Stimmenmehrheit nicht erreicht, so findet unter denjenigen

---

*) M. R. vom 29. Mai 1839 (von Kamptz Ann. Bd. XXIII, p. 384).

**) O. St. O. § 32, W. St. O. § 32, R. St. O. § 31.

***) Sch. H. St. O. § 31.

†) H. St. O. § 53.

zwei Personen, welche bei der zweiten Abstimmung die meisten Stimmen erhalten haben, eine engere Wahl statt. Bei Stimmengleichheit entscheidet das Loos. Die Bestimmung über die Art und Weise des Loosens steht dem Stadtverordnetenvorsteher zu, wenn desfallsige Beschlüsse der Versammlung nicht zuvor gefaßt sind, oder statutarische Anordnungen nicht existiren. In Schleswig-Holstein werden für jede Stelle der wahlberechtigten Bürgerschaft 3 Candidaten von einer gemeinschaftlichen Commission beider städtischen Behörden präsentirt, welche aus den vorhandenen Magistratsmitgliedern und einer gleichen Anzahl Stadtverordneter zusammengesetzt wird.

III. **Wahlabschließendes Verfahren.** Nach geschehener Wahl hat die Stadtverordnetenversammlung das Wahlprotokoll im Original oder in beglaubigter Abschrift, sowie den Belag, daß die Zusammenberufung der Versammlung gesetzmäßig erfolgt und die letztere beschlußfähig gewesen ist, dem Magistrate zu überreichen, damit dieser sich die Ueberzeugung von der Rechtsbeständigkeit des Wahlactes verschaffen, und das gesammte die Wahl betreffende Material zur weiteren Prüfung der Legalität des Verfahrens sowie zum Zwecke der Einholung der Wahlbestätigung an den Regierungspräsidenten event. in Städten von mehr als 10 000 Einwohnern rücksichtlich der Wahl des Bürgermeisters und des Beigeordneten an den König gelangen lassen kann.

§ 60. Bestätigung der Wahlen.

I. **Allgemeine Prinzipien.** Sämmtliche Mitglieder des Magistrats (Bürgermeister, Beigeordnete, Schöffen und die übrigen besoldeten Magistratspersonen) bedürfen hinsichtlich ihrer Wahl der Bestätigung. Bei derselben ist in Gemäßheit der zur Ausführung der Städteordnungen erlassenen Ministerialinstructionen* mit der strengsten Gewissenhaftigkeit zu verfahren und das Recht der Versagung sowie der unter gewissen Voraussetzungen zulässigen Anordnung einer commissarischen Verwaltung — cfr. unten sub IV — in allen Fällen, wo es das Interesse der Communen**) oder des Staates erheischt, ohne Rücksicht darauf, ob dadurch eine augenblickliche Unzufriedenheit hervorgerufen werden möchte, pflichtmäßig in Ausübung zu bringen. Die Behörden sind deshalb nachdrücklichst angewiesen, sich die begründete Ueberzeugung zu verschaffen, daß der Gewählte den Erfordernissen seiner Stellung als Gemeinde- und Staatsbeamter genügen werde. Insbesondere ist es dem Ermessen der zur Bestätigung berufenen Behörde überlassen, auf geeignete Weise die Ueberzeugung von seiner Befähigung zu erlangen und zu diesem Zwecke nöthigenfalls eine Prüfung des Gewählten — cfr. oben § 57, Absatz 3 — anzuordnen, oder auch durch denselben eine vacante besoldete Stelle auf einige Zeit im Einvernehmen mit der Stadtverordnetenversammlung probeweise verwalten zu lassen.***) Was insbesondere die Prüfung anlangt, so ist dieselbe nur auf entsprechenden Antrag des zur Bestätigung präsentirten Candidaten vorzunehmen†); es soll aber daraus eine Verpflichtung, Jeden auf eine bloße Anmeldung hin einer solchen Prüfung zu unterziehen, für die Regierungen nicht hergeleitet werden.††)

Das ohne alle Beschränkung bestehende Bestätigungsrecht begreift nach dem Vorstehenden die unbedingte Befugniß zur

---

*) Minist.-Instr. vom 20. Juni 1853, Art. IX, vom 9. Mai 1856, Art. VII und vom 18. Juni 1856 § 10.

**) M. R. vom 10. Januar 1837 (Ann. Bd. XXI, p. 98).

***) M. Bl. vom 30. Nov. 1841 (M. Bl. p. 318).

†) M. R. vom 5. Mai 1868 (M. Bl. p. 153).

††) M. R. vom 17. April 1839 (von Kamptz Ann. Bd. XXIII p. 383).

Versagung in sich; es ist deshalb auch die Bestätigung nicht bloß in dem Falle, wenn der Präsentirte als nicht qualificirt erachtet wird, sondern auch dann zu versagen, wenn die Wahl unter Bedingungen erfolgt ist, welche die Aufsichtsbehörde als nachtheilig für das Beste der Stadt erkennen muß.*) Wird von dem Rechte der Versagung Gebrauch gemacht, so steht es der Behörde frei, die Mittheilung der bewegenden Gründe zu unterlassen, bezw. dem Gewählten oder der betreffenden Commune zu verweigern; sie ist aber selbstverständlich verpflichtet, solche Gründe ihrer vorgesetzten Behörde auf Erfordern anzugeben.**) Andererseits muß sich die zur Bestätigung berufene Behörde auf die Ausübung des Bestätigungs- oder Versagungsrechts beschränken; sie ist insbesondere nicht befugt, die Bestätigung nur interimistisch zu ertheilen***) oder die gesetzliche Dienstzeit des zu Bestätigenden willkürlich zu verlängern.†)

Aus den bisher vorgetragenen Prinzipien folgt von selbst, daß weder die städtischen Behörden noch die Gewählten einen bestimmten Anspruch auf die Bestätigung der Wahl haben.††) Es steht auch dem gewählten Bewerber in den Kreisordnungsprovinzen nicht einmal das Recht zu, die versagende Verfügung im Wege der Beschwerde anzufechten, während dem Gemeindevorstande und der Gemeindevertretung, wie weiter unten dargelegt werden wird, weitergehende Rechte zustehen.

Es soll hier nicht unerwähnt bleiben, daß auch dem Magistrate das Recht und die Pflicht zusteht, bei der behufs Ein-

---

*) M. R. v. 10. Jan. 1837 (v. Kamptz Ann. Bd. XXI, p. 98).

**) Minist.-Instr. vom 20. Juni 1853, Art. IX, vom 9. Mai 1856, Art. VII und vom 18. Juni 1856 § 10.

***) M. R. vom 15. Juni 1842 (von Kamptz p. 255).

†) M. R. vom 15. Juli 1833 (von Kamptz p. 438).

††) M. R. vom 8. August 1833 (von Kamptz Ann. p. 733).

holung der Bestätigung erforderlichen Berichterstattung seinen Bedenken Ausdruck zu geben, wenn ihm eine Wahl in der einen oder der anderen Beziehung ungeeignet erscheinen sollte.

II. **Competenz.** Während ausschließlich dem Könige in Betreff der Bürgermeister und Beigeordneten für Städte von mehr als 10 000 Einwohnern die Bestätigung vorbehalten ist, steht sie hinsichtlich der Bürgermeister und Beigeordneten kleinerer Städte, sowie hinsichtlich der Schöffen und der übrigen besoldeten Magistratsmitglieder der Städte ohne Rücksicht ihrer Größe in den Kreisordnungsprovinzen dem Regierungspräsidenten (in Berlin dem Oberpräsidenten*) und in den übrigen Provinzen der Regierung zu.

Mit Rücksicht auf diese Unterscheidung bedarf es der Hervorhebung, daß die landesherrliche Entscheidung über die Bestätigung bezw. Nichtbestätigung der dem Könige vorbehaltenen Wahlen auch in dem Falle einzuholen ist, wenn der Gewählte von dem Regierungspräsidenten bezw. der Regienung für ungeeignet erachtet wird,**) sowie daß der Berechnung der normirenden Einwohnerzahl von 10000 Einwohnern das Resultat der letzten allgemeinen Volkszählung mit Ausschluß der servisberechtigten Militärpersonen des activen Dienststandes zu Grunde zu legen ist.***)

III. **Bestätigungsrecht des Regierungspräsidenten bezw. der Regierung.** Es ist bereits darauf hingewiesen, daß die Bestätigung der Wahlen in den Kreisordnungsprovinzen dem Regierungspräsidenten, dagegen in den übrigen Provinzen (zur Zeit Posen, Schleswig-Holstein und Rheinprovinz) der Regierung zugewiesen ist.

---

*) L. V. G. § 42 und 43.

**) M. R. vom 12. März 1860 (M. Bl. p. 71).

***) M. R. vom 23. Nov. 1864 (M. Bl. 1865 p. 2) und vom 16. Februar 1872 (M. Bl. p. 75).

Die Bestätigung des Regierungspräsidenten kann auf Grund des § 13 des Zust. G. vom 1. August 1883 nur unter Zustimmung des Bezirksausschusses versagt werden. Lehnt der Letztere die Zustimmung ab, so kann dieselbe auf den Antrag des Regierungspräsidenten durch den Minister des Innern ergänzt werden. Wird die Bestätigung dagegen vom Regierungspräsidenten unter Zustimmung des Bezirksausschusses versagt, so kann dieselbe auf Antrag des Gemeindevorstandes oder der Gemeindevertretung von dem Minister des Inneren ertheilt werden, während dem Gewählten die Berechtigung zu solchem Antrage nicht eingeräumt worden ist.

Was das in Posen, Schleswig-Holstein und in der Rheinprovinz der Regierung zustehende Bestätigungsrecht anlangt, so ist die Entscheidung in Ansehung der Bürgermeister und der Beigeordneten der Regel nach in der Plenarversammlung des Collegiums zur Entscheidung zu bringen*; sie kann aber auch nach dem pflichtmäßigen Ermessen des Oberpräsidenten im Collegium der Abtheilung des Innern der Regierung getroffen werden, wenn auf diese Weise der Zweck vollständig erreicht wird, daß bloß solchen Personen die Bestätigung ertheilt wird, welche ihrer Stellung als Gemeinde- und Staatsbeamten unbedingt genügen.**) Die versagende Entscheidung der Regierung kann im geordneten Instanzenzuge auf Grund des § 76 der St. O. angefochten werden.

IV. Folgen der Versagung der Bestätigung. In einem solchen Falle muß die Stadtverordnetenversammlung zu einer

---

*) Inst. vom 20. Juni 1853, Art. IX, vom 9. Mai 1856, Art. VII und vom 18. Juni 1856 § 10.

**) M. R. vom 10. October 1854.

neuen Wahl schreiten. Wird auch diese Wahl nicht bestätigt, so ist in den sechs östlichen Provinzen und in Westphalen (den Kreisordnungsprovinzen) der Regierungspräsident, bezw. die Regierung (in den übrigen Provinzen) berechtigt, die Stelle einstweilen auf Kosten der Stadt commissarisch verwalten zu lassen, während in der Rheinprovinz das Recht der Besetzung der erledigten Stelle auf den König bezw. die Regierung übergeht. Jene commissarische Verwaltung dauert so lange, bis die Wahl der Stadtverordnetenversammlung, deren wiederholte Vornahme ihr jederzeit zusteht, die Bestätigung des Königs bezw. der Aufsichtsbehörde erlangt hat. Der Beigeordnete hat in einem solchen Falle nach der zweiten Versagung, wenn es sich um die Besetzung einer vacanten Bürgermeisterstelle handelt, keinen Anspruch darauf, als Stellvertreter des Bürgermeisters einzutreten, wenn er auch in allen sonstigen Fällen einer Vacanz stets die Functionen desselben wahrzunehmen hat, wenigstens nicht übergangen werden darf.

V. Wahlverweigerung Seitens der Gemeindevertretung, und Wiederwahl des nicht Bestätigten. Auch in diesen beiden Fällen tritt die sub IV beregte commissarische Verwaltung in der dort angegebenen Dauer und unter Uebergehung des etwa vorhandenen gesetzlichen Vertreters ein.

§ 61. Einführung, Bestallung und Vereidigung der Gewählten.

I. Einführung. Nach geschehener Bestätigung der Wahl erfolgt die Einführung der gewählten Magistratsmitglieder in einer öffentlichen Sitzung der Stadtverordnetenversammlung, und zwar vor ihrem Amtsantritte durch den Bürgermeister. Der Letztere selbst wird jedoch vom Regierungspräsidenten oder einem von diesem zu ernennenden Commissare gleichfalls in einer solchen öffentlichen Sitzung eingeführt.

II. **Bestallung.** Das bestätigte Magistratsmitglied empfängt in den 6 östlichen Provinzen und in Westphalen bei der Einführung durch den damit beauftragten Beamten ein die Bestätigung der Wahl bekundendes Decret des Regierungspräsidenten, welchem im Falle der landesherrlich erfolgten Bestätigung der betreffende Allerhöchste Erlaß in beglaubigter Abschrift beizufügen ist.

Es bleibt indeß der Stadtverordnetenversammlung überlassen, ob sie noch außerdem dem bestätigten Beamten eine Bestallung zur förmlicheren Beurkundung der getroffenen Wahl und ihrer wesentlichen Modalitäten, event. auch der von der Aufsichtsbehörde genehmigten Wahlbedingungen ertheilen will. Wird die Ertheilung von den Stadtverordneten beschlossen, so ist die Bestallung, in welcher der erfolgten Bestätigung unbedingt Erwähnung geschehen muß, in der Urschrift von dem Magistrate, in der Ausfertigung dagegen Namens der Stadtgemeinde von dem Bürgermeister oder dessen Stellvertreter, sowie außerdem von einem zweiten Magistratsmitgliede — unbeschadet der auch der Stadtverordnetenversammlung in der für die Vollziehung ihrer Beschlüsse bestimmten Form freizulassenden Mitunterzeichnung — zu vollziehen und durch den Magistrat auszureichen. Eine Genehmigung oder Bestätigung solcher Bestallungen oder besonderer über die Wahlbedingungen etwa aufgestellten Beschlüsse oder Protocolle durch den Regierungspräsidenten findet dagegen nicht statt. Die für gewisse Wahlbedingungen (z. B. vom Gesetze abweichende Vereinbarungen über die Pension), sowie für die Bestimmung der Dienstbezüge gesetzlich erforderliche Genehmigung der Aufsichtsbehörde muß durch besondere Verfügung ausgesprochen und kann demnächst, wenn dies in besonderen Fällen angemessen erscheint, nachrichtlich in das dem Gewählten zu ertheilende

Bestätigungsdecret des Regierungspräsidenten aufgenommen werden.*)

Hinsichtlich der unbesoldeten Magistratsmitglieder ist die Aushändigung einer Bestallung entbehrlich.

III. **Vereidigung.** Dieselbe erfolgt bei der Einführung durch den damit beauftragten Beamten. Der Diensteid, welcher von den unmittelbaren und mittelbaren Civilbeamten abgeleistet wird, ist der in § 1 der Verordnung vom 6. Mai 1867 (G. S. p. 715) formulirte und lautet folgendermaßen:

„Ich N. N. schwöre zu Gott, dem Allmächtigen und Allwissenden, daß ich Seiner Königlichen Majestät von Preußen, meinem Allergnädigsten Herrn, unterthänig, treu und gehorsam sein und alle mir vermöge meines Amtes obliegenden Pflichten nach meinem besten Wissen und Gewissen genau erfüllen, auch die Verfassung gewissenhaft beobachten will. So wahr mir Gott helfe u. s. w."

Es bleibt dem Schwörenden überlassen, den vorstehend festgestellten Eidesworten die seinem religiösen Bekenntnisse entsprechende Bekräftigungsformel hinzuzufügen, also: „So wahr mir Gott helfe und durch Jesum Christum zur Seligkeit!" (evangelische Formel) oder: „So wahr mir Gott helfe und sein heiliges Evangelium!" (katholische Formel) u. s. w.**)

Diejenigen Beamten, welche den obigen Diensteid einmal geleistet haben, sind von weiterer körperlicher Ableistung desselben bei Uebertragung neuer Aemter, bezw. bei Wiederübertragung derselben Aemter entbunden.***)

§ 62. Berathungen und Beschlüsse des Magistrats.

I. **Berathungen.** An den Berathungen, welche im Gegensatze zu den Stadtverordnetensitzungen nicht öffentlich sind,

*) M. R. vom 28. November 1868 (M. Bl. 1869 p 124).

**) Ministerialbeschluß vom 12. Februar 1850 (M. Bl. p. 26).

***) Verordnung vom 6. Mai 1867 § 2 (G. S. p. 715).

sowie an den Beschlüssen Theil zu nehmen, sind alle Magistratsmitglieder, insbesondere auch die Beigeordneten außer dem Falle der Stellvertretung, verpflichtet. Die Zusammenberufung derselben erfolgt entweder ein- für allemal zu den regelmäßig stattfindenden Sitzungen oder jedesmal besonders zu den außergewöhnlichen durch den Bürgermeister event. in dessen Stellvertretung durch den Beigeordneten. Beide haben als Vorsitzende für äußere Ordnung, Anstand und Würde in den Versammlungen Sorge zu tragen.*) Wegen der bei den Verhandlungen in den Sitzungen gemachten Aeußerungen steht den Mitgliedern des Magistrats, ebenso wie den Stadtverordneten, der Schutz des § 193 des Reichsstrafgesetzbuchs zur Seite.**) — cfr. oben § 52 sub VII. — Während die Stadtverordneten, abgesehen von außergewöhnlichen Fällen***, zur Amtsverschwiegenheit nicht verpflichtet sind, so ist dagegen in der Cabinetsordre vom 21. November 1835 (G. S. p. 237) allen öffentlichen Beamten, und somit auch den Gemeindebeamten, die Amtsverschwiegenheit zur besonderen Pflicht gemacht. Mündliche und schriftliche Mittheilungen derselben über Gegenstände des Amtes ohne amtliche Veranlassung sollen nicht geduldet, vielmehr der unnachsichtlichen Ahndung unterliegen und selbst dem Befinden nach mit Amtsentsetzung bestraft werden.

II. **Beschlußfähigkeit.** Es ist dazu die Anwesenheit mindestens der Hälfte aller Mitglieder erforderlich. Nur für die sechs östlichen Provinzen besteht die singuläre Bestimmung, daß in denjenigen Städten, welche mehr als 100000 Civileinwohner zählen, zur Beschlußfähigkeit die Anwesenheit eines Drittels genügt.†)

---

*) Instr. vom 20. Juni 1853 § 20 sub 3 und § 21.

**) Erkenntniß des Obertribunals vom 15. Januar 1868.

***) cfr. oben § 52 sub VII.

†) O. St. O. § 57.

III. **Abstimmung.** Dieselbe geschieht mündlich durch Abgabe der Stimmen. Das M. R. vom 20. Juni 1857 hat die schriftliche Abstimmung durch Abgabe von Stimmzetteln überhaupt, und insbesondere bei den dem Magistrate zustehenden Wahlen, ausdrücklich für unstatthaft erklärt.

Alle Beschlüsse werden nach Stimmenmehrheit gefaßt. Bei Stimmengleichheit giebt die Stimme des Vorsitzenden den Ausschlag.

IV. **Beanstandung der Magistratsbeschlüsse.** In wieweit dem Bürgermeister bezw. dessen Stellvertreter das Beanstandungsrecht zusteht, wird weiter unten im § 67 sub IV näher erörtert werden.

V. **Ausschließung eines Magistratsmitgliedes von der Theilnahme an den Berathungen und Beschlüssen wegen collidirenden eigenen Interesses.** Bei Berathungen über solche Gegenstände, welche das Privatinteresse eines Mitgliedes des Magistrats oder dasjenige seiner Angehörigen berühren, muß das so betheiligte Mitglied sich nicht bloß der Theilnahme an der Berathung und der Abstimmung enthalten, sondern auch während der Verhandlungen das Sitzungszimmer verlassen. Es ist hier das persönliche nnd pecuniäre Privatinteresse des betheiligten Mitgliedes oder dasjenige seiner Angehörigen bezielt. Dieser Ausschließungsgrund ist also rücksichtlich der Magistratsmitglieder mehr erweitert, als derjenige rücksichtlich der Stadtverordneten, welche nur an Verhandlungen über Rechte und Verpflichtungen der Stadtgemeinde in dem Falle nicht theilnehmen können, wenn ihr Interesse mit dem der Gemeinde in Widerspruch steht. Es ist nämlich die Ausschließung der Magistratsmitglieder auf den Fall des Privatinteresses ihrer Angehörigen erstreckt und nicht auf den Fall, daß das Privatinteresse mit dem der Gemeinde in Widerspruch steht, beschränkt. Im Uebrigen wird auf die Erörterungen des § 52 sub IX verwiesen.

Kann wegen der Ausschließung mehrerer Mitglieder eine beschlußfähige Versammlung des Magistrats nicht gebildet werden, so beschließt an Stelle desselben auf Grund des § 17 sub 2 des Zust. G. vom 1. August 1883 in den Kreisordnungsprovinzen der Bezirksausschuß, dagegen in den übrigen Provinzen die Regierung als Aufsichtsbehörde.

§ 63. Uebernahme von Nebenämtern Seitens der Magistratsmitglieder.

Die hierüber in der Praxis zur Geltung gelangten Grundsätze stützen sich nicht auf die Allerhöchste Cabinetsordre vom 13. Juli 1839 (G. S. p. 235), welche nur auf die unmittelbaren Staatsbeamten Anwendung zu finden bestimmt ist, sondern auf den Inhalt mehrerer Ministerialrescripte, welche zu verschiedenen Zeiten über diesen Gegenstand erlassen worden sind. Während das M. R. vom 19. Mai 1809 sich dahin ausspricht, daß der Regel nach die besoldeten Magistratspersonen Nebenämter nicht bekleiden dürfen, ist in dem M. R. vom 10. März 1838 (von Kamptz Ann. Bd. XXII, p. 124) das Priznip zum Ausdrucke gebracht, daß die Führung eines anderen Nebenamtes oder Nebengeschäftes den besoldeten Magistratspersonen nicht verboten, vielmehr im eigenen Interesse der Communen freizulassen ist, und daß es der Gemeindevertretung nicht zusteht, die Wahlen der Magistratspersonen von willkürlichen Bestimmungen, insbesondere von der Bedingung abhängig zu machen, daß der Gewählte durchaus kein Nebenamt annehmen dürfe, wenn es auch ohne alles Bedenken zugleich mit dem städtischen verwaltet werden kann. Es folgert aber mit Recht das M. R. vom 21. Januar 1882 (M. Bl. p. 47) aus dem staatlichen Oberaufsichtsrechte der Regierungspräsidenten bezw. der Regierungen die Verpflichtung derselben, darüber zu wachen, daß von Magistratspersonen nicht Nebenämter oder sonstige Nebenstellungen versehen werden, welche mit ihrem betreffenden Communalamte unvereinbar erscheinen; es bestimmt demzufolge, daß in Fällen solcher Unvereinbarkeit die Uebernahme oder Fortführung des Nebenamtes pp. zu untersagen und, wenn einer bezüglichen Aufforderung nicht Folge gegeben werden sollte, auf Grund des Disciplinargesetzes vom 21. Juli 1852 einzuschreiten ist Diesem dort klar ausgesprochenen Prinzipe gemäß haben die M. R. vom 21. Januar 1836 (Ann. Bd. XX, p. 132) bezw. vom 28. April 1836 (Ann. Bd. XX, p. 366) und vom 29. Juni 1854 (M. Bl. p. 145) die Verbindung einer städtischen Rendantur mit dem Syndicate, bezw. der Stelle eines Einnehmers der directen Staatssteuern mit dem Amte des mit der Aufsicht der Steuerreceptur betrauten Bürgermeisters, bezw. die Uebernahme einer Agentur der der polizeilichen Aufsicht unterstellten Versicherungsgesellschaften Seitens des Bürgermeisters, als Polizeiverwalters, für unzulässig erklärt, während das M. R. vom 8. März 1836 (Ann. Bd. XX, p. 131) die Uebernahme der Verwaltung einer der landräthlichen Aufsicht unterstellten Kreis-Communalcasse Seitens des Bürgermeisters nicht bloß gestattet, sondern es selbst für wünschenswerth erklärt hat, den nur dürftig dotirten Bürgermeistern kleiner Städte die Uebernahme solcher Nebenämter zu erleichtern.

Das Prinzip, daß die Wahl eines besoldeten Magistratsmitgliedes ohne Genehmigung der vorgesetzten Dienstbehörde von der Bedingung der Nichtübernahme von Nebenämtern nicht abhängig gemacht werden darf, ist auch in dem M. R. vom 31. December 1845 (M. Bl. 1846 p. 3) mit der Begründung auerkannt, daß der besoldete Communalbeamte gegen den Genuß der Besoldung allen Pflichten seines Amtes zu genügen hat, dagegen in der Anwendung seiner Zeit, welche ihm nach ordnungsmäßiger Erfüllung seiner Amtsobliegenheiten übrig bleibt, nicht beschränkt ist; vielmehr in Bezug hierauf, sofern nicht etwa mit Genehmigung der vorgesetzten Behörde bei der Wahl besondere Verabredungen in dieser Hinsicht getroffen sind, nur derselben Aufsicht und denselben Beschränkungen, wie die unmittelbaren Staatsbeamten, unterliegt. Es ist demgemäß ebendort anerkannt, daß die besoldeten Magistratspersonen zur Uebernahme von Nebenämtern nicht etwa die Genehmigung der Gemeindevertretung oder des Magistrats, sondern nur diejenige ihrer Dienstbehörde, also des Königlichen Regierungspräsidenten bezw. der Regierung, einholen müssen.*)

Abgesehen von den vorberegten Ministerialrescripten existiren nur zwei gesetzliche Bestimmungen, welche die vorliegende Frage berühren. Es ist dies einmal der § 22 der Vormundschaftsordnung vom 5. Juli 1875 (G. S. p. 431), auf Grund dessen Jeder, welcher ein Staatsamt oder ein besoldetes Amt in der Communal- oder Kirchenverwaltung bekleidet, zur Führung einer von dem Vormundschaftsgerichte eingeleiteten Vormundschaft der Genehmigung seiner zunächst vorgesetzten Behörde bedarf, und sodann der § 58 der Kreisordnung vom 13. December 1872, nach welchem zur Uebernahme der Verwaltung eines benachbarten Amtsbezirks durch den Bürgermeister die Zustimmung der städtischen Vertretung erforderlich ist. Eine anderweitige Bestimmung des Gesetzes vom 10. Juni 1874 (G. S. p. 244), nach welcher Staatsdiener ohne Genehmigung des vorgesetzten Ressortministers Mitglieder des Vorstandes, Aufsichts- oder Verwaltungsrathes von Actien-, Commandit- oder Bergwerksgesellschaften nicht sein und in die Comités zur Gründung solcher Gesellschaften nicht eintreten dürfen, und welche ferner eine solche mit einer Remu-

---

*) Erkenntniß des Obertribunals vom 1. Mai 1863, Entscheid. Bd. 49 p. 238).

neration oder einem andern Vermögensvortheile verbundene Mitgliedschaft überhaupt gänzlich verbietet, bezielt ausschließlich die unmittelbaren Staatsbeamten, und kann somit keine analoge Anwendung auf die städtischen Gemeindebeamten finden.

§ 64. Beurlaubung der Magistratsmitglieder.

Die für die Beurlaubung der Bürgermeister, der Beigeordneten und der übrigen Magistratsmitglieder maßgebenden Grundsätze sind in dem nicht publicirten Ministerialrescripte vom 5. December 1867, welches alle abweichenden reglementarischen Bestimmungen außer Kraft gesetzt hat, geregelt. Diese Grundsätze sind folgende:

I. Die dirigirenden Bürgermeister, und insbesondere auch die Oberbürgermeister, haben nur von einer längeren als dreitägigen, jedoch den Zeitraum von acht Tagen nicht übersteigenden Abwesenheit vom Amte der vorgesetzten Behörde Anzeige zu machen, bedürfen dagegen zu einer längeren als achttägigen Abwesenheit des Urlaubes ihrer vorgesetzten Behörde.

Das Nämliche gilt für die Beigeordneten und die zweiten Bürgermeister nur während der Zeit, während welcher sie vertretungsweise die Functionen des dirigirenden Bürgermeisters ausüben, sowie auch für dasjenige Magistratsmitglied, welches an der Stelle des Bürgermeisters mit der Handhabung der Polizei in der Stadt beauftragt ist.

II. Die sub 1 beregten Anzeigen und Urlaubsgesuche sind in dem Falle, wenn die Stadt einem landräthlichen Kreisverbande angehört, und die Ortspolizei nicht einer besonderen Königlichen Behörde übertragen ist, durch den competenten Landrath an den Regierungspräsidenten bezw. an die Regierung einzureichen, und sind die Bescheide der letzteren auf gleichem Wege zurück zu befördern. Eine Ausnahme besteht nur für das mit der Handhabung der Ortspolizei an Stelle des Bürgermeisters beauftragte Magistratsmitglied insofern, als dieses die Anzeige und das Urlaubsgesuch zunächst dem dirigirenden Bürgermeister zur Weiterbeförderung zustellen muß.

III. Der Regierungspräsident bezw. die Regierung sind zugleich mit der Anzeige oder dem Urlaubsgesuche jedesmal von den wegen Versehung des Dienstes während der Abwesenheit vom Amte getroffenen oder bezw. zu treffenden Anordnungen in Kenntniß zu setzen.

IV. Alle übrigen Magistratsglieder, und insbesondere diejenigen Beigeordneten (zweiten Bürgermeister), von welchen das sub I Gesagte nicht gilt, haben stets den Urlaub bei dem dirigirenden Bürgermeister zu nehmen, und zwar ohne Unterschied der Dauer des Urlaubs sowie ohne Rücksicht darauf, ob sie besoldet sind oder nicht. Der dirigirende Bürgermeister hat dagegen von dergleichen Beurlaubungen in dem Falle, wenn sie auf längere Zeit als vier Wochen erfolgen, dem Regierungspräsidenten bezw. der Regierung die behufige Anzeige zu machen.

§ 65. Ehrenauszeichnungen der Magistratsmitglieder.

Die Ehrenauszeichnungen, welche den Magistratsmitgliedern als solchen verliehen werden können, sind folgende:

I. Der Titel „Oberbürgermeister". Dieser Titel, welcher früher in Gemäßheit der Städteordnung von 1808 stets dem ersten Bürgermeister einer Stadt von mehr als 10 000 Einwohnern eo ipso zustand, kann jetzt von einem dirigirenden Bürgermeister nur im Falle der besonderen Königlichen Verleihung geführt werden.

II. **Ketten und Medaillen als Amtszeichen.** Das Tragen derselben kann nur als eine besondere, in jedem einzelnen Falle von dem Könige selbst zu gewährende Auszeichnung gestattet werden. Das Nähere ist bereits oben in § 51 bei der Besprechung der Amtszeichen der Gemeindevertretung ausführlich zur Darstellung gelangt.

III. **Das Prädicat „Stadtältester“.** Es kann in den 6 östlichen Provinzen denjenigen Magistratsmitgliedern, welche ihr Amt mindestens neun Jahre mit Ehren bekleidet haben das Prädicat „Stadtältester“ von dem Magistrate in Uebereinstimmung mit der Stadtverordnetenversammlung verliehen werden.*) Diese Auszeichnung kann nicht bloß von einer ununterbrochenen Amtsdauer von 9 Jahren, sondern nur überhaupt von einer tadellosen neunjährigen Dienstzeit abhängig gemacht**), und kann ferner nicht bloß im Falle der Amtsniederlegung, sondern auch bei Fortführung des Amtes nach neunjähriger Dienstzeit zugesprochen werden, wie dies in den Motiven zu den Commissionsanträgen bei den Berathungen des Entwurfs der Städteordnung vom 31. Mai 1853 ausdrücklich anerkannt ist.

In geschichtlicher Beziehung ist hervorzuheben, daß früher auf Grund der St. O. von 1808 § 156 jedes Magistratsmitglied nach tadelloser neunjähriger Dienstzeit bei Niederlegung des Amtes Anspruch auf den fraglichen Titel hatte, und daß es deshalb derzeit einer besonderen Verleihung, insbesondere der Zustimmung der Stadtverordneten, nicht bedurfte.***)

---

*) O. St. O. § 34.

**) M. R. vom 4. April 1835 (von Kamptz Ann. Bd. XIX, p. 435).

***) M. R. vom 4. April 1835 ibidem.

Im Uebrigen sind die städtischen Behörden nicht berechtigt, Titel zu gewähren, weil die Verleihung derselben eine Prärogative der Krone bezw. ihrer Organe ist.*)

§ 66. Competenz des Gemeindevorstandes.

Da die Städteordnungen hinsichtlich der Competenz der Stadtverordnetenversammlung bestimmen, daß die letztere über alle Gemeindeangelegenheiten zu beschließen hat, soweit dieselben nicht ausschließlich dem Magistrate überwiesen sind, so vernothwendigt sich um so mehr die Feststellung solcher Ausnahmen, und damit zugleich die Begrenzung der Competenz des Magistrats. Die dem letzteren, als Ortsobrigkeit und als Gemeindeverwaltungsbehörde, ausschließlich zugewiesenen Gegenstände sind nun folgende:

I. **Ausführung der Gesetze und Verordnungen sowie der Verfügungen der vorgesetzten Behörden.** Die dadurch veranlaßten Geschäfte liegen dem Magistrate, als Organ der Staatsgewalt, ob, als welches er von der Mitwirkung der Stadtverordnetenversammlung völlig unabhängig ist. Es gehören hierher die Gesetze und Verordnungen des Deutschen Reiches und der Preußischen Monarchie sowie die Verordnungen und Verfügungen der Centralbehörden und aller sonstigen dem Magistrate vorgesetzten Dienstbehörden, und zwar diejenigen Gesetze, Verordnungen und Verfügungen, in welchen die Zuständigkeit des Magistrats für bestimmte Geschäfte ausgesprochen bezw. die Ausführung derselben ihm übertragen ist. In letzterer Beziehung ist darauf aufmerksam zu machen, daß die Reichsgesetze sich in vielfachen Bestimmungen des Ausdrucks „Gemeindebehörde" bedienen, und daß darunter, wenn der Ausdruck

---

*) M. R. vom 2. Februar 1863 (M. Bl. p. 50).

im Singular angewandt wird, rücksichtlich der Städte der Magistrat zu verstehen ist. Solche Reichsgesetze erklären nämlich in der Regel in einer Schlußbestimmung, daß von den Centralbehörden eines jeden Bundesstaates bekannt zu machen ist, welche Behörde mit der Bezeichnung „Gemeindebehörde" gemeint sei, und es ist dann in den dazu erlassenen Preußischen Ausführungsverordnungen der Magistrat als die betreffende Behörde für die Städte bezeichnet.

Es würde zu weit führen, in erschöpfender Weise alle diejenigen Fälle, in welchen durch die Gesetze die Zuständigkeit der Magistrate im Allgemeinen für bestimmte Geschäfte angeordnet ist, zusammenzustellen. Es soll hier nur an einen anomalen Fall erinnert werden, in welchem ausnahmsweise nur allein die Magistrate größerer Städte für zuständig erklärt sind. Es ist dies im § 4 des Landesverwaltungsgesetzes vom 30. Juli 1883 geschehen, indem danach in den einem Landkreise angehörigen Städten mit mehr als 10 000 Einwohnern der Magistrat statt des Kreisausschusses über die Genehmigung oder Veränderung gewerblicher Anlagen und über die Erlaubniß zum Betriebe der Schankwirthschaft oder Gastwirthschaft, zum Kleinhandel mit Branntwein oder Spiritus sowie zum Betriebe des Pfandleihgewerbes und zum Handel mit Giften beschließen soll.*)

II. Vorbereitung und event. Ausführung der Beschlüsse der Stadtverordnetenversammlung. Während die Anregung in Bezug auf den Gegenstand der Beschlüsse auch von der Gemeindevertretung, wie dies in den Kammerverhandlungen über den Entwurf der Städteordnung vom 30. Mai 1853 ausdrücklich anerkannt ist, ausgehen kann, verbleibt dagegen die Vorbereitung derselben allein dem Magistrate, ebenso wie die Ausführung, wenn die Beschlüsse einer solchen bedürfen

*) Zust. G. vom 1. August 1883 § 109 und 114.

und der Letztere ihnen zugestimmt hat. In dieser Beziehung ist hervorzuheben, daß der Magistrat keinen Stadtverordnetenbeschluß ausführen darf, ohne sich vorher davon völlig überzeugt zu haben, daß er in gültiger Form d. h. mit Beobachtung der gesetzlichen Vorschriften abgefaßt worden, und ferner daß der Magistrat zu diesem Zwecke berechtigt ist, sich hiervon, so oft er es für nöthig hält, durch Einsicht der einzelnen Beschlüsse oder Protocollbücher ohne Weiterung die erforderliche Kenntniß zu verschaffen.*) Andererseits ist der Magistrat verpflichtet, sowohl die Zustimmung als die Ausführung zu versagen, wenn von den Stadtverordneten ein Beschluß gefaßt ist, welcher deren Befugnisse überschreitet, gesetz- oder rechtswidrig ist, das Staatswohl oder das Gemeindeinteresse verletzt. Macht der Magistrat von seinem Rechte und seiner Pflicht der Beanstandung Gebrauch, so hat er die desfallsigen Gründe der Stadtverordnetenversammlung mitzutheilen, und erfolgt hierauf keine Verständigung, zu deren Herbeiführung von jeder der beiden städtischen Behörden die Einsetzung einer gemeinschaftlichen Commission verlangt werden kann, so beschließt in den Kreisordnungsprovinzen der Bezirksausschuß (in den übrigen Provinzen die Regierung) über die entstandene Meinungsverschiedenheit auf desfallsigen Antrag einer der beiden Behörden. Es soll hier nicht unerwähnt bleiben, daß die Befugnisse des Regierungspräsidenten zur Beanstandung der Stadtverordnetenbeschlüsse nicht so weit reichen, indem der Letztere nur befugt ist, den Magistrat zur Beanstandung derjenigen Beschlüsse der Stadtverordneten zu veranlassen, welche deren Befugnisse überschreiten oder die Gesetze verletzen,**) und indem er nur im staatlichen Oberaufsichtswege auf Anzeige

*) M. R. vom 11. Oct. 1828 (von Kamptz Ann. Bd. XII, p. 1029) und vom 8. Nov. 1828 (von Kamptz Ann. ibidem p. 1031).

**) Zust. G. v. 1. August 1883 § 15.

des Magistrats und etwaige sonstige Beschwerden die Vorlegung der Beschlüsse und der Protocollbücher der Stadtverordneten verlangen kann.*)

Hat der Magistrat einem Stadtverordnetenbeschlusse zugestimmt, denselben aber noch nicht zur Ausführung gebracht, so steht es der Stadtverordnetenversammlung frei, ihren desfallsigen Beschluß abzuändern und auch ganz zurückzunehmen.**)

III. Verwaltung der städtischen Gemeindeanstalten und Beaufsichtigung derjenigen, für welche besondere Verwaltungen eingesetzt sind. Das dem Magistrate in den Städteordnungen zugesprochene Recht, die städtischen Gemeindeanstalten zu verwalten, ist im Wesentlichen beschränkt durch das Recht der Gemeindevertretung, über die Art der Benutzung zu beschließen,***) über das Gemeindevermögen zu verfügen, die zur Verwaltung erforderlichen Ausgaben zu genehmigen sowie in Bezug auf die bestimmungsmäßige Verwendung der Gemeindeeinnahmen die Controle auszuüben. Zu solchen städtischen Gemeindeanstalten gehören in Maßgabe der zur Gemeindeordnung von 1850 erlassenen Motive alle zum Besten der Gesammtheit bestehende Einrichtungen, wie die Sicherungsanstalten, Schulen, Armen- und Krankenhäuser, Sparkassen, Wegeanlagen und dergleichen. Es gehören dazu auch die städtischen milden Stiftungen, (Armenhäuser, Hospitäler, Waisen- und Findelhäuser, Werk- und Arbeitshäuser) deren Fonds bestimmungsmäßig, gleichviel ob die Stiftung aus Mitteln der Stadtgemeinde oder aus Privatzuwendungen entstanden ist, zu städtischen Zwecken verwandt werden.†) Der Magistrat ist in Bezug auf die Verwaltung an die etwa vorhandenen, ausdrücklich oder stillschweigend ge-

*) M. R. vom 11. Oct. 1828 und vom 8. Nov. 1828.

**) M. R. vom 15. Dec. 1825 (von Kamptz Ann. p. 1046) und vom 4. August 1839 (von Kamptz Ann. p. 647).

***) O. St. O. § 49, W. St. O. § 48, R. St. O. § 45.

†) M. R. vom 31. August 1843 (M. Bl. p. 255).

nehmigten Statuten oder die sonstigen Anordnungen des Stifters gebunden. Hat der Letztere die innere Einrichtung solcher Anstalten, die Aufsicht über dieselben, die Bestellung der Verwalter, die Revision und Abnahme der Rechnungen angeordnet,*) so hat der Magistrat sich auf die Ueberwachung der Verwaltung zu beschränken, während er beim Mangel solcher Anordnungen die Stiftungen unter eigene Verwaltung nehmen muß. In letzterem Falle ist seine Verwaltung namentlich in Bezug auf Prüfung der Rechnungen und Ertheilung der Decharge der Controle der Stadtverordneten unterworfen.**) Hierbei ist noch darauf hinzuweisen, daß es in Ansehung sowohl der Verwaltung als der Verwendung solcher Stiftungen bei den stiftungsmäßigen Bestimmungen zu bewenden hat, und daß die Vorschriften der Städteordnungen, soweit es dabei auf den Begriff von Bürger ankommt, an sich selbst nicht maßgebend sein sollen.***)

Die vorstehende Darstellung läßt das bereits im § 41 beregte Prinzip, daß der Magistrat im Allgemeinen als verwaltende, und somit ausführende, die Gemeindevertretung dagegen als rein beschließende Behörde fungirt, auch in Bezug auf die Verwaltung der Gemeindeanstalten hervortreten. Es muß indeß mit Rücksicht auf jenen Prinzipalsatz darauf aufmerksam gemacht werden, daß auf Grund des § 18 des Zust. G. vom 1. Aug. 1883 der Magistrat für Beschlüsse auf Beschwerden und Einsprüche, welche das Recht zur Mitbenutzung der öffentlichen Gemeindeanstalten betreffen, für ausschließlich zuständig anerkannt ist.

IV. Verwaltung der Einkünfte der Stadtgemeinde, Anweisung der städtischen Einnahmen und Ausgaben, sowie

---

*) A. L. R. Th. II, Tit. 19 § 35.

**) M. R. vom 27. Juli 1844 (M. Bl. p. 266).

***) O. St. O. § 49, W. St. O. § 48, R. St. O. § 45.

Ueberwachung und Revision des Rechnungs- und Kassenwesens. Die Verwaltung der Einkünfte ist gleichfalls durch das sub III hervorgerufene Beschluß- und Controlerecht der Gemeindevertretung beschränkt. Der Magistrat hat die Einkünfte der Gemeinde einzuziehen und zu den im Etat oder durch Beschlüsse der Gemeindevertretung festgestellten Ausgaben zu verwenden. Zu einer außergewöhnlichen Verwendung, wie z. B. zur zinsbaren Ausleihung disponibler Bestände der Stadtkasse*, ist ebenso, wie zur Aufnahme von Anleihen und zu Creditbewilligungen, die Einwilligung der Stadtverordneten erforderlich; wogegen die Beschaffung der Gemeindebedürfnisse solange, als die dadurch veranlaßten Kosten sich innerhalb der Grenzen des Etats halten, allein dem Magistrate ohne Concurrenz der Gemeindevertretung zuständig ist.

Das Recht zur Anweisung der städtischen Einnahmen und Ausgaben beschränkt sich auf diejenigen, welche auf dem Etat oder auf besonderen Beschlüssen der Gemeindevertretung beruhen. Ein solcher Beschluß ist also, was in den Communalverwaltungen häufig übersehen zu werden pflegt, insbesondere auch zu den außeretatsmäßigen Einnahmen herbeizuführen.

Was die Kassenrevisionen anlangt, so unterscheidet man regelmäßige, welche allmonatlich stattfinden, und außerordentliche, welche mindestens jährlich einmal vorgenommen werden müssen. Beide erfordern die Mitwirkung der Gemeindevertretung in folgender beschränkter Weise. Dieselbe ist von jeder regelmäßigen in Kenntniß zu setzen und kann zu diesem Verwaltungsacte ein oder mehrere Mitglieder abordnen, damit sie an dem Revisionsgeschäfte Theil nehmen. Dagegen ist zu den außerordentlichen der Vorsitzende oder ein von demselben ein- für allemal bezeichnetes Mitglied der Versammlung zuzuziehen. Außerdem steht noch dem Bürgermeister, welcher

---

*) M. R. vom 22. Februar 1869 (M. Bl. p. 70).

mit der Oberaufsicht über die Kassen und Depositorien betraut ist, die Befugniß zu, extraordinäre Revisionen für seine Person zu veranlassen*; er ist aber andererseits verpflichtet, dafür zu sorgen, daß Seitens des Magistrats monatlich regelmäßig und jährlich einmal außerordentlich revidirt wird.

V. Verwaltung des Eigenthums der Stadtgemeinde und Wahrung der Rechte derselben. Auch hier ist das Verwaltungsrecht des Magistrats begrenzt durch das allgemeine Beschluß- und Controlerecht der Gemeindevertretung, insbesondere durch das Recht derselben, durch Beschluß über die Substanz mittelst Verkaufs oder Vertausches, bezw. über die Ausnutzung mittelst Verpachtung und Vermiethung zu verfügen. Der freiwillige Verkauf darf in der Regel nur im Wege der Licitation auf Grund einer Taxe, und nur ausnahmsweise, ebenso wie der Vertausch, mit Genehmigung des Bezirksausschusses (bezw. der Regierung in Posen und in der Rheinprovinz) unter der Hand erfolgen. Ob die Verpachtung bezw. Vermiethung öffentlich geschehen soll oder nicht, bleibt dagegen dem pflichtmäßigen Ermessen der beiden städtischen Behörden und dem übereinstimmenden Beschlusse derselben überlassen. Wird der modus der öffentlich . Verpachtung pp. gewählt, so ist die Ertheilung des Zuschlags, als ein Verwaltungsact, als eine ausführende Handlung nur von dem Magistrate, dagegen niemals von der Gemeindevertretung, welche ihre Beschlüsse überhaupt nicht selbst zur Ausführung bringen darf, zu vollziehen; während es in Maßgabe der vorstehend dargelegten Prinzipien als durchaus unbedenklich erscheint, daß die Gemeindevertretung bei allen Pacht- und Miethsverträgen den Beschluß über die Feststellung der von dem Magistrate zu entwerfenden Bedingungen sowie darüber, ob magistratlicher Seits der Zuschlag zu ertheilen ist, sich vorbehalten,

---

*) Instr. vom 20. Juni 1853 § 20 sub 6.

und demzufolge beides von ihrer zuvorigen Genehmigung abhängig machen kann. Nur in einer Beziehung ist hinsichtlich der Benutzung des Gemeindevermögens die alleinige Competenz des Magistrats anerkannt, und zwar, als ihm ausschließlich durch § 18 des Zust. G. vom 1. August 1883 das Recht übertragen ist, über Beschwerden und Einsprüche zu beschließen, welche die Befugniß der Gemeindemitglieder zur Theilnahme an den Nutzungen und Erträgen des Gemeindevermögens betreffen.

Die weitere Bestimmung, welche dem Magistrate die Wahrung der Rechte der Stadtgemeinde zuweist, hat die Streitfrage darüber veranlaßt, ob bezw. in wieweit der Magistrat ohne zuvorigen Beschluß der Gemeindevertretung zur Erhebung von Klagen und zur Einlassung auf angestellte Klagen ermächtigt ist. Schon bei der Berathung der Kammern hat sich insofern eine verschiedene Ansicht geltend gemacht, als die Einholung solcher Genehmigung von einer zur Vorberathung des Entwurfs der Städteordnung vom 30. Mai 1853 niedergesetzten Commission für entbehrlich, dagegen von der zur Vorberathung eines die Abänderung der Städteordnung bezweckenden Gesetzentwurfs vom Jahre 1861 gewählten Commission des Herrenhauses für erforderlich erachtet wurde. In der Litteratur hat demnächst eine vermittelnde Ansicht Vertreter gefunden, und zwar die Ansicht, daß die Genehmigung im Allgemeinen nöthig sei, jedoch mit Ausschluß derjenigen Klagen, welche zur sog. laufenden Verwaltung (wie z. B. Klagen über etatsmäßige Hypothekenzinsen, Pachtbeträge 2c.) zu rechnen seien. Hier soll nun die Ansicht vertreten werden, daß der Magistrat vor der Erhebung der Klagen und vor der Einlassung auf dieselben stets der Genehmigung der Gemeindevertretung bedarf. Diese Ansicht stützt sich auf das A. L. R. Th. I, Tit. 14 § 123, welcher die Genehmigung der Gemeindevertretung unbedingt erfordert, sowie auf die Thatsache, daß jene landrechtliche Vorschrift nirgends, und insbesondere auch nicht durch diejenige Bestimmung der Städteordnungen aufgehoben ist, welche dem Magistrate, wie jedem anderen Verwalter fremden Vermögens, nur im Allgemeinen die Wahrung der Rechte der Gemeinde zur Pflicht macht, dagegen einen Unterschied zwischen Klagen der laufenden Verwaltung und anderen Klagen weder aufstellt noch zuläßt. Dementsprechend ist in den Communalverwaltungen einzelner größerer Städte zum Zwecke der Erleichterung des Geschäftsganges ortsstatutarisch die Befugniß des Magistrats festgestellt, gewisse Arten von Klagen, welche durch die laufende Verwaltung in Bezug auf Einziehung der etatsmäßig feststehenden Einnahmen veranlaßt werden, ohne zuvorige Zustimmung der Gemeindevertretung anzustellen. Wo solche ortsstatutarische Anordnung fehlt, muß es bei der jedesmaligen Einholung der Genehmigung bewenden. Wäre die entgegengesetzte Ansicht richtig, so würde man auch mit gleichem Rechte für die Abschließung von Vergleichen, welche doch zweifellos und unbestritten den Beschluß der Gemeindevertretung erfordern, die Zustimmung derselben aus dem Gesichtspunkte der Wahrung der Rechte für entbehrlich halten können.

VI. Anstellung und Beaufsichtigung der Gemeindebeamten. Die desfallsigen Geschäfte gehören zum ausschließlichen Ressort des Magistrats; nur in Betreff der einer Anstellung vorgehenden Vorverhandlung concurrirt die Gemeindevertretung insofern, als sie über die Person des Anzustellenden zuvor vernommen werden muß, und als ihre erheblichen Ausstellungen von Seiten des Magistrats zu beachten sind, widrigenfalls die trotzdem vorgenommene Wahl ungültig und für die Stadtgemeinde unverbindlich ist.*) Zu diesen Ge-

*) Erk. des Obertribunals vom 5. März 1858 (Striethorst Arch. Bd. 29, p. 190).

meindebeamten gehören alle städtischen Subaltern- und Unterbeamte, welche nicht im Magistratscollegium Sitz und Stimme haben, sondern zum Dienste der Stadt angenommen sind und bei Ausübung ihrer Functionen unter dem Magistrate stehen*) — cfr. oben § 43 sub II. — Das Anstellungsrecht desselben ist übrigens in mehrfacher Beziehung beschränkt, und zwar dadurch:

1. Daß alle Stellen der städtischen Subaltern- und Unterbeamten mit civilversorgungsberechtigten Personen zu besetzen sind, jedoch mit Ausnahme der Stellen der Kämmereirendanten und Communalcassenbeamten bedingungslos, dagegen derjenigen Subalternstellen, welche eine höhere oder doch eigenthümliche Geschäftsbildung (z. B. Stadtsecretär, Registrator pp.) erfordern nur dann, wenn zur Bekleidung der betreffenden Aemter befähigte civilversorgungsberechtigte Militärinvaliden nicht vorhanden sind;
2. Daß die Ernennung aller Polizeibeamten auf Grund des § 4 des Gesetzes über die Polizeiverwaltung vom 11. März 1850 noch der Bestätigung des Regierungspräsidenten bedarf;
3. daß bei Besetzung von Gemeindeforstbeamtenstellen von jeder Veränderung in dem Einkommen einer Forststelle, von dem Eingehen oder der Neueinrichtung einer solchen, von jeder eintretenden Vacanz und Wiederbesetzung der Regierung Anzeige zu machen ist,**) und daß für bestimmte Stellen nur Forstversorgungsberechtigte gewählt werden können;

---

*) M. R. vom 25. März 1840 (M. Bl. p. 173) und Erk. des Gerichtshofes zur Entscheidung der Competenzconflicte vom 23. Juni 1858 (Just. M. Bl. 1858 p. 261).

**) M. E. vom 4. Februar 1870 (M. Bl. p. 75).

4. daß in den weniger als 10000 Einwohner zählenden Städten der 6 östlichen Provinzen der Cämmerer nur nach Vernehmung der Gemeindevertretung und mit Zustimmung des Bezirksausschusses (in den Kreisordnungsprovinzen), bezw. der Regierung (in den übrigen Provinzen) zum Gemeindeeinnehmer ernannt werden darf.

Eine unter Verletzung der desfallsigen Vorschriften erfolgte Anstellung ist von Anfang an ungültig. Der betreffende Beamte hat in solchem Falle keine Ansprüche auf Beibehaltung der Stelle und auf Entschädigung Seitens der Stadtgemeinde; er hat vielmehr event. nur einen persönlichen Anspruch wider diejenigen Magistratsmitglieder, welche ohne Beobachtung der betreffenden Vorschriften die Anstellung beschlossen haben.*)

Was nun die Dauer der Anstellung anlangt, so erfolgt dieselbe, soweit es sich nicht um vorübergehende Leistungen handelt, auf Lebenszeit. Es ist den Gemeinden indeß freigelassen, diejenigen Unterbeamten, welche nur zu mechanischen Dienstleistungen bestimmt sind, auf Kündigung anzunehmen. Dagegen ist der Magistrat nicht befugt, außer den auf Lebenszeit oder auf Kündigung anzustellenden Gemeindebeamten noch eine dritte Categorie derselben, welche auf beliebige Contractsbedingungen angenommen wird, einzuführen. Auf die städtischen Beamten, als mittelbare Staatsdiener, muß auch der hinsichtlich der unmittelbaren Staatsdiener über deren Anstellung und Entlassung geltende Grundsatz unbedingte Anwendung finden. Dementsprechend hat das M. R. vom 27. März 1843 (M. Bl. p. 124) den in der Bestallung eines Communalbeamten ausgesprochenen Vorbehalt:

„daß derselbe zu jeder Zeit, ohne gerichtliche Untersuchung und ohne irgend eine Pensionsgewährung, seines

---

*) M. R. vom 29. Juni 1833 (von Kamptz Ann. p. 437).

Dienstes entlassen werden könne, falls er gegründete Ursache zur Unzufriedenheit gegeben habe"

für völlig bedeutungslos erklärt, so daß er nicht einmal die Wirkung des Vorbehalts einer unbedingten Kündigung habe.

Schließlich soll noch erwähnt werden, daß die Gemeindevertretung vor jeder Anstellung, falls nicht ein Normalbesoldungsetat festgestellt ist, über die Höhe der Besoldung zu beschließen hat und über die Höhe der von den Gemeindebeamten etwa zu leistenden Cautionen zu hören ist. — cfr. das Nähere in Cap. III des dritten Buchs. —

VII. Aufbewahrung der Urkunden und Acten der Stadtgemeinde. Die Urkunden sind unter Anlegung gehöriger Repertorien in einem Archive niederzulegen, event. beim Mangel eines passenden Locals dem Archive der Regierung oder dem Landes- oder Provinzialarchive gegen Quittung anzuvertrauen; die Acten dagegen sollen in einer Registratur durch die zu solchem besonderen Dienste angestellten Beamten in dazu völlig geeigneten, sicheren und zweckentsprechenden Räumen*) in Verwahrsam genommen werden. Ausgeschlossen sind hiervon diejenigen Acten, welche die dem Bürgermeister zustehende Disciplin über die Mitglieder und Beamten des Collegiums oder die höheren Orts ihm persönlich gemachten Aufträge betreffen, oder welche sich auf solche Angelegenheiten beziehen, welche eine besondere Geheimhaltung erfordern. Solche Acten hat der Bürgermeister selbst im Rathhause unter seinem besonderen Verschlusse zu halten.**)

Das Archiv des Magistrats hat auf Grund des A. L. R. Th. II Tit. 8 § 136 und 137 mit einem gerichtlichen Archive gleiche Rechte, wenn es durch besonders dazu ver-

---

*) M. R. vom 3. März 1832 (von Kamptz Ann. Bd. XVI, p. 666).

**) Instr. vom 25. Mai 1835 § 20 sub 10.

pflichtete Personen verwahrt wird. Diese Rechte bestehen darin, daß eine unbeglaubigte Abschrift einer gerichtlichen Urkunde eine rechtliche Vermuthung für die aus dem Inhalte derselben herzuleitenden Ansprüche begründet, und daß eine Privaturkunde die rechtliche Vermuthung für sich hat, daß sie wirklich von dem darin angegebenen Aussteller herrührt und unter gewissen Voraussetzungen vollen Beweis erbringt.*)

VIII. Vertretung der Stadtgemeinde nach außen. Das Vertretungsrecht schließt in sich die Ermächtigung, Namens der Gemeinde mit Behörden und Privatpersonen zu verhandeln, den Schriftwechsel zu führen und die Gemeindeurkunden in der Urschrift zu vollziehen. Es ist zu den durch diese Thätigkeit veranlaßten Geschäften eine besondere Legitimation des Magistrats als solchen niemals erforderlich, insbesondere also auch nicht zur Führung von Prozessen bei den Gerichten. Wenn auch zur Anstellung der Prozesse die Zustimmung der Gemeindevertretung erforderlich ist, so bedarf es eines Nachweises der wirklich geschehenen Zustimmung den Prozeßgegnern und dem Gerichte gegenüber unter keinen Umständen, weil der Magistrat als Vertreter der Gemeinde in allen Gemeindeangelegenheiten nach außen hin gesetzlich anerkannt ist.

Die Ausfertigungen der Urkunden werden Namens der Stadtgemeinden von dem Bürgermeister oder seinem Stellvertreter gültig unterzeichnet. Werden in denselben Verpflichtungen der Stadtgemeinde übernommen, so muß noch die Unterschrift eines Magistratsmitgliedes hinzukommen. Demzufolge brauchen Quittungen aus dem Grunde, weil in ihnen Verpflichtungen nicht enthalten sind, nur von dem Bürgermeister allein, bezw. dessen Stellvertreter unterschrieben zu werden.**) Dagegen ist in allen Fällen, in denen die Genehmigung der Aufsichtsbe-

---

*) A. G. O. Th. I, Tit. 10 § 124 und 158.

**) M. R. vom 11. Juni 1854.

hörde erforderlich ist, das bezügliche Actenstück in beglaubigter Form der betreffenden Ausfertigung beizufügen, während von der Beilegung des genehmigenden Beschlusses der Gemeindevertretung abgesehen werden kann, weil schon allein die von dem Magistrate (Bürgermeister und einem Magistratsmitgliede) vorgenommene Unterzeichnung der Ausfertigung eine Verpflichtung der Gemeinde, gleichviel ob die Zustimmung der Gemeindevertretung erfolgt ist oder nicht, zu begründen vermag.*) Wenn in dem M. R. vom 10. Oct. 1851 angeordnet ist, daß den Urkunden über Ablösung von Reallasten, betreffs deren die städtischen Kassen und Institute die Berechtigten sind, der betreffende Beschluß der Stadtverordneten zum Zwecke der Bestätigung beizufügen ist, so hat dies darin seinen Grund, daß eine solche Ablösung eine Veräußerung von Gerechtsamen in sich schließt, und hierzu die Genehmigung der Stadtverordneten erforderlich ist.

IX. Vertheilung und Beitreibung der Gemeindeabgaben und Dienste. Während die Gemeindevertretung die Aufbringung von Gemeindesteuern und die Heranziehung der Gemeinde zur Leistung von Hand- und Spanndiensten zu beschließen hat, ist das Geschäft der nach den Gesetzen und den Gemeindebeschlüssen zu beschaffenden Vertheilung sowie das Geschäft der Beitreibung solcher Gemeindeauflagen ausschließlich dem Magistrate zugewiesen. Der Magistrat ist ferner in dem § 18 des Zuständigkeitsgesetzes vom 1. Aug. 1883 für solche Beschwerden und Einsprüche als competent erklärt, welche die Heranziehung oder die Veranlagung zu den Gemeindelasten betreffen. Es ist indeß hervorzuheben, daß Einsprüche gegen die Höhe von Gemeindezuschlägen zu den directen Staatssteuern, welche sich gegen den Prinzipalsatz der letzteren richten, unstatthaft sind. Hinsichtlich des wider den Magistratsbeschluß

*) Erk. des Obertribunals vom 3. Juli 1855.

zulässigen Verfahrens giebt der § 18 bezw. 21 leg. cit. die im Verwaltungsstreitverfahren beim Bezirksausschusse binnen der Präclusivfrist von zwei Wochen anzustellende Klage, und in zweiter Instanz nur das Rechtsmittel der Revision. Die Beschwerden, Einsprüche und Klagen haben keine aufschiebende Wirkung.

§ 67. Vorrechte des Bürgermeisters und des Beigeordneten.

Unter den Mitgliedern des Magistrats ist es zunächst der Bürgermeister, welchem besondere Vorrechte auch in dem Falle zustehen, wenn der Magistrat aus einem collegialischen Gemeindevorstande gebildet wird. Es sind dies folgende Vorrechte:

I. Rechte des Vorgesetzten und des Vorsitzenden. Er ist als Dirigent der unmittelbare Vorgesetzte der Mitglieder des Collegium und seiner Unterbeamten, sowie der mittelbare Vorgesetzte sämmtlicher übriger Communalbeamten. Alle diese Beamten sind, ebenso wie die Magistratsmitglieder, verpflichtet, ihm in den zu seinem Ressort gehörigen Angelegenheiten Folge zu leisten und ihm auf Verlangen jede amtliche Auskunft über die zu ihrem Geschäftskreise gehörigen Gegenstände mündlich oder schriftlich zu ertheilen. Er führt als Dirigent den Vorsitz im Collegium, leitet den ganzen Geschäftsgang der städtischen Verwaltung und führt insbesondere die Oberaufsicht über solchen Geschäftsgang, über die Geschäftsführung aller Beamten, der Deputationen und der Commissionen, sowie über die gesammten städtischen Kassen, das Rechnungswesen, Kämmerei-Depositorium und die Kassen der unter dem Magistrate stehenden Institute. Die sich aus dieser Stellung ergebenden besonderen Rechte und Pflichten, und ferner die aus diesem Gesichtspunkte seinem besonderen Ressort überwiesenen

Gegenstände werden weiter unten im § 77 zur Darstellung gelangen.

II. **Vorläufige Erledigung der dem Magistrate obliegenden Geschäfte.** Ihm steht ferner das Recht zu, in allen Fällen, wo die vorherige Beschlußnahme durch den Magistrat einen nachtheiligen Zeitverlust verursachen würde, die dem Magistrate obliegenden Geschäfte vorläufig allein zu besorgen. Er ist indeß andererseits im Falle der Ausübung eines solchen Rechts verpflichtet, dem Magistrate in der nächsten Sitzung behufs der Bestätigung und anderweitigen Beschlußnahme Bericht zu erstatten.

III. **Ordnungsstrafrecht.** Er ist ferner mit dem Rechte ausgestattet, zur Erhaltung der nöthigen Disciplin den Gemeindebeamten Warnungen und Verweise zu ertheilen, sowie Geldbußen bis zu neun Mark aufzuerlegen, auch die unteren Beamten, zu welchen die Executoren, Boten, Castellane, Diener und die zu ähnlichen oder zu bloß mechanischen Functionen bestimmten Unterbeamten zu rechnen sind, mit Arrest bis zu drei Tagen zu bestrafen.*)

Hinsichtlich der zulässigen Rechtsmittel ist hervorzuheben, daß gegen solche Strafverfügungen des Bürgermeisters die innerhalb der praeclusivischen Frist von zwei Wochen bei dem Regierungspräsidenten anzubringende Beschwerde zulässig ist, und daß gegen den auf solche Beschwerde ergehenden Beschluß desselben innerhalb einer weiteren präclusivischen Frist von zwei Wochen die Klage bei dem Oberverwaltungsgerichte stattfindet.**)

Streitig ist die Frage, ob der Bürgermeister den Gemeindeeinnehmer, wenn er etwa in den 6 östlichen Provinzen

---

*) Disciplinargesetz vom 21. Juli 1852 (G. S. p. 465) § 15, 18, 19 und 20, O. St. O. § 58, W. St. O. § 58.

**) Zust. G. vom 1. August 1883 § 20 sub 2.

in Städten unter 10 000 Einwohnern zugleich als Magistratsmitglied gewählt ist, in Bezug auf die eigentlichen Rendanturgeschäfte wegen Vernachlässigung derselben pp. mit Ordnungsstrafen belegen darf, und zwar deshalb streitig, weil in Bezug auf die Magistratsmitglieder dem Regierungspräsidenten das Ordnungsstrafrecht zusteht, und der Bezirksausschuß als entscheidendes Disziplinargericht competent ist.*) Diese Frage ist zu bejahen, weil der Gemeindeeinnehmer (Kämmerer), wenn er auch auf Grund der singulären Vorschrift des § 30 sub 2 der St. O. vom 30. Mai 1853 als Mitglied des Magistrats gewählt werden kann, in seinem dienstlichen Verhältnisse zum Magistrate im Falle solcher Wahl in Bezug auf die Besorgung der Kassengeschäfte die Eigenschaft als Gemeindebeamter behält, und deshalb in dienstlicher Beziehung gleich den übrigen Unterbeamten zu behandeln ist.

IV. **Beschlußbeanstandungsrecht.** Er ist auch berechtigt die Ausführung der Beschlüsse des Magistrats, welche dessen Befugnisse überschreiten, gesetz- oder rechtswidrig sind, das Staatswohl oder das Gemeindeinteresse verletzen, zu beanstanden; er muß aber im Falle der Ausübung dieses Rechts die Entscheidung einer höheren Behörde einholen. Diese Behörde war vor dem Inkrafttreten des Zust. Ges. vom 1. Aug. 1883 die Regierung. Letztere ist also jetzt noch in Posen, Schleswig-Holstein und in der Rheinprovinz zur Entscheidung berufen. Anders hat sich die Sache für die Provinzen Preußen, Brandenburg, Pommern, Schlesien, Sachsen und Westphalen gestaltet, indem dort jetzt der Bezirksausschuß auf Grund des Zust. Ges. § 15 und 17 über die Zulässigkeit der Beanstandung zu entscheiden hat. Es ist dagegen in diesen letztgenannten Provinzen, ebenso wie in Hannover, den Regierungspräsidenten das Recht eingeräumt, dem Bürger-

*) Zust. G. vom 1. August 1883 § 20 sub 1 und 3.

meister die Anweisung zu geben, daß er Beschlüsse des collegialischen Magistrats, welche dessen Befugnisse überschreiten oder die Gesetze verletzen, unter Angabe der Gründe mit aufschiebender Wirkung beanstande. Die einzelnen Fälle der durch den Bürgermeister herbeigeführten Beanstandung erfahren nun in den 6 östlichen Provinzen (mit Ausschluß von Posen) sowie in der Provinz Westphalen eine verschiedene Behandlung, und zwar in folgender Beziehung. Erfolgt nämlich die Beanstandung, weil der Beschluß des Magistrats dessen Befugnisse überschreitet oder die Gesetze verletzt, so entscheidet der Bezirksausschuß (in Berlin das Oberverwaltungsgericht) im Verwaltungsstreitverfahren auf die etwa von Seiten des collegialischen Gemeindevorstandes binnen zwei Wochen zu erhebende Klage auf Grund des § 15 leg. cit., während der Bürgermeister in denjenigen Fällen, wenn der Beschluß rechtswidrig ist oder das Staatswohl bezw. das Gemeindeinteresse verletzt, im Beschlußverfahren den Beschluß des Bezirksausschusses (in Berlin denjenigen des Oberpräsidenten) herbeiführen muß, weil ihm in den Städteordnungen*) die Verpflichtung zur Einholung der Entscheidung der Aufsichtsbehörde im Falle der Beanstandung auferlegt ist, und weil durch den § 15 und 17 leg. cit. nur die früher der Aufsichtsbehörde zuständig gewesene Beschlußfassung dem Bezirksausschusse übertragen, dagegen die obenberegte Verpflichtung des Bürgermeisters nicht aufgehoben ist. Event. kann der Beschluß des Bezirksausschusses auf Grund des § 17 sub 1 leg. cit. auch auf Antrag der Gemeindevertretung wegen einer etwa hervorgetretenen Meinungsverschiedenheit provocirt werden.

Die Vorrechte des Beigeordneten oder zweiten Bürgermeisters bestehen darin, daß er das erste Magistratsmitglied nach dem dirigenden Bürgermeister und dessen gesetzlicher

---

*) O. St. O. § 57 etc.

Vertreter ist. Es gehen auf ihn alle oben sub I—IV beregten Rechte und Pflichten über, sobald er als Vertreter thätig wird, während er sonst mit den übrigen Magistratsmitgliedern gleiche Rechte und Pflichten hat. Die für die 6 östlichen Provinzen erlassene Magistratsinstruction vom 25. Mai 1835 enthält nun in § 20 sub 12 die Vorschrift daß der Bürgermeister in Krankheits-, Abwesenheits- und sonstigen Behinderungsfällen die Stellvertretung in Anspruch zu nehmen und die Uebertragung der Geschäfte, welche schriftlich erfolgen muß, sowohl dem Magistratscollegium als dem Regierungspräsidenten schriftlich anzuzeigen hat. Der Beigeordnete darf während der Vertretung in der bisher beobachteten Ordnung und in den vom Bürgermeister getroffenen Einrichtungen sowie in der Geschäftsvertheilung Nichts ändern, und muß in eiligen Fällen, welche eine Aenderung erheischen, die betreffenden Gründe zu den Acten vermerken. Er ist überdies außer den Vertretungsfällen den Bürgermeister in seinen Functionen bei dringenden Umständen auf dessen Aufforderung zu unterstützen verpflichtet. Endlich hat er sich in dem Falle, wenn der dirigirende Bürgermeister durch plötzliche Krankheit an der schriftlichen Anzeige behindert wird oder vor der Einrichtung der Stellvertretung verstirbt, unverzüglich den Dirigenten-Geschäften zu unterziehen, während das Collegium dem Regierungspräsidenten Anzeige erstatten muß.

Drittes Capitel: Die städtische Verfassung in Städten ohne collegialischen Gemeindevorstand.

§ 68. Städte der 6 östlichen Provinzen und der Provinz Westphalen.

In den Städten der 6 östlichen Provinzen, in welchen an der Spitze der Verwaltung in der Regel ein collegialischer

20*

Gemeindevorstand steht, kann ausnahmsweise in dem Falle, wenn sie nicht mehr als 2500 Civileinwohner zählen, eine einfachere städtische Verfassung eingerichtet werden, und zwar im Wesentlichen dadurch, daß an die Stelle des collegialischen Gemeindevorstandes nur ein Beamter, der Bürgermeister, tritt.*) Die Annahme einer solchen Einrichtung, welche den kleineren Städten eine ihren Verhältnissen im Allgemeinen entsprechende, einfache, wohlfeile und prompte Verwaltung bietet, soll in Gemäßheit der Ministerialinstruction vom 20. Juni 1853 (M. Bl. p. 138) besonders begünstigt werden und wird dort namentlich für diejenigen Landestheile empfohlen, in denen viele kleinere Städte vorhanden sind. Hinsichtlich der Voraussetzungen und der Folgen der Annahme normiren die nachfolgenden Grundsätze.

I. **Die zur Annahme berechtigten Ortschaften.** Die fragliche Verfassung kann gewährt werden:

1. Den vor der Emanation der Städteordnung vom 30. Mai 1853 im Stande der Städte auf den Provinziallandtagen nicht vertretenen Flecken, in welchen weder eine der älteren Städteordnungen gegolten noch die ländliche Gemeindeverfassung bestanden hat, und zwar auf Grund der Bestimmung des Königs nach Anhörung des Provinzial-Landtages.**) Ein solches Beispiel bietet der Flecken Tiegenhof (Kreis Marienburg, Regierungsbezirk Danzig).

2. Den Landgemeinden, in denen ein Bedürfniß zur Annahme der Städteordnung mit der einfacheren Einrichtung obwaltet, und die durch solche Annahme zu Städten erhoben werden, auf Grund der Genehmigung des Kö-

*) O. St. O. § 72.

**) O. St. O. vom 30. Mai 1853 § 1, Abs. 2.

nigs nach Anhörung des Kreistages und des Provinziallandtages.*) — cfr. oben § 4 sub 1. —

3. Den bisher mit einem collegialischen Gemeindevorstande versehenen Städten, welche nicht mehr als 2500 Einwohner mit Ausschluß der servisberechtigten Militairpersonen des activen Dienststandes zählen, auf übereinstimmenden Antrag des Magistrats und der Stadtverordnetenversammlung mit Genehmigung des Bezirksausschusses**) (in Posen mit Genehmigung der Regierung).

II. Gestaltung der Verfassung. Dieselbe wird dadurch vereinfacht, daß

1. die Zahl der Stadtverordneten, welche sich sonst bei dem Bestande der vollen Städteordnung auf zwölf belaufen muß, bis auf sechs vermindert wird, und
2. daß statt des collegialischen Magistrats nur ein Bürgermeister functionirt, welcher den Vorsitz in der Stadtverordnetenversammlung mit Stimmrecht zu führen hat und durch zwei oder drei aus der Bürgerschaft zu wählende unbesoldete Schöffen unterstützt bezw. in Behinderungsfällen vertreten wird.

Der Bürgermeister, welchem die Heranziehung der Schöffen zu den gedachten Zwecken überlassen bleibt, bildet hier somit allein den Gemeindevorstand, er kann sich aber als solcher im geschäftlichen Verkehre auch der Firma: „Magistrat" bedienen.***) Auf ihn gehen alle Rechte und Pflichten, welche dem Magistrate, als Collegium, durch die Städteordnung und sonstige Gesetze beigelegt sind, mit denjenigen Modificationen über, welche sich als nothwendig dadurch ergeben, daß der

---

*) Ges. vom 14. April 1856 § 17.

**) Zust. G. vom 1. August 1883 § 16, Abs. 3.

***) M. R. vom 20. März 1856 (M. Bl. p. 91).

Bürgermeister zugleich stimmberechtigter Vorsitzender der Stadtverordnetenversammlung ist. Was insbesondere das Recht des Magistrats, die Beschlüsse der Stadtverordneten mit seiner Zustimmung zu versehen, anlangt, so steht dem Bürgermeister ein solches Recht nicht zu, weil er selbst an dem Zustandekommen des Beschlusses in Folge seines Stimmrechts Theil nimmt. Dagegen ist er, wie dies im § 73 der St. O. noch ausdrücklich ausgesprochen worden, ebenso wie der collegialische Magistrat, berechtigt und verpflichtet, die Ausführung derjenigen Beschlüsse der Stadtverordneten zu beanstanden, welche deren Befugnisse überschreiten, gesetz- oder rechtswidrig sind, das Staatswohl oder das Gemeindeinteresse verletzen. Tritt eine solche Beanstandung ein, und beharren dann die Stadtverordneten bei nochmaliger Berathung, welche jedesmal herbeizuführen ist, bei ihrem Beschlusse, so liegt dem Bürgermeister die Pflicht ob, die Entscheidung des Bezirksausschusses (in Posen der Regierung) über die entstandene Meinungsverschiedenheit einzuholen. Der Bezirksausschuß beschließt dann darüber, wenn die Angelegenheit nicht auf sich beruhen bleiben kann, und ebenso auch in dem Falle, wenn von Seiten der Stadtverordneten auf Entscheidung angetragen werden sollte.*) In Posen dagegen muß die Entscheidung der Regierung ohne Rücksicht darauf erfolgen, ob die Angelegenheit auf sich beruhen bleiben kann oder nicht.

Im Uebrigen kommen alle die Verfassung und Verwaltung der Städte betreffenden Vorschriften auch hier zur Anwendung, jedoch mit folgenden Abweichungen:

a. Die Schöffen, welche dem Bürgermeister nur zum Zwecke der Unterstützung und der Vertretung zur Seite stehen, können auch zugleich Stadtverordnete sein;

---

*) Zust. G. vom 1. August 1883 § 17 sub 1.

b. Es genügt, wenn die Beschlüsse der Stadtverordnetenversammlung nur von dem Vorsitzenden und einem Mitgliede unterzeichnet werden.

III. **Wiedereinführung der vollen Städteordnung.** Dieselbe kann erfolgen, auch wenn die Zahl der Einwohner unter 2500 Einwohner verbleibt. Dem entsprechend ist denn auch in dem M. R. vom 6. Oct. 1869 (M. Bl. p. 266) anerkannt, daß in dem vorberegten Falle die Genehmigung zur Wiedereinführung der vollen Städteordnung im Wege statutarischer Festsetzung zu ertheilen ist, weil ein auf Einführung der einfacheren Städteverfassung gefaßter statutarischer Beschluß auf dem nämlichen Wege wiederaufgehoben werden kann. Daß für die Genehmigung in den Kreisordnungsprovinzen jetzt die Bezirksausschüsse, und nicht, wie in Posen, die Regierungen competent sind, soll hier unter Hinweis auf den § 16 des Zust. G. vom 1. Aug. 1883 besonders hervorgehoben werden.

In der Provinz Westphalen kommen die vorstehend sub I—III beregten Grundsätze gleichfalls zur Anwendung, jedoch mit folgenden Abweichungen:

a. Die Einrichtung der einfacheren Stadtverfassung ist ohne Beschränkung hinsichtlich der Einwohnerzahl gestattet.

b. Einer der Schöffen, welche dem Bürgermeister zum Zwecke der Unterstützung und Vertretung zur Seite stehen, kann zum Beigeordneten gewählt, und diesem eine Besoldung oder eine Dienstentschädigung bewilligt werden.

c. Die Stadtverordnetenversammlung muß auch in den Städten von weniger als 2500 Einwohnern aus 12 Mitgliedern, dagegen in den größeren Städten aus der gesetzlichen Anzahl bestehen.

d. Dem Beschlusse auf Annahme der einfacheren Städteverfassung soll eine zweimal, mit einem Zwischenraume von mindestens acht Tagen, vorgenommene Berathung der Gemeindevertretung vorausgehen.*)

§ 69. Städte der Rheinprovinz.

In den Städten dieser Provinz bildet die Ortsobrigkeit und ausführende Verwaltungsbehörde in der Regel nicht ein collegialisch zusammengesetzter Magistrat, sondern ein Bürgermeister, welchem zwei oder, wo es das Bedürfniß erfordert, mehrere Beigeordnete zum Zwecke der Unterstützung, der Ausführung der ihnen ertheilten amtlichen Aufträge und der Vertretung zur Seite stehen.**) Es kann indeß in jeder Stadt ohne Rücksicht auf deren Einwohnerzahl durch Beschluß der Stadtverordnetenversammlung, welcher nach einer zweimal, mit einem Zwischenraume von mindestens acht Tagen, vorgenommenen Berathung zu fassen ist und der Genehmigung der Regierung bedarf, die städtische Verfassung mit collegialischem Magistrate, welcher die Obrigkeit der Stadt ist, die städtischen Gemeindeangelegenheiten verwaltet und an der Vertretung Theil nimmt, eingerichtet werden.***) Für eine solche Einrichtung normiren die im Cap. I und II dieses Buchs zur Darstellung gebrachten Grundsätze.

Was dagegen die einfachere Stadtverfassung ohne collegialischen Magistrat anlangt, so bietet diese folgende Eigenthümlichkeiten:

I. Alle Functionen, welche der collegialische Magistrat als Obrigkeit und Verwaltungsbehörde versieht, werden von einem besoldeten Bürgermeister, welcher alle ihm competirenden Anordnungen und Entscheidungen nach seinem alleinigen Er-

*) W. St. O. § 72.
**) R. St. O. § 28.
***) R. St. O. § 66.

messen trifft, event. im Behinderungsfalle von dessen Stellvertreter wahrgenommen. Die Reihenfolge, in welcher die Beigeordneten zur Stellvertretung berufen sind, wird durch Beschluß der Stadtverordnetenversammlung mit Genehmigung der Regierung festgesetzt.

II. Die Beigeordneten können mit Besoldung angestellt werden; auch kann ihnen bloß eine Dienstentschädigung bewilligt werden.

III. Der Bürgermeister und die besoldeten Beigeordneten werden auf 12 Jahre, die unbesoldeten Beigeordneten auf 6 Jahre gewählt. Es ist übrigens zulässig, daß die Wahl des Bürgermeisters und der besoldeten Beigeordneten auch auf Lebenszeit erfolgt.

IV. Der Bürgermeister führt in der Stadtverordnetenversammlung den Vorsitz mit Stimmrecht, event. in dessen Behinderung der zur Stellvertretung berufene Beigeordnete. Sämmtliche Beigeordnete können auch zu Stadtverordneten gewählt werden, trotzdem sie die Eigenschaft als Gemeindebeamten, welche im Uebrigen nicht wählbar sind, besitzen.

V. Es steht dem Bürgermeister bezw. dessen Stellvertreter nicht das Recht zu, rücksichtlich der Beschlüsse der Stadtverordnetenversammlung die Zustimmung zu ertheilen oder zu versagen. Er hat nur das Recht und die Pflicht, die Ausführung derjenigen Beschlüsse, welche ihre Befugnisse überschreiten, gesetz- oder rechtswidrig sind oder das Staatswohl bezw. das Gemeindeinteresse verletzen, zu beanstanden, und in dem Falle, wenn die Stadtverordneten in einer nochmaligen Berathung, welche jedesmal herbeizuführen ist, bei ihrem Beschlusse beharren, die Entscheidung der Regierung anzurufen. Unterläßt der Bürgermeister die Beanstandung, so wird er von Seiten der Aufsichtsbehörde dazu veranlaßt, in welchem Falle er die Stadtverordnetenversammlung davon zu benachrichtigen und über den Beschluß derselben an die

Regierung zu berichten hat. Letztere erläßt dann die Entscheidung, gegen welche der Recurs an den Oberpräsidenten binnen 10 Tagen offensteht.

VI. Wenn das Privatinteresse des Bürgermeisters mit dem Gemeindeinteresse in einem einzelnen Falle collidirt, so gehen dessen Rechte und Pflichten auf den zunächst berufenen Beigeordneten über.

VII. Der Bürgermeister und die Beigeordneten, welche sich übrigens der Firma „Magistrat" zu bedienen befugt sind,*) bilden kein Collegium. Als eine Singularität ist die Bestimmung des § 4 des Landesverwaltungsgesetzes vom 30. Juli 1883 anzusehen, indem dort ausgesprochen ist, daß in Stadtgemeinden, in welchen der Bürgermeister allein den Gemeindevorstand bildet, dieser und die Beigeordneten in dem Falle als Collegium fungiren sollen, wenn hinsichtlich der Mitwirkung bei den Geschäften der allgemeinen Landesverwaltung in den einem Landkreise angehörigen Städten mit mehr als 10000 Einwohnern der Magistrat die Functionen des Kreisausschusses zu versehen hat. Dieser Fall tritt jedoch nur dann ein, wenn über Anträge auf Genehmigung zur Errichtung oder Veränderung der im § 109 des Zust.G. vom 1. Aug. 1883 benannten gewerblichen Anlagen und über Anträge auf Ertheilung der Erlaubniß zum Betriebe der Gastwirthschaft oder Schankwirthschaft, zum Kleinhandel mit Branntwein oder Spiritus, sowie zum Betriebe des Pfandleihgewerbes und zum Handel mit Giften auf Grund des § 114 des leg. cit. zu beschließen ist.

Das vorberegte Landesverwaltungsgesetz vom 30. Juli 1883 wird indeß ebenso, wie das Zuständigkeitsgesetz vom 1. August 1883, in der Rheinprovinz in Gemäßheit des § 101 der für dieselbe unterm 30. Mai 1887 erlassenen

*) M. R. vom 20. März 1856 (M. Bl. p. 91).

Kreisordnung erst mit dem 1. Juli 1888 in Kraft treten. Mit diesem Tage wird sich dort in Folge der zuerst benannten Gesetze in der Communalverwaltung der Rheinischen Städte dieselbe große Verwaltungsreform vollziehen, welche bereits in den jetzigen sog. Kreisordnungsprovinzen ins Leben getreten ist. Es wird demnach Alles dasjenige, was bisher überall in den vorstehenden Ausführungen dieses Werkes in Betreff der Kreisordnungsprovinzen hervorgehoben ist, vom 1. Juli 1888 an auch auf die Städte der Rheinprovinz, welche von diesem Zeitpunkte ab den Letzteren zuzurechnen sein wird, in jeder Beziehung Anwendung finden müssen. Es werden durch diese Reform nicht weniger als 46 §§ der Rheinischen Städteordnung in wesentlichen Bestimmungen abgeändert und modificirt. — cfr. die in J. J. Heines Verlag in Berlin jüngst erschienene Städteordnung der Rheinprovinz vom 15. Mai 1856 mit den aus späteren Gesetzen, insbesondere dem L. V. G. und dem Zust. G. sich ergebenden Aenderungen und Zusätzen von H. Steffenhagen. —

§ 70. Städte und Flecken der Provinz Schleswig-Holstein.

In Schleswig-Holstein bildet die städtische Verfassung mit collegialischem Gemeindevorstande die Regel. Nur für kleinere Städte und Flecken kann durch Gemeindebeschluß, welcher nur nach zweimaliger, mit einem Zwischenraume von 14 Tagen, vorgenommener öffentlicher Berathung gefaßt werden darf und der Bestätigung der Regierung unterliegt, die einfachere Stadtverfassung ohne collegialischen Gemeindevorstand eingeführt werden. In solchem Falle gestaltet sich die Sache ebenso, wie in der Rheinprovinz, jedoch mit folgenden Abweichungen:

a. Der Bürgermeister führt auch den Titel „erster Ortsvorsteher", seine Stellvertreter den Titel „Rathmann" oder „zweiter, dritter bezw. vierter Ortsvorsteher".

b. Der Bürgermeister kann auch ohne Besoldung angestellt werden. Die Rathmänner verwalten ihr Amt unentgeltlich, doch können ihnen feste Vergütungen für dienstliche Ausgaben ausgesetzt werden.

c. Die Wahl des besoldeten Bürgermeisters erfolgt auf 12 Jahre, des unbesoldeten Bürgermeisters auf 6 Jahre und der Rathmänner auf 3, 4 oder 6 Jahre in der ortsstatutarisch festzusetzenden Reihenfolge des Ausscheidens durch die wahlberechtigte Bürgerschaft. Die Wahl des Bürgermeisters, welche der Bestätigung der Regierung bedarf, geschieht in einem besonderen Wahlacte, die der Rathmänner kann in einem gemeinschaftlichen Wahlacte vorgenommen werden.

d. Die Beschlüsse der Stadtverordneten können Seitens des Bürgermeisters nur beanstandet werden, wenn sie deren Befugnisse überschreiten oder sonst gesetzwidrig sind oder das Staatswohl verletzen. Wenn die Regierung den Bürgermeister anweist, solche Beschlüsse zu beanstanden, und dann, wenn die Stadtverordneten bei ihrem Beschlusse beharren, die Entscheidung fällt, so steht der Recurs an den Oberpräsidenten binnen einer Frist von vier Wochen offen.

e. Besondere Berathungen und Beschlußnahmen der Stadtverordneten ohne Betheiligung des Vorsitzenden sind unzulässig, doch muß auch auf Antrag eines Drittheils der Stadtverordneten die Berufung einer Versammlung erfolgen.

f. Die Zahl der Stadtverordneten beläuft sich außer dem Vorsitzenden auf vier bis zwölf, und wird ebenso, wie die Wahlperiode, ortsstatutarisch festgesetzt.

g. Die Heranziehung der Rathmänner zur Theilnahme an Commissionen oder zur Uebernahme anderweitiger Aufträge ist statthaft, aber nicht geboten.

h. Das zum Erwerbe des Bürgerrechts erforderliche Minimaleinkommen kann in Städten von nicht mehr als 5000 Einwohnern ortsstatutarisch bis auf einen Betrag von 450 Mk. herabgesetzt und darf nicht höher als 900 Mk. bestimmt werden.

i. Urkunden, worin die Gemeinde Verpflichtungen übernimmt, sind von dem Bürgermeister bezw. dessen Stellvertreter und außerdem von wenigstens einem Mitgliede der Stadtverordnetenversammlung zu vollziehen.

k. Im Falle der Auflösung der Stadtverordnetenversammlung führt bis zur Einführung der neugewählten Stadtverordneten der Bürgermeister mit den Rathmännern als Collegium die laufende Verwaltung.

l. Es können, falls es den localen Verhältnissen angemessen erscheint, außerdem noch andere die Vorschriften der Städteordnung vereinfachende Bestimmungen in einem Ortsstatute getroffen werden.

Auch die Provinz Schleswig-Holstein wird voraussichtlich im Jahre 1889 den Kreisordnungsprovinzen zuzuzählen sein, da im Beihalte der Mittheilungen der officiellen Presse in den Regierungskreisen die Absicht besteht, dem nächsten Landtage eine Vorlage zu machen, durch welche in der vorgenannten Provinz die neue Kreis- und Provinzialordnung eingeführt werden soll, und da diese Einführung zur Folge haben wird, daß auch dort die beiden Verwaltungsreformgesetze, das Landesverwaltungs- und Zuständigkeitsgesetz, an einem näher zu bestimmenden Tage in Kraft treten werden. Es wird dann das hier in diesem Werke in Bezug auf die Kreisordnungsprovinzen Gesagte gleichfalls in Schleswig-Holstein Geltung erlangen.

Druck von Greßner & Schramm in Leipzig.

Handbuch

der

Städtischen Verfassung und Verwaltung

in

Preußen.

Für den praktischen Gebrauch bearbeitet

von

H. Steffenhagen.

Band II.

Die Verwaltung der Städte.

Berlin.

J. J. Heines Verlag.

1888.

Inhaltsverzeichniß.

II. Band.

III. Buch. Die Verwaltung der Städte in organisatorischer Beziehung.

IV. Buch. Die Verwaltung der Städte in finanzieller Beziehung.

Erstes Capitel: Die Vermögensverwaltung.

Zweites Capitel: Das Gemeindesteuerwesen.

V. Buch. Die Oberaufsicht des Staates über die Stadtverwaltung.

III. Buch: Die Verwaltung der Städte in organisatorischer Beziehung.

Erstes Capitel: Die Geschäftsführung des Magistrats und des Bürgermeisters.

§ 71. Geschäftskreis des Magistrats.

I. Gemeinde- und Staatsangelegenheiten. Entsprechend der im § 55 dargestellten Doppelthätigkeit des Magistrats, als Gemeindeverwaltungsbehörde und als Organ der Staatsgewalt, umfaßt der Geschäftskreis desselben zweierlei Verwaltungen. Diese betreffen

a. entweder die eigentlichen Communalangelegenheiten oder
b. diejenigen Angelegenheiten, welche die Staatsbehörde dem Magistrate durch Gesetze, Verordnungen, Anweiweisungen 2c. fortdauernd oder durch Aufträge vorübergehend anweist.

Es ist bereits früher darauf hingewiesen, daß sich beide Verwaltungen im Wesentlichen dadurch unterscheiden, daß der Magistrat in Betreff der ersteren an die beschließende, bezw. controlirende Mitwirkung der Gemeindevertretung gebunden, dagegen in Betreff der Verwaltung der Staatsangelegenheiten von jeglicher Concurrenz der Gemeindevertretung unabhängig ist. Ein weiterer Unterschied macht sich darin geltend, daß für die Gemeindeangelegenheiten, wie dies rücksichtlich der 6 östlichen Provinzen durch die Instruction für die Stadtmagisträte vom 25. Mai 1835 (von Kamptz Ann. p. 733) geschehen ist, allgemeine den Geschäftsgang regelnde Verwaltungsgrundsätze festgestellt sind, während in Betreff der Staatsangelegenheiten die besonderen Vorschriften der Staatsbehörde über den dabei zu beobachtenden Geschäftsgang zunächst normiren sollen und event. beim Mangel etwaiger Bestimmungen den Magisträten nur freigelassen ist, die vorberegten Grundsätze der Instruction vom 25. Mai 1835 in Anwendung zu bringen. Die fortdauernde Gültigkeit der Letzteren ist noch besonders in der zur Ausführung der Städteordnung vom 30. Mai 1853 erlassenen Ministerialinstruction vom 20. Juni 1853 (M. Bl. p. 138) anerkannt, indem dort sub XIII verordnet ist, daß für den Geschäftsgang der städtischen Verwaltung, insoweit die vorcitirte Städteordnung keine entgegenstehenden ausdrücklichen Bestimmungen enthält, die Vorschriften der Instruction vom 25. Mai 1835 maßgebend bleiben sollen. Diese letzteren werden der nun in den §§ 72—77 folgenden Darstellung grundleglich gemacht werden.

II. Schulangelegenheiten. Diese nehmen unter den zum Geschäftskreise des Magistrats gehörenden Angelegenheiten insofern eine Sonderstellung ein, als sie rücksichtlich der äußern Verwaltung des Schulwesens (externa) zu den Gemeindeangelegenheiten, dagegen rücksichtlich der Leitung und Beaufsichtigung des Schulwesens (interna) zu den Staatsangelegenheiten zu rechnen sind. Dieser Gesichtspunkt gewinnt für die Verwaltung dadurch an Bedeutung, daß er für die Frage entscheidend ist, ob und inwieweit die Gemeindevertretung an einzelnen das Schulwesen betreffenden Angelegenheiten mitzuwirken berechtigt ist. In dieser Beziehung ist namentlich hervorzuheben:

a. Die Wahl der technischen Mitglieder der Schuldeputation steht den von dem Magistrate und von den Stadtverordneten gewählten Deputirten, dagegen nicht der Gemeindevertretung zu, weil jene Deputation vorwiegend mit Rücksicht auf die interna ein Hülfsorgan der staatlichen Schulaufsichtsbehörde ist.[1])

b. Die Uebernahme von Nebenämtern Seitens der städtischen Lehrer hängt von der Genehmigung der Königlichen Regierung, dagegen nicht von der Zustimmung der Gemeindevertretung ab, weil die Leitung und Beaufsichtigung des Schulwesens keine Gemeindeangelegenheit ist.[2])

c. Die Prüfung der Frage, ob der einzelne Lehrer der planmäßigen Gehaltserhöhung würdig ist, competirt aus demselben Grunde dem Magistrate und der Schuldeputation, dagegen nicht der Gemeindevertretung.[3])

d. Die Urlaubsgesuche der Lehrer sind ausschließlich an die Schuldeputation zu richten, welche sich nach zuvoriger Verhandlung mit dem Kreisschulinspector über Ablehnung oder Gewährung des Urlaubs schlüssig zu machen hat.[4])

e. Wird eine öffentliche Schule, welche unter städtischem Patronate steht, nicht aus der Stadtcasse, sondern mit eigenem Vermögen unterhalten, so ist es der Magistrat, welcher ihren Etat bestätigt und die Jahresrechnung feststellt, bezw. die Decharge ertheilt. Die Mitwirkung der Stadtverordneten ist hier ausgeschlossen.[5])

f. Die Wahl der an den Schulen rein städtischen Patronats angestellten Lehrer steht nur dem Magistrate zu. Es ist nur das Gutachten der sachverständigen Mitglieder der Schuldeputation einzuholen, dagegen braucht die Gemeindevertretung nicht vorher gehört zu werden.[6])

---

[1]) M. R. vom 30. Juni 1862 (M. Bl. p. 262).

[2]) M. R. vom 14. April 1863 (M. Bl. p. 118).

[3]) M. R. vom 31. August 1866 (M. Bl. p. 194).

[4]) M. R. vom 19. October 1868.

[5]) M. R. vom 23. Dec. 1845 (M. Bl. 1846 p. 8).

[6]) Instruction vom 26. Juni 1811 § 21 und M. R. vom 28. Mai 1845.

Im Uebrigen ist darauf hinzuweisen, daß die Organisation, der Wirkungskreis und die Geschäftsverwaltung der Schuldeputationen durch eine besondere Instruction, und zwar diejenige vom 26. Juni 1811, geregelt sind.

III. **Kreiscommunalangelegenheiten.** Dieselben kommen rücksichtlich des Wirkungskreises des Magistrats nur für diejenigen Städte, welche für sich einen eigenen Stadtkreis bilden, zur Frage. Der § 169 der Kreisordnung vom 13. December 1872 bestimmt nämlich, daß in solchen Städten die Geschäfte des Kreistags und des Kreisausschusses, die des Letzteren, soweit sich dieselben auf Verwaltung der Kreiscommunalangelegenheiten beziehen, von den städtischen Behörden nach den Vorschriften der Städteordnung wahrzunehmen sind.

§ 72. Geschäftsbetrieb des Magistrats.

I. **Organisation des Betriebes.** An der Spitze der ganzen städtischen Verwaltung steht der Magistrat. Derselbe beschafft die ihm obliegenden Amtsgeschäfte entweder durch Plenarbeschluß des Magistratscollegium (§ 73) oder durch Einzelverfügungen der damit ressort- oder auftragsmäßig betrauten Magistratsmitglieder (§ 74). Ihm stehen als Hülfsorgane die städtischen Unterbehörden zur Seite, und zwar zum Zwecke der dauernden Verwaltung oder Beaufsichtigung einzelner Geschäftszweige, welche, wie das Schulwesen, Armenpflege, Einquartirungswesen ꝛc., zur Competenz des Magistrats gehören, sowie zum Zwecke der Erledigung vorübergehender Aufträge. Diese Unterbehörden sind die städtischen Deputationen und Commissionen sowie die Bezirksvorsteher. Zur Bewältigung der zum Betriebe erforderlichen technischen Leistungen, der Subalterndienste und mechanischen Dienstverrichtungen sind dem Magistrate die sämmtlichen Gemeindeunterbeamten untergeordnet. Es sind dies:

a. die wissenschaftlich oder technisch ausgebildeten oberen Gemeindebeamten, welche mit der selbstständigen Leitung städtischer Gemeindeanstalten oder besonderer Verwaltungszweige betraut sind (z. B. Armenärzte, Krankenhausärzte, Baumeister, Gasanstaltsdirectoren, Oberförster 2c.);

b. Die Subalternbeamten, welche, wie die Cassenrendanten, Unterförster, Stadtsecretäre, Registratoren, Archivare pp. eine besondere und eigenthümliche Geschäftsbildung voraussetzen, und

c. die unteren Beamten, welche, einer besonderen Geschäftsbefähigung und Ausbildung nicht bedürftig, nur zu den niederen oder bloß mechanischen Dienstleistungen verwandt werden. Zu den Letzteren gehören die Executoren, Boten, Castellane, Diener und die zu ähnlichen Functionen bestimmten Beamten.*)

II. Leitung des Betriebes. Wenn auch der Magistrat das Recht und die Pflicht hat, die Gemeindebeamten zu beaufsichtigen, so ist doch die äußere Leitung des ganzen Geschäftsbetriebes in die Hände des Magistratsdirigenten gelegt. Sämmtliche an den Magistrat eingehende Sachen sind von demselben, bezw. seinem Stellvertreter zu eröffnen und zu präsentiren. Er muß die an das Collegium gehörenden Gegenstände an dasselbe, die vor die Deputationen gehörigen an diese letzteren gelangen lassen. Was die ersteren betrifft, so ernennt der Dirigent vermöge des ihm zustehenden Geschäftsvertheilungsrechts die Decernenten, in wichtigeren Fällen auch Codecernenten, und schreibt ihnen die Sachen zu. Der Dirigent kann übrigens für diejenigen Sachen, welche einen bestimmten Geschäftsgang haben, ein für allemal einen Decernenten ernennen.

---

*) Disciplinargesetz vom 21. Juli 1852 § 15.

Der Dirigent ist auch befugt, in den zu den Deputationen gehörigen Angelegenheiten die Decernenten zu bestimmen, er darf jedoch die Ausübung dieser Befugniß auch dem speciellen Dirigenten der Deputation übertragen. In kleineren Orten, wo es ohne Geschäftsüberhäufung möglich und zur besseren Uebersicht des ganzen Geschäftsganges rathsam ist, darf die Regierung dem Bürgermeister auch die Vertheilung der Sachen an die einzelnen Mitglieder der Deputation als Pflicht auferlegen.*)

III. Controle des Betriebes. Der gesammte Geschäftsbetrieb des Magistrats wird durch ein Hauptjournal controlirt, in welches jede eingehende Sache, wie solche präsentirt und zugeschrieben worden, eingetragen und darin bis zu ihrer völligen Erledigung fortgeführt wird. Die eingetragenen Sachen werden dann der Registratur übergeben und gelangen von dort mit den vollständigen Acten an die Decernenten, und zwar, wenn ein Codecernent ernannt ist, zunächst an diesen letzteren zur Einsicht und etwaigen Beifügung seiner Bemerkungen, und sodann erst an den Decernenten zur weiteren Bearbeitung und Erledigung.**)

Es soll hier übrigens nicht unerwähnt bleiben, daß für den gesammten Geschäftsbetrieb und den schriftlichen Verkehr nur die deutsche Sprache anwendbar ist, nachdem diese durch das Gesetz vom 28. August 1876 (G. S. p. 380) als ausschließliche Geschäftssprache aller Behörden, Beamten und politischen Körperschaften festgestellt ist. Es ist nur hinsichtlich des schriftlichen Verkehrs freigelassen worden, in dringlichen Fällen auch schriftliche, von Privatpersonen ausgehende Eingaben, welche in fremder Sprache abgefaßt sind, zu berücksichtigen; dieselben sind indeß, wenn von dieser Freilassung

*) Instr. vom 25. Mai 1835 § 5.
**) ibidem § 6 und 7.

nicht Gebrauch gemacht wird, mit dem Anheimgeben zurückzugeben, sie in deutscher Sprache wieder vorzulegen.*)

§ 73. Ressort des Plenum des Magistrats.

Es ist eine Reihe von Geschäftssachen ausschließlich durch Plenarbeschluß des Collegiums zu erledigen, welches nur unter dem Vorsitze des Magistratsdirigenten oder in Krankheits-, Abwesenheits- und sonstigen Behinderungsfällen desselben unter dem Vorsitze seines Stellvertreters zusammentreten und beschließen darf. Die Plenarbeschlüsse müssen im versammelten Collegium unter der Voraussetzung, daß es beschlußfähig ist, durch Stimmenmehrheit unter Ausschluß der Abstimmung mittelst Stimmzettel gefaßt werden. Zu diesem Zwecke sind die Sitzungen angeordnet, zu welchen sich die Mitglieder des Collegium zur bestimmten Stunde einzufinden haben, falls nicht etwa Verhinderungen vorliegen, welche sie dem Magistratsdirigenten unter Anführung der Gründe entweder schriftlich oder mündlich anzuzeigen haben. Die Sitzungen sind entweder regelmäßige, welche an den ein für allemal durch den Dirigenten bestimmten Wochentagen zur festgesetzten Zeit stattfinden, oder außerordentliche, welche er, wenn es die Umstände erheischen, besonders zu berufen, und zu welchen er die Mitglieder des Collegium unter Andeutung des Zwecks der Zusammenkunft, wenn dieser keine besondere Geheimhaltung erfordert, vorzuladen hat. Was nun die Plenarberathungen und Beschlüsse anlangt, so sind folgende Punkte zu berücksichtigen.

I. **Gegenstände**, welche vor das Plenum gehören, sind:

a. diejenigen Geschäftssachen, welche dem Magistrate nach den näheren Bestimmungen der Städteordnung — cfr oben § 66 — besonders überwiesen sind.**)

---

*) Ges. vom 28. August 1876 § 1 und 2.

**) O. St. O. § 56.

b. Diejenigen Vermögensangelegenheiten, über welche die Stadtverordneten ihr Gutachten, Erklärung oder Genehmigung abzugeben haben.

c. Die Anstellung aller zur Communalverwaltung erforderlichen besoldeten und unbesoldeten Unterbeamten unter Beobachtung der über diesen Gegenstand ergangenen besonderen Verordnungen, sowie die Annahme zeitweiser Hülfsarbeiter gegen diätarische Remuneration.

d. Die Ausübung aller der Stadtgemeinde in kirchlichen Angelegenheiten zustehenden Patronats- und Ehrenrechte, insbesondere die damit verbundenen Anstellungen der Geistlichen und sonstigen Kirchenbedienten, sowie die Besetzung der Lehrerstellen an den Schulanstalten.

e. Die Ertheilung von Dienst-Instructionen für die Mitglieder des Collegium und die Unterbeamten, sowie für die städtischen Verwaltungsdeputationen und Commissionen und deren Beamten. Alle diese Instructionen dürfen jedoch den bestehenden Vorschriften nicht widersprechen und müssen, soweit sie den formellen Geschäftsgang betreffen, die Zustimmung des Magistratsdirigenten erhalten.*)

Außerdem sind im Plenum alle diejenigen Sachen zum Vortrage bezw. zum Beschlusse zu bringen, welche entweder vom Dirigenten dazu bestimmt werden, oder bei welchen die Decernenten erhebliche Bedenken haben, oder welche diese letzteren wegen besonderer Wichtigkeit zur Kenntniß des Collegium zu bringen wünschen. Diese letztberegten Sachen können nur von dem ernannten Decernenten zum Vortrage gebracht werden. Glaubt ein Mitglied, daß eine nicht zu seinem Ressort gehörige Sache einer Berathung im pleno bedarf, so muß dasselbe den Dirigenten darauf aufmerksam

*) Instr. vom 25. Mai 1835 § 3.

machen. Dem Letzteren bleibt es dann überlassen, eine schriftliche Anzeige zu erfordern.

Früher gehörte zu den Plenarbeschlußsachen auch noch die Disciplin über die besoldeten und unbesoldeten Unterbeamten des Collegium und der Verwaltungsdeputationen und Commissionen, sowie die entsprechende Straffestsetzung. Die desfallsige Bestimmung der Instruction vom 20. Juni 1835 § 3 sub d ist indeß durch den § 58 der Städteordnung vom 30. Mai 1853 obsolet geworden, da dort für den Zweck der Erhaltung der nöthigen Disciplin dem Bürgermeister das Recht zugewiesen ist, allen Gemeindebeamten Geldbußen bis zu 9 Mark und außerdem den unteren Beamten Arreststrafen bis zu 3 Tagen aufzuerlegen.

II. Gang der Verhandlungen. Der Dirigent leitet den Vortrag im Collegium und beginnt zunächst mit den eiligen Sachen. Es folgen dann diejenigen der übrigen Decernenten, in der Regel nach dem Dienstalter der Mitglieder. Sehr eilige und besonders wichtige Gegenstände müssen nach dem Ermessen des Dirigenten vorzugsweise zum Vortrage gelangen. Nach Beendigung des Vortrags giebt der Decernent zuerst seine Stimme ab, sodann der etwa ernannte Codecernent. Das Collegium wird für zustimmend angesehen, wenn keine widersprechende Meinung laut wird. Im entgegengesetzten Falle müssen die Widersprechenden mit ihren Meinungen gehört werden. Der Dirigent bestimmt erforderlichen Falles die Reihenfolge der Sprecher und hat dafür insbesondere Sorge zu tragen, daß einerseits der Sprechende in vollständiger Auseinandersetzung seiner Ansicht nicht unterbrochen, andererseits aber unnütze und ermüdende Abschweifungen vermieden, und fremdartige Gegenstände nicht eingemischt werden. Nach Anhörung der verschiedenen Meinungen stellt er die Streitfragen zur Abstimmung fest; er hat hierbei die ihm dieserhalb etwa gemachten Bemerkungen zu berücksichtigen und verfügt sodann die Abstimmung. Er sammelt die Stimmen von unten herauf nach dem Dienstalter der Mitglieder, zählt hierauf die Stimmen und spricht dann in Maßgabe der Mehrheit derselben den Beschluß des Collegium aus. Bei Gleichheit der Stimmen entscheidet diejenige des Dirigenten. Letzterem liegt insbesondere die Pflicht ob, darauf zu halten, daß die Debatten mit Gründlichkeit, Ordnung, Ruhe und Leidenschaftslosigkeit geführt werden. Die Mitglieder haben seinen betreffenden Anordnungen Folge zu leisten. Sollten seine Ermahnungen ohne Erfolg bleiben, so ist er befugt, die Discussion des betreffenden Gegenstandes gänzlich abzubrechen und dessen weitere Erörterung zur nächsten Sitzung zu verlegen. Auch ist er berechtigt, nach Bewandniß der Umstände die ganze Sitzung auf einige Zeit zu sistiren oder dieselbe gänzlich zu schließen. In solchen Fällen muß aber der Dirigent eine den Hergang der Sache darstellende Verhandlung aufnehmen, dieselbe von mindestens zwei Mitgliedern, welche seiner diesbezüglichen Aufforderung nachkommen müssen, unterzeichnen lassen und sie sodann dem Regierungspräsidenten übersenden.*)

Sollte das Collegium nur in geringer Anzahl versammelt sein, so hat der Dirigent bei wichtigen Angelegenheiten, wenn es die Umstände gestatten, die Berathung bis zur nächsten Sitzung zu vertagen und darauf hinzuwirken, daß an derselben das Collegium möglichst vollständig Theil nehme.

III. **Abfassung der Plenarbeschlüsse.** Dieselbe liegt dem Decernenten ob und erfolgt in der Regel erst nach beendigter Sitzung. Nur Beschlüsse von Wichtigkeit, oder solche Beschlüsse, bei denen es auf eine besondere Verantwortlichkeit der einzelnen Mitglieder ankommt, müssen auf Verlangen der Majorität oder nach dem besonderen Ermessen des Dirigenten niedergeschrieben werden. Es ist dann in der aufzunehmen-

---

*) Inst. v. 25. Mai 1835 § 10.

den Verhandlung, für welche der Dirigent den Concipienten ernennt, die Zahl der Anwesenden sowie in Verantwortungsfällen die Stimmen, welche dafür und dawider abgegeben sind, namentlich zu verzeichnen; es muß ferner die Verhandlung dem Collegium zur Genehmigung der Richtigkeit des Befundes vorgelesen und zur Beglaubigung sowohl von dem Dirigenten, als auch dem Decernenten und noch einem andern durch den Dirigenten zu bestimmenden Mitgliede unterschrieben werden. Die desfallsige Verhandlung wird demnächst den betreffenden Acten beigefügt.*)

IV. **Verlesung und Feststellung der Concepte.** Eingaben, welche an den König, die Königlichen Prinzen und an die vorgesetzten Behörden gerichtet werden, ferner Schreiben an die Stadverordnetenversammlung, sowie wichtige Ausarbeitungen müssen auf Verlangen des Collegium oder des Decernenten, bezw. nach Befinden des Dirigenten vollständig nach zuvoriger Revision des Dirigenten im Plenum des Magistrats verlesen werden, und sind hierbei die etwa bei der Revision entstandenen, noch nicht erledigten Bedenken zu erörtern. Diese Verlesung soll indeß nichts in der Verpflichtung und Befugniß des Decernenten und des Dirigenten ändern, auf eine vollständige, passende und schickliche Fassung bedacht zu sein. Was insbesondere die an die vorgesetzten Behörden zu richtenden Eingaben und Berichte anlangt, so ist für den Fall, daß widersprecheude Ansichten der Magistratsmitglieder in Frage stehen, Folgendes zu beobachten. Die Minorität kann, selbst wenn sie nur aus Einem Mitgliede besteht, nach ihrer Auswahl verlangen, entweder daß ihre bei der Berathung aufgestellten Gründe in derjenigen Fassung, welche das von der Minorität dazu ausersehene Mitglied vorlegt, in den Bericht aufgenommen werden, wenn hin-

*) Inst. v. 25. Mai 1835 § 11.

sichtlich der Schicklichkeit Nichts dagegen zu erinnern ist, oder daß, wenn die Minorität ihr Separatvotum vollständig zu den Acten gebracht hat, dieses Umstandes in dem Berichte erwähnt, und dabei der vorgesetzten Behörde die eventuelle Einforderung anheim gegeben werde. Im Falle der ersten Alternative ist das Concept dem von der Minorität ausersehenen Mitgliede zur Mitzeichnung vorzulegen.*)

Schließlich ist noch hervorzuheben, daß der Dirigent hinsichtlich aller Sachen, welche in den Sitzungen vorgetragen werden, einen betreffenden Vermerk in dem Journale zu machen angewiesen ist.**)

V. **Behandlung sehr schleuniger Vortragssachen.** Liegen dieselben vor, so muß der Decernent nöthigenfalls mit dem Dirigenten die etwaigen Schritte ungesäumt berathen. Der Letztere ist dann befugt, die dringendsten Verfügungen sofort zu erlassen, muß aber in der nächsten Sitzung dem Collegium über die bereits geschehenen Verfügungen Bericht erstatten und die Ergänzung derselben, soweit diese noch erforderlich ist, veranlassen.

§ 74. Durch Verfügung ohne Plenarbeschluß zu erledigende Sachen.

Die nach Ausscheidung der Plenarbeschlußsachen verbleibenden Geschäfte werden, solange die Aufsichtsbehörde nicht eine andere Bestimmung trifft, durch Verfügung ohne zuvorigen Vortrag erledigt. In Bezug hierauf sind folgende Grundsätze maßgebend:

I. **Gegenstände.** Zu den Verfügungssachen gehören:

a. alle bloß einleitende und vorbereitende Maßnahmen;

---

*) Inst. v. 25. Mai 1835 § 19.

**) ibidem § 8.

b. alle Sachen, welche in der laufenden Verwaltung ihren angewiesenen Gang haben;

c. die unerheblichen Gegenstände;

d. alle Angelegenheiten, rücksichtlich deren die Entscheidung auf unzweifelhaften und ausdrücklichen Bestimmungen beruht.*)

II. Form der Verfügungen. Die Form, in welcher die einzelnen Verfügungen erlassen werden, ist eine verschiedenartige je nach der Eigenschaft der mit denselben zu versehenden Sachen. In dieser Beziehung ist Folgendes zu beachten:

a. Diejenigen Sachen, in welchen von Unterbehörden oder Personen bloß Auskunft erfordert wird, sind, soweit es thunlich ist, mit einem bloßen Vermerke auf der betreffenden Journal-Nummer zu versehen und dann den Auskunftfordernden vorzulegen (sog. Verfügungen brevi manu).

b. Die übrigen Verfügungen des Magistrats, welche an die Bittsteller oder an die Unterbehörden gelangen, werden in der Regel durch Abschriften der Decrete erlassen, welche in Gemäßheit der von Seiten des Dirigenten zu treffenden Einrichtung entweder, ebenso wie Ausfertigungen, vollzogen oder von einem dazu bestimmten Beamten nur beglaubigt werden.

c. Diejenigen Verfügungen, welche sich zu der sub b beregten Form nicht eignen, insbesondere die an die Behörden zu richtenden Schreiben müssen im Concepte entworfen und dann förmlich ausgefertigt werden.**) In Berichtsform müssen diejenigen Schreiben abgefaßt werden, welche an die vorgesetzten Behörden, und somit auch an den Landrath in den Fällen abgehen, in welchen dem

---

*) Inst. v 25. Mai 1835 § 8.

**) ibidem § 12.

Letzteren ein Aufsichtsrecht über die städtischen Angelegenheiten zusteht[1]).

III. **Unterzeichnung der Verfügungen.** Auch in Bezug hierauf treten Verschiedenheiten hervor, und zwar nach folgender Richtung hin:

a. Alle bloß einleitende und vorbereitende Decrete an die Bureaux und die Beamten des Collegium, sowie die zur Expedition bestimmten Decrete werden in der Regel von dem Decernenten allein unterzeichnet. Der Dirigent kann sich indeß deren Revision und Mitzeichnung vorbehalten. Er ist dazu verpflichtet, wenn er wegen besonderer persönlicher Verhältnisse Veranlassung zu haben meint.[2])

b. Alle übrigen Verfügungen, insbesondere alle Concepte, werden zunächst von dem Decernenten vollzogen, gelangen dann an den etwa ernannten Codecernenten zur Mitunterzeichnung und werden schließlich dem Dirigenten zur Revision vorgelegt.

Trägt der Codecernent hinsichtlich der Form der Verfügung Bedenken, seine Unterschrift zu geben, so muß er diese durch mündliche Rücksprache mit dem Decernenten oder durch Einwirkung des Dirigenten zu beseitigen suchen. Letzterer entscheidet sodann event. über solche Bedenken. Ist der Codecernent dagegen mit dem Inhalte der Verfügung in materieller Beziehung nicht einverstanden, so steht es ihm frei, eine Verständigung mit dem Decernenten zu suchen, oder die Sache zum nochmaligen Vortrage im Collegium zu befördern.[3])

---

[1]) M. R. v. 31. Mai 1841 (M. Bl. p. 161) u. v. 29. Dec. 1841 (M. Bl. 1842 p. 4).

[2]) Inst. v. 25. Mai 1835 § 13.

[3]) ibidem § 13, Abs. 2 u. 3.

IV. Revision der Verfügungen. Die Revision der Decrete und Concepte steht dem Dirigenten zu, sie darf sich indeß nur auf Anordnung in Form und Fassung beschränken, weil ihm die Pflicht obliegt, darauf besonders zu sehen, daß Beides passend und schicklich ist.

Ist der Dirigent dagegen mit der Fassung in materieller Beziehung nicht einverstanden, so muß er die betreffende Verfügung mit seinen Bemerkungen dem Decernenten zurückgeben und kann auch zur weiteren Prüfung der Sache einen oder mehrere Codecernenten ernennen. Erfolgt dann keine Einigung, so muß die Sache im Collegium vorgetragen werden, durch dessen Beschluß die Fassung endgültig festgestellt wird. Der Dirigent darf sich nicht weigern, das beschlußgemäß gefaßte Concept zu vollziehen, abgesehen selbstverständlich von dem Falle, wenn er auf Grund des § 15 des Zust. Ges. vom 1. Aug. 1883 einen Beschluß des Collegium, welcher dessen Befugniß überschreitet oder die Gesetze verletzt, zu beanstanden hat.

In allen Fälleu, in welchen nach Vorstehendem die Mitunterschrift des Dirigenten erforderlich ist, dürfen ohne dieselbe Beschlüsse oder Verfügungen des Collegium weder in Reinschrift, noch weniger zur Ausführung gebracht werden.*)

§ 75. Ausfertigung und Insinuation der Verfügungen und Beschlüsse.

I. Ausfertigung. Die Reinschrift der vollzogenen Decrete und Concepte wird durch die Magistratscanzlei ausgefertigt, wenn nicht etwa der Bürgermeister in Gemäßheit seiner Anstellungsbedingungen verpflichtet ist, für eigene Rechnung die Anfertigung der Abschriften und der Reinschriften zu beschaffen. Letztere werden am Schlusse mit der üblichen Firma

*) Inst. v. 25. Mai 1835 § 14.

des Magistrats versehen[1]) und demnächst von dem Bürgermeister oder dessen Stellvertreter unterzeichnet. Die Reinschriften derjenigen Concepte, durch deren Inhalt Verpflichtungen der Stadtgemeinde übernommen werden, müssen noch von einem anderen Magistratsmitgliede mitunterschrieben werden. Die Bestimmung der Instruction vom 25. Mai 1835 § 7, nach welcher die Reinschriften der Concepte, insbesondere der Bürgerbriefe, in der Regel von drei Mitgliedern des Collegium, einschließlich des Dirigenten, unterzeichnet werden sollen, ist durch den § 56 sub 8 der Städteordnung vom 30. Mai 1853 aufgehoben, nach welchem für die Namens der Stadtgemeinde ausgefertigten, eine Verpflichtung nicht enthaltenden Urkunden die alleinige Unterschrift des Bürgermeisters bezw. seines Stellvertreters genügt.[2]) Den Reinschriften der nach den Beschlüssen des Collegium auszufertigenden Verfügung dürfen Vota der einzelnen Mitglieder, selbst nicht dasjenige des Dirigenten, beigefügt werden.[3]) In welcher Weise die Minorität des Collegium ihre abstimmige Ansicht zum Ausdrucke bringen kann, ist oben im § 73 sub IV dargestellt.

II. Insinuation. Die Insinuation derjenigen Verfügungen und Beschlüsse, welche an Behörden, Corporationen oder Privatpersonen gelangen sollen, erfolgt innerhalb des Stadtbezirks in der Regel durch Behändigung Seitens der Gemeindeunterbeamten event. durch Aufgabe zur Post, dagegen an auswärtige Adressaten durch Vermittlung der Post. Es kann indeß die Insinuation an einen auswärts wohnenden Hausbesitzer, welcher zu den Gemeindelasten heranzuziehen ist, durch Abgabe in dessen im Stadtbezirke belegenen Hause geschehen,

---

[1]) Inst. v. 25. Mai 1835 § 16.
[2]) ibidem § 17.
[3]) ibidem § 19.

wenn er es nicht etwa vorzieht, dem Magistrate eine innerhalb des Stadtbezirks wohnende Persönlichkeit namhaft zu machen, welche zur Entgegennahme der betreffenden Verfügungen ermächtigt ist. Die Städteordnungen haben eine Verpflichtung der auswärts wohnenden Hausbesitzer zur Bestellung eines solchen Vertreters nicht angeordnet; es ist aber die Bestellung zu empfehlen, weil in dem Falle, wenn ein Hausbesitzer einer in seinem Hause abgegebenen Aufforderung zu Gemeindeleistungen, Einquartirung ꝛc. nicht rechtzeitig nachkommt, solche Leistungen auf seine Kosten zu beschaffen sind.

III. **Postsendungen.** Hinsichtlich des durch dieselben erwachsenden Portos sind folgende Grundsätze zu beachten:

1. Portofreiheit. Den Magistraten hat früher, namentlich in den Provinzen Posen und Westphalen, in der Rheinprovinz, sowie in dem Regierungsbezirke Marienwerder eine weitgehende Portofreiheit zugestanden. Erst in dem Ministerialerlasse vom 11. Juli 1854 (M.Bl. p. 238) ist dieselbe für sämmtlche Communalbehörden der Preußischen Monarchie einheitlich festgestellt, indem sie dort auf diejenigen Fälle eingeschränkt worden ist, in welchen solche Behörden — wie in Polizei-, Militär- und Staatssteuersachen — als Organ der Staatsgewalt eintreten, oder in welchen es sich um Gegenstände handelt, welche das Oberaufsichtsrecht des Staates über die Communalverwaltung betreffen. Es hat demnächst das Reichsgesetz vom 5. Juni 1869 (R.G.Bl. p. 141) die meisten der bis dahin bestandenen Portofreiheiten aufgehoben, die bei Bestand gelassenen dagegen gesetzlich neugeregelt. Danach ist die Portofreiheit, soweit die Communalverwaltungen in Frage kommen, jetzt beschränkt*):

a. Auf reine Reichsdienstangelegenheiten, und zwar nur für diejenigen Sendungen, welche an eine Reichsbehörde oder

*) Regulativ des Generalpostamts vom 15. December 1869 (M. Bl. p. 26 u. ff.).

an den Reichstag gerichtet werden und hinsichtlich des Gewichts den von der Reichspostverwaltung erlassenen Bestimmungen entsprechen. Die Sendung ist mit amtlichem Siegel oder Stempel zu verschließen und auf der Adresse mit dem Vermerke „Postsache", „Telegraphensache" bezw. „Reichsdienstsache" zu versehen.

b. Auf alle Bundesrathssachen, sowie alle Militär- und Marineangelegenheiten, als reine Reichsdienstsachen. Der Portofreiheitsvermerk ist „Militaria" bezw. „Marinesache".

Mit Rücksicht darauf, daß den Gemeinden die früher in sonstigen Staatsangelegenheiten gleichfalls gewährte Portofreiheit durch das Reichsgesetz vom 5. Juni 1869 entzogen worden, hat das Ministerialrescript vom 20. Dec. 1869 (M.Bl. 1860 p. 4) erklärt, daß es nicht beabsichtigt worden sei, den Gemeinden die Verpflichtung zur Tragung des Portos in solchen Angelegenheiten aufzuerlegen, in welchen sie lediglich als Organe des Staates ohne Entschädigung zu handeln haben, wie z. B. in den statistischen, Wahl- oder ähnlichen Angelegenheiten. Es ist vielmehr für Fälle dieser Art die unfrankirte Absendung der Berichte an die betreffenden Staatsbehörden unter dem Rubrum „portopflichtige Dienstsache" nachgelassen. Die unfrankirte Absendung ist dagegen nicht gestattet in Sachen der Veranlagung und Erhebung der Staatssteuern, weil die Gemeinden für deren Besorgung einen Antheil an dem Ertrage beziehen, und ferner nicht in polizeilichen Angelegenheiten, wenn den Gemeinden die Ortspolizei zusteht, und diese somit auf die polizeilichen Nutzungen Anspruch haben.

2. Portopflichtige Correspondenz zwischen Behörden verschiedener deutscher Bundesstaaten. Hierfür normiren die folgenden in der Bekanntmachung des Reichskanzlers vom 29. August 1870 (R.G.Bl. p. 514) aufgestellten Grundsätze:

a. Portopflichtige Sendungen sind stets von der absendenden Behörde zu frankiren.

b. Bei Correspondenz zwischen Behörden in Partheisachen hat die absendende Stelle das Porto auch in solchen Fällen zu entrichten, in welchen die Pflicht zur Portozahlung einer im Gebiete der empfangenden Stelle befindlichen Parthei obliegt.

c. Die empfangende Stelle ist zwar befugt, den Portobetrag von der Parthei einzuziehen; jedoch soll von einer Erstattung desselben an die absendende Behörde des anderen Staates bis auf Weiteres Abstand genommen werden.

3. Unfrankirte Sendung der Königlichen Behörden in Staatsdienstangelegenheiten. In Gemäßheit des für die Correspondenz zwischen Staats- und Gemeindebehörden geltenden allgemeinen Grundsatzes, wonach diejenige Behörde, in deren Interesse die Sendung erfolgt, das Porto zu tragen hat, weist die Instruction vom 22. December 1869 (M.Bl. p. 3) darauf hin, daß bei allen Postsendungen, welche von einer Königlichen Behörde nicht an eine solche, sondern an andere Empfänger abgelassen werden, jedesmal sorgfältig zu prüfen ist, ob dieselben ausschließlich im Staatsinteresse erfolgen oder nicht, und erklärt, daß im letzteren Falle die betreffende Sendung unfrankirt abzuschicken ist. Der § 2 jener Instruction rechnet dazu auch die Sendungen an Communalbehörden, welche deren Angelegenheiten betreffen.

4. Portopflichtige Correspondenz der städtischen Gemeinden unter einander. Es ist auf Anregung des Magistrats in Berlin im Jahre 1876 zwischen einem Theile der preußischen Städte eine Vereinbarung abgeschlossen, nach welcher stets die absendende Behörde die Correspondenz zu frankiren hat, und das Porto Seitens der empfangenden nicht zu erstatten ist. Nachdem sich bereits im Jahre 1878 circa 450 Preußische Städte zu einer solchen Vereinbarung ver-

bunden hatten, wurde in dem Ministerialrescripte vom 27. October 1878 (M. Bl. p. 245) sämmtlichen Gemeinden der Monarchie, sowohl den städtischen als den ländlichen, empfohlen, jenem Cartelle beizutreten oder doch zu beschließen, den beregten Grundsatz der Frankirung bei ihrer Correspondenz mit anderen Gemeinden thatsächlich in Anwendung zu bringen. Die qu. Vereinbarung ist im Jahre 1877 auch noch auf die Correspondenz zwischen den Magisträten und den Königlichen Standesämtern ausgedehnt.

§ 76. Wirkungskreis der Magistratsmitglieder.

Der Wirkungskreis soll für ein jedes Mitglied möglichst bestimmt und abgegrenzt sein, und zwar für die besoldeten Mitglieder unter besonderer Beobachtung der Gleichheit unter einander und unter Berücksichtigung der ihnen überhaupt und insbesondere durch Theilnahme an den Deputationen obliegenden Arbeiten, für die unbesoldeten auch mit billiger Rücksichtnahme ihrer bürgerlichen und sonstigen Verhältnisse. Der besondere Wirkungskreis des Beigeordneten, des Syndicus, des Kämmerers, des Schulraths und des Bauraths ist bereits oben in § 56 sub IV und § 67, Schlußsatz zur Darstellung gelangt.

Jedes Mitglied ist in dem ihm zugewiesenen Geschäftskreise möglichst frei und selbstständig zu wirken befugt. Er muß denselben mit Wärme und innerer Theilnahme auffassen, mit Umsicht behandeln, fern von Leidenschaft und persönlichen Rücksichten. Er soll sich aber nicht bloß auf die zugeschriebenen Sachen beschränken, sondern aus eigenem Antriebe sich in fortwährender Kenntniß der zu seinem Ressort gehörigen Verwaltungsgegenstände halten, auch die darin angeordneten Verfügungen in ihrer Ausführung verfolgen, da, wo dieselbe stockt, forthelfen und die Säumigen erinnern. Deshalb sind auch die Mitglieder verpflichtet, die Geschäftsführung der unter ihnen arbeitenden Beamten zu beobachten, sie zurechtzuweisen und sie nöthigenfalls dem Dirigenten zur Bestrafung anzuzeigen.

Der Wirkungskreis erstreckt sich auch auf die Theilnahme an den Sitzungen, welche kein Mitglied ohne Entschuldigung verabsäumen darf. Auch die unbesoldeten Mitglieder müssen stets den Vorträgen des Collegium beiwohnen und sollen successive, besonders wenn sie es wünschen, bei den verschiedenen Deputationen beschäftigt werden, damit sie Gelegenheit erhalten, sich mit den verschiedenen Zweigen der Communal-Verwaltung bekannt zu machen. Die unbesoldeten Mitglieder sind auch auf Grund der Anweisung zur Ausführung des Gesetzes vom 18. Juli 1881, betreffend die Abänderung der Gewerbeordnung (M. Bl. p. 136) verbunden, als Commissare der Innungen zu fungiren und müssen ferner bei außerordentlichen Geschäften, z. B. bei den Stadtverordnetenwahlen als Mitglied des Wahlvorstandes, zutreten. Nur in dem Falle, wenn die Uebernahme des Amtes eines Innungscommissars mit ihren gewerblichen Verhältnissen nicht vereinbar oder für dieselben zu störend sein sollte, müssen sie von dieser Uebernahme entbunden werden.

Der Dirigent ist vor Allem nicht allein für einen schnellen und ununterbrochenen Betrieb, sondern auch für eine gründliche und vorschriftsmäßige Bearbeitung der ihm überwiesenen Gegenstände (cfr. § 77), sowie für eine anständige und schickliche Fassung der von ihm angeordneten Verfügung zunächst und vollständig verantwortlich. Er wird von dieser principalen Verantwortlichkeit auch durch den Beitritt des Collegium bei dem gehaltenen Vortrage niemals befreit. Er haftet ferner für eine vollständige, richtige und actenmäßige Darstellung des Sachverhältnisses, für den weiteren Betrieb der Sache und für eine zweckentsprechende und ordnungsmäßige Ausführung der Beschlüsse.

Die Codecernenten können, wenn sie es für nothwendig erachten, ihr schriftliches Votum über den Gegenstand, für welchen sie ernannt sind, abgeben; sie müssen solches Votum beibringen, wenn es vom Dirigenten verlangt wird. Sie haben darauf besonders zu achten, daß kein factischer Irrthum bei der Sache obwalte, daß die Verfügungen den bestehenden Gesetzen und Vorschriften nicht entgegenlaufen, daß die Ausfertigung der Vortragssache dem Beschlusse des Collegiums gemäß, ferner an sich schicklich, klar und bestimmt abgefaßt und mit den nöthigen Gründen unterstützt, sowie endlich, daß keine Sache ohne Vortrag abgemacht werde, welche dazu hätte gelangen müssen.

Schließlich ist noch in Bezug auf alle Mitglieder des Collegium hervorzuheben, daß dasjenige Mitglied, welches im Collegium überstimmt ist, den betreffenden Beschluß nicht vertreten darf, wenn es sein Votum schriftlich unter Anführung der Gründe zu den Acten gegeben oder sich bei der über einen Beschluß aufgenommenen Verhandlung für dissentirend erklärt hat. Der Decernent und jedes Mitglied, welches die Sache zur Mitunterzeichnung und Revision erhält, kann solches abweichende Separatvotum der betreffenden Verfügung gleich beilegen, während jedes andere Mitglied dasselbe an den Dirigenten einzureichen hat.*)

§ 77. Ressort des Bürgermeisters.

Die Verantwortlichkeit des Bürgermeisters ist, ebenso wie seine Thätigkeit in der Verwaltung, eine so umfangreiche und vielseitige, daß sie überall in dem ganzen Verwaltungsbetriebe in den Vordergrund tritt. Beide Beziehungen mußten des-

*) Inst. v. 25. Mai 1835 § 19.

halb in der bisherigen Darstellung schon mehrfach berührt werden. Der Uebersichtlichkeit wegen soll hier nun das Ressort desselben folgen, wie solches in dem § 20 der Instruction vom 25. Mai 1835 dargestellt ist. Danach ressortiren von ihm:

I. **Leitung des formellen Geschäftsganges beim Collegium.** Er trifft, soweit es nicht schon in den § 71—76 berührt worden, die zu dieser Leitung, sowie die zur Regelmäßigkeit, zum ununterbrochenen Fortgange und zur Controle des Geschäftsganges nöthigen Anordnungen und ertheilt die hiezu erforderlichen Instructionen.

II. **Vertheilung der Geschäfte unter das Collegium.** Diese muß derart erfolgen, daß jede Sache in der Regel von dem gewöhnlichen Decernenten bearbeitet wird. Auch sich selbst darf er, soweit es ihm die Direction des ganzen Verwaltungswesens und die ihm etwa aufgetragenen besonderen Geschäfte gestatten, hierbei nicht übergehen. Zu seiner ausschließlichen Bearbeitung gehören diejenigen Gegenstände, welche die Versetzung sowie die Entlassung der Magistratsmitglieder und der städtischen Unterbeamten betreffen, insoweit beides der Beschlußfassung des Collegium unterliegt. Er hat ferner sowohl der Zahl als der Person nach die Mitglieder aus dem Collegium zu den bestehenden Verwaltungsdeputationen und Commissionen, zu den ihm nöthig scheinenden vorbereitenden Berathungen sowie zur Besorgung einzelner Geschäfte ohne Mitwirkung des Collegium zu ernennen und, wenn es ihm nöthig erscheint, abzuberufen.

III. **Aeußere Direction im Collegium.** Es liegt ihm die Pflicht ob, für äußere Ordnung, Anstand und Würde in den Versammlungen, in dessen Verfahren und in dessen geschäftlichem Verkehre Sorge zu tragen.

IV. **Sachliche Direction.** Er muß auf das Innere der Sachen eingehen, auf vollständige Erörterung der Gegenstände bedacht sein, hinhaltende Verfügungen verhüten, für baldige Bescheide sorgen, und überhaupt darauf achten, daß ein reges Leben in der Verwaltung herrsche, daß die dem Magistrate obliegende materielle Leitung der Verwaltung die nöthige Einheit und den erforderlichen Zusammenhang erhalte, daß dem Besten der Commune gemäß alle Gegenstände, welche die Kenntniß der Stadtverordneten und deren Mitwirkung nach der Städteordnung erheischen, der Stadtverordnetenversammlung vorgelegt werden, und der letzteren nichts davon entzogen werde.

Er muß auch die städtischen Communalanstalten von Zeit zu Zeit revidiren und darauf halten, daß sie ihrem Zwecke entsprechend verwaltet werden. Eingeschlichenen Mißbräuchen und kund gewordenen Mängeln hat er, soweit sie im bloßen Geschäftsgange liegen, unter Zuziehung der betreffenden Beamten selbst abzuhelfen; dagegen, soweit sie das Materielle der Gegenstände betreffen, bei den competenten Deputationen und erforderlichenfalls bei dem Collegium selbst zur Sprache zu bringen und auf Abstellung hinzuwirken.

V. Aufsicht über die Deputationen und Commissionen. Er muß sich um die Geschäftsführung derselben genau bekümmern und dieselbe revidiren. Er hat in dieser Beziehung gleiche Befugnisse und Verpflichtungen, wie sie ihm vorstehend sub IV hinsichtlich der Revision der Communalangelegenheiten zustehen. Zu diesem Zwecke muß er auch den Sitzungen derjenigen Deputationen, welchen er nicht unmittelbar selbst vorsteht, von Zeit zu Zeit und erforderlichenfalls auf längere Zeit beiwohnen. Er ist dann befugt, überall, auch in den Sitzungen der vorübergehenden Deputationen, bei den zu bloßen Berathungen angesetzten Verhandlungen und insbesondere in den Sitzungen der Schuldeputation*) den Vorsitz zu über-

*) M. R. vom 31. October 1878.

nehmen, mitzustimmen und anzuordnen, welche Sachen in seiner Gegenwart zum Vortrage gebracht werden sollen.

VI. Oberaufsicht über das Kassen- und Rechnungswesen. Diese Oberaufsicht erstreckt sich auf sämmtliche städtische Cassen und das gesammte Rechnungswesen, insbesondere auch auf das Cämmerei-Depositorium und die Cassen der unter dem Magistrate stehenden Institute. Er ist zu dem Zwecke befugt, extraordinäre Cassenrevisionen für seine Person zu veranlassen und muß dafür Sorge tragen, daß jede unter der Aufsicht des Magistrats stehende Casse sowohl monatlich ordinär, als jährlich mindestens einmal extraordinär revidirt wird.

VII. Die Verbindlichkeiten des Magistrats und der Commune. Er hat seine Aufmerksamkeit darauf zu richten, daß solchen Verbindlichkeiten, welche dem Staate und dessen Behörden gegenüber bestehen, gebührend genügt werde. Ihm steht insbesondere das Recht zu, Beschlüsse des Magistrats, welche dessen Befugnisse überschreiten, gesetz- oder rechtswidrig sind, das Staatswohl oder das Gemeindeinteresse verletzen, zu beanstanden. — Vergl. das Nähere hierüber in § 67 sub IV. —

VIII. Oberaufsicht über die Amts- und Berufsthätigkeit der Mitglieder und Unterbeamten des Collegium. Während die Mitglieder desselben die Verpflichtung haben, die Geschäftsführung der unter ihnen arbeitenden Beamten zu beobachten und sie event. zurechtzuweisen, so liegt dem Bürgermeister insbesondere ob, sämmtliche Unterbeamten sowie die Mitglieder des Collegium selbst in Bezug auf Genügung ihrer amtlichen Verpflichtungen zu beaufsichtigen. Etwaige Beschwerden über deren Aufführung gehören zunächst zu seinem Ressort, nicht zu demjenigen des Collegium.

Wenn seine Erinnerungen, Ermahnungen und ernstliche Zurechtweisungen fruchtlos bleiben, so muß er, wenn es Mitglieder des Collegium betrifft, dem Regierungspräsidenten Anzeige machen, welcher die nöthigen Strafverfügungen und in den dazu geeigneten Fällen die Amtssuspension und Einleitung der Untersuchung zu veranlassen hat. In Betreff der Unterbeamten steht nur dem Bürgermeister das zur Erhaltung der nöthigen Disciplin im § 58 der St. O. vom 30. Mai 1853 gewährte Ordnungsstrafrecht zu. — cfr. § 67 sub III. —

In Fällen, wo Gefahr im Verzuge oder die Verdunkelung eines Vergehens zu befürchten ist, kann der Bürgermeister noch vor der Suspension eines Communalbeamten die vorläufige Entbindung von den Geschäften ganz oder theilweise sofort verfügen; er muß aber dem Magistrate hiervon schleunigst Anzeige und gleichzeitig die nöthigen Anträge wegen Einleitung der Suspension machen.

IX. Ertheilung des Urlaubs. Er ist befugt, den Unterbeamten des Collegiums bis auf 4 Wochen Urlaub zu ertheilen, während ein längerer bei dem Collegium nachzusuchen ist. Die für die Beurlaubung der Magistratsmitglieder maßgebenden Grundsätze sind bereits oben in § 64 dargelegt.

Der Dirigent hat bei Gewährung solcher Gesuche dafür zu sorgen, daß die zu Reisen beurlaubten Mitglieder und Unterbeamten des Collegium ihrer Verpflichtung gemäß sämmtliche in die magistratualischen und in die Deputationsgeschäfte einschlagenden, in ihrem Gewahrsam befindlichen Acten in die Registratur abliefern und für den Fall, daß dies nicht geschieht, anzuordnen, daß die Acten durch einen mit den nöthigen Instructionen zu versehenden Beamten, nöthigenfalls auf executivischem Wege herbeigeschafft werden.

X. Führung von Disciplinaracten und Aufbewahrung geheim zu haltender Acten. Er hat über Alles, was die ihm zustehende Disciplin über die Mitglieder und Beamten des Collegium betrifft, besondere Acten zu führen und diese ebenso wie alle Acten, welche sich anf die höheren Orts ihm persönlich gemachten Aufträge oder auf die eine besondere Geheimhaltung erfordernden Angelegenheiten beziehen, im Rathhause unter seinem besonderen Verschlusse aufzubewahren. Die früher in der Civilverwaltung üblich gewesenen geheimen Conduitenlisten sind durch den Allerhöchsten Erlaß vom 31. Juli 1848 (G.S. p. 200) gänzlich abgeschafft.

Im Allgemeinen ist noch hervorzuheben, daß in dem Falle, wenn dem Dirigenten noch besondere Verpflichtungen wegen der Expeditionen, der Registraturgeschäfte, der Reinschriften zc. auferlegt werden sollten, das Nähere hierüber unter Bestätigung Seitens des Regierungspräsidenten in der Bestallung festgesetzt werden muß. Es ist ferner in der Instruction vom 25. Mai 1835 als leitender Grundsatz besonders betont, daß der Bürgermeister bei Ausübung der ihm verliehenen Rechte und Pflichten Billigkeit und Schonung mit Kraft und Energie vereinigen muß und ebenso wenig den Vorwurf übertriebener Strenge als unzeitiger Nachsicht auf sich laden darf. Etwaige Beschwerden, welche die Ueberschreitung seiner Amtsbefugnisse und seiner Dienstführung veranlassen, gehören niemals zum Ressort des Magistratscollegium, sondern zu dem der ihm vorgesetzten Behörden, und zwar zunächst zu demjenigen des Regierungspräsidenten (in den Kreisordnungsprovinzen) bezw. der Regierung (in Posen).

XI. Errichtung von Testamenten. Der Bürgermeister bezw. der Beigeordnete sind auf Grund der Cabinetsordre vom 21. Januar 1833 befugt, unter Zuziehung zweier Magistratsmitglieder oder eines Magistratsmitglieds und einer anderen Person, welche entweder der Stadtsecretär, ein vereideter Gerichtsschreiber, Rechtsanwalt, Notar oder Prediger sein kann, in denjenigen Städten, an denen ein Richter nicht wohnt, oder dort, wo nur ein Richter vorhanden ist, in Abwesenheit derselben rechtsgültig Testamente an- und aufzunehmen, und sind nach geschehener Aufnahme verpflichtet, das Testament unverzüglich dem competenten Richter persönlich zu behändigen.

XII. Besorgung speciell überwiesener Geschäfte. Dem Bürgermeister liegt in dem Falle, wenn nicht etwa ein anderes Magistratsmitglied mit Genehmigung des Regierungspräsidenten damit beauftragt wird, die Besorgung nachfolgender Geschäfte ob:

a. die Handhabung der Ortspolizei,
b. die Verrichtung eines Hülfsbeamten der Staatsanwaltschaft,
c. die Verrichtungen eines Anwalts,
d. die Erledigung aller örtlichen Geschäfte der Kreis-, Bezirks-, Provinzial- und allgemeinen Staatsverwaltung, insbesondere auch die Verwaltung des Standesamts.

Das Nähere soll in den folgenden §§ zur Darstellung gelangen.

§ 78. Die Verwaltung der Ortspolizei.

Während die Polizeigewalt, deren Thätigkeit sich in Gemäßheit des A. L. R. Th. II Tit. 17, § 10 auf Erhaltung der öffentlichen Sicherheit, Ruhe und Ordnung, sowie auf Abwendung der dem Publikum oder einzelnen Mitgliedern desselben bevorstehenden Gefahren richtet, ein Ausfluß der Staatsgewalt ist und zu den Hoheitsrechten des Staates zählt, tritt uns die Ortspolizei als ein delegirtes Hoheitsrecht entgegen. Diese ist in der ganzen Preußischen Monarchie mit Ausschluß der Provinz Hannover*) Einzelbeamten übertragen und wird an allen Orten nicht im Auftrage der Gemeinden, sondern im Namen des Königs ausgeübt. Es ist vorzugsweise der Bürgermeister, welchem die Handhabung der Ortspolizei

---

*) H. St. O. § 71, nach welchem der Magistrat die Polizei versieht.

obliegt, und welcher zur Besorgung der polizeilichen Geschäfte verpflichtet ist, falls nicht der Regierungspräsident ein anderes Magistratsmitglied damit betraut, oder falls nicht der Minister des Innern besonderen Staatsbeamten die örtliche Polizeiverwaltung überträgt. Im Einzelnen ist in Bezug auf die städtische Verwaltung das Nachstehende hervorzuheben:

I. **Wirkungskreis der Ortspolizei.** Dieselbe ist im Gegensatze zur allgemeinen Landespolizei, welche sich auf die Sicherheit und das Gemeinwohl des ganzen Staates oder ganzer Landestheile erstreckt und den Landespolizeibehörden überwiesen ist, nur auf die lokalen Interessen der politischen Gemeinden begrenzt. Innerhalb ihres Wirkungskreises hat aber die mit ihr verbundene Gewalt eine derartige Kraft, daß jede Person, welche sich in dem betreffenden Ortspolizeibezirke aufhält oder daselbst ansässig ist, den polizeilichen Anordnungen Folge leisten muß*), und daß sich ihr Strafrecht auf alle innerhalb des Bezirks geschehenen Uebertretungen erstreckt.

II. **Verhältniß der Polizeiverwaltung zum Magistrate.** Wenn auch die örtliche Polizeiverwaltung im Namen des Königs ausgeübt, und die Funktionen von Einzelbeamten versehen werden, so ist doch die Thätigkeit derselben in mehrfacher Beziehung an die Mitwirkung des Magistrats gebunden, wie dies z. B. bei der Anstellung der Polizeibeamten, welche dem Magistrate zusteht, ferner in Bezug auf Erlaß von Ortspolizeiverordnungen, welche, abgesehen von den sicherheitspolizeilichen, der Zustimmung des Magistrats bedürfen, deutlich hervortritt. Die Polizeiverwaltung soll als eine für sich bestehende Behörde auch äußerlich in den von ihr zu erlassenden Verfügungen auftreten. Es sind deshalb alle ihre Schriftstücke mit „Po-

---

*) Gesetz über die Polizeiverwaltung vom 11. März 1850 (G. S. p. 265).

lizeiverwaltung" und mit dem „Namen und Charakter des Bürgermeisters" zu unterzeichnen. Dagegen ist die Ortspolizeiverwaltung nicht berechtigt, solche Schriftstücke mit der Form „Königliche Polizeiverwaltung" zu versehen, wenn die Ortspolizei dem Bürgermeister oder einem Gemeindebeamten übertragen ist.*)

III. **Verhältniß zur Stadtverordnetenversammlung.** Auch hier bestehen Beziehungen, welche auf die Verwaltung nicht ohne Einfluß sind. Es soll hier nur daran erinnert werden, daß die Stadtverordneten in Bezug auf Anstellung der Polizeibeamten zu hören sind, daß ihre Zustimmung zu solchen Polizeiverordnungen, welche die landwirthschaftliche Polizei betreffen, erforderlich ist, und daß ihnen insbesondere in Bezug auf die sachlichen Kosten der örtlichen Polizeiverwaltung das Geldbewilligungsrecht zusteht. Die Gemeinden sind nämlich auf Grund des Gesetzes vom 11. März 1850 § 3 verpflichtet, alle sachlichen Kosten mit Ausnahme der Gehälter der von der Staatsregierung angestellten besonderen Staatsbeamten zu bestreiten. Zu diesen sachlichen Kosten gehören ohne Unterschied, ob die Ortspolizei von Gemeinde- oder besonderen Staatsbeamten gehandhabt wird, und ob Bedürfnisse für das Beamtenpersonal, für das Bureau oder sonstige polizeilichen Anstalten in Frage stehen, insbesondere die folgenden, über welche in der Praxis Streit entstanden ist:

a. Die Dienstkleidung und Waffen zum Gebrauche (Rock, Hose, Halsbinde, Handschuhe, Stiefel, Paletot, Helm und Säbel mit Koppel und Troddel) — O.V.G.E. Bd. XII, p. 38.

b. Die Fuhr- und Bureaukosten (Equipagen- und Pferdegelder ꝛc.) — Obertribunalserkenntniß vom 28. März 1854 (Entsch. Bd. XXIX p. 207) und O.V.G.E. Bd. XII p. 38 ff.

*) M. R. vom 28. Januar 1853 (M. Bl. p. 46).

c. Die Kosten für die von den Beamten der Polizei benutzten, geheizten und beleuchteten Diensträume, dagegen nicht die Kosten der Unterhaltung der Dienstwohnungen, welche Königliche Beamte innehaben. Letztere fallen ebenso, wie die Gehälter und Pensionen*) derselben, dem Staate zur Last. — Obertribunalserkenntniß vom 7. September 1854 (Entsch. Bd. XXIX p. 213) und O.V.G.E. Bd. XII, p. 38 ff. —

d. Die für den Geschäftsbetrieb der Beamten erforderlichen Ausgaben, wie z. B. Schreibmaterialien, Journale, Register 2c. — M.R. vom 4. August 1856 (M.Bl. p. 204). —

e. Die Kosten der polizeilichen Anstalten z. B. Straßenbeleuchtung, Feuerlöschwesen, sanitätspolizeiliche Einrichtungen zur Untersuchung prostituirter Frauenzimmer 2c. — Obertribunalserkenntniß vom 11. November 1856 (Striethorst Archiv Bd. 23, p. 40). —

f. Die Kosten für Beschaffung, Verwaltung und Unterhaltung der Polizeigefängnisse. — Obertribunalserkenntniß vom 14. Juli 1859 (Striethorst Bd. 34, p. 224) —, sowie die Kosten der Verpflegung und Heilung der Polizeigefangenen. — M. R. vom 29. August 1860 (M. Bl. p. 173). —

Als Ersatz für diese Verpflichtung zur Tragung der sachlichen Kosten fließen dagegen alle Einnahmen der städtischen Polizeiverwaltung, insbesondere die eingehenden Strafgelder und Confiscate in die Stadtkasse, auch wenn besondere Staatsbeamten mit der Verwaltung beauftragt sind.**)

IV. **Verhältniß zum Landrath.** Die Verordnung vom 30. April 1815 (G.S. p. 85) enthält die Bestimmung, daß

*) Obertribunalserkenntniß vom 1. Mai 1871 (Entscheidung Bd. LVI, p. 1).

**) Gesetz vom 26. März 1856 (G. S. p. 225) § 2.

alle Ortschaften, welche in den Grenzen eines Kreises belegen sind, zu demselben gehören und der landräthlichen Aufsicht untergeordnet sind. Wenn nun auch die staatliche Oberaufsicht über die Communalverwaltung durch die Städteordnungen den Regierungen, bezw. durch den § 7 des Zuständigkeitsgesetzes vom 1. August 1883 den Regierungspräsidenten übertragen worden ist, so ist doch in den zur Ausführung der Städteordnungen erlassenen Instructionen vom 20. Juni 1853 Art. XVI, bezw. vom 9. Mai 1856 und vom 18. Juni 1857 der Grundsatz aufrecht erhalten, daß alle Städte, welche keine eigenen Kreise bilden, der Polizeiaufsicht des Landraths unterworfen bleiben sollen. Auch die Kreisordnungen*) haben diesen Grundsatz aufrechterhalten, indem dieselben dem Landrathe noch ausdrücklich die Ueberwachung der gesammten Polizeiverwaltung im Kreise und in dessen einzelnen Amtsbezirken, Gemeinden und Gutsbezirken überwiesen haben.**) Diese Ueberwachung erstreckt sich selbstverständlich auch auf die im Kreisverbande befindlichen Städte von über 10000 Einwohnern, welche in manchen Beziehungen eine vom Landrathe unabhängige Stellung durch die Gesetzgebung erlangt haben, dagegen nicht auf diejenigen Städte, welche für sich einen eigenen Kreis bilden.

V. **Verhältniß zum Regierungspräsidenten bezw. den Regierungen.** Diese Behörden sind der Polizeiverwaltung gegenüber die höheren staatlichen Aufsichtsbehörden. Das Gesetz vom 11. März 1850 enthält in Bezug auf dieses Verhältniß folgende Bestimmungen:

a. Die Ortspolizeibeamten sind verpflichtet, die ihnen von der vorgesetzten Staatsbehörde in Polizeiangelegenheiten ertheilten Anweisungen zur Ausführung zu bringen. (§ 1).

---

*) Kr. O. der östlichen Provinzen vom 13. Decemb. 1872 § 77 und die für die übrigen Provinzen erlassenen Kreisordnungen.

**) M. R. vom 15. März 1874 (M. Bl. p. 103).

b. Ueber die Einrichtungen, welche die örtliche Polizeiverwaltung erfordert, kann die Regierung (in den Kreisordnungsprovinzen der Regierungspräsident) besondere Vorschriften erlassen (§ 4, Abs. 1).

c. Die Ernennung aller Polizeibeamten, deren Anstellung den Gemeindebehörden zusteht, bedarf der Bestätigung der Staatsregierung (§ 4, Abs. 2), bezw. des Regierungspräsidenten in den Kreisordnungsprovinzen (Zust G. § 7).

Zu den sub. b beregten Einrichtungeu gehören alle zur Durchführung des Zwecks der Polizei erforderlichen Anordnungen und Anstalten, z. B. Organisation des Betriebes und des verwaltenden Personals, Feuerlöschanstalten, Straßenbeleuchtung, Nachtwachtdienst, das polizeiliche Gefängnißwesen ꝛc. Zu den Polizeibeamten, deren Ernennung von der Bestätigung der Aufsichtsbehörde abhängt, rechnen alle im Polizeidienste beschäftigten Beamten, sowohl die beim inneren Dienste angestellten Bureaubeamten, als auch die Polizeiexecutivbeamten.

VI. Stellung des mit der Polizeiverwaltung beauftragten Magistratsmitgliedes zum Bürgermeister. Obgleich der Letztere der unmittelbare Vorgesetzte aller Magistratsmitglieder ist, so ist doch das mit der Polizeiverwaltung betraute Mitglied in seiner Eigenschaft als Polizeiverwalter der Aufsicht und der Disciplin des Bürgermeisters nicht unterworfen, vielmehr in Bezug auf die Ausübung seiner polizeilichen Funktionen von Letzterem völlig unabhängig. Der Bürgermeister ist auch nicht berechtigt, einem solchen Magistratsmitgliede in Bezug auf polizeiliche Angelegenheiten Anweisungen zu ertheilen, und Letzteres nicht verpflichtet, solchen etwaigen Anweisungen Folge zu leisten. Als Motiv für die Uebertragung der Polizeiverwaltung an Königliche Behörden und an ein Magistratsmitglied wird in den zur Städteordnung Art. XIV erlassenen

Ministerialinstructionen vom 20. Juni 1853 ꝛc. angegeben, daß dadurch der Aufsichtsbehörde ein Mittel an die Hand gegeben werde, geeignete andere Magistratspersonen außer dem Bürgermeister mit dem Amte, wenn dies durch das Bedürfnis bedingt und angemessen erscheint, zu betrauen.

VII. **Die Handhabung der Ortspolizei** ist in Folge der Deutschen Strafprozeßordnung § 453 durch das Gesetz vom 23. April 1883 (G. S. p. 65) hinsichtlich der Befugniß zur vorläufigen Straffestsetzung wegen polizeilicher Uebertretungen sowie zur Verhängung einer etwa verwirkten Einziehung neugeregelt. Der Polizeiverwalter ist befugt, wegen der in seinem Bezirke verübten Uebertretungen die dafür zulässige Geldstrafe bis zum Betrage von 30 Mk. event. für den Unvermögensfall zugleich eine Haftstrafe bis zu 3 Tagen festzusetzen und zu vollstrecken; er muß dagegen, wenn eine höhere Strafe für gerechtfertigt erachtet wird, die Verfolgung dem Amtsanwalte überlassen. Die polizeiliche Strafverfügung ist auch gegen Beschuldigte im Alter von 12 bis 18 Jahren zulässig, dagegen ausgeschlossen:

a. bei Uebertretungen, für deren Aburtheilung die Rheinschiffahrtsgerichte, die Elbzollgerichte oder die Gewerbegerichte zuständig sind,

b. bei Uebertretungen der Vorschriften über die Erhebung öffentlicher Abgaben oder Gefälle,

c. bei Uebertretungen bergpolizeilicher Vorschriften.

Der Beschuldigte kann gegen die Strafverfügung binnen einer Woche nach der Bekanntmachung in Gemäßheit der Strafprozeßordnung auf gerichtliche Entscheidung antragen, bezw. der gesetzliche Vertreter, wenn der Beschuldigte im Alter von 12 bis 18 Jahren steht.

Die Strafverfügung muß außer der Festsetzung der Strafe die strafbare Handlung, Zeit und Ort derselben, die angewendete Strafvorschrift und die Beweismittel, sowie die

Casse bezeichnen, an welche die Geldstrafe zu zahlen ist; sie muß ferner die Eröffnung enthalten:

a. daß der Beschuldigte binnen einer Woche nach der Bekanntmachung auf gerichtliche Entscheidung antragen könne;

b. daß der Antrag entweder bei der Polizeibehörde, welche die Strafverfügung erlassen hat, oder bei dem zuständigen Amtsgerichte anzubringen sei;

c. daß die Strafverfügung, falls innerhalb der einwöchigen Frist ein Antrag auf gerichtliche Entscheidung nicht erfolge, vollstreckbar werde.

Die Behändigung der Strafverfügung an den Beschuldigten muß durch einen öffentlichen Beamten erfolgen. Dieses Verfahren ist stempel- und gebührenfrei, nur die baaren Auslagen fallen dem Beschuldigten zur Last, wenn die angedrohte Strafe endgültig gegen ihn festgesetzt wird. Die Geldstrafen und Confiscate fließen zur Stadtcasse, falls nicht besondere Vorschriften oder vertragsmäßige Bestimmungen bestehen, nach welchen dieselben einem anderen Berechtigten zufallen, wogegen die Gemeinde die durch Festsetzung und Vollstreckung der Strafen entstehenden, von dem Beschuldigten nicht beizutreibenden Kosten zu tragen hat.

Die Strafverfügung bleibt wirkungslos, wenn der Amtsanwalt vor der Behändigung derselben eingeschritten ist. Nach geschehener Vollstreckung findet wegen derselben Handlung eine fernere Anschuldigung nicht statt, es sei denn, daß die Handlung keine Uebertretung ist, sondern sich als ein Vergehen oder Verbrechen darstellt, und daher die Polizeibehörde ihre Zuständigkeit überschritten hat: In letzterem Falle ist während des gerichtlichen Verfahrens die Vollstreckung der Strafverfügung einzustellen und tritt außer Kraft, wenn eine rechtskräftige Verurtheilung wegen eines Vergehens oder eines Verbrechens erfolgt.

Eine Specialbestimmung besteht hinsichtlich der Militärpersonen. Gegen dieselben dürfen nämlich die Polizeibehörden Strafen nur wegen solcher Uebertretungen festsetzen, zu deren Aburtheilung im gerichtlichen Verfahren die ordentlichen Gerichte zuständig sind, und kann eine Festsetzung von Haft für den Fall des Unvermögens durch die Polizeibehörde nicht erfolgen.

VIII. Polizeiverordnungen, Polizeizwangsbefugnisse und Polizeiverordnungsrecht. Das Nähere ist bereits in den §§ 5 6 und 9 zur Darstellung gebracht. Es soll hier nur erwähnt werden, daß die Städteordnungen die Bestimmung enthalten, daß in Bezug der Befugniß der Stadtbehörden, ortspolizeiliche Verordnungen zu erlassen, die darauf bezüglichen Gesetze zur Anwendung kommen.

IX. Ueber die gegen polizeiliche Verfügungen zulässigen Rechtsmittel vergl. Bd. I, § 9 p. 42.

X. Uebertragung der örtlichen Poizeiverwaltung an besondere Staatsbeamten. In dem § 2 des Gesetzes vom 11. März 1850 ist bestimmt, daß in denjenigen Gemeinden, iu welchen sich eine Bezirksregierung, ein Land-, Stadt- oder Kreisgericht befindet, ferner in Festungen und in Gemeinden von mehr als 10000 Einwohnern die örtliche Polizeiverwaltung durch Beschluß des Ministers des Innern besonderen Staatsbeamten übertragen, und daß auch in anderen Gemeinden aus dringenden Gründen dieselbe Einrichtung zeitweise eingeführt werden kann. Wird von diesem Rechte Gebrauch gemacht, so sind unter den besonderen Beamten, deren Gehälter die Regierung dann zu zahlen verbunden ist, alle diejenigen Beamten zu verstehen, welche zur Besorgung der Geschäfte der Polizeiverwaltung erforderlich sind.*)

---

*) Obertribunalserkenntniß vom 8. April 1861 (Entscheidung Bd. 45, p. 16).

§ 79. Die Handhabung der gerichtlichen Polizei und die Verwaltung der Amtsanwaltschaft.

Nicht bloß die örtliche Polizeiverwaltung, sondern auch die Verrichtung eines Hülfsbeamten der Staatsanwaltschaft sowie die Geschäfte der Amtsanwaltschaft können mit Genehmigung des Regierungspräsidenten in den Kreisordnungsprovinzen, bezw. der Regierung in den übrigen Provinzen einem anderen Magistratsmitgliede, als dem Bürgermeister, übertragen werden, und zwar jeder einzelne der vorberegten Geschäftszweige für sich und in seinem ganzen Umfange. Der Bürgermeister ist aber auf Erfordern verpflichtet, die obengenannten Verrichtungen und Geschäfte zu besorgen, wenn die Handhabung der Ortspolizei nicht besonderen Königlichen Staatsbeamten übertragen ist.

I. Die gerichtliche Polizei. Sie beruht auf dem Zwecke, der Staatsanwaltschaft in Bezug auf Verfolgung strafbarer Handlungen als Hülfsorgane zu dienen, insbesondere in Bezug auf solche Handlungen den örtlichen Befund derselben festzustellen, die unveränderte Erhaltung desselben zu sichern und alle hinsichtlich der Verfolgung des Thäters und der Feststellung des Thatbestandes keinen Aufschub gestattenden Anordnungen zu treffen. Das Institut der gerichtlichen Polizei ist durch den § 153 des Deutschen Gerichtsverfassungsgesetzes vom 27. Januar 1877 (R. G. Bl. p. 69) neu geregelt. Dieser § 153 bestimmt nämlich, daß die Beamten des Polizei- und Sicherheitsdienstes Hülfsbeamte der Staatsanwaltschaft sind und in dieser Eigenschaft verpflichtet sein sollen, den Anordnungen der Staatsanwälte bei dem Landgerichte ihres Bezirks und der diesen vorgesetzten Beamten Folge zu leisten, und hat die nähere Bezeichnung derjenigen Beamtenclassen, auf welche die vorberegte Bestimmung Anwendung finden soll, den Landesregierungen überlassen. In Preußen sind demzufolge durch den Ministerialerlaß vom 15. September 1879 (M. Bl. p. 265), bezw. durch das Regulativ vom 15. Februar 1879 (M. Bl. p. 164) in Bezug auf städtische Verhältnisse als Hülfsbeamte der Staatsanwaltschaft die nachstehenden Categorien von Gemeindebeamten bezeichnet worden:

a. bei den städtischen Polizeiverwaltungen, welche nicht besonderen Königlichen Staatsbeamten übertragen sind, der Bürgermeister oder das an dessen Stelle mit der Führung der Polizeiverwaltung etwa beauftragte Magistratsmitglied, ferner die Polizeiinspectoren und Polizeicommissarien (nur in Schleswig-Holstein der Bürgermeister bezw. der Gemeindevorsteher, der an deren Stelle beauftragte Beamte und die Polizeicommissarien),

b. bei den städtischen Forstverwaltungen die als Forstschutzbeamten angestellten Revierförster, Hegemeister, Förster, Forstaufseher, Forsthülfsjäger, auf Forstanstellungsberechtigung dienende Waldwärter und diejenigen Forstpolizeisergeanten, welche einer der vorgenannten Categorien von Forstschutzbeamten entnommen sind.*)

Die ministerielle Anordnung vom 15. September 1879 hat später durch den Ministerialerlaß vom 20. December 1879 (M. Bl. 1880 p. 28) insofern eine Beschränkung erfahren, als in den einen eigenen Stadtkreis für sich bildenden Städten der Bürgermeister, bezw. das etwa ernannte Magistratsmitglied zu den Hülfsbeamten nicht gerechnet werden sollen, und als in den größeren Städten, welche einem Landkreisverbande angehören, die Polizeiverwalter ausnahmsweise durch besondere Entscheidung von der Stellung eines solchen Hülfsbeamten entbunden werden können.

Die mit der Handhabung der gerichtlichen Polizei betrauten Gemeindebeamten sind Organe des Staates und un-

---

*) Ministerialverfügung vom 2. Februar 1883 (J. M.Bl. p. 28).

terstehen als solche auch der Aufsicht und der Disciplin der ihnen vorgesetzten Staatsanwälte und Oberstaatsanwälte. Dem Oberstaatsanwalte ist insbesondere eine Ordnungsstrafgewalt auch wider die Beamten der gerichtlichen Polizei verliehen; er ist befugt, gegen letztere, jedoch mit Ausschluß derjenigen Beamten, welche ihr Amt als Ehrenamt versehen),* Warnungen, Verweise und Geldbußen bis zu 30 Mark zu verhängen),** jedoch auf Grund des M. R. vom 7. October 1879 (M.Bl. 1880 p. 2) erst dann, nachdem die den Hülfsbeamten im Hauptamte vorgesetzten Behörden vergeblich um Abhülfe ersucht worden sind. Der erste Staatsanwalt bei den Landgerichten ist befugt, Warnungen zu ertheilen, die ordnungswidrige Ausführung eines Amtsgeschäfts zu rügen und die Erledigung eines Amtsgeschäfts durch Ordnungsstrafen bis zum Gesammtbetrage von 100 Mark im Dienstaufsichtswege nach zuvoriger Androhung zu erzwingen.

II. **Die Amtsanwaltschaft.** Dieselbe ist durch die §§ 142 und 143 des Deutschen Gerichtsverfassungsgesetzes vom 27. Januar 1877 eingeführt und an die Stelle der früheren Preußischen Polizeianwaltschaft getreten. Jene §§ bestimmen, daß bei jedem Gerichte eine Staatsanwaltschaft bestehen, und dieselbe bei den Amtsgerichten und Schöffengerichten durch einen oder mehrere Amtsanwälte ausgeübt werden soll. Der Amtsanwalt ist somit ein Organ des Staates und als solches der Dienstaufsicht und der Disciplin besonderer Staatsbeamten unterworfen. Es übt nämlich der bei dem Landgerichte angestellte erste Staatsanwalt die unmittelbare Dienstaufsicht über die Amtsanwälte seines Bezirks aus; er ist insbesondere befugt, Warnungen zu ertheilen, die ordnungswidrige Aus-

*) Ges. vom 9. April 1879 § 16.
**) Disciplinargesetz vom 21. Juli 1852 § 57.

führung eines Amtsgeschäfts zu rügen und die Erledigung eines Amtsgeschäfts nach zuvoriger Androhung durch Ordnungsstrafen bis zum Gesammtbetrage von 100 Mark im Dienstaufsichtswege zu erzwingen. Ferner steht dem Oberstaatsanwalte die Ordnungsstrafgewalt gegen die Amtsanwälte in der sub I geschilderten Weise, wie gegen die Beamten der gerichtlichen Polizei, zu.

Die Amtsanwälte werden stets auf Widerruf ernannt; es muß deshalb gegen die Auffassung verwahrt werden, daß das Amt derselben eo ipso mit demjenigen des Bürgermeisters verbunden ist. Die Ernennung der Amtsanwälte erfolgt entweder durch den Justizminister oder den Oberstaatsanwalt. Durch den Justizminister können die Amtsanwaltsgeschäfte einem Staatsanwalte, einem Gerichtsassessor, sofern derselbe nicht gleichzeitig mit richterlichen Geschäften in Strafsachen betraut wird, oder einem Referendar übertragen werden. Insofern eine solche Uebertragung nicht erfolgt, wird der Amtsanwalt durch den Oberstaatsanwalt nach Anhörung des Regierungspräsidenten ernannt. Die Bürgermeister, welche am Sitze eines Amtsgerichts wohnen, sind verpflichtet, die Geschäfte eines Amtsanwalts zu übernehmen, falls nicht die örtliche Polizeiverwaltung besonderen Königlichen Staatsbeamten übertragen ist. Wird von dem Magistrate eine andere geeignete und zur Uebernahme des Amts bereite Person in Vorschlag gebracht, so fällt die Verpflichtung des Bürgermeisters fort. Neben dem Bürgermeister ist auf Antrag des Magistrats eine von diesem vorgeschlagene geeignete Person zum Stellvertreter des Amtsanwalts zu bestellen. Ueber die Vertheilung der Geschäfte entscheidet der Bürgermeister. Die Kosten, welche aus der Führung der Amtsanwaltsgeschäfte erwachsen, fallen dem Staate zur Last. Der Bürgermeister sowie die von dem Magistrate vorgeschlagenen Personen, welche zu Amtsanwälten ernannt sind, erhalten für ihre

Mühewaltung sowie zur Deckung der sachlichen Kosten eine als Pauschquantum festzusetzende Entschädigung.[1])

Ist ein Magistratsmitglied statt des Bürgermeisters mit den Functionen eines Amtsanwalts versehen, so ist es in Bezug auf die Amtsanwaltsgeschäfte der Dienstaufsicht des Bürgermeisters selbstverständlich entzogen, da diese ausschließlich den ersten Staatsanwälten, deren dienstlichen Anweisungen die Amtsanwälte unbedingt Folge zu leisten haben, vorbehalten ist.

Der Amtsanwalt ist den Amtsgerichten gegenüber eine coordinirte Behörde. Die Amtsrichter sind insbesondere verpflichtet, richterliche Untersuchungshandlungen, welche der Amtsanwalt für erforderlich hält, auf dessen Antrag vorzunehmen, wenn die beantragte Handlung nach den Umständen des Falles gesetzlich zulässig ist.[2]) Die Beamten des Polizei- und Sicherheitsdienstes sind dagegen, wenn sie auch Hülfsbeamte der Staatsanwaltschaft sind, den Amtsanwälten nicht untergeordnet. Letztere sind indeß befugt, die Hülfsbeamten der gerichtlichen Polizei um Vornahme von Amtshandlungen zu ersuchen, und sind andererseits diese Hülfsbeamten, ebenso wie die Polizeibehörden, verpflichtet, solchem Ersuchen zu genügen.[3])

§ 80. Die Verwaltung des Standesamts.

Die Standesämter sind auf Grund des Gesetzes vom 6. Februar 1875 (R.G.Bl. p. 23 ff.) zur Beurkundung der Geburten, Heirathen und Sterbefälle bestimmt und müssen zu diesem Zwecke drei Standesregister: Geburts-, Heiraths- und

---

[1]) Ausführungsgesetz zum Gerichtsverfassungsgesetze v. 23. Feruar 1879.

[2]) Deutsche Strafprozeßordnung § 160.

[3]) ibidem § 153 und 159.

Sterberegister, in welche die betreffenden Beurkundungen einzutragen sind, in der gesetzlich vorgeschriebenen Weise führen. In Bezug auf die Verwaltung der Städte kommt hier in Betracht:

I. **Bildung der Standesamtsbezirke.** Dieselbe erfolgt durch den Oberpräsidenten, und zwar in der Art, daß die Bezirke aus einer oder mehreren Gemeinden zusammengesetzt oder größere Gemeinden in mehrere Bezirke getheilt werden können, ohne daß es der Zustimmung der Gemeinde bedarf. Es ist insbesondere auch zulässig, den Stadtbezirk sowie den Bezirk einer benachbarten Landgemeinde oder von Theilen derselben zu einem Standesamtsbezirke zusammenzulegen.

II. **Bestellung der Standesbeamten.** Dieselben werden vom Staate bestellt, und zwar für jeden Bezirk ein Standesbeamter und mindestens ein Stellvertreter. Ueberschreitet der Standesamtsbezirk den Stadtbezirk nicht, so ist der Bürgermeister zur Uebernahme der Standesamtsgeschäfte verpflichtet, falls dieselben nicht mit Genehmigung des Regierungspräsidenten in den Kreisordnungsprovinzen (bezw. des Oberpräsidenten in Berlin und der Regierung in den übrigen Provinzen) einem andern Magistratsmitgliede,*) oder auf Antrag des Bürgermeisters oder ohne denselben durch den Oberpräsidenten einem besonderen Beamten oder durch Gemeindebeschluß mit Genehmigung des Oberpräsidenten anderen Gemeindebeamten oder besonderen Standesbeamten widerruflich übertragen werden.**) Die Ernennung der letzteren, welche dadurch Gemeindebeamte werden, erfolgt durch den collegialischen Magistrat bezw. den Bürgermeister unter Genehmigung des Oberpräsidenten. Die durch den Oberpräsidenten erfolgte Bestellung und Genehmigung zur Bestellung ist jederzeit widerruflich. Die Ernennung der Stellvertreter erfolgt in

---

*) O. St. O. § 62, W. St. O. § 62, R. St. O. § 57, L. V. G. § 42.
**) Ges. vom 6. Februar 1875 § 4.

der gleichen Weise. Jedes Magistratsmitglied ist verpflichtet, das ihm von dem Bürgermeister übertragene Amt eines stellvertretenden Standesbeamten zu übernehmen, andererseits ist aber die Bestellung eines besonderen stellvertretenden Standesbeamten auch in dem Falle nicht ausgeschlossen, wenn der Bürgermeister oder ein anderes Magistratsmitglied die Standesamtsgeschäfte führt.*)

Wird ein Standesamtsbezirk aus dem Stadtbezirke und benachbarten Gemeinde- oder Gutsbezirken gebildet, so werden der Standesbeamte und dessen Stellvertreter stets von dem Oberpräsidenten bestellt, und sind in diesem Falle der Bürgermeister und andere Beamte gleichfalls verpflichtet, das Amt des Standesbeamten oder des Stellvertreters zu übernehmen.

Für den Fall vorübergehender Verhinderung oder gleichzeitiger Erledigung des Amtes des Standesbeamten und des Stellvertreters ist der Regierungspräsident, bezw. die Regierung ermächtigt, die einstweilige Beurkundung des Personenstandes einem benachbarten Standesbeamten oder Stellvertreter zu übertragen.

Geistlichen und andern Religionsdienern darf das Amt sowie die Stellvertretung desselben niemals übertragen werden.

III. **Besoldung der Standesbeamten.** Es steht ein Anspruch darauf zu:

a. Den von der Gemeinde bestellten Standesbeamten wider die Gemeinde,

b. den bei Bildung eines Standesamtsbezirks aus mehreren Gemeinde- bezw. Gutsbezirken bestellten Gemeindebeamten auch wider die zum Bezirke des Hauptamtes nicht gehörige Gemeinde, und zwar auf eine in allen Fällen als Pauschquantum festzusetzende Entschädigung. Die Festsetzung derselben erfolgt in den Stadtgemeinden durch

*) M. R. vom 28. December 1874 (M. Bl. 1875 p. 2).

die Stadtverordnetenversammlung, dagegen für die Landgemeinden durch den Kreisausschuß. Die Beschwerde über die Festsetzung ist binnen zwei Wochen bei dem Bezirksausschusse, welcher darüber endgültig beschließt, anzubringen.*)

c. Den von der höheren Verwaltungsbehörde bestellten besonderen Standesbeamten wider die Staatskasse.

IV. **Die sachlichen Kosten.** Diese fallen den Gemeinden zur Last, jedoch mit Ausschluß der Register und der Formulare zu den Registerauszügen, welche den Gemeinden von dem Ministerium kostenfrei geliefert werden.

In den Standesamtsbezirken, welche aus mehreren Gemeinden gebildet sind, wird die den Standesbeamten oder den Stellvertretern zu gewährende Entschädigung und der Betrag der sachlichen Kosten auf die einzelnen betheiligten Gemeinden nach dem Maßstabe ihrer Seelenzahl vertheilt. Den Gemeinden werden, wie überall hier, im Sinne des Gesetzes vom 6. Februar 1875 die außerhalb der Gemeinden stehenden Gutsbezirke gleichgeachtet.

V. **Die staatliche Aufsicht.** Dieselbe steht hinsichtlich der Amtsführung der Standesbeamten in erster Instanz dem Regierungspräsidenten zu, in höherer Instanz dem Oberpräsidenten und dem Minister des Innern, dagegen in Berlin in erster Instanz dem Oberpräsidenten und in höherer Instanz dem Minister des Innern.**) Die Aufsichtsbehörde ist befugt, gegen den Standesbeamten Warnungen, Verweise und Geldstrafen zu verhängen; letztere dürfen jedoch für jeden einzelnen Fall den Betrag von 100 Mark nicht übersteigen.

Eine Aufsicht steht ferner auch dem Gerichte erster Instanz, in dessen Bezirke der Standesbeamte seinen Amtssitz

*) Zust. G. § 154, Abs. 3.
**) Zust. G. § 154, Abs. 1.

hat, insofern zu, als dasselbe in dem Falle, wenn der Standesbeamte die Vornahme einer Amtshandlung ablehnt, den Letzteren dazu auf Antrag der Betheiligten anweisen kann.

Das Verfahren und die Beschwerdeführung regelt sich nach den Vorschriften, welche in Sachen der nichtstreitigen Gerichtsbarkeit gelten.

VI. Besondere Strafbestimmungen.

a. Die Standesbeamten sind befugt, die zu Anzeigen oder sonstigen Handlungen auf Grund des Reichsgesetzes vom 6. Februar 1875 verpflichteten Personen hierzu durch Geldstrafen anzuhalten, welche für jeden einzelnen Fall den Betrag von 15 Mark nicht übersteigen dürfen.*)

b. Ein Standesbeamter, welcher unter Außerachtlassung der gesetzlichen Vorschriften eine Eheschließung vollzieht, wird mit Geldstrafe bis zu 600 Mark bestraft.**)

VII. Amtsgebühren.

a. Gebührenfrei sind:

α. Die Führung der Standesregister und die darauf bezüglichen Verhandlungen,

β. die Bescheinigungen des das Aufgebot anordnenden Standesbeamten darüber, daß und wann dasselbe vorschriftsmäßig erfolgt ist, und daß Ehehindernisse nicht zu seiner Kenntniß gekommen sind,

γ. die den Eheleuten über die erfolgte Eheschließung auszustellende Bescheinigung,

δ. die zum Zwecke der Taufe oder der Beerdigung ertheilten Bescheinigungen,

ε. die Einsicht der Register und die Ertheilung beglaubigter Auszüge im amtlichen Interesse und bei Unvermögen der Betheiligten.

---

*) Ges. vom 6. Februar 1875 § 68.

**) eodem § 69.

b. An Gebühren kommen in Ansatz:

α. Für Vorlegung der Register zur Einsicht, und zwar für jeden Jahrgang eine halbe Mark, für mehrere Jahrgänge zusammen höchstens ein und eine halbe Mark,

β. für die schriftliche Ermächtigung des zuständigen Standesbeamten, daß eine Eheschließung auch vor dem Standesbeamten eines anderen Ortes stattfinden darf, eine halbe Mark,

γ. für jeden beglaubigten Auszug aus den Registern mit Einschluß der Schreibgebühren eine halbe Mark. Bezieht sich der Auszug auf mehrere Eintragungen, und erfordert derselbe das Nachschlagen von mehr als einem Jahrgange der Register, so erhöht sich die Gebühr für jeden weiter nachzuschlagenden Jahrgang um je eine halbe Mark, jedoch zusammen auf nicht mehr als zwei Mark.

VIII. Die zur Empfangnahme der Gebühren und Geldstrafen berechtigte Kasse. Alle zur Hebung gelangenden Gebühren und Geldstrafen, insbesondere auch die gerichtlich gegen Standesbeamte, Anzeigepflichtige, Geistliche erkannten Strafen fließen der Stadtkasse zu, da dieselben allgemein den Gemeinden mit Rücksicht darauf, daß sie die sachlichen Kosten zu tragen haben, als Aequivalent zufallen sollen.*)

IX. Beziehungen der Standesämter unter einander und zu anderen Behörden. Es sind die Standesämter des Deutschen Reiches gegenseitig, sowie überhaupt die Gemeinde- und Ortspolizeibehörden verpflichtet, dem Ersuchen eines Standesbeamten Folge zu leisten.**)

---

*) Ges. vom 6. Februar 1875 § 70 und M. R. vom 30. Jun 1882 (M. Bl. p. 138).

**) Ausführungsverordnung vom 22. Juni 1875 (Centralblatt für das Deutsche Reich p. 390).

§ 81. Der Stadtausschuß als Verwaltungsgericht und Beschlußbehörde in Sachen der allgemeinen Landesverwaltung.

I. Einleitende Bemerkung. Die eine Unterabtheilung des Regierungsbezirks bildenden Kreise sind freilich auf Grund der Kreisordnungen gegen einander fest abgegrenzte und in sich abgeschlossene staatliche Verwaltungsbezirke, welche für sich je einen besonderen Communalverband zur Selbstverwaltung ihrer Angelegenheiten mit den Rechten einer Corporation bilden, und in welchen die Kreisausschüsse in erster Instanz als Verwaltungsgerichte und Beschlußbehörden in den Angelegenheiten der allgemeinen Landesverwaltung fungiren;*) es ist indeß den größeren Städten, welche mit Ausschluß der activen Militärpersonen eine Einwohnerzahl von mindestens 25000 Seelen (in den 6 östlichen Provinzen), bezw. 30000 Seelen (in der Provinz Westphalen) und 40000 Seelen (in der Rheinprovinz) haben, durch den § 4 der Kreisordnungen freigelassen, innerhalb des Kreises für sich einen eigenen Kreisverband, den sog. Stadtkreis, zu bilden und zu dem Zwecke aus dem bisherigen Kreisverbande, welchem sie angehören, auf ihren zuvorigen Antrag in Gemäßheit der Anordnung des Ministers des Innern auszuscheiden. Es kann auch durch landesherrliche Verordnung nach Anhörung des Provinziallandtages Städten von geringerer Einwohnerzahl auf Grund besonderer Verhältnisse das Ausscheiden aus dem bisherigen und die Bildung eines eigenen Kreisverbandes gestattet werden.**) In diesen ausgeschiedenen Stadtkreisen, welche sich somit nur auf den Bezirk der betreffenden Städte erstrecken, werden die in den Kreisen dem Landrathe, bezw. dem Kreistage und dem Kreisausschusse in Gemäßheit des L. V. G. obliegenden Ge-

*) Kr. §§ 1—3 nnd § 36.

**) Kr. O. § 4.

schäfte der allgemeinen Landesverwaltung, und zwar die des Kreisausschusses, soweit sich dieselben auf die Verwaltung der Kreiscommunalangelegenheiten beziehen, von den städtischen Behörden, wie die übrigen Stadtgemeindeangelegenheiten, nach Vorschrift der Städteordnungen wahrgenommen.[1]) An die Stelle des Kreisausschusses tritt in diesen Stadtkreisen in den gesetzlich festgestellten Fällen der Stadtausschuß.[2])

II. Zusammensetzung des Stadtausschusses. Derselbe besteht aus dem Bürgermeister, beziehungsweise dessen gesetzlichem Stellvertreter, als Vorsitzenden, und aus vier weiteren Mitgliedern, welche in den Städten mit collegialischem Gemeindevorstande von dem Magistrate aus der Zahl der Magistratspersonen für die Dauer ihres Hauptamtes, dagegen in den Städten ohne collegialischem Gemeindevorstand von der Stadtverordnetenversammlung aus der Zahl der Gemeindebürger auf die Dauer von 6 Jahren gewählt werden. Den Vorsitz führt der Bürgermeister, bezw. dessen gesetzlicher Vertreter. Bei Behinderung derselben wählt der Stadtausschuß aus seiner Mitte den Vorsitzenden, welcher jedoch als solcher der Bestätigung des Regierungspräsidenten (bezw. des Oberpräsidenten in Berlin) bedarf. Zur Bildung des Stadtausschusses ist es unbedingt erforderlich, daß der Vorsitzende oder doch mindestens ein Mitglied zum Richteramte oder zum höheren Verwaltungsdienste befähigt sein muß.[3])

Was die Wählbarkeit, Wahl, Einführung, Vereidigung und Entsetzung der vorberegten Gemeindebürger, als Stadtausschußmitglieder, anlangt, so kommen in dieser Beziehung nicht die für Stadtverordnete, sondern die für unbesoldete Magistratsmitglieder bestehenden gesetzlichen Bestimmungen

---

[1]) Kr. O. § 89.
[2]) L. V. G. § 4.
[3]) L. V. G. §§ 37—38.

zur Anwendung. Alle drei Jahre scheidet die Hälfte der gewählten Gemeindebürger aus und wird durch neue Wahlen ersetzt. Die Ausscheidenden müssen jedoch in allen Fällen bis zur Einführung der neu Gewählten in Thätigkeit bleiben; die das erste Mal Ausscheidenden werden durch das Loos bestimmt. Sie sind wieder wählbar. Für die im Laufe der Wahlperiode ausscheidenden Mitglieder haben Ersatzwahlen stattzufinden, und bleiben in solchem Falle die Ersatzmänner nur bis zum Ende desjenigen Zeitraums in Thätigkeit, für welchen die Ausgeschiedenen gewählt waren.*)

III. **Amtsentsetzung der Mitglieder des Stadtausschusses.** Bezüglich der Dienstvergehen und Amtsentsetzung der gewählten Mitglieder normiren die Bestimmungen des Gesetzes vom 21. Juli 1852, jedoch mit der Maßgabe, daß die Einleitung des Verfahrens und die Ernennung des Untersuchungscommissars durch den Regierungspräsidenten erfolgt, ferner, daß als entscheidende Disciplinarbehörde in erster Instanz der Bezirksausschuß, in zweiter Instanz das Plenum des Oberverwaltungsgerichts competent ist, und endlich, daß der Vertreter der Staatsanwaltschaft für die erste Instanz von dem Regierungspräsidenten, für die zweite Instanz von dem Minister des Innern ernannt wird.**)

IV. **Beschlußfähigkeit und Abstimmung des Stadtausschusses.** Zu derselben gehört die Anwesenheit von drei Mitgliedern mit Einschluß des Vorsitzenden. Selbstverständlich muß das ganze Collegium zusammenberufen werden; es ist dagegen nicht zulässig, daß der Vorsitzende sich nach Belieben die zur Beschlußfähigkeit erforderliche Zahl der Mitglieder auswählt. Die Beschlüsse werden nach Stimmenmehrheit gefaßt. Ist eine gerade Zahl von Mitgliedern anwesend, so

*) L. V. G. § 38.
**) L. V. G. § 39.

nimmt das dem Lebensalter nach jüngste gewählte Mitglied nur an der Berathung, dagegen nicht an der Abstimmung Theil, wenn es nicht etwa zum Referenten bestellt wird. In letzterem Falle steht nämlich diesem Mitgliede, wenn es auch das jüngste ist, das Stimmrecht zu, während dann bei einer geraden Zahl von Anwesenden das nächstfolgende jüngste Mitglied für die Abstimmung ausscheiden muß.

V. **Geschäftsgang und Verfahren.** Der Vorsitzende beruft das Collegium, leitet und beaufsichtigt den Geschäftsgang und sorgt für die prompte Erledigung der Geschäfte. Er bereitet die Beschlüsse des Ausschusses vor und trägt für deren Ausführung Sorge. Er vertritt den Ausschuß nach außen, verhandelt Namens desselben mit anderen Behörden und mit Privatpersonen, führt den Schriftwechsel und zeichnet alle Beschlüsse Namens des Ausschusses.*) Im Uebrigen normirt das Geschäftsregulativ vom 28. Februar 1884 mit der Maßgabe, daß diese Behörde sich bei ihrer Unterschrift der Firma „Stadtausschuß" zu bedienen hat.

Das Verfahren selbst ist entweder ein Verwaltungsstreitverfahren oder ein Verwaltungsbeschlußverfahren. Ersteres tritt überall da ein, wo die Gesetze von der Entscheidung in streitigen Verwaltungssachen, oder von der Erledigung der Angelegenheit im Streitverfahren oder durch Endurtheil, oder von der Klage bei dem Kreisausschusse, Bezirksausschusse, Stadtausschusse oder einem Verwaltungsgerichte sprechen, sowie überall da, wo sonst dieses Verfahren gesetzlich vorgeschrieben ist, während in allen übrigen Fällen das Verfahren als Verwaltungs b e s c h l u ß verfahren zu benehmen ist.**) Die Gesetzgebung hat sich darauf beschränkt, den namentlich bei der Beschreitung der Rechtsmittelinstanz bemerkbar werdenden

---

*) L. V. G. § 55.
**) L. V. G. § 54.

und auch in manchen anderen Beziehungen hervortretenden Unterschied dieser beiden Verfahren durch die oben hervorgehobenen äußeren Merkmale festzustellen, hat dagegen Abstand davon genommen, dieselben begrifflich zu definiren. Der wesentliche sachliche Unterschied beider besteht darin, daß das Verwaltungsstreitverfahren für alle diejenigen Sachen offen steht, in denen ein auf die Bestimmungen des Verwaltungsrechts sich stützender und durch eine Verwaltungshandlung verletzter Anspruch einer gemeindeangehörigen Person auf Grund positiver Rechtssätze zu schützen ist, während das Beschlußverfahren überall da Platz greift, wo dem Verwaltungsgerichte in Bezug auf seine Beschlußfassung eine freiere Beurtheilung nach anderweitigen nützlichen und angemessenen Grundsätzen gestattet ist, und ihm demzufolge für die Erwägung im concreten Falle ein mehr oder minder weiter Spielraum gelassen wird. Der früher bestandene formelle Unterschied, nach welchem für die Beschlußsachen der Bezirksrath, dagegen für die Streitsachen das Bezirksverwaltungsgericht zuständig war, ist seit dem Landesverwaltungsgesetze vom 31. Juli 1883, durch welches die beiden vorgenannten, getrennt gewesenen Behörden in eine einzige Behörde, den Bezirksausschuß, aufgegangen sind, fortgefallen.

VI. Competenz des Stadtausschusses. Wenn auch derselbe in den einen Kreisverband bildenden Städten in Bezug auf die Kreiscommunalangelegenheiten ganz an die Stelle des Kreisausschusses tritt, so ist doch der Umfang der dem ersteren zugewiesenen Geschäfte weit enger begrenzt, als derjenige des Kreisausschusses. Es hat dies darin seinen Grund, daß die Competenz für einen Theil der der Entscheidung und Beschlußfassung des Letzteren unterliegenden Angelegenheiten in Bezug auf die Stadtgemeinden in Folge der verschiedenartigen Organisation, welche eine gleichmäßige Behandlung von Stadt und Land nicht thunlich oder nicht geeignet erscheinen ließ, durch anderweitige Bestimmungen geregelt ist. Der Stadtausschuß ist nun auf Grund des Zuständigkeitsgesetzes vom 1. August 1883 für nachstehende Gegenstände zuständig:

1. Armenangelegenheiten (Tit. VI):

a. Streitigkeiten zwischen Armenverbänden im schiedsrichterlichen oder sühneamtlichen Vermittelungsverfahren (§ 43 sub 1). — Beschlußsache. —

b. Antrag eines Armenverbandes gegen die zur Unterstützung eines Hülfsbedürftigen verpflichteten Angehörigen (§ 43 sub 2). — Beschlußsache. —

2. Wasserräumungssachen (Tit. XII, A.): Erlaß von Reglements (Regulativen) wegen Räumung von Gräben, Bächen und Wasserläufen (§ 65). — Beschlußsache. —

3. Stauwerkssachen (Tit. XII, a):

a. Ernennung der sachverständigen Commissarien behufs Festsetzung des Wasserstandes bei Stauwerken (§ 67, Abs. 1). — Beschlußsache. —

b. Die durch die Commissarien beim Mangel rechtsverbindlicher deutlicher Bestimmungen bewirkte Festsetzung des Wasserstandes (§ 67, Abs. 2). — Verwaltungsstreitsache. —

c. Streitigkeiten darüber, ob die Höhe des Wasserstandes in rechtsverbindlicher und deutlicher Weise bestimmt sei (§ 67, Abs. 3). — Streitsache; es kann der Stadtausschuß jedoch den Wasserstand, welcher bis zur rechtskräftigen Entscheidung innezuhalten ist, vorläufig durch endgültigen Beschluß festsetzen.

4. Vorfluthsachen (Tit. XII, b), in welchen zunächst das Beschlußverfahren eröffnet wird, und in welchen dann gegen den Beschluß der Antrag auf mündliche Verhandlung im Verwaltungsstreitverfahren stattfindet, jedoch mit Ausschluß des Falles sub c, in welchem der Beschluß endgültig erfolgt, und des Falles sub h, welcher zu den Streitsachen gehört:

a. Anträge auf Verschaffung von Vorfluth (§ 68 sub 1). — Zunächst Beschlußsache. —

b. Anträge auf Mitbenutzung einer Entwässerungsanlage und auf Abänderung eines Entwässerungsplans (§ 68 sub 2). — Zunächst Beschlußsache. —

c. Aufforderung zur Schiedsrichterwahl, Ernennung des Obmannes, sowie der von den Betheiligten nicht rechtzeitig gewählten Schiedsrichter und Ermächtigung des Schiedsgerichts (§ 69). — Beschlußsache. —

d. Rechtmäßigkeit der Ablehnung des Schiedsrichteramts (§ 70 sub 1). — Beschlußsache. —

e. Zurückweisung unzulässiger Schiedsrichter (§ 70 sub 2). — Zunächst Beschlußsache. —

f. Festsetzung der Vergütung der Schiedsrichter (§ 70 sub 3). — Zunächst Beschlußsache. —

g. Festsetzung der Vergütung der Commissarien (§ 70 sub 4). — Zunächst Beschlußsache. —

h. Anfechtung der schiedsrichterlichen Entscheidung (§ 71). — Streitsache. —

5. **Bewässerungs- und Entwässerungsanlagensachen** (Tit. XII, c):

a. Abfassung des Präclusionsbescheides (§ 74). — Beschlußsache. Gegen die Präclusion findet das Restitutionsgesuch statt, worüber im Verwaltungsstreitverfahren zu entscheiden ist. —

b. Widersprüche gegen eine Bewässerungsanlage des Uferbesitzers (§ 75). — Streitsache. —

c. Anträge eines Uferbesitzers auf Einräumung oder Beschränkung von Rechten behufs Ausführung oder Erhaltung von Bewässerungsanlagen (§ 76—80). — Theils Beschluß-, theils Streitsache. — Es erfolgt nämlich

α. Beschluß über die Vorfrage, ob ein überwiegendes Landesculturinteresse vorwalte;

β. Beschluß über Widersprüche gegen den von den Commissarien entworfenen Plan und über die Frist zu seiner Ausführung. Gegen diesen Beschluß ist der Antrag auf mündliche Verhandlung im Verwaltungsstreitverfahren zulässig;

γ. Beschluß über die Ernennung der Commissarien und Taxatoren;

δ. Endurtheil über Festsetzung der Entschädigung;

ε. Beschluß über den Antrag auf vorläufige Gestattung der Anlage und die Höhe der zu erlegenden Caution.

6. Wasserlösungssachen in Schleswig-Holstein. (Tit. XII, §§ 81 und 82):

a. Klagen gegen Anordnungen, Festsetzungen und Erkenntnisse der Wasserlösungscommissionen und der Schauungsmänner (§ 81). — Streitsache. —

b. Klagen gegen Erkenntnisse der Wasserlösungscommissionen und Schauungsmänner in Streitigkeiten der Betheiligten unter einander über die ihnen aus dem Gesetze oder den rechtlich bestehenden Regulativen zustehenden Rechte und Pflichten (§ 82, Abs. 2). — Streitsache. —

c. Anträge auf Regulirungen, insbesondere über den Erlaß von Regulativen, durch welche die Rechte und Pflichten der an einer Wasserlösung Betheiligten bestimmt werden sollen. (§ 82, Abs. 3). — Beschlußsache; gegen den Beschluß findet Antrag auf mündliche Verhandlung im Verwaltungsstreitverfahren statt.

7. Wasserlösungssachen für Hannover: (Tit. XII) cfr. § 83 und 84.

8. Wasserlösungssachen für Hessen-Nassau. (Tit. XII) cfr. § 86.

9. Wassergenossenschaftssachen: (Tit. XII) cfr. § 94.

a. Anträge zur Veräußerung von Immobilien und zur Aufnahme von Anleihen, durch welche der Schuldenstand vermehrt wird, Seitens der Genossenschaft.

b. Klagen gegen den Bescheid des Genossenschaftsvorstandes über Streitigkeiten, welche die Zugehörigkeit zur Genossenschaft, insbesondere die Verpflichtung zur Theilnahme an den Lasten betreffen, wenn es sich um Genossenschaften handelt, welche nicht unter der Aufsicht des Regierungspräsidenten stehen.

c. Beschlußfassung über die Gestattung von Vorarbeiten zur Vorbereitung einer öffentlichen Genossenschaft auf Grund und Boden dritter Personen. — cfr. 51, 53 und 71 des Wassergenossenschaftsgesetzes vom 1. April 1879 —

10. Fischereipolizeisachen: (Tit. XIV).

a. Aufsicht über die nach den §§ 9 und 10 des Fischereigesetzes vom 30. Mai 1874 gebildeten Genossenschaften — (§ 100) — Beschlußsache; gegen die betreffende Verfügung ist der Antrag auf mündliche Verhandlung im Verwaltungsstreitverfahren zulässig.

b. Klagen gegen den Bescheid des Genossenschaftsvorstandes über Streitigkeiten, welche die Verpflichtung zur Theilnahme an den Lasten der nach den §§ 9 und 10 a. a. O. gebildeten Genossenschaften oder das Recht zur Theilnahme an den Aufkünften aus der gemeinschaftlichen Fischereinutzung betreffen. (§ 101). — Streitsache. —

11. Gewerbepolizeisachen (Tit. XVI, A): Anträge auf Genehmigung zur Errichtung oder Veränderung gewerblicher und concessionspflichtiger Anlagen der im § 109 des Zust. G. angegebenen Art und der etwa dem dortigen Verhältnisse nachträglich hinzugefügten Anlagen, für welche die Zuständigkeit des Stadtausschusses durch eine Königliche Verordnung ausgesprochen wird. (§ 109). — Beschlußsache. —

12. Gewerbliche Concessionssachen (Tit. XVI, B):

a. Anträge auf Ertheilung der Erlaubniß zum Betriebe der Gastwirthschaft oder Schankwirthschaft sowie zum Kleinhandel mit Branntwein oder Spiritus. (§ 114) — Beschlußsache, wenn kein Widerspruch erhoben wird von der Gemeindebehörde oder der Ortspolizeibehörde, welche zuvor über Anträge auf Ertheilung der Erlaubniß zum Betriebe der Gastwirthschaft, zum Ausschänken von Branntwein oder von Wein, Bier oder anderen geistigen Getränken, sowie zum Kleinhandel mit Branntwein oder Spiritus zu hören sind. Gegen den versagenden Beschuß steht dem Antragsteller der Antrag auf mündliche Verhandlung im Verwaltungsstreitverfahren zu. Wird von der Gemeinde- oder der Ortspolizeibehörde Widerspruch erhoben, so darf die Ertheilung der Erlaubniß nur auf Grund mündlicher Verhandlung im Verwaltungsstreitverfahren erfolgen.

b. Anträge auf Ertheilung der Erlaubniß zum Betriebe des Pfandleihgewerbes und zum Handel mit Giften (§ 114). — Beschlußsache —

c. Anträge auf Ertheilung der Erlaubniß an Personen, welche gewerbsmäßig in ihren Wirthschafts- oder sonstigen Räumen Singspiele, Gesangs- und declamatorische Vorträge, Schaustellungen von Personen oder theatralische Vorstellungen, ohne daß ein höheres Interesse der Kunst oder Wissenschaft dabei obwaltet, öffentlich veranstalten oder zu deren öffentlichen Veranstaltung ihre Räume benutzen lassen. (Reichsgewerbeordnung § 33 a und Ges. vom 31. December 1883)*) — Beschlußsache —

d. Anträge auf Ertheilung der Erlaubniß zur Ausübung des Hausirgewerbes innerhalb eines gewissen Bezirks in

*) M. Bl. 1884 p. 7.

den Fällen, wo die Erlaubniß erforderlich ist. (Reichsgewerbeordnung § 42b, Ges. vom 31. December 1883). — Beschlußsache —

13. Enteignungssachen (Tit. XXII): Entscheidung über die Rechte, welche Wegebaupflichtigen in Bezug auf die Entnahme von Materialien zum Wegebau einzuräumen sind, sowie über die desfalls zu gewährenden Entschädigungen. (§ 151) — Beschlußsache. —

14. Strombausachen: (Ges. vom 20. August 1883):*) Anträge auf Festsetzung der Höhe der in den §§ 3 und 8 leg. cit. in Folge von Anordnungen der Strombauverwaltung zu gewährenden Entschädigungen.

VII. Kosten der Geschäftsverwaltung des Stadtausschusses. Soweit diese Kosten durch die eigenen Einnahmen, sowie insbesondere durch die zur Hebung kommenden Gebühren, welche als Pauschquantum von den Partheien auf Grund des von den Ministern der Finanzen und des Innern aufgestellten Tarifs für jede anhängig gewordene Verwaltungssache zu entrichten sind, nicht gedeckt werden, sind sie auf Grund der bezüglichen Bestimmungen der verschiedenen Kreisordnungen von der Stadtgemeinde zu tragen.

§ 82. Der Magistrat in den einem Landkreise angehörenden Städten mit mehr als 10000 Einwohnern, als Landes-Verwaltungsbehörde an Stelle des Kreisausschusses.

In dem § 4 des L.V.G. vom 30. Juli 1883 ist angeordnet, daß in den durch die Gesetze vorgesehenen Fällen zur Mitwirkung bei den Geschäften der allgemeinen Landesverwaltung in den einem Landkreise angehörigen Städten mit mehr als 10000 Einwohner der collegialisch zusammengesetzte

*) G. S. 1883 p. 333.

Magistrat, event. dort, wo der Bürgermeister allein den Gemeindevorstand bildet, der Bürgermeister und die Beigeordneten, als Collegium, an die Stelle des Kreisausschusses treten sollen. Der Magistrat bezw. das letztberegte Collegium tritt hier als Beschlußbehörde hervor; er erlangt aber dadurch keineswegs die Eigenschaft und den Charakter eines Stadtausschusses, sondern fungirt als locale Gemeindebehörde mit der Verpflichtung, sich zur Unterschrift der Firma: „Magistrat" zu bedienen. Die in den Gesetzen vorgesehenen Fälle, in denen er in Funktion zu treten hat, sind übrigens nur vereinzelte. Es unterliegen seiner Beschlußfassung nur:

a. Anträge auf Genehmigung zur Errichtung oder Veränderung gewerblicher und concessionspflichtiger Anlagen der im § 109 des Zust. G. angegebenen Art und der etwa dem dortigen Verzeichnisse nachträglich hinzutretenden Anlagen, für welche die Zuständigkeit des Magistrats durch Königliche Verordnung anerkannt wird.*)

b. Anträge auf Ertheilung der Erlaubniß zum Betriebe der Gastwirthschaft oder Schankwirthschaft, zum Kleinhandel mit Branntwein oder Spiritus.**) Dem Beschlusse muß bei Anträgen auf Ertheilung der Erlaubniß zum Betriebe der Gastwirthschaft, zum Ausschänken von Branntwein oder von Wein, von Bier oder anderen geistigen Getränken, sowie zum Kleinhandel mit Branntwein oder Spiritus die Anhörung der Ortspolizeibehörde vorhergehen. Erhebt dieselbe Widerspruch, so darf die Ertheilung der Erlaubniß nur auf Grund mündlicher Verhandlung im Verwaltungsstreitverfahren erfolgen. Wird die Erlaubniß versagt, so steht dem Antragsteller innerhalb zwei Wochen der Antrag auf mündliche Verhandlung im Verwaltungsstreitverfahren zu.

---

*) Zust. G. § 109.

**) Zust. G. § 114.

c. Anträge auf Ertheilung der Erlaubniß zum Betriebe des Pfandleihgewerbes und zum Handel mit Giften.*)

d. Anträge auf Ertheilung der Erlaubniß an Personen, welche gewerbsmäßig in ihren Wirthschafts- oder sonstigen Räumen Singspiele, Gesangs- und declamatorische Vorträge, Schaustellungen von Personen oder theatralische Vorstellungen, ohne daß ein höheres Interesse der Kunst oder der Wissenschaft dabei obwaltet, öffentlich veranstalten oder zu deren öffentlichen Veranstaltungen ihre Räume benutzen lassen. (Reichsgewerbeordnung § 33a — cfr. Ges. vom 31. December 1883.)**)

e. Anträge auf Ertheilung der Erlaubniß zur Ausübung des Hausirgewerbes innerhalb eines gewissen Bezirks in den Fällen, wo die Erlaubniß erforderlich ist. (Reichsgewerbeordnung § 42b cfr. Ges. vom 31. December 1883.)

§ 83. Der Magistrat als Gewerbe-Schiedsbehörde und als Landesverwaltungsbehörde in Einquartierungs- und Bewässerungsanlagen.

I. Gewerbe-Schiedsbehörde. Auf Grund des § 120a der Reichsgewerbeordnung unterliegen Streitigkeiten der selbstständigen Gewerbetreibenden mit ihren Gesellen, Gehülfen oder Lehrlingen, welche auf den Antritt, die Fortsetzung oder Aufhebung des Arbeits- oder Lehrverhältnisses, oder auf die gegenseitigen Leistungen aus denselben, oder auf die Ertheilung oder den Inhalt der Arbeitsbücher oder Zeugnisse sich beziehen, überall der Entscheidung des Magistrats, wenn nicht besondere Behörden für diese Angelegenheiten bestehen oder eingerichtet

*) Zust. G. § 114.

**) M. Bl. 1884 p. 7.

werden. Die Entscheidung des Magistrats ist keine endgültige, es steht vielmehr den Partheien gegen dieselbe die Berufung auf den Rechtsweg binnen einer präclusivischen Frist von 10 Tagen offen. Diese Berufung hat auf die Vollstreckung der magistratlichen Entscheidung keinen Suspensiveffect, da der § 120a ausdrücklich bestimmt, daß die vorläufige Vollstreckung derselben durch die Berufung nicht aufgehalten werden kann. Die vorberegte Competenz hört auf, sobald besondere Behörden zur Entscheidung berufen werden. Dies kann namentlich geschehen:

a. Dadurch, daß auf Grund eines Ortsstatuts besondere Gewerbe-Schiedsgerichte, welche durch den Magistrat unter gleichmäßiger Zuziehung von Arbeitgebern und Arbeitnehmern zu bilden sind, mit der Entscheidung betraut, oder

b. dadurch, daß von den Innungen auf Grund der §§ 97, 100 a, e, f, i — cfr. die Novelle vom 6. Juli 1887 (R. G. Bl. p. 281) — besondere Innungsschiedsgerichte gebildet werden.

II. Verwaltungsbeschlußbehörde in Einquartierungssachen. Es sollen in Gemäßheit des Gesetzes, betreffend die Quartierleistung für die bewaffnete Macht während des Friedenszustandes, vom 25. Juni 1868 § 6*) in allen mit einer Garnison belegten Ortschaften ohne Rücksicht auf ihre Größe Kataster, welche alle zur Einquartierung benutzbaren Gebäude unter Angabe ihrer Leistungsfähigkeit enthalten müssen, von dem Magistrate, bezw. der Servisdeputation alljährlich zum Zwecke der Vertheilung der Quartierleistungen aufgestellt werden. Die vorberegten Kataster sind während 14 Tagen nach zuvoriger ortsüblicher Bekanntmachung öffentlich auszulegen. Es steht dann sowohl der Militärbehörde, als auch

---

*) R. G. Bl. p. 523.

jedem interessirten Gemeindemitgliede frei, innerhalb einer präclusivischen Frist von 21 Tagen nach beendeter Offenlegung bei dem Magistrate Einwendungen gegen die Kataster anzubringen. Ueber diese Einwendungen hat nun auf Grund des § 51 des Zust. G. in erster Instanz der Magistrat, und im Falle einer binnen zwei Wochen zu erhebenden Beschwerde in zweiter Instanz der Bezirksausschuß zu beschließen. Der Beschluß des Letzteren ist endgültig.

Es soll übrigens hier darauf hingewiesen werden, daß die Aufstellung eines Katasters unterbleiben kann, wenn der Magistrat und die Stadtverordnetenversammlung dies übereinstimmend beschließen.

III. Landverwaltungsbehörde für Bewässerungsanlagen. In den einen besonderen Stadtkreis bildenden Städten ist der Magistrat auf Grund des § 79 des Zust. G. diejenige Behörde, welcher die Einziehung und Auszahlung oder Hinterlegung der in dem Verfahren bei Bewässerungsanlagen in Gemäßheit des Gesetzes vom 28. Februar 1843, bezw. des § 78 des Zust. G. von Seiten des Stadtausschusses festgestellten Entschädigungssumme obliegt.

§ 84. Das Waldschutzgericht.

Das Gesetz, betreffend die Schutzwaldungen und Waldgenossenschaften, vom 6. Juli 1875 (G. S. p. 416) verfolgt den Zweck, den Schutz der Waldungen durch Anordnung von Schutzmaßregeln zu erstreben, welche zur Abwendung der dem Lande durch die Beschaffenheit von Sandländereien, durch das Abschwemmen des Bodens oder durch die Bildung von Wasserstürzen, und insbesondere durch die Zerstörung eines Waldbestandes drohenden Gefahren erforderlich sind. Es kann zu dem Zwecke die Art der Benutzung der gefahrbringenden Grundstücke, sowie die Ausführung von Waldculturen oder sonstigen Schutzanlagen auf Antrag der gefährdeten Interessenten, der betroffenen Communalverbände und der Landespolizeibehörde angeordnet werden, wenn der abzuwendende Schaden den aus der Einschränkung für den Eigenthümer entstehenden Nachtheil beträchtlich überwiegt. Die Eigenthümer, Nutzungs-, Gebrauchs- und Servitutberechtigte, sowie Pächter der gefahrbringenden Grundstücke sind verpflichtet, sich allen durch die Anordnungen veranlaßten Beschränkungen in der Benutzung der letzteren zu unterwerfen, sowie die Ausführung der beregten Waldculturen oder sonstigen Schutzanlagen zu gestatten; es ist ihnen indeß für den ihnen dadurch entstehenden Schaden volle Entschädigung zu gewähren. Die Pflicht der Entschädigung und die Aufbringung der Kosten für Herstellung und Unterhaltung der Waldculturen und Schutzanlagen liegt dem Antragsteller ob; es sollen dazu aber auch beitragen die Eigenthümer der gefährdeten Grundstücke nach Verhältniß und bis zur Werthshöhe des abzuwendenden Schadens event. in Bezug auf die Kosten der Schutzanlagen die Eigenthümer der gefahrbringenden Grundstücke nach Verhältniß und bis zur Höhe des Mehrwerths, welchen ihre eigenen Grundstücke durch die Anlagen erlangen. Zur Entscheidung darüber, ob und welche Maßregeln in jedem einzelnen Falle anzuordnen sind, sowie zur Entscheidung über die zu gewährende Entschädigung und über die zur Herstellung und Unterhaltung der Schutzanlagen erforderlichen Kosten ist eine besondere Behörde unter dem Titel „Waldschutzgericht“ eingesetzt, welches außerdem noch für die Bildung von solchen Waldgenossenschaften für zuständig erklärt ist, deren Zusammenwirken entweder auf Einrichtung und Durchführung einer gemeinschaftlichen Beschützung bezw. anderer der forstmäßigen Benutzung des Genossenschaftswaldes förderlichen Maßregeln oder zugleich auf die gemeinschaftliche forstmäßige Bewirthschaftung des Genossenschaftswaldes nach einem einheitlich angestellten Wirthschaftsplane gerichtet ist. In dem letzteren Falle liegt dem Waldschutzgerichte insbesondere die Prüfung des auf Bildung der Waldgenossenschaft gerichteten Antrags ob, ferner die Entwerfung eines Genossenschaftsstatuts durch einen Commissar, sowie endlich im Falle der Annahme des Statuts Seitens der Betheiligten die Entscheidung über die Bedürfnißfrage, über die Zulässigkeit der Begründung der Waldgenossenschaft, über die Widersprüche gegen Beschränkungen der Servitutberechtigten, bezw. über die Höhe der zu gewährenden Entschädigungen, sowie endlich über die Bestätigung des Statuts Der Vorsitzende des Waldschutzgerichts hat sodann im Falle der Bestätigung die Eintragung der den Eigenthümern der Genossenschaftsgrundstücke auferlegten Beschränkungen und Lasten im Grundbuche zu beantragen.

Das Waldschutzgericht wird nun in denjenigen Städten, welche für sich einen Kreisverband bilden, aus dem Bürgermeister als Vorsitzenden und sechs Mitgliedern zusammengesetzt, welche von der Stadtverordnetenversammlung nach absoluter Stimmenmehrheit gewählt werden (in den Landkreisen aus dem Landrathe und sechs Mitgliedern). Wählbar als Mitglied ist jeder selbstständige Angehörige des Deutschen Reichs, welcher in dem Stadtkreise einen Wohnsitz hat und sich im Besitze der bürgerlichen Ehrenrechte befindet, jedoch mit Ausnahme der nicht angesessenen Militärpersonen, Geistlichen, Kirchendiener und Elementarlehrer, während die richterlichen Beamten, zu welchen aber die technischen Mitglieder der Handels- oder Gewerbe- und ähnlichen Gerichte nicht zu zählen sind, nur mit Genehmigung des Justizministers als Mitglieder des Waldschutzgerichts eintreten können. Als selbstständig wird hier schon derjenige angesehen, welcher das 21. Lebensjahr vollendet hat, sofern ihm das Recht, über sein Vermögen zu verfügen und dasselbe zu verwalten, nicht durch gerichtliche Anordnungen entzogen ist. Die Wahl erfolgt auf sechs Jahre mit der Maßgabe, daß bei Ablauf der Wahlperiode die Mitgliedschaft bis zur Wahl des Nachfolgers fortdauert, daß alle zwei Jahre ein Drittel der Mitglieder ausscheidet und daß die Ausgeschiedenen wiedergewählt werden können.

Die Mitglieder des Waldschutzgerichts bedürfen der Beeidigung, welche durch den Vorsitzenden erfolgt. Sie erhalten eine ihren Auslagen entsprechende Entschädigung, über deren Höhe die Stadtverordnetenversammlung zu beschließen hat, aus Communalmitteln und unterliegen, ebenso wie die Gemeindebeamten, dem Disciplinargesetze vom 21. Juli 1852 mit den aus § 20 des Zust. G. sich ergebenden Maßgaben.

Was das vor und von dem Waldschutzgerichte zu beobachtende Verfahren anlangt, so normiren dafür im Allgemeinen die gesetzlichen Vorschriften, welche die Verfassung der Verwaltungsgerichte und das Verwaltungsstreitverfahren betreffen,*) sowie im Speciellen die desfallsigen Bestimmungen des Gesetzes vom 6. Juli 1875.**) Es soll hier noch besonders hervorgehoben werden, daß das Waldschutzgericht bei der Anwesenheit von drei Mitgliedern mit Einschluß des Vorsitzenden beschlußfähig ist, und daß in dem Falle, wenn dasselbe beschlußunfähig wird, das von dem Bezirksausschusse zu bestimmende Waldschutzungsgericht eines benachbarten Bezirkes an dessen Stelle treten soll.

*) Ges. v. 6. Juli 1875 (G. S. p. 416) § 7 ff. und § 40 ff.
**) ibidem § 8 ff., § 31 ff. und § 49 ff.

Zweites Capitel: Die Thätigkeit der städtischen Unterbehörden.

§ 85. Die Verwaltungsdeputationen und Commissionen im Allgemeinen.

In diesen Deputationen und Commissionen sind dem Magistrate Hülfsorgane geschaffen, welche dazu bestimmt sind, unter seiner Aufsicht und Leitung einzelne Zweige der Communalverwaltung dauernd zu verwalten oder zu beaufsichtigen (s. g. bleibende Deputationen), sowie vorübergehende Aufträge, welche durch die Verwaltung veranlaßt werden, zu erledigen (s. g. vorübergehende Deputationen). Diese Deputationen, welche dem Magistrate untergeordnet sind und im Auftrage desselben die ihnen zugewiesenen Sachen bearbeiten, stellen in ihrer Gesammtheit eine öffentliche Behörde dar; die einzelnen Mitglieder sind öffentliche Beamte.*) Sie stehen freilich mit der Stadtverordnetenversammlung oder mit anderen Behörden nicht in direkter Verbindung, sondern sie müssen sich für den Zweck des geschäftlichen Verkehrs mit anderen Behörden der Vermittelung des Magistrats bedienen, wenn ihnen nicht etwa ein solches Recht, nach Außen hin selbstständig geschäftlich zu verkehren, in Folge örtlicher Verhältnisse mit Zustimmung des Magistrats ausnahmsweise eingeräumt ist. Im Uebrigen beschränkt sich ihre Thätigkeit auf die innere Verwaltung der ihnen zugewiesenen Geschäftszweige. Die Städteordnung von 1808 hat in dem § 179 alle diejenigen Angelegenheiten bezeichnet, welche sich zur Geschäftsverwaltung in Deputationen eignen, während die jetzt geltenden neueren Städteordnungen von einer Specialisirung ganz abgesehen haben und somit die Bildung der Deputationen dem Ermessen der städtischen Be-

*) Erk. des Obertribunals vom 27. Mai 1839 u. v. 4. Mai 1864.

hörden für den Fall des Eintritts eines etwaigen Bedürfnisses überlassen. Es ist indeß die Einrichtung gewisser Deputationen durch anderweitige Gesetze angeordnet, und in Betreff derselben das Belieben der städtischen Behörden ausgeschlossen. Es sind dies:

1. Die Schuldeputation auf Grund der Instruction vom 26. Juni 1811.
2. Die Armendeputation auf Grund des Gesetzes vom 8. März 1871.
3. Die Servisdeputation auf Grund des Reichsgesetzes vom 25. Juni 1868 und der Instruction vom 31. December 1868.
4. Die Sanitätsdeputation auf Grund des Gesetzes vom 8. August 1835.
5. Der Waisenrath auf Grund des § 52 der Vormundschaftsordnung vom 5. Juli 1875.

Für alle Deputationen ist dieselbe Instruction maßgebend, jedoch mit Ausschluß der Schuldeputation, welche sich von allen übrigen wesentlich dadurch unterscheidet, daß sie als eine besondere, in sich geschlossene, mit der Communalverwaltung zwar zusammenhängende, ihrem Zwecke nach aber der Unterrichtsverwaltung angehörige Institution darstellt, und für welche deshalb besondere Verwaltungsgrundsätze in der Instruction vom 26. Juni 1811 festgestellt sind. Aus diesem Grunde bleibt die Schuldeputation bei dieser Darstellung ausgeschlossen; es soll das Nähere vielmehr in einem weiter unten folgenden Capitel über das Schulwesen, als Zweig der Verwaltung, zur Darstellung kommen. Was nun die übrigen Deputationen anlangt, so sind folgende Punkte zu berücksichtigen:

I. Zusammensetzung und Wahl. Die Deputationen können entweder bloß aus Mitgliedern des Magistrats oder aus Mitgliedern beider Gemeindebehörden oder aus letzteren und aus stimmfähigen Bürgern gebildet werden. Zu der Bestimmung, daß dieselben bloß aus Mitgliedern des Magistrats bestehen können, hat das Bedürfniß größerer Städte Veranlassung gegeben, um behufs der Geschäftsvertheilung ähnliche Einrichtungen zu schaffen, wie solche bei den Regierungen durch die Bildung besonderer Abtheilungen bestehen. Es ist demzufolge in dem Art. XIII der Instruction vom 20. Juni 1853 (M. Bl. p. 138) darauf hingewiesen, daß von jener Bestimmung auch nur in sehr begrenztem Umfange bei hiezu entschieden hervortretendem Bedürfnisse Gebrauch zu machen und darauf sorgfältig zu achten ist, daß kein unsicherer und schleppender Geschäftsgang entstehe und die Einwirkung des Bürgermeisters mit voller Verantwortlichkeit auf die gesammte städtische Verwaltung nicht geschwächt werde. Die Genehmigung der Aufsichtsbehörde ist zur Bildung von Deputationen oder Commissionen nicht erforderlich, wohl aber bedarf es zur Zusammensetzung gemischter Deputationen aus beiden Gemeindebehörden eines übereinstimmenden Gemeindebeschlusses.

Die Stadtverordneten und stimmfähigen Bürger werden von der Stadtverordnetenversammlung, dagegen die Magistratsmitglieder von dem Bürgermeister ernannt, welcher auch unter den letzteren den Vorsitzenden zu bezeichnen hat. Im Uebrigen können durch statutarische Anordnungen nach den eigenthümlichen örtlichen Verhältnissen besondere Festsetzungen über die Zusammensetzung der bleibenden Deputationen getroffen werden.

Wird die Gültigkeit der Wahlen dieser Gemeindebeamten angefochten, so beschließt darüber der Bezirksausschuß in den Kreisordnungsprovinzen*), bezw. die Regierung in den übrigen Provinzen.

---

*) Zust. G. v. 1. August 1883 § 14.

II. Geschäftsführung. Die Deputationen und Commissionen handeln innerhalb ihres Geschäftskreises, welcher ihnen auf Grund besonderer Bestimmungen und Instructionen zugewiesen ist, selbstständig, d. h. abgesehen davon, daß sie hinsichtlich der Verwaltung der Aufsicht und Leitung des Magistrats unterworfen sind, und insoweit sie nicht die Entscheidung des Plenum des Magistrats in den weiter sub a—f beregten Fällen anrufen müssen. Sie sind auch berechtigt, die Besorgung specieller Geschäfte wieder einzelnen Commissarien zu übertragen und sich nach dem Gegenstande in die Specialaufsicht zu theilen, jedoch nur mit Zustimmung des Vorsitzenden. Sie dürfen auch zum Zwecke der Berathung einzelner ihre Verwaltung betreffender Gegenstände andere Personen, welchen aber ein Stimmrecht nicht zu gewähren ist, heranziehen. Dagegen steht ihnen die Berechtigung zur Führung von Processen für die Stadtgemeinde nicht ohne Weiteres, sondern nur auf Grund einer besonderen Ermächtigung Seitens des Magistrats für jeden einzelnen Fall zu. In dieser Beziehung bemerkt das M. R. vom 22. October 1883 (M. Bl. 1884 p. 9), daß nur dann Veranlassung, einer solchen Ermächtigung entgegenzutreten, vorliegt, wenn sich aus den besonderen Verhältnissen des einzelnen Falles bestimmte Bedenken ergeben sollten. Auch dürfen sie die Zahl ihrer Mitglieder nicht eigenmächtig verstärken oder vermindern.

Ihre Verwaltungsbefugnisse sind in allen denjenigen Fällen beschränkt, in welchen sie beim Plenum des Magistrats zuvor anzufragen verbunden sind. Diese Fälle betreffen:

a. alle Sachen, bei denen nach den Vorschriften der Städteordnungen die Erklärung oder Zustimmung der Gemeindevertretung erforderlich ist.

b. Abweichungen von den angenommenen Verwaltungsgrundsätzen oder bestehenden Einrichtungen.

c. Alle Gegenstände, in Betreff deren es auf Berichterstattung an die höheren Behörden ankommt. In solchen Fällen müssen die Deputationen den Bericht, mit allen erforderlichen Materialien versehen, gleich im Namen des Magistrats im Concepte entwerfen und dem letzteren zur weiteren Veranlassung einreichen.

d. Diejenigen Sachen, bei welchen mehrere Deputationen betheiligt sind und keine Einigung stattfindet.

e. Anstellung der zu ihrer Verwaltung gehörigen Subaltern, deren Besoldung, deren Verbesserung im Gehalte, ihre Suspension und Entlassung, sowie Annahme von Diätarien zu dauernder Beschäftigung.

f. Disciplinarangelegenheiten ihrer unbesoldeten Beamten, wenn Verweise und Rügen des Vorsitzenden nicht ausreichen.

III. Vorsitz. Der Vorsitzende wird von dem Bürgermeister bestimmt. Bei Behinderung des Ersteren tritt das dem Dienstalter nach älteste Magistratsmitglied, sei es besoldet oder unbesoldet, hiernächst aber das im Dienste älteste Deputationsmitglied an seine Stelle, wenn nicht etwa der Bürgermeister diesen Vorsitz einstweilen selbst übernimmt. Bei längerer Abwesenheit oder Krankheit sorgt der Dirigent, falls er die Direction der Deputation nicht selbst besorgen will, für die Stellvertretung dadurch, daß er ein anderes Magistratsmitglied deputirt.

IV. Geschäftsgang. Er ist derselbe, wie er beim Plenum des Magistrats besteht — cfr. oben § 73. — Diejenigen Sachen, welche an letzteres gelangen, müssen gehörig vorbereitet, zur Beschlußnahme reif und mit motivirtem Gutachten der Deputation versehen sein. Sie werden dann in der Regel brevi manu beim Plenum vorgelegt, da nur in besonderen Fällen, wo es die Umstände erheischen, ein Begleitschreiben beizufügen ist.

Es ist indeß zur Abkürzung des Geschäftsganges, besonders in kleinen Städten, nachgelassen, die beim Magistrate erforderlichen Anfragen, soweit sie sich dazu eignen, durch mündlichen Vortrag der den Deputationen vorsitzenden Magistratsmitglieder zu stellen. Dieselben müssen dann in Uebereinstimmung mit dem Deputationsbeschlusse Vortrag halten und die bezüglichen Anträge machen. Sie sind überhaupt verpflichtet, im Plenum des Magistrats von allen im Geschäftskreise der Deputationen vorkommenden Erheblichkeiten die behufige Mittheilung zu machen, um das Collegium in fortdauernder Kenntniß über die Verwaltung der Deputationen zu erhalten.

Alle Verfügungen derselben gehen unter deren besonderer Firma. Ein Schriftwechsel zwischen den verschiedenen Deputationen ist unstatthaft. Sie theilen sich ihre Beschlüsse br. manu mit, erörtern dieselben bei Verschiedenheit der Meinungen gemeinschaftlich und berichten nöthigenfalls im Falle der Nichteinigung an das Plenum des Magistrats.

V. **Beschwerden.** Die Beschwerden über die Geschäftsverwaltung der Deputationen gehen an den Magistrat. Liegen dieselben vor, oder gelangt derselbe sonst zur Kenntniß von Unregelmäßigkeiten und Mängeln in deren Geschäftsführung, so ist er zur Untersuchung und Abstellung verpflichtet. Der Dirigent ernennt zu dem Zwecke nöthigenfalls besondere Commissarien, welche die Revision der Mängel vornehmen und demnächst dem Magistrate zur weiteren Beschlußnahme berichten müssen.

Werden nur einzelne Verfügungen der Deputation zur Beschwerde herangezogen, so muß der Magistrat sie in der kürzesten Weise untersuchen und dahin prüfen, ob die angefochtene Verfügung den bestehenden Gesetzen und Verordnungen sowie den daraus hergeleiteten Verwaltungsgrundsätzen entspricht oder nicht. Wird die Beschwerde für begründet begründet befunden, so wird der Deputation die erforderliche Weisung zu deren Abhülfe ertheilt, und dem Beschwerdeführer die betreffende Mittheilung gemacht; wird aber die Beschwerde für unbegründet befunden, so erfolgt eine Zurechtweisung des Beschwerdeführers. Ueberhaupt muß die Deputation in allen Fällen, in denen sie fehlgegangen ist, die Sache unter Leitung des Magistrats selbst wieder in das richtige Geleis bringen und einen förmlichen Instanzenzug möglichst zu vermeiden suchen.

VI. **Die Rechte und Pflichten der einzelnen Deputationsmitglieder** sind in dem ihnen zugewiesenen Verwaltungskreise dieselben, wie sie oben in den §§ 71—77 rücksichtlich der Magistratsmitglieder bestimmt sind. Wegen der von ihnen zu tragenden Amtszeichen vergl. oben § 51.

VII. **Wahlperiode der Deputationsmitglieder.** Die Städteordnungen enthalten keine Bestimmung über die Dauer der Wahlperiode; es bleibt deshalb der statutarischen Feststellung bezw. einem übereinstimmenden Gemeindebeschlusse vorbehalten, die Zeit, auf welche die Deputationsmitglieder gewählt werden sollen, zu fixiren. Dagegen besteht die für die Selbstverwaltung sehr wichtige Bestimmung, daß die zu den bleibenden Verwaltungsdeputationen gewählten stimmfähigen Bürger und andere von der Gemeindevertretung auf eine bestimmte Zeit gewählten unbesoldeten Gemeindebeamten, jedoch mit Ausschluß der unbesoldeten Magistratsmitglieder, durch Beschluß der Stadtverordneten*) (in der Kreisordnungsprovinzen), bezw. durch übereinstimmenden Beschluß der beiden städtischen Behörden (in Posen und in der Rheinprovinz) auch vor Ablauf ihrer Wahlperiode von ihrem Amte entbunden werden können.**) Es ist dadurch, wie die Motive

---

*) Zust. G. v. 1. August 1833 § 10.

**) O. St. O. § 75, W. St. O. § 75, R. St. O. § 80.

zu § 75 der St.O. vom 30. Mai 1853 sich aussprechen, die Möglichkeit gewährt, in einer Form, welche keinen disciplinarischen Charakter an sich trägt und keine Kränkung mit sich führt, die als ungeeignet und unbrauchbar befundenen Kräfte von der Verwaltung fernzuhalten, bezw. durch andere ohne große Weitläufigkeiten zu ersetzen.

§ 86. Die Schuldeputation.

Die öffentlichen Schulen sind weder kirchliche, noch städtische, sondern staatliche Anstalten. Dieser Gesichtspunct liegt der Definition des A.L.R. Th. II Tit. 12 § 1 zu Grunde, wo die Schulen als Veranstaltungen des Staates bezeichnet werden, welche den Unterricht der Jugend in nützlichen Kenntnissen und Wissenschaften zur Absicht haben. Während die Leitung und Beaufsichtigung des höheren Schulwesens den Staatsbehörden und unmittelbaren Staatsbeamten auch in denjenigen Städten, welchen die Errichtung höherer Schulen auf eigene Kosten gestattet worden, verblieben ist, liegt die unmittelbare Leitung und Beaufsichtigung des niederen Schulwesens einer besonderen städtischen Deputation, der Schuldeputation, ob, welcher auch die Besorgung der äußeren Angelegenheiten des Schulwesens übertragen ist. Es ist nämlich gesetzlich angeordnet, daß für die inneren Angelegenheiten (interna) und andererseits für die äußeren (externa) Behörden nicht abgesondert von einander bestehen, sondern nur allein die Schuldeputation fungiren soll, um das ganze Schulwesen unter eine einfache und harmonische Leitung zu bringen. Die Deputation ist eine besondere, in sich geschlossene, mit der Communalverwaltung zwar zusammenhängende, ihrem Zwecke nach aber der Unterrichtsverwaltung angehörige Institution,*)

---

*) M. R. vom 19. October 1868.

welche, wenn auch im Auftrage des Magistrats, so doch selbstständig die Schulsachen bearbeiten und das städtische Unterrichtswesen leiten soll*) — eine Behörde, welche in Maßgabe des M. R. vom 28. December 1883 dazu bestimmt ist, bezüglich der äußeren Verwaltung des Schulwesens als Beirath und Organ der städtischen Behörden, dagegen auf dem Gebiete der Schulaufsicht zur Unterstützung der staatlichen Aufsichtsbeamten in der Führung ihres Amtes als Hülfsorgan der Staatsaufsichtsbehörde zu fungiren. Die Einrichtung der Schuldeputation beruht auf der Ministerial-Instruktion vom 26. Juni 1811 (Anm. Bd. XVII. p. 659). Es sind in älterer Zeit Bedenken gegen die noch fortdauernde Gültigkeit derselben erhoben worden, hauptsächlich aus dem Grunde, weil sie die ihr durch den § 179 b der Städteordnung von 1808 gesteckten Grenzen (Organisation der Deputation) überschritten, und weil sie mit der Aufhebung der solche Organisation anordnenden Städteordnung von 1808 ihre verbindliche Kraft verloren habe. Solche Bedenken können als beseitigt angesehen werden. Denn abgesehen davon, daß die für die Provinzen Ost- und Westpreußen erlassene Schulordnung vom 11. December 1845 und eine Reihe von Ministerialrescripten, welche in dem Centralblatte für die gesammte Unterrichtsverwaltung abgedruckt sind, jene Instruction als fortdauernd gültig bezeichnen, haben die Circularrescripte vom 18. August 1851 und vom 17. Februar 1854 ausdrücklich anerkannt, daß der Einführung der Gemeindeordnung vom 11. März 1850 und der Städteordnung vom 30. Mai 1853 ein die seither bestandenen Verhältnisse abändernder Einfluß auf die Einrichtung, Verwaltung und Beaufsichtigung des Schulwesens in den betreffenden Gemeinden nicht zuzugestehen ist.

Die vorberegte Ministerial-Instruction vom 26. Juni 1811 hat nun die Organisation, den Wirkungskreis und die Geschäftsverwaltung der Schuldeputationen in nachstehender Weise geregelt.

I. **Zusammensetzung.** Die Deputation soll nach Maßgabe der Größe der Städte und des Umfanges ihres Schulwesens zusammengesetzt werden:

a. aus einem bis höchstens drei Mitgliedern des Magistrats,

b. aus ebenso viel Stadtverordneten,

c. einer gleichen Anzahl des Schul- und Erziehungswesens kundiger Männer, und

d. aus einem besonderen Verteter derjenigen Schulen, welche, wenn sie auch nicht städtischen Patronats sind, doch den städtischen Schuldeputationen untergeordnet sind.

Es werden also in der Regel in den großen Städten neun, in den mittleren Städten sechs und in den kleinen Städten drei Personen, und daneben die etwaigen Vertreter derjenigen Schulen, welche nicht städtischen Patronats sind, die Schuldeputationen bilden. Es ist indeß zulässig, in Folge eines erheblichen Umfanges des Stadtschulwesens die Zahl dieser stimmberechtigten Mitglieder der Schuldeputation um weitere Mitglieder zu vermehren, wobei nur zu beachten ist, daß die Zahl der dem Magistrate und der Stadtverordnetenversammlung angehörenden Mitglieder gegenüber der Zahl der sachkundigen derart festgestellt werden muß, daß letztere von den ersteren mit Rücksicht auf das Stimmenverhältniß in Bezug auf die interna nicht zu sehr überwogen werden.*) Es ist ferner durch das M.R. vom 25. Juni 1873 nicht bloß für zulässig, sondern auch für angemessen und üblich anerkannt, daß auch weitere sachkundige Mitglieder wie (z. B. der Rector, wenn er nicht zum stimmberechtigten Mitgliede erwählt ist) zu den Sitzungen der Deputation mit berathender Stimme hinzuzuziehen sind. Bei der Zusammensetzung der Deputation ist im Allgemeinen darauf Rücksicht zu nehmen:

---

*) M. R. vom 19. October 1868.

a. daß dort, wo Schulen verschiedener Confessionen bestehen, welche alle städtischen Patronats sind, das gehörige Verhältniß der den einzelnen Confessionen angehörenden Mitglieder zu beobachten ist, und

b. daß nur rechtschaffene, verständige, für die gute Sache des Schul- und Erziehungswesens erwärmte und von ihren Mitbürgern geachtete Mitglieder in die Schuldeputation gesetzt werden.

II. **Ernennung der Mitglieder.** Die Mitglieder der Deputation werden in nachstehender Weise ernannt bezw. gewählt:

a. die Magistratsmitglieder werden von dem Bürgermeister ernannt. Die im § 2 der Ministerial-Instruction enthaltene Bestimmung, daß diese von dem Magistrate zu wählen sind, ist durch den § 59 der Städteordnungen obsolet geworden, da hier dem Bürgermeister im Allgemeinen die Befugniß beigelegt ist, zu allen Deputationen die dazu erforderlichen Magistratsmitglieder zu bestimmen, und ihm diese Befugniß niemals, insbesondere auch nicht durch statutarische Anordnungen beschränkt oder entzogen werden kann.*)

b. Die Stadtverordneten werden von der Stadtverordnetenversammlung in der vorgeschriebenen Weise gewählt.

c. Die sachverständigen Mitglieder:

α. In den kleineren Städten, welche nicht über 3500 Einwohner zählen, soll der jedesmalige Superintendent, wenn die betreffende Stadt der Sitz einer Superintendentur, und derselbe der einzige Prediger des Orts ist, sonst aber der erste Ortsprediger schon von Amtswegen ohne weitere Wahl, falls nicht besondere der Regierung genau und bestimmt anzuzeigende Gründe

---

*) M. R. vom 18. Mai 1875 (Centralblatt p. 545).

entgegenstehen, als sachverständiges Mitglied der Deputation eintreten.*)

β. In den über 3500 Einwohner zählenden Städten treten die der Deputation angehörenden Magistratsmitglieder und Stadtverordneten unter sich zusammen, wählen zu jeder einzelnen mit sachverständigen Mitgliedern zu besetzenden Stelle drei Personen und machen dem Magistrate von der getroffenen Wahl die behufige Anzeige. Letzterer schlägt darauf der Regierung, Abtheilung für die Kirchenverwaltung und das Schulwesen, die Gewählten vor. Die Regierung ernennt und bestätigt sodann für jede Stelle einen derselben.

An der durch die Magistratsmitglieder und Stadtverordneten zu vollziehenden Wahl können sich die sachverständigen Mitglieder, welche der Deputation angehören, nicht betheiligen, da der § 2 der Ministerial-Instruction ausdrücklich für die erste Errichtung der Deputation den vorberegten Wahlmodus vorschreibt, und der § 8 ibidem die Bestimmung enthält, daß die Deputation auf dieselbe Art, wie zu Anfang, zu erneuern ist.

d. Die Vertreter der Schulen nicht städtischen Patronats werden stets von der Regierung ohne vorhergegangene Wahl der städtischen Behörden ernannt.

III. Qualification der Mitglieder. Die Wahl der aus dem Magistrate und der Stadtverordnetenversammlung zu ernennenden Mitglieder ist weder von dem Vorhandensein einer bestimmten Qualification noch von dem Religionsbekenntnisse abhängig. In letzterer Beziehung ist insbesondere hervorzuheben, daß sowohl evangelische Gemeindemitglieder zu Mitgliedern eines katholischen Schulvorstandes, katholische Ge-

---

*) M. R. vom 21. November 1827 (Ann. Bd. IX).

meindemitglieder zu Mitgliedern eines evangelischen Schulvorstandes, als auch Juden zu Mitgliedern von Vorständen der vorbezeichneten Confessionen gewählt werden können, und zwar abgesehen davon, daß das Schulbedürfniß für Kinder der Juden in gleicher Weise, wie für die Kinder von Mitgliedern anderer Confessionen befriedigt werden muß, hauptsächlich aus dem Grunde, weil das Reichsgesetz vom 3. Juli 1869 (R.G.Bl. p. 292) bestimmt hat, daß die Befähigung zur Theilnahme an der Gemeinde- und Landesvertretung, sowie zur Bekleidung öffentlicher Aemter vom religiösen Bekenntnisse unabhängig sein soll.*) Wenn auch diesem Gesichtspuncte durch eine entgegengesetzte Ansicht in dem M. R. vom 21. November 1881 (M. Bl. p. 53), welches einen Juden znm Mitgliede des Vorstandes einer einzelnen christlichen Schule nicht hat zulassen wollen, keine Rechnung getragen ist, so hat doch ein später erlassenes M. R. vom 10. März 1876 (Centralblatt p. 264) eine reformirende Ansicht, nach welcher eine solche Ausschließung unzulässig sein soll, kundgegeben.

Dagegen bedürfen die sachverständigen Mitglieder einer bestimmten Qualification als im Schul- und Erziehungswesen technisch ausgebildete Fachmänner. In dieser Beziehung gelten folgende Spezialbestimmungen:

a. Es dürfen auf Grund des § 5 der Min. Instr. zwar nicht ausschließlich Geistliche, sondern es können auch andere würdige und einsichtsvolle Männer zu sachverständigen Mitgliedern gewählt werden; es sind jedoch soviel als möglich Geistliche heranzuziehen. Das M. R. vom 4. Juli 1873 verwahrt aber ausdrücklich gegen die Auffassung, daß, wenn Geistliche, denen ein Hinderniß an der Mitwirkung in der Schuldeputation nicht entgegensteht, an dem Orte vorhanden sind, in jedem Falle

*) M. R. vom 26. Januar 1871.

auch ein Geistlicher als technisches Mitglied gewählt und bestätigt werden muß, und declarirt demgemäß den Ausdruck „so viel als möglich" dahin, daß die schätzenswerthe Mitwirkung der Geistlichen in allen Fällen anzustreben ist, in welchen dieselbe den obwaltenden Umständen nach als dem Interesse des Schulwesens förderlich erscheint.

b. Der § 4 der Min.Instr. erklärt es für zweckmäßig, daß in denjenigen Städten, in welchen mit der Schuldeputation in Verbindung stehende Gelehrtenschulen existiren, zu einem sachkundigen Mitgliede immer ein Rector oder einer der ersten Lehrer solcher Schulen gewählt werde. In dieser Beziehung ist hervorzuheben, daß auf Grund der Städteordnung von 1808 auch für die städtischen höheren Schulen die Schuldeputation als allgemeine Schulaufsichtsbehörde eingesetzt wurde, und daß auch die Ministerial-Instruction vom 26. Juni 1811 den Wirkungskreis der Schuldeputation auf die städtischen Schulen aller Arten und Grade erstreckt. Wenn nun aber durch die Instr. vom 23. October 1817 die Schuldeputationen außer Beziehung zu den auf eigene Kosten errichteten höheren Lehranstalten gesetzt, vielmehr an Stelle der Schuldeputationen besondere mit einem geringeren Wirkungskreise ausgestattete Curatoren getreten sind, so wird die angedeutete Vorschrift der Ministerial-Instruction in Bezug auf die Wahl eines Rectors oder eines anderen Lehrers der höheren Schulen für obsolet zu erachten sein.

c. Der Rector der Stadtschule kann als solcher der Schuldeputation gegen ihren resp. des Magistrats erklärten Willen weder als stimmberechtigtes noch als berathendes Mitglied aufgedrungen werden. (M. R. vom 25. Juni 1873.)

IV. **Wahlperiode.** Alle Stellen der Schuldeputation werden stets auf sechs Jahre besetzt; es steht indeß jedem

Mitgliede frei, schon nach drei Jahren das Amt niederzulegen. Die ausscheidenden Mitglieder können nach Ablauf ihrer Dienstzeit wieder deputirt und gewählt werden, sie bedürfen aber bei jeder neuen Wahl der Bestätigung der Regierung.

V. Bestätigung der Mitglieder. Alle Mitglieder bedürfen der Bestätigung Seitens der Königlichen Regierung, Abtheilung für die Kirchenverwaltung und das Schulwesen, und zwar aus dem Grunde, weil die Schuldeputation in erster Linie als ein Hülfsorgan der staatlichen Schulaufsichtsbehörde functionirt. Sie unterscheidet sich dadurch wesentlich von den übrigen städtischen Verwaltungsdeputationen, welche als bloßer Beirath und Organ des Magistrats einer staatlichen Bestätigung nicht benöthigt sind.

VI. Vorsitz in den Sitzungen. Der Vorsitz gebührt:

a. in der Regel dem Bürgermeister, wenn er der Schuldeputation angehört, event. dem von dem letzteren zu ernennenden Magistratsmitgliede. Die Bestimmungen des § 7 der Ministerial-Instruction bezw. des § 176 der Städteordnung von 1808, nach welcher das älteste Magistratsmitglied den Vorsitz führen soll, ist durch den § 59 der Städteordnungen, welcher die desfallsige Ernennung dem Bürgermeister zuweist, obsolet geworden.

b. In den Fällen, wenn der einer Schuldeputation nicht angehörende Bürgermeister von der Befugniß, an den Schuldeputationssitzungen mit Stimmrecht Theil zu nehmen, Gebrauch macht, kann er den Vorsitz übernehmen. Das M. R. vom 31. October 1878 hat diese Berechtigung als mit der Stellung des Bürgermeisters und mit den Bestimmungen der Ministerial-Instruction vom 26. Juni 1811 nicht unverträglich anerkannt.

c. Dem Superintendenten gebührt als Kreisschulinspector und Königlichen Commissarius in den Fällen der Vorsitz, wenn er mit dem besonderen Auftrage Seitens der Regierung versehen ist, die Schuldeputation in wichtigen Fällen außergewöhnlich zusammen zu berufen, und demzufolge eine außerordentliche Sitzung stattfindet (M. R. vom 21. November 1827 in den Ann. Bd. IX, p. 960).

VII. Stellung der Schuldeputation zu anderen Behörden:

a. zum Magistrate. Die Schuldeputation ist freilich die einzige städtische Behörde für die inneren und äußeren Angelegenheiten des Schulwesens; sie bearbeitet aber die Schulsachen und leitet das Unterrichtswesen im Auftrage des Magistrats, und ist insofern eine dem Letzteren untergeordnete Behörde. Diese Unterordnung ist aber nur eine rein äußerliche, da die Schuldeputation mit Rücksicht darauf, daß sie als eine der Unterrichtsverwaltung angehörige staatliche Institution functionirt, die internen Angelegenheiten selbstständig und vom Magistrate unabhängig bearbeitet und leitet. Aus diesem Grunde erklärt es sich, daß die Urlaubsgesuche der Lehrer nicht an den Magistrat, sondern an die Schuldeputation zu richten sind, und letztere sich nach zuvoriger Verhandlung mit dem Kreisschulinspector über Ablehnung oder Gewährung des Urlaubs schlüssig zu machen hat.*) Nur in Bezug auf die Verwaltung der äußeren Angelegenheiten erscheint die Deputation als Organ des Magistrats, wenn die Mittel zur Errichtung, Unterhaltung und Erweiterung der Schulen von den Gemeinden aufgebracht werden.

b. Zur Stadtverordnetenversammlung. Die Schuldeputation ist von dieser Behörde in Bezug auf die interna völlig unabhängig, da die Leitung und Beaufsichtigung des Schulwesens nicht zu den Gemeindeangelegenheiten gehört. Die Stadtverordnetenversammlung

---

*) M. R. vom 19. October 1868.

ist deshalb weder berufen noch ermächtigt, solche Angelegenheiten zu ihrem Geschäftskreise zu ziehen. Aus diesem Gesichtspunkte steht der Letzteren die Wahl der technischen Mitglieder der Deputation sowie eine Mitwirkung bei den Lehrerwahlen nicht zu.*) Es erklärt sich daraus ferner, daß ihr in dem Falle, wenn eine Schule städtischen Patronats nicht aus der Stadtcasse, sondern mit ihrem eigenthümlichen Vermögen unterhalten wird, weder der Stadtschuletat noch die Jahresrechnung zur Feststellung bezw. Decharge vorzulegen ist.**)

c. Zum Superintendenten und Kreisschulinspector. Dieselben fungiren der Schuldeputation gegenüber als unmittelbare Aufsichtsbehörde. Sie haben als Kreisschulinspectoren und perpetuirliche Commissarien der Regierung in den größeren Städten, wenn sie nicht schon zu ordentlichen Mitgliedern der Schuldeputation ernannt sind, das Recht, an den Sitzungen derselben Theil zu nehmen und die Schulangelegenheiten ihrer Diöcesen, soweit diese zur Competenz der Deputation gehören, vorzutragen und darüber ihre Stimme abzugeben. Das M. R. vom 11. December 1876 hat dieses Recht den Superintendenten in ihrer Eigenschaft als Kreisschulinspectoren noch ausdrücklich zugesprochen und die Befugniß der Regierungen, die Hinzuziehung derselben in der gedachten Eigenschaft zu den Sitzungen der Schuldeputation anzuordnen, im Einklange mit den M. R. vom 22. April 1823 und vom 21. November 1827 (Ann. Bd. VII) anerkannt.

Die Bedeutung der besonderen Stellung des Superintendenten als Kreisschulinspector tritt vor Allem auch darin

*) M. R. vom 30. Juni 1862 und vom 28. Mai 1845.

**) M. R. vom 23. December 1845 (M. Bl. 1846 p. 8).

hervor, daß alle an die Aufsichtsbehörde einzusendenden Anzeigen, Berichte ꝛc. der Deputation durch seine Vermittelung zu expediren und von ihm erforderlichenfalls mit seiner gutachtlichen Aeußerung zu begleiten sind.*) Er übt außerdem neben der Deputation die Specialaufsicht über das Schulwesen aus und hat als Commissarius der Regierung alle Aufträge der Letzteren ohne Rücksicht auf etwaigen Einspruch der Deputirten zu erledigen.**)

Es ist hier noch hervorzuheben, daß in den Fällen, in welchen für die Beaufsichtigung der Schulen eines Kreises ein besonderer Kreisschulinspector bestellt ist, auf diesen alle vorberegten Rechte des Superintendenten übergehen.

d. Zum Landrath. Auch den Landräthen steht als den ständigen Commissarien der Regierung bei der Leitung und Beaufsichtigung des Schulwesens eine Mitwirkung zu. Ihre Competenz, für welche die ihnen Seitens der Regierung ertheilten Aufträge allein maßgebend sind, kann sich indeß nur auf die externa erstrecken, weil die Behandlung der interna ausschließlich den Schulinspectoren zugewiesen ist.

e. Zum Localschulinspector. Derselbe ist in dem Falle, wenn die Localschulinspection von dem Amte des Kreisschulinspectors getrennt ist, eine der Schuldeputation coordinirte Behörde, selbst wenn er zum Mitgliede dieser Deputation ernannt ist. Er übt die Aufsicht über das Schulwesen, unabhängig von der Schuldeputation, aus und ist deshalb ebensowohl befugt als verpflichtet, sowohl über das Aeußere und Innere der Schulen regelmäßige Jahresberichte als über einzelne wichtige Vorfälle und

---

*) M. R. vom 13. August 1861.
**) M. R. vom 12. Mai 1873.

Beschlüsse außerordentliche Anzeigen an den vorgesetzten Superintendenten zu erstatten.*)

f. **Zur Königlichen Regierung, Abtheilung für das Kirchen- und Schulwesen.** Es ist dies die staatliche Schulaufsichtsbehörde, welcher auf Grund des § 18 der Instruction zur Geschäftsführung der Regierungen vom 23. October 1817 folgende Gegenstände ressortmäßig überwiesen sind:

α. die Aufsicht und Verwaltung des Elementarschulwesens,

β. Die Aufsicht und Verwaltung sämmtlicher äußerer Schulangelegenheiten, mithin auch die Regulirung des Schulgeldes,

γ. die gesammte Verwaltung des Schulvermögens, im Falle selbige nicht verfassungsmäßig anderen Behörden oder Gemeinden, Corporationen oder Privaten gebührt, und im letzteren Falle die landesherrliche Oberaufsicht über die Vermögensverwaltung,

δ. die Befugniß, Schulsocietäten einzurichten und zu vertheilen, wo die Ortschaften es wünschen oder Localumstände es nöthig machen.

VIII. Der Wirkungskreis der Schuldeputation. Aus den bisherigen Darlegungen geht hervor, daß die Schuldeputation hinsichtlich des ihr zugewiesenen Wirkungskreises zwei Functionen in sich vereinigt, und zwar in Bezug auf die Verwaltung der externa als städtische Verwaltungsbehörde, dagegen in Bezug auf die Verwaltung der interna als staatliche Aufsichtsbehörde. In der ersteren Beziehung ist sie an die Mitwirkung des Magistrats gebunden, dagegen in der anderen Beziehung an die Theilnahme der staatlichen Aufsichtsorgane. Sie soll diese Behörden in der Führung ihres

*) M. R. vom 21. November 1827 (Ann. Bd. IX).

Amtes unterstützen, jedoch deren Thätigkeit keineswegs ausschließen. Es steht ihr ebensowenig ein Anspruch darauf zu, die Schulangelegenheiten in erster Instanz allein zu führen, als das Recht, Beschlüsse über die inneren Angelegenheiten ohne jede Mitwirkung der Schulinspectoren zu fassen und in Vollzug zu setzen.*) Von Bedeutung ist in dieser Beziehung das Gesetz vom 11. März 1872 (G. S. p. 183), welches unter Aufhebung aller in den einzelnen Landestheilen entgegenstehenden Bestimmungen die Aufsicht über alle öffentlichen und Privat-Unterrichts- und Erziehungsanstalten dem Staate zuweist und demzufolge allgemein den Grundsatz zur Anerkennung bringt, daß alle mit dieser Aufsicht betrauten Behörden und Beamten im Auftrage des Staates handeln, ferner daß die Ernennung der Local- und Kreisschulinspectoren sowie die Abgrenzung ihrer Aufsichtsbezirke dem Staate allein gebührt, sowie endlich, daß daneben das Aufsichtsrecht der Gemeindeorgane sowie das Recht der Leitung des religiösen Unterrichts in den Volksschulen durch die betreffenden Religionsgesellschaften erhalten bleiben soll. Es stehen also der Schuldeputation hinsichtlich des ganzen Umfanges ihres Wirkungskreises in den äußeren Angelegenheiten die Mitwirkung des Magistrats, in den inneren Angelegenheiten die Thätigkeit der staatlichen Kreis- und Localschulinspectoren, sowie hinsichtlich der Leitung des religiösen Unterrichts noch der besondere Einfluß der Kirche, die Specialaufsicht der Ortsgeistlichen gegenüber. Die Thätigkeit dieser Aufsichtsorgane ist nicht eine sich gegenseitig ausschließende, sondern eine sich überall ergänzende.

Was nun den äußeren Umfang des Wirkungskreises anlangt, so erstreckt sich derselbe auf Grund des § 10 der Ministerial-Instruction:

---

*) M. R. vom 28. December 1883.

a. auf sämmtliche Lehr- und Erziehungsanstalten innerhalb der Städte und Vorstädte, welche städtischen Patronats sind, ohne Unterschied der Confessionen und der verschiedenen Arten und Grade der Schulen. Es muß jedoch hier darauf hingewiesen werden, daß heutzutage der Wirkungskreis auf die niederen Schulen beschränkt worden ist, da die Leitung der inneren Angelegenheiten der höheren Lehranstalten, insbesondere die Leitung des Unterrichtswesens und die Disciplin ausschließlich dem Director der Anstalt zusteht und die unmittelbare Aufsicht dem Provinzial-Schulcollegium zugewiesen ist.*)

Dagegen sind der Aufsicht der Deputation unterstellt alle städtischen Waisenhäuser, Armen- und milde Stiftungsschulen, jedoch unter Concurrenz der Armendeputation in Bezug auf die äußere Verwaltung;

b. auf sämmtliche Elementarschulen in den Städten, welche nicht städtischen Patronats sind, und zwar die Königlichen unter Vorbehalt der Vermögensverwaltung für die Patronen der Schulen und mit Ausschluß der Lehrerwahlen;

c. auf Schulen der jüdischen Gemeinden, welche in Gemäßheit des Gesetzes vom 23. Juli 1847 errichtet werden können;

d. auf Schulen gemischten städtischen und fremden Patronats, ohne Unterschied des Grades, jedoch mit der Maßgabe, daß ein oder zwei Deputirte des fremden Patronats nach Maßgabe der Wichtigkeit der Schulen den Deputationen zugeordnet werden sollen;

e. auf alle Privatschulen und Privatinstitute in Maßgabe der Cabinetsordre vom 10. Juni 1834 (G.S. p. 135) und der Instruction vom 31. December 1839

---

*) M. R. vom 11. December 1867 (M. Bl. 1868 p. 98).

(M.Bl. 1840 p. 94), insbesondere auch auf die Kindergärten und Kinderwarteschulen.[1])

IX. Allgemeine Rechte und Pflichten der Schuldeputation. Dieselben bestehen in Maßgabe der Ministerial-Instruction § 11, 14, 15, 16, 20 und 22 in Folgendem:

a. auf genaue Befolgung der Gesetze und Anordnungen des Staates[2]) in Ansehung des Schulwesens zu halten,

b. auf die zweckmäßigste und den Lokalverhältnissen angemessenste Ausführung der Gesetze und staatlichen Anordnungen bedacht zu sein,

c. das Personal derer, die am Schulwesen arbeiten, in Bezug auf Pflichterfüllung zu beaufsichtigen und zur Pflichterfüllung anzuhalten. Die Deputation ist aber nicht befugt, gegen die Lehrer mit Ordnungsstrafen vorzugehen, da das Ordnungsstrafrecht nur der königlichen Regierung zusteht,

d. sich die Bewirkung und Beförderung eines regelmäßigen und ordentlichen Schulbesuchs sämmtlicher schulfähiger Kinder des Orts angelegen sein zu lassen,[3]) zu dem Zwecke den Prüfungen und Censuren der Schulen, sowie mitunter außerordentlich dem Unterrichte beizuwohnen. Der Besuch der Schule ist übrigens den einzelnen Mitgliedern, mit Ausschluß des Vorsitzenden, der Schulinspectoren und überhaupt der Geistlichen, nur in soweit gestattet, als sie hiezu von der Schuldeputation beauftragt worden sind;[4])

---

[1]) M. R. vom 23. Juni 1879.

[2]) M. Bl. 1872 p. 273 und Centralblatt 1872 p. 598.

[3]) C.O. vom 14. Mai 1825 (p. 149), Verfassungsurkunde vom 31. Januar 1850, Art. 21, Centralblatt 1847 p. 153 und 1874 p. 359.

[4]) M. R. vom 15. Juni 1883.

e. sich überhaupt aufs Genaueste in ununterbrochener Kenntniß des ganzen inneren und äußeren Zustandes der Schulen zu erhalten. Diese Pflicht ist insbesondere den sachkundigen Mitgliedern der Schuldeputation auferlegt.

f. Bei der Aufsicht über die Töchterschulen die verständigsten und achtbarsten Frauen aus den verschiedenen Ständen zu Rathe zu ziehen, ihnen wesentlichen Antheil an Schulbesuchen, Prüfung und Beurtheilung der Arbeiten, der Erziehung und Unterweisung zu geben, sowie das Interesse der Hausmütter des Orts für die Verbesserung der weiblichen Erziehung in jeglicher Weise zu beleben. Die Schuldeputation darf deshalb zu den Schulbesuchen nicht immer dieselben Frauen einladen, sondern kann darin abwechseln; sie ist sogar berechtigt, die Specialaufsicht über einige Mädchenschulen solchen Frauen, welche vorzüglich Sinn und Eifer für Beförderung einer guten Erziehung an den Tag legen, zu übertragen und sie zu Mitvorsteherinnen derselben zu ernennen.*)

g. Das Schulwesen in guten Stand zu bringen und darin zu erhalten. Die Schuldeputation hat demzufolge dafür zu sorgen, daß jeder Ort die seiner Bevölkerung und seiner Bedeutsamkeit angemessene Anzahl und Art von Schulen erhalte, ferner daß das Vermögen, die Gebäude und sonstigen Pertinentien der Schulen ungeschmälert in guter Verfassung bleiben, sowie endlich, daß die Schulen nach den Bedürfnissen vermehrt, verbessert, zweckmäßiger eingerichtet und verwaltet werden. Sie muß es sich deshalb angelegen sein lassen, sich nach den Bedürfnissen hinsichtlich des Unterrichts und

---

*) cfr. Centralblatt 1873 p. 110 und 569.

seiner Hülfsmittel sorgfältig zu erkundigen und bei etwaiger Wahrnehmung oder auf etwaige Anzeige den Bedürfnissen nach Möglichkeit entweder selbst abzuhelfen oder den competenten Behörden darüber Anträge zu machen, bezw. die Befriedigung der Bedürfnisse von den zur Unterhaltung der Schulen verpflichteten Verbänden und Corporationen zu fordern. Es sind dazu verpflichtet nach dem Societätsprincipe die sämmtlichen Hausväter der Gemeinden, welche die Schulsocietät bilden[1]), oder nach dem Communalprincipe die politischen Gemeinden, als solche, wenn sie die Unterhaltung der Schulen als Gemeindelast übernommen haben. Diesem Gesichtspuncte liegt die Eintheilung der Volksschulen in Societätsanstalten und in Gemeindeanstalten zu Grunde.

h. Das Ansehen der Schulen und ihrer Lehrer aufrecht zu erhalten und durch entsprechende Bemessung fester Diensteinkommen[2]) dahin zu streben, daß diesen durch eine sorgenfreie Lage die zur Erfüllung der Pflichten ihres verdienstlichen und schweren Berufs nöthige Heiterkeit und Muße erhalten werde; auch das Interesse ihrer Mitbürger für das Schulwesen zu beleben und dasselbe zu einem der wichtigsten Gegenstände ihrer Aufmerksamkeit und Pflege zu machen. Es gehört zu den Pflichten der Schuldeputation insbesondere auch die Feststellung des Geldwerthes der Naturalien und des Ertrages der Ländereien bei amtlicher Festsetzung des Einkommens der Lehrer. In Differenzfällen beschließt über solche Feststellung auf Anrufen der Betheiligten endgültig der Bezirksausschuß.[3])

---

[1]) A. L. R. Th. II, Tit. 12 § 29 ff.
[2]) Verfassung vom 31. Januar 1850 Art. 25.
[3]) Zust. G. § 45.

i. Jährlich vor dem Jahresschlusse einen ausführlichen Bericht an die Regierung für Kirchen- und Schulwesen über die in dem Schulwesen vorgegangenen Veränderungen und den gegenwärtigen inneren und äußeren Zustand desselben zu erstatten.

k. Ihre ordentlichen Zusammenkünfte alle vierzehn Tage auf dem Rathhause des Orts zu halten und außerdem, so oft es nöthig ist, zu versammeln. Es steht der Schuldeputation frei, Geistliche oder andere sachverständige Männer in vorkommenden Fällen zuzuziehen, auch bei außerordentlichen Veranlassungen größere Versammlungen der Prediger, Lehrer und Schulvorsteher des Orts zu veranstalten.

X. **Geschäftsvertheilung.** Dieselbe gebührt, wie bei allen Verwaltungsdeputationen, dem Vorsitzenden. Das M.R. vom 25. Juni 1873 geht in dieser Beziehung von der Voraussetzung aus, daß die Bearbeitung der interna den sachkundigen Mitgliedern zu überweisen ist; es macht aber darauf aufmerksam, daß in dem Falle, wenn dieselben die dahin einschlagenden Geschäfte allein und ohne Betheiligung der übrigen Mitglieder erledigen, dafür Sorge getragen werden muß, daß über alle interna von einiger Bedeutung der Deputation Mittheilung zu machen und, falls über die bezüglichen Maßnahmen eine Differenz zu Tage tritt, die Entscheidung der Regierung einzuholen ist.

XI. Die Vermögensverwaltung. Da die öffentlichen niederen Schulen auf Grund des A.L.R. Th. II Tit. 12 § 19 die Eigenschaft juristischer Personen haben, so können dieselben Vermögen jeglicher Art erwerben und besitzen. Die unmittelbare Verwaltung desselben steht der Schuldeputation unter Mitwirkung und Aufsicht des Magistrats zu, sie bedarf indeß zum Erwerbe, sowie zur Veräußerung oder Belastung der Schulgrundstücke mit Gerechtigkeiten und Capitalien nicht bloß der Einwilligung des Schulpatronats, sondern auch der Zustimmung der vorgesetzten Aufsichtsbehörde, der Königlichen Regierung. Insbesondere steht auch dort, wo ein gemeinschaftlicher Schulfonds besteht, dieser unter der unmittelbaren Administration der Deputation. Diese zur Bestreitung der Bedürfnisse des Schulwesens erforderlichen Fonds werden, abgesehen von den Einkünften aus eigenem Vermögen, gebildet:

a. Aus den Abgaben und Leistungen, zu welchen nach dem Societätsprinzipe die Hausväter des Ortes mit Ausschluß der Militairpersonen des activen Dienststandes und ohne Bevorzugung der in Bezug auf die Gemeindeabgaben privilegirten Einwohner in dem Falle, wenn die Unterhaltslast der Schulen von der politischen Gemeinde als Communallast nicht übernommen ist, nach Maßgabe der directen Staatssteuern heranzuziehen sind. Der Art. 25 der Verfassung vom 31. Januar 1850 bestimmt freilich, daß die Mittel zur Errichtung, Unterhaltung und Erweiterung der öffentlichen Volksschule von den Gemeinden und im Falle des nachgewiesenen Unvermögens ergänzungsweise vom Staate aufgebracht werden sollen; es ist aber die Verwirklichung dieser Bestimmung bis zum Erlaß des in dem Art. 26 der Verfassung in Aussicht gestellten, aber bisher noch nicht erlassenen Unterrichtsgesetzes als ausgesetzt anzusehen.

b. Aus dem Schulgelde. Wenn auch im Art. 25 der Verfassung der Grundsatz ausgesprochen ist, daß in der öffentlichen Volksschule der Unterricht unentgeltlich ertheilt werden soll, so ist derselbe in der Praxis gleichfalls mit Berücksichtigung darauf, daß das in Art. 26 angekündigte besondere Gesetz über das Unterrichtswesen noch nicht erlassen ist, im Allgemeinen nicht zur Geltung gelangt. Die Regulirung des Schulgeldes competirt auf Grund des § 18 der Regierungsinstruction vom 23. October

1817 der Regierung, während es der Schuldeputation überlassen ist, die Höhe desselben in Vorschlag zu bringen und zu beantragen. Ein solches Schulgeld kann nicht von den Hausvätern des Ortes, sondern nur für die die Schulen besuchenden Kinder gefordert werden.[1]) Eine Befreiung vom Schulgelde steht überhaupt, und insbesondere in Bezug auf die Lehrer,[2]) nur insoweit zu, als dieselbe sich auf Observanz stützen kann oder von der Regierung angeordnet ist.[3]) Das Schulgeld darf nicht durch die Lehrer, sondern muß durch die Vorsteher der einzelnen Schulen erhoben und der Schuldeputation nach den in jeder Stadt angenommenen Grundsätzen verrechnet werden.[4])

c. Aus den nach dem Communalprincipe aufzubringenden Gemeindesteuern, wenn die politische Gemeinde die Unterhaltungslast in Betreff der Schulen als Communallast übernommen hat. Es wird in diesem Falle von den Gesammtsteuern derjenige Betrag, welcher außer den besonderen Einkünften und dem Schulgelde zur Befriedigung der Schulbedürfnisse erforderlich ist, zur Bildung des Schulfonds abgezweigt und der besonderen Verwaltung der Schuldeputation unterstellt.

d. Aus den für Schulversäumnisse eingehenden Strafgeldern, welche den Schulkassen zufließen sollen.[5])

XII. Streitigkeiten in Schulangelegenheiten mit Ausschluß der Bauten:

a. Beschwerden und Einsprüche, betreffend die Heranziehung zu Abgaben und Leistungen für Volks-

---

[1]) M. R. vom 31. Juli 1862.

[2]) M. R. vom 9. December 1867 (M. Bl. 1868 p. 62).

[3]) M. R. vom 6. Juni 1868 (M. Bl. p. 296).

[4]) Min. Instr. vom 26. Juni 1811 § 18.

[5]) M. R. vom 14. Januar 1867.

schulen. Dieselben sind bei der örtlichen Behörde, welche die Abgaben und Leistungen für die Schule nach dem Societätsprincipe ausgeschrieben hat (Vorstand des Schulverbandes, der Schulgemeinde, Schulsocietät, Schulcommune 2c.), anzubringen. Gegen den Beschluß derselben findet innerhalb zwei Wochen die beim Bezirksausschusse in erster Instanz zu erhebende Klage im Verwaltungsstreitverfahren statt. Einsprüche gegen die Höhe von Zuschlägen für Schulzwecke zu den directen Staatssteuern, welche sich gegen den Principalsatz der Letzteren richten, sind jedoch unzulässig.

b. Streitigkeiten zwischen Betheiligten über ihre in dem öffentlichen Rechte begründete Verpflichtung zu Abgaben und Leistungen für Schulen, welche der allgemeinen Schulpflicht dienen, unterliegen in gleicher Weise der Entscheidung im Verwaltungsstreitverfahren.

c. Der Anspruch hinsichtlich streitiger Abgaben und sonstiger nach dem öffentlichen Rechte zu fordernden Leistungen für Schulen der vorberegten Art oder für deren Beamte, sowie hinsichtlich streitigen Schulgeldes für solche Schulen ist gleichfalls im Verwaltungsstreitverfahren zu verfolgen.

In allen Fällen haben die Beschwerden und die Einsprüche, sowie die Klagen keine aufschiebende Wirkung.*)

XIII. Die Schulbaulast. Ueber die Anordnung von Neu- oder Reparaturbauten bei Schulen, welche der allgemeinen Schulpflicht dienen, ferner über die öffentlich-rechtliche Verpflichtung zur Aufbringung der Baukosten, sowie endlich über die Vertheilung derselben auf Gemeinden, Schulverbände und Dritte statt derselben oder neben derselben beschließt im

---

*) Zust. G. § 46.

Streitfalle die Regierung. Gegen den Beschluß findet die binnen zwei Wochen in erster Instanz bei dem Bezirksausschusse im Verwaltungsstreitverfahren zu erhebende Klage statt. Diese Klage ist in dem Falle, wenn der in Anspruch Genommene zu der ihm angesonnenen Leistung aus Gründen des öffentlichen Rechts statt seiner einen Andern für verpflichtet erachtet, zugleich gegen diesen zu richten.

Auch unterliegen der Entscheidung im Verwaltungsstreitverfahren alle Streitigkeiten der bei den Bauten Betheiligten darüber, wem von ihnen die öffentlich-rechtliche Verpflichtung zum Bau oder zur Unterhaltung einer der Erfüllung der allgemeinen Schulpflicht dienenden Schule obliegt.*)

XIV. Haushaltsetat. Dem Grundsatze, daß das Vermögen einer jeden Schule für sich besonders zu verwalten ist, entspricht es, daß auch für jede einzelne Schule ein besonderer Haushaltsetat aufgestellt wird. Die bezügliche Arbeit liegt der Schuldeputation ob, welche demnächst die Etats sämmtlicher Schulen der Regierung, Abtheilung für Kirchen- und Schulwesen, zur Vollziehung einzusenden hat. Unterläßt oder verweigert ein Schulverband (Schulgemeinde, Schulsocietät, Schulcommune 2c.) bei Schulen, welche der allgemeinen Schulpflicht dienen, die ihm nach öffentlichem Rechte obliegenden, von der Behörde innerhalb der Grenzen ihrer Zuständigkeit festgestellten Leistungen, jedoch abgesehen von den Neu- oder Reparaturbauten, auf den Haushaltsetat zu bringen oder außerordentlich zu genehmigen, bezw. zu erfüllen, so verfügt der Regierungspräsident die Eintragung in den Etat, bezw. die Feststellung der außerordentlichen Ausgabe. Gegen die Verfügung des Regierungspräsidenten steht dem Schulverbande die Klage bei dem Oberverwaltungsgerichte zu.**)

---

*) Zust. G. § 47.
**) Zust. G. § 48.

Die sämmtlichen Jahresrechnungen werden der Deputation zur Prüfung und Feststellung vorgelegt. Die Decharge der Rechnung bleibt der Stadtverordnetenversammlung vorbehalten, wenn die betreffende Schule aus der Stadtcasse einen Zuschuß erhält, dagegen dem Magistrate, wenn dieselbe nur aus eigenem Vermögen unterhalten wird. Der Regierung ist jährlich ein Rechnungsextract zur Einsicht einzureichen.*)

XV. Die Lehrerwahlen. Hinsichtlich dieser Wahlen, welche zweifellos zu den internen Schulangelegenheiten gehören, besteht die abweichende Bestimmung, daß sie bei den Schulen, welche rein städtischen Patronats sind, den Magisträten, welche nur das Gutachten der sachverständigen Mitglieder der Schuldeputation jedesmal einzuholen verpflichtet sind, zustehen, dagegen bei Schulen gemischten Patronats für Stellen, zu denen die Wahl nicht städtischen Behörden zugestanden ist, nur diesen wahlberechtigten Behörden ohne Concurrenz des Magistrats und der Schuldeputation.**)

Es steht indeß dem Magistrate nicht das Recht zu, einen Lehrer auf Probe anzustellen, noch einem angestellten Lehrer das Amt zu kündigen oder ihn aus dem Amte zu entlassen, da die desfallsigen Befugnisse allein der Aufsichtsbehörde vorbehalten sind.

§ 87. Die Armendeputation.

Die Verwaltung der öffentlichen Armenpflege, für welche früher die Gesetze vom 31. December 1842 und vom 21. Mai 1855 normirten, ist jetzt durch zwei auf dem Principe der Freizügigkeit beruhende Gesetze geregelt, nämlich durch das Reichsgesetz über den Unterstützungswohnsitz vom 6. Juni 1870

*) M. R. vom 23. December 1845 (M. Bl. 1846 p. 8).

**) M. Instr. vom 26. Juni 1811 § 21.

und das zur Ausführung desselben erlassene Landesgesetz vom 8. März 1871. Während das Reichsgesetz in den §§ 1 und 2 den Grundsatz zur Anerkennung bringt, daß jeder Deutsche in jedem Bundesstaate in Bezug auf die Art und das Maaß der im Falle der Hülfsbedürftigkeit zu gewährenden öffentlichen Unterstützung, sowie in Bezug auf den Erwerb und Verlust des Unterstützungswohnsitzes als Inländer zu behandeln ist, und daß die öffentliche Unterstützung hülfsbedürftiger Deutscher durch Ortsarmenverbände und Landarmenverbände geübt werden soll, hat es im § 8 der Landesgesetzgebung überlassen, über die Zusammensetzung und Einrichtung der Ortsverbände und Landarmenverbände, sowie über die Art und das Maaß der im Falle der Hülfsbedürftigkeit zu gewährenden öffentlichen Unterstützung zu bestimmen.

Das Preußische Ausführungsgesetz vom 8. März 1871 hat demzufolge den Umfang der Unterstützungspflicht im § 1 dahin festgestellt, daß jedem hülfsbedürftigen Deutschen von dem unterstützungspflichtigen Armenverbande

a. Obdach,
b. der unentbehrliche Lebensunterhalt,
c. die erforderliche Pflege in Krankheitsfällen,
d. im Falle seines Ablebens ein angemessenes Begräbniß

zu gewähren ist, und daß die Unterstützung im geeigneten Falle mittelst Unterbringung in einem Armen- und Krankenhause sowie mittelst Anweisung der den Kräften des Hülfsbedürftigen entsprechenden Arbeiten außerhalb oder innerhalb eines solchen Hauses gewährt werden kann. Das Ausführungsgesetz hat sodann hinsichtlich der Verwaltung im § 2 den Grundsatz anerkannt, daß jede Gemeinde für sich einen Ortsarmenverband bildet, wenn nicht eine Zusammenlegung mehrerer Gemeinden zu einem Gesammtverbande erfolgt, ferner, daß die Verwaltung der öffentlichen Armenpflege in den Gemeindebezirken den Gemeindebehörden zusteht, und daß die

Vorschriften der Gemeindeverfassungsgesetze über die Verwaltung der Gemeindeangelegenheiten überall auch für die Verwaltung der Armenpflege maßgebend sein sollen. Es ist nur in Gemäßheit des § 3 des Ausführungsgesetzes den Stadtgemeinden freigelassen, auf Grund eines Gemeindebeschlusses für die Verwaltung der öffentlichen Armenpflege besondere dem Magistrate untergeordnete Deputationen zu bilden. Hinsichtlich derselben ist hier Folgendes zu bemerken:

I. **Zusammensetzung.** Die Armendeputation wird gebildet aus Mitgliedern des Magistrats und der Stadtverordnetenversammlung, geeigneten Falles auch aus anderen Ortseinwohnern, und zwar ohne Rücksicht darauf, ob sie stimmberechtigte Bürger sind oder nicht. In letzterer Beziehung ist insbesondere hervorzuheben, daß Ortspfarrer oder deren Stellvertreter, deren Pfarrbezirk über die Grenzen der politischen Gemeinde ihres Wohnorts sich erstreckt, selbst hinsichtlich des in der auswärtigen Gemeinde belegenen Kirchspieltheiles den dortigen Ortseinwohnern gleich geachtet werden sollen und deshalb bei Zusammensetzung der Armendeputation herangezogen werden können. Den Vorsitz in derselben führt der Bürgermeister oder ein dazu von ihm abgeordnetes Magistratsmitglied. Die übrigen Magistratspersonen sind als Mitglieder der Armendeputation vom Bürgermeister zu bestimmen, während die Wahl der Stadtverordneten und der Ortseinwohner der Stadtverordnetenversammlung zusteht.

II. **Wirkungskreis.** Es liegt der Armendeputation die Fürsorge für die hülfsbedürftigen Personen sowie die Erledigung der zu diesem Zwecke erforderlichen Verwaltungsgeschäfte ob. Ihre Verwaltung erstreckt sich auf das gesammte Armenwesen, und zwar nicht bloß auf die offene Armenpflege d. h. die Pflege solcher Armen, welche nicht in eine der geschlossenen Armenanstalten aufgenommen sind, sondern auch auf die geschlossene Armenpflege d. h. die Pflege solcher Armen, welche sich in den vorberegten Anstalten aufhalten. Ihre Thätigkeit ist in den meisten Städten nicht bloß eine berathende und vorbereitende, sondern eine innerhalb ihres Wirkungskreises völlig selbstständig verwaltende und ausführende. Ihre Competenz ist in den meisten Städten durch besondere den äußeren Geschäftsgang, vor Allem die Organisation, den Wirkungskreis und die Geschäftsverwaltung ordnende Instructionen, welche den bestehenden localen Verhältnissen angepaßt sind, oder durch gleiche Ziele verfolgende statutarische Anordnungen geregelt.

III. **Verpflichtung zur Uebernahme des Amts.** Jedes stimmberechtigte Gemeindemitglied ist verpflichtet, eine unbesoldete Stelle in der Gemeindeverwaltung zu übernehmen und mindestens drei Jahre lang zu versehen. Von dieser Verpflichtung befreien nur folgende Gründe:

a. anhaltende Krankheit;
b. Geschäfte, welche eine häufige oder lange dauernde Abwesenheit mit sich bringen;
c. ein Alter von 60 oder mehr Jahren;
d. die Verwaltung eines anderen öffentlichen Amts;
e. sonstige besondere, eine gültige Entschuldigung begründende Verhältnisse, über deren Vorhandensein von der Stadtverordnetenversammlung zu beschließen ist.

Außerdem ist auch derjenige, wer eine unbesoldete Stelle in der Gemeindearmenverwaltung drei Jahre lang wahrgenommen hat, während der nächstfolgenden drei Jahre von der Wahrnehmung einer solchen Stelle befreit;*) dagegen ist die Thatsache, daß derselbe in den vorhergehenden drei Jahren ein anderes unbesoldetes Gemeindeamt bekleidet hat, kein Befreiungsgrund hinsichtlich der Uebernahme einer unbesoldeten Stelle der Gemeindearmenverwaltung. Es muß hiebei auch

*) Ges. vom 8. März 1871 § 4 und 5.

darauf hingewiesen werden, daß die ärztliche oder wundärztliche Praxis, welche im Uebrigen zur Ablehnung von unbesoldeten Gemeindeämtern berechtigen,*) eine Befreiung von der Uebernahme des Amtes eines Armendeputationsmitgliedes nicht begründet.

Wer ohne gesetzlichen Grund die Uebernahme oder Wahrnehmung einer unbesoldeten Stelle in der Gemeindearmenverwaltung verweigert oder sich dieser Wahrnehmung entzieht, kann auf drei bis sechs Jahre des Rechts zur Theilnahme an den Gemeindewahlen und zur Wahrnehmung unbesoldeter Stellen verlustig erklärt sowie um ein Achtel bis ein Viertel stärker zu den directen Gemeindeabgaben herangezogen werden.**) Die desfallsige Beschlußfassung steht der Stadtverordnetenversammlung zu. Die in dem § 5 des Gesetzes vom 8. März 1871 enthaltene Bestimmung, daß der Stadtverordnetenbeschluß der Genehmigung der Aufsichtsbehörde bedürfe, ist durch das Zuständigkeitsgesetz vom 1. August 1883 § 11 aufgehoben.

IV. Streitigkeiten über öffentliche Unterstützung Hülfsbedürftiger. Mit Rücksicht darauf, daß die von der Armendeputation in Betreff der Fürsorge hülfsbedürftiger Personen gefaßten Beschlüsse Streitigkeiten hervorrufen können, ist hier hervorzuheben, daß für solche Streitigkeiten der ordentliche Rechtsweg ausgeschlossen und durch das Reichsgesetz vom 6. Juni 1870 bezw. Zuständigkeitsgesetz vom 1. August 1883 §§ 39—44 das zur Entscheidung angeordnete Verfahren geregelt ist, und zwar nachstehendermaßen:

a. in Bezug auf Streitigkeiten zwischen Armenverbänden. Die Entscheidung erfolgt im Verwaltungsstreitverfahren. Zuständig ist in den Kreisordnungspro-

---

*) O. St. O. § 74, W. St. O. § 74, R. St. O. § 79.
**) Ges. vom 8. März 1871 § 5.

vinzen in erster Instanz der Bezirksausschuß, in den übrigen Provinzen die Deputation für das Heimathswesen. Die Berufung gegen Entscheidungen erster Instanz führt an das Bundesamt für das Heimathswesen in Berlin und ist innerhalb 14 Tagen bei der Spruchbehörde erster Instanz bei Verlust des Rechtsmittels anzumelden.

b. Bei Beschwerden von Armen gegen Verfügungen von Ortsarmenverbänden. Die Beschwerden darüber, ob, in welcher Höhe und in welcher Weise Armenunterstützungen zu gewähren sind, unterliegen:

α. in Städten von mehr als 10 000 Einwohnern der endgültigen Beschlußfassung des Bezirksausschusses, dagegen

β. in den kleineren Städten der endgültigen Beschlußfassung des Kreisausschusses.

c. Bei Beschwerden von Ortsarmen-Verbänden gegen Verfügungen der Landarmen-Verbände. Letztere sind auf Grund des § 36 des Gesetzes vom 8. März 1871 verpflichtet, denjenigen ihrem Bezirke angehörigen Ortsarmenverbänden eine Beihülfe zu gewähren, welche den ihnen obliegenden Verpflichtungen zu genügen unvermögend sind. Verfügungen der Landarmenverbände darüber, ob, in welcher Höhe und in welcher Weise Beihülfen zu gewähren sind, können von Seiten des betheiligten Armenverbandes mit der Beschwerde angefochten werden. Es beschließt darüber nach Anhörung des Kreistages endgültig in den Kreisordnungsprovinzen der Provinzialrath, zu dessen Sprengel der betreffende Ortsarmenverband gehört, dagegen in den übrigen Provinzen die competente Deputation für das Heimathswesen.*)

---

*) Zust. G. § 42 und Ges. vom 8. März 1871 § 36, Abs. 1.

V. Die von der Armendeputation zu beachtenden Gesetze.

Es sind dies hauptsächlich:

a. das Reichsgesetz vom 6. Juni 1870 (R. G. Bl. p. 360).

b. Das Landesgesetz, betreffend die Ausführung des Bundesgesetzes über den Unterstützungswohnsitz, vom 8. März 1871 (G. S. p. 130).

c. Der Tarif der von den Preußischen Armenverbänden zu erstattenden Armenpflegekosten vom 2. Juli 1876 (M. Bl. p. 163).

§ 88. Die Servis- und Einquartierungsdeputation.

Die Errichtung dieser Deputation ist in dem Reichsgesetze, betreffend die Quartierleistung für die bewaffnete Macht während des Friedenszustandes, vom 25. Juni 1868 (R. G. Bl. p. 523) angeordnet. Dies Gesetz geht von dem Gesichtspunkte aus, daß die Fürsorge für die räumliche Unterbringung der bewaffneten Macht in Friedenszeiten eine Last des Reiches ist, deren Naturalleistung nur gegen Entschädigung, welche in einem alle fünf Jahre einer Revision unterliegenden Servistarife festgestellt ist, gefordert werden kann, sowie daß das Reich berechtigt ist, gegen solche Entschädigung alle benutzbaren Räumlichkeiten mit Ausschluß besonders privilegirter Gebäude*) in Anspruch zu nehmen, soweit dadurch die Quartiergeber in der Benutzung der für seine Wohnungs-, Wirthschafts- und Gewerbebetriebsbedürfnisse unentbehrlichen Räume nicht behindert wird. Diese Einquartierungslast ist somit keine Gemeindelast, sondern eine allgemeine staatsbürgerliche Last der Inhaber der benutzbaren Räumlichkeiten. Dadurch, daß die örtliche Vertheilung der Quartierleistung auf die Gemeinden erfolgt, und die weitere Untervertheilung durch den

*) Ges. vom 25. Juni 1868 § 4.

Magistrat, welchem die Pflicht zur gehörigen und rechtzeitigen Erfüllung der Quartierleistungen obliegt, zu bewirken ist, wird die Gemeinde als solche nicht verpflichtet,*) sondern nur die Thätigkeit des Magistrats, als Organ der Staatsgewalt, behufs Vertheilung der Leistungen auf die Einquartierungspflichtigen in Anspruch genommen. Die Gemeinden, innerhalb deren sich diese Thätigkeit entwickelt, sind nur Vertheilungsbezirke und durch den § 5 leg. cit. insbesondere berechtigt, zur Erledigung der zur Untervertheilung erforderlichen Geschäfte ihre Hülfsorgane heranzuziehen, und vor Allem einer besonderen Servis- und Einquartierungsdeputation die dauernde Verwaltung der Einquartierungsangelegenheiten zu übertragen. Die Thätigkeit dieser Deputation kann sich auf Grund eines Gemeindebeschlusses auch auf die der Vermittelung der Gemeinden durch das Reichsgesetz über die Naturalleistungen für die bewaffnete Macht im Frieden vom 13. Februar 1875 überwiesenen Geschäfte (Stellung von Vorspann, Gewährung von Naturalverpflegung und Verabreichung von Fourage) erstrecken, sowie auf die Einquartierung und Naturalleistungen im Kriege, welche durch das Reichsgesetz über die Kriegsleistungen vom 13. Juni 1873 als eine Gemeindelast von Seiten der Gemeinde, als Corporation, zu erfüllen sind.

Es ist hier nun hervorzuheben:

I. **Zusammensetzung der Deputation.** Dieselbe wird auf Grund des Gesetzes vom 25. Juni 1868 § 5 aus Mitgliedern des Magistrats und der Stadtverordnetenversammlung oder aus letzteren und mehreren von der Stadtverordnetenversammlung gewählten Gemeindemitgliedern gebildet. Die Magistratsmitglieder werden von dem Bürgermeister ernannt. Letzterer bestimmt auch den Vorsitzenden.

---

*) O.V.G.E. Bd. V, p. 108.

II. Obliegenheiten der Deputation:

a. Die Verwaltung der Einquartierungsangelegenheiten im Allgemeinen.

b. In Garnisonorten die Aufstellung des Serviskatasters. Diese Kataster enthalten alle zur Einquartierung benutzbaren Gebäude des Stadtbezirks unter Angabe ihrer Leistungsfähigkeit, und zwar zu dem Zwecke, um den Umfang, in welchem die Quartierleistungen gefordert werden können, festzustellen. Dieselben müssen alljährlich aufgestellt werden, wenn nicht etwa von einer Aufstellung auf Grund eines übereinstimmenden Gemeindebeschlusses überhaupt Abstand genommen werden soll. In die Kataster sind alle belegten Gebäude mit Ausschluß der von den Gemeinden behufs Casernirung der Truppen in Gemäßheit eines mit der Militärverwaltung getroffenen Uebereinkommens hergerichteten Localitäten aufzunehmen. Sie sind nach geschehener Aufstellung und nach zuvoriger Bekanntmachung während eines Zeitraums von 14 Tagen öffentlich auszulegen. Es steht sowohl der Militärbehörde, als den übrigen Interessenten frei, Erinnerungen gegen die Kataster innerhalb einer praeclusivischen Frist von 21 Tagen nach Offenlegung bei dem Magistrate anzubringen. Gegen den Beschluß des Magistrats findet in den Kreisordnungsprovinzen innerhalb zwei Wochen die Beschwerde an den Bezirksausschuß statt. Der Beschluß des Letzteren ist endgültig.*)

III. Das Geschäft der Unterveriheilung der Einquartierungslast. Wenn auch der § 4 des Gesetzes vom 25. Juni 1868 dem Reiche das Recht zuspricht, gegen Entschädigung die Beschaffung der Quartierleistungen zu verlangen und dazu alle benutzbaren Baulichkeiten mit Ausschluß einzelner eximirter Gebäude in Anspruch zu nehmen, so bleibt es doch dem übereinstimmenden Gemeindebeschlusse der städtischen Behörden

---

*) Zust. G. § 51.

überlassen, die Untervertheilung ortsstatutarisch zu regeln, und zwar:

a. Durch Umlegung auf die Häuser schlechthin. Die Last liegt hier den Hauseigenthümern ob und characterisirt sich somit als Reallast.

b. Durch Repartition auf die Häuser resp. die Wohnungen in denselben. Die Last ist hier von dem jedesmaligen Inhaber des belasteteten Wohnraumes zu tragen, und nimmt dadurch den Character einer gemischten Real- und Personallast an.*)

c. Durch Casernirung der Truppen und Aufbringung der Kosten im Wege der Communalbesteuerung. In diesem letzteren Falle steht es den Gemeinden frei, die dadurch entstehenden Kosten nach den ortsstatutarisch geltenden Grundsätzen unter Heranziehung aller gemeindeabgabepflichtigen Einwohner aufzubringen.

Es liegt der Deputation vor Allem die Pflicht ob, auf Grundlage der ortsstatutarischen Bestimmungen für eine gleichmäßige Vertheilung der Einquartierungslast Sorge zu tragen.

IV. Die von der Deputation zu beachtenden Gesetze. Es sind dies hauptsächlich die nachfolgenden Reichsgesetze und Reichsverordnungen, nämlich:

a. das Gesetz, betreffend die Quartierleistungen für die bewaffnete Macht während des Friedenszustandes vom 25. Juni 1868 (R. G. Bl. p. 523).

b. Das Gesetz über die Naturalleistungen für die bewaffnete Macht im Frieden vom 13. Februar 1875 (R. G. Bl. p. 52).

c. Das Reichsgesetz über die Kriegsleistungen vom 13. Jun 1873 (R. G. Bl. p. 129).

---

*) M. R. vom 4 Mai 1869 p. 168.

d. das Reichsgesetz vom 28. Mai 1887 (R. G. Bl. p. 159).
e. Das Reichsgesetz vom 21. Juni 1887 (R. G. Bl. p. 245).
f. Die Ausführungsverordnungen vom 1. April 1876 (R. G. Bl. p. 137), vom 6. Juni 1885 (R. G. Bl. p. 197) und vom 26. Januar 1887 (R. G. Bl. p. 9).

§ 89. Die Sanitätsdeputation.

Die Errichtung derselben ist in dem durch die Cabinetsordre vom 8. August 1835 bestätigten Regulative über sanitätspolizeiliche Vorschriften angeordnet. Als Zweck derselben ist in diesem Regulative die Verhütung und Beschränkung ansteckender Krankheiten ausgesprochen. Im Einzelnen ist hier hervorzuheben:

I. **Die Zusammensetzung.** Die Sanitätsdeputation soll aus folgenden Mitgliedern bestehen:

a. aus dem Vorstande der Ortspolizeibehörde, als Vorsitzenden;
b. in dem Falle, wenn die Ortspolizei von Staatsbeamten verwaltet wird, auch aus dem Bürgermeister oder einem von demselben zu deputirenden Magistratsmitgliede;
c. aus einem oder mehreren von der Ortspolizeibehörde zu bestimmenden Aerzten;
d. aus mindestens drei von den Stadtverordneten zu erwählenden geeigneten Einwohnern der Stadt;
e. in Garnisonorten außerdem noch aus einem oder mehreren von den Militair-Befehlshabern zu bestimmenden Officieren und einem oberen Militairarzte.

Außer dieser auf den ganzen Umfang des Stadtbezirks ihre Thätigkeit erstreckenden Deputation können noch besondere derselben untergeordnete Specialcommissionen, sog. Schutz- oder Reviercommissionen, auf Anordnung der Ortspolizeibehörde in größeren Städten, wo das Bedürfniß obwaltet, für einzelne Stadttheile oder Bezirke gebildet werden. Diese Specialcommissionen sind so zusammenzusetzen, daß zu jeder mindestens ein Arzt oder Wundarzt, ein Polizei- oder Communalbeamter und endlich mehrere von den Stadtverordneten zu ernennende Mitglieder gehören.

II. **Die Functionen.** Die Thätigkeit der Deputation und der ihr untergeordneten Commissionen ist im Allgemeinen auf die Unterstützung der Ortspolizeibehörde in Betreff der der letzteren in sanitätspolizeilicher Beziehung zufallenden Obliegenheiten gerichtet, und zwar in der Art, daß dieselben in der angedeuteten Beziehung nicht bloß der Ortspolizeibehörde Rath zu ertheilen, sondern auch deren Aufträge auszuführen sowie die ihr regulativmäßig zugewiesenen speciellen Functionen zu versehen verpflichtet sind. Die Ortspolizeibehörde ist demzufolge befugt, in allen Fällen, in welchen sie der Unterstützung und Berathung bedarf, zu solchem Zwecke die Deputation und die Commissionen zusammenzuberufen, um nach Anhörung der von denselben gemachten Vorschläge die erforderliche Entscheidung zu treffen und die weitere Ausführung ihrer Anordnungen zu veranlassen.

Die speciellen Functionen der Deputation und der Commissionen bestehen in Folgendem:

a. auf den Gesundheitszustand des Orts oder Bezirks, für welchen sie gebildet sind, zu wachen;

b. die Ursachen, welche zur Entstehung und Verbreitung ansteckender Krankheiten Veranlassuug geben können, möglichst zu entfernen;

c. zur Belehrung des Publicum über die Erscheinungen der wichtigeren ansteckenden Krankheiten und das bei deren Ausbruche zu beobachtende Verfahren mit umsichtiger Schonung nach Anleitung der Beilage B. der Cabinetsordre vom 8. August 1835 beizutragen;

d. die für den Fall der Annäherung und des zu befürchtenden Ausbruchs solcher Krankheiten etwa erforderlichen Heil- und Verpflegungsanstalten zu ermitteln und deren Einrichtung vorzubereiten;

e. die Polizeibehörde überhaupt in allen die Verhütung des Ausbruchs und der Verbreitung dieser Krankheiten betreffenden Angelegenheiten zu unterstützen.

III. Die Kosten der Verwaltung. Soweit solche Kosten zur Beschaffung der zu den vorstehend angegebenen Zwecken für erforderlich erachteten Mittel aufzubringen sind, fallen sie der Gemeinde zur Last. Es liegt deshalb der Sanitätsdeputation die Pflicht ob, die Beschaffung solcher Mittel bei dem Magistrate zu beantragen und in der geeigneten Weise, event. bei etwaiger Weigerung der Gemeinde durch eine an die Aufsichtsbehörde einzureichende Anzeige, durchzusetzen.

IV. Die von der Deputation zu beachtenden Gesetze. Es sind dies hauptsächlich:

a. die sanitätspolizeilichen Vorschriften des mehrberegten Regulativs vom 8. August 1835 und die später erlassenen Sanitätspolizeiverordnungen, welche namentlich vor oder bei dem Ausbruche ansteckender Krankheiten erlassen werden und die Verhütung und Beschränkung derselben bezwecken.

b. Das Reichsimpfgesetz vom 8. April 1874 und das dazu erlassene Preußische Ausführungsgesetz vom 12. April 1875.

c. Das Reichsgesetz, betreffend den Verkehr mit Nahrungsmitteln, Genußmitteln und Gebrauchsgegenständen vom 14. Mai 1879.

d. Das Landesgesetz, betreffend die Errichtung öffentlicher, ausschließlich zu benutzender Schlachthäuser vom 9. März 1881.

§ 90. Die Waisenräthe.

Dies Institut ist durch die Vormundschaftsordnung vom 5. Juli 1875 (G. S. p. 431) geregelt. Es steht hier zur Erörterung:

I. Bedeutung und Zweck des Amts. Dasselbe ist ein unentgeltliches Gemeindeamt, zu dessen Uebernahme jeder stimmfähige Bürger verpflichtet ist und welches derselbe mindestens drei Jahre lang versehen muß. Der Zweck desselben ist darauf gerichtet, daß die mit den Functionen eines Waisenraths bekleideten Gemeindebeamten dem für den Gemeindeort competenten Vormundschaftsgerichte in den sub III angegebenen Beziehungen zur Seite stehen sollen.

II. Wahl. Dieselbe steht auch hier, wie bei den Wahlen aller unbesoldeten Gemeindebeamten, der Stadtverordnetenversammlung zu. Die letztere ist befugt, das Amt des Waisenraths entweder einzelnen Gemeindemitgliedern oder einer besonders zu ernennenden Waisenrathsdeputation oder auch anderweitig bestehenden Deputationen und Gemeindeverwaltungsorganen zu übertragen, und zwar entweder für den ganzen Gemeindebezirk oder für örtlich abzugrenzende Theile desselben.

III. Die Pflichten. Diese bestehen in Folgendem:

a. die Aufsicht über das persönliche Wohl des Mündels und über dessen Erziehung zu führen;

b. insbesondere Mängel und Pflichtwidrigkeiten, welche bei der körperlichen oder sittlichen Erziehung des Mündels wahrgenommen werden, anzuzeigen;

c. auf Erfordern über die Person des Mündels Auskunft zu ertheilen;

d. dem Vormundschaftsgerichte diejenigen Personen vorzuschlagen, welche im einzelnen Falle zur Berufung als Vormund oder Gegenvormund geeignet erscheinen;

e. bei einer Verlegung der Wohnung des Mündels in eine andere Gemeinde oder in einen anderen Bezirk hievon dem Waisenrathe des neuen Aufenthaltsortes Kenntniß zu geben.

Zu dem Zwecke, damit den sub d und e beregten Pflichten Genüge geschehen kann, liegt es dem Vormundschaftsgerichte ob, dem Waisenrathe desjenigen Bezirks, in welchem der Mündel wohnt, von der einzuleitenden Vormundschaft, sowie in den Fällen, in welchen für ein uneheliches Kind der Vater der unehelichen Mutter oder für einen in eine staatliche oder städtische Verpflegungsanstalt aufgenommenen Mündel der Vorstand der Anstalt als Vormund zu bestellen ist, von dieser gesetzlichen Vormundschaft Kenntniß zu geben und den betreffenden Vormund namhaft zu machen. Dagegen muß der Vormund den Waisenrath davon benachrichtigen, wenn die Wohnung des Mündels in eine andere Gemeinde oder in einen anderen Bezirk verlegt ist.

IV. **Kosten.** Die sachlichen Kosten des Amts, namentlich die durch die Correspondenz des Waisenraths erwachsenden Portoauslagen fallen der Gemeinde zur Last.*)

V. **Die von dem Waisenrathe zu beobachtenden Gesetze.** Es kommt hier hauptsächlich die oben citirte Vormundschaftsordnung vom 5. Juli 1875 in Betracht.

§ 91. Die Schiedsmänner.

Die Schiedsmannsordnung vom 29. März 1879 (G.S. p. 321) hat den Gemeinden die Pflicht auferlegt, für den Gemeindebezirk oder für die einzelnen Theile desselben, welche durch den collegialischen Magistrat bezw. den Bürgermeister zuvor abzugrenzen sind, zur Sühneverhandlung über streitige

*) M. R. vom 6. Dec. 1876 (p. 187).

Rechtsangelegenheiten Schiedsmänner und Stellvertreter derselben zu bestellen. Ein solches Amt ist somit ein öffentliches Gemeindeamt, welches die Schiedsmänner als städtische Unterbehörde ehrenamtlich zu versehen haben.*)

I. **Wahl.** Die Wahl erfolgt durch die Stadtverordnetenversammlung auf drei Jahre, es muß jedoch der gewählte Schiedsmann bis zum Amtsantritte seines Nachfolgers in Thätigkeit bleiben. Nicht wählbar sind:

a. Personen, welche das 30. Lebensjahr noch nicht vollendet haben;
b. Personen, welche nicht in dem Schiedsamtsbezirke wohnen, für welchen die Berufung erfolgt;
c. Personen, welche in Folge strafgerichtlicher Verurtheilung die Befähigung zur Bekleidung öffentlicher Aemter verloren haben;
d. Personen, welche in Folge gerichtlicher Anordnung in der Verfügung über ihr Vermögen beschränkt sind.

Staatsbeamte und besoldete Beamte der Communal- und Kirchenverwaltung sind wählbar, sie bedürfen aber zur Uebernahme des Amtes der Genehmigung ihrer zunächst vorgesetzten Behörde.

II. **Bestätigung und Verpflichtung.** Die Bestätigung der Gewählten erfolgt durch das Präsidium des für den Wahlort zuständigen Landgerichts, die eidliche Verpflichtung dagegen durch das Amtsgericht ihres Wohnsitzes. Nach geschehener Beeidigung erlangen sie bei Ausübung ihres Amtes die Rechte der Beamten.

III. **Das Aufsichtsrecht.** Dasselbe steht dem Justizminister, dem Oberlandesgerichtspräsidenten bezw. dem Präsidenten des Landgerichts zu und bedingt die Befugniß, die ordnungswidrige Ausführung eines Schiedsmannsgeschäft zu

---

*) M. R. vom 4. Juli 1835.

rügen und über Beschwerden, welche den Geschäftsbetrieb oder Verzögerungen betreffen, zu entscheiden.

IV. **Ablehnungs- und Niederlegungsgründe.** Zur Ablehnung und Niederlegung des Schiedsmannsamts vor Ablauf der Wahlperiode berechtigen:

a. das Alter von 60 Jahren;
b. die Verwaltung des Schiedsmannsamtes während der voraufgegangenen drei Jahre;
c. anhaltende Krankheit;
d. Geschäfte, welche eine lange oder häufige Abwesenheit vom Wohnorte mit sich bringen;
e. die Verwaltung eines unmittelbaren Staatsamtes;
f. sonstige besondere Verhältnisse, welche nach billigem Ermessen eine gültige Entschuldigung begründen.

Die Entscheidung über die Befugniß zur Ablehnung erfolgt durch die Stadtverordnetenversammlung, diejenige über die Befugniß zur Niederlegung durch das Präsidium des Landgerichts.

V. **Dienstentlassung.** Dieselbe kann nur durch den ersten Civilsenat des Oberlandesgerichts, in dessen Bezirk der betreffende Schiedsmann seinen Wohnsitz hat, nach Anhörung desselben verfügt werden und muß erfolgen:

a. wenn Umstände eintreten oder bekannt gemacht werden, bei deren Vorhandensein die Berufung nicht erfolgen soll, und
b. aus anderen erheblichen Gründen, welche dem freien Ermessen des Civilsenats unterliegen.

VI. **Weigerung der Uebernahme oder der Weiterführung des Amts.** Wer ohne gesetzlichen Grund die Uebernahme oder fernere Wahrnehmung des Amts während der vorgeschriebenen dreijährigen Amtsdauer verweigert, kann auf drei bis sechs Jahre der Ausübung seines Rechts auf Theilnahme an der Vertretung und Verwaltung der Gemeinde für verlustig erklärt und um ein Achtel bis ein Viertel stärker, als die übrigen Gemeindeangehörigen, zu den Gemeindeabgaben herangezogen werden. Die desfallsige Beschlußfassung steht der Stadtverordnetenversammlnng zu. Die im § 10 der Schiedsmannsordnung enthaltene Bestimmung, daß der Stadtverordnetenbeschluß der Genehmigung der Aufsichtsbehörde bedarf, ist durch das Zuständigkeitsgesetz vom 1. August 1883 § 11 aufgehoben. Dagegen findet der § 10 sub III des ebengenannten Gesetzes, nach welchem der Stadtverordnetenversammlung der Beschluß über die Berechtigung zur Niederlegung von Aemtern in der Gemeindevertretung und Verwaltung und die eintretendenfalls dieserhalb zu verhängenden Nachtheile und Strafen zusteht, aus dem sub IV angeführten Grunde auf die Schiedsmänner keine Anwendung.

VII. Stellvertretung. Für jeden Schiedsmann ist ein Stellvertreter zu wählen; es ist indeß zulässig, die Stellvertretung dahin zu ordnen, daß bestimmte Schiedsmänner oder alle Schiedsmänner desselben Gemeindebezirks sich wechselseitig vertreten. Im Falle vorübergehender Behinderung oder gleichzeitiger Erledigung des Amts des Schiedsmanns und der Stellvertreter kann die Aufsichtsbehörde die einstweilige Wahrnehmung der Geschäfte einem benachbarten Schiedsmann oder Stellvertreter übertragen.

VIII. Die sachlichen Kosten und Geldstrafen. Die sachlichen Kosten des Schiedsmannsamtes, zu welchen auch die Kosten der in Ausübung desselben gemachten nothwendigen Reisen des Schiedsmanns gehören,*) fallen der Gemeinde zur Last; es fließen aber auch die zur Erhebung gelangenden Geldstrafen, welche von Seiten des Schiedsmanns gesetzlich auferlegt werden können, zur Stadtkasse.

---

*) M. R. vom 15. Januar 1881 (M. Bl. p. 17).

§ 92. Das Eichungsamt.

Dies Institut ist hervorgerufen durch die Maaß- und Gewichtsordnung für den Norddeutschen Bund vom 17. August 1868 (B.G.Bl. p. 473), deren Zweck darauf gerichtet ist, daß zum Zumessen und Zuwägen im öffentlichen Verkehre nur in Gemäßheit der gesetzlichen Vorschriften gehörig gestempelte Maaße, Gewichte und Waagen angewendet werden dürfen, und daß zur Eichung und Stempelung nur diejenigen Maaße und Gewichte zuzulassen sind, welche den gesetzlich vorgeschriebenen Größen entsprechen. Zur Genügung dieses Zweckes ist im Art. 15 leg. cit. die Errichtung von Eichungsämtern angeordnet, welche ausschließlich mit dem Geschäfte der Eichung nnd Stempelung zu betrauen sind und zur Durchführung ihrer Aufgabe mit den erforderlichen, nach den Normalmaaßen und Gewichten hergestellten Eichungsnormalen und mit den erforderlichen Normalapparaten versehen werden müssen. Das vorberegte Reichsgesetz vom 17. August 1868 hat die Errichtung der Eichungsämter den einzelnen Bundesstaaten sowie die Ausführung der bezüglichen Bestimmungen der Landesgesetzgebung überlassen. In Preußen ist demzufolge das Gesetz, betreffend die Eichungsbehörden, vom 26. November 1869 (G. S. p. 1165) erlassen. Auf Grund desselben sind die Eichungsämter in denjenigen Städten, in welchen Eichungsinspectoren ihren Sitz erhalten, unter der unmittelbaren Leitung derselben stehende Staatsanstalten, dagegen in allen übrigen Städten unter der Aufsicht des Magistrats und der Eichungsinspectoren stehende Gemeindeanstalten. Das Personal derselben, welche mindestens aus einem mit der allgemeinen Leitung des Geschäfts zu betrauenden Vorsteher und einem von dem zuständigen Eichungsinspector nach vorgängiger Prüfung als technisch befähigt anerkannten Sachverständigen, dem Eichmeister, bestehen muß, ist eine städtische Unterbehörde. Die Mitglieder des Eichungsamts sind Gemeindebeamten.

Zur Errichtung eines Eichungsamts bedarf es der Genehmigung des Ministers für Handel, Gewerbe und öffentliche Arbeiten. Dieselbe darf denjenigen Gemeinden, welche die zu einem Eichungsamte nöthigen Localitäten und Einrichtungen beschaffen und eine zum Eichmeister qualificirte Persönlichkeit nachweisen, nicht vorenthalten werden. Die Eichungsinspectoren, welche als Staatsbeamte unmittelbar dem Minister für Handel, Gewerbe und öffentliche Arbeiten untergeordnet sind, haben das Recht, die Eichungsämter ihres Districts in technischen Angelegenheiten durch Vermittelung des Magistrats mit Anweisung zu versehen. Die Eichungsämter können auf einen einzelnen Zweig des Eichungsgeschäfts beschränkt sein, oder mehrere Zweige desselben umfassen. Es ist auch für zulässig erklärt, daß solche Zweige, welche eine besondere Sachkunde und Geschicklichkeit erfordern, ausschließlich einzelnen Eichungsämtern übertragen werden können.

Was die financielle Seite dieses Instituts anlangt, so fallen alle mit der Errichtung und Unterhaltung der Gemeindeanstalten verbundenen Kosten den betreffenden Stadtgemeinden, in deren Bezirk Eichungsämter errichtet werden, zur Last, wogegen aber als Aequivalent die bei ihnen zur Hebung gelangenden Gebühren der Stadtcasse zufließen. Die Kosten der Staatsanstalten bestreitet hingegen der Staat, welcher andererseits auch die bei den letzteren aufkommenden Gebühren bezieht.

§ 93. Die Bezirksvorsteher.

Jeder Bezirksvorsteher ist ein öffentlicher Beamter und bildet eine Unterbehörde des Magistrats, dazu bestimmt, demselben als Hülfsorgan in Bezug auf die örtliche Verwaltung zur Seite zu stehen. Sein Wirkungskreis erstreckt sich auf denjenigen Bezirk, welchem er vorgesetzt wird. Das Bedürfniß hat die Bestimmung veranlaßt, daß Städte von größerem Umfange oder von zahlreicherer Bevölkerung durch den Magistrat nach Anhörung der Gemeindevertretung in Ortsbezirke getheilt, und daß jedem Bezirke ein Vorsteher und für den Fall seiner Behinderung ein Stellvertreter zugewiesen werden. Die Bezirksvorsteher und deren Stellvertreter werden von Seiten der Gemeindevertretung aus den stimmfähigen Bürgern des Bezirks auf sechs Jahre erwählt und von dem Magistrate bestätigt. Bei Anfechtung ihrer Wahl beschließt über die Gültigkeit derselben der Bezirksausschuß.*)

Der § 182 der Städteordnung vom 19. November 1808 hat die ihnen obliegende Geschäfte näher bezeichnet, und dazu namentlich die Besorgung der kleineren Angelegenheiten und die Controle der Polizeianordnungen gerechnet, nämlich: die Aufsicht auf Straßen, Brücken, Brunnen, Wasserleitungen 2c., deren Reinigung, kleine Ausbesseruugen derselben, Controle der Erleuchtung und Nachtwache, Aufsicht auf öffentliche Plätze und deren Reinigung, Besorgung von Leistungen dieser Art für Rechnung säumiger Particuliers, Verwaltung und Aufsicht über Rettungsanstalten des Bezirks und Befolgung der Aufträge der Deputationen in Beziehung auf die Polizeianstalten — kurz die Beachtung aller Angelegenheiten des Gemeindewesens innerhalb ihres Bezirks, die Abstellung der etwa hervortretenden Mängel und namentlich bei Unglücksfälle drohenden Gefahren sofortige Anzeige derjenigen Mängel, welche nicht beseitigt werden können. Die neueren Städteordnungen haben dagegen von der Specialisirung der einzelnen Geschäfte ganz abgesehen, diesen Gemeindebeamten vielmehr nur die allgemeine Pflicht auferlegt, den Anordnungen des Magistrats als dessen Or=

*) Zust. G. vom 1. August 1883 § 14.

gan Folge zu leisten und ihn besonders in den örtlichen Geschäften des Bezirks zu unterstützen. Es bleibt somit jetzt dem Magistrate jeder Stadt überlassen, unter Berücksichtigung der localen Verhältnisse den Wirkungskreis der ihnen untergeordneten Bezirksvorsteher in einer Instruction festzustellen.

Hinsichtlich der Berechtigung derselben, Amtszeichen zu tragen, ist das Nähere bereits in § 51 dargestellt worden.

Drittes Capitel: Die Communalbeamten.

§ 94. Die Dienstpflichten in disciplinarischer Beziehung.

Bei der Erörterung dieses Gegenstandes ist zunächst von dem § 2 des Disciplinargesetzes vom 21. Juli 1852 auszugehen. Derselbe enthält nämlich die Bestimmung, daß ein Beamter, welcher die ihm durch sein Amt auferlegten Pflichten verletzt oder sich durch sein Verhalten in oder außer dem Amte der Achtung, des Ansehens oder des Vertrauens, die sein Beruf erfordert, unwürdig zeigt, sich dadurch disciplinarisch verantwortlich und strafbar macht. Während hier die den Beamten obliegenden Berufs- und Dienstpflichten theils nur angedeutet, theils nur im Allgemeinen begrenzt sind, hat das vorgenannte Gesetz von einer namentlichen Aufzählung solcher Pflichten ganz Abstand genommen. Es ist damit einerseits dem Ermessen der Disciplinarbehörde ein sehr weiter Spielraum darüber, wann eine strafbare Pflichtverletzung bezw. eine disciplinarisch zu ahndende Unwürdigkeit eintritt, gelassen worden; andererseits aber haben diejenigen gesetzlichen Bestimmungen, welche bestimmte Handlungen und Unterlassungen eines Beamten als eine Pflichtverletzung kennzeichnen und behandeln, nicht aufgehoben, vielmehr insoweit, als nicht die Vorschriften des Gesetzes vom 21. Juli 1852 entgegenstehen, also namentlich in Bezug auf das Requisit der Strafbarkeit aufrecht erhalten werden sollen. Bei einem solchen Stande der Gesetzgebung wird es sich vernothwendigen, diejenigen Pflichten bezw. Pflichtverletzungen, welche Gegenstand besonderer gesetzlicher Besiimmungen sind, hier aufzuführen:

I. **Treue im Berufe.** Es liegt dem Beamten vor Allem die Pflicht ob, das ihm übertragene Amt in Befolgung und Beobachtung der darüber ergangenen Gesetze, der ihm besonders ertheilten Dienstinstruction und event. in Ermangelung beider der dem Wesen und der Natur seines Amtes entsprechenden Grundsätze zu verwalten, und demgemäß alle aus solchem Amte sich ergebenden Dienstfunctionen unweigerlich und mit getreuer Pflichterfüllung zu verrichten.*) Er muß sich insbesondere auch die Erledigung aller bei einer etwaigen Geschäftserweiterung eintretenden vermehrten Arbeiten und die Besorgung aller ihm von Seiten seiner vorgesetzten Dienstbehörde übertragenen besonderen Geschäfte, welche in den Kreis seiner Amtsthätigkeit fallen, mit der Natur seiner berufsmäßigen Arbeiten harmoniren und mit seiner beamtlichen Stellung und Würde vereinbar sind, ohne jeglichen Anspruch auf Erhöhung des Gehalts oder auf die in der Verwaltung leider oft mißbräuchlich zur Verwendung kommenden Gratificationen angelegen sein lassen. Er ist ferner verpflichtet, alle Geschäfte des ihm übertragenen Dienstes und Amtes mit pflichtmäßiger Sorgfalt zu führen und hierauf die genaueste Aufmerksamkeit zu verwenden.**) Es ist ihm in Folge dessen nicht gestattet, die ihm obliegenden Geschäfte seines öffentlichen Amtes, abgesehen von den Fällen der Krankheit und der dieser gleichstehenden entschuldigten Verhinderung in Bezug auf die ohne Gefahr für den Dienst unaufschiebbaren Geschäfte bis zur anderweitigen, sofort zu beantragenden Anordnung seiner

*) A. L. R. Th. II, Tit. 10 § 87.

**) A. L. R. Th. II, Tit. 10 §§ 88 und 89.

Dienstbehörde, einem Anderen eigenmächtig an seiner Statt zu übertragen.*)

II. **Treue und Gehorsam gegen den König und dessen Regierung.** Unter den Unterthanen, welchen die gleiche Pflicht obliegt, sind es vorzugsweise die Beamten, welche dazu berufen sind, die Sicherheit, die gute Ordnung und den Wohlstand des Staats unterhalten und befördern zu helfen, und demzufolge zu einer durch das Verhältniß des unmittelbaren oder mittelbaren Staatsdienstes bedingten besonderen Treue und Gehorsam gegen den König und die in seinem Auftrage functionirende Staatsregierung verbundeu sind.**) Aus diesem Gesichtspunkte hat das Erkenntniß des Obertribunals vom 14. September 1863 (J.M.Bl. p. 243) die Betheiligung an öffentlichen Demonstrationen und Agitationen gegen die bestehende Regierung als eine Verletzung der dem Beamten durch das Amt auferlegten Pflichten erklärt. Es hat damit dem Beamten das Recht der eigenen freien politischen Ueberzeugung, sowie die Befugniß, dieselbe bei der Ausübung des allgemeinen Wahlrechts zu bethätigen und insbesondere durch Abgabe seiner Stimme derselben Ausdruck zu geben, keineswegs abgesprochen sein sollen; es hat vielmehr mit Berücksichtigung des Grundsatzes, daß bezüglich der Beamten die Grenzen einer solchen Betheiligung nicht bloß, wie bei den Nichtbeamten, durch die allgemeinen Strafgesetze, sondern auch durch das besondere Dienstverhältniß und die daraus originirenden Disciplinarvorschriften gezogen sind, die Unzulässigkeit der ostensiblen Agitationen der öffentlichen Demonstrationen und der das Volk gegen die Regierung beeinflussenden Parteiumtriebe Seitens der mit der guten Ordnung des Staates betrauten Beamten ausgesprochen sein sollen. Dieser Grundsatz ist übrigens insbesondere noch in dem allerhöchsten Erlasse

*) A. L. R. Th. I, Tit. 13 § 41.
**) A. L. R. Th. II, Tit. 10 §§ 1—3.

vom 4. Januar 1882 zum Ausdrucke gekommen, indem dort der König proclamirt, daß es ihm fern liege, die Freiheit der Wahlen zu beeinträchtigen, daß er aber von allem Beamten erwarte, daß sie sich im Hinblicke auf ihren Eid und Treue von jeder Agitation gegen seine Regierung auch bei den Wahlen fernhalten. Der die Pflicht zur Treue und Gehorsam gegen den Landesherrn besonders gelobende und somit verstärkende Verfassungseid ist es denn auch, welcher eine Scheidung der Beamten und Nichtbeamten in Bezug auf die obenberegten Grenzen der öffentlichen politischen Wirksamkeit herbeiführt und insbesondere auch den Beamten die Theilnahme an den statutengemäß oder factisch eine der Staatsregierung feindselige Tendenz verfolgenden und eine systematische Opposition gegen dieselbe unterhaltenden Vereinen verbietet.*)

III. Gehorsam und Folgsamkeit gegen die Vorgesetzten und die vorgesetzte Dienstbehörde. Die strenge Erfüllung dieser beiden Pflichten, welche das Princip der äußeren Disciplin erfordert, ist im Interesse eines ordnungsmäßigen Geschäftsbetriebes sowie einer durchgreifenden, thatkräftigen und sowohl das Staats- als auch das Gemeindeinteresse fördernden Verwaltung unerläßlich. Der Beamte hat sich deshalb der Ausführung aller von Seiten seiner Vorgesetzten und seiner vorgesetzten Dienstbehörde in ordnungsmäßiger Weise an ihn ergehenden Aufträge, Arbeiten und Dienste, falls dieselben nicht der Rechtsidee oder der Idee des sittlich Guten, und vor Allem nicht den Gesetzen widersprechen, unweigerlich zu unterziehen. Die Ausführung muß der Vorschrift entsprechend event. im gewöhnlichen Gange des Geschäftsbetriebs erfolgen; es bleibt dem Beamten in dem Falle, wenn er sich zur Erledigung nicht für verpflichtet hält, nur der Weg der Beschwerde in dem angeordneten Instanzenzuge offen. Eine

*) M. R. v. 11. Mai 1850 (M. Bl. p. 122).

Directive dafür, wie sich der Beamte den vorhin bezielten unzulässigen Aufträgen gegenüber, durch deren Ausführung er sich selbst verantwortlich oder strafbar macht, zu verhalten habe, ist in den Preußischen Gesetzen und Ministerialanweisungen nicht angegeben. Wie hier der zur Aufrechterhaltung der Disciplin erforderliche Gehorsam nicht soweit reicht, daß der Beamte durch ihn zur Ausführung gezwungen wird, so wird es andererseits seine Pflicht sein, den Sachverhalt der seiner Dienstbehörde vorgesetzten Aufsichtsbehörde zur weiteren Entscheidung vorzutragen. In dieser Beziehung soll darauf hingewiesen werden, daß einzelne Verfassungsgesetze Deutscher Staaten den Grundsatz aussprechen, daß gesetzmäßig erlassene Befehle vorgesetzter Dienstbehörden den mit der Ausführung betrauten Verwaltungsbeamten von der eigenen Verantwortung befreien und nur den befehlenden Beamten der vorgesetzten Behörde verantwortlich machen, indem dort an dem Grundsatze festgehalten wird, daß der Beamte den Befehlen seiner Vorgesetzten unbedingt gehorchen muß.

Hinsichtlich der Mitglieder und Unterbeamten des Magistrats enthält die für die östlichen Provinzen erlassene Instruction der Magisträte vom 25. Mai 1835 (Ann. p. 733) folgende Vorschriften. Der § 20 bestimmt, daß die Mitglieder des Magistrats und alle Unterbeamten verpflichtet sind, dem Bürgermeister in den zu seinem Ressort gehörigen Angelegenheiten Folge zu leisten, während der § 25 besagt, daß die Unterbeamten diesem und dessen Mitgliedern, sowie insbesondere dem Dirigenten Achtung und Folgsamkeit schuldig sind.

IV. **Unanstößiges Verhalten in und außer dem Berufe.** In Bezug hierauf sind verschiedene Specialbestimmungen erlassen, und zwar

a. im § 38 der Regierungsinstruction vom 23. October 1817, nach welcher gegen Beamte, welche lau in Erfüllung ihrer Pflichten sind, sie vernachlässigen oder gar absichtlich verletzen, oder ihr Amt dazu mißbrauchen, um ihren Eigennutz oder andere Privatleidenschaften oder Nebenrücksichten zu befriedigen, ohne die geringste Nachsicht, ohne den mindesten Unterschied, weß Standes und Ranges sie sind, mit aller Energie und Strenge verfahren werden muß, und daß ebensowenig Subjecte in öffentlichen Bedienungen gelitten werden sollen, welche durch ihr Privatleben Gleichgültigkeit gegen Religion und Moral an den Tag legen, oder sich sonsten durch ihren Wandel, namentlich auch durch Trunkenheit und Spiel, verächtlich machen.*) Dieselben sind, wenn sie durch ihre Lebensweise Veranlassung dazu geben, protocollarisch vor deren Folgen zu verwarnen.**)

b. In der Cabinetsordre vom 24. December 1836 (Ann. Bd. XXI, p. 13), nach welcher jeder Staatsbeamte, welcher sich des Lasters der Trunkenheit schuldig macht, ohne Pension aus dem Dienste entlassen werden soll, wenn ein Vorgesetzter desselben und seine Mitarbeiter auf ihren Amtseid versichern, daß er sich zu wiederholten Malen betrunken im Dienste habe betreten lassen, sowie auch, wenn durch die Aussage des Vorgesetzten auf seinen Amtseid oder durch die eidliche Versicherung zweier unverwerflicher Zeugen dargethan wird, daß der Beamte zu wiederholten Malen auf der Straße oder an einem öffentlichen Orte im Zustande der Trunkenheit gesehen worden ist.

c. In der Cabinetsordre vom 12. Mai 1841 (M. Bl. p. 202), nach welcher gegen Beamte, welche den ihnen von ihren Gläubigern, insbesondere von Handwerkern gegebenen Credit durch Verleitung der Gläubiger zum Creditgeben durch falsche Vorspiegelungen oder sonst be=

*) C. O. vom 31. December 1835 (G. S. 1836 p. 10).

**) M. R. vom 21. April 1845 (M. Bl. p. 115).

trügerische Mittel mißbrauchen und sich bei der Execution durch das Privilegium der Abzugsfähigkeit ihres Gehaltes schützen, in Maßgabe der Verordnung vom 28. Februar 1806 § 8 ff. mit aller Strenge, nach Bewandniß der Umstände mit der Strafe der Dienstentlassung zu verfahren ist, und daß Beamte schon dann zur Entlassung angezeigt werden sollen, wenn sie ihren Credit durch unverhältnißmäßigen Aufwand, unmotivirtes und liederliches Schuldenmachen mißbrauchen, ohne daß gerade eine betrügerische Verleitung der Gläubiger im strengen Sinne des Wortes dabei vorwaltet.*)

d. In dem § 2 des Disciplinargesetzes vom 21. Juli 1852, wonach Beamte, welche die Pflichten, die ihnen ihr Amt auferlegen, verletzen oder sich durch ihr Verhalten in oder außer dem Amte der Achtung, des Ansehens oder des Vertrauens, welche ihr Beruf erfordert, unwürdig zeigen, der disciplinarischen Bestrafung unterliegen sollen.

V. Dauernde Anwesenheit am Amtsorte. Es muß der Beamte an dem ihm zur Ausübung seines Amts überwiesenen Wohnorte, abgesehen von der Zeit des ihm bewilligten Urlaubs, dauernd anwesend sein; er darf denselben ohne Vorwissen und Genehmigung seiner Vorgesetzten nicht verlassen.**)

Das Nähere über die Urlaubsertheilung ist rücksichtlich der Magistratsmitglieder in dem M. R. vom 5. December 1867 — cfr. oben § 64 — und rücksichtlich der Magistratsunterbeamten in der Magistratsinstruction vom 25. Mai 1835 (Ann. p. 733) — cfr. unten § 101 — enthalten.

---

*) M. R. vom 24. September 1841 (M. Bl. p. 262).

**) A. L. R. Th. II, Tit. 10 § 92.

VI. Amtsverschwiegenheit. Sowohl das A. L. R. Th. II Tit. 20 als auch spätere Gesetze haben den Beamten die Amtsverschwiegenheit ausdrücklich zur Pflicht gemacht. Es hat sodann die Allerhöchste Cabinetsordre vom 21. November 1835 (G. S. p. 237) Veranlassung genommen, diese Pflicht der Beamten, sich über Gegenstände ihres Amts und dasjenige, was amtlich zu ihrer Kenntniß gelangt, ohne amtliche Veranlassung der mündlichen oder schriftlichen Mittheilung an Dritte, sowie der öffentlichen Verbreitung zu enthalten, wiederholt einzuschärfen nnd hat ferner die Departementschefs angewiesen, diejenigen Beamten, welche solche Pflicht verletzen, unnachsichtlich zur Verantwortung und Bestrafung zu ziehen.

VII. Enthaltung von Börsenspeculationen. Allen bei Geldinstituten angestellten Beamten ist es bei Strafe der sofortigen Entlassung aus dem Dienste im Disciplinarwege untersagt, in Papieren oder Waaren zu speculiren d. h. selbige zum Wiederverkaufe anzukaufen,*) während ihnen selbstverständlich die zinsbare Anlegung ihres Vermögens in Staats- oder anderen öffentlichen Papieren nicht verwehrt sein soll.

VIII. Einholung der Erlaubniß zum Gewerbebetriebe. Auf Grund der Gesetze vom 7. September 1811 und der Landesgewerbeordnung vom 17. Januar 1845 bedürfen alle Beamten, auch solche, die ihr Amt unentgeltlich verwalten, zum Betriebe eines Gewerbes der Erlaubniß der vorgesetzten Behörde, sofern nicht das Gewerbe mit der Bewirthschaftung eines ihnen gehörigen ländlichen Grundstücks verbunden, oder sonst durch gesetzliche Bestimmungen ein Anderes angeordnet ist; sie sind auch verpflichtet, die Erlaubniß zu dem Gewerbebetriebe ihrer Ehefrauen, der in ihrer väterlichen Gewalt stehenden Kinder, ihrer Dienstboten und anderer Mitglieder

*) Cab. O. vom 30. December 1826 und M. E. vom 26. Mai 1827 (Ann. Bd. XI, p. 363).

ihres Hausstandes einzuholen. Diese Bestimmungen sind auch auf die Beamten der seit 1866 neuerworbenen Provinzen ausgedehut und durch die später erlassene Reichsgewerbeordnung vom 21. Juni 1869 § 12 bei Bestand gelassen.

IX. Enthaltung des Betriebs gewisser Gewerbe. Der Betrieb der Schank- und Gastwirthschaft ist allgemein den Beamten,[1]) und insbesondere dem Bürgermeister[2]), verboten. Es ist dem Letzteren gleichfalls untersagt: der Kleinhandel mit Getränken, die Gastwirthschaft, überhaupt die gewerbsweise Verabreichung von zubereiteten Speisen oder Getränken zum Genusse auf der Stelle gegen Bezahlung — cfr. Bd. I § 57. — Der Betrieb des Handels ist dem Gemeindesteuerempfänger untersagt.[3])

X. Erwirkung der Genehmigung zur Uebernahme von Nebenämtern. Die Grundsätze über die Berechtigung zur Uebernahme von Nebenämtern Seitens der besoldeten Magistratspersonen sowie über die Pflicht znr Einholung der Genehmigung sind bereits oben Bd. I § 63 näher dargelegt. Diese Grundsätze finden auch auf die übrigen besoldeten Communalbeamten entsprechende Anwendung, jedoch mit der Maßgabe, daß die Genehmiguug zur Uebernahme hinsichtlich der städtischen Unterbeamten nicht dem Regierungspräsidenten oder der Stadtverordnetenversammlung, sondern allein dem Magistrate, als der vorgesetzten Dienstbehörde, zusteht. Es ist hier indeß noch zu erwähnen, daß die Uebertragung von Nebenämtern in der Regel nur auf Widerruf erfolgen soll, und daß die Erlaubniß zur Uebernahme jederzeit zurückgenommen werden kann, wenn dies im Interesse des Dienstes für nothwendig erachtet wird.

---

[1]) M. R. vom 25. Mai 1842 (M. Bl. p. 229).
[2]) Ges. vom 7. Febr. 1835 (G. S. p. 18).
[3]) M. R. vom 29. Februar 1840 (M. Bl. p. 114).

In allen vorstehenden Fällen gestaltet sich die Verletzung der dort benannten Pflichten als ein Disciplinarvergehen, welches nach Vorschrift des Gesetzes vom 21. Juli 1852 entweder dem Ordnungsstrafrechte der Vorgesetzten oder der Entscheidung einer Disciplinarbehörde unterliegt. Es giebt nun aber außerdem noch Verletzungen von Amtspflichten, welche der strafrichterlichen Entscheidung unterliegen, und welche unter dem Namen „Amtsverbrechen und Vergehen" zusammengefaßt werden. Davon soll das Nähere in dem folgenden § erörtert werden.

§ 95. Die Dienstpflichten in criminell strafbarer Beziehung.

Die Verbrechen und Vergehen im Amte unterliegen als criminell strafbare Verletzungen einer Amtspflicht der Beamten ausschließlich der Aburtheilung durch die Strafgerichte, welche in Gemäßheit der Strafgesetze darüber zu erkennen und die angedrohten Strafen zu verhängen haben. Das Reichsstrafgesetz hat diese Amtsverbrechen und Vergehen in den §§ 331—358 zusammengestellt und im § 359 ausgesprochen, daß unter Beamten in dem hier vorliegenden Sinne insbesondere auch die in mittelbarem Staatsdienste auf Lebenszeit, auf Zeit oder nur vorläufig angestellten Personen ohne Unterschied, ob sie einen Diensteid geleistet haben oder nicht, zu verstehen sind. Es werden im Allgemeinen unterschieden:

a. eigentliche Amtsverbrechen und Vergehen, durch welche eine besondere Amtspflicht verletzt wird,
   uneigentliche — diejenigen gemeinen Verbrechen rc., welche für den Fall, daß sie von einem Beamten bei der Ausübung seines Amtes begangen werden, mit besonderer Strafe bedroht sind,
b. allgemeine, welche von Beamten aller Gattungen begangen werden können.

besondere, welche nur von Beamten einer besonderen Gattung zu begehen möglich sind;

c. gemischte, an welchen noch ein Dritter, welcher auch nicht Beamter zu sein braucht, nothwendig betheiligt sein muß,

reine, welche durch einen Beamten nur allein ohne die nothwendige Betheiligung eines Dritten begangen werden können.

Was nun die einzelnen Arten anlangt, so gruppiren sich dieselben, insoweit die Communalbeamten in Betracht kommen, folgendermaßen:

I. **Bestechung des Beamten.**

a. zu einer in sein Amt einschlagenden, an sich nicht pflichtwidrigen Handlung, (St.G.B. § 331), falls derselbe sich die nur ausnahmsweise zu ertheilende Erlaubniß zur Annahme eines Geschenks oder anderer Vortheile für Amtsverrichtungen bei dem Minister des Innern nicht verwirkt hat,*)

b. zu einer pflichtwidrigen Handlung, welche eine Verletzung der Amts- oder Dienstpflicht enthält. (St.G.B. § 332).

II. **Rechtsbeugung** durch einen Beamten, welcher bei der Leitung oder Entscheidung einer Rechtssache eine Parthei vorsätzlich begünstigt oder benachtheiligt. (St.G.B. § 336).

III. **Mißbrauch der Amtsgewalt Seitens des Beamten.**

a. Widerrechtliche Nöthigung eines Dritten zu einer Handlung, Duldung oder Unterlassung (St.G.B. § 339) durch Mißbrauch der Amtsgewalt oder durch Androhung eines bestimmten Mißbrauchs derselben. Der Versuch ist gleichfalls strafbar.

---

*) M. R. vom 8. März 1855 (M. Bl. p. 116) und vom 15. Juni 1856 (M. Bl. p. 219).

b. Vorsätzliche Begehung oder Begehenlassen einer Körperverletzung bei Ausübung oder in Veranlassung der Ausübung seines Amtes (St.G.B. § 340).

c. Vorsätzliche, unberechtigte Vornahme oder Anordnung einer Verhaftung oder einer vorläufigen Ergreifung und Festnahme oder einer Zwangsgestellung, oder vorsätzliche, unberechtigte Verlängerung der Dauer einer Freiheitsentziehung (St.G.B. § 341).

d. Begehung eines Hausfriedensbruchs in Ausübung oder in Veranlassung der Ausübung seines Amtes. (St.G.B. § 342).

e. Anwendung oder Anordnung von Zwangsmittel in einer Untersuchung zum Zwecke der Erpressung von Geständnissen oder Aussagen. (St.G.B. § 343).

f. Vorsätzliche Beantragung oder Beschließung der Eröffnung oder Fortsetzung einer Untersuchung zum Nachtheile einer Person, deren Unschuld ihm bekannt ist (St.G.B. § 344).

g. Vorsätzliche oder fahrlässig bewirkte Vollstreckung einer Strafe, von welcher er weiß, daß sie überhaupt nicht oder nicht in der Art oder dem Maaße nach vollstreckt werden darf. (St.G.B. § 345).

h. Unterlassung der Verfolgung einer strafbaren Handlung mit der Absicht, Jemand der gesetzlichen Strafe zu entziehen, oder Begehung einer Handlung, welche geeignet ist, eine Freisprechung oder eine dem Gesetze nicht entsprechende Bestrafung zu bewirken, oder Nichtbetreibung der Vollstreckung der ausgesprochenen Strafe oder Vollziehung einer gelinderen als die erkannte Strafe, und zwar in allen Fällen, wenn der Beamte vermöge seines Amtes bei Ausübung der Strafgewalt oder bei Vollstreckung der Strafe mitzuwirken hat. (St.G.B. § 346).

i. Vorsätzliche oder fahrlässige Zulassung, Beförderung oder Erleichterung der Entweichung eines Gefangenen, dessen

Beaufsichtigung, Begleitung oder Bewachung dem Beamten anvertraut ist, sowie vorsätzliche oder fahrlässige Bewirkung oder Beförderung der Befreiung eines solchen Gefangenen. (St.G.B. § 347).

k. Verhinderung eines Mitglieds der gesetzgebenden Versammlung des Reichs oder des Staates, sich an den Ort der Versammlung zu begeben oder zu stimmen, durch Mißbrauch seiner Amtsgewalt oder Androhung eines bestimmten Mißbrauchs derselben. (St.G.B. §§ 339 und 106).

l. Verhinderung eines Deutschen, in Ausübung seiner staatsbürgerlichen Rechte zu wählen oder zu stimmen, durch Mißbrauch seiner Amtsgewalt oder Androhung 2c. (St. G.B. §§ 339 und 107).

m. Verhinderung einer Person, den Gottesdienst einer im Staate bestehenden Religionsgesellschaft auszuüben, oder vorsätzliche Verhinderung oder Störung des Gottesdienstes oder einzelner gottesdienstlicher Verrichtungen einer im Staate bestehenden Religionsgesellschaft in einer Kirche oder in einem andern zu religiösen Versammlungen bestimmten Orte durch Erregung von Lärm oder Unordnung, und zwar in allen Fällen, wenn er sich bei der Hinderung oder Störung des Mißbrauchs seiner Amtsgewalt oder der Androhung eines bestimmten Mißbrauchs derselben schuldig macht. (St.G.B. §§ 339 und 167).

n. Erpressung durch Nöthigung eines Dritten zu einer Handlung, Duldung oder Unterlassung durch Mißbrauch seines Amts oder Audrohung eines bestimmten Mißbrauchs desselben in der Absicht, sich oder einem Anderen einen rechtswidrigen Vermögensvortheil zu verschaffen. (St.G.B. §§ 339 und 253).

IV. **Urkundenfälschung.** Seitens des zur Aufnahme öffentlicher Urkunden befugten Beamten, welcher innerhalb seiner

Zuständigkeit vorsätzlich eine rechtlich erhebliche Thatsache falsch beurkundet oder in öffentliche Register oder Bücher falsch einträgt, oder welcher eine ihm amtlich anvertraute oder zugängliche Urkunde vorsätzlich vernichtet, bei Seite schafft, beschädigt oder verfälscht. (St.G.B. §§ 348 und 349).

V. **Unterschlagung amtlich empfangener oder anvertrauter Gelder oder Sachen.** Auch der Versuch ist strafbar. Die Strafe wird verschärft, wenn der Beamte in Beziehung auf die Unterschlagung die zur Eintragung oder Controle der Einnahmen oder Ausgaben bestimmten Rechnungen, Register oder Bücher unrichtig geführt, verfälscht oder unterdrückt, oder unrichtige Abschlüsse oder Auszüge aus diesen Rechnungen, Registern oder Büchern, oder unrichtige Beläge zu denselben vorlegt, oder wenn er in Beziehung auf die Unterschlagung auf Fässern, Beuteln oder Packeten den Geldinhalt fälschlich bezeichnet. (St.G.B. §§ 350 und 351).

VI. **Abschließung einer Doppelehe** durch einen Personenstandsbeamten. (St.G.B. § 338).

VII. **Ueberhebung von Gebühren und Abgaben** in folgenden Fällen:

a. wenn ein Beamter, welcher Gebühren oder andere Vergütungen für amtliche Verrichtungen zu seinem Vortheile zu erheben hat, solche erhebt, von denen er weiß, daß der Zahlende sie überhaupt nicht oder nur in geringerem Betrage verschuldet.

b. Wenn ein Beamter, welcher Steuern, Gebühren oder andere Abgaben für eine öffentliche Kasse zu erheben hat, solche Abgaben erhebt, von denen er weiß, daß der Zahlende sie überhaupt nicht oder nur in geringerem Betrage verschuldet, und wenn er das rechtswidrig Erhobene ganz oder zum Theil nicht zur Kasse bringt.

c. Wenn ein Beamter, welcher bei amtlichen Ausgaben an Geld oder Naturalien dem Empfänger vorsätzlich und rechtswidrig Abzüge macht und die Ausgaben als vollständig geleistet in Rechnung stellt. (St.G.B. §§ 352 und 353).

VIII. **Verleitung und Connivenz zu Pflichtwidrigkeiten Seitens des Amtsvorgesetzten.** Es macht sich derjenige Amtsvorgesetzte strafbar, welcher seine Untergebenen zu einer strafbaren Handlung im Amte vorsätzlich verleitet oder zu verleiten unternimmt, oder eine solche strafbare Handlung seiner Untergebenen wissentlich geschehen läßt. Dasselbe ist der Fall in Betreff desjenigen Beamten, welchem eine Aufsicht oder Controle über die Amtsgeschäfte eines anderen Beamten übertragen ist, sofern die von dem Letzteren begangene strafbare Handlung die zur Aufsicht oder Controle gehörenden Geschäfte betrifft. (St.G.B. §§ 357 und 358.)

§ 96. Die Haftpflicht der Communalbeamten im Allgemeinen.

Die Frage, ob und inwieweit ein öffentlicher Beamte aus seiner amtlichen Thätigkeit haftet, findet ihre Beantwortung im A.L.R. Th. II, Tit. 10 §§ 88 und 89. Es ist nämlich dort ausgesprochen, daß der Beamte alle Geschäfte des ihm übertragenen Amtes mit pflichtmäßiger Sorgfalt zu führen sowie darauf die genaueste Aufmerksamkeit zu verwenden hat, und sodann, daß er jedes in Ausübung seines Amtes begangene Versehen vertreten muß, welches bei gehöriger Aufmerksamkeit und nach den Kenntnissen, welche bei der Verwaltung des Amtes erfordert werden, hätte vermieden werden können und sollen. Der Beamte trägt somit nicht bloß für die in Ausübung seiner Amtsthätigkeit ausgeführten Handlungen, sondern auch für Unterlassung der ihm amtlich zur Ausführung obliegenden Handlungen volle Verantwortung, und haftet in beiderlei Beziehung nicht bloß für Vorsatz und grobes Versehen, sondern überhaupt für jegliches Versehen, welches bei gehöriger Aufmerksamkeit und bei Anwendung der zur Verwaltung des betreffenden Amtes erforderlichen Kenntnisse vermieden werden konnte und mußte. Die aus einer solchen Haftpflicht sich ergebende Verantwortlichkeit tritt nun nach mehreren Richtungen hervor, und zwar insofern, als der Beamte sich in disciplinarischer Beziehung vor seinen Dienstvorgesetzten, bezw. seiner vorgesetzten Aufsichtsbehörde, in strafrechtlicher Beziehung vor den Strafgerichten und in civilrechtlicher Beziehung wegen Ansprüche, für welche er sowohl der Gemeinde und der Regierung, als auch Privatpersonen gegenüber haftpflichtig werden kann, vor den Civilgerichten zu verantworten hat. In letzterer Beziehung ist hervorzuheben, daß civilrechtliche Ansprüche niemals in dem Disciplinarverfahren zum Austrage kommen können, sondern event. dem gerichtlichen Verfahren vorbehalten sind, sowie daß die Grenze, innerhalb welcher die gerichtliche Verfolgung eines Beamten aus seiner Amtsthätigkeit offen steht, durch das Gesetz vom 13. Februar 1854 gezogen ist. Dasselbe enthält nämlich die Bestimmung, daß in dem Falle, wenn gegen einen Beamten wegen einer in Ausführung oder in Veranlassung der Ausübung seines Amtes vorgenommenen Handlung oder Unterlassung einer Amtshandlung die Verfolgung im Wege des Civil- oder Strafprocesses eingeleitet worden ist, der vorgesetzten Provincial- oder Centralbehörde des Beamten, welcher im geeigneten Falle von Seiten des Magistrats oder des Bürgermeisters Anzeige gemacht werden muß, die Erhebung des Conflicts bei dem Gerichtshofe zur Entscheidung der Competenzconflicte freisteht, falls sie die Ansicht vertreten, daß dem angeklagten oder gerichtlich belangten Beamten eine zur gerichtlichen Verfolgung geeignete Ueberschreitung seiner Amtsbefugnisse oder pflichtwidrige Unterlassung einer ihm obliegenden Amtshandlung nicht zur Last fällt, und daß hierauf der vorgenannte Gerichtshof endgültig darüber zu entscheiden hat, ob solche Amtsüberschreitung oder Pflichtwidrigkeit zur gerichtlichen Verfolgung geeignet ist oder nicht. Durch diese Bestimmung wird im Beihalte des Art. 97 der Verfassung der Grundsatz anerkannt, daß sich die Haftpflicht des Beamten nur auf die durch Ueberschreitung seiner Amtsbefugnisse oder durch pflichtwidrige Unterlassung der ihm obliegenden Amtshandlungen entstandenen Gesetzes- und Rechtsverletzungen erstreckt.*) Es darf hier indeß nicht unerwähnt bleiben, daß in den Fällen der durch Fahrlässigkeit des Beamten oder durch vernachlässigte Aufsicht des Dienstvorgesetzten herbeigeführten Beschädigungen der bezügliche Schadensersatzanspruch gegen den Beamten in Ermangelung anderweitiger, zur Abwendung des Schadens geeigneter Rechtsmittel gerichtlich verfolgt werden kann.**) Im Uebrigen kommen in Bezug auf die Communalbeamten auch die rücksichtlich der Haftpflicht der Beamten im A. L. R. Th. I, Tit. 6 und Th. II, Tit. 10 im Allgemeinen gegebenen Vorschriften zur Anwendung.

Es steht hiermit im Zusammenhange die den Gegenstand einer desfallsigen Controverse bietende Frage, ob und inwieweit die Gemeinde für den aus der obenberegten Ueberschreitung oder pflichtwidrigen Unterlassung erwachsenen Schaden dritten Personen gegenüber regreßpflichtig wird. Diese Frage, welche von Koch verneint und von dem früheren Obertribunal bejaht worden ist, findet ihre Entscheidung im A. L. R. Th. II, Tit. 6 §§ 151—156. Dieselben enthalten den Grundsatz, daß die Rechte und Pflichten der Beamten nach ihren Anstellungen und Amtsinstructionen, im Uebrigen aber nach der Lehre von Vollmachtsaufträgen zu behandeln sind, und daß die Corporationen die Handlungen und Verträge ihrer

*) C. C. E. vom 10. März 1855 (M. Bl. p. 114).
**) A. L. R. Th. II, Tit. 10 § 91 und Tit. 18 § 302.

Beamten soweit vertreten müssen, als diese, nach der Natur ihres Auftrages, denselben, ohne dergleichen Handlungen vorzunehmen, nicht würden ausführen können. Hierin liegt das Princip ausgesprochen, daß die Gemeinde nur aus denjenigen Handlungen, welche ihre Beamten innerhalb ihrer Zuständigkeit und innerhalb ihrer Amtsbefugnisse in legaler Weise ausführen, in Anspruch genommen werden können, daß sie dagegen für den aus einer Ueberschreitung oder aus einer Pflichtwidrigkeit des Beamten entstehenden Schaden an sich, falls nicht etwa ein sonstiger Verpflichtungsgrund hinzutritt, dritten Personen gegenüber in der Regel nicht regreßpflichtig wird.

Die Gemeinde selbst kann den ihr in einem solchen Falle erwachsenen Schaden wider ihre Beamten schon dann verfolgen, wenn diese die in ihren Dienstinstructionen, den Gemeindeverfassungsgesetzen oder sonstigen gesetzlichen Bestimmungen vorgeschriebenen Formalitäten und Bedingungen außer Acht gelassen haben.

§ 97. Die Haftpflicht der Beamten in Bezug auf Cassendefecte.

Die im vorigen § entwickelten Grundsätze finden auch ihre volle Anwendung in Bezug auf die von Beamten vorsätzlich oder fahrlässig bewirkten Cassendefecte. Dieselben setzen keineswegs ein Verbrechen des betreffenden Cassenbeamten voraus. Ein Cassendefect kann vielmehr schon durch ein bloß zufälliges Ereigniß entstehen, welches dem Cassenbeamten entweder gar nicht oder nur als ein geringes, seine Erstattungspflicht begründendes Versehen anzurechnen ist, oder auch nur in einer leichtsinnigen, unordentlichen, nachlässigen Geschäftsführung seinen Grund haben.*) Wenn hier nun der bezüg-

*) M. R. vom 4. Januar 1836 (Ann. Bd. XX, p. 35).

lichen Haftpflicht besonders gedacht wird, so hat dies darin seinen Grund, daß ein besonderes administratives Verfahren durch das Gesetz vom 24. Januar 1844 (G. S. p. 52)[1]) und durch das Zuständigkeitsgesetz vom 1. August 1883 § 17 sub 5 in Betreff der Festsetzung und des Ersatzes der bei den Cassen und andern öffentlichen Verwaltungen vorkommenden Defecte angeordnet worden ist. Die wesentlichsten Bestimmungen des Defectengesetzes vom 24. Januar 1844, welches auf alle Kassenverwaltungen Anwendung findet, und welches auch auf die seit 1866 erworbenen Provinzen erstreckt ist, sind nun in Verbindung mit dem Zust.G. § 17 in Bezug auf die Stadtgemeinden folgende.

Die Defecte an öffentlichen oder Privatvermögen, welche bei den städtischen Kassen oder anderen städtischen Verwaltungen entdeckt werden, sowie die Defecte an solchen öffentlichen oder Privatvermögen, welches vermöge besonderer amtlicher Anordnung bloß in die Gewahrsam eines Communalbeamten gekommen ist, sind zunächst von dem Bezirksausschusse festzustellen, ebenso die für den Defect haftende Person, sowie die Höhe der Erstattungssumme bei dem Defecte an Materialien durch Berechnung in Geld. Der Bezirksausschuß hat sodann einen motivirten Beschluß über den Betrag des Defects, die Person des ersatzpflichtigen Beamten und den Grund seiner Verpflichtung abzufassen.[2]) Ein solcher Beschluß ist vorbehaltlich des ordentlichen Rechtsweges endgültig[3]) und ohne Weiteres vollstreckbar. Der Gang des weiteren Verfahrens wird durch den Inhalt des Defectenbeschlusses bestimmt, für

---

[1]) Verordnung v. 29. Sept. 1867 in Betreff der seit 1866 erworbenen Provinzen.

[2]) M. R. vom 30. Juni 1847 (J. M. Bl. p. 197) und vom 15. October 1853 (J. M. Bl. p. 362).

[3]) Zust. G. § 17 sub 5.

welchen die §§ 4, 8—11 des Gesetzes vom 24. Januar 1844 maßgebend sind.

Sind Beamte, gegen welche die executivische Einziehung des Defects zulässig ist, in der Verwaltung ihres Amtes, wofür sie eine Amtscaution bestellt haben, belassen worden, so ist die Execution nicht zunächst in die Caution, sondern in das übrige Vermögen zu vollstrecken, jedoch, soweit die Caution reicht, nur auf Sicherstellung eines gleichen Betrages zu richten.

Bei Gefahr im Verzuge können der Magistrat oder der Bürgermeister vorläufige Sicherheitsmaßregeln durch Beschlagnahme des Vermögens oder Gehalts gegen diejenigen Beamten ergreifen, welche nach seinem Ermessen den Defect durch Vorsatz (Unterschlagung oder Veruntreuung) bewirkt oder durch grobes Versehen veranlaßt haben; der Magistrat bezw. der Bürgermeister müssen aber davon dem Bezirksausschusse ungesäumt Anzeige machen und dessen Genehmigung einholen. Die Gerichte und Hypothekenbehörden sind verpflichtet, den an sie ergehenden Requisitionen zu genügen, die Execution ohne vorgängiges Verfahren schleunig zu vollstrecken, die Beschlagnahme der zur Deckung erforderlichen Vermögensstücke zu verfügen und die beantragten Eintragungen, wenn sonst kein Umstand obwaltet, im Hypothekenbuche zu veranlassen, ohne auf eine Beurtheilung der Rechtmäßigkeit einzugehen.

Der dem Beamten gegen den Defectenbeschluß sowohl hinsichtlich des Betrags, als hinsichtlich der Ersatzverbindlichkeit überhaupt offen gelassene Rechtsweg ist innerhalb der praeclusivischen Frist eines Jahres, gerechnet vom Tage der Bekanntmachung des vollstreckbaren Beschlusses an, zu beschreiten; er hat indeß auf die Execution keine suspensive Wirkung. Gegen den die vorläufige Beschlagnahme des Vermögens oder Gehalts anordnenden Beschluß, welcher im Falle der Gefahr auf Anordnung des Magistrats unter nachträglicher Erwirkung der

Genehmigung des Bezirksausschusses erfolgen kann, steht dem Beamten die Berufung auf rechtliches Gehör in derselben Weise zu, wie dies gegen einen gerichtlich angelegten Arrest zulässig ist.

Die vorstehenden Bestimmungen finden nicht bloß auf die im Amte befindlichen, sondern auch auf die bereits ausgeschiedenen Beamten Anwendung.*)

§ 98. Die Civilversorgungsberechtigung der Gemeindeunterbeamten.

Zu den Gemeindeunterbeamten gehören ausnahmslos alle städtischen Beamte, welche nicht Sitz und Stimme in dem Magistratscollegium haben. Die Anstellung derjenigen, welche eine Besoldung aus der Stadtkasse empfangen, erfolgt durch den Magistrat nach zuvoriger Anhörung der Stadtverordnetenversammlung. In dem § 66 sub VI ist bereits das Nähere über die Anstellungsgrundsätze zur Darstellung gelangt. Hier soll die Erörterung darüber folgen, inwieweit das Anstellungsrecht der städtischen Behörden durch die über die Civilversorgungsberechtigung bestehenden gesetzlichen Bestimmungen beschränkt ist.

In den Städteordnungen ist einer solchen Beschränkung überhaupt nicht gedacht. Es ist dies in Maßgabe der Ministerialinstructionen vom 20. Juni 1853, vom 9. Mai 1856 und 18. Juni 1856 aus dem Grunde geschehen, weil die über die Anstellung der Militairinvaliden erlassenen Vorschriften, welche als solche einen integrirenden Theil der Armeeverwaltung bilden, nicht aus dem Bereiche der hierüber bestehenden besonderen Gesetzgebung in das Gebiet specieller Communalordnungen haben gezogen werden, sondern unab-

*) M. R. vom 20. August 1845 (M. Bl. p. 282).

hängig von letzteren nach wie vor zur Anwendung kommen sollen. Die Verpflichtung der Gemeinden, die städtischen Subalternbeamten und die unteren Beamten aus der Zahl der civilversorgungsberechtigten Militairanwärter zu wählen, stützte sich früher im Wesentlichen auf das Reglement über die Civilversorgung und Civilanstellung der Militairpersonen vom 18. Juni 1867 (M.Bl. p. 280). Die §§ 1—9 und §§ 14—37 sind dann durch den Allerhöchsten Erlaß vom 10. September 1882 (M.Bl. p. 225) aufgehoben. An Stelle dieser aufgehobenen Bestimmungen sind nun in Maßgabe der Allerhöchsten Ordre vom 10. September 1882 (M.Bl. p. 225) diejenigen Vorschriften getreten, welche durch den Bundesrath im März 1882 in Bezug auf die Besetzung der Subaltern- und Unterbeamtenstellen bei den Reichs- und Staatsbehörden mit Militäranwärtern festgestellt worden sind. Es normiren also jetzt für die Besetzung solcher Stellen im städtischen Communaldienste die §§ 10—13 des Reglements vom 18. Juni 1867, die darin aufrecht erhaltenen älteren Bestimmungen der Allerhöchsten Cabinetsordres vom 29. Mai 1820 (G. S. p. 79) und vom 1. August 1835 (G. S. p. 179), sowie endlich die im Ministerialblatte für die innere Verwaltung von 1882 p. 225 festgestellten Grundsätze des Bundesraths.

Der § 11 des Reglements vom 18. Juni 1867 giebt dem Principe Ausdruck, inwieweit bei der Besetzung der Communalbeamtenstellen die civilversorgungsberechtigten Militäranwärter Berücksichtigung finden sollen. Nachdem dort im Allgemeinen der Grundsatz ausgesprochen ist, daß die städtischen Behörden zu den besoldeten Unterbeamtenstellen keine anderen als versorgungsberechtigte Militäranwärter wählen dürfen, sind dann unter Aufrechterhaltung der bezüglichen Cabinetsordres vom 29. Mai 1820 und 1. August 1835 zwei Ausnahmen gestattet, und zwar dahin:

a. daß die Stellen der städtischen Subalternbeamten, welche

eine höhere oder eigenthümliche Geschäftsbildung erfordern,[1]) in dem Falle, wenn dergleichen versorgungsberechtigte Militäranwärter nicht vorhanden sind, auch mit anderweitig geeigneten Personen besetzt werden können, und

b. daß den städtischen Behörden hinsichtlich der Anstellung der Cämmerei-Rendanten und Communal-Cassenbeamten,[2]) zu welchen auch die Cämmerei-Cassendiener,[3]) dagegen nicht die städtischen Executoren gehören,[4]) völlig freie Hand gelassen ist.

Bei der Besetzung aller übrigen Unterbeamtenstellen ist das dazu erforderliche Personal ausschließlich aus der Zahl der Militäranwärter zu wählen d. h. aus der Zahl derjenigen activen oder inactiven Militärpersonen, welche sich im Besitze des Civilversorgungsscheins befinden. Was die Classe der dazu berechtigten Militärpersonen anlangt, so bestimmt der § 10 des Reichsgesetzes vom 4. April 1874 (R. G. Bl. p. 25), daß Unteroffiziere, welche nicht schon als Invaliden versorgungsberechtigt sind, durch zwölfjährigen activen Militärdienst bei fortgesetzter guter Führung den Anspruch auf den Civilversorgungsschein erlangen. Im Einzelnen sind bei der gesetzlich vorgeschriebenen Berücksichtigung dieser Militäranwärter folgende Grundsätze zu beachten:

I. Allgemeine Grundsätze. Die civilversorgungsberechtigten Stellen sind, solange sich dazu befähigte und bereite Militäranwärter finden, nur mit diesen zu besetzen, und zwar ohne Unterschied, ob die Stellen dauernd oder nur zeitweise bestehen, ob mit ihnen ein etatsmäßiges Gehalt oder nur eine

---

[1]) Cab. Ordre vom 29. Mai 1820 (G. S. p. 79).
[2]) Cab. Ordre vom 1. August 1835 (G. S. p. 179).
[3]) M. R. vom 1. August 1835 (M. Bl. 1841 p. 56).
[4]) M. R. vom 10. November 1841 (M. Bl. p. 319).

diätarische oder eine anderweitige Remuneration verbunden ist, ob die Anstellung auf Lebenszeit, auf Kündigung oder sonst auf Widerruf erfolgen soll. Sind befähigte und bereite Militäranwärter nicht zu finden, so ist es den Gemeinden gestattet, auch nicht versorgungsberechtigte Personen zu wählen. Eine gleiche Berechtigung ist den Gemeinden freigelassen, wenn zu einer vorübergehenden Beschäftigung Hülfsarbeiter erforderlich, und qualificirte Militäranwärter nicht vorhanden sind, deren Eintritt ohne verhältnißmäßigen Zeitverlust oder Kostenaufwand herbeigeführt werden kann.

II. Qualification der Militäranwärter. Nur befähigte Bewerber können Berücksichtigung finden. Sie müssen auf Erfordern die genügende Qualification für die zu besetzende Stelle, bezw. den fraglichen Dienstzweig event. durch Zeugnisse über die etwa vorgeschriebenen Prüfungen nachweisen. Es kann übrigens auch den Städten die Befugniß nicht abgesprochen werden, zur Feststellung solcher Qualification besondere Prüfungen einzuführen, welchen sich die Militäranwärter bei der Bewerbung um städtische Beamtenstellen jedenfalls unterziehen müssen, sowie die Zulassung zu dieser Prüfung oder die Annahme der Bewerbung überhaupt von einer vorgängigen informatorischen Beschäftigung in dem betreffenden Dienstzweige abhängig zu machen; jedoch darf eine solche Beschäftigung in der Regel die Dauer von drei Monaten nicht übersteigen. Die Städtegemeinden sind im Falle von Bewerbungen nicht befähigter Anwärter zur Besetzung der betreffenden Stelle mit einer anderen geeigneten Persönlichkeit berechtigt.

Zur Feststellung der körperlichen Qualification haben die Militärbehörden auf Verlangen der Anstellungsbehörde diejenigen ärztlichen Atteste mitzutheilen, auf Grund deren die Ertheilung des Civilversorgungsscheins wegen Invalidität erfolgt ist, wenn seit deren Ausstellung noch nicht drei Jahre verflossen sind. Im Uebrigen müssen die Bewerber auf Erfordern ihre körperliche Qualification durch diejenigen ärztlichen Atteste feststellen, welche von Seiten der Anstellungsbehörde gefordert werden.

III. Die Vacanzenliste. Solche Stellen, für welche Stellenanwärter, d. h. qualificirt befundene Bewerber nicht notirt sind, werden im Falle der Vacanz in einer wöchentlich herauszugebenden Liste, der sog. Vacanzenliste, bekannt gemacht. Die Aufnahme der Stellen in die Liste wird durch eine besondere Militärbehörde, die sog. Vermittelungsbehörde, veranlaßt. Ist innerhalb einer vom Tage der Veröffentlichung der Vacanz zu berechnenden Frist von sechs Wochen eine Bewerbung Civilversorgungsberechtigter bei der Anstellungsbehörde nicht eingegangen, so hat dieselbe in der Stellenbesetzung freie Hand.

IV. Der Probedienst. Die Stadtgemeinden sind berechtigt, die definitive Anstellung von einem längeren Probedienste oder einer Probedienstleistung abhängig zu machen; jedoch soll die Probezeit, vorbehaltlich der Abkürzung bei früher erwiesener Qualification, in der Regel höchstens sechs Monate betragen. Die Anstellungsbehörde ist andererseits verpflichtet, spätestens bei Beendigung der Probezeit Beschluß darüber zu fassen, ob der Bewerber in seiner Stelle zu bestätigen, bezw. in den Communaldienst zu übernehmen oder wieder zu entlassen ist. Diejenigen Bewerber, welche sich noch im activen Dienststande befinden, werden auf Veranlassung der Anstellungsbehörde durch die vorgesetzte Militärbehörde für die Dauer der Probezeit abcommandirt, welche indeß über die Zeit von sechs Monaten nicht verlängert werden darf.

Den Bewerbern ist im Falle der Anstellung auf Probe das volle Stelleneinkommen zu zahlen, dagegen während der Zeit einer etwaigen Probedienstleistung eine fortlaufende Remuneration von nicht weniger als Dreiviertheil des Stelleneinkommens.

Schließlich soll hier noch darauf hingewiesen werden, daß hinsichtlich der Anstellung der Forstversorgungsberechtigten in den Stellen der Gemeindeforstbeamten das Regulativ vom 15. Februar 1879 (M. Bl. p. 164) und das M. R. vom 9. April 1880 (M. Bl. p. 119) normiren.

§ 99. Der Diensteid.

Während die Städteordnungen die Specialbestimmung enthalten, daß die Mitglieder des Magistrats vor ihrem Amtsantritte in Eid und Pflicht genommen werden sollen, schreibt der Art. 108 der Verfassung im Allgemeinen vor, daß alle Staatsbeamten, und somit auch alle Gemeindebeamten, den Eid der Treue und des Gehorsams leisten und die gewissenhafte Beobachtung der Verfassung beschwören sollen. Der desfallsige Eid ist in der Form, wie er jetzt abzuleisten ist, in dem § 1 der Verordnung vom 6. Mai 1867 (G. S. p. 715) normirt. Der Wortlaut ist bereits Bd. I p. 280 wiedergegeben. In die Formel dieses Eides ist nicht bloß der vorberegte Inhalt des Art. 108 der Verfassung, sondern auch das Versprechen der getreuen Erfüllung der Amtspflichten aufgenommen. Alle diese Pflichten, welche durch ihn angelobt werden sollen, werden nun durch die Ableistung nicht erst begründet, sondern nur in erhöhtem Maaße verstärkt. Jeder Gemeindebeamte ist immer bei Strafe des Verlustes seines Amtes zur körperlichen Ableistung des obenberegten Verfassungseides verpflichtet; es soll indeß von demjenigen Beamten, welcher eine anderweitige Wirksamkeit erhält oder zu einem anderen Verwaltungszweige übergeht, nur die schriftliche oder zu Protocoll abgegebene Erklärung erfordert werden, daß er sich bei Uebernahme des neuen Amtes durch den schon abgeleisteten Eid für alle seine neuen Amtsverhältnisse eidlich verpflichtet erachte.*) Ueber die Vereidigung selbst, bezw. über die bei der Uebernahme eines neuen Amtes nachgelassene Erklärung ist ein Protocoll aufzunehmen, welches von dem verpflichteten Beamten eigenhändig zu unterschreiben ist.

Der Verfassungseid ist insbesondere auch von den städtischen Forstschutzbeamten abzuleisten und wird keineswegs durch denjenigen Eid ersetzt, welcher in dem Forstdiebstahlsgesetze vom 15. April 1878 § 24 vorgeschrieben ist und dahin lautet:

daß der Forstschutzbeamte die Zuwiderhandlungen gegen dieses Gesetz, welches den seinem Schutze gegenwärtig anvertrauten oder künftig anzuvertrauenden Bezirk betreffen, gewissenhaft anzeigen, bei seinen gerichtlichen Vernehmungen über dieselben nach bestem Wissen die reine Wahrheit sagen, nichts verschweigen und nichts hinzusetzen, und die ihm obliegenden Schätzungen unpartheiisch und nach bestem Wissen und Gewissen bewirken werde.

Mit diesem Eide hat es folgende Bewandniß. Die mit dem Forstschutze betrauten Personen, zu welchen auf Grund des § 23 des Gesetzes vom 15. April 1878 auch die von dem Magistrate auf Lebenszeit angestellten Forstbeamten und die für den Forstdienst bestimmten oder mit Forstversorgungsschein entlassenen Militärpersonen gehören, können in dem Falle, wenn dieselben eine Anzeigegebühr nicht empfangen, nach zuvoriger Genehmigung des Bezirksausschusses (in den Kreisordnungsprovinzen) bezw. der Regierung (in den übrigen Provinzen) in der angegebenen Form bei demjenigen Amtsgerichte, in dessen Bezirke sie ihren Wohnsitz haben, ein- für allemal beeidigt werden. Durch die Ableistung dieses gerichtlichen Eides werden die Forstbeamten von der jedesmaligen

*) Cab. O. vom 10. Februar 1835 und M. R. vom 9. November 1867 (M. Bl. p. 327).

besonderen Beeidigung entfreit und erlangen in dem Falle, wenn sie mit ihrem Diensteinkommen nicht auf Pfandgelder, Denunciantenantheil oder Strafgelder angewiesen sind, auf Grund des Gesetzes vom 31. März 1837 (G. S. p. 65) die Befugniß, in ihrem Dienste zum Schutze der Forsten und Jagden gegen Holz- und Wilddiebe, gegen Forst- und Jagdcontravenienten von ihren Waffen Gebrauch zu machen. Die vorberegte Befugniß ist für den Fall der gerichtlichen Beeidigung auch ausgedehnt worden:

a. auf die zum 20jährigen Militärdienst verpflichteten, als Forstschutzbeamte interimistisch angestellten Corpsjäger (Cab.O. vom 6. October 1837 und 19. April 1838).

b. auf die im Communaldienste als Forstschutzbeamte angestellten und vorschriftsmäßig vereideten, zur Reserve oder als Halbinvalide beurlaubten Corpsjäger (Cab.O. vom 21. Mai 1840), und

c. auf die auf Forstversorgung dienenden Jäger, welche nach dreijähriger Dienstzeit während der sechs Wintermonate oder zur Disposition ihres Truppentheils beurlaubt werden. (Allerhöchster Erlaß vom 21. August 1855).*)

§ 100. Die Amtscautionen.

Der Erwerb einzelner Gemeindeämter ist bedingt durch die zuvorige Bestellung einer Amtscaution. Während das Cautionswesen der unmittelbaren Staatsbeamten mehrfach der Gegenstand der gesetzgeberischen Thätigkeit gewesen ist, wird dasjenige der Gemeindebeamten nur in den Städteordnungen insoweit berührt, als dort ausgesprochen ist, daß die zu leistenden Cautionen in den sechs östlichen Provinzen durch den Magistrat nach Anhörung der Stadtverordnetenversammlung,**)

*) G.S. 1855 p. 633.

**) O. St. O. § 56 sub 6.

in Westphalen*) und in der Rheinprovinz**) dagegen von der Letzteren bestimmt werden, sowie daß in der Rheinprovinz zur Festsetzung der Caution des Gemeindeeinnehmers die Genehmigung der Aufsichtsbehörde erforderlich ist.

Cautionspflichtig sind nur die städtischen Cassenbeamten. Welche Beamten dazu gehören und in welcher Höhe die Caution derselben zu leisten ist, bleibt der Bestimmung jeder einzelnen Gemeinde überlassen. Man hat sich daran gewöhnt, die für die unmittelbaren Staatsbeamten erlassenen Bestimmungen auch analog auf die Gemeindebeamten in Anwendung zu bringen. Solche Bestimmungen enthielt früher die Cabinetsordre vom 11. Februar 1832, betreffend die Regulirung des Cautionswesens für die Staats-Kassen- und Magazinbeamten, (G. S. p. 61), welche auch auf die seit 1866 neuerworbenen Provinzen erstreckt worden ist. Da das Cautionswesen der Staatsbeamten jetzt durch das Gesetz vom 25. Mai 1873 (G. S. p. 125) neugeregelt ist und die darin festgestellten Grundsätze auch den städtischen Verhältnissen angepaßt werden können, so sollen hier die wichtigsten Bestimmungen desselben hervorgehoben werden.

Von den Staatsbeamten sind cautionspflichtig diejenigen, welchen die Verwaltung einer Staatskasse oder Staatsmagazins oder die Annahme, Aufbewahrung oder der Transport von dem Staate gehörigen oder ihm anvertrauten Geldern oder geldwerthen Gegenständen obliegt, oder welche überhaupt vermöge ihres Amtes anderweitig mit der Annahme, Aufbewahrung oder dem Transporte fremder Gelder oder geldwerther Gegenstände betraut sind. Die Bestellung der Amtscaution durch dritte Personen ist zulässig, sofern dem Staate an der Caution dieselben Rechte gesichert werden, welche ihm an einer

---

*) W. St. O. § 55.
**) R. St. O. § 52.

durch den Beamten selbst gestellten Caution zugestanden haben würden. Die Bestellung erfolgt durch Verpfändung von auf den Inhaber lautenden Obligationen über Schulden des Staats oder des Deutschen Reichs nach deren Nennwerthe, die Verpfändung dagegen durch Uebergabe zum Faustpfande. Der Obligation ist der dazu gehörige Talon bezw. derjenige Zins, an dessen Inhaber die neue Zinsschein-Serie ausgereicht wird, beizufügen, während die Zinsscheine für einen vier Jahre nicht übersteigenden Zeitraum dem Cautionsbesteller belassen, bezw. nach Ablauf dieses Zeitraums oder nach Ausreichung neuer Zinsscheine verabfolgt werden. Die Einziehung der neuen Zinsscheine erfolgt durch die Casse, welche indeß zur Ueberwachung der Ausloosung der niedergelegten Werthpapiere nicht verpflichtet ist. Die Bestellung der Amtscaution ist vor der Einführung des Beamten in das cautionspflichtige Amt zu bewirken, und zwar in Gemäßheit des bereits in dem A. L. R. Th. II, Tit. 10 § 83 anerkannten Grundsatzes, daß derjenige, welcher einem Kassenbeamten die Kasse vor der Berichtigung der Caution übergiebt, für allen daraus entstandenen Schaden haftet.

Die Amtscaution haftet für alle von dem cautionspflichtigen Beamten aus seiner Amtsführung zu vertretenden Schäden und Mängel an Capital und Zinsen, sowie an gerichtlichen und außergerichtlichen Kosten der Ermittelung des Schadens. Tritt der Fall der Haftung ein, so ist die vorgesetzte Dienstbehörde berechtigt, die verpfändeten Werthpapiere bis auf Höhe des zu deckenden Schadens an einer innerhalb des Deutschen Reichs belegenen, von ihr zu bestimmenden Börse außergerichtlich verkaufen zu lassen, zu diesem Zwecke von dem Cautionsbesteller die Ausantwortung der ihm belassenen noch nicht fälligen Zinsscheine zu verlangen und im Falle der Nichterlangung wider den Besteller den Geldwerth der zurückgehaltenen Zinsscheine im Verwaltungszwangsverfahren beizutreiben. Die Werthpapiere sind im Falle des Concurses des Bestellers an die Concursmasse nicht einzuliefern. Die Caution wird nach Beendigung des cautionspflichtigen Dienstverhältnisses zurückgegeben, sobald amtlich festgestellt ist, daß aus demselben Vertretungen nicht mehr zu leisten sind, und zwar gegen Aushändigung des quittirten Empfangsscheines oder des gerichtlichen Amortisations-Documents, wenn solcher Schein verloren gegangen ist.

Es bleibt den Gemeinden überlassen, ob sie die Bestellung der Caution in baarem Gelde oder in sicheren Staats- oder Reichspapieren fordern will. In dem letzteren Falle vernothwendigt sich die zuvorige Feststellung der gegenseitigen Rechte und Pflichten in Bezug auf die hinterlegten Werthpapiere, und empfiehlt sich dann die Anwendung der in dem Gesetze vom 25. März 1873 dargelegten Grundsätze auf den einzelnen Bestellungsfall.

§ 101. Der Urlaub.

In dem A.L.R. Th. II, Tit. 10 §§ 92 und 93 ist der Grundsatz ausgesprochen, daß kein Beamter den zur Ausübung seines Amts ihm angewiesenen Wohnort ohne Vorwissen und Genehmigung seiner Vorgesetzten verlassen darf, und daß nach den einer jeden Klasse von Beamten vorgeschriebenen besonderen Gesetzen und Amtsinstructionen zu bestimmen ist, inwiefern zu bloßen Reisen und Entfernungen auf eine Zeit lang die Erlaubniß der unmittelbaren oder höheren Vorgesetzten erforderlich ist. Für die Communalbeamten kommen in dieser Beziehung die nachfolgenden Bestimmungen in Betracht.

I. **Ertheilung des Urlaubs.** In dem § 64 ist bereits das Nähere über die Beurlaubung der Mitglieder des Magistrats dargelegt. Hinsichtlich der Unterbeamten ist zu bemerken, daß denselben auf Grund der Magistratsinstruction vom 25. Mai 1835 § 20 sub IX ein Urlaub bis auf vier Wochen von dem Bürgermeister ertheilt werden kann, daß dagegen ein längerer Urlaub beim Magistrats-Collegium nachgesucht werden muß. Bei den zu Reisen bewilligtem Urlaub liegt den Beamten die Pflicht ob, sämmtliche in ihrem Gewahrsam befindlichen Magistratsacten in die Registratur abzuliefern. Nur in einem einzigen Falle bedarf es zu Reisen keines Urlaubs, sondern nur einer Anzeige an die vorgesetzte Dienstbehörde. Dieser Fall betrifft den Eintritt eines gewählten Beamten in den Landtag und in den Reichstag (Art. 78 der Verfassung vom 31. Januar 1850 und Art. 21 der Reichsverfassung).

III. **Entfernung vom Amte ohne Urlaub und Urlaubsüberschreitung.** Ein Beamter, welcher den ihm angewiesenen Wohnort ohne Urlaub verläßt oder den ihm ertheilten Urlaub überschreitet oder das ihm übertragene Amt an dem zur Uebernahme bestimmten Tage ohne Urlaub nicht antritt und sich vom Amte entfernt hält,*) geht in dem Falle, wenn ihm nicht besondere Entschuldigungsgründe zur Seite stehen, auf Grund des Disciplinargesetzes vom 21. Juli 1852 § 8 für die Zeit der unerlaubten Entfernung seines Diensteinkommens verlustig. Diese Bestimmung findet Anwendung ausnahmslos auf sämmtliche Beamte, also auch auf die nur auf Probe, Kündigung oder Widerruf angestellten, die bereits gekündigten und selbst die vom Amte suspendirten, da letztere sich zur Verfügung der Aufsichtsbehörde stets bereit halten müssen und ohne zuvorige Genehmigung nicht einmal andere Stellungen bei Verlust des Anrechts auf die ihnen belassene Gehaltshälfte übernehmen dürfen.**)

---

*) Bericht der Verhandlungen der I. Kammer p. 66.

**) M. R. vom 19. Januar 1874 im Centralblatt p. 214.

Dauert die unerlaubte Entfernung länger als acht Wochen, so hat der Beamte die Dienstentlassung verwirkt. Letztere ist auch schon nach fruchtlosem Ablaufe von vier Wochen verwirkt, wenn der Beamte dienstlich aufgefordert ist, sein Amt anzutreten oder zu demselben zurückzukehren, und er der desfallsigen Aufforderung keine Folge leistet.[1] Die vorberegte vierwöchige Frist läuft vom Tage der ergangenen Aufforderung, welche dadurch als bewirkt gilt, wenn sie dem Beamten unter Beobachtung der für gerichtliche Insinuationen in dem § 165—179 der Deutschen Civilprozeßordnung vorgeschriebenen Formen durch Gerichtsvollzieher oder auch nur durch vereidete Verwaltungsbeamten in Person zugestellt oder in seiner letzten Wohuung an dem Orte insinuirt sind, wo er seinen letzten Wohnsitz im Inlande hatte.[2]

Die Entziehung des Diensteinkommens wird von dem Magistrate verfügt. Im Falle des Widerspruchs Seitens des Beamten wird darüber im förmlichen Disciplinarverfahren durch den Bezirksausschuß entschieden. Die Dienstentlassung dagegen kann in den vorberegten Fällen nur im Wege des förmlichen Disciplinarverfahrens ausgesprochen werden und wird nicht verhängt, wenn sich ergiebt, daß der Beamte ohne seine Schuld von seinem Amte ferngewesen ist.[3] Die Einleitung des Disciplinarverfahrens wegen unerlaubter Entfernung vom Amte und die Dienstentlassung kann übrigens auch vor Ablauf der obenberegten Fristen erfolgen, und zwar dann, wenn dies durch besonders erschwerende Umstände als gerechtfertigt erscheint.[4]

Das für die Zeit der unerlaubten Entfernung entzogene Diensteinkommen, welches den Character einer Disciplinar-

[1]) Disciplinargesetz vom 21. Juli 1852 § 9.
[2]) ibidem § 13.
[3]) ibidem § 10 und 11.
[4]) ibidem § 12.

bezw. Ordnungsstrafe an sich trägt, fließt insoweit, als derselbe nicht zu den Stellvertretungskosten aufzuwenden ist, zu den Ordnungsstraffonds.*)

III. Stellvertretung und Gehaltsforderung eines beurlaubten Beamten. Die Stadtgemeinde ist verpflichtet, für die Vertretung eines erkrankten Gemeindebeamten Sorge zu tragen und die Kosten der erforderlichen Vertretung im Falle von Erkrankungen der Beamten oder im Falle der zur Wiederherstellung der Gesundheit derselben bewilligten Beurlaubungen zu bestreiten, ohne zum Abzuge eines Theils des Gehalts berechtigt zu sein. Dagegen wird bei sonstigen Beurlaubungen, jedoch abgesehen von der Einberufung zum Militärdienste, das Gehalt nur auf die ersten ein und einhalb Monate des Urlaubs unverkürzt gezahlt, während für weitere vier und einhalb Monate ein Gehaltsabzug zum Betrage der Hälfte des Gehalts des Beurlaubten eintritt, und bei weiterem Urlaube die Zahlung des Gehalts ganz wegfällt.**)

Hinsichtlich der für den Zweck der Einberufung zum Militärdienste erfolgten Beurlaubung bestimmt der § 66 des Reichsmilitärgesetzes vom 2. Mai 1874 (R.G.Bl. p. 63), daß Reichs-, Staats- und Communalbeamte dadurch in ihren bürgerlichen Dienstverhältnissen keinen Nachtheil erleiden sollen. Ihre Stellen, ihr persönliches Diensteinkommen und ihre Anciennität, sowie alle sich daraus ergebenden Ansprüche bleiben ihnen in der Zeit der Einberufung zum Militärdienste gewahrt. Es kann indeß denjenigen Beamten, welche Offizierbesoldung erhalten, der reine Betrag derselben auf die Civilbesoldung angerechnet werden. Denjenigen, welche einen eigenen Hausstand mit Frau oder Kind haben, beim Verlassen

*) Ministerialbeschluß vom 14. April 1860 (M.Bl. p. 81).
**) Allerhöchster Erlaß vom 15. Juni 1863 (M.Bl. p. 137).

ihres Wohnortes jedoch nur, wenn und soweit das reine Civileinkommen und Militärgehalt zusammen den Betrag von 3600 Mark jährlich beträgt.

§ 102. Die Amtszeichen und Uniformen.

I. **Die Amtsketten und Medaillen.** Es ist das Nähere über das Tragen dieser Amtszeichen in Bezug auf die Berechtigung der Magistratsmitglieder, Stadtverordneten, Bezirksvorsteher und der Beisitzer der Deputationen und Commissionen bereits im § 51 des I. Bandes dargelegt. Hier soll nur hervorgehoben werden, daß auch einzelne Gemeindebeamten mit einer solchen Auszeichnung decorirt werden können. Der König hat sich nämlich in der Cabinetsordre vom 9. April 1851 (M. Bl. p. 87) ausdrücklich vorbehalten, auch einzelnen Gemeindebeamten für besondere Berufstreue und wahren Bürgersinn die Erlaubniß zur Tragung der Kette nebst Medaille auf ihre Amtsdauer zu gewähren.

II. **Die Uniform der städtischen Polizeibeamten.** Es sind dies die einzigen Communalbeamten, für welche eine bestimmte Uniform vorgeschrieben ist. Dies ist die für die Königlichen Polizeibeamten angeordnete Dienstuniform, jedoch mit der Abänderung, daß die städtischen Polizeibeamten statt der rothen Aufschläge derselben blaue wählen müssen, und die Achselklappen den Preußischen Adler tragen können.*) Eine solche Uniform kann von allen Polizeiexecutivbeamten, und insbesondere auch von den mit der Polizeiverwaltung speciell und für ihre Person betrauten Magistratsmitgliedern mit Ausschluß der Bürgermeister angelegt werden. Hinsichtlich

---

*) M. R. vom 24. Juli 1845 (M. Bl. p. 297), vom 31. März 1836 (Ann. Bd. XX, p. 157), vom 14. Juni 1836 (Ann. Bd. XX, p. 158) und vom 20. October 1845 (M. Bl. p. 347).

der Letzteren bestimmt nämlich das M. R. vom 31. März 1836, daß wegen der mit der persönlichen Leitung der Polizeiverwaltung einer Stadt beauftragten Oberbürgermeister oder Bürgermeister in Bezug auf die Anlegung einer Uniform speciell in jedem einzelnen Falle bei dem Minister des Innern anzutragen ist. Diese Bestimmung ist auch später durch das M. R. vom 16. Juni 1854 noch ausdrücklich aufrechterhalten, nachdem bereits auf Grund der Städteordnung vom 30. Mai 1853 die Handhabung der Ortspolizei stets, wenn nicht etwa andere Magistratsmitglieder ausnahmsweise damit beauftragt werden, dem Bürgermeister überwiesen ist.

III. Die Abzeichen oder Uniform der städtischen Forstbeamten. Der § 2 des Gesetzes über den Waffengebrauch der Forst- und Jagdbeamten vom 31. März 1838 (G. S. p. 65) schreibt vor, daß diese Beamten mit Einschluß der im Communaldienste stehenden in Uniform gekleidet oder mit einem amtlichen Abzeichen versehen sein müssen, wenn sie in ihrem Dienste zum Schutze der Forsten und Jagden gegen Holz- und Wilddiebe sowie gegen Forst- und Jagdcontravenienten von ihren Waffen Gebrauch machen wollen. Während der Art. 9 der Instruction vom 17. April 1837 bestimmt, daß die Uniform mindestens in dem Uniforms-Oberrocke mit Dienstknöpfen, oder das Amtszeichen in dem Hirschfänger mit der vorgeschriebenen Koppel bestehen soll, läßt das M. R. vom 18. Juni 1837 (Ann. Bd. XXI p. 347) als amtliches Abzeichen auch den Königlichen Adler von Messing oder Tombach vorne an der Dienstmütze oberhalb des Schirms und den Hirschfänger an beliebiger Koppel zu. Für die Communalforst- und Jagdbeamten ist zu dem vorberegten Zwecke entweder eine Dienstkleidung, welche als solche leicht erkenntlich sein muß, oder ein Abzeichen erforderlich, welches in einem metallenen Schilde von mindestens drei Zoll Breite und Höhe mit einer entsprechenden, dem Landrathe zuvor bekannt zu machenden Bezeichnung bestehen, und entweder an der Kopfbedeckung, oder auf der Brust oder auf dem Oberarm oder an der Koppel des Hirschfängers getragen werden kann. Die Bestimmung über die Dienstkleidung sowie über die Form und Bezeichnung des Schildes ist dem Belieben der Stadtgemeinden mit der vorstehend angegebenen Beschränkung überlassen, wenn sie ihren Forst- und Jagdbeamten die Befugniß zum Waffengebrauche beigelegt wissen wollen. Für die Provinz Westphalen und die Regierungsbezirke Coblenz und Trier sind besondere Vorschriften über die Uniform der Gemeindeforstbeamten erlassen.

IV. Die Dienstabzeichen der Feldhüter, Ehrenfeldhüter und Forsthüter. Die von der Stadtgemeinde für den Feld- und Forstschutz mit Besoldung angestellten Feld- und Forsthüter, welche der Bestätigung des Regierungspräsidenten bedürfen, sowie die aus der Zahl der Gemeindeglieder ernannten Ehrenfeldhüter müssen in Gemäßheit des § 65 des Feld- und Forstpolizeigesetzes vom 1. April 1880 (G. S. p. 230) ein Dienstabzeichen bei sich führen und bei Ausübung ihres Amtes auf Verlangen vorzeigen. Die Form desselben ist der Bestimmung der Gemeinden überlassen.

Hinsichtlich ihrer eidlichen Vernehmung besteht die singuläre Bestimmung, daß sie für sämmtliche in einer Gerichtssitzung zu verhandelnden Feld- und Forstpolizeisachen, in welchen sie als Zeugen vernommen werden sollen, in dieser Sitzung durch einmalige Leistung des Zeugeneides im Voraus beeidigt werden können.*)

§ 103. Die Amtstitel.

Die Gemeinden sind ebenso, wie Privatpersonen, Vereine, und Corporationen, berechtigt, den von ihnen angestellten Be-

*) Ges. vom 1. April 1880 (G. S. p. 230) § 68.

amten solche Amtsbezeichnungen beizulegen, welche nicht als Auszeichnung gelten, sondern nur dazu dienen sollen, um die Beschäftigung und die Thätigkeit der einzelnen Beamten anzudeuten. Diese Amtsbezeichnungen, welche man auch „Amtstitel“ nennt, werden nicht besonders verliehen, sondern sind mit dem verwalteten Amte verbunden, mit welchem sie auch zugleich erworben werden. Es widerspricht dies nicht dem auch im Art. 50 der Verfassung anerkannten Grundsatze, daß das Recht, Titel zu verleihen, ein Majestätsrecht ist, und deshalb ausschließlich der Krone oder ihren Organen zusteht. Dieses Recht bezieht sich nur auf diejenigen Titel, welche durch Uebertragung eines Königlichen Amtes oder durch besondere Beilegung als Auszeichnung staatlicherseits verliehen werden. Es können deshalb auch zur Bezeichnung der im Communaldienste stehenden Beamten nicht solche Titel gewählt werden, welche als Character höherer Königlicher Stellen verliehen zu werden pflegen. Das M. R. vom 28. October 1855 erklärt es sogar für unzuläßig, für einen Stadt- und Polizeisecretär einer Commune den Titel „Polizeirath“ bei dem Könige zu beantragen. Es ergiebt sich hieraus, daß für Communalbeamte solche Titel nicht gewählt werden dürfen, welche über den Zweck einer bloßen Amtsbezeichnung hinausgehen und den Character einer Auszeichnung, insbesondere einer Königlichen Auszeichnung an sich tragen.

Im Uebrigen dürfen sich die städtischen Beamten aller Titel bedienen, welche ihnen durch das Gesetz oder durch die Krone gewährt werden. Gesetzlich sind z. B. festgestellt die Titel der unbesoldeten Schöffen: Rathsmann, Rathsherr und Stadtrath. — (cfr. Bd. I, § 56 p. 258). —

Der Verlust des Titels tritt ein:

a. in Folge eines rechtskräftigen Erkenntnisses, welches die Aberkennung der bürgerlichen Ehrenrechte zur nothwendigen Folge hat oder solche Aberkennung ausdrücklich entweder dauernd oder nur für eine bestimmte Zeitdauer ausspricht,[1]) oder

b. in Folge der im Disciplinarverfahren rechtskräftig erkannten Dienstentlassung.[2])

§ 104. Das Diensteinkommen.

Der Communalbeamte erwirbt das Recht auf Bezug des mit seinem Amte verbundenen Diensteinkommens durch seine definitive Anstellung in Maßgabe der Anstellungsbedingungen und der ihm in der Bestallung gemachten Zusicherungen. Das Diensteinkommen besteht entweder aus einem baaren Gehalte oder aus anderweitigen Dienstemolumenten, welche sich als Gewährung an Dienstwohnung, Nutzung von Dienstgrundstücken oder Bezug von Naturalien (Heizung, Beleuchtung ꝛc.) gestalten. Die Berechtigung zum Bezuge der vollen Besoldung beginnt mit dem Tage des Amtsantritts, falls nicht die Anstellungsbedingungen oder in der Bestallung anderweitige Zusicherungen gemacht sind und endigt, abgesehen von dem Falle einer Amtssuspension, erst mit dem Ablaufe des Dienstverhältnisses. Es sind hier nachfolgende Bestimmungen besonders hervorzuheben.

I. **Besoldungsberechtigte Communalbeamte.** Der Bürgermeister und die sachverständigen Mitglieder des Magistrats beziehen stets eine Besoldung. Dem Beigeordneten kann eine Besoldung oder statt dessen ein fester Entschädigungsanspruch mit Genehmigung des Bezirksausschusses[3]) in den Kreisordnungsprovinzen (bezw. der Regierung in den übrigen Provinzen) bewilligt werden.[4]) Die Schöffen, die Mitglieder

---

[1]) Reichsstrafgesetzbuch §§ 33—36.

[2]) Disciplinargesetz vom 21. Juli 1854 § 16.

[3]) Zust. G. § 16, Abs. 3.

[4]) O. St. O. § 31 und 64, W. St. O § 65, R. St. O. § 59.

der Verwaltungsdeputationen und Commissionen, sowie die Bezirksvorsteher erhalten weder Gehalt noch Remuneration; sie haben nur Anspruch auf Vergütung baarer Auslagen, welche für sie aus der Ausrichtung von Aufträgen entstehen. Die Subaltern- und Unterbeamten des Magistrats erhalten diejenige Besoldung, welche für die Verrichtung ihres Amtes vor der Anstellung oder später ausdrücklich festgesetzt ist. Sämmtliche besoldete Beamte haben in Ermangelung anderweitiger statutarischer Anordnungen oder desfallsiger Anstellungsbedingungen oder Vereinbarungen auch Anspruch auf Erstattung derjenigen baaren Auslagen, welche ihnen aus der Ausführung von Aufträgen erwachsen; sie können somit in Ermangelnng anderweitiger Festsetzungen für Dienstreisen nur die Erstattung der wirklich verausgabten Kosten beanspruchen, da die über die Höhe derselben erlassenen gesetzlichen Bestimmungen sich nur auf die aus Staatskassen zu ersetzenden Kosten bebeziehen,*) jedoch mit Ausschluß der Communal-Forstadministratoren und Oberförster, welche in Gemäßheit der Ministerialverfügung vom 6. Mai 1865 (M. B. p. 154) an Diäten für Dienstreisen außerhalb ihres Verwaltungsbezirks sechs Mark pro Tag liquidiren dürfen. Die Beamten sind auch zu dem Bezuge von Gebühren oder Sporteln nicht berechtigt, wenn ihnen eine desfallsige Berechtigung nicht etwa ausdrücklich ertheilt ist. Es ist in dem Ministerialbescheide vom 29. Juni 1858 (M. Bl. p. 135) insbesondere ausgesprochen, daß den Vorsitzenden der Innungsprüfungscommission eine Theilnahme an den Prüfungsgebühren nicht zusteht.

II. Festsetzung der Besoldung. Die Festsetzung competirt der Stadtverordnetenversammlung und erfolgt:

a. entweder in einem von dem Magistrate zu entwerfenden Normalbesoldungsetat,

*) M. R. vom 14. September 1838 (Ann. p. 117).

b. oder beim Mangel desselben durch einen Beschluß der Stadtverordneten, welcher stets der Wahl des betreffenden Beamten vorgehen muß.

Die in dem Normalbesoldungsetat oder in dem Beschlusse festgestellte Besoldung normirt für die ganze Dauer des Dienstverhältnisses der Beamten. Aus diesem Grunde haben spätere Abänderungen und Erhöhungen eines Normalbesoldungsetats nur die Folge, daß bei der nächsten anderweitigen Besetzung der Stellen, für welche höhere Besoldungen festgesetzt werden, letztere gewährt werden müssen, während dem bereits angestellten Beamten solche Erhöhungen nicht zu statten kommen, falls nicht etwa Abweichendes bei der Anstellung festgestellt oder später vereinbart ist, oder falls nicht etwa der Regierungspräsident die sofortige Anwendung des Normaletats auch auf die bereits angestellten Beamten angeordnet hat.*)

III. Mitwirkung der Aufsichtsbehörden bei der Feststellung der Besoldungen.

a. Die Besoldungen der Bürgermeister und der besoldeten Magistratsmitglieder bedürfen in den Kreisordnungsprovinzen der Genehmigung des Bezirksausschusses (bezw. der Regierung in den übrigen Provinzen), und zwar ohne Unterschied, ob dieselben in einem Normaletat oder in einem Stadtverordnetenbeschlusse festgesetzt sind: Der Regierungspräsident ist dagegen berechtigt und verpflichtet, zu verlangen, daß den vorgenannten Beamten die zu einer zweckmäßigen Verwaltung angemessenen Besoldungsbeträge bewilligt werden. Die Besoldungen der übrigen Communalbeamten bedürfen keiner Genehmigung Seitens der Aufsichtsbehörde, sondern nur der Zustimmung des Magistrats, weil in Folge der dem letz-

---

*) M. R. vom 22 Juni 1848 (M. Bl. p. 193) und M. R. vom 11. September 1847 (M. Bl. p. 250).

teren obliegenden Anweisung eine Angelegenheit vorliegt, welche ihm gesetzlich zur Ausführung überwiesen ist.

b. Der Regierungspräsident ist befugt, nicht bloß die Gehälter der Bürgermeister und der besoldeten Magistratsmitglieder, sondern auch diejenigen aller übrigen Communalbeamten zu prüfen, demzufolge nöthigenfalls, da er die Aussetzung der zu einer zweckmäßigen Verwaltung angemessenen Besoldungsbeträge verlangen kann, diese auf eine angemessene Höhe bringen zu lassen und bei einer etwaigen Weigerung der Gemeinde die zwangsweise Eintragung in den Etat bezw. die Anordnung der außerordentlichen Ausgabe zu veranlassen. Es muß indeß auf den nachfolgenden Unterschied aufmerksam gemacht werden. Während der Regiernngspräsident die Erhöhung des Gehalts des Bürgermeisters und der besoldeten Magistratsmitglieder niemals im Laufe der Amtsperiode, sondern nur vor der Anstellung derselben fordern und zwangsweise feststellen kann,[1] so besteht solche Beschränkung hinsichtlich der übrigen Communalbeamten nicht; es kann vielmehr in Betreff der letzteren, insbesondere auch der Gemeindeforstbeamten,[2] zu jeder Zeit die qu. angemessene Erhöhung erwirkt werden.

IV. Streitigkeiten über Besoldungen. Während bereits früher in der Praxis durch verschiedene Erkenntnisse des Gerichtshofes zur Entscheidung der Competenzconflicte[3]) der Grundsatz ausgesprochen ist, daß gegen die eine Erhöhung der Besoldung der Communalbeamten anordnenden Verfügungen

---

[1]) M. R. vom 14. Mai 1861 (M. Bl. p. 116) und vom 28. Juni 1861 (M. Bl. p. 162).

[2]) M. R. vom 6. Juni 1862 (M. Bl. p. 245).

[3]) Z. V. C. C. vom 5. April 1856 (J. M. Bl. p. 186), vom 24. Januar 1857 (J. M. Bl. p. 242) und 13. Nov. 1858 (M. Bl. 1859 p. 121).

der Aufsichtsbehörde der Rechtsweg ausgeschlossen ist, hat jetzt der § 19 des Zuständigkeitsgesetzes vom 1. August 1883 bestimmt, daß gegen solche Verfügungen die Klage bei dem Oberverwaltungsgerichte im Verwaltungsstreitverfahren zusteht.

Dagegen ist bei allen Streitigkeiten, welche über das Diensteinkommen zwischen den Communalbeamten und der Stadtgemeinde auf Grund des Vertragsverhältnisses entstehen, der Rechtsweg zulässig, und zwar ohne Unterschied, ob das Diensteinkommen von der Aufsichtsbehörde festgestellt ist oder nicht;[1]) es steht indeß der letzteren die Befugniß zu, während des gerichtlichen Verfahrens ein Intermisticum anzuordnen und zwangsweise durchzuführen, wenn die Einwendungen der Stadtgemeinde als offenbar unbegründet erscheinen und damit für den Beamten die Gefahr naheliegt, daß ihm ein erheblicher Nachtheil aus einer Verzögerung der definitiven Erledigung droht.[2]) Der Rechtsweg steht auch offen:

a. für Ansprüche eines bereits gewählten, aber nicht eingeführten Beamten wegen Enschädigung für die ihm entgangenen Diensteinkünfte,[3])

b. für Ansprüche pensionirter Beamte aus ihrem früheren Dienstverhältnisse,[4])

c. für Ansprüche der im Disciplinarwege aus dem Dienste entlassenen Beamten wegen Nachzahlung des ihm während der Amtssuspension zu viel entzogenen Theils ihres Diensteinkommens,[5])

---

[1]) M. R. vom 4. Juni 1847 (M. Bl. p. 15?), C. C. E. vom 16. December 1854 (J. M. Bl. 1855 p. 81), C. C. E. vom 20. October 1855 (J. M. Bl. p. 40).

[2]) M. R. vom 11. November 1847 (M. Bl. p. 276).

[3]) C. C. E. vom 30. Mai 1875 (J. M. Bl. p. 446).

[4]) C. C. E. vom 12. April 1862 (J. M. Bl. p. 35).

[5]) C. C. E. vom 17. Februar 1855 (M. Bl. p. 134).

d. für Ansprüche eines früher suspendirten, später wiedereingesetzten Beamten wegen Nachzahlung der ihm während seiner Amtssuspension ohne Grund zurückbehaltenen Gehaltsquote.[1])

V. Diensteinkommen der suspendirten Beamten. Dieselben beziehen während der Amtssuspension bis zum Tage der Rechtskraft des' die Dienstentlassung aussprechenden Urtheils die Hälfte ihres Diensteinkommens an den üblichen Zahlungsterminen in pränumerando zu zahlenden gleichen Raten,[2]) und zwar von dem ersten Tage des auf die Suspension folgenden Monats an, so daß also derjenige Beamte, welcher vor dem Eintritte der Suspension bereits das volle Gehalt der nachfolgenden Monate erhoben hat, zur Zurückerstattung des überhobenen Gehaltsbetrags, jedoch ohne Zulassung der Compensation auf die zu empfangende Gehaltshälfte, verpflichtet ist.

Bei der Berechnung der Gehaltshälfte wird auf die für Dienstunkosten besonders angesetzten Beträge keine Rücksicht genommen. Der innebehaltene Theil des Diensteinkommens ist zunächst zu den auf die Stellvertretung des suspendirten Beamten verursachten Kosten zu verwenden, dagegen der etwa übrigbleibende Rest zu den Untersuchungskosten.[3]) Der nach Deckung der Untersuchungskosten verbleibende Ueberschuß wird dem Beamten nicht nachgezahlt, wenn im Disciplinarverfahren dessen Dienstentlassung rechtskräftig erkannt wird. Dagegen wird ihm der innebehaltene Theil des Diensteinkommens vollständig nachgezahlt, wenn er freigesprochen wird, und in dem Falle, wenn er nur mit einer Ordnungsstrafe belegt wird, nach Abzug des Betrags der Untersuchungskosten und der er-

---

[1]) C. C. E. vom 26. Juni 1849 (J. M. Bl. p. 373).

[2]) M. R. vom 7. Mai 1883 (M. Bl p. 83).

[3]) Disciplinargesetz vom 21. Juli 1852 § 51.

kannten Ordnungsstrafe, jedoch ohne Abzug der etwaigen Stellvertretungskosten.*) Im Falle der nachfolgenden Dienstentlassung haftet für letztere Kosten der suspendirte Beamte weder mit seiner etwa bestellten Amtscaution noch mit seinem übrigen Vermögen, während er für die Untersuchungskosten, soweit diese nach Deckung der Stellvertretungskosten nicht aus der innebehaltenen Gehaltshälfte gedeckt werden können, mit seinem Vermögen haftpflichtig ist und dieserhalb in dem administrativen Zwangsvollstreckungsverfahren in Anspruch genommen werden kann.

§ 105. Die Pensionen.

Die Grundsätze, welche die Feststellung der aus den städtischen Cassen zu zahlenden Pensionen betreffen, sind in verschiedener Art für die einzelnen Categorien der Beamten geregelt. Es kommen hier hauptsächlich in Betracht:

I. Die Pensionen der Bürgermeister und der besoldeten Magistratsmitglieder. Die Höhe der Pensionen dieser Beamten ist nur für den Fall gesetzlich festgestellt, wenn eine rechtsgültige Vereinbarung über die Pensionsverhältnisse zwischen den Beamten und den städtischen Behörden nicht voraufgegangen ist. Zur Rechtsgültigkeit ist vor Allem die Genehmigung der desfalls abgeschlossenen Verträge von Seiten des Bezirksausschusses in den Kreisordnungsprovinzen (bezw. der Regierung in den übrigen Provinzen) in dem Falle erforderlich, wenn dieselben andere als die gesetzlich bestimmten Pensionsbedingungen enthalten. Ist ein Vertrag solchen abweichenden Inhalts nicht zur Genehmigung vorgelegt, so ist der Regierungspräsident bezw. die Regierung im geeigneten Falle befugt, die ohne Kenntniß des Vertrages bestätigte

---

*) Disciplinargesetz vom 21. Juli 1852 §§ 52 und 53.

Wahl zurückzunehmen und eine neue Wahl anzuordnen.[1]) In den dazu genehmigenden Verträgen, welche jeder freien Vereinbarung Raum bieten, kann selbstverständlich festgestellt werden, daß die Grundsätze des die Pensionirung der unmittelbaren Staatsbeamten regelnden Gesetzes vom 27. März 1872 und der Novelle vom 31. März 1882 auch auf die Bürgermeister und besoldeten Magistratsmitglieder Anwendung finden sollen. Auch können solche Verträge sogar die gänzliche Verzichtleistung auf Pension Seitens der vorgenannten Beamten enthalten.[2])

Die gesetzlichen Pensionsbedingungen, welche beim Mangel eines genehmigten Vertrags Platz greifen, sind nun folgende. Der Pensionirte erhält von seinem Diensteinkommen mit Ausschluß der Dienstaufwandsgelder

$^1/_4$ des Gehalts nach 6jähriger Dienstzeit,
$^1/_2$ des Gehalts nach 12jähriger Dienstzeit,
$^2/_3$ des Gehalts nach 24jähriger Dienstzeit,

und zwar beim Eintritte nachfolgender Ereignisse:

a. bei eintretender Dienstunfähigkeit nach erfolgter Pensionirung,
b. oder nach Ablauf der Wahlperiode, wenn der betreffende Beamte nicht wiedergewählt, oder wenn die Wiederwahl staatlicherseits nicht bestätigt wird.[3])

In letzterer Beziehung ist es auf die Pensionsfrage ohne Einfluß, ob der nicht wiedergewählte Beamte sich um die betreffende Stelle, aus welcher er ausscheidet, nicht beworben hat,[4]) oder ob er eine ihm mit Rücksicht auf eine etwaige

---

[1]) Verordnung vom 11. Mai 1839.

[2]) M. R. vom 9. Juni 1845.

[3]) Min. Instr. vom 20. Juni 1853 Art. XI, vom 9. Mai 1856 Art. IX und vom 18. Juni 1856 §§ 11 und 12.

[4]) M. R. vom 15. April 1837 (Ann. p. 437).

Wiederwahl gestellte Bedingung abgelehnt hat. Dagegen geht der Anspruch auf Pension verloren:

α. wenn der Gewählte eine etwaige Wiederwahl, für welche die bisherigen Anstellungs- und Pensionsbedingungen bei Bestand gelassen werden, überhaupt ausschlägt,[1])

β. wenn er wegen einer ihm zur Last fallenden Schuld überhaupt nicht wiedergewählt werden kann,[2])

γ. wenn und solange er ein schon neben dem Communalamte bekleidetes anderes Amt nach Ablauf der Wahlperiode gegen Besoldung weiterverwaltet.[3])

II. **Pensionen der auf Lebenszeit angestellten besoldeten Gemeindebeamten.** Zu diesen gehören nur die städtischen Subaltern- und Unterbeamten, dagegen nicht die städtischen Elementarlehrer und die an den städtischen höheren Unterrichtsanstalten fungirenden Lehrer. Auch hinsichtlich der erstgenannten besoldeten Gemeindebeamten unterliegt die Feststellung der Pensionsverhältnisse der freien Vereinbarung; es sind indeß hier die desfallsigen Verträge von der Genehmigung der Aufsichtsbehörde nicht abhängig gemacht worden, wie dies bei den Berathungen über den Entwurf der Städteordnungen in den Kammern ausdrücklich hervorgehoben ist. Beim Mangel einer Vereinbarung wird ihnen bei eintretender Dienstunfähigkeit die Pension nach denselben Grundsätzen gewährt, welche bei der Pensionirung der unmittelbaren Staatsbeamten zur Anwendung kommen. Es normirt also bei solchem Mangel das Pensionsgesetz vom 27. März 1872[4]) und die dazu erlassene Novelle vom 31. März 1882.[5]) Bei

---

[1]) M. R. vom 31. Juli 1821 (Ann. p. 646).

[2]) Obertribunalserkenntniß vom 11. April 1837.

[3]) Obertribunalserkenntniß vom 1. Mai 1863 (Entscheidungen Bd. 49 p. 238).

[4]) (G.S. p. 268).

[5]) (G. S. p. 133).

dieser Bedeutung der beiden Gesetze vernothwendigt sich die nachfolgende Darstellung ihrer Hauptgrundsätze, soweit dadurch die städtischen Beamten berührt werden:

a. Die Pensionsberechtigung tritt erst nach einer Dienstzeit von 10 Jahren ein, wenn der Beamte in Folge eines körperlichen Gebrechens oder wegen Schwäche der körperlichen oder geistigen Kräfte zur Erfüllung seiner Amtspflichten dauernd unfähig wird, dagegen auch nach kürzerer Dienstzeit in dem Falle, wenn die Dienstunfähigkeit die Folge einer Krankheit, Verwundung oder sonstigen Beschädigung ist, welche der Beamte sich bei Ausübung des Dienstes oder aus Veranlassung desselben ohne eigene Verschuldung zugezogen hat.

b. Die Pension beträgt, wenn die Pensionirung im letztberegten Falle erfolgt, oder wenn sie nach vollendetem zehnten, jedoch vor vollendetem elften Dienstjahre eintritt, $^{15}/_{60}$ und steigt von da ab mit jedem weiter zurückgelegten Dienstjahre um $^{1}/_{60}$ des Diensteinkommens. Ueber den Betrag von $^{45}/_{60}$ desselben findet eine Steigerung nicht statt. Bei jeder Pension werden überschießende Thalerbrüche auf volle Thaler abgerundet.

c. Der Berechnung der Pension wird das zuletzt bezogene gesammte Diensteinkommen, soweit es nicht zur Bestreitung von Repräsentations- oder Dienstaufwandskosten gewährt wird, nach Maßgabe der folgenden näheren Bestimmungen zu Grunde gelegt:

α. Feststehende Dienstemolumente, namentlich freie Dienstwohnung, sowie die anstatt derselben gewährte Miethsentschädigung, Feuerungs- und Erleuchtungsmaterial, Naturalbezüge an Getreide, Winterfutter ꝛc., sowie der Ertrag von Dienstgrundstücken kommen nur soweit in Anrechnung, als deren Werth in den Besoldungsetats auf die Geldbesoldung des Beamten in Rechnung gestellt, oder zu einem bestimmten Geldbetrage als anrechnungsfähig bezeichnet ist.

β. Dienstemolumente, welche ihrer Natur nach steigend und fallend sind, werden nach den in den Besoldungsetats oder sonst bei Verleihung des Rechts auf diese Emolumente deshalb getroffenen Festsetzungen und in Ermangelung solcher Festsetzuugen nach ihrem durchschnittlichen Betrage während der drei letzten Kalenderjahre vor dem Jahre, in welchem die Pension festgesetzt wird, zur Anrechnung gebracht.

γ. Bloß zufällige Diensteinkünfte, wie widerrufliche Tantièmen, Commissionsgebühren, außerordentliche Remunerationen, Gratificationen und dergleichen kommen nicht zur Berechnung.

δ. Das gesammte zur Berechnung zu ziehende Diensteinkommen einer Stelle darf den Betrag des höchsten Normalgehalts derjenigen Dienstcategorie, zu welcher die Stelle gehört, nicht übersteigen. Ohne diese Beschränkung kommen jedoch solche Gehaltstheile oder Besoldungszulagen, welche zur Ausgleichung eines von dem betreffenden Beamten in früherer Stellung bezogenen Diensteinkommens demselben mit Pensionsberechnung gewährt sind, zur vollen Anrechnung.

ε. Wenn das nach den vorstehenden Bestimmungen ermittelte Einkommen eines Beamten insgesammt mehr als 12000 Mark beträgt, wird von dem überschießenden Betrage nur die Hälfte in Anrechnung gebracht.

d. Das mit Nebenämtern oder Nebengeschäften verbundene Einkommen begründet nur dann einen Anspruch auf Pension, wenn eine etatsmäßige Stelle als Nebenamt bleibend verliehen ist.

e. Die Dienstzeit wird vom Tage der Ableistung des Diensteides gerechnet; jedoch bleibt die Dienstzeit, welche vor dem Beginn des 21. Lebensjahres fällt, außer Berechnung.

f. Die Versetzung in den Ruhestand tritt, sofern nicht auf den Antrag oder mit ausdrücklicher Zustimmung des Beamten ein früherer Zeitpunct festgesetzt wird, mit dem Ablaufe desjenigen Vierteljahres ein, welches auf den Monat folgt, in welchem dem Beamten die Entscheidung über seinen Pensionirungsantrag und die Höhe der ihm etwa zustehenden Pension bekannt gemacht worden ist.

g. Die Pensionen werden monatlich im Voraus gezahlt. Dieselben können weder abgetreten noch verpfändet werden. In Bezug auf Beschlagnahme normiren die desfalls erlassenen besonderen Bestimmungen.

h. Ein Pensionair, welcher später ein zur Pension berechtigendes städtisches Amt wiederübernimmt, erwirbt bei der dann folgenden abermaligen Pensionirung den Anspruch auf Gewährung einer nach Maßgabe seiner nunmehrigen verlängerten Dienstzeit und des in der neuen Stellung bezogenen Diensteinkommens berechneten Pension nur dann, wenn die neu hinzutretende Dienstzeit wenigstens ein Jahr betragen hat.

Auch diejenigen Beamten, welche vor dem Inkrafttreten der Städteordnung vom 30. Mai 1853 angestellt worden sind, werden in Maßgabe der vorstehenden Principien pensionirt, wenn dieselben ihnen größere Vortheile bieten, als die Uebergangsbestimmung des § 84 leg. cit., nach welcher diese älteren Beamten zwei Drittel ihres seitherigen reinen Diensteinkommens nach vierundzwanzigjähriger Dienstzeit als Pension beanspruchen können.

Dagegen erhalten die auf Kündigung oder sonst auf Widerruf angestellten Beamten überhaupt keine städtische Pension, sondern nur in dem Falle, wenn sie zu den Militärversorgungberechtigten gehören, eine Pension aus Staatsfonds bei eintretender unverschuldeter Dienstunfähigkeit.*)

III. **Pensionen der Lehrer höherer städtischer Lehranstalten.** Bei der Pensionirung derjenigen Lehrer, welche an städtischen Gymnasien, Progymnasien, Realschulen, Taubstummen- und Blindenanstalten, Kunst- und höheren Bürgerschulen angestellt sind, kommen die Gesetze vom 27. März 1872 und vom 31. März 1882 gleichfalls in Anwendung. Bei der Berechnung ihrer Dienstzeit kommt auch diejenige Zeit in Anrechnung, während welcher sie das vorgeschriebene Probejahr abgehalten haben.

IV. **Pensionen der Elementarlehrer.** Die Pensionsverhältnisse derselben sind durch das vom 1. April 1886 in Kraft getretene Pensionsgesetz vom 6. Juli 1885 geregelt. Dasselbe findet ausschließlich Anwendung auf die Elementarlehrer und Lehrerinnen, also nur auf diejenigen, welche an einer über den Rahmen einer Volksschule nicht hinausgehenden obligatorischen Lehranstalt angestellt sind, dagegen nicht auf Lehrer an höheren und mittleren Töchterschulen, sonstigen Mittelschulen und ähnlichen Lehranstalten, welche weder zu den höheren Unterrichtsanstalten im technischen Sinne, noch zu den obligatorischen Volksschulen gehören. Jenes Gesetz normirt die Pensionen nur für die definitiv angestellten Elementarlehrer und Lehrerinnen einschließlich der Rectoren, welche nach einer Dienstzeit von mindestens 10 Jahren oder bei kürzerer Dienstzeit in Folge einer Krankheit, Verwundung oder sonstiger Beschädigung, welche bei Ausübung des Dienstes oder aus Veranlassung desselben ohne eigene Verschuldung erfolgt, dauernd dienstunfähig geworden sind. Wegen der Berechnung der Pension und der sonstigen Grundsätze muß auf den Inhalt des Pensionsgesetzes vom 6. Juli 1885 ver-

---

*) M. R. vom 19. November 1844 (M. Bl. 1845 p. 2).

wiesen werden; es soll hier nur hervorgehoben werden, daß in dem Falle, wenn die nach Maßgabe des letztgenannten Gesetzes bemessene Pension geringer ist als die Pension, welche dem Lehrer in Gemäßheit des früheren Rechts bei einer Pensionirung am 31. März 1886 hätte gewährt werden müssen, diese letztere Pension zu bewilligen ist, und ferner, daß eine Pension nach Maßgabe der bis zum 31. März 1886 geltenden Bestimmungen dem Lehrer auch dann zu gewähren ist, wenn ihm solche auf Grund derselben bei einer Pensionirung am 31. März 1886 zugestanden haben würde, dagegen auf Grund des Gesetzes vom 6. Juli 1885 nicht zusteht.

Dagegen haben die nur provisorisch angestellten Elementarlehrer keinen Anspruch auf ein Ruhegehalt.*)

V. Die Pensionen der an höheren Töchterschulen, Mittelschulen und ähnlichen Lehranstalten angestellten Lehrer. Für den Fall, daß die Pensionsverhältnisse dieser Lehrer weder vereinbarungsmäßig noch ortsstatutarisch geordnet sind, greifen bezüglich derselben diejenigen Grundsätze Platz, welche vor dem Elementarlehrerpensionsgesetze vom 6. Juli 1885 hinsichtlich aller Schullehrer mit Ausschluß der an den höheren Lehranstalten fungirenden Lehrer in der Praxis zur Anwendung gekommen sind. Die Bestimmung der Höhe der Pension competirte der Regierung, Abtheilung für Kirchen- und Schulwesen, wenn eine Einigung zwischen dem Lehrer und der Gemeinde nicht erfolgte. Das Verfahren in denjenigen Fällen, in denen der Festsetzung der Pension entweder von dem Lehrer oder von der zur Aufbringung verpflichteten Commune widersprochen wurde, hat eine besondere Regelung in dem Ministerialerlasse vom 30. November 1881 (Centralblatt für das Unterrichtswesen 1881 p. 668) erfahren. Danach soll die Höhe der Pension im Falle des eingetretenen Widerspruchs

*) M. R. vom 16. März 1859.

durch Plenarbeschluß der Regierung festgestellt werden, und in der Recursinstanz der Oberpräsident endgültig Entscheidung treffen. Es hat nun vor dem Pensionsgesetze vom 6. Juli 1885 an einer gesetzlichen Bestimmung über die Höhe der Pension der fraglichen Schullehrer gefehlt. Die Gesetze, betreffend die Pensionirung der unmittelbaren Staatsbeamten sowie der Lehrer an den höheren Unterrichtsanstalten, vom 27. März 1872 und 31. März 1882 konnten ebensowenig Anwendung finden, wie der § 28 Tit. 12, Th. II A. L. R. in Verbindung mit § 529 Tit. 11, weil diese landrechtlichen Bestimmungen nur von „Amtsentsetzung der Schullehrer" handeln. Wenn nun auch die Schulverwaltung allgemein den Grundsatz angenommen hatte, daß dienstunfähigen Schullehrern mit Ausschluß der an den höheren Unterrichtsanstalten angestellten ein Drittel ihres Diensteinkommens zu gewähren sei, so stand es doch in Ermangelung einer gesetzlichen Vorschrift den Regierungen frei, nach ihrem pflichtmäßigen Ermessen unter Umständen über jenes ein Drittel hinauszugehen. Die so von der Regierung festgestellte Pension bildete für die zur Schulverwaltung verpflichtete Gemeinde eine ihr gesetzlich obliegende Last. Eine Abänderung war einzig und allein durch Anrufen des Oberpräsidenten zu erreichen, während das Verwaltungsgericht eine Entscheidung über die in das Ermessen der Regierung gestellte Höhe der Pension nicht treffen konnte.[1]) Es hatte sich so in der Praxis der Grundsatz behauptet, daß nur die definitiv angestellten Lehrer zum Bezuge der Pension berechtigt seien,[2]) und daß die Höhe derselben nicht weniger als ein Drittel der Stelleneinkünfte betragen dürfe.[3])

---

[1]) O. V. G. E. Bd. XI p. 47 und M. R. vom 20. October 1863 (Centralblatt p. 616).

[2]) M. R. vom 16. März 1859 (Centralblatt p. 355).

[3]) M. R. vom 27. Juni 1860 (Centralblatt p. 421).

Die vorstehenden Grundsätze sind auch jetzt noch auf diejenigen Lehrer anwendbar, welche an solchen städtischen Lehranstalten angestellt sind, welche, wie die höheren Töchterschulen, Mittelschulen u. s. w., weder zu den höheren Unterrichtsanstalten im technischen Sinne, noch zu den obligatorischen Elementarvolksschulen gehören.

Nach dieser Darstellung der einzelnen Pensionsverhältnisse sind noch nachfolgende Gegenstände einer Erörterung zu unterziehen.

VI. Streitigkeiten über Pensionsansprüche der besoldeten Communalbeamten. Auf Grund der Städteordnungen*) hatte früher über solche Ansprüche in streitigen Fällen die Regierung zu entscheiden, und war gegen den Beschluß der Regierung, soweit derselbe sich nicht auf die Thatsache der Dienstunfähigkeit oder darauf bezog, welcher Theil des Diensteinkommens als Gehalt anzusehen sei, die Berufung auf richterliche Entscheidung zulässig. In der Verwaltungspraxis war constant der Grnndsatz festgehalten, daß die Regierung nicht bloß über den streitigeg Pensionsanspruch, sondern überhaupt über die Pensionirung zu beschließen hatte. Eine Aenderung dieser Sachlage ist durch das Zuständigkeitsgesetz vom 1. August 1883 § 20, Abs. 4 insofern eingetreten, als an die Stelle der Regierung in den Kreisordnungsprovinzen der Bezirksausschuß getreten ist. Letzterer hat also dort jetzt über die streitigen Pensionsansprüche aller besoldeten Gemeindebeamten sowie über deren Pensionirung überhaupt zu beschließen, und zwar, soweit der Beschluß sich darauf erstreckt, welcher Theil des Diensteinkommens bei Feststellung des Pensionsanspruchs als Gehalt anzusehen ist, vorbehaltlich der den Betheiligten gegen einander zustehenden Klage im Verwaltungsstreitverfahren, im Uebrigen vorbehaltlich des ordentlichen Rechts-

---

*) O. St. O. § 65, W. St. O. § 65, R. St. O. § 59 und 78.

weges. Der Beschluß des Bezirksausschusses ist vorläufig vollstreckbar. Es ist also hinsichtlich der Frage, welches Diensteinkommen als Gehalt anzusehen sei, ebenso, wie früher[1]), der ordentliche Rechtsweg ausgeschlossen, vielmehr nur die in dem Verwaltungsstreitverfahren bei dem Oberverwaltungsgerichte zu erhebende Klage gestattet. Die nach Vorstehendem zulässigen Klagen können sowohl von dem Beamten als von dem Magistrate angestellt werden.[2])

VII. **Fortfall und Ruhen der Pension.** Die Pension fällt fort oder ruht insoweit, als der Pensionirte durch anderweitige Anstellung im Staats- oder Gemeindedienste ein Einkommen oder eine neue Pension erwirbt, welche mit Zurechnung der ersten Pension sein früheres Einkommen übersteigen. Unter „Einkommen" werden alle Einnahmen verstanden, welche dem Pensionirten sein neues Amt wiederkehrend verschafft, also auch, wie in dem M. R. vom 9. Juli 1855 (M. Bl. p. 135) entschieden ist, Calculatur-, Auctions- und ähnliche Gebühren, sowie die Einnahmen eines Rechtsanwalts oder Notars.[3])

Auch die im förmlichen Disciplinarverfahren erkannte Dienstentlassung zieht den Verlust des Pensionsanspruchs von selbst nach sich; es ist indeß die Disciplinarbehörde auf Grund des Gesetzes vom 21. Juli 1852 § 16 in dem Falle, wenn besondere Umstände eine mildere Beurtheilung zulassen, ermächtigt, in ihrer Entscheidung festzusetzen, daß dem zu entlassenden Beamten ein Theil des reglementsmäßigen Pensionsbetrages auf Lebenszeit oder auf gewisse Jahre als Unterstützung zu verabreichen sei.

---

[1]) C. C. E. vom 14. April 1860 (M. Bl. 1861 p. 130).

[2]) C. C. E. vom 23. Juni 1858 (J. M. Bl. p. 263).

[3]) Obertribunalserkenntniß vom 20. Juni 1853 (Entscheidungen Bd. 25 p. 440).

Früher hatte auch ein Straferkenntniß, welches den Verlust der bürgerlichen Ehrenrechte oder die zeitweise Untersagung der Ausübung solcher Rechte nach sich zog, für den pensionirten Beamten den Verlust der Pension zur Folge. Eine solche Bestimmung ist jedoch in das Reichsstrafgesetzbuch nicht aufgenommen.

VIII. **Anrechnung einer früheren Dienstzeit bei Abmessung der Pension.** Wenn eine solche Anrechnung nicht besonders vereinbart worden ist, so kann bei Abmessung der einem Communalbeamten zu gewährenden Pension die von ihm früher in unmittelbarem Staatsdienste oder im Dienste anderer Gemeinden zugebrachte Zeit, sowie die Zeit des geleisteten Militärdienstes nicht mit in Anrechnung gebracht werden. Es wird nur die Zeit, welche im Dienste der die Pension gewährenden Gemeinde zugebracht ist, bei der Berechnung berücksichtigt.*)

IX. **Anrechnung persönlicher Gehaltszulagen bei der Pensionirung von Communalbeamten.** Als Theil des der Berechnung zu Grunde zu legenden Gehalts will der Ministerialerlaß vom 30. September 1866 (M. Bl. p. 212) auch die von den städtischen Behörden gewährte persönliche Zulage betrachtet wisseu. Es ist deshalb auf die Pensionsberechtigung ohne Einfluß, ob die Gehaltszulage als eine persönliche bezeichnet ist, da der Ausdruck „persönlich" nur den Gegensatz gegen eine mit der Stelle auf die Dauer verbundene Gehaltserhöhung bildet, und nicht gegen eine pensionsberechtigte.**) Characterisirt sich dagegen eine Zulage nicht als eine Gehaltserhöhung, sondern lediglich als eine Entschädigung für Re-

---

*) M. R. vom 17. December 1867 (M. Bl. 1868 p. 126), vom 19. März 1872 (M. Bl. p. 102) und vom 28. Juli 1848 (M Bl. p. 220).

**) O. V. G. Bd. XIII p. 174.

präsentationskosten, so ist der Betrag bei der Berechnung der Höhe der Pension nicht zu berücksichtigen.*) Ein Gleiches ist der Fall, wenn eine Zulage nur als temporäre Remuneration für einzelne Amtsverrichtungen bewilligt wird, oder wenn sie als widerrufliche gewährt ist.

X. Berechnung der Pension mit Rücksicht auf bezogene Nebeneinnahmen. Es kommen hier die oben sub II, c dargestellten Grundsätze zur Anwendung. Aus den sich daraus ergebenden Gesichtspunkten hat der Ministerialbescheid vom 21. October 1867 (M. Bl. 168 p. 63) anerkannt, daß die Pension nur von dem anstellungsmäßig ausgesetzten Gehalte, nicht von etwaigen zufälligen Nebeneinnahmen an steigenden und fallenden Dienstemolumenten, wie Tantièmen, und an sonstigen accidentiellen Dienstgenüssen zu berechnen ist.

§ 106. Die Gemeindecompetenzen der Hinterbliebenen verstorbener Communalbeamten.

In Ermangelung besonderer Vereinbarungen finden alle Bestimmungen über das Sterbe- und Gnadenquartal der Staatsbeamten in Gemäßheit der Cabinetsordre vom 22. Januar 1826 (G. S. p. 13) auch auf die Hinterbliebenen städtischer Beamten volle Anwendung. Die letzteren erhalten demnach:

a. außer dem Sterbemonate noch die volle Besoldung für die zunächst folgenden drei Monate, wenn der Verstorbene Mitglied oder Subalternbeamter eines Magistratscollegium gewesen ist, dagegen in allen anderen Fällen solche Besoldung nur für den auf den Sterbemonat folgenden Kalendermonat, den sog. Gnadenmonat, event. nach Umständen auch auf zwei oder drei Gnadenmonate,

*) Striethorst, Archiv für Rechtsfälle Bd. 17 p. 239.

wenn die Uebertragung der Stelle des Verstorbenen ohne besonderen Kostenaufwand für die Stadtcasse erfolgen kann. — cfr. C. O. vom 27. April 1816 § 1 (G. S. p. 134). —

b. Die Benutzung der Dienstwohnung während des Gnadenquartals, wenn der Verstorbene Mitglied oder Subalternbeamter eines Magistratscollegium gewesen ist, event. in allen anderen Fällen während des Gnadenmonats, jedoch mit Ausschluß einer etwa dazu gehörigen Sessions- und Arbeitsstube oder eines anderen dazu geeigneten Zimmers. Fällt das Miethsquartal nicht mit dem Ende des Gnadenquartals zusammen und macht dadurch das anderweitige Unterkommen der Familie Schwierigkeiten, so muß sie entweder, wenn das Miethsquartal früher eintritt, mit diesem die Dienstwohnung räumen und enthält dafür eine entsprechende Entschädigung vom Nachfolger des Verstorbenen, oder sie muß, wenn das nächste Miethsquartal später fällt, bis dahin in der Dienstwohnung mit der Verpflichtung belassen werden, dem Amtsnachfolger ein gewöhnliches Absteigequartier für sich und einen oder mehrere Domestiken einzuräumen. — cfr. C. O. vom 27. April 1816 § 3. —

c. Nur dasjenige, was die Hinterbliebenen an Besoldung außer dem Sterbequartal erhalten, ist für dieselben eine Gnadenbewilligung, auf welche die Gläubiger des Verstorbenen keinen Anspruch haben. Diese Gnadenbewilligung steht nur der Wittwe, Kindern und Enkeln des Verstorbenen zu, und zwar ohne Unterschied, ob sie Erben desselben geworden sind oder nicht. — cfr. C. O vom 15. November 1819 (G. S. p. 45). — Ausnahmsweise kann in dem Falle, wenn der Verstorbene der Ernährer armer Eltern, Geschwister und Geschwisterkinder oder Pflegekinder gewesen ist, diesen Personen das

Gnadengehalt mit Genehmigung der Stadtverordnetenversammlung überwiesen werden.

d. Die Hinterbliebenen eines pensionirten Beamten haben außer dem Sterbemonate noch Anspruch auf den Gnadenmonat mit der sub c beregten Wirkung. — cfr. C. O. vom 27. Mai 1816 und vom 15. November 1819. —

e. Den Hinterbliebenen ist das Gnadengehalt auch in dem Falle zu gewähren, wenn die Pensionirung des Beamten von einem bestimmten Zeitpunkte an bereits verfügt ist, der Beamte aber vor Eintritt dieses Zeitpunktes verstorben ist. — cfr. C. O. vom 30. März 1842 (J. M. Bl. p. 206). —

f. Die Hinterbliebenen eines suspendirten Beamten, welcher vor der Entscheidung über die eingelegte Berufung gegen ein die Dienstentlassung aussprechendes Disciplinarerkenntniß verstorben ist, erhalten für den Sterbemonat nur dasjenige Einkommen, welches der Verstorbene während der Amtssuspension selbst bezogen hat, dagegen für die drei Gnadenmonate das volle Einkommen der Stelle, wie solches der Verstorbene vor seiner Amtssuspension bezogen hatte, ohne Abzug für etwaige Stellvertretungskosten (Ministerialcircular vom 26. Mai 1841 im M. Bl. p. 159). Auch wird den Erben eines solchen suspendirten Beamten die während der Amtssuspension innebehaltene Hälfte des Diensteinkommens für alle Fälle unverkürzt nachgezahlt. — cfr. Ministerialcircular vom 3. Mai 1876 (M. Bl. p. 123).

g. Die Hinterbliebenen eines in der letzten Zeit vor seinem Tode wegen Krankheit ganz oder theilweise in seinen Geschäften gegen Abtretung eines Theils seines Einkommens vertretenen Beamten erhalten für den Sterbemonat nur dasjenige Einkommen, welches der Verstorbene während der Vertretung bezogen hat, dagegen für die drei Gnadenmonate das volle Einkommen der Stelle, wie der Verstorbene solches vor der Vertretung bezogen hatte. — cfr. Ministerialcircular vom 5. August 1843 (M. Bl. p. 231). —

h. Die Hinterbliebenen derjenigen Beamten, welche nicht zu den etatsmäßigen gehören, sondern nur als Hülfsarbeiter oder als Hülfsschreiber fixirte Remunerationen oder Diäten beziehen, haben gleichfalls Anspruch auf den Sterbemonat und das Gnadenquartal. — cfr. Ministerialerlaß vom 18. April 1855 (J. M. Bl. p. 166 und M. Bl. p. 113).

i. Die Gläubiger des Verstorbenen können zu ihrer Befriedigung nur den auf das Sterbequartal entfallenden Gehaltstheil durch Beschlagnahme in Anspruch nehmen bezw. zur Masse heranziehen.

Die vorstehenden Grundsätze finden auch Anwendung auf die Hinterbliebenen der von den Stadtgemeinden bei den höheren Schulen und Lehranstalten angestellten Lehrer und Beamten, welche ihre Besoldung aus städtischen Cassen empfangen, dagegen auf die Hinterbliebenen der im Amte verstorbenen Geistlichen und diejenigen der aus städtischen Cassen besoldeten Elementarlehrer nur dann, wenn ihnen in Betreff der Gnadencompetenzen die Bestimmungen der C. O. vom 27. April 1816 größere Vortheile bieten, als die Vorschriften des A. L. R. Th. II, Tit. 11 §§ 833—856, welche im entgegengesetzten Falle maßgebend bleiben. — cfr. Ministerialverfügung vom 31. März 1859 (M. Bl. p. 144). —

§ 107. Die Beendigung des Gemeindedienstes.

Die Gründe, welche die Beendigung veranlassen können, sind folgende:

1. Der Tod des Beamten.
2. Der Ablauf der Zeit, auf welche Gemeindebeamte

wie z. B. die Bürgermeister, Beigeordneten, Schöffen, Mitglieder der Verwaltungsdeputationen ꝛc. gewählt sind.

3. Die freiwillige Ausscheidung aus dem Amte, und zwar

a. ohne Rücksicht auf die Dienstfähigkeit durch freiwillige Entlassung. Dieselbe muß bei derjenigen Behörde nachgesucht werden, welche über die Besetzung der aufzugebenden Stelle zu verfügen hat, und soll nur dann versagt werden, wenn daraus ein erheblicher Nachtheil für das gemeine Beste zu besorgen ist.*) Dem Beamten, welchem die Entlassung aus solchen Gründen versagt ist, steht die Berufung auf die landesherrliche Entscheidung offen. In keinem Falle darf der Beamte seinen Posten eher verlassen, als bis wegen Wiederbesetzung oder einstweiliger Verwaltung desselben verfügt worden ist. Es beziehen sich indeß diese Bestimmungen des Allgemeinen Landrechts nur auf die besoldeten Beamten.

b. Bei eingetretener Dienstunfähigkeit durch Pensionirung, welche von dem Beamten nachzusuchen und von der zur Besetzung der betreffenden Stelle competenten Behörde in Maßgabe der Gemeindepensionsgesetze zu ertheilen ist.

4. Die unfreiwillige Versetzung in den Ruhestand.

a. im Wege des Disciplinarverfahrens. Der § 95 des Disciplinargesetzes vom 21. Juli 1852 enthält die Bestimmung, daß die mittelbaren Staatsbeamten, wenn sie vor dem Zeitpunkte, mit welchem ihre Pensionsberechtigung für sie eingetreten sein würde, dienstunfähig werden, auch gegen ihren Willen unter den für die Disciplinaruntersuchung vorgeschriebenen Formen in den Ruhestand versetzt werden können. Die desfalls competente Disciplinarbehörde war vor der Emanation des Zuständigkeits-

*) A. L. R. Th. II, Tit. 10 § 94—97.

gesetzes vom 1. August 1883 die Regierung, welche nach einer allgemein geübten Praxis nicht bloß über die streitigen Pensionsansprüche, sondern auch über die Pensionirung selbst zu entscheiden hatte.*) An die Stelle der Regierung ist in den Kreisordnungsprovinzen auf Grund des vorgenannten Gesetzes § 20, Abs. 4 der Bezirksausschuß getreten. Wenn nun überdies derselbe im § 10, Abs. 2 bestimmt: „In dem bezüglich der Entfernung aus dem Amte vorgesehenen Verfahren ist entstehenden Falles auch über die Thatsache der Dienstunfähigkeit der Bürgermeister, Beigeordneten, Magistratsmitglieder und sonstigen Gemeindebeamten Entscheidung zu treffen", so wird der Bezirksausschuß für competent zu erachten sein, nicht bloß über die streitigen Pensionsansprüche, sondern auch im Falle der Dienstunfähigkeit eines Beamten vor Eintritt der Pensionsberechtigung über die unfreiwillige Versetzung in den Ruhestand, sowie über die zu Grunde liegende Thatsache selbst zu entscheiden. Von Brauchitsch, die neuen Preußischen Verwaltungsgesetze, vertritt in Band III p. 52 die Ansicht, daß über Beschwerden städtischer pensionsberechtigter Beamten gegen die Thatsache der Pensionirung die Aufsichtsbehörden im geordneten Instanzenzuge zu beschließen haben.

Auch die auf Lebenszeit angestellten nicht pensionsberechtigten Communalbeamten können nur unter Beobachtung der für die Disciplinaruntersuchung vorgeschriebenen Formen in den Ruhestand versetzt werden.

b. Durch Beschluß des Ministers des Innern rücksichtlich der Mitglieder des Magistrats in Hannover. Dort können nämlich auf Grund der Hannoverschen Städteordnung § 44 die auf Lebenszeit gewählten Magi-

*) M. R. vom 3. Mai 1855 (M. Bl. p. 92).

stratsmitglieder auch wider ihren Willen nach Ablauf von je 12 Jahren nach der Wahl auf Antrag des Magistrats und der Bürgervorsteher von dem Minister des Innern in den Ruhestand versetzt werden.

5. Verschiedene Thatsachen, welche die Dienstentlassung eines Beamten zur Folge haben. Hierher gehört:

a. Die auf Lebenszeit angestellten Forstschutzbeamten können ihres Dienstes entlassen werden, wenn die Regierung die zu ihrer Vereidigung ertheilte Erlaubniß zurückzieht.[1])

b. Straferkenntnisse, in welchen auf eine Freiheitsstrafe von länger als einjähriger Dauer, auf eine schwerere Strafe, auf Verlust der bürgerlichen Ehre, auf zeitige Untersagung der Ausübung der bürgerlichen Ehrenrechte, auf immerwährende oder zeitige Unfähigkeit zu öffentlichen Aemtern, auf Stellung unter Polizeiaufsicht und auf Unfähigkeit zur Bekleidung öffentlicher Aemter erkannt ist, haben für den Verurtheilten den dauernden Verlust der bekleideten Aemter zur Folge.[2])

c. Durch Beschluß der Stadtverordneten können die zu den bleibenden Verwaltungsdeputationen gewählten stimmfähigen Bürger und andere von der Stadtverordnetenversammlung auf eine bestimmte Zeit gewählten unbesoldeten Gemeindebeamten mit Ausschluß der Magistratsmitglieder auch vor Ablauf ihrer Wahlperiode wider ihren Willen von ihrem Amte entbunden werden.[3])

---

[1]) Ges. vom 2. Juni 1852 (G. S. p. 305).

[2]) Disciplinargesetz vom 21. Juli 1852 § 8 und Reichsstrafgesetzbuch §§ 33—36.

[3]) O. St. O. § 75, W. St. O. § 75, R. St. O. § 80, Zust. G. § 10.

IV. Buch: Die Verwaltung der Städte in finanzieller Beziehung.

Erstes Capitel: Die Vermögensverwaltung.

§ 108. Einleitende Bemerkungen.

Die Verwaltung des gesammten städtischen Vermögens und aller Einkünfte der Stadtgemeinde ist ausschließlich dem Magistrate, als der ausführenden Verwaltungsbehörde, und den ihm untergeordneten städtischen Verwaltungsorganen zugewiesen. Die Stadtverordneten nehmen als solche activ an der Verwaltung selbst nicht Theil, wenn sie nicht etwa zu Mitgliedern der Verwaltungsdeputationen bestellt sind. Andererseits tritt aber der Einfluß der Stadtverordneten auf die Verwaltung insofern in ganz besonderem Maaße hervor, als dieselben über die Benutzung des Gemeindevermögens zu beschließen haben. Die Thätigkeit beider städtischen Behörden wird sodann in Bezug auf die Vermögensverwaltung wesentlich dadurch beschränkt, daß zu einer Reihe von Gemeindebeschlüssen die Genehmigung der höheren Behörden, des Regierungspräsidenten, des Bezirksausschusses und der Regierung erforderlich ist. Diese Gesichtspunkte sind es, welche in den Städteordnungen einzelne Verwaltungsgeschäfte, welche auch in diesem Capitel zum Gegenstande der Darstellung gemacht werden sollen, hervortreten lassen. Allgemeine Verwaltungsmaßregeln sind in den Städteordnungen nur in Bezug auf den Gemeindehaushalt, die Führung des Lagerbuchs und die Erstattung des jährlichen Verwaltungsberichts angeordnet.

Es wird somit das vorliegende Capitel in drei Gruppen behandeln:

a. das Beschlußrecht der Stadtverordneten in Bezug auf die Benutzung des Gemeindevermögens;
b. die Gemeindebeschlüsse, welche bezüglich der Verwaltung einer Genehmigung der höheren Behörde bedürfen;
c. die allgemeinen Verwaltungsmaßregeln, welche in den Städteordnungen angeordnet sind.

§ 109. Das Gemeindevermögen.

Die Städteordnungen berühren die Verwaltung des Gemeindevermögens in laconischer Kürze mit folgenden Worten:*)

„Die Stadtverordneten beschließen über die Benutzung des Gemeindevermögens; die Declaration vom 26. Juli 1847 (G. S. p. 327) bleibt dabei maßgebend"

und stellen einem solchen Vermögen das Interessenten-, Corporations- und Stiftungsvermögen hinsichtlich der Beschlußfassung über deren Benutzung und Substanz gegenüber. Theils jene Kürze, theils diese gegensätzliche Hervorhebung geben die Veranlassung zu den nachstehenden Erörterungen, welche zum Verständnisse der bezüglichen Bestimmungen der Städteordnungen unumgänglich nöthig sind.

I. Begriff von Gemeinde-, Kämmerei-, Bürger-, Interessenten-, Corporations- und Stiftungsvermögen.

Das Gemeindevermögen (patrimonium universitatis) ist der Inbegriff aller beweglichen und unbeweglichen Sachen, deren Eigenthum der Gemeinde, als Corporation, gehört, sowie der Inbegriff aller der Gemeinde zustehenden Vermögensrechte. Es fallen also unter diesen Begriff nicht bloß Grund-

---

*) O. St. O. § 49 und R. St. O. § 48, R. St. O. § 45.

stücke, bewegliche Gegenstände, dingliche Rechte, ausstehende Forderungen und überhaupt alle Vermögensrechte jeglicher Art, sondern auch die zum öffentlichen Gebrauche bestimmten und dem Verkehre entzogenen Sachen (z. B. öffentliche Straßen, Wege, Plätze 2c.). Als besondere Arten des Gemeindevermögens unterscheidet man:

1. Das Kämmereivermögen d. h. dasjenige nutzbare Gemeindevermögen, welches ausschließlich zur Bestreitung der Lasten und Ausgaben der Stadtgemeinde bestimmt ist und somit unmittelbar im Interesse der Corporation verwendet wird. Es gehört also die Substanz dieses Vermögens der Gemeinde, während die Nutzungen der Verwendung durch die städtische Verwaltung zu Gemeindezwecken unterliegen (z. B. die Pachtgelder, Zinsen, Gefälle, Communalsteuern, Sporteln, Strafgelder 2c.).

2. Das Bürgervermögen d. h. dasjenige nutzbare Gemeindevermögen, dessen Nutzungen nicht der Stadtgemeinde in ihrer Allgemeinheit, sondern den einzelnen Gemeindemitgliedern oder Einwohnern vermöge dieser ihrer Eigenschaft zukommen. Es wird auch als Gemeindegliedervermögen oder Allmendgut bezeichnet. Auch hier gehört die Substanz der Gemeinde, als Corporation, während die Nutzungen der Allmende, welche meist in Ländereien (Wald, Aecker und Wiesen) besteht, den einzelnen Mitgliedern der Gemeinde in Maßgabe der Gemeindebeschlüsse zugewiesen werden.

Diesem Gemeindevermögen steht gegenüber:

a. Das Interessentenvermögen, welches nicht der Gemeinde, als Corporation, sondern nur einzelnen Classen der Gemeindemitglieder (z. B. den Hausbesitzern) gehört,

b. das Corporationsvermögen, welches einer innerhalb des Stadtbezirks bestehenden Corporation (z. B. einer Innung) zusteht, und

c. das Stiftungsvermögen, welches freilich der Commune gehört, aber zu besonderen gemeinnützigen oder milden Zwecken bestimmt ist.

Die Städteordnungen erwähnen diese drei vorgenannten Vermögen nur zu dem Zwecke, um den Grundsatz zum Ausdrucke zu bringen,

ada. daß über das Interessentenvermögen von Seiten der Stadtverordnetenversammlung nur dann Beschluß gefaßt werden kann, wenn sie dazu durch den Willen der Betheiligten oder durch sonstige Rechtstitel berufen ist, sowie daß auf das vorberegte Vermögen anderen Personen, als den Hausbesitzern bezw. den sonstigen berechtigten Classen der Einwohner, kein Anspruch zusteht,

adb. daß auf das Vermögen der Corporationen die zur Stadtgemeinde gehörenden Einwohner als solche keinen Anspruch haben, und

adc. daß bei der Verwaltung und Verwendung des Stiftungsvermögens die Stadtverordnetenversammlung nur dann concurrirt, wenn nicht entgegenstehende stiftnngsmäßige Bestimmungen bestehen, und daß der Anspruch der Gemeindemitglieder als solcher auf das Stiftungsvermögen ausgeschlossen bleiben soll.

II. Wesentlicher Inhalt der Declaration vom 26. Juli 1847. Diese Declaration verfolgt den Zweck, das Recht der Stadtverordnetenversammlung hinsichtlich der Beschlußfassung über das Gemeindevermögen in nachstehender Weise zu beschränken:

a. das Kämmereivermögen und das Bürgervermögen kann durch eine Gemeinheitstheilung niemals in Privatvermögen der Gemeindemitglieder oder Einwohner verwandelt werden, selbst auch dann nicht, wenn die den Mitgliedern oder Einwohnern als solchen am Bürgervermögen zustehenden Nutzungsrechte noch außerdem durch den Besitz eines Grundstücks oder durch besondere persönliche Verhältnisse bedingt sind;

b. die Abfindung für solche Nutzungsrechte fällt der Gemeinde, als Corporation, zu; während die berechtigten Gemeindemitglieder oder Einwohner die Benutzung dieser Abfindung für die Dauer ihrer Nutzungsrechte erhalten;

c. Nutzungsrechte der Gemeindemitglieder oder Einwohner am Bürgervermögen, welche denselben nicht vermöge dieser ihrer Eigenschaft, sondern aus einem anderen Rechtstitel gebühren, gehören nicht zum Gemeindevermögen, sondern zum Privatvermögen der Nutzungsberechtigten. Die desfallsigen Abfindungen gehen deshalb in das Privateigenthum der letzteren über;

d. der § 17 der Gemeinheitstheilungsordnung, auf Grund dessen jeder Nutzungsberechtigte die Auseinandersetzung beantragen kann, bezieht sich ausschließlich auf die zum Privatvermögen gehörenden Nutzungsrechte;

e. die Bestimmungen des A. L. R. Th. II, Tit. 6 § 72 und Tit. 8 § 160, daß das Bürgervermögen nach den Regeln des gemeinsamen Eigenthums beurtheilt werden soll, sind nur von der Verwaltung jenes Vermögens zu verstehen;

f. wird in Folge der Gemeinheitstheilung eine anderweitige Regulirung für die Ausübung der den Gemeindemitgliedern und Einwohnern an der Abfindung (cfr. b) zustehenden Nutzungsrechte nöthig, so erfolgt dieselbe durch die Auseinandersetzungsbehörde nach Communication mit der Regierung. — cfr. § 11 der Verordnung vom 30. Juni 1834. —

III. Zulässigkeit der Verwendung der Nutzungen des Bürgervermögens zu Communalverwaltungsbedürfnissen. Aus der bisherigen Darstellung ergiebt sich, daß der Unterschied des Bürgervermögens vom Cämmereivermögen nur darin besteht, daß die Nutzungen des ersteren den jeweilig vorhandenen Gemeindemitgliedern zufallen, während die Nutzung des letzteren zu den Gemeindezwecken verwendet wird. Es ist indeß, wie dies auch in der Ministerialverfügung vom 12. October 1856 (M. Bl. p. 254) anerkannt ist, als zulässig zu erachten, daß die Nutzungen des Bürgervermögens aus dem Gesichtspunkte, weil es Eigenthum der Stadtgemeinde ist, durch Beschluß der städtischen Behörden mit Genehmigung des Bezirksausschusses in den Kreisordnungsprovinzen, bezw. der Regierung in den übrigen Provinzen zur Deckung der Lasten und Ausgaben der Stadtgemeinde nach zuvoriger Abfindung der Nutzungsberechtigten verwendet werden kann. Ein solcher Beschluß hat die Umwandlung des Bürgervermögens in Cämmereivermögen zur Folge und kann nicht im gerichtlichen Verfahren, sondern nur im Verwaltungswege angefochten werden.*) Das Zuständigkeitsgesetz vom 1. August 1883 hat diesen Grundsatz insbesondere anerkannt, indem der § 18 bestimmt, daß der Entscheidung im Verwaltungsstreitverfahren die Streitigkeiten zwischen Betheiligten über ihre in dem öffentlichen Rechte begründete Berechtigung zur Theilnahme an den Nutzungen und Erträgen des Gemeindevermögens unterliegen sollen.

IV. Die Verwaltung des Gemeindevermögens. Dieselbe steht, abgesehen vom Bürgervermögen, dem Magistrate zu, soweit derselbe nicht durch das Recht der Stadtverordneten, über die Art der Benutzung und über die Substanz zu beschließen, beschränkt ist. Die Zustimmung der Stadtverordnetenversammlung ist in Maßgabe dieses letztberegten Rechts insbesondere auch zur zinsbaren Ausleihung disponibler

*) C. C. E. vom 14. November 1874 (M. Bl. 1875 p. 45), vom 21. November 1857 (M. Bl. 1858 p. 74) und vom 13. Februar 1874 (J. M. Bl. p. 97).

Bestände der Stadtcasse erforderlich,[1]) ebenso zu Verpachtungen und Vermiethungen städtischer Grundstücke.

Darüber, in welcher Weise das Bürgervermögen zu benutzen bezw. zu verwalten ist, haben die Stadtverordneten zu beschließen; es steht aber immer die Verwaltung desselben unter der Aufsicht des Magistrats. Der Beschluß der Stadtverordneten kann im Rechtswege nicht angefochten werden,[2]) insbesondere auch dann nicht, wenn der Beschluß Seitens der Aufsichtsbehörde bestätigt worden ist.[3]) Insbesondere sind die Nutzungsberechtigten nicht befugt, eine von der Aufsichtsbehörde über die Benutzung des Bürgervermögens getroffene Entscheidung im Prozeßwege anzufechten.[4]) In dieser Beziehung soll hiermit gleichfalls auf den § 18 des Zuständigkeitsgesetzes vom 1. August 1883 verwiesen werden, welches für dergleichen Streitigkeiten das Verwaltungsstreitverfahren gewährt.

V. **Die Verwaltung städtischer Stiftungsvermögen.** Hinsichtlich der Verwaltung und Verwendung desselben bewendet es zunächst bei den stiftungsmäßigen Bestimmungen. Es normiren hierfür also vor Allem die etwa vorhandenen Stiftungsstatuten oder sonstige Anordnungen des Stifters. Ist dadurch die Verwaltung anderweitig hinreichend geordnet, so hat sich die Thätigkeit des Magistrats auf die Ueberwachung der Anstalt, auf die Aufsicht über die angeordnete Verwaltung zu beschränken. Dagegen steht in dem Falle, wenn stiftungsmäßige Bestimmungen nicht entgegenstehen, dem Magistrate

---

[1]) M. R. vom 22. Februar 1860 (M. Bl. p. 70).

[2]) C. C. E. vom 1. October 1859 (M. Bl. 1860 p. 221) und vom 14. November 1874 (M. Bl. 1875 p. 45).

[3]) C. C. E. vom 13. October 1873 (J. M. Bl. 1874 p. 10).

[4]) C. C. E. vom 11. März 1876 (M. Bl. p. 108) und vom 10. Juni 1876 (M. Bl. p. 262).

das Recht der unmittelbaren Verwaltung und der Stadtverordnetenversammlung die Mitwirkung in dem vollen Umfange, wie bei allen übrigen Gemeindeangelegenheiten, zu. Die Oberaufsicht über die Verwaltung wird dagegen in allen Fällen ausnahmslos von dem Staate ausgeübt. Die Regierungen sind insbesondere durch das M. R. vom 27. Juli 1844 (M. Bl. p. 266) angewiesen, dafür Sorge zu tragen, daß nach den Verordnungen des Stifters verfahren werde, und Nichts einschleiche, was dem allgemeinen Endzwecke der Stiftungen zuwiderläuft; sie sind demzufolge berechtigt, Visitationen solcher Anstalten zu veranlassen und die etwa vorgefundenen Mängel abzustellen. Auch ist ihre Genehmigung nicht bloß zur Veräußerung, sondern auch zum Erwerbe von Grundstücken für die Stiftung erforderlich.

Eine besondere Vorschrift enthalten die Städteordnungen über die Verwaltung der Stiftungen insofern, als in dem § 49 der O. St. O., § 48 der W. St. O. und § 45 der R. St. O. ausgesprochen ist, daß ihre Bestimmungen über den Begriff von Bürger, soweit es darauf bei der Verwaltung und Verwendung des Vermögens ankommt, an sich selbst nicht maßgebend sein sollen. Es ist vielmehr in jedem Falle die Frage, wer in Betreff der Verwaltung und des Genusses der Stiftung als Bürger anzusehen ist, nach den bei der Errichtung der Stiftungen maßgebend gewesenen Grundsätzen zu entscheiden. — cfr. den stenographischen Bericht über die Kammerverhandlungen von 1852 p. 832. —

§ 110. Die Veräußerung oder wesentliche Veränderung von Sachen, welche einen besonderen wissenschaftlichen, historischen oder Kunstwerth haben.

Eine solche Veräußerung oder wesentliche Veränderung der vorberegten Gegenstände, namentlich von Archiven oder

Theilen derselben ist einer besonderen Beschränkung insofern unterworfen, als die Gemeindebeschlüsse, welche dieselben anordnen, der Genehmigung des Regierungspräsidenten in den Kreisordnungsprovinzen,[1]) bezw. der Regierung in den übrigen Provinzen bedürfen. Verschiedene gesetzliche Bestimmungen und Ministerialverfügungen haben den Schutz und die Erhaltung der für die Wissenschaft, die Geschichte und die Kunst werthvollen Denkmale, Monumente und Urkunden zum Gegenstande. Das A. L. R. Th. I, Tit. 8 § 35 enthält bereits die Bestimmung, daß die auf den öffentlichen Plätzen der Städte befindlichen Statuen und Denkmale nur mit Genehmigung des Magistrats entfernt werden können. Sodann sind in der Cabinetsordre vom 20. Juni 1830 (G. S. p. 113) und in der Ministerialinstruction vom 31. October 1830 (Ann. XIV, p. 775) nähere Anordnungen wegen Erhaltung der Stadtmauern,[2]) Thore, Thürme, Wälle und anderer zum Verschlusse oder zur Vertheidigung der Städte bestimmten Anlagen in polizeilicher, militärischer und finanzieller Beziehung, insbesondere mit Berücksichtigung ihres Werthes als Denkmale der Baukunst oder als historische Monumente, getroffen. Diesen Bestimmungen ist die Vorschrift der Städteordnungen[3]), daß zur Veräußerung oder wesentlichen Veränderung der Eingangs beregten Gegenstände die Genehmigung der Aufsichtsbehörde erforderlich sein soll, hinzugetreten. Mehrere Ministerialverfügungen haben sodann Veranlassung genommen, die Sorge für die möglichste Erhaltung solcher Gegenstände den Regierungen aufzuerlegen. Es ist dies insbesondere das M. R. vom 5. November 1854 (M. Bl. 1855 p. 2), welches den

---

[1]) Zust. G. § 16.

[2]) cfr. M. R. vom 30. November 1831 (Ann. Bd. XV p. 774), vom 25. September 1846 (M. Bl. p. 194) und vom 17. Januar 1847 (M. Bl. p. 5).

[3]) O. St. O § 50, W. St. O. § 49, R. St. O. § 46.

Regierungen einschärft, auf solche Erhaltung hinzuwirken, und zu dem Zwecke selbst Beihülfen aus Staatsfonds für den Fall in Aussicht stellt, wenn Denkmale alter Baukunst (z. B. Erker, Freitreppen, Ruinen rc.) oder historische Monumente, welche sich im Besitze von Privatpersonen befinden und für deren Erhaltung die Mittel nicht aufgebracht werden können, in Verfall gerathen.*)

Hinsichtlich der Erhaltung der städtischen Archive interessiren das M. R. vom 3. März 1832 (Ann. Bd. XVI p. 843), welches den Communalbehörden die sichere Aufbewahrung wichtiger Acten und Urkunden einschärft und dieserhalb in Bezug der Controle der Aufsichtsbehörden geeignete Vorkehrungen trifft, sowie das M. R. vom 17. Februar 1859, welches dem Verkaufe wichtiger Urkunden und Schriftstücke vorbeugen will, das Interesse der städtischen Behörden für die Erhaltung, Sonderung und Ordnung der Archive anzuregen sucht und den städtischen Behörden empfiehlt, die Hülfe der Provinzialarchive bei der Ordnung solcher Archive in Anspruch zu nehmen.

Die Ertheilung der Genehmigung der Regierungen zur Veräußerung oder wesentlichen Veränderung der Eingangs beregten Gegenstände ist übrigens noch von der Zustimmung des Cultusministeriums abhängig gemacht. Es hat nämlich das M.R. vom 13. April 1850 angeordnet, daß die Regierungen vor der Ertheilung solcher Genehmigung, namentlich in Bezug auf die historischen und Kunstdenkmale, zuvor an das Cultusministerium Bericht zu erstatten und den Bescheid des Letzteren abzuwarten haben. Es ist hier noch hervorzuheben, daß jenes M. R. unter wesentlichen Veränderungen eines Denkmals diejenigen verstanden wissen will, bei denen

*) Ministerialerlaß vom 28. August 1857 (M. Bl. p. 144).

der alterthümliche und Kunstcharacter desselben im Ganzen oder Einzelnen verändert werden soll.

§ 111. Die Veräußerung städtischer Grundstücke und der denselben gesetzlich gleichgestellten Gerechtsamen.

Auch eine solche Veräußerung ist durch die Städteordnungen[1]) insoweit beschränkt, als dazu die Genehmigung der Regierung erforderlich und die freiwillige Veräußerung von der Beobachtung besonderer Formalitäten abhängig gemacht ist. Das Zuständigkeitsgesetz vom 1. August 1883 hat eine Aenderung nur insofern herbeigeführt, daß der Bezirksausschuß an die Stelle der Regierung in Bezug auf die zu ertheilende Genehmigung getreten ist. Dieselbe ist von dem Magistrate nicht bloß im Falle der Veräußerung eines der Stadt gehörigen Grundstücks oder solcher Gerechtsamen, welche den letzteren gesetzlich gleichgestellt sind, einzuholen, sondern auch in dem Falle der Vertauschung[2]) und in dem Falle des Abschlusses eines Vertrags, durch welchen der Verkauf eines Gemeindegrundstücks versprochen wird (pactum de vendendo).[3]) Dagegen bedarf es einer solchen Genehmigung zur Erwerbung von Immobilien und anderen denselben gleichstehenden Sachen nicht, wie dies in dem Ministerialbescheide vom 20. Dezember 1859 (M. Bl. 1860 p. 4) ausdrücklich hervorgehoben ist.

Was nun zunächst die vorbezielten Gerechtsame anlangt, so sind dies diejenigen, welche als unbewegliche Sachen gelten und welche als solche in dem A. L. R. Th. I. Tit. 2 § 8 und 9 bezeichnet sind, nämlich:

---

[1]) O. St. O. § 50, W. St. O. § 49, R. St. O. § 46.

[2]) M. R. vom 2. März 1821 (Ann. p. 89).

[3]) M. R. vom 7. März 1864 (M. Bl. p. 91).

a. Diejenigen Rechte, deren Ausübung mit dem Besitze einer unbeweglichen Sache verbunden ist, namentlich also Servituten und selbstständige dingliche Rechte an einer beweglichen Sache, womit der Besitz der Sache selbst verbunden ist, z. B. Superficies, Nießbrauch, Erbpachtsgerechtigkeit, antichretischer Pfandbesitz u. s. w.

b. Diejenigen Rechte, welchen die Eigenschaft einer unbeweglichen Sache durch besondere Gesetze ausdrücklich beigelegt ist, mithin alle diejenigen Gerechtigkeiten, welche für sich selbst bestehen, einen eigenen Kaufwerth haben, und ohne den Besitz eines Grundstücks ausgeübt werden können, also da, wo Hypothekenbücher bestehen, in diese eingetragen sind oder sich zur Eintragung eignen, z. B. das Bergwerks-Eigenthum,[1]) die Fischereigerechtigkeit, Fährgerechtigkeit u. s. w.

Nothwendige Voraussetzung zur Einholung der vorgeschriebenen Genehmigung ist die freiwillige Veräußerung von Immobilien und diesen gleichstehenden Gerechtsamen Seitens der städtischen Behörden. Aus diesem Gesichtspuncte ist solche Genehmigung in folgenden Fällen für nicht erforderlich zu erachten:

a. zur Veräußerung beweglicher Sachen, abgesehen jedoch von den im vorigen § berührten Gegenständen. Die Genehmigung ist deshalb auch nicht zur Veräußerung und Verpfändung geldwerther Papiere einzuholen;[2])

b. zum Verkaufe eines Grundstücks, welches Schulden halber im Wege der Execution verkauft werden soll;[3])

---

[1]) A. L. R. Th. II, Tit. 16 § 253 und Berggesetz vom 24. Juni 1865 § 212.

[2]) M. R. vom 11. Juni 1854 — ungedruckt — cfr. Hübner, Städteordnung p. 192.

[3]) A. L. R. Th. II, Tit. 8 § 155.

c. wenn ein Grundstück durch Verjährung einer Stadtgemeinde verloren gegangen ist;[1])

d. wenn der Verlust eines Grundstücks durch prozessualische Versäumnisse oder sonstige Unterlassungen des Magistrats, z. B. im Prozesse oder bei Unterlassungen des Widerspruchs bei Ausführung von Bauten auf städtischem Terrain, herbeigeführt worden ist;[2])

e. zur Anstellung von Prozessen, in welchen um Grundstücke bezw. Gerechtsame der Stadtgemeinden gestritten wird.

Ist die Genehmigung zur Veräußerung Seitens des Bezirksausschusses ertheilt, so sind bei Vermeidung der Ungültigkeit der Veräußerung verschiedene Formalitäten zu beobachten. Es sind dies in den östlichen Provinzen folgende:

a. Die Veräußerung darf nur im Wege der Licitation auf Grund einer zuvor aufzunehmenden Taxe stattfinden. (In der Rheinprovinz kann bei Vermessung von Grundstücken, welche nicht mit Gebäuden besetzt sind, ein beglaubigter Auszug aus dem Grundsteuerkataster an Stelle der Taxe treten).

b. Die Licitation muß mindestens einmal durch das Amtsblatt der Regierung und die für Bekanntmachung des Magistrats üblichen öffentlichen Blätter bekannt gemacht werden, (in Westphalen und in der Rheinprovinz durch das Amtsblatt der Regierung oder durch ein im Kreise erscheinendes Blatt, ferner durch eine öffentlich auszuhängende Ankündigung und endlich durch Ausruf in Westphalen und durch ortsübliche Bekanntmachung in der Rheinprovinz).[3])

---

[1]) A. L. R. Th. I, Tit. 9 § 624.
[2]) A. L. R. Th. I, Tit. 9 § 332.
[3]) W. St. R. § 50 und R. St. O. § 47.

c. Es muß zwischen der Bekanntmachung und dem Licitationstermine eine Frist von sechs Wochen freibleiben;

d. der Licitationstermin muß durch eine Justiz- oder Magistratsperson abgehalten werden.

e. Der Zuschlag darf nur mit Genehmigung der Stadtverordnetenversammlung, welcher das Ergebniß der Licitation mitzutheilen ist, ertheilt werden. Die Genehmigung kann zweifellos auch vor der Licitation in der Art gegeben werden, daß die Stadtverordnetenversammlung den Magistrat ermächtigt, den Zuschlag im Licitationstermine zu ertheilen. Ist dies Seitens des Magistrats in Maßgabe der ihm ertheilten Ermächtigung geschehen, so bedarf es nur der Mittheilung des Ergebnisses der Licitation.

Ist eine der vorberegten Formen nicht beobachtet, so ist die Veräußerung für die Stadtgemeinde unverbindlich, und insbesondere der Regierungspräsident bezw. die Regierung befugt, den Magistrat zur Anstellung eines Prozesses auf Wiedererlangung des veräußerten Grundstücks anzuhalten*) und erforderlichenfalls, wenn alle oder mehrere Mitglieder des Magistrats wegen Außerachtlassung der gesetzlich vorgeschriebenen Formalitäten in Anspruch zu nehmen sind, zur Wahrnehmung der Rechte der Stadtgemeinde einen Anwalt zu bestellen.

Die Beobachtung der vorberegten Formalitäten ist indeß nicht erforderlich, wenn der Verkauf eines Gemeindegrundstücks aus freier Hand oder ein Tausch von Seiten des Bezirksausschusses in den Kreisordnungsprovinzen,**) bezw. der Regierung in den übrigen Provinzen in besonderen Fällen gestattet wird. Eine solche Gestattung haben nun die Städteordnungen in dem Falle zugelassen, wenn die vorgenannten Aufsichtsbehörden sich davon überzeugt haben, daß der Vortheil der

---

*) M. R. vom 18. März 1840 (M.-Bl. p. 82).

**) Zust. G. § 16, Abs. 3.

Gemeinde durch den freihändigen Verkauf oder Tausch gefördert wird. Die Bestätigung eines desfallsigen Vertrages durch den Bezirksausschuß, bezw. durch die Regierung genügt für den Grundbuchrichter zu dem Nachweise, daß den für die Veräußerung von Grundstücken 2c. in den Städteordnungen vorgeschriebenen Förmlichkeiten genügt ist. Der Richter hat somit bei Vorlage eines so bestätigten Vertrags von einer Prüfung, ob solchen Förmlichkeiten genügt ist, Abstand zu nehmen. Eine desfallsige Prüfung ist dagegen bei Vorlegung eines Licitationsprotocolls, welches einer besonderen Bestätigung der Aufsichtsbehörde nicht bedarf, vorzunehmen.

Was schließlich den zu den bestätigten Verträgen erforderlichen Stempel anlangt, so ist darauf hinzuweisen, daß solche Verträge erst durch die vollzogene Bestätigung der Aufsichtsbehörde perfect werden, und daß deshalb zu einer solchen Bestätigung der in Maßgabe des Stempeltarifs für solchen Act erforderliche Stempel verwendet werden muß.[1])

§ 112. Die Verpachtung von Grundstücken und Gerechtsamen.

Das Recht der Verwaltung des Magistrats und das Recht der Verfügung der Stadtverordneten über das Gemeindevermögen ist hinsichtlich der Verpachtung nur in der Rheinprovinz und in Westphalen durch eine bezügliche Bestimmung der dort geltenden Städteordnungen[2]) insoweit beschränkt, als solche Verpachtungen öffentlich an den Meistbietenden geschehen müssen, wenn nicht etwa ausnahmsweise der Bezirksausschuß[3]) die Verpachtung aus freier Hand ge-

---

[1]) M. R. vom 10. März 1857 (M. Bl. p. 73).
[2]) W. St. O. § 50 und R. St. O. § 47.
[3]) Zust. G. § 16, Abs. 3.

nehmigt. Eine solche Beschränkung ist dagegen für die sechs östlichen Provinzen nicht angeordnet; es bleibt hier vielmehr der Beschlußfassung der städtischen Behörden überlassen, den Modus der Verpachtung, ohne dieserhalb an die Genehmigung der Aufsichtsbehörde gebunden zu sein, nach freiem Ermessen zu bestimmen, demzufolge von der freihändigen Verpachtung nach Belieben Gebrauch zu machen und sich die Auswahl der Pächter unter den Meistbietenden vorzubehalten.

Daß die Zustimmung der Stadtverordneten zu Verpachtungen und Vermiethungen städtischer Grundstücke und Gerechtsamen unbedingt erforderlich ist, bedarf nach der bisherigen Darstellung in Maßgabe der allgemeinen Regel, daß die Stadtverordneten über die Benutzung des Gemeindevermögens zu beschließen haben, keiner weiteren Begründung. Dagegen sind die Stadtverordneten nicht befugt, die allein dem Magistrate zustehende Ertheilung des Zuschlags für sich in Anspruch zu nehmen, da solche Ertheilung sich als ein Verwaltungsact, als eine administrativ ausführende Handlung, darstellt, und die Stadtverordneten ihre Beschlüsse überhaupt nicht selbst zur Ausführung bringen dürfen. Es unterliegt andererseits keinem Bedenken, daß die Stadtverordnetenversammlung sich bei allen Pacht- und Miethsverträgen den Beschluß über die Feststellung der von dem Magistrate zu entwerfenden Bedingungen sowie darüber, ob magistratlicherseits der Zuschlag in jedem einzelnen Falle ertheilt werden soll, vorbehalten und demzufolge beides von ihrer zuvorigen Genehmigung abhängig machen kann.*)

§ 113. Veränderungen in dem Genusse von Gemeindenutzungen.

Eine Ausnahme von der Regel, daß die Stadtverordneten in Uebereinstimmung mit dem Magistrate über die Be-

*) A. L. R. Th. I, Tit. 14 § 121.

nutzung des Bürgervermögens, als städtischen Eigenthums, frei verfügen können, ist durch die Städteordnungen*) dahin festgestellt, daß zu Gemeindebeschlüssen, welche die Veränderung in dem bisherigen Genusse der Nutzungen des Bürgervermögens (Wald, Weide, Haide, Torfstich und dergleichen) zum Gegenstande haben, die Genehmigung der Aufsichtsbehörde erforderlich ist. Diese Aufsichtsbehörde ist in Maßgabe des § 16 des Zuständigkeitsgesetzes vom 1. August 1883 in den Kreisordnungsprovinzen der Bezirksausschuß, dagegen in den übrigen Provinzen die Regierung. Die obenberegte Veränderung in dem Genusse von Gemeindenutzungen liegt nun nicht bloß in dem Falle vor, wenn die Verwendung der Nutzungen von Bürgervermögen zur Deckung der Lasten und Ausgaben der Stadtgemeinde, zur Bestreitung der Bedürfnisse des Communalhaushalts erfolgen soll, sondern sie tritt auch schon dann ein, wenn überhaupt die Vortheile, welche solche Nutzungen den berechtigten Gemeindemitgliedern gewähren, hinsichtlich des Bezugs der Erträge durch Beschränkung irgend welcher Art, z. B. durch Auferlegung und Erhöhung einer Abgabe oder durch Erweiterung und Beschränkung des Kreises der Genußberechtigten, einer bloßen Aenderung unterworfen werden sollen. Dagegen sind wirthschaftliche Aenderungen in der Culturart, aus welcher erst der zur Vertheilung gelangende Genuß der Nutzungen gewonnen wird, ohne Genehmigung der Aufsichtsbehörde gestattet, wie dies in dem M. R. vom 27. Mai 1862 (M. Bl. p. 212) besonders hervorgehoben ist, und ohne Zustimmung der Genußberechtigten zulässig.

§ 114. Städtische Anleihen.

Den Stadtgemeinden ist die Befugniß eingeräumt, zur Deckung dringender Gemeindebedürfnisse sowie zur Ausführung

---

*) O. St. O. § 50, W. St. O. § 49, R. St. O. § 46.

gemeinnütziger Einrichtungen und Anlagen, insbesondere dann, wenn die zu diesen Zwecken erforderlichen Mittel ohne zu erhebliche Belastung der Gemeindeabgabenpflichtigen durch Abgaben und Steuern nicht beschafft werden können, Geldanleihen aufzunehmen. Es ist jedoch zu allen Anleihen, durch welche die Gemeinde mit einem Schuldenbestande belastet oder der bereits vorhandene vergrößert wird,[1]) die Genehmigung des Bezirksausschusses in den Kreisordnungsprovinzen,[2]) bezw. der Regierung in den übrigen Provinzen erforderlich. Hinsichtlich des Zeitraums, innerhalb dessen die städtischen Anleihen durch Rückzahlung zu tilgen sind, ist der Gesichtspunct maßgebend, inwieweit es mit Rücksicht auf den der Gemeinde durch die Anleihe zufließenden Nutzen als billig und angemessen zu erachten ist, auch eine spätere Generation zur theilweisen Abbürdung einer Gemeindeschuld heranzuziehen. Einem solchen Gesichtspuncte wird sowohl von Seiten der städtischen Behörden bei der Aufnahme von Anleihen, als auch insbesondere von Seiten der obengenannten Behörden bei der Genehmigung derselben Rechnung getragen werden müssen.

Der Genehmigung unterliegen alle Anleihen, auch wenn sie nur zur Beseitigung augenblicklicher und vorübergehender Geldverlegenheiten aufgenommen werden. Eine Ausnahme ist in dem M. R. vom 11. Juni 1854[3]) nur für den Fall einer vorübergehenden Verpfändung geldwerther Papiere anerkannt, und zwar mit Rücksicht darauf, daß sogar die Veräußerung solcher Papiere ohne Genehmigung der Aufsichtsbehörde gestattet ist. Der Minister des Innern hat sich zur Feststellung dieser Ausnahme veranlaßt gesehen in Folge einer an ihn gerichteten Anfrage, inwiefern Darlehne, welche die Magisträte

---

[1]) O. St. O. § 50, W. St. O. § 49, R. St. O. § 46.
[2]) Zust. G. § 16.
[3]) ungedruckt — cfr. Hübner, Städteordnung p. 191.

lichen Anzahl von Hausbesitzern durch die geeigneten Anordnungen Sorge zu tragen. Insbesondere hat der Magistrat in dem Falle, wenn bei den Ergänzungswahlen nicht die genügende Anzahl Hausbesitzer gewählt ist, die Wahl der nicht mit einem Hause angesessenen Stadtverordneten, auf welche bei der Wahl die wenigsten Stimmen gefallen sind, in der erforderlichen Zahl sofort zu cassiren und eine Neuwahl, in welcher die fehlende Anzahl Hausbesitzer zu wählen ist, anzuordnen.

Für Hannover gilt die singuläre Vorschrift, daß es ortsstatutarischer Regelung überlassen bleibt, ob ein Theil und welcher Theil der Bürgervorsteher aus der Mitte der hausbesitzenden bezw. der nicht hausbesitzenden Bürger zu erwählen ist.*)

§ 43. Active und passive Wahlbefähigung.

Die active Wahlberechtigung, also das Recht, die Stadtverordneten zu wählen, steht ausnahmlos allen stimmberechtigten Bürgern und Ehrenbürgern, dagegen den Forensen, juristischen Personen sowie den Actiengesellschaften nur unter der Voraussetzung zu, daß sie in der betreffenden Stadt seit einem Jahre mehr als einer der drei höchstbesteuerten Einwohner sowohl an directen Staats- als an Gemeindeabgaben entrichtet haben.

Dagegen sind zu Stadtverordneten wählbar nur die stimmberechtigten Bürger und Ehrenbürger. Als ein Erforderniß der Wählbarkeit ist die Schreibens- und Lesenskundigkeit nicht zu erachten, und ist in Bezug hierauf schon in dem Ministerialrescripte vom 14. März 1809 der Grundsatz ausgesprochen, daß in den kleinen Städten, in denen nicht die

---

*) H. St. O. § 85, Abs. 4.

p. 124) und vom 21. Juli 1875 (M. Bl. p. 207) auf folgende auch für städtische Anleihen normirende Puncte verwiesen:

a. zur Tilgung der in Inhaberpapieren aufzunehmenden Anleihen sind außer einem bestimmten Procentsatze, — welcher bei Anleihen zu gemeinnützigen Einrichtungen und Anlagen auf mindestens ein Procent und bei Anleihen zu gewinnbringenden Anlagen auf mindestens ein und einhalb Procent zu bemessen ist — auch die durch die fortschreitende Tilgung ersparten Zinsen und die Ertragsüberschüsse der betreffenden Anlagen zu verwenden;

b. die auszugebenden Inhaberpapiere sind in Stücken, welche auf mindestens 200 Mark Nennwerth lauten, auszustellen und Stückbeträge, welche — wie 300, 600 und 1500 Mark — geeignet sind, den Gebrauch der Rechnung nach der früheren Thalerwährung zu erhalten, thunlichst zu vermeiden;

c. falls die Tilgung der Anleihe im Wege der regelmäßig wiederkehrenden Ausloosung der Obligationen bewirkt werden soll, so ist bei Abmessung der Zahl, in welcher die verschiedenen Nennwerths-Categorien der Anleihestücke auszugeben sind, auf die planmäßigen Tilgungsbeträge Rücksicht zu nehmen;

d. nach der Bestimmung des Circularerlasses vom 17. April 1854 (M. Bl. p. 94) hat die Bekanntmachung der ausgeloosten und gekündigten Schuldverschreibungen in Zeiträumen von sechs, drei, zwei und ein Monat vor dem Zahlungstermine zu erfolgen und darf sich auf eine einmalige Veröffentlichung nicht beschränken.

e. Das Aufgebot und die Kraftloserklärung (Amortisation) verlorener oder vernichteter Schuldverschreibungen hat nicht mehr nach Vorschrift der Allgemeinen Gerichtsordnung Th. I, Tit. 51 §§ 120 ff., sondern nach den Bestimmungen der Civilprozeßordnung für das Deutsche Reich vom 30. Januar 1877 §§ 838 ff. zu erfolgen. Der Ministerialerlaß vom 21. Februar 1880 hat ferner empfohlen, das in dem Erlasse vom 1. November 1879 sub Nr. IIIb mitgetheilte und in dem Ministerialblatte von 1880 p. 14 abgedruckte Schema zu einem Privilegium wegen Ausgabe von Inhaberpapieren, sowie zu einem Anleihescheine nebst Zinsschein und Anweisung (Talon) für die von Stadtgemeinden auszugebenden Inhaberpapiere unter den sich aus den abweichenden Verhältnissen ergebenden Abänderungen gleichfalls als Muster zu benutzen. Hinsichtlich der Zinsscheinreihen, welche früher in der Regel nur für einen Zeitraum von fünf Jahren ausgegeben wurden, ist hervorzuheben, daß dieser Zeitraum auf zehn Jahre ausgedehnt worden ist.*)

Ueber die Fassung und Tilgung der Stadtobligationen sind übrigens noch die M. R. vom 19. April 1869 (M. Bl. p. 126), vom 6. December 1881 (M. Bl. 1882 p. 5) und vom 8. December 1883 (M. Bl. 1884 p. 9) zu vergleichen.

§ 115. Die Verwaltung der städtischen Forsten.

Dieser Verwaltungszweig unterliegt besonderen Beschränkungen, welche im Wesentlichen damit zusammenhängen, daß das Oberaufsichtsrecht des Staates auf Grund der in Bezug auf die Behandlung der Gemeindewaldungen für die einzelnen Landestheile erlassenen Gesetze und Bestimmungen hinsichtlich der Forsten in ausgedehnterem Maaße, als dies in Bezug auf die übrigen Zweige der Communalverwaltung der Fall ist, zur Geltung gelangt. Die Städteordnungen scheiden deshalb auch die Verwaltung der Forsten wegen ihrer außer-

*) M. R. vom 23. August 1884 (M. Bl. p. 231).

ordentlichen Behandlung von den übrigen Zweigen der Verwaltung aus und heben insbesondere hervor,*) daß die für die einzelnen Landestheile erlassenen bezüglichen Gesetze und Bestimmungen in Kraft bleiben sollen. Auch das Zuständigkeitsgesetz vom 1. August 1883 hat im § 16 wiederholt, daß es hinsichtlich der Verwaltung der Gemeindewaldungen bei den dieserhalb bestehenden Bestimmungen bewenden soll. Diese Bestimmungen sind enthalten:

a. in dem für die Provinzen Ostpreußen, Westpreußen, Brandenburg, Pommern, Posen, Schlesien und Sachsen erlassenen Gesetze vom 14. August 1876, betreffend die Verwaltung der den Gemeinden und öffentlichen Anstalten gehörigen Holzungen, in der dazu ergangenen Ministerialinstruction vom 21. Juni 1877 (M. Bl. p. 259), sowie in dem Gesetze vom 6. Juli 1875, betreffend die Schutzwaldungen und Waldgenossenschaften (G. S. p. 416).

b. in der für die Provinzen Westphalen und die Rheinprovinz erlassenen Verordnung vom 24. December 1816, betreffend die Verwaltung der den Gemeinden und öffentlichen Anstalten gehörigen Forsten (G. S. 1817 p. 57) nebst den dazu ergangenen Regierungs- und Oberpräsidialinstructionen, sowie in dem Gesetze vom 6. Juli 1875.

Es sollen hier zunächst die sub a beregten Bestimmungen- welche für die östlichen Provinzen normiren, den weiteren Erörterungen grundleglich gemacht werden. Es sind nun folgende mit dem staatlichen Oberaufsichtsrechte im Zusammenhange stehende Beschränkungen hervorzuheben:

I. **Die Betriebspläne.** Das Gesetz vom 14. August 1876 stellt als Hauptprincip fest, daß die Benutzung und Bewirthschaftung der Cämmerei- und Bürgerholzungen sich

---

*) O. St. O. § 55, W. St. O. § 54, R. St. O. p. 51.

innerhalb der Grenzen der Nachhaltigkeit*) bewegen soll, daß die Erhaltung der standortsgemäßen Holz- und Betriebsarten, d. h. diejenigen, welche nach Maßgabe der örtlichen klimatischen und Bodenverhältnisse sowie der Holzmarktverhältnisse die höchste wirthschaftliche Production erwarten lassen, nicht durch die Nebennutzungen (wie Weide, Streuentnahme, Most, Grasnutzung) gefährdet werden dürfen, und daß ein Betrieb, welcher die im § 2 des Gesetzes vom 6. Juli 1875 hervorgehobenen Gefahren der Versandung, des Nachrutschens, des Eisganges, der Verminderung des Wasserstandes und die nachtheiligen Einwirkungen der Winde herbeiführen können, unzulässig ist. Das Gesetz vom 14. August 1876 hat diesem Principe zufolge angeordnet, daß der Bewirthschaftung der Gemeindewaldungen besondere Betriebspläne, welche die Waldwirthschaft, wie der Etat eine Vermögensverwaltung, zu regeln bestimmt sind, zu Grunde gelegt werden sollen, und daß diese Betriebspläne der Feststellung durch den Regierungspräsidenten bedürfen. Diese Betriebspläne, in welchen die nachhaltige Holzabnutzung (Abnutzungssatz) festgestellt wird, sind für den jährlichen Holzeinschlag, welcher für die Gemeinde gewonnen werden soll, ausschließlich maßgebend. Alle Abweichungen von dem festgestellten Betriebsplane, welche sich im Laufe des Betriebs vernothwendigen sollten, bedürfen der Genehmigung des Regierungspräsidenten, insbesondere:

a. Rodungen,
b. Abtrieb von Holzbeständen, sofern solcher bei Hochwaldungen für die laufende zwanzigjährige Nutzungsperiode, bei dem eingetheilten Mittel- und Niederwalde für die nächsten fünf Jahre im Betriebsplane nicht vorgesehen ist,
c. Holzfällungen, welche den Abnutzungssatz bei Berücksichtigung des seit Festsetzung desselben erfolgten Mehr- oder

*) Instruction vom 21. Juni 1877 (M. Bl. p. 259) sub 2.

Mindereinschlages um mehr als zwanzig Procent seines Betrages überschreiten würden,

d. Ueberschreitungen des Abnutzungssatzes, welche innerhalb der laufenden Nutzungsperiode nicht wieder eingespart werden können.

Sind solche Abweichungen ohne Genehmigung unternommen, so kann der Regierungspräsident eine entsprechende Abänderung des Betriebsplans, insbesondere auch den Wiederanbau gerodeter Flächen mit Holz anordnen.

Das Gesetz vom 14. August 1876 hat es übrigens im Falle eines geringen Waldbestandes oder einfacher Betriebsverhältnisse freigelassen, von der Aufstellung förmlicher Wirthschaftspläne Abstand zu nehmen, und dieselbe durch eine kurze Darstellung der Standorts-, und Betriebsverhältnisse, sowie die Angabe über den Zeitpunkt des Abtriebes und über die Art der Wiedercultur zu ersetzen.

II. **Die Revisionen.** Das Recht der Revision steht dem Regierungspräsidenten zu, und zwar

a. nicht bloß hinsichtlich der Betriebspläne, deren Revision und erneute Feststellung sowohl nach dem Ermessen des Regierungspräsidenten als auf Antrag der Gemeinde zu erfolgen hat, und deren Revision mindestens alle zehn Jahre stattfinden muß,

b. sondern auch hinsichtlich des Zustandes und der Bewirthschaftung durch Untersuchung an Ort und Stelle Seitens Sachverständiger. Ergiebt sich hiebei, daß der Betrieb dem obenberegten Hauptprincipe und dem festgestellten Betriebsplane nicht entspricht, so ist der Regierungspräsident befugt, die zwangsweise Ausführung durch dritte Personen anzuordnen oder die Einreichung jährlicher Fällungs-, Cultur- und Nebennutzungspläne, welche gleichfalls der Bestätigung bedürfen, zu fordern.

III. Forstpersonal. Die Gemeinden sind verpflichtet, für den Schutz und die Bewirthschaftung der Holzungen durch genügend befähigte Personen ausreichende Fürsorge zu treffen, welche, wenn sie mit dem Forstschutze betraut werden sollen, nach zuvoriger Genehmigung des Bezirksausschusses ein- für allemal in Gemäßheit des Forstdiebstahlsgesetzes vom 15. April 1878 § 23 und 24 beeidigt werden können. Die Gemeinden sind ferner in Gemäßheit des Regulativs vom 15. Februar 1879 (M. Bl. p. 164) und des M. R. vom 9. April 1880 (M. Bl. p. 119) verpflichtet, als Gemeindeforstbeamten nur forstversorgungsberechtigte Personen anzustellen.

IV. Zwangsweise Bewirthschaftung uncultivirter Grundstücke. Die Gemeinden sind verpflichtet, da, wo ihre Kräfte es gestatten und ein dringendes Bedürfniß der Landescultur vorliegt, uncultivirte Grundstücke, welche nach sachverständigem Gutachten zu dauernder landwirthschaftlicher oder gewerblicher Nutzung nicht geeignet, dagegen mit Nutzen zur Holzzucht zu verwenden sind, mit Holz anzubauen. Die Gemeinden können dazu nach Anhörung des Magistrats und des Kreisausschusses durch Beschluß des Bezirksausschusses angehalten werden; es ist ihnen indeß der zwanzigfache Betrag der auf den betreffenden Grundstücken ruhenden Jahresgrundsteuer zu den Kosten der ersten Anlage aus der Staatscasse zu überweisen. Sind die Kräfte der Gemeinden zur Bebauung nicht ausreichend, so wird ihnen aus der Staatscasse nach Maßgabe der in dem Staatshaushaltsetat angesetzten Mittel zu der im Interesse der Landescultur vorzunehmenden Aufforstung eine angemessene Beihülfe gewährt.

V. Zwangsbefugnisse des Regierungspräsidenten. Derselbe ist befugt, in dem Falle, wenn die Gemeinde den von ihm angeordneten Auflagen trotz geschehener Aufforderung nicht nachkommt, die zur Erfüllung der Verpflichtung erforderlichen Handlungen durch einen Dritten ausführen zu lassen, den Betrag der Kosten vorläufig zu bestimmen und im Wege der Execution von der Stadtgemeinde einzuziehen.

VI. **Der Instanzenzug.** Gegen den Beschluß des Bezirksausschusses findet innerhalb einer präclusivischen Frist von zwei Wochen*) die Beschwerde an den Provinzialrath statt. Dagegen können die Verfügungen des Regierungspräsidenten binnen gleicher Präclusivfrist durch Beschwerde an den Oberpräsidenten angefochten werden. Gegen den Bescheid des Oberpräsidenten findet die Klage bei dem Oberverwaltungsgerichte statt, welche jedoch nur darauf gestützt werden darf:

a. daß der angefochtene Bescheid auf der Nichtanwendung oder unrichtigen Anwendung des bestehenden Rechts, insbesondere auch der von den Behörden innerhalb ihrer Zuständigkeit erlassenen Verordnungen beruhe;

b. daß die thatsächlichen Voraussetzungen nicht vorhanden seien, welche die Polizeibehörde zum Erlasse der Verfügung berechtigt haben würden;

c. auf die Behauptung, daß das Zwangsmittel nach Art und Höhe nicht gerechtfertigt oder nach Lage der Sache zur Erreichung des angeordneten Zweckes überhaupt nicht erforderlich sei.

VII. **Die Kosten der staatlichen Oberaufsicht.** Alle Kosten, welche durch diese Oberaufsicht erwachsen, fallen ausschließlich der Staatscasse zur Last.

VIII. **Veräußerung oder wesentliche Veränderung der Forsten.** Das M. R. vom 9. Juli 1856 (M. Bl. p. 188) geht von dem Gesichtspunkte aus, daß die Erhaltung, Verbesserung und angemessene Bewirthschaftung der Communalforsten nicht bloß für die Gemeinde, sondern auch für die allgemeine Landescultur besonders wichtig ist, und spricht die

---

*) L. V. G. vom 30. Juli 1883 §§ 51 und 52.

Erwartung aus, daß die Regierungen den Consens zu Veräußerungen in der Regel versagen und nur in seltenen Ausnahmen rücksichtlich einzelner kleiner Parzellen nur dann ertheilen werden, wenn in keiner Weise ein Nachtheil für die Gemeinde- oder Staatsinteressen oder die allgemeine Landescultur zu besorgen ist. Es wird ferner den Regierungen empfohlen, zu solchen Dispositionen, durch welche ein Gemeindewald ganz oder theilweise seine Eigenschaft als Wald verliert, insbesondere zu Umwandlungen in Acker, Wiese oder Weide, die Genehmigung nur nach sorgfältigster Prüfung zu ertheilen, wenn überwiegende, dauernde Vortheile bestimmt zu erwarten sind.

Für die Provinz Westphalen und die Rheinprovinz gelten auf Grund des Gesetzes vom 24. December 1816 noch folgende Bestimmungen, welche gleichfalls darauf beruhen, daß die Gemeinden der Oberaufsicht der Regierung unterworfen sind und sich nach den Anweisungen derselben wegen eines regelmäßigen Betriebes und der vortheilhaftesten Benutzungsart genau richten müssen:

a. Die Verwandlung des Forstlandes in Acker und Wiese ist nur nach sorgfältiger Begründung und Prüfung zu gestatten.

b. Die Forstländereien sind nach den von der Regierung genehmigten Etats zu bewirthschaften. Wälder und beträchtliche Holzungen, welche nach ihrer Beschaffenheit und Umfang zu einer forstmäßigen Bewirthschaftung geeignet sind, müssen durch gehörig ausgebildete Forstbediente administrirt werden. Außerordentliche Holzschläge, Rodungen und Veräußerungen sind mit Genehmigung der Regierung vorzunehmen.

c. Die Oberaufsicht steht der Regierung zu. Dieselbe hat die Forstetats sowie Anträge auf außerordentliche Holzschläge und Rodungen oder auf Veräußerung durch

Sachverständige prüfen zu lassen und nach deren Befinden darüber zu bestimmen. Die Regierung hat auch das Recht, die Forstbewirthschaftung von Amtswegen oder auf specielle Veranlassung untersuchen zu lassen und gegen forstwidrige Verwaltungen durch Anordnung einer speciellen Beaufsichtigung oder sonst zweckmäßige Vorkehrungen zu treffen.

d. Die Anstellung und Bestätigung von Forstbedienten hängt von der Entscheidung der Regierung ab. Letztere hat zu prüfen, ob die Anstellung eines eigenen qualificirten, durch die Gemeinde zu wählenden Forstbedienten unumgänglich erforderlich ist, oder ob die Forstbewirthschaftung durch die Gemeindeglieder, ausgeführt werden kann, oder nach den Wünschen der Gemeinde gegen eine angemessene Remuneration einem benachbarten Königlichen Forstoffizianten übertragen werden soll.

e. Die Regierungen können sich zur Beaufsichtigung der Communalforsten der Königlichen Oberforstmeister und der denselben untergeordneten Forstoffizianten bedienen, welche diejenigen Uebelstände, welche sie bei ihren Forstbereisungen in den Communalforsten bemerken, von Amtswegen der Regierung anzuzeigen haben.

f. Die gemeinschaftlich mit dem Staate besessenen Communalforsten oder sog. Marken-Waldungen und Gemeinheiten sind der Forstverwaltung des Staats unterworfen.

§ 116. Die Verwaltung der Jagd.

Das Jagdrecht steht auf Grund des Gesetzes vom 31. October 1848 (G. S. p. 343) und des Jagdpolizeigesetzes vom 7. März 1850 (G. S. p. 165) der Stadtgemeinde auf den zum Gemeindevermögen gehörigen Grundstücken zu, jedoch mit der Beschränkung, daß sie, wie jede andere Corporation, das

Jagdrecht nur durch Verpachtung oder durch einen angestellten Jäger ausüben darf. Die Ausübung des Jagdrechts durch die einzelnen Gemeindemitglieder ist, abgesehen von der Pachtung, unzulässig. Das Jagdrecht muß vielmehr ruhen, wenn die Gemeinde die Jagd weder verpachtet noch durch einen angestellten Jäger ausüben läßt. Auch die einzelnen Besitzer von Grundstücken sind zur eigenen Ausübung des Jagdrechts auf ihrem Grund und Boden befugt, jedoch nur:

a. auf solchen Besitzungen, welche in einem oder mehreren an einander grenzenden Gemeindebezirken einen land- oder forstwirthschaftlich benutzten Flächenraum von wenigstens 300 Morgen einnehmen und in ihrem Zusammenhange durch kein fremdes Grundstück unterbrochen sind (die Trennung, welche Wege oder Gewässer bilden, wird als eine Unterbrechung des Zusammenhanges nicht angesehen);

b. auf allen dauernd und vollständig eingefriedeten Grundstücken (darüber, was für dauernd und vollständig eingefriedet zu erachten, entscheidet der Landrath endgültig mit Ausschluß des Rechtsweges);

c. auf Seen, auf zur Fischerei eingerichteten Teichen und solchen Inseln, welche Ein Besitzthum bilden.

Es muß hier jedoch hervorgehoben werden, daß ein Gemeindebezirk, auch wenn er eine Gesammtfläche von 300 Morgen nicht umfaßt und auch nicht in ungetrenntem Zusammenhange liegt, dennoch einen selbstständigen Jagdbezirk bildet, wie dies in den Entscheidungen des O.V.G. Band X p. 156 und in mehreren M. R. vom 13. November 1863 (M. Bl. p. 237), vom 7. Januar 1870 (M.Bl. p. 16) und 11. April 1860 (M. Bl. p. 118) anerkannt ist. Andererseits sind die städtischen Behörden befugt, nach freier Uebereinkunft mehrere ganze Gemeindebezirke oder einzelne Theile eines Gemeindebezirks mit einem andern Gemeindebezirke zu einem gemeinschaftlichen Jagdbezirke zu vereinigen, sowie mit Genehmigung des Kreisausschusses (bezw. des Bezirksausschusses in Stadtkreisen) aus dem Bezirke Einer Gemeinde mehrere für sich bestehende Jagdbezirke zu bilden, deren jedoch keiner eine geringere Fläche als 300 Morgen umfassen darf. Auch den Besitzern, welche in den oben sub a—c beregten Fällen einen eigenen Jagdbezirk zu bilden berechtigt sind, können sich mit ihren Grundstücken den Jagdbezirken ihrer Gemeinden anschließen.*) Endlich kann aus mehreren an einanderstoßenden Grundstücken, welche zusammen eine ununterbrochene, zusammenhängende Fläche von mindestens 300 Morgen umfassen, ein für sich bestehender gemeinschaftlicher Jagdbezirk gebildet werden. Selbstverständlich steht auch hier den Gemeinden frei, Theile ihrer Grundstücke zur Bildung eines solchen gemeinschaftlichen Jagdbezirks heranzuziehen. Alle auf dergleichen Abänderungen der gewöhnlichen Jagdbezirke gerichteten Beschlüsse unterliegen der Beschränkung, daß sie sich auf keinen kürzeren Zeitraum als auf drei Jahre und auf keinen längeren Zeitraum als auf zwölf Jahre erstrecken dürfen, und daß die Besitzer isolirt belegener Höfe die Ausscheidung ihrer sie umgebenden Grundstücke aus dem gemeinschaftlichen Jagdbezirke beanspruchen können.

Hinsichtlich der Verwaltung ist nun Folgendes hervorzuheben:

I. **Die Gemeindeverwaltungsbehörde**. Die Verwaltung steht, wie bei allen übrigen Communalangelegenheiten, dem Magistrate zu. Die Stadtverordnetenversammlung ist nur berechtigt, über die Art der Benutzung des Jagdrechts zu beschließen, insbesondere darüber, ob die Jagd der einen eigenen Jagdbezirk bildenden Grundstücke verpachtet oder für Rechnung der Gemeinde durch einen angestellten Jäger beschossen wer-

---

*) M. R. vom 15. Mai 1873 (M. Bl. p. 186).

den soll; sie ist auch berechtigt, die Bedingungen des Jagdpachtcontracts und die Ertheilung des Zuschlags von ihrer Genehmigung abhängig zu machen. Die Erträge aus der Verpachtung solcher vorberegten Grundstücke fließen zur Stadtkasse.

Anders verhält es sich mit der Verwaltung der Jagd eines gemeinschaftlichen Jagdbezirks. Handelt es sich hier um eine freiwillige, d. h. nach Lage und Größe der betreffenden Fläche gesetzlich nicht gebotenen Einwerfung von Kämmereigrundstücken in einen gemeinschaftlichen Jagdbezirk, welche aus mehreren aneinanderstoßenden Grundstücken gebildet werden soll, so ist dazu der Beschluß der Stadtverordnetenversammlung erforderlich. Ist dagegen die Einverleibung der Communalgrundstücke einmal rechtsgültig erfolgt, bezw. demnächst die Theilung des gemeinschaftlichen Jagdbezirks in mehrere selbstständige Bezirke von der Aufsichtsbehörde genehmigt worden, so ist der Magistrat ohne Concurrenz der Stadtverordnetenversammlung diejenige Behörde,*) welche sämmtliche Besitzer der einen gemeinschaftlichen Jagdbezirk bildenden Grundstücke in allen Jagdangelegenheiten vertritt und die Jagd verwaltet. Der Magistrat kann beschließen, daß auf dem gemeinschaftlichen Jagdbezirke entweder

a. die Ausübung der Jagd gänzlich ruhen, oder
b. die Jagd für Rechnung der betheiligten Grundbesitzer durch einen angestellten Jäger beschossen werden, oder
c. dieselbe öffentlich im Wege des Meistgebots oder aus freier Hand auf einen Zeitraum von nicht weniger als drei Jahren oder nicht mehr als zwölf Jahren verpachtet werden soll.

Solche Pachtgelder und Einnahmen von der durch einen angestellten Jäger beschossenen Jagd werden in die Gemeinde-

*) M. R. vom 19. December 1860 (M. Bl. 1861 p. 14).

kasse gezahlt, und nach Abzug der etwa entstehenden Verwaltungskosten durch den Magistrat unter die Besitzer derjenigen Grundstücke, auf welchen die gemeinschaftliche Ausübung des Jagdrechts stattfindet, nach dem Verhältnisse des Flächeninhalts dieser Grundstücke vertheilt. Die Verpachtung der Jagd auf den eigenen und den gemeinschaftlichen Jagdbezirken unterliegt nur der Beschränkung, daß sie bei Strafe der Nichtigkeit des Vertrages niemals an mehr als höchstens drei Personen gemeinschaftlich erfolgen kann, und daß Ausländer nur mit Genehmigung der Aufsichtsbehörde als Jagdpächter angenommen werden können. Ist die Verpachtung erfolgt, so ist freilich den Pächtern, ebenso wie jedem Besitzer eines eigenen Jagdbezirks, die Anstellung von Jägern für ihre Reviere gestattet; es ist den ersteren aber eine Afterpachtung der Jagd ohne Einwilligung des Magistrats nicht erlaubt.

II. **Die Jagdpolizeibehörde.** Dieselbe wird in den Städten, welche einen eigenen Stadtkreis nicht bilden, von dem Landrathe, dagegen in den Stadtkreisen von der Ortspolizeibehörde ausgeübt. Die Beschlüsse und Verfügungen, welche diese Behörden in Jagdpolizeisachen erlassen, können durch die gegen polizeiliche Verfügungen zulässigen allgemeinen Rechtsmittel, die Beschwerde und die Klage, in Gemäßheit des L.V.G. vom 30. Juli 1883 § 127 ff. angefochten werden; jedoch mit Ausschluß derjenigen Beschlüsse, durch welche Anordnungen wegen Abminderung des Wildstandes getroffen oder Anträge auf Anordnung oder Gestattung solcher Abminderung abgelehnt werden, findet statt jener allgemeinen Rechtsmittel die Beschwerde an den Bezirksausschuß innerhab zwei Wochen statt, und zwar mit der Wirkung, daß der Beschluß des Bezirksausschusses endgültig ist.

Der Landrath ist auch zur Ausstellung des Jagdscheins competent, bezw. die Ortspolizeibehörde in den Stadtkreisen. Ein Jeder, welcher die Jagd ausüben will, muß sich nämlich einen für den ganzen Staat gültigen, zu seiner Legitimation dienenden, auf ein Jahr und auf die Person lautenden Jagdschein von dem Landrath des Kreises seines Wohnsitzes, bezw. in den Stadtkreisen von der Ortspolizeibehörde seines Wohnsitzes gegen eine Abgabe von drei Mark, welche zur Kreiscommunalcasse, bezw. in Stadtkreisen zur städtischen Kasse fließen, für sich einlösen und bei der Ausübung der Jagd stets mit sich führen. Auch Ausländern kann ein solcher Jagdschein, jedoch nur gegen die Bürgschaft eines Inländers, von dem Landrathe bezw. der Ortspolizeibehörde des Wohnortes des Bürgen ertheilt werden. Die Ertheilung des Jagdscheins muß folgenden Personen versagt werden:

a. solchen, von denen eine unvorsichtige Führung des Schießgewehrs oder eine Gefährdung der öffentlichen Sicherheit zu besorgen ist,

b. denen, welche durch ein Urtheil des Rechts, Waffen zu führen, verlustig erklärt sind, sowie denen, welche unter Polizeiaufsicht stehen, oder welchen die Nationalcocarde aberkannt ist,

und kann außerdem denjenigen, welche wegen eines Forst- oder Jagdfrevels oder wegen Mißbrauches des Feuergewehrs bestraft sind, jedoch nur innerhalb fünf Jahren nach verbüßter Strafe versagt werden. Gegen die versagende Verfügung findet sowohl die beim Bezirksausschusse im Verwaltungsstreitverfahren zu erhebende Klage, als die im Aufsichtsinstanzenzuge bei dem Regierungspräsidenten anzubringende Beschwerde statt.

Die vorberegte Berechtigung des Landraths beschränkt sich auf die Jagdpolizei und darf nicht, wie dies von Seiten einzelner Landräthe versucht worden ist, in ein Aufsichtsrecht über die Gemeinde übergreifen. Der Ministerialerlaß vom 24. December 1859 (M. Bl. 1860 p. 5) nimmmt Veranlassung, solche Uebergriffe zurückzuweisen, indem es darauf hinweist, daß die Landräthe nicht selten den Abschluß eines Jagdpachtcontracts von ihrer Bestätigung abhängig zu machen gewußt und sich sogar directe Anordnungen über die Art der Verpachtung, die Wahl des Pächters u. s. w. angemaßt haben. Das M. R. vom 24. December 1859 erklärt solche Maßregeln für unzulässig, da den Landräthen ein Bestätigungsrecht der Contracte nicht zuerkannt ist, und die im § 10 des Jagdpolizeigesetzes gestattete Freiheit der Beschlüsse den Gemeindebehörden ganz unbeschränkt die Befugniß übertragen hat, den Verpachtungsmodus zu bestimmen, den Pachtschilling festzusetzen und den Pächter auszuwählen.

III. **Die Aufsichtsbehörde.** Wenn auch die Verwaltung der Jagdpolizei dem Landrathe gesetzlich zusteht, so ist doch das staatliche Aufsichtsrecht in Bezug auf die dem Magistrate in Gemäßheit des Jagdpolizeigesetzes, namentlich auf dem Gebiete der Verpachtung gemeinschaftlicher Jagdbezirke, zufallende Thätigkeit der Communalaufsichtsbehörde, dem Regierungspräsidenten, mit den aus dem Zuständigkeitsgesetze sich ergebenden Beschränkungen verblieben. Es tritt in dem Jagdpolizeigesetze überdies an verschiedenen Stellen, insbesondere in den §§ 4, 9 und 12, der Unterschied zwischen dem nur mit der Jagdpolizeigewalt betrauten Landrathe und der für Genehmigung in Jagdangelegenheiten, namentlich für die Bildung von Jagdbezirken, die Bestimmung der Vertretung der zu einem gemeinschaftlichen Jagdbezirke vereinigten Besitzer 2c. competenten Aufsichtsbehörde hervor. Es führen also alle diejenigen Beschwerden in Jagdangelegenheiten, welche nicht durch polizeiliche Maßregeln veranlaßt sind, in dem geordneten Instanzenzuge an den Regierungspräsidenten. Es muß hier aber darauf hingewiesen werden, daß durch das Zuständigkeitsgesetz vom 1. August 1883 die Competenz des Kreisausschusses und des Bezirksausschusses, als Verwaltungsstreit- und Beschlußbehörden, in mehrfacher Beziehung festgestellt ist.

IV. Competenz des Kreis- und Bezirksausschusses in Jagdangelegenheiten. Der Tit. XV des Zuständigkeitsgesetzes hat für nachbenannte Gegenstände solche Competenz folgendermaaßen geordnet:

a. Beschwerden gegen Beschlüsse des Landraths bezw. der Ortspolizeibehörde, durch welche Anträge auf Abschuß von Wild genehmigt oder abgelehnt sind, gehen an den Bezirksausschuß, wenn sie binnen einer Frist von zwei Wochen erhoben werden. Der Bezirksausschuß beschließt endgültig. (Zust. G. § 103.)

b. Es beschließt in den zu einem Landkreise gehörenden Städten der Kreisausschuß, dagegen in Stadtkreisen der Bezirksausschuß über die Genehmigung zur Bildnng mehrerer für sich bestehender Jagdbezirke aus dem Bezirke einer Gemeinde sowie über die Vereinigung mehrerer Gemeindebezirke zu einem gemeinschaftlichen Jagdbezirke. Gegen den Beschluß findet die weitere Beschwerde statt (Zust. G. § 104).

c. Der Entscheidung im Verwaltungsstreitverfahren unterliegen Streitigkeiten der Betheiligten über ihre in dem öffentlichen Rechte begründeten Berechtigungen und Verpflichtungen hinsichtlich der Ausübung der Jagd, insbesondere über

α. Beschränkungen in der Ausübung des Jagdrechts auf eigenem Grund und Boden;

β. Bildung von gemeinschaftlichen Jagdbezirken, Anschluß von Grundstücken an einen gemeinschaftlichen Jagdbezirk oder Ausschluß von Grundstücken aus einem solchen;

γ. Ausübung der Jagd auf fremden Grundstücken, welche von einem größeren Walde oder von einem oder mehreren selbstständigen Jagdbezirken umschlossen sind, sowie die den Eigenthümern der Grundstücke zu gewährende Entschädigung.

Zuständig ist in erster Instanz der Kreisausschuß in den zu einem Landkreise gehörenden Städten, dagegen in Stadtkreisen der Bezirksausschuß. Gegen das Urtheil findet das Rechtsmittel der Berufung statt. (Zust. G. p. 105.)

d. Ueber Beschwerden und Einsprüche gegen die von dem Magistrate festgestellte Vertheilung der Erträge der gemeinschaftlichen Jagdnutzung beschließt der Magistrat. Gegen diesen Beschluß findet innerhalb zwei Wochen die Klage bei dem Kreisausschusse in den Landstädten, dagegen bei dem Bezirksausschusse in den Stadtkreisen statt. Gegen das Urtheil ist die Berufung zulässig. (Zust. G. p. 106.)

e. Ueber die Verlängerung, Verkürzung oder Aufhebung der gesetzlichen Schonzeit (cfr. Gesetz vom 26. Februar 1870) beschließt der Bezirksausschuß endgültig. (Zust. G. § 107.)

f. Ueber die Erneuerung der auf den schleswig'schen Westseeinseln bestehenden Concessionen zur Errichtung von Vogelkojen sowie über die Ertheilung neuer Concessionen (cfr. Gesetz vom 1. März 1873 § 6) beschließt der Bezirksausschuß. Der Beschluß kann durch Beschwerde angefochten werden. (Zust. G. § 108.)

§ 117. Der Gemeindehaushaltsetat.

I. **Begriff und Bedeutung.** Eine geordnete und den Gemeindeinteressen entsprechende Verwaltung des Gemeindehaushalts einerseits, sowie eine zweckmäßige Festsetzung und Vertheilung der Gemeindeauflagen und Gemeindedienste andererseits wird wesentlich bedingt durch die Berechnuug und

Aufstellung der voraussichtlich zu erwartenden Einnahmen und Ausgaben der Commune, sowie durch die Festsetzung der Höhe der durch Aufbringung von Gemeindesteuern flüssig zu machenden Geldmittel für den Fall, wenn die Ausgaben den Betrag der Einnahmen übersteigen. Es ist dementsprechend in Gemäßheit der Städteordnungen alljährlich, wenn nicht etwa ausnahmsweise in den sechs östlichen Provinzen, Westphalen und Schleswig-Holstein die Etatsperiode bis auf drei Jahre mit Zustimmung der Stadtverordnetenversammlung verlängert wird, im Voraus d. h. für das kommende Jahr ein Etat zu entwerfen, welcher alle voraussichtlichen Einnahmen, Ausgaben und Gemeindedienste sowie die Höhe der aufzubringenden Steuern eines solchen Jahres in ihren einzelnen Positionen in möglichst genauer Vollständigkeit und systematischer Anordnung enthalten muß. Dieser Etat soll für die Zeit des kommenden Verwaltungs- oder Etatsjahrs die Grundlage für die Erhebung der Einnahmen der Stadtgemeinde bilden und hinsichtlich aller derselben obliegenden Ausgaben dem Magistrate, als der ausführenden Verwaltungsbehörde, die Befugniß zur freien Verfügung innerhalb der für die einzelnen Positionen festgesetzten Grenzen gewähren. Der Gemeindehaushaltsetat läßt sich demnach definiren als der Voranschlag der in dem darauf folgenden Verwaltungsjahre oder der nächstfolgenden Etatsperiode bestimmt oder doch voraussichtlich zu erwartenden Gemeindeausgaben und Einnahmen incl. der etwa zur Deckung des Bedürfnisses erforderlichen Gemeindesteuern.

II. **Der Entwurf des Etats.** Es liegt dem Magistrate die Pflicht ob,*) solchen Etat rechtzeitig zu entwerfen. Als äußerster Endtermin ist in den Städteordnungen ein bestimmter Monat festgesetzt, und zwar für die sechs östlichen

*) O. St. O. § 66, W. St. O. § 66, R. St. O § 60.

Provinzen der Monat October, in Westphalen der September und in der Rheinprovinz der November, vorausgesetzt, daß dort das Gemeindehaushaltsjahr nach wie vor mit dem bürgerlichen Jahre zusammenfällt. Es ist nämlich durch das Gesetz vom 29. Juni 1876 (G. S. p. 177) den Stadtgemeinden freigelassen, für ihren Haushalt das Staatshaushaltsjahr, welches mit dem 1. April jedes Jahres beginnt und mit dem 31. März endigt, anzunehmen. Ist von Seiten einer Gemeinde von diesem Rechte Gebrauch gemacht, so sind die für die Aufstellung oder die Rechnungsablegung bestehenden Termine entsprechend abzuändern, und es ist demzufolge in einer solchen Gemeinde der sechs östlichen Provinzen die Aufstellung des Etats spätestens im Januar, bezw. in Westphalen spätestens im December und in der Rheinprovinz im Februar zu beschaffen.

Der Etat soll sich in der Regel nur auf das der Aufstellung nachfolgende Etatsjahr erstrecken; es kann indeß die Etatsperiode von dem Magistrate mit Zustimmung der Stadtverordnetenversammlung, welche einer Genehmigung Seitens der Aufsichtsbehörde nicht bedarf, bis auf drei Jahre verlängert werden. Eine solche Verlängerung wird sich insbesondere für die kleineren Stadtgemeinden empfehlen, da dort die einzelnen Etatspositionen während längerer Zeit festzustehen pflegen, und deshalb der Voranschlag auf eine längere Zeitperiode bis zu drei Jahren seinem Zwecke völlig genügt.

Der Entwurf muß während eines Zeitraums von acht Tagen nach zuvoriger Verkündigung in einem oder mehreren von dem Magistrate zu bestimmenden Localen zur Einsicht aller Einwohner der Stadt offen gelegt werden, und wird erst nach Ablauf solcher Zeit der Stadtverordnetenversammlung zur Feststellung vorgelegt.

III. Die Form des Etats. In Betreff der Abfassung des städtischen Haushaltsetats existiren besondere gesetzliche

Bestimmungen nicht. Allein der Zweck derselben, eine vollständige, genaue und übersichtliche Zusammenstellung aller Ausgaben und Einnahmen zu bringen, ist für die Anordnung seines Inhalts leitend und maßgebend; es ist der Gewandtheit des Magistrats überlassen, für die systematische und überhaupt zweckmäßige Anordnung, welche ein klares und übersichtliches Bild in der oben bezielten Beziehung zu schaffen vermag, Sorge zu tragen. Dem Zwecke entspricht es deshalb auch, wenn für einzelne wichtige und umfassende Verwaltungszweige d. h. für die Schul- und Armenverwaltung, rücksichtlich deren auch getrennte Cassen bestehen, für sich bestehende, besondere Haushaltsetats, die sog. Nebenetats, aus welchen die bezüglichen Ausgaben und Einnahmen ersichtlich sind, aufgestellt werden; es ist aber in einem solchen Falle unumgänglich nöthig, daß das Schlußresultat dieser Nebenetats in Bezug auf Einnahmen und Ausgaben auf dem Hauptetat selbst an geeigneter Stelle hervortritt, damit die Uebersichtlichkeit des gesammten Gemeindehaushalts erhalten bleibt.*)

IV. Die Feststellung des Etats. Wie der Staatshaushaltsetat durch den Erlaß eines Gesetzes bedingt wird, so ist zur Rechtsbeständigkeit des Gemeindehaushaltsetats die Feststellung Seitens der Stadtverordnetenversammlung erforderlich. Diese Feststellung kann nur durch einen desfallsigen Beschluß derselben erfolgen. Die Festhaltung dieses Gesichtspunktes ist nothwendig für die Beantwortung der Frage, inwieweit die Berechtigung der Stadtverordnetenversammlung zur einseitigen Abänderung der Positionen des Etats Platz greift, bezw. die Zustimmung des Magistrats hinsichtlich der von der ersteren vorgenommenen Aenderungen des Etats erforderlich ist. Da der Etat den Zweck verfolgt, die von der Zustimmung der

*) M. R. vom 27. November 1823 (Ann. p. 659), vom 4. Juni 1833 (Ann. p. 431) und vom 6. April 1837 (Ann. p. 104).

Stadtverordneten abhängigen Ausgaben und Einnahmen in ihren einzelnen Positionen aufzustellen, so besteht der Etat aus aneinander gereihten Anträgen des Magistrats auf Bewilligung der einzelnen Etatspositionen. Wenn diese Anträge die betreffenden Beschlüsse der Stadtverordneten hervorrufen, so beantwortet sich die Frage, ob solche Beschlüsse der Zustimmung des Magistrats bedürfen, nach den allgemeinen Bestimmungen der Städteordnungen. In denselben — cfr. § 36 der O. St. O. und der W. St. O., § 35 der R. St. O. — ist nun der Grundsatz ausgesprochen, daß die Beschlüsse der Stadtverordneten stets in dem Falle der Zustimmung des Magistrats bedürfen, wenn sie solche Angelegenheiten betreffen welche ihm durch das Gesetz zur Ausführung überwiesen sind, und daß dann, wenn derselbe die Zustimmung versagt, ein besonderes Verfahren eintritt, bezw. die Entscheidung des Bezirksausschusses von beiden Seiten angerufen werden kann. Es ist also bei jeder Abänderung der Etatspositionen zu prüfen, ob eine Angelegenheit zur Frage steht, welche gesetzlich dem Magistrate zur Ausführung überwiesen ist oder nicht. Nur im bejahenden Falle ist die Aenderung der Stadtverordneten von der Zustimmung des Magistrats abhängig. Es soll dies an einzelnen Beispielen erwiesen werden:

a. Die Stadtverordneten sind berechtigt, die Ausgabenposten der Etats einseitig zu streichen, weil der Magistrat in einem solchen Falle niemals in die Lage kommen kann, einen desfallsigen Beschluß zur Ausführung zu bringen. Als Correctiv gegen eine unzulässige Streichung besteht hier die Bestimmung, daß der Regierungspräsident auf Grund des § 78 der St. O. berechtigt ist, die Eintragung der der Gemeinde gesetzlich obliegenden Leistungen in den Etat zu verfügen.

b. Die Stadtverordneten können Ausgabenposten, welche in den Etats nicht vorgesehen sind, in denselben ohne Zustimmung des Magistrats nicht einstellen, da der desfallsige Beschluß der Stadtverordneten der Zustimmung des Magistrats deshalb bedarf, weil der Letztere auf Grund der St. O. die auf dem Etat beruhenden Ausgaben anzuweisen hat, und somit eine Angelegenheit vorliegt, welche ihm gesetzlich zur Ausführung obliegt.

c. Die Stadtverordneten können die Einnahmen-Beträge des Etats (z. B. das Steueraufkommen des Etatsjahrs) nicht einseitig, nicht ohne Zustimmung des Magistrats abändern, weil der Letztere auf Grund der St. O. — cfr. § 56 sub 4 — auch die auf dem Etat beruhenden Einnahmen anzuweisen hat, und somit auch hier eine ihm gesetzlich zugewiesene Ausführung des betreffenden Stadtverordnetenbeschlusses in Frage kommt. Versagt er die Zustimmung, so tritt das in § 36 der O. St. O. vorgeschriebene Verfahren ein.

V. Einreichung des Etats an die Aufsichtsbehörde. Sobald die Feststellung des Etats Seitens der Stadtverordneten erfolgt ist, muß sofort eine Abschrift desselben an die Aufsichtsbehörde zur Kenntnißnahme eingereicht werden. Eine Feststellung desselben durch die Aufsichtsbehörde findet nicht statt, wie dies in dem Zust. G. § 19 besonders hervorgehoben ist.

VI. Etatsüberschreitungen. Der Magistrat darf dieselben nicht zulassen, da ihm die besondere Pflicht obliegt, dafür zu sorgen, daß der Haushalt nach dem Etat geführt werde. Treten im Laufe des Etatsjahrs Bedürfnisse hervor, welche bei der Aufstellung und Festsetzung des Etats entweder gar nicht, oder doch nicht hinreichend berücksichtigt sind, so ist der Magistrat verpflichtet, zur Bestreitung der erforderlichen Ausgaben, welche außer dem Etat geleistet werden sollen, die Genehmigung der Stadtverordnetenversammlung einzuholen.[1]) Selbstverständlich ist die nachträgliche Erwirkung und Ertheilung der Genehmigung nicht ausgeschlossen. Wird dieselbe versagt, so haftet der Magistrat aus dem Gesichtspunkte der Ueberschreitung seiner Amtsbefugnisse und ist der Gemeinde für allen ihr daraus erwachsenen Schaden auf Grund des A. L. R. Th. II, Tit. 10 § 68 ff.[2]) verantwortlich. Solche Etatsüberschreitungen können in verschiedenen Formen vorkommen, und zwar nicht bloß, wenn eine Ausgabe die Summe einer dafür im Etat vorgesehenen Position übersteigt, sondern auch dann, wenn Summen zu anderen als den im Etat angegebenen Zwecken verwandt, oder wenn außerordentliche Einnahmen, welche in dem Etat nicht berücksichtigt worden, verausgabt sind.

VII. Zwangsweise Eintragung von Leistungen in den Etat. Wenn die Stadtverordnetenversammlung oder die städtischen Behörden es unterlassen oder verweigern, die der Gemeinde gesetzlich obliegenden, von der Behörde innerhalb der Grenzen ihrer Zuständigkeit festgestellten Leistungen auf den Haushaltsetat zu bringen, so verfügt der Regierungspräsident unter Anführung der Gründe die Eintragung in den Etat. Es bleibt dann der Gemeinde überlassen, gegen die bezügliche Verfügung des Regierungspräsidenten die Klage beim Oberverwaltungsgerichte zu erheben.[3])

§ 118. Die Rechnungslegung über den Stadthaushalt.

Es ist alljährlich eine vollständige Rechnung über alle in dem vorhergehenden Etatsjahre erzielten Einnahmen und

---

[1]) O. St. O. § 67, W. St. O. § 67, R. St. O. § 61.

[2]) Erkenntniß des Obertribunals vom 4. April 1870.

[3]) Zust. G. § 19. — M. R. vom 31. Januar 1835 (Ann. XIX p. 154). — M. R. vom 26. Mai 1845 (M. Bl. p. 161).

gemachten Ausgaben zu entwerfen, und zwar zu dem Zwecke der Feststellung, ob und inwieweit der Haushaltsetat innegehalten ist, sowie zum Zwecke der Controle des Gemeindeeinnehmers. Die einzelnen Stadien, welche solche Jahresrechnung durchlaufen muß, sind folgende:

I. **Die Legung der Jahresrechnung.** Sie liegt dem Gemeindeeinnehmer ob. Dieser ist verpflichtet, diese Rechnung in den Gemeinden der sechs östlichen Provinzen und der Provinz Westphalen, falls nicht ein anderer Termin statutarisch festgesetzt ist, vor dem 1. Mai, in der Rheinprovinz vor dem 1. Juni jeden Jahres, vorausgesetzt, daß dort das Etatsjahr mit dem bürgerlichen Jahre zusammenfällt, event. vor dem 1. August (in den östlichen Provinzen), bezw. dem 1. September (in der Rheinprovinz), wo dort das Etatsjahr auf die Zeit vom 1. April bis 31. März verlegt ist,[1]) anzufertigen und an den Magistrat einzureichen.

II. **Die Revision.** Diese fällt dem Magistrate zu. Derselbe hat die eingereichte Rechnung einer calculatorischen und materiellen Prüfung zu unterwerfen[2]) und demnächst mit seinen Erinnerungen und Bemerkungen der Stadtverordnetenversammlung zugehen zu lassen.

III. **Die Prüfung, Feststellung und Entlastung.** Die hierauf gerichtete Thätigkeit ist der Stadtverordnetenversammlung vorbehalten. Letztere ist befugt, in dem Falle, wenn das Rechnungswesen verwickelt ist und deshalb Schwierigkeiten in der Prüfung bietet, zu derselben einen Sachverständigen auf städtische Kosten heranzuziehen.[3]) Die Feststellung der Rechnung selbst muß, falls nicht ein anderer Termin statuta-

---

[1]) Ges. vom 29. Juni 1876 § 1.

[2]) M. R. vom 14. September 1835 (Ann. p. 750).

[3]) M. R. vom 15. März 1833 (Ann. p. 112) und vom 4. März 1840 (M. Bl. p. 80).

risch festgestellt ist, in den östlichen Provinzen vor dem 1. October, in der Rheinprovinz und Westphalen vor dem 1. September, wo dort das Etatsjahr mit dem bürgerlichen Jahre zusammenfällt, bewirkt werden, dagegen ebendort vor dem 1. Januar bezw. 1. December, wo das Etatsjahr vom 1. April bis 31. März läuft. Die Entlastung (Decharge) kann erst gefordert werden, wenn die von der Stadtverordnetenversammlung erhobenen Monituren erledigt sind.

IV. **Offenlegung der festgestellten Rechnung.** Dieselbe erfolgt nur in der Rheinprovinz und in Westphalen, dagegen nicht in den übrigen Provinzen. In den erstgenannten Provinzen muß die festgestellte Rechnung 14 Tage lang zur Einsicht der Gemeindemitglieder in einem bekannt zu machenden Locale ausgelegt werden.*)

Es liegt übrigens dem Magistrate aller Provinzen die Pflicht ob, sofort nach geschehener Feststellung der Jahresrechnung seiner Aufsichtsbehörde, also in den Kreisordnungsprovinzen dem Regierungspräsidenten, in Berlin dem Oberpräsidenten und in den übrigen Provinzen der Regierung eine Abschrift des Feststellungsbeschlusses vorzulegen.

§ 119. Das Lagerbuch und der Verwaltungsjahresbericht.

Zum Zwecke der Controle des Magistrats in Bezug auf seine Thätigkeit in der Verwaltung sind die vorberegten beiden Verwaltungsmaßregeln angeordnet. Sie sollen beide im Allgemeinen dazu dienen, hauptsächlich den Stadtverordneten alljährlich ein klares Bild über den Stand und die Verwaltung der Gemeindeangelegenheiten in wirthschaftlicher Beziehung zu verschaffen. Der specielle Zweck, welchen beide Maßregeln verfolgen, läßt die besondere Wichtigkeit und den besonderen

*) W. St. O. § 69 und R. St. O. § 64.

Werth derselben derart hervortreten, daß es als auffallend erscheinen muß, wenn in einzelnen Stadtverwaltungen diesen beiden Verwaltungsacten eine untergeordnete Bedeutung dadurch beigelegt wird, daß die Vorlegung des Lagerbuchs an die Stadtverordneten ganz unterbleibt oder die Anfertigung des Jahresberichts den Subalternbeamten überlassen wird. Es kann keinem Zweifel unterliegen, daß gerade vorzugsweise in Bezug auf die Führung des Lagerbuchs, sowie auf die Anfertigung des Jahresberichts die besondere Amtsthätigkeit des Magistrats in Anspruch genommen werden soll.

I. **Das Lagerbuch.** Die Führung desselben liegt dem Magistrate ob. Es soll ein specificirtes Verzeichniß aller Theile des städtischen Vermögens enthalten und ist zu diesem Zwecke derart anzulegen, daß sich daraus zu jeder Zeit die Vermögenslage der Stadtgemeinde übersichtlich, klar und vollständig ersehen läßt. Besondere Vorschriften über die Art und Weise der inneren Einrichtung des Lagerbuchs existiren freilich nicht; es muß diese vielmehr jeder einzelnen Gemeinde mit Rücksicht auf ihre eigenthümlichen Vermögensverhältnisse überlassen bleiben. Im Allgemeinen kann darauf hingewiesen werden, daß das Lagerbuch, um dem angegebenen Zwecke zu genügen, getrennte Rubriken enthalten muß für die Kämmereigüter und Gerechtsame, städtischen Grundstücke und Gebäude, bewegliches Inventarium, Activcapitalien, Renten und Zinsen, sowie die einen besonderen wissenschaftlichen, historischen oder Kunstwerth repräsentirenden Gegenstände, welche in Gemäßheit des M.R. vom 5. November 1854 (M.Bl. 1855 p. 2) in das Lagerbuch aufgenommen werden sollen. Es wird ferner das Lagerbuch eine besondere Rubrik für die Ab- und Zugänge der verschiedenen Vermögensobjecte enthalten müssen, weil darin jegliche Veränderung des Vermögensbestandes zu vermerken ist, und die darin im Laufe des Verwaltungsjahrs eingetretenen Veränderungen den Stadtverordneten bei der Rechnungsabnahme zur Erklärung vorgelegt werden sollen.*)

II. **Der Verwaltungsjahresbericht.** Die Städteordnungen (O. St. O. § 61, W. St. O. § 61, R. St. O. § 56) enthalten die Bestimmung, daß in jedem Jahre, bevor sich die Stadtverordnetenversammlung mit dem Haushaltsetat beschäftigt, der Magistrat in öffentlicher Sitzung derselben einen vollständigen Bericht über die Verwaltung und den Stand der Gemeindeangelegenheiten zu erstatten hat, und daß Tag und Stunde mindestens zwei freie Tage vorher in der Gemeinde bekannt werden sollen. Dieser Bericht verfolgt den Zweck, die Resultate der Verwaltung und alle zur Beurtheilung des Standes der Gemeindeangelegenheiten erforderlichen Thatsachen nicht bloß für die Stadtverordneten, sondern für die gesammte Gemeinde zur öffentlichen Kenntniß zu bringen, und somit Rechenschaft über die Amtsthätigkeit des Magistrats während des voraufgegangenen Verwaltungsjahres abzulegen. Hinsichtlich der Zeit, zu welcher die Berichterstattung erfolgen soll, ist nur die Bestimmung getroffen, daß dieselbe den Berathungen der Stadtverordnetenversammlung über den Haushaltsetat vorhergehen soll; es steht keine gesetzliche Bestimmung der Anordnung entgegen, den Bericht unmittelbar nach dem Cassenabschlusse des Vorjahres, welcher zeitlich früher als die Berathungen der Stadtverordneten über den nächstjährigen Haushaltsetat erfolgt, zu erstatten. Der Bestimmung der Städteordnungen, daß der Bericht „jedes Jahr, bevor sich die Stadtverordnetenversammlung mit dem Haushalt beschäftigt" erfolgen soll, kann nicht der Sinn beigelegt werden, daß der Bericht, gleichsam als Einleitung, mit den Etatsberathungen zu verbinden ist, sondern nur die Bedeutung zukommen, daß die Stadtverordneten nicht früher mit solchen Berathungen

---

*) O. St. O. § 71, W. St. O. § 71, R. St. O. § 65.

beginnen sollen, als bis ihnen der Verwaltungsbericht in der vorgeschriebenen Weise zugänglich gemacht worden ist. Daß diesem Zwecke durch eine schon dem Cassenabschlusse des Vorjahres nachfolgende Berichterstattung im Sinne der Städteordnungen völlig genügt wird, kann einem Bedenken wohl nicht unterliegen. Eine entgegengesetzte Ansicht scheint O. Oertel, Städteordnung p. 259, zu vertreten, welcher es nur für zweckmäßiger erachtet, den Bericht nach erfolgtem Kassenabschlusse des Vorjahres zu erstatten, weil er mit dem für das folgende Jahr entworfenen Etat nicht zusammenhänge.

Der in vielen Stadtverwaltungen übliche Brauch, den Bericht durch Druck zu veröffentlichen und dadurch zur Kenntniß der Gemeinde zu bringen, ist besonders geeignet, dem durch die Städteordnungen beabsichtigten Zwecke volle Rechnung zu tragen.

Zweites Capitel: Das Gemeindesteuerwesen.

§ 120. Das Communalbesteuerungsrecht.

Dieses den Gemeinden gesetzlich zugesprochene Recht ist dem landesherrlichen bezw. staatlichen Besteuerungsrechte gegenüber, welches den Character eines Majestäts- bezw. Hoheitsrechts an sich trägt, ein delegirtes. Es findet seine Stütze und Begründung in der staatlicherseits geschehenen Uebertragung einer gesetzgeberischen Befugniß, sowie in dem autonomischen Rechte der Gemeinden, welches gerade bei der Berechtigung zur Steuerauferlegung und Vertheilung am wirksamsten hervortritt. Der Gemeindebeschluß ist es, welcher in Grundlage der übertragenen Berechtigung die alleinige Voraussetzung der Zulässigkeit einer jeden Communalsteuer bildet. Der Gemeindebeschluß ist der legislative Act, welcher derselben ihre gesetzmäßige Entstehung giebt und welcher deshalb auch in einem von dem Bezirksausschusse zu genehmigenden Ortsstatute, welches hier gewöhnlich als Steuerregulativ bezeichnet wird, seinen Ausdruck findet. Aus diesen Grundprincipien ergeben sich nun verschiedene Rechtssätze, auf welche bereits oben Bd. I § 1, Abs. 2 und § 5 hingedeutet ist:

a. Das Besteuerungsrecht der Gemeinden muß sich auf den Stadtbezirk beschränken und darf sich niemals über die Grenzen desselben ausdehnen;
b. die Rechtscontrole darf sich nur, wie bei anderen Gesetzen, auf die formelle Gültigkeit des die Steuererhebung anordnenden Gemeindebeschlusses bezw. Ortsstatuts, dagegen weder auf die Angemessenheit und Zweckmäßigkeit seines Inhalts, noch auf die Zulässigkeit und Gesetzmäßigkeit der angeordneten Steuer selbst erstrecken;
c. die Frage über die Einziehung von Gemeindesteuern und sonstigen Gemeindeabgaben kann nicht zum Gegenstande einer gerichtlichen Klage gemacht werden;*)
d. der die Gemeindeabgaben betreffende Gemeindebeschluß bezw. Ortsstatut darf Bestimmungen, welche den Landes- und Reichsgesetzen entgegenstehen, nicht feststellen, muß sich vielmehr den Principien der letzteren unbedingt anschließen.**)

Dieses vorstehend characterisirte Besteuerungsrecht ist nun den Gemeinden nicht etwa unbeschränkt, sondern nur zu dem einzigen und ausschließlichen Zwecke übertragen, die durch das Bedürfniß oder die Verpflichtungen der Gemeinde erforderlichen Geldmittel zu beschaffen, insoweit die Einnahmen aus

*) C. C. E. im M. Bl. 1876 p. 275 und 276, im M. Bl. 1874 p. 46, im M. B. 1875 p. 44 und die dort in Bezug genommenen Erkenntnisse des Gerichtshofes zur Entscheidung der Competenzconflicte.

**) O. V. G. E. Bd. I p. 143, Bd. V p. 132 und Bd. VI p. 110 und Parey, Rechtsgrundsätze p. 124.

dem städtischen Vermögen nicht hinreichen. Diese Bestimmung ist es besonders, welche die Thätigkeit der Aufsichtsbehörden zur Ueberwachung der Ausübung des delegirten Rechts herausfordert. Es ist demzufolge auch in den Städteordnungen angeordnet, daß die bei der Emanation derselben bestandenen directen Communaleinkommensteuern einer erneuten Prüfung und Genehmigung Seitens der Regierung unterworfen werden sollten, daß die Genehmigung der Aufsichtsbehörde, an deren Stelle auf Grund des Zust. G. § 16, Abs. 3 der Bezirksausschuß getreten ist, für alle Zuschläge zur Einkommensteuer und zu den indirecten Steuern sowie für andere Steuern unter gewissen Voraussetzungen erforderlich ist, sowie daß die Steuerregulative der gleichen Genehmigung der vorberegten Aufsichtsbehörde bedürfen.

Es muß hier ferner darauf hingewiesen werden, daß für die Art der Ausübung des Besteuerungsrechts besondere Vorschriften, und namentlich einschränkende Anordnungen bestehen. Die Gemeindeabgaben können nämlich in Gemäßheit der Städteordnungen nur in zwei Formen aufgebracht werden, und zwar:

a. durch Zuschläge zu den directen und indirecten Staatssteuern, vorbehaltlich der Genehmigung der Aufsichtsbehörde in bestimmt angegebener Beziehung, oder
b. durch besondere directe oder indirecte Gemeindesteuern, welche in den Kreisordnungsprovinzen der Genehmigung des Bezirksausschusses, bezw. der Zustimmung der Minister des Innern und der Finanzen (in den übrigen Provinzen der Regierung) in dem Falle bedürfen, wenn sie neu eingeführt, erhöht oder in ihren Grundsätzen verändert werden sollen.

Eine dieser Formen muß gewählt werden, wenn die städtischen Einnahmen zur Deckung der Gemeindebedürfnisse und Verpflichtungen nicht hinreichen, und die dazu erforderlichen Geldmittel aufgebracht werden sollen. Demzufolge hält es der Ministerialbescheid vom 28. Februar 1867 (M. Bl. p. 75) für unzulässig, die Stadtgemeinde von der Pflicht zur Aufbringung der städtischen Armenpflegekosten durch eine an die Mildthätigkeit der Einwohner zu richtende Appellation in der Form einer Hauscollecte zu entlasten.

Vorstehender Gesichtspunkt giebt zunächst die Veranlassung zur Erörterung des Verhältnisses der Gemeindesteuern zu den directen und indirecten Staats- und Reichssteuern sowie den auf das Deutsche Reich übergegangenen Grenzzöllen.

§ 121. Verhältniß der Gemeindesteuern zu den directen Staatssteuern.

Zwischen den beiden vorberegten Steuerarten besteht insofern ein enges Abhängigkeitsverhältniß, als in denjenigen Gemeinden, in welchen die Stadtverordneten die Aufbringung der Gemeindeabgaben durch Zuschläge zu den directen Staatssteuern beschließen, die letzteren die wesentlichste Grundlage für die städtische Communalbesteuerung bilden. Bei dieser Wichtigkeit vernothwendigt es sich, hier die Arten und die characteristischen Merkmale der directen Staatssteuern festzustellen. Zu den letzteren gehören:

a. Die Grundsteuer.
b. Die Gebäudesteuer.
c. Die Gewerbesteuer.
d. Die Classensteuer.
e. Die classificirte Einkommensteuer.

Den Gemeinden ist es gestattet, alle vorstehend aufgeführten Staatssteuern mit Ausschluß der Gewerbesteuer für den Gewerbebetrieb ein Umherziehen für die Erhebung der Communalsteuern in der Form der Gemeindezuschläge zu den Staatssteuern grundleglich zu machen.

Was nun die characteristischen Merkmale der letztgenannten Steuern anlangt, so soll hier im Einzelnen hervorgehoben werden:

I. **Die Grundsteuer.** Derselben sind unterworfen alle innerhalb der Preußischen Monarchie belegenen unbebauten Grundstücke mit Ausnahme der zu den Gebäuden gehörigen Hausgärten, deren Flächeninhalt die Größe von 1 Preußischen Morgen (= 25 Ar 53 □ Meter) nicht übersteigt. Es sind indeß davon befreit:

a. die Grundstücke des Deutschen Reichs und des Preußischen Staatsfiscus ausnahmslos;
b. die vormals standesherrlichen Gebiete der unmittelbaren Deutschen Reichsstände, dagegen nicht die nach Auflösung des Deutschen Reichs dazu erworbenen Grundstücke;
c. die zu einem öffentlichen Dienste oder Gebrauche bestimmten Grundstücke der Provinzen, Kreise, Gemeinden und selbstständigen Gutsbezirke;
d. die Privatpersonen oder Actiengesellschaften gehörigen, jedoch mit staatlicher Genehmigung zum öffentlichen Gebrauche angelegten Kunststraßen, Eisenbahnschienenwege nebst Gräben und Schutzstreifen, sowie schiffbare Canäle nebst Brücken;
e. die bereits vor dem Gesetze vom 21. Mai 1861 befreiten Grundstücke der christlichen Kirchen und Capellen nebst Begräbnißplätzen, der öffentlichen Schulen und höheren Lehranstalten, sowie die zur Dotation der Geistlichen, der mit geistlichen Functionen betrauten Personen, der Kirchendiener und der Schullehrer bestimmten Grundstücke;
f. die bleibend ertragsunfähig werdenden Grundstücke.

Die Grundsteuer ist für das ganze Staatsgebiet auf einen Jahresbetrag von 39 600 000 M., von denen 30 000 000 M. auf die altländischen und 9 600 000 M. auf die neu erworbenen Provinzen entfallen, bis auf Weiteres dauernd festgestellt, und demnächst auf die einzelnen Provinzen, Kreise, Gemeinden und selbstständigen Gutsbezirke, sowie innerhalb der Gemeinden auf die einzelnen Liegenschaften gleichmäßig vertheilt, und zwar in Gemäßheit und im Verhältnisse des für jedes Grundstück nach der Bodengüte durch einmalige Vermessung und Abschätzung ermittelten und in die Grundsteuermutterrollen eingetragenen Reinertrags. Die Grundsteuer besteht also in dem dauernd festgestellten Procentsatze eines solchen Reinertrags.

II. **Die Gebäudesteuer.** Derselben sind unterworfen die zur Erreichung dauernder Zwecke hergestellten Gebäude nebst den dazu gehörigen Hofräumen und den dazu gehörigen Hausgärten, deren Flächeninhalt die Größe von 1 Preußischen Morgen (= 25 Ar 53 □Meter) nicht übersteigt; jedoch mit Ausschluß derjenigen Gebäude, welche oben im § 39 näher bezeichnet sind.

Für jedes steuerpflichtige Gebäude wird die Gebäudesteuer auf Grund des jährlichen Nutzungswerths erhoben, welcher zum Zwecke der Besteuerung durch eine allgemeine Abschätzung, welche sich in periodischen Zeiträumen von 15 Jahren wiederholt, staatlicherseits festgestellt wird.*) Die erste Abschätzung ist für die Zeit vom 1. Januar 1865 bis zum 31. December 1879 erfolgt. Die erste Revision, welche im Jahre 1879 vorgenommen wurde, hat sodann die Abschatzung bis zum 31. December 1894 normirt. In Gemäßheit dieses so periodisch feststehenden Nutzungswerths wird die sich aus einem gesetzlich festgestellten Tarife ergebende Steuerstufe für jedes einzelne Gebäude fixirt. Zu dieser Steuerstufe werden die hauptsächlich zur Befriedigung des Wohnbedürfnisses bestimmten und die darin gleichgestellten

*) Ges. vom 21. Mai 1861 (G. S. p. 317).

Gebäude (wie z. B. Schauspiel-, Ball-, Bade-, Gesellschafts- und ähnliche Gebäude) mit 4 Procent des Nutzungswerths, dagegen die ausschließlich oder vorzugsweise zum Gewerbebetriebe dienenden Gebäude (wie z. B. Fabriken, Brennereien, Brauereien, Mühlen rc.) mit 2 Procent herangezogen. Der Jahresbetrag der Gebäudesteuer beträgt z. B. für ein Gebäude, welches zu einem Nutzungswerthe von 1200 Mark (Steuerstufe XXX des Tarifs) eingeschätzt ist, 48 M., wenn es mit 4% heranzuziehen ist, dagegen 24 M., wenn es der Besteuerung von 2% unterliegt.

III. Die Gewerbesteuer, welche in zwei Formen erhoben wird, und zwar als Steuer vom stehenden Gewerbebetriebe einerseits und als Steuer vom Gewerbebetriebe im Umherziehen andererseits.

1. Der Steuer vom stehenden Gewerbebetriebe, zu welcher die Gewerbe in sechs unterschiedlichen Classen herangezogen werden, sind unterworfen:

a. der Handel und das nicht handwerksmäßige Verfertigen von Waaren auf den Kauf in drei verschiedenen Classen (Großhandel, Mittelhandel und Kleinhandel): nämlich Classe A I, A II und B,
b. die Gast-, Schank- und Speisewirthschaft in der Classe C,
c. der Handwerkerbetrieb in der Classe H,
d. das Gewerbe der Strom-Schiffer, Fracht-, Lohnfuhrleute und Pferdeverleiher in der Classe K,

und zwar einerseits nach dem Grundsatze, daß ein jeder auf einen Erwerb gerichteter Geschäftsbetrieb ohne Unterschied, ob der Erwerb wohlthätigen oder gemeinnützigen Zwecken dient, als steuerpflichtiges Gewerbe zu behandeln ist, sowie andererseits mit der Einschränkung, daß einzelne gewerbliche Beschäftigungen (z. B. Bergbau und ähnliche Unternehmungen, ferner die Land- und Forstwirthschaft rc.) dieser Steuer nicht unterliegen, und daß verschiedene Geschäftsbetriebe (z. B. der

Eisenbahn-, Sparcassen-, Reichsbankbetrieb ꝛc.) als stehende Gewerbebetriebe nicht gelten sollen.

Was die den Handel und das nicht handwerksmäßige Verfertigen von Waaren auf den Kauf betreffende Gewerbesteuer, welche auch als Handelssteuer bezeichnet wird, anlangt, so wird diese, wie bereits bemerkt worden, in drei Classen erhoben, welche sich durch die Benennung: A I, A II und B unterscheiden. Entscheidend für die Zuweisung der solcher Handelssteuer unterliegenden Gewerbetreibenden zu der einen oder der anderen Classe ist einzig und allein der Umfang des Geschäftsbetriebes, dagegen nicht die Rentabilität des Geschäfts oder die geschäftliche Bedeutung seines Inhabers. Es gehören vielmehr zur Classe A I alle diejenigen Handelsgeschäfte, welche in Folge des dazu bestimmten Betriebscapitals oder der Höhe des jährlichen Umsatzes das Gewerbe in einem außerordentlichen, besonders umfangreichen und die Ueblichkeit übersteigenden Maaße betreiben, dagegen zur Classe A II diejenigen Handelsgeschäfte, welche sich über den gewöhnlichen und üblichen Geschäftsumfang nicht ausdehnen, und endlich zur Classe B die Geschäfte von geringstem Umfange, welche sich mit dem sog. Kleinhandel befassen und sich innerhalb der Grenzen desselben bewegen.

Die Veranlagung zur Gewerbesteuer erfolgt auf Grund der Besteuerung der zu den Steuerclassen A I, A II, B, C und H gehörigen Geschäftstreibenden nach Mittelsätzen und auf Grund der Bildung von Rollenbezirken unter theilweiser Mitwirkung der Vertreter der Steuerclassen, der sog. Gesellschaftsabgeordneten, in folgender Weise. Die Stadt Berlin und jeder einzelne Regierungsbezirk bildet für die Classe A I je einen Steuerbezirk, welcher zugleich Rollenbezirk ist, während die übrigen nach Mittelsätzen steuernden Gewerbe der Classen A II, B, C und H in vier verschiedenen Abtheilungen, in welche die Städte je nach der Größe und Bedeutung eingetheilt sind, zur Gewerbesteuer herangezogen werden. Hier bildet jede Abtheilung in Bezug auf alle nicht zur Classe A I gehörigen Gewerbetreibenden einen besonderen Rollenbezirk. Die Steuerpflichtigen jeder einzelnen Classe dieser Rollenbezirke haben den auf sie entfallenden jährlichen Steuerbetrag, welcher sich aus der Zahl der dazu gehörigen Steuerpflichtigen, multiplicirt mit dem gesetzlich festgestellten Mittelsatze der betreffenden Classe, ergiebt, insgesammt in Gemäßheit des unter sich festgestellten Vertheilungsplans aufzubringen. Es wird zu dem Zwecke der vorberegte Steuerjahresbetrag nach zuvoriger Feststellung der Zahl der Steuerpflichtigen der Handelsclassen auf die einzelnen steuerpflichtigen Geschäfte alljährlich nach Maßgabe des Gewerbebetriebes während des der Veranlagung vorgehenden Jahres durch die zuständigen Behörden vertheilt, und zwar:

a. bezüglich der Classe A I durch die Regierungen in den Regierungsbezirken mit Ausschluß der Stadt Berlin, wo die Direction für die Verwaltung der directen Steuern competent ist, und

b. bezüglich der Classen A II, B, C und H auf Grund der alljährlich aufzustellenden namentlichen Nachweisungen durch den Magistrat jeder einzelnen der zu den drei ersten Abtheilungen des Rollenbezirks gehörigen Städte mit Ausschluß der Stadt Berlin, wo die sub a genannte Direction competent ist, beziehungsweise durch den Landrath rücksichtlich der etwa der vierten Abtheilung zugewiesenen kleinsten Städte, welche zugleich mit einem Theile des Kreises einen Rollenbezirk bilden.

Dagegen wird die Classe K nicht nach Mittelsätzen herangezogen, wohl aber nach Rollenbezirken in der oben sub b dargestellten Art veranlagt.

2. Die Steuer vom Gewerbebetriebe im Umherziehen. Hinsichtlich dieser dierecten Staatssteuer interessirt

hier nur die in allen Städteordnungen enthaltene und für das ganze Reich geltende Bestimmung, daß solche Steuer durch die zur Aufbringung der Gemeindeabgaben sonst zulässigen Zuschläge zu den directen Staatssteuern niemals belastet werden darf.

Was schließlich den Begriff „Gewerbe" anlangt, so ist dieser Gegenstand einer Controverse. Es soll hier auf die vorzüglichen Ausführungen von K. Parey, Handbuch des Preußischen Verwaltungsrechts, Bd. II § 426 - 446 (Berlin 1887) verwiesen werden, wo im § 433 das Gewerbe definirt ist als „jede fortgesetzte, berufsmäßige, gesetzlich erlaubte, auf Erzielung eines eigenen Erwerbes gerichtete, nicht wissenschaftliche und nicht künstlerische, unabhängige und selbstständige Thätigkeit".

IV. Die Classensteuer und die classificirte Einkommensteuer. Diesen beiden Staatssteuern sind nur physische Personen auf Grundlage der Besteuerung nach der Höhe ihres Einkommens und nach Haushaltungen*) unterworfen, und zwar alle Preußischen Unterthanen mit Ausschluß gewisser auf Grund des Völkerrechts, des Staatsrechts und besonderer Privilegien befreiter Personen. Während früher die Classensteuer nur in den nicht mahl- und schlachtsteuerpflichtigen Städten nach verschiedenen Classen der Steuerpflichtigen erhoben wurde, werden jetzt beide Steuern in gleicher Weise nach einem Procentsatze des steuerpflichtigen Einkommens in der Art veranlagt, daß in einem Tarife aufsteigende Steuerstufen für die verschiedenen Einkommen, deren Maximal- und Minimalhöhe genau normirt ist, angeordnet, und für jede Steuerstufe der gesetzliche Normalsteuerbetrag, welcher jährlich zur Hebung gelangt, festgestellt ist.

---

*) cfr. § 32 p. 123.

Dieser tarifmäßige Normalsteuerbetrag beträgt nun bei den folgenden Jahreseinkommen und Stufen:

a. hinsichtlich der Classensteuer:

in 1. Stufe	von	420 M.	bis einschl.	660 M.	= 3 M.
„ 2.	„ „ mehr als	660 „	„ „	900 „	= 6 „
„ 3.	„ „ „ „	900 „	„ „	1050 „	= 9 „
„ 4.	„ „ „ „	1050 „	„ „	1200 „	= 12 „
„ 5.	„ „ „ „	1200 „	„ „	1350 „	= 18 „
„ 6.	„ „ „ „	1350 „	„ „	1500 „	= 24 „
„ 7.	„ „ „ „	1500 „	„ „	1650 „	= 30 „
„ 8.	„ „ „ „	1650 „	„ „	1800 „	= 36 „
„ 9.	„ „ „ „	1800 „	„ „	2100 „	= 42 „
„ 10.	„ „ „ „	2100 „	„ „	2400 „	= 48 „
„ 11.	„ „ „ „	2400 „	„ „	2700 „	= 60 „
„ 12.	„ „ „ „	2700 „	„ „	3000 „	= 72 „

b. hinsichtlich der classificirten Einkommensteuer:

in 1. Stufe	von mehr als	3000 M.	bis einschl.	3600 M.	= 90 M.
„ 2.	„ „ „ „	3600 „	„ „	4200 „	= 108 „
„ 3.	„ „ „ „	4200 „	„ „	4800 „	= 126 „
„ 4.	„ „ „ „	4800 „	„ „	5400 „	= 144 „
„ 5.	„ „ „ „	5400 „	„ „	6000 „	= 162 „
„ 6.	„ „ „ „	6000 „	„ „	7200 „	= 180 „
„ 7.	„ „ „ „	7200 „	„ „	8400 „	= 216 „
„ 8.	„ „ „ „	8400 „	„ „	9600 „	= 252 „
„ 9.	„ „ „ „	9600 „	„ „	10800 „	= 288 „
„ 10.	„ „ „ „	10800 „	„ „	12000 „	= 324 „
„ 11.	„ „ „ „	12000 „	„ „	14400 „	= 360 „
u. s. w.		u. s. w.		u. s. w.	

Dieser gesetzliche Normalsteuerbetrag ist es allein, welcher für die Erhebung von Communalzuschlägen zu der Classen- und Einkommensteuer oder die Vertheilung von Communallasten nach denselben maßgebend ist, wenn auch die in Wirklichkeit gezahlte Jahressteuer eine geringere ist. In dieser

Beziehung ist darauf hinzuweisen, daß die beiden untersten Stufen der Classensteuer, welche übrigens nach wie vor veranlagt werden, durch das Gesetz vom 26. März 1883 (G.S. p. 37) vom 1. April 1883 ab von Zahlung der Staatssteuer ganz befreit sind, während drei Monatsraten der Stufen 3 bis 12 der Classensteuer, ferner zwei Monatsraten der ersten Stufe der classificirten Einkommensteuer und eine Monatsrate der zweiten Stufe derselben gleichfalls vom 1. April 1883 ab im Monate Juli, beziehungsweise in den darauf folgenden Monaten außer Hebung bleiben.

Die Veranlagung zu den beiden fraglichen Staatssteuern ist verschieden, und zwar insofern, als die Einschätzung zur Classensteuer durch eine Gemeindecommission und die Feststellung durch die Regierung erfolgt, während die classificirte Einkommensteuer durch eine vom Kreistage ernannte und unter dem Vorsitze eines Staatscommissars berathende und beschließende Kreiscommission veranlagt wird.

§ 122. Verhältniß der Gemeindesteuern zu den indirekten Staats- und Reichssteuern, sowie zu den Grenzzöllen.

I. Indirekte Staatssteuern. Es ist freilich, wie bereits oben im § 120 angedeutet worden, den Stadtgemeinden freigelassen, ihre Gemeindesteuern nach zuvoriger Genehmigung Seitens des Bezirksausschusses (in den Kreisordnungsprovinzen) bezw. der Regierung (in den übrigen Provinzen) auch in der Form von Zuschlägen zu den indirekten Staatssteuern mitaufzubringen. Diese Bestimmung hatte zur Zeit der Emanation der solche Freilassung anordnenden Städteordnungen ihre gewisse Berechtigung und Bedeutung insofern, als dem Preußischen Staate derzeit in vollem Umfange das Recht der Erhebung indirekter Steuern, sowohl der Verkehrs- als der Verbrauchssteuern, zustand. Heutzutage hat dagegen jene

Bestimmung ihren practischen Werth dadurch verloren, daß auf Grund der Reichsverfassung Art. 70 und Art. 33—40 sowohl die für den Verkehr mit dem Auslande bestimmten Grenzzölle, als die für den Verkehr im Inlande berechneten Verbrauchssteuern dem Deutschen Reiche abgetreten sind und ferner dadurch, daß die nach solcher Abtretung dem Preußischen Staate verbliebenen Verkehrssteuern, welche in der Form der Stempelsteuer erhoben werden, zu den Gemeindezuschlägen nicht verwandt werden dürfen. Es ist nämlich in der zur Ausführung des § 53 der Städteordnung vom 30. Mai 1853 erlassenen Anweisung vom 17. Juli 1854*) sub 3, sowie in den für Westphalen und die Rheinprovinz ergangenen gleichen Anweisungen vom 31. Juli 1856 ausdrücklich bestimmt, daß Gemeindezuschläge zu der Stempelsteuer unzuzulässig sind.

Es kommen zur Zeit in Preußen an indirecten Staatssteuern nur diese Stempelsteuern zur Hebung, und zwar:

a. die allgemeine Stempelsteuer, welche für bestimmte Rechtsgeschäfte in verschiedener Höhe je nach der Art oder nach dem Werthe des Gegenstandes erhoben wird und durch Verwendung bezw. Kassirung von Stempelpapier oder Stempelmarken in die Staatskasse fließt.

b. Die specielle Erbschaftsstempelsteuer, welche je nach dem Grade der Verwandtschaft mit 1—8 Procent des Werths der Erbschaften zur Hebung gelangt.

Es muß übrigens hierbei bemerkt werden, daß auch von der vorberegten Stempelsteuer einzelne Arten gleichfalls auf das Deutsche Reich übergegangen sind, und zwar die Wechselstempelsteuer auf Grund des Reichsgesetzes vom 10. Juni 1869 und 4. Juni 1879, die Banknotensteuer auf Grund des R. G. vom 14. März 1875, die Spielkartensteuer auf Grund des

---

*) M. Bl. 1854 p. 128.

R.G. vom 3. Juli 1878 und die Börsensteuer auf Grund des R.G. vom 1. Juli 1881.

II. **Indirekte Reichssteuern.** Zu denselben gehören:

a. die Salzsteuer (R.G. vom 12. October 1867),
b. die Branntweinsteuer (R.G. vom 8. Juli 1868 und 24. Juni 1887),
c. die Brausteuer (R.G. vom 31. Mai 1872),
d. die Rübenzuckersteuer (R.G. vom 26. Juni 1869 und 9. Juli 1887),
e. die Tabackssteuer (R.G. vom 16. Juli 1879),
f. die Wechselstempelsteuer (R.G. vom 10. Juni 1869 und 4. Juni 1879),
g. die Banknotensteuer (R.G. vom 14. März 1875),
h. die Spielkartensteuer (R.G. vom 3. Juli 1878),
i. die Börsensteuer (R.G. vom 1. Juli 1881).

III. **Grenzzölle.** Auch diese können zu Gemeindezuschlägen nicht herangezogen werden, und zwar aus demselben Grunde, welcher rücksichtlich der indirekten Reichssteuern augegeben ist. Die dem Deutschen Reiche ausschließlich zur Besteuerung unterliegenden Grenzzölle, welche theils als Finanz-, theils als Schutzzölle erhoben werden, fließen sämmtlich zur Reichskasse und sind somit der Landesgesetzgebung völlig entzogen.

§ 123. Die durch Zuschläge zu den Staatssteuern aufzubringenden Gemeindesteuern.

Wenn auch den Stadtverordneten, welche die Aufbringung der Gemeindesteuern zu beschließen haben, in Betreff der Art der Vertheilung ein weiter Spielraum an sich gelassen ist, so ist doch in der zur Ausführung des § 53 der Städteordnung vom 30. Mai 1863 erlassenen Ministerialanweisung vom 17. Juli 1854 (M.Bl. p. 128), sowie in den für Westphalen und die Rheinprovinz ergangenen gleichen Anweisungen vom

31. Juli 1856 der Hauptgrundsatz ausgesprochen, daß die Aufbringung der Gemeindeabgaben im Wege des Zuschlags zu den Staatssteuern in der Regel den Vorzug vor der Einführung besonderer Gemeindesteuern verdient, sowie daß die Gemeindesteueru überhaupt weder den regelmäßigen Eingang der Staatssteuern gefährden, noch dem freien Verkehr im Innern des Staats hinderlich sein, noch mit der allgemeinen Zoll- und Steuergesetzgebung des Staates oder mit bestehenden Staatsverträgen im Widerspruch stehen dürfen. Im Einzelnen normiren hinsichtlich des Zuschlags folgende Grundsätze.

I. Zulässigkeit des Zuschlags. Derselbe ist zu allen direkten und indirekten Staatssteuern mit Ausschluß der Steuer für den Gewerbebetrieb im Umherziehen[1]) und der Stempelsteuer[2]) verstattet; es ist indeß bezüglich der Grundsteuer zu erwähnen, daß dazu ein Zuschlag zweckmäßig nur da erfolgt, wo solche Steuer auf das Grundeigenthum innerhalb des städtischen Bezirks verhältnißmäßig vertheilt ist.[3])

II. Berücksichtigung des Forensaleinkommens der Gemeindeabgabenpflichtigen in Bezug auf den Zuschlag. Da bei der Einschätzung der Forensen zur Einkommensbesteuerung in ihren Wohnsitzgemeinden derjenige Theil des Gesammteinkommens, welcher ihnen aus außerhalb des Gemeindebezirks belegenem Grundeigenthum oder außerhalb des Gemeindebezirks stattfindendem Pacht-, Gewerbe-, Eisenbahn- und Bergbaubetriebe (sog. Forensaleinkommen) zufließt, auf Grund des Gesetzes vom 27. Juli 1885 § 9 außer Berechnung bleiben soll, so darf der Gemeindezuschlag nur von demjenigen Betrage der Staatssteuer erhoben werden, welcher nach den gesetzlichen Veranlagungsgrundsätzen veranlagt werden müßte, wenn bei

---

[1]) cfr. oben § 121 sub III, 2.

[2]) cfr. § 122 sub I.

[3]) M. Anweisung vom 17. Juli 1854.

der Feststellung des Einkommens des Steuerpflichtigen jenes Forensaleinkommen außer Berechnung gelassen würde.*) Zur Erreichung dieses Zweckes hat der Magistrat an den Vorsitzenden der Einschätzungscommission für die klassificirte Einkommensteuer ein Verzeichniß aller derjenigen einkommensteuerpflichtigen Einwohner, welche außerhalb des Gemeindebezirks Grundeigenthum 2c. besitzen, einzureichen. Letzterer hat sodann dem Magistrate von dem Forensaleinkommen der Steuerpflichtigen sowie von der Höhe des Gesammteinkommens Mittheilung zu machen, worauf dann Seitens der Stadtgemeinde von dem nach Abzug des Forensaleinkommens verbleibenden Einkommensbetrage die Einschätzung zu der betreffenden Steuerstufe und der Gemeindezuschlag zu dem dieser Stufe entsprechenden Normalsteuersatze erfolgt. — cfr. im Uebrigen § 9, Abs. 2 des Gesetzes vom 27. Juli 1885 und die Ausführungen des obigen § 37 sub VI p. 173 (Band I).

III. **Genehmigung der Zuschläge.** Gemeindezuschläge zu der classificirten Einkommensteuer bedürfen in den östlichen Provinzen und Neuvorpommern stets der Genehmigung des Bezirksausschusses in den Kreisordnungsprovinzen (bezw. der Regierung in der Provinz Posen); dagegen Zuschläge zu den übrigen direkten Steuern, der Grund-, Gebäude-, Gewerbe- und Classensteuer,**) nur dann, wenn sie 50 Procent der Staatssteuern übersteigen, oder wenn sie nicht nach gleichen Sätzen, z. B. wenn der Zuschlag zur Grundsteuer 30 Procent, zur Gebäudesteuer 25 Procent und zur Klassensteuer 40 Procent betragen, oder nur zu einzelnen derselben erfolgen soll, auf solche Steuern vertheilt werden. In letzterer Beziehung soll es übrigens in dem Falle einer Genehmigung nicht bedürfen, wenn die

---

*) cfr. oben § 31 sub III p. 121 und § 37 sub IV p. 173. — Ferner M. R. vom 16. Juli 1864.

**) M. R. vom 19. Januar 1865 (M. Bl. p. 103).

letzte Classensteuerstufe von den Gemeindezuschlägen ganz freigelassen oder dazu nur mit einem geringeren Satze, als die übrigen Steuerstufen, herangezogen werden soll.

Von der in den übrigen Fällen erforderlichen Genehmigung ist jedoch auf Grund des M. R. vom 31. Januar 1858 (M. Bl. p. 70) dann Abstand zu nehmen, wenn der in einer Stadt bereits erhobene oder ministeriell genehmigte Zuschlag entweder nach dem bisherigen oder nach einem ermäßigten Procentsatze forterhoben werden soll, weil nach der ratio legis die Einhölung der Genehmigung nur in dem Falle für nöthig erachtet ist, wenn es sich um die Einführung neuer oder um die Erhöhung bestehender Gemeindezuschläge oder besonderer Gemeindeabgaben handelt.*)

IV. **Das für die Einholung der Genehmigung zu beobachtende Verfahren.****) Den an den Bezirksausschuß einzureichenden Anträgen ist beizufügen:

a. der zum Grunde liegende Beschluß der Stadtverordnetenversammlung in der vorgeschriebenen Form, und

b. eine Nachweisung der schon bestehenden Gemeindezuschläge und besonderen Gemeindeabgaben mit Einschluß der für Kreis- und Provinzialzwecke aufzubringenden nebst den zu Grunde liegenden Repartitionen und unter Angabe des Ertrags der einzelnen Zuschläge und Abgaben.

Der Bezirksausschuß hat darauf, erforderlichenfalls unter Zuziehung der städtischen Behörden, die Bedürfnißfrage sorgfältig zu erörtern, insbesondere den Gemeindehaushalt zu prüfen und zu erwägen, ob nicht durch Ersparungen oder zweckmäßigere Verwendung der Gemeindemittel eine Verminderung des Gemeindebedarfs herbeizuführen ist, und die beantragte Gemeindeauflage somit ganz oder zum Theil fort-

---

*) M. R. vom 26. Januar 1861 (M. Bl. p. 43).

**) Ministerialanweisung vom 17. Juli 1854 (M. Bl. p. 129).

fallen kann. Wird die Bedürfnißfrage bejaht, und ist der zur Deckung des Gemeindebedürfnisses erforderliche Betrag festgestellt, so werden die Anträge der Königlichen Regierung, Abtheilung für die Verwaltung der directen Steuern 2c., zur gutachtlichen Aeußerung darüber vorgelegt, ob die beantragten Steuern mit Rücksicht darauf, daß der Eingang der betreffenden Staatssteuern nicht gefährdet werden darf, als zulässig erscheinen. Im Falle der Verneinung ist die Entscheidung der Minister des Innern und der Finanzen einzuholen, während im bejahenden Falle der Bezirksausschuß ermächtigt ist, seine Genehmigung zur Einführung von Gemeindezuschlägen ohne Weiteres zu ertheilen, jedoch mit der Verpflichtung, alljährlich bis zum 1. Juli dem Minister des Innern und der Finanzen eine allgemeine Anzeige darüber zu erstatten, daß er für das betreffende Jahr den besonders zu bezeichnenden Gemeinden die Erhebung eines den Betrag von 150 Procent (in den östlichen Provinzen) bezw. von 200 Procent (in Westphalen und der Rheinprovinz) übersteigenden und dem Procentsatze nach speciell anzugebenden Zuschlags zu den directen Staatssteuern bezw. zu den Einheitssteuersätzen des Normalregulativs (in den östlichen Provinzen) gestattet habe.*)

V. **Das Princip der gleichmäßigen Belastung.** Bei der Beschlußfassung über die Zuschläge ist vor Allem darauf zu achten, daß nicht durch die Verschiedenheit der Sätze eine wegen ihrer Ungleichmäßigkeit ungerechte Vertheilung des Gemeindebedarfs und eine Ueberlastung einzelner Klassen von Steuerpflichtigen herbeigeführt wird. Sollen deshalb nur zu der einen oder der anderen directen Staatssteuer Zuschläge erhoben, oder die einzelnen Staatssteuern mit Zuschlägen von verschiedener Höhe belastet werden, so ist in Gemäßheit der

*) M. Circularverfügung an die Regierungen der östlichen Provinzen, der Provinz Westphalen und der Rheinprovinz vom 9. Mai 1871 (M. Bl. p. 167 und 168).

Ministerialanweisung vom 17. Juli 1854 sub 10 unter allgemeiner Berücksichtigung der örtlichen Verhältnisse der Stadt zu erwägen: wie sich die gesammte Einkommen- und Klassensteuer zur gesammten Grundsteuer in der Gemeinde verhält; wie das Grundeigenthum vertheilt ist; inwieweit dasselbe Forensen gehört; wie sich die Einkommen- und Klassensteuer auf die verschiedenen Steuerstufen vertheilt; ob einzelne Ausgaben, welche durch die Gemeindesteuern gedeckt werden müssen, allen Gemeindemitgliedern gleichmäßig oder vorzugsweise gewissen Klassen derselben zum Vortheile gereichen u. s. w. Je nachdem diese oder ähnliche Verhältnisse in einem größeren oder geringeren Umfange obwalten, werden die Zuschläge zu der einen oder der anderen Staatssteuer höher oder geringer, als zu den übrigen, bestimmt, oder event. nach Umständen einzelne Staatssteuern von den Zuschlägen ganz freigelassen werden können. Diesem Principe der gerechten Vertheilung gemäß wird darauf zu halten sein, daß bei der Einführung des Zuschlags zur Klassensteuer auch die klassificirte Einkommensteuer oder umgekehrt bei der Einführung des Zuschlags zur Letzteren die Klassensteuer entsprechend belastet werde. Das M. R. vom 2. Januar 1878 (M. Bl. p. 35) hat denn auch in Anerkennung dieses Princips dargelegt, daß neben den Gemeindezuschlägen zu den directen Staatssteuern, welche von allen steuerpflichtigen Censiten gleichmäßig zu erheben sind, einzelne Categorien von Gewerbesteuerpflichtigen mit besonderen Beiträgen, sei es in der Form von Zuschlägen zur staatlichen Gewerbesteuer, sei es in der Form einer besonderen Communalgewerbesteuer, nicht belastet werden können. Dagegen ist selbstverständlich die allgemeine Erhebung von Zuschlägen zur Grund- und Gewerbesteuer neben einer Einkommensteuer im Principe als zulässig anzuerkennen.*)

---

*) M. R. vom 31. October 1857 (M. Bl. p. 201).

VI. **Abmessung der Zuschläge.** Die mehrcitirten Ministerialanweisungen stellen den Grundsatz fest, daß die Zuschläge so anzulegen sind, daß sie der Veranlagung zur Hauptsteuer folgen. Wenn in einer Gemeinde die Communalsteuern durch Zuschläge zu den Staatssteuern aufgebracht werden, so ist für die Abmessung dieser Zuschläge lediglich der wirklich veranlagte Staatssteuersatz, und nicht ein von der Gemeinde anderweitig arbitrirter Einkommensatz maßgebend.*)

VII. **Besondere Bestimmung für den Zuschlag zur Klassensteuer.** Es ist durch den § 9a des Klassensteuer-Ergänzungsgesetzes vom 25. Mai 1873 bestimmt, daß bei Anwendung jenes Zuschlags in Ermangelung sonstiger Befreiungsgründe auch diejenigen Personen zur Besteuerung herangezogen werden können, deren einjährliches Einkommen weniger als 420 Mark beträgt, und welche nicht im Wege der öffentlichen Armenpflege eine fortlaufende Unterstützung erhalten, sowie daß diese Personen zu einem für Haushaltungen wie für Einzelsteuernde geltenden fingirten Klassensteuersatze von eine Mark 50 Pfennige jährlich veranlagt werden können.

VIII. **Besondere Bestimmungen für den Zuschlag zur klassificirten Einkommensteuer.** Da die Veranlagung zur vorgenannten Staatssteuer durch einen vom Kreistage und unter dem Vorsitzenden eines Staatscommissars, in der Regel des Landraths, beschließende Kreiscommission erfolgt, so ist den Magistraten von den Veranlagungsresultaten zum Zwecke der Repartition der nach dem Fuße der directen Staatssteuern durch Zuschläge umzulegenden Gemeindeabgaben Mittheilung zu machen.**)

---

*) M. R. vom 6. September 1862 (M. Bl. p. 263), vom 5. Juli 1873 (M. Bl. p. 218) und vom 20. August 1874 (M. Bl. p. 233).

**) M. R. vom 20. August 1851 (M. Bl. p. 203).

IX. **Beschwerden im Communalsteuerverfahren bei Zuschlägen.** Wenn Communalsteuern lediglich in der Form von Zuschlägen zu den directen Staatssteuern erhoben werden, ist bei der Heranziehung zur Communalsteuer jede Beschwerde gegen die Angemessenheit des Principalsatzes, des Ergebnisses der Veranlagung zur Staatssteuer, ausgeschlossen, weil der Steuerpflichtige in der Lage war, bei solcher Veranlagung zur Staatssteuer vorstellig zu werden. Es findet dagegen, wie das M.R. vom 4. December 1884 (M.Bl. 1885 p. 10) weiter ausführt, eine solche Einschränkung nicht statt, wenn die Communalsteuern, wie z. B. bei der Heranziehung der Beamten, auf Grund einer von der Veranlagung derselben zu den Staatssteuern verschiedenen Veranlagung zur Hebung gelangen sollen. Insbesondere sind die bei der Einschätzung zur Staatseinkommensteuer in Betracht gezogenen Einzelsätze des Einkommens für die Einschätzung zur Communalsteuer nicht ohne Weiteres maßgebend, weil die Veranlagung zur klassificirten Einkommensteuer lediglich nach Maßgabe des Gesammteinkommens des Steuerpflichtigen zu erfolgen hat, auch den Steuerpflichtigen nur die Steuerstufe und der Steuerbetrag bekannt gegeben werden sollen, und somit der Steuerpflichtige sich außer Stande sieht, wegen Veranlagung von Einzelsätzen seines Einkommens vorstellig zu werden. Im Uebrigen ist wegen des Beschwerdeverfahrens der nachfolgende § 127 zu vergleichen.

X. **Ausschluß des Rechtsweges in Communalsteuersachen.** Die Heranziehung und Veranlagung zu den Gemeindelasten kann von einem steuerpflichtigen Gemeindemitgliede im Rechtswege nicht angefochten werden, wenn es nicht etwa unter Berufung auf Th. II, Tit. 14, §§ 78 und 79 des A. L. R. eine Befreiung aus einem besonderen Rechtstitel (Vertrag, Privilegium und Verjährung) geltend machen kann. In diesem Sinne haben sich viele Erkenntnisse des Gerichtshofes zur

Entscheidung der Competenzconflicte ausgesprochen,*) insbesondere:

a. hinsichtlich der Heranziehung zu Beiträgen für Unterhaltung von Trottoir-Anlagen (M. Bl. 1876 p. 276),
b. hinsichtlich der Zahlung der Hundesteuer (M. Bl. 1876 p. 275),
c. hinsichtlich des Beschlusses einer politischen Gemeinde, eine bestehende Schullast abzunehmen und in eine Communallast zu verwandeln, sowie der daraus folgenden Heranziehung zu den Lasten (M. Bl. 1874 p. 46),
d. hinsichtlich der Heranziehung in dem Falle, wenn die Steuer zur Deckung des Deficits unrichtig veranlagt ist, oder Ausgaben in die Berechnung aufgenommen sind, zu deren Tragung die Gemeinde als solche nicht verpflichtet ist, oder zu welcher nicht alle Mitglieder beizutragen verbunden sind (J. M. Bl. 1860 p. 322),
e. hinsichtlich der Erhebung des Bürgerrechtsgeldes (M. Bl. 1873 p. 334).

Das statt dessen dem Steuerpflichtigen gegebene Rechtsmittel ist auf Grund des § 18 des Zust. G. vom 1. August 1883 die Beschwerde und der Einspruch, über welche der Magistrat beschließt, sowie die gegen den Beschluß desselben im Verwaltungsstreitverfahren bei dem Bezirksausschusse zu erhebende Klage. Das Nähere wird weiter unten im § 127 folgen.

X. Zuschlag zu den indirecten Staatssteuern. Ein solcher Zuschlag ist freilich theoretisch in Maßgabe des § 53 der O. St. O., des § 52 der W. St. O. bezw. des § 49 der R.

---

*) J. M. Bl. 1859 p. 107, M. Bl. 1854 p. 258, M. B. 1858 p. 186, J. M. Bl. 1858 p. 246, J. M. Bl. 1864 p. 230, J. M. Bl. 1870 p. 114, J. M. Bl. 1871 p. 222, J. M. Bl. 1871 p. 272, J. M. Bl. 1857 p. 225, M. Bl. 1858 p. 206, J. M. B. 1858 p. 126, J. M. Bl 1865 p. 282.

St. O. als zulässig zu erachten, vorausgesetzt, daß der Bezirksausschuß seine Genehmigung ertheilt hat. Darüber, daß heutzutage in der Praxis dieser Zuschlag nicht anwendbar ist, vergleiche den vorhergehenden § 122.

§ 124. Die besonderen directen Gemeindesteuern.

Diese Steuern unterliegen gegenüber den durch Zuschläge zu den Staatssteuern aufzubringenden Gemeindeabgaben einer größeren Beschränkung insofern, als sie auf Grund der Städteordnungen der Genehmigung des Bezirksausschusses*) (in den Kreisordnungsprovinzen) bezw. der Regierung (in den übrigen Provinzen) in dem Falle bedürfen, wenn sie neu eingeführt, erhöht oder in ihren Grundsätzen verändert werden sollen, und als auf Grund des Zuständigkeitsgesetzes vom 1. August 1883 § 16, Abs. 5 die Bestätigung solcher directen Gemeindesteuern, welche neu eingeführt oder in ihren Grundsätzen verändert werden, von der Zustimmung der Minister des Innern und der Finanzen abhängig ist. Zum Zwecke der Erlangung solcher Genehmigung und Bestätigung muß von Seiten des Magistrats dem bezüglichen Antrage außer dem im vorigen § sub IV, a erwähnten Stadtverordnetenbeschlusse und der ebendort sub b bezeichneten Nachweisung noch der Entwurf der Bestimmungen über deren Veranlagung und Erhebung, das sog. Steuerregulativ, sowie eine Uebersicht des davon zu erwartenden Ertrags beigefügt werden.

Es kommen nun als solche besondere direkte Gemeindesteuern folgende in Betracht:

I. **Die besondere Gemeindeeinkommensteuer.** In den Ministerialanweisungen vom 17. Juli 1853 bezw. vom 31. Juli 1856 ist der Grundsatz ausgesprochen, daß die Einführung

---

*) Zust. G. § 16, Abs. 3.

einer solchen Steuer nur aus überwiegenden Gründen zu genehmigen ist. Der dafür hauptsächlich maßgebend gewesene Gesichtspunkt, den Fall insbesondere ins Auge zu fassen, wo es einer Gemeinde darauf ankommen möchte, auch das Einkommen auswärts wohnender Grundbesitzer oder Gewerbetreibenden aus ihren innerhalb des Gemeindebezirks belegenen Grundstücken oder gewerblichen Etablissements zu den Gemeindelasten mit heranzuziehen, trifft heutzutage nicht mehr zu, nachdem durch das Gesetz vom 27. Juli 1885 § 1 im Allgemeinen das Princip anerkannt ist, daß die Forensen der Communalbesteuerung hinsichtlich des Forensaleinkommens unterliegen sollen, sobald in den einzelnen Stadtbezirken eine Erhebung der auf das Einkommen gelegten direkten Gemeindeabgaben eingeführt ist.

Es wird in jenen Ministerialanweisungen besonders empfohlen, solche besondere Gemeindeeinkommensteuer hinsichtlich der Abschätzungsgrundsätze und der Steuerstufen an die bestehende Staatseinkommensteuer dergestalt anzuschließen, daß

a. hinsichtlich aller in der Gemeinde selbst wohnenden Einkommensteuerpflichtigen die Veranlagungssätze der Staatssteuer unmittelbar aus der Steuerrolle entnommen und zu Grunde gelegt werden, dagegen

b. das Einkommen der Forensen unter Anwendung der bestehenden Abschätzungsvorschriften, bezw. unter Benutzung der hierüber in den Einkommensnachweisungen der Wohnorte der Forensen bereits enthaltenen und zu erbittenden Notizen ermittelt und zu der betreffenden Steuerstufe eingeschätzt wird.

Wird von dieser einfachen Form nicht Gebrauch gemacht, sondern die Einführung mit abweichenden Veranlagungsgrundsätzen und Steuerstufen beliebt, so sind die Regulative den Ministern des Innern und der Finanzen zur Einholung der Genehmigung zu überreichen.

Es muß hier noch besonders hervorgehoben werden, daß die Einführung besonderer Gemeinde-, Grund- oder Haussteuern, Miethssteuern u. s. w. ohne unmittelbaren Anschluß an die Abschätzungsgrundsätze und Steuerstufen der Staatseinkommensteuer mit Genehmigung des Bezirksausschusses, bezw. der Regierung und unter Zustimmung der Minister des Innern und der Finanzen zugelassen werden kann.

II. **Das Bürgerrechtsgeld.** Das Nähere über die Erhebung dieser Gemeindeabgabe, welche den Charakter einer direkten Steuer an sich trägt, ist bereits oben im § 27 dargelegt. An dieser Stelle ist indeß zu erwähnen, daß die Bestätigung des solche Erhebung anordnenden Regulativs der Zustimmung Seitens der Minister des Innern und der Finanzen nicht bedarf, welche sonst bei Einführung von neuen oder in ihren Grundsätzen veränderten direkten und indirekten Gemeindesteuern auf Grund des Zust. G. § 16, Abs. 5 stets erforderlich ist. Es ist nämlich bei der Feststellung der desfallsigen Bestimmung an das durch das Specialgesetz vom 14. Mai 1860 besonders geregelte Bürgerrechtsgeld überhaupt gar nicht gedacht worden.*)

Bei dieser Gelegenheit soll darauf hingewiesen werden, daß im § 25 sub 6, c des I. Bandes als Voraussetzung des Erwerbs des Bürgerrechts die Veranlagung zur klassificirten Einkommensteuer oder die Entrichtung eines Klassensteuerjahresbetrags von mindestens 6 Mark seit einem Jahre aufgeführt sind. Parey, „Handbuch des Preußischen Verwaltungsrechts“ (Bd. II § 218) vertritt die Ansicht, daß der vorberegte Ausdruck „Entrichtung“ im Sinne des § 5 der St. O. mit „Veranlagung“ gleichbedeutend sei. Einer solchen Auslegung steht der Wortlaut des vorgenannten § 5 entschieden entgegen.

---

*) M. R. vom 3. März 1885 (M. Bl. p. 107).

III. Das Einkaufsgeld. Das Gesetz vom 14. Mai 1860 (G.S. p. 237) hat den Gemeinden die Befugniß verliehen, auf Grund von Gemeindebeschlüssen, welche der Genehmigung der Regierung, jetzt des Bezirksausschusses in den Kreisordnungsprovinzen, bedürfen, die Erhebung von Einzugsgeld, Bürgerrechtsgeld und Einkaufsgeld anzuordnen. Die Befugniß zur Erhebung des Einzugsgeldes ist durch das für die altländischen Provinzen erlassene Gesetz vom 2. März 1867 (G. S. p. 361) zurückgezogen, indem dort im § 1 ausgesprochen ist, daß von Neuanziehenden ein Einzugs- oder Eintrittsgeld oder eine besondere Communalabgabe wegen des Erwerbes der Gemeindeangehörigkeit, der Niederlassung am Orte, nicht mehr erhoben werden kann. Es hat demnächst auch das Reichsgesetz vom 1. November 1867 (R. G. Bl. p. 55) bestimmt, daß die Gemeinden nicht befugt sein sollen, von neu Anziehenden wegen des Anzugs eine Abgabe zu erheben. Das Einkaufsgeld dagegen ist durch diese Gesetze nicht berührt, da dasselbe nicht den Charakter einer Anzugsabgabe, sondern den einer Gemeindeabgabe an sich trägt, welche als Aequivalent für die Theilnahme an den Gemeindenutzungen, mit Ausschluß der öffentlichen Gemeindeanstalten, anstatt oder neben einer jährlichen Abgabe aufzufassen ist. Demzufolge soll auch die Verpflichtung zur Zahlung des Einkaufsgeldes sowie der demselben entsprechenden jährlichen Abgabe ruhen, so lange auf die Theilnahme an den Gemeindenutzungen verzichtet wird.*) Auch darf hinsichtlich der Höhe des Einkaufsgeldes ein Unterschied zwischen Einheimischen und Fremden, zwischen Männern und Frauen, zwischen auswärts und in der Gemeinde Geborenen nicht gemacht werden, da das Einkaufsgeld als Aequivalent für die Nutzungen gezahlt wird, und deshalb der Werth der letzteren allein den Maß-

*) Ges. vom 14. Mai 1860 § 8.

stab für die Höhe gewähren kann.*) Aus der Natur dieser Abgabe ergiebt sich ferner von selbst, daß die unmittelbaren und mittelbaren Staatsbeamten, die Lehrer und die Geistlichen, sowie die nach zwölfjähriger Dienstzeit in den Civilstand tretenden Militärpersonen von der Entrichtung des Einkaufsgeldes nicht befreit sind, wie dies rücksichtlich des Bürgerrechtsgeldes der Fall ist. Hinsichtlich der Reclamation wird in den Kreisordnungsprovinzen das in dem Zust. G. § 18 angeordnete Beschwerde- und Einspruchsverfahren, worüber das Nähere in dem unten folgenden § 127 erörtert werden wird, Platz greifen, während in den übrigen Provinzen das Gesetz vom 18. Juni 1840 zur Anwendung kommt. Was die Verjährung der fraglichen Abgabe anlangt, so normirt gleichfalls das letztgenannnte Gesetz, jedoch mit der Maßgabe, daß die nicht zur Hebung gestellten Einkaufsgelder erst in zwei Jahren nach Ablauf desjenigen Jahres verjähren, in welchem die Zahlungsverbindlichkeit entstanden ist.

Die Frage, ob zur Genehmigung der Erhebung die Zustimmung der Minister des Innern und der Finanzen zu erwirken ist, muß aus demselben Grunde, wie dieser rücksichtlich des Bürgerrechtsgeldes sub II angegeben ist, verneint werden.**)

IV. Die Marktstandsgelder. Es ist dies eine Abgabe, welche von Seiten der Gemeinden für den Gebrauch öffentlicher Plätze und Straßen zum Feilbieten vou Waaren auf Messen und Märkten erhoben wird. Sie kann nur unter Zustimmung der Gemeinde und mit Genehmigung des Bezirksausschusses neu eingeführt, erhöht, ermäßigt oder anderweitig regulirt

---

*) M. R. vom 17. März 1832 (M. Bl. p. 444) und v. 31. März 1871 (M. Bl. p. 108).

**) M. R. vom 3. März 1885 (M. Bl. p. 107).

werden,*) und zwar in den letzteren Beziehungen ohne Unterschied, ob die Abgabe bereits bestanden hat oder nicht.

Die Höhe der Abgabe ist durch das Gesetz vom 26. April 1872 (G. S. p. 513) auf höchstens 20 Pfennige für das Quadratmeter und den Tag des Feilbietens festgesetzt und kann innerhalb dieser Grenze in einem von dem Bezirksausschusse zu genehmigenden Tarife nach der Größe des vom Feilbietenden zum Marktstande gebrauchten Raumes, event. auch nach Bruchtheilen des Quadratmeters sowie nach der Dauer des Feilbietens bestimmt werden. In solchem Tarife kann die Abgabe auch erstreckt werden auf Gegenstände, welche weder auf Tischen, noch in Buden, Kisten, Fässern, Körben, Haufen u. s. w. feilgeboten werden, sowie hinsichtlich solcher Gegenstände, welche bei geringem Werthe einen großen Raum einnehmen, verhältnißmäßig herabgesetzt werden. Die Höhe der Abgabe muß in den Tarifen gleichmäßig für Alle, d. h. ohne Unterschied auf Einheimische und Fremde, auf Grund der Reichsgewerbeordnung § 68 festgesetzt werden. Unter dieser Abgabe ist indeß die gleichfalls gestattete Miethe für Buden, Zelte, Tische, Unterlagen, Stangen oder sonstige Vorrichtungen, welche den Verkäufern zum Gebrauche überlassen werden, nicht mitinbegriffen. Es steht übrigens einem Jeden frei, sich der eigenen Vorrichtungen zu bedienen oder solche auch von Anderen zu entnehmen. Im Uebrigen darf der Marktverkehr mit anderweitigen Abgaben nicht belastet werden.**)

Die Tarife müssen während der Meß- und Marktzeit zu Jedermanns Einsicht auf den zum Feilbieten bestimmten Plätzen und Straßen aufgestellt sein, und es dürfen nur die darin verzeichneten Abgaben erhoben werden. Die Erhebung

---

*) Zust. G. § 130.

**) R. G. O. vom 21. Juni 1869 § 68.

selbst darf nur auf der Verkaufsstelle, nicht aber schon bei dem Eingange der Waaren in den Marktort stattfinden.

Bevorzugungen, welche bei Entrichtung von Marktstandsgeldern stattgefunden, können aufgehoben werden, wenn sie nicht auf besonderen Rechtstiteln beruhen. Dagegen bleibt in dem Falle, wenn das Hebungsrecht auf einem besonderen Rechtstitel beruht und der Berechtigte widerspricht, bei einer etwaigen Ermäßigung und anderweitigen Regulirung der Abgabe die Festsetzung den Ministern des Innern und der Finanzen*) vorbehalten, und ist dem Berechtigten mit Ausschluß des Fiscus und der Gemeinde für den etwaigen Ausfall Entschädigung zu gewähren. Fällt dagegen die Abgabe in Folge der Aufhebung von Märkten ganz fort und kommen dabei Entschädigungsansprüche von Marktberechtigten in Frage, so bedürfen die bezüglichen Beschlüsse der Zustimmung des Ministers für Handel und Gewerbe.**)

Das Gesetz vom 26. April 1872 hat gegen denjenigen, welcher diese Abgabe erhebt oder erheben läßt, für den Fall, wenn er weiß, daß sie gar nicht oder nur in geringerem Betrage zu entrichten ist, für jeden Uebertretungsfall eine Geldstrafe bis zu 150 Mark oder verhältnißmäßige Haftstrafe im Unvermögensfalle angeordnet.

Vorstehende Bestimmungen finden auf den Verkehr aller Märkte Anwendung. In dieser Beziehung ist zu erwähnen, daß auf Grund des Zust. G. § 127 dem Provinzialrathe die Beschlußfassung über die Zahl, Zeit und Dauer der Kram- und Viehmärkte zusteht, daß dagegen der Bezirksausschuß über die Zahl, Zeit und Dauer der Wochenmärkte mit der Einschränkung zu beschließen hat, daß die desfallsigen Festsetzungen

---

*) Gesetz vom 26. April 1872 § 5.

**) Zust. G. § 129.

nur mit Zustimmung des Magistrats und der Stadtverordnetenversammlung des betreffenden Marktortes erfolgen können.[1])

V. Die Hundesteuer. Diese Steuer, deren Einführung, Erhebung und Controle in dem Allerhöchsten Erlasse vom 29. April 1829 (M. Bl. 1849 p. 243) geregelt, und in dem Ministerialerlasse vom 15. September 1849 als eine Communalangelegenheit anerkannt ist, soll nach Abzug der Erhebungskosten entweder zur Ortsarmencasse fließen oder auf Einrichtungen zum allgemeinen Nutzen der Gemeindemitglieder verwandt werden, während die auf die Steuercontraventionen entfallenden Strafen stets an die Ortsarmencasse gelangen müssen. Diese Steuer kann durch einen Gemeindebeschluß, welcher die Form der Erhebung und der Controle feststellen muß und der Bestätigung des Bezirksausschusses bedarf,[2]) für den Stadtbezirk auf das Halten von Hunden gelegt werden. Die Bestimmung der Höhe bleibt der statutarischen Festsetzung der Gemeinde, jedoch nur bis zum Betrage von 9 Mark pro Jahr, mit Rücksicht auf die Ortsverhältnisse unter Vorbehalt der Genehmigung des Bezirksausschusses überlassen und wird mittelst Vorausbezahlung in halbjährlichen, fest zu bestimmenden Terminen entrichtet, so daß also auch derjenige, welcher innerhalb des halben Jahres einen Hund anschafft, die volle Steuer des laufenden Semesters zu bezahlen hat. Dieser Steuer sind alle innerhalb des Stadtbezirks wohnenden Hundebesitzer[3]) unterworfen, insbesondere auch die Militärpersonen des activen Dienststandes, da die Einführung derselben hauptsächlich auf polizeilichen Gründen, und nicht auf dem finanziellen Interesse der Gemeinde beruht.[4]) Das diese

[1]) Zust. G. § 128.

[2]) Zust. G. § 16, Abs. 3.

[3]) M. R. vom 9. Juni 1830 (Ann. XIV p. 404).

[4]) M. E. vom 22. April 1864 (M. Bl. p. 202).

Steuer anordnende Regulativ bedarf in dem Falle, wenn es den Vorschriften der Cabinetsordre vom 29. April 1829 entspricht, der Genehmigung der Minister des Innern und der Finanzen nicht,*) und tritt erst nach Ablauf von 8 Wochen, gerechnet vom Tage der Veröffentlichung, in Kraft, wenn nicht etwa ein späterer Termin beliebt worden ist.

Von dieser Steuer sind befreit die Besitzer nachstehender Hunde, welche indeß bei dem Magistrate angemeldet werden müssen:

a. Hunde, welche noch an der Mutter saugen.

b. Hunde, welche entweder zur Bewachung oder zum Gewerbe unentbehrlich sind. Den Fleischern und den Hausirern ist mindestens ein Hund steuerfrei zu lassen,**) dagegen sind Jagdhunde derjenigen Besitzer, welche die Jagd zum Vergnügen treiben, nicht freizulassen. Im Uebrigen hat das Steuerregulativ besonders festzustellen, bei wem das Bedürfniß der Bewachung oder des Gewerbes eintritt.

c. Hunde der accreditirten Gesandten und Geschäftsträger auswärtiger Höfe zu Berlin.

d. Hunde der an den Handelsplätzen fungirenden Consuln, welche nicht diesseitige Unterthanen sind.

Was die Contraventionen anlangt, so wird derjenige, welcher sich durch Verheimlichung eines Hundes der Steuer zu entziehen sucht, neben der Verpflichtung zur Zahlung des Steuerbetrags mit dem dreifachen Satze desselben bestraft, event. mit Haftstrafe im Unvermögensfalle, sowie mit der Confiscation des verheimlichten Hundes, welcher der polizeilichen Verfügung zu überlassen ist. Die Bestrafung der Militärpersonen wird auf Antrag des Magistrats oder der Po-

---

*) Ministerialanweisung vom 17. Juli 1854 § 18.

**) M. R. vom 24. Februar 1870 (M. Bl. p. 106).

lizeibehörde durch die Militärvorgesetzten verfügt. Eine höhere Strafe als der dreijährige Jahresbetrag kann auch in dem Falle nicht festgesetzt werden, wenn ein Hund länger als ein Jahr der Steuer entzogen ist;[1]) während die Strafe für den Fall der Verheimlichung während des laufenden Steuersemesters oder einer kürzeren Zeit sich nur auf den dreifachen Betrag der halbjährlichen Steuer belaufen kann.[2])

Die von den Militärpersonen mit Ausschluß der verabschiedeten zu entrichtenden Steuern sollen für militärische Zwecke verwandt werden und sind deshalb an den Commandanten des Orts abzuliefern. Civilbeamte genießen in Bezug auf diese Steuer keine Begünstigung. Die von den früher eximirten Civilpersonen eingezahlten Steuerbeträge sind für die Bedürfnisse und im Interesse des Orts auf zuvorige Anzeige an den Minister des Innern und mit dessen Zustimmung zu verwenden.

VI. Die Steuer für Lustbarkeiten. Nach dem A.L.R. Th. II Tit. 19 § 27 steht den Gemeinden das Recht zu, bei Unzulänglichkeit der Armenbeiträge unter Genehmigung des Staates den Luxus, die Ostentation und die öffentlichen Belustigungen ihrer wohlhabenden Einwohner mit gemäßigten Taxen zu belegen. Eine Besteuerung von Belustigungen der ärmeren Volksklassen[3]) findet dagegen ebensowenig statt, als eine Besteuerung von Privatvergnügungen, von geselligen Vereinen und Gesellschaften der Einwohner.[4]) Trotz der klaren Bestimmung des A.L.R. hatte sich im Laufe der Zeit in Bezug auf die Besteuerung öffentlicher Tanzlustbarkeiten in den M.R. eine verschiedene Ansicht geltend gemacht, indem

---

[1]) M.R. vom 5. Januar 1836 (Ann. p. 218).
[2]) M.R. vom 4. December 1838 (Ann. p. 987).
[3]) M.R. vom 9. März 1849 (M.Bl. p. 60).
[4]) M.R. vom 2. Mai 1823 (Ann. Bd. VII, p. 556).

das M.R. vom 2. Mai 1823 (Ann. Band VII p. 556) eine solche Besteuerung für unzulässig, andere später erlassene M. R. dagegen für statthaft erklärt haben. Dieser Widerspruch ist demnächst durch den § 74, Abs. 2 des Gesetzes vom 8. März 1871 beseitigt, indem durch denselben alle gesetzlichen Bestimmungen, welche die Erhebung einer Abgabe von öffentlichen Lustbarkeiten zu Armenzwecken vorschreibt, aufgehoben sind, dagegen den Gemeindebehörden die Befugniß gelassen ist, die Einführung oder Forterhebung solcher Abgaben nach Maßgabe der Gemeindeverfassungsgesetze zu beschließen. Es können jetzt ausnahmlos alle Lustbarkeiten, auch die nicht öffentlichen, als Luxus besteuert werden, und zwar in einem Statute, welches der Bestätigung des Bezirksausschusses in den Kreisordnungsprovinzen, bezw. der Regierung in den übrigen Provinzen, bedarf. Auch der Inhaber solcher Räume, welche zu öffentlichen Tanzlustbarkeiten benutzt werden, unterliegt dieser statutarisch festgestellten Abgabe.

Alle diese Gemeindesteuern sollen insgesammt dazu dienen, sämmtliche durch das Bedürfniß oder die Verpflichtungen der Gemeinde erforderlichen Geldmittel zu beschaffen. Es ist nicht zulässig, nur für gewisse Zweige der Verwaltung oder einen Theil der Bedürfnisse besondere Steuern, zu welchen nur der wohlhabende Theil der Einwohner herangezogen werden soll, einzuführen, oder solche Bedürfnisse in einer anderen Form als derjenigen einer allgemeinen Steuer zu decken. Aus diesem Gesichtspuncte dürfen die städtischen Armenpflegebedürfnisse nicht durch eine besondere Armensteuer oder im Wege der Hauscollecte beschafft werden.*) Im Uebrigen ist den Stadtgemeinden allgemein die Befugniß beigelegt, noch weitere direkte Gemeindesteuern, als die obengenannten, ein-

*) C.O. vom 22. Januar 1826 (Ann. p. 111) und vom 28. Februar 1867 (M.Bl. p. 75).

zuführen, und zwar ohne Unterschied, ob letztere fortlaufend entrichtet werden oder in einer ein- für allemal zu leistenden Zahlung bestehen sollen.*)

§ 125. Die besonderen indirekten Gemeindesteuern.

Auch diese Steuern unterliegen in Bezug auf Genehmigung des Bezirksausschusses sowie in Bezug auf Zustimmung der Minister des Innern und der Finanzen denselben Beschränkungen, wie solche für die directen Gemeindeabgaben bestehen und im Eingange des vorigen § dargelegt sind. Dem Genehmigungsantrage ist gleichfalls das Steuerregulativ nebst einer Uebersicht des Ertrags außer den sonstigen Materialien, wie solche für die directen Gemeindeabgaben erforderlich sind, beizufügen. Das Feld der indirecten Gemeindebesteuerung ist gesetzlich durch den Inhalt des Art. 5 des Zollvereinsvertrages vom 8. Juli 1867 (R. G. Bl. p. 81) beschränkt und sodann wesentlich dadurch eingeengt, daß die Erhebung eines großen Theils der indirekten Abgaben wegen der damit verbundenen großen Kosten, sowie wegen der erforderlichen Controle erhebliche Schwierigkeiten bietet, und deshalb dem Zwecke der Besteuerung und den Interessen der Gemeinden nicht entspricht.

Aus diesem Grunde erklärt es sich, daß nur wenige indirecte Steuern in den Gemeinden zur Einführung gelangt sind. Es kommt hauptsächlich nur die Schlachtsteuer und Wildpretsteuer in Betracht.

I. Die Schlachtsteuer. Es ist freilich durch das Gesetz vom 25. Mai 1873 (G. S. p. 222) die Mahl- und Schlachtsteuer als Staatssteuer völlig aufgehoben, es ist indeß in dem § 2 leg. cit. den Gemeinden der vormals mahl- und schlacht-

*) M. R. vom 29. Januar 1857 (M. Bl. p. 69).

steuerpflichtigen Städte freigelassen, die Schlachtsteuer als Gemeindesteuer fortzuerheben, wenn es die Lage des Haushalts erfordert, und die örtlichen Verhältnisse dazu geeignet befunden werden. Die desfallsigen Schlachtsteuerregulative unterliegen der Genehmigung der Minister des Innern und der Finanzen. Auch bedürfen die betreffenden Gemeindebeschlüsse von drei zu drei Jahren der Erneuerung dergestalt, daß gegen den übereinstimmenden Beschluß der Stadtverordnetenversammlung und des Magistrats (in der Rheinprovinz des Bürgermeisters) eine Forterhebung der Schlachtsteuer unzulässig ist. Nach dem Ablaufe von je drei Jahren muß das Bedürfniß des Fortbestandes der Gemeindeschlachtsteuer aufs Neue geprüft, und über das Resultat der jedesmaligen Prüfung und die getroffene Entscheidung dem Landtage eine Vorlage gemacht werden. Von der vorberegten Freilassung haben nur wenige Städte Gebrauch gemacht, und zwar Aachen, Burtscheid, Breslau, Gnesen, Coblenz, Ehrenbreitstein, Posen und Potsdam.

II. **Die Wildpretsteuer.** Diese für das in die Stadt eingehende Wildpret zu erhebende indirecte Steuer wurde zuerst unterm 8. März 1848 der Stadt Berlin zum Zwecke der Verwendung für die Armenkasse bewilligt. Nachdem sodann auch von anderen Städten die Genehmigung zur Einführung derselben nachgesucht worden war, wurde diese durch den Allerhöchsten Erlaß vom 24. April 1848 (G.S. p. 131) ausschließlich den dermals mahl- und schlachtsteuerpflichtigen Städten in dem Falle, wenn das Bedürfniß nachgewiesen werde und anderweitige Bedenken nicht entgegenstehen, auf zuvorigen Antrag bei den Ministern des Innern und der Finanzen und nach erfolgter Genehmigung derselben gestattet. In demselben Erlasse ist die Höhe der Steuer dahin normirt daß höchstens zu legen ist auf:

ein Stück Rothwild	9	Mark
ein Stück Dammwild	6	„

ein Schwein	4 Mark	50 Pf.
ein Reh	2 „	
einen Frischling	2 „	
einen Fasan, eine Waldschnepfe, ein Birkhuhn, ein Haselhuhn, einen Auerhahn oder Trappen . . .	— „	50 „
einen Hasen	— „	20 „
ein Rebhuhn, eine wilde Gans oder wilde Ente	— „	10 „

Für die Erhebung dieser vorberegten Steuer, welche jetzt nur in den früher mahl- und schlachtsteuerpflichtigen Städten zur Hebung gelangen kann, sind die für Erhebung der Schlachtsteuer gegebenen Vorschriften und Strafbestimmungen maßgebend.

III. **Die Wanderlagersteuer** wird irrthümlich zu den indirecten Gemeindeabgaben gerechnet. Dieser durch das Gesetz vom 27. Februar 1880 (G. S. p. 174) eingeführten Steuer unterliegen in jeder Stadt die dort nicht gemeindeangehörigen Personen, welche ohne Begründung einer gewerblichen Niederlassung die Waaren eines Wanderlagers von einer festen Verkaufsstätte aus selbst feilbieten oder durch Vermittelung eines dort einheimischen Verkäufers oder Auctionators feilbieten lassen. Eine solche Steuer ist von der Steuer für den Gewerbebetrieb im Umherziehen völlig unabhängig und gelangt auch dann zur Hebung, wenn der Verkauf durch Veranstaltung einer Auction erfolgt, oder wenn die Begründung eines Wohnsitzes bezw. einer gewerblichen Niederlassung unter Umständen geschieht, welche erkennen lassen, daß diese Förmlichkeiten nur behufs Verdeckung des Wanderlagerbetriebes erfüllt sind. Werden die Waaren des Wanderlagers an einem Orte in mehreren Verkaufslocalen gleichzeitig oder nach einander feilgeboten, so ist für jedes derselben die Steuer besonders zu entrichten.

Dieser Steuer, welche nur pro Woche, d. h. vom Tage der Eröffnung des Betriebes bis zum Anfange des entsprechenden Tages der nächsten Kalenderwoche ohne Rücksicht auf Unterbrechung und frühere Beendigung berechnet wird und für jede Woche der Dauer des Wanderlagerbetriebes in den Orten der ersten Gewerbeabtheilung 50 Mark, in denen der zweiten und dritten 40 Mark, und in denen der vierten, sowie in den Hohenzollern'schen Landen 30 Mark beträgt, sind nicht unterworfen:

a. der Markt- und Meßverkehr, sowie der Verkauf von Ausstellungsobjecten auf öffentlichen, von den zuständigen Behörden genehmigten Ausstellungen;

b. die Errichtung fester Verkaufsstellen für die Dauer der Curzeit (Saison) in Bade-, Brunnen- und ähnlichen Orten;

c. das Feilbieten von Gegenständen des Wochenmarktverkehrs vom Schiffe aus — mit Ausnahme derjenigen Handwerkerwaaren, mit denen nur den einheimischen Verkäufern der Wochenmarktverkehr auf Grund der G.O. vom 21. Juni 1869 § 64 gestattet ist;

d. das Feilbieten von Lebensmitteln aller Art;

e. der vom Finanzminister für gewisse Gewerbsarten oder in einzelnen Fällen als steuerfrei gestatteter Gewerbebetrieb.

Die vorberegte Steuer wird in der angegebenen Höhe für Wanderauctionen pro Tag erhoben.

Die zur Hebung gelangte Steuer ist in den Orten der ersten, zweiten und dritten Gewerbeabtheilung den Gemeinden überwiesen, dagegen in den Orten der vierten Abtheilung den betreffenden Amtsverbänden. Wird die Steuererhebung durch Staatsbeamte bewirkt, so fließen drei Procent der Isteinnahme als Erhebungskosten vorab in die Staatskasse. Im Uebrigen steht weder dem Staate noch den Gemeinden für ihre Mitwirkung bei Festsetzung und Erhebung der Steuer ein Anspruch auf Vergütung zu.

Die Anmeldung des Betriebes muß rücksichtlich jeder Verkaufsstelle vor Beginn bezw. vor der Fortsetzung oder vor Wiederbeginn unter Angabe der Verkaufsstelle und der Dauer des Betriebes beim Magistrate erfolgen, ebenso die Zahlung der feststehenden Steuer, und zwar bei Vermeidung einer dem doppelten Betrage der vorenthaltenen Steuer gleichen Geldstrafe, event. einer Haftstrafe im Unvermögensfalle, neben welchen die Steuer außerdem noch zu entrichten ist. Der Magistrat hat nach eingegangener Anzeige eine Anmeldungsbescheinigung auszufertigen und in derselben den zur Hebung kommenden Steuerbetrag, sowie die zuständige Empfangsstelle anzugeben. Letztere hat gegen Zahlung eine Quittung auszustellen, welche von dem Steuerpflichtigen bei jeder Verkaufsstelle während der Dauer des Geschäftsbetriebes den zuständigen Beamten auf Erfordern bei Vermeidung einer Geldstrafe bis zu 30 Mark vorgezeigt werden muß. Die vorberegten gleichen Strafen treffen sowohl den Auftraggeber als den Beauftragten; sie haften beide solidarisch für die Strafbeträge, Kosten und die vorenthaltene Steuer. Die zum Geschäftsbetriebe mitgeführten Gegenstände unterliegen im Falle einer Contravention der Beschlagnahme.

Die Steuer verjährt in zwei Jahren. Hinsichtlich des Beschwerdeverfahrens sind die wegen der Gewerbesteuer vom stehenden Gewerbebetriebe geltenden Bestimmungen anzuwenden.

Was den Character dieser Steuer anlangt, so ist sie keine Communalsteuer, sondern eine Staatssteuer, deren Ertrag nur Seitens des Staates den Gemeinden ein für allemal überwiesen ist, wie dies auch bei der Berathung des Entwurfs des Gesetzes vom 27. Februar 1880 im Abgeordnetenhause ausdrücklich erklärt worden ist. Eine etwaige Reclamation ist deshalb auch in Gemäßheit der für die Staatssteuer bestehenden Vorschriften zu erledigen.[1])

Mit den sub I und II benannten Arten ist die Zahl der indirecten Gemeindesteuern keineswegs abgeschlossen. Es können vielmehr noch andere derartige Abgaben, wenn sie für zweckmäßig befunden werden, von den Stadtgemeinden, wie z. B. die Miethssteuer in Berlin, die Biersteuer in verschiedenen Städten der Monarchie, unter Beobachtung der im Eingange dieses § angedeuteten Vorschriften eingeführt werden.

§ 126. Die Communalsteuerregulative.

Es sind dies ortsstatutarisch festgestellte Bestimmungen über die Erhebung von Gemeindesteuern. Es finden deshalb auf sie im Allgemeinen diejenigen Grundsätze Anwendung, welche bereits oben im § 22 in Bezug auf das ortsstatutarische Recht der Gemeinde und die Ortsstatuten zur Darstellung gebracht sind. Im Speciellen ist hier noch hervorzuheben:

I. **Genehmigung der Regulative.** Dieselben unterliegen stets und ausnahmslos der Genehmigung des Bezirksausschusses in den Kreisordnungsprovinzen, bezw. der Regierung in den übrigen Provinzen, und bedürfen überdies in den Fällen wenn besondere directe oder indirecte Gemeindesteuern neu eingeführt oder in ihren Grundsätzen verändert werden, der Zustimmung der Minister des Innern und der Finanzen.[2]) Zum Zwecke der Erleichterung haben die Minister, wie früher,[3]) so auch in jüngster Zeit in dem Ministerialblatte für die gesammte innere Verwaltung, Jahrgang 1885, p. 226 ein Nor=

---

[1]) O. V. G. Bd. XIV p. 166.

[2]) O. St. O. § 53, W. St. O. § 52, R. St. O. § 49, Zust. G. § 16, Abs. 5.

[3]) M. Bl. 1864 p. 140.

malsteuerregulativ veröffentlicht und in einem darauf bezüglichen Circulare vom 5. November 1885, welches an die Königlichen Regierungspräsidenten gerichtet ist, zu allen Gemeinde-Einkommensteuerregulativen, soweit diese dem empfohlenen Schema entsprechen oder doch keine principiell erheblichen Abweichungen zeigen, generell ihre Zustimmung ertheilt, sowie von der Pflicht der speciellen Berichterstattung entbunden. Es ist ferner in jenem Circulare noch besonders hervorgehoben, daß die Zustimmung der Minister in jedem einzelnen Falle sofort nachzusuchen ist, wenn unter Abweichung von den Festsetzungen des Normalregulativs directe Gemeindesteuern neu eingeführt oder in ihren Grundsätzen verändert, insbesondere wenn Progressivsteuern neu eingeführt werden sollen. Das gegen den Beschluß des Bezirksausschusses zulässige Rechtsmittel ist die an den Provinzialrath einzureichende Beschwerde, welche im Falle der Bestätigung dem Vorsitzenden des Bezirksausschusses, im Falle der Nichtbestätigung dem Magistrate zusteht. Gegen den Beschluß des Provinzialraths kann der Vorsitzende des Letzteren aus Gründen des öffentlichen Interesses die Einlegung der weiteren Beschwerde an die Minister des Innern und der Finanzen erheben.*)

II. **Strafandrohungen gegen Contraventionen.** Es ist die Zulässigkeit, in den Regulativen Ordnungsstrafen gegen die Contravenienten in der Höhe von 30 Mark festzusetzen anerkannt; die Strafbestimmung kann indeß nur im Wege und in den Formen einer in Gemäßheit des Gesetzes vom 11. März 1850 zu erlassenden Polizeiverordnung angedroht werden.**) Was die Vollstreckung der Strafe anlangt, so ist dazu der Magistrat nicht competent; es ist vielmehr je nach

---

*) Zust. G. § 16, Abs. 4.

**) M. R. vom 4. März 1871 (M. Bl. p. 106). — cfr. oben § 22 p. 90. —

Lage der Sache die Hülfe der Polizeiverwaltung,[1]) bezw. des Amtsanwalts oder des Strafgerichts in Anspruch zu nehmen. Es soll hierbei nicht unerwähnt bleiben, daß das in der Reichsstrafprozeßordnung § 459 ff. beregte Verfahren, welches bei Zuwiderhandlungen gegen die Vorschriften über die Erhebung öffentlicher Abgaben und Gefälle Platz greift, auf die Gemeindeabgaben keine Anwendung findet.[2])

III. Bedeutung der Bestätigung seitens der Aufsichtsbehörden. Wenn auch die Prüfung der Regulative durch den Bezirksausschuß bezw. die Regierung darauf gerichtet sein soll, ob der Inhalt derselben den gesetzlichen Bestimmungen in materieller und formeller Beziehung entspricht, und ob die Einführung der Steuer dem Bedürfnisse, der Billigkeit, Angemessenheit und Zweckmäßigkeit nach allen Richtungen hin Rechnung trägt, und wenn nur im bejahenden Falle von dem Bestätigungsrechte Gebrauch zu machen ist, so gewinnt dieses Recht doch nicht die Bedeutung, daß die Prüfung der rechtlichen Zulässigkeit und Verbindlichkeit dem Gerichte entzogen wird, wenn dessen Entscheidung in einer Rechtssache von einem sich beschwert haltenden Gemeindemitgliede angerufen wird.[3]) Ein bestätigtes Regulativ kann trotz der ordnungsmäßig erfolgten Bestätigung der Aufsichtsbehörden auch später noch mit dem Einwande der Ungesetzlichkeit sowohl im Civil- als im Verwaltungsstreitverfahren angefochten werden.[4])

Die Prüfung der Aufsichtsbehörde muß sich andererseits auf die vorhin angegebenen Gesichtspuncte beschränken. Es kann deshalb die Bestätigung nicht davon abhängig gemacht

---

[1]) M. R. vom 11. April 1861 (M. Bl. p. 101).

[2]) M. R. vom 27. October 1860 (M. Bl. p. 224) und Obertribunalserkenntniß vom 9. Juni 1871.

[3]) O. V. G. E. Bd. II p. 108.

[4]) O. V. G. E. Bd. III p. 97 und Bd. IV p. 117 und 143—145.

werden, daß die Gemeinde als Zeit der Erhebung der neuen Steuern die von der Aufsichtsbehörde vorgeschlagene annehme oder für die bestehenden Steuern eine anderweitige Erhebungszeit einführe.*)

IV. **Publication.** Die Regulative müssen in gehörig wirksamer, ihrem Zwecke entsprechender Weise durch Abdruck in den zur Veröffentlichung der ortsstatutarischen Anordnungen, insbesondere der städtischen Polizeiverordnungen, für den betreffenden Ort dienenden Blättern zur öffentlichen Kenntniß gebracht werden. Es genügt nicht, wenn die Bekanntmachung solcher Regulative nur mittelst einer ein- oder mehrmaligen Offenlegung im Amtslokale des Magistrats bewirkt wird.**)

§ 127. Das Beschwerde- und Einspruchsverfahren in Bezug auf Heranziehung und Veranlagung zu den Gemeindelasten.

Während die Stadtverordneten über die Art und die Höhe der aufzubringenden Gemeindelasten und Steuern zu beschließen haben, ruht das Geschäft der Heranziehung der Gemeindeabgabenpflichtigen zur Communalbesteuerung, sowie insbesondere dasjenige der Veranlagung ganz in den Händen des Magistrats, als der ausführenden Behörde. Derselbe ist demgemäß auch durch das Zust. G. § 18 sub 2 für Beschwerden und Einsprüche, welche solche Heranziehung und Veranlagung betreffen, für ausschließlich competent erklärt. Hinsichtlich des Beschwerde- und Einspruchsverfahrens ist das Nachstehende hervorzuheben.

I. **Geschichtlicher Ueberblick.** Das Gesetz über die Verjährungsfristen bei öffentlichen Abgaben vom 18. Juni 1840

---

*) M. R. vom 30. November 1855.

**) M. R. vom 30. August 1872 (M. Bl. p. 225).

(G. S. p. 140) hat als Rechtsmittel zur Geltendmachung von Einwendungen gegen die Veranlagung zu allen directen Steuern die Reclamation bestimmt, und zwar durch den § 1 hinsichtlich aller directen Staatssteuern und durch den § 14 hinsichtlich der nicht in die landesherrlichen Kassen fließenden, sondern an die Gemeinden zu entrichtenden Abgaben, und zwar nicht bloß der Geldabgaben, sondern aller öffentlichen Abgaben, mögen dieselben auch in anderen fungiblen Sachen bestehen.*) Jenes Gesetz hat ferner die Reclamationsfrist gleichmäßig in allen Fällen auf drei Monate festgesetzt. Die vorberegten Bestimmungen sind nun durch spätere Gesetze vielfach modificirt, und zwar insofern:

a. als die Frist in Bezug auf die Staats-Klassensteuer, welche die Bezeichnung als Reclamationsfrist beibehalten hat, durch das Gesetz vom 16. Juni 1875 (G. S. p. 234) auf zwei Monate festgesetzt ist;

b. als in Bezug auf die classificirte Einkommensteuer das Rechtsmittel der Remonstration, welche bei dem Vorsitzenden der Einschätzungscommission zu erheben ist, an Stelle der Reclamation eingeführt und die bezügliche Remonstrationsfrist gleichfalls auf zwei Monate herabgesetzt, und als das dann weitere gegen den Bescheid der Einschätzungscommission zulässige Rechtsmittel der Reclamation, welche an die Bezirkscommission der Königlichen Regierung, Abtheilung für die Verwaltung der directen Steuern, führt, auf die Zeit von 28 Tagen reducirt ist. — cfr. Gesetz vom 12. März 1877 Art. III (G. S. p. 19). —

c. als die Reclamationsfristen hinsichtlich der Provinzialabgaben durch die Provinzialordnungen auf vier Wochen und hinsichtlich der Kreis- und Amtsabgaben durch die

*) O. V. G. E. Bd. X p. 153.

Kreisordnungen auf zwei Monate festgestellt sind, und endlich

d. als in dem § 18 sub 2 des Zuständigkeitsgesetzes vom 1. August 1883 die Reclamation als Beschwerde und Einspruch bezeichnet, und die Beschlußfassung darüber dem Magistrate zugewiesen ist.

Es soll hierbei aber besonders hervorgehoben werden, daß in Bezug auf die Dauer der gegen die Veranlagung zu den Gemeindesteuern und Abgaben gegebenen Beschwerde- und Einspruchsfrist eine Aenderung nicht eingetreten ist.

II. **Berechnung der Frist.** Die vorberegte Frist, welche mit gleichem Rechte auf Grund des § 1 des Gesetzes vom 18. Juni 1840 als Reclamationsfrist und auf Grund des § 18 des Zust. G. als Beschwerde- und Einspruchsfrist benannt werden kann, ist nun ohne Unterschied, ob das bezügliche Rechtsmittel auf Ermäßigung oder auf gänzliche Befreiung gerichtet ist, eine dreimonatliche Präclusivfrist. Sie wird berechnet vom Tage der Bekanntmachung der Heberolle oder in dem Falle, wenn die Steuer im Laufe des Jahres auferlegt worden, vom Tage der erfolgten Benachrichtigung ihres Betrags oder in dem Falle, wenn eine periodische Veranlagung und Anfertigung von Heberollen nicht stattfindet, von dem ersten Tage des Kalenderjahres event. in den Städten, welche ihr Etatsjahr in Gemäßheit des Gesetzes vom 29. Juni 1876 auf die Zeit vom 1. April bis 31. März jedes Jahres verlegt haben, vom 1. April jedes Jahres ab. Mit Rücksicht darauf, daß in der Praxis Zweifel darüber entstanden sind, welcher Tag als derjenige der Bekanntmachung der Heberolle und der Benachrichtigung des Abgabenbetrages zu gelten habe, soll hier das Nachstehende vorgetragen werden:

a. die Veranlagung der Klassensteuer wird abgesehen von dem Falle, wenn die Steuer im Laufe des Etatsjahres auferlegt wird und dann die Frist mit dem Tage der desfallsigen Benachrichtigung zu laufen beginnt, einzig und allein bekannt gemacht durch Offenlegung der festgestellten Klassensteuerrollen durch den Magistrat während einer von dem letzteren zu bestimmenden und öffentlich bekannt zu machenden Frist. Außerdem wird jedem Steuerpflichtigen ein Auszug aus der Rolle über seine specielle Veranlagung, der sog. Steuerzettel, zugestellt. Der Lauf der zweimonatlichen Reclamationsfrist beginnt hier mit dem auf den letzten Tag der Offenlegung folgenden Tag, während der Tag der Aushändigung des Steuerzettels ohne Wirkung auf den Beginn und Lauf der Reclamationsfrist bleibt.

b. Die Veranlagung der classificirten Einkommensteuer wird dadurch bekannt gemacht, daß die festgestellte Steuerstufe und der daraus sich ergebende Steuerbetrag dem Steuerpflichtigen in einem von dem Vorsitzenden und mindestens zwei Mitgliedern der Einschätzungscommission zu vollziehenden, verschlossenen und und kostenfreien Schreiben mitgetheilt wird. Der Lauf der zweimonatlichen Remonstrationsfrist beginnt hier mit dem Tage der Behändigung des vorbezielten Benachrichtigungsschreibens. Die Behändigung des Schreibens an eine mit der Berichtigung der Gemeindeabgaben von dem Steuerpflichtigen etwa beauftragte Person ist auf den qu. Fristenlauf einflußlos.*)

c. Die Veranlagung zu den Gemeindesteuern, welche in Zuschlägen zu den direkten Staatssteuern bestehen oder auch in einer anderen Erhebungsart aufgebracht werden können, werden abgesehen von dem Falle, wenn im Laufe des Etatsjahres die Steuer zugänglich auferlegt wird und dann die Frist von dem Tage der Be-

*) O. V. G. E. Bd. X p. 79.

händigung des bezüglichen Benachrichtigungsschreibens zu laufen beginnt, entweder durch Offenlegung einer Heberolle oder ohne eine solche durch Aushändigung eines Steuerquittungsbuchs oder Bogens bekannt gemacht, in welchem die Höhe der zur Hebung kommenden Steuer durch Angabe des Jahresbetrags und der einzelnen Fälligkeitstermine ersichtlich ist. Im ersteren Falle beginnt der Lauf der dreimonatlichen Einspruchsfrist mit dem auf den letzten Tag der Offenlegung folgenden Tage, dagegen in dem anderen Falle vom Tage der Aushändigung des Steuerquittungsbuchs. Dagegen ist die bloße Veröffentlichung des für die Gemeindesteuer zu erhebenden Procentsatzes Seitens des Magistrats auf den Fristenlauf ohne Einfluß.*)

Die vorberegten Fristen sind sämmtlich präclusivisch. Werden dieselben Seitens des Steuerpflichtigen verabsäumt, so hat dies zur Folge, daß sein Anspruch auf Steuerermäßigung oder Befreiung sowie auf Rückerstattung bereits gezahlter Steuern für das laufende Etatsjahr erlischt.

III. Wirkung des Beschwerde- und Einspruchsverfahrens. Die Beschwerde und der Einspruch haben, ebenso wie das darauf folgende Verwaltungsstreitverfahren, keine aufschiebende Wirkung. Die Steuern müssen also in der veranlagten Höhe vorläufig an die Stadtcasse bezahlt werden, während die Zurückforderung etwa zu viel gezahlter Steuern bis zur rechtskräftigen Entscheidung im Verwaltungsstreitverfahren unzulässig ist. Es darf überhaupt, wie dies in dem Erkenntnisse zur Entscheidung der Competenzconflicte vom 13. November 1880 (M. Bl. 1881 p. 5) ausgesprochen ist, während eines in der oberen Verwaltungsinstanz schwebenden Reclamationsverfahrens über die Höhe einer Steuerveranlagung

*) O. V. G. E. vom 14. Juni 1884.

oder die Heranziehung zur Besteuerung von Seiten des Steuerpflichtigen nicht bei den Gerichten die condictio indebiti bezüglich des etwa nach der Entscheidung der unteren Verwaltungsbehörde zu viel gezahlten Steuerbetrags erhoben werden.

IV. **Rückforderung bereits gezahlter Steuern.** Wird der rechtzeitig eingebrachte Einspruch für begründet befunden, so hat dies in Bezug auf die directen Steuern zur Folge, daß die Ermäßigung bezw. Befreiung für das laufende Etatsjahr eintritt, und die bereits während desselben gezahlten Steuern ganz bezw. bis zu dem ermäßigten Satze zurückgezahlt werden; dagegen kann eine Rückzahlung von Steuern, welche in den vorhergehenden Jahren etwa gleichfalls unrichtig erhoben sind, niemals zurückgefordert werden.

In Bezug auf die indirekten Steuern besteht der Rechtssatz, daß auf Zurückzahlung zuviel erhobener Eingangs-, Ausgangs- und Durchgangsabgaben, der in Folge der Zollvereinigungsverträge zu erhebenden Ausgleichungsabgaben, der Branntwein-, Braumalz-, Mahl- und Schlachtsteuer, der Weinmost- und Tabackssteuer, der Salzablösungsgelder, der Blei- und Zettelgelder, der Wege-, Brücken-, Fähr-, Waage-, und Krahngelder, der Canal-, Schleusen-, Schiffahrts- und Hafenabgaben, sowie der Niederlagegelder ein Anspruch nur dann stattfindet, wenn derselbe binnen Jahresfrist, vom Tage der Versteuerung an gerechnet, angemeldet und begründet wird.

Im Uebrigen ist noch hervorzuheben, daß der Anspruch auf Rückerstattung der gemäß der Veranlagung bezahlter Communalsteuerbeträge niemals im Rechtswege geltend gemacht, sondern nur durch die Verwaltungsbehörden entschieden werden kann.*)

V. **Rechtsmittel gegen den die Reclamation ganz oder theilweise zurückweisenden Magistratsbeschluß.** Während früher

*) M. Bl. 1881 p. 47 und M. Bl. 1880 p 230.

auf Grund des § 3 des Gesetzes vom 18. Juni 1840 in Steuersachen der Gemeinden gegen den zurückweisenden Reclamationsbescheid des Magistrats das binnen einer Präclusivfrist von sechs Wochen zulässige Rechtsmittel des Recurses gegeben war, und über dieses Rechtsmittel im Verwaltungswege in dem angeordneten Instanzenzuge entschieden wurde, hat sich die Sache in den Kreisordnungsprovinzen auf Grund des § 18 des Zuständigkeitsgesetzes vom 1. August 1883 folgendermaßen gestaltet. An die Stelle des Recurses ist die Klage im Verwaltungsstreitverfahren, und an die Stelle der sechswöchentlichen Recursfrist eine zweiwöchige Klagefrist getreten. Die Klage ist gegen den abweisenden Magistratsbeschluß bei dem Bezirksausschusse binnen zwei Wochen, welche vom Tage der Bekanntmachung des Beschlusses zu rechnen sind, einzureichen und hat, ebenso wie die Beschwerde und der Einspruch, keine aufschiebende Wirkung. Die Entscheidung des Bezirksausschusses kann nur durch das weitere Rechtsmittel der Revision, welches die Sache an das Oberverwaltungsgericht bringt, angefochten werden;[1]) eine solche Revision kann aber[2]) nur darauf gestützt werden, daß die angefochtene Entscheidung auf der Nichtanwendung oder auf der unrichtigen Anwendung des bestehenden Rechts, insbesondere auch der von den Behörden innerhalb ihrer Zuständigkeit erlassenen Verordnungen beruhe, oder darauf, daß das Verfahren an wesentlichen Mängeln leide.

Es ist hier aber vor Allem darauf hinzuweisen, daß Einsprüche gegen die Höhe von Gemeindezuschlägen zu den direkten Staatssteuern, welche sich gegen den Principalsatz der letzteren richten, unzulässig sind.[3]) Ist der Steuerpflichtige

---

[1]) Zust. G. § 21.
[2]) L. V. G. § 94.
[3]) Zust. G. § 18.

also durch den Principalsatz, welcher durch die Veranlagung zu den direkten Staatssteuern festgestellt worden ist, für beschwerdet zu erachten, so wird er sich der Reclamation bezw. Remonstration bedienen müssen, welche bei dem Landrathe bezw. dem Vorsitzenden der Einschätzungscommission im Falle der Veranlagung zur Klassensteuer bezw. zur classificirten Einkommensteuer innerhalb der sub II beregten Fristen einzureichen ist. Durch die in diesem Verfahren ergehende rechtskräftige Entscheidung wird dann der Principalsatz, der den Gemeindezuschlägen zu Grunde gelegt ist, definitiv festgestellt, bezw. modificirt.

Besondere mit diesem Rechtsmittel verbundene Eigenthümlichkeiten sind folgende:

a. Wenn sich der Reclamant an eine incompetente Behörde wendet, so hat diese das Recursgesuch an die zuständige Behörde abzugeben, ohne daß dem Reclamanten die Zwischenzeit auf die Frist anzurechnen ist.*) Diese Bestimmung findet auch in Bezug auf die an die Stelle des Recurses getretene Klage des § 18 des obenberegten Zust. G. Anwendung.**)

b. In allen Fällen, in welchen die Klage wegen der Steuerverpflichtung entweder bei den ordentlichen Gerichten oder dem Bezirksausschusse gestattet ist, kann die Steuer nur von dem Anfange desjenigen Etatsjahrs an zurückgefordert werden, in welchem entweder die Klage angemeldet oder in welchem vor der Klage eine Reclamation bei dem Magistrate eingereicht worden ist.

VI. Nachforderungen direkter und indirekter Steuern. Während eine Nachforderung von Grundsteuern sowohl bei gänzlicher Uebergehung, als auch bei zu geringem Ansatze, je-

---

*) Gesetz vom 18. Juni 1840 § 3.

**) O.V.G. Bd. VII p. 147.

doch in beiden Fällen nur für das laufende Etats= nnd Steuerjahr, für welches die Nachforderung geltend gemacht wird, als zulässig zu erachten ist, findet die Nachforderung von Klassen=, Gewerbe= und persönlichen, auf besonderen Titeln beruhenden Steuern nur im Falle gänzlicher Uebergehung für das laufende Etats= und Steuerjahr statt, während im Falle eines zu geringen Ansatzes bei den letztberegten Steuern jede Nachforderung wegfällt, jedoch unbeschadet der gesetzlichen Wiederumlage bei Gewerbesteuergesellschaften, welche nach Mittelsätzen steuern. Eine solche Nachforderung ist begründet, wenn bei der Ausschreibung der Steuern ein Steuerpflichtiger übergangen ist, und die Nachforderung nach dem Hervortreten dieses Versehens im Laufe des betreffenden Etatsjahres erhoben wird. Erfolgt die Aufbringung der Gemeindesteuern durch Zuschläge zu verschiedenen Staatssteuern, und ist ein Steuerpflichtiger in Bezug auf den Zuschlag einer derselben bei der Ausschreibung übergangen, so liegt hierin nicht eine Nachforderung wegen zu geringer Ansetzung, sondern wegen gänzlicher Uebergehung.*)

Bei den indirekten Steuern dagegen kann der gar nicht oder der zu wenig erhobene Betrag nur binnen einem Jahre, vom Tage des Eintritts der Zahlungsverpflichtung an gerechnet, nachgefordert werden.

VII. Verjährung der Rückstände und der Contraventionen. Die zur Hebung gebrachten direkten oder indirekten Steuern, welche im Rückstande verblieben oder creditirt sind, verjähren in vier Jahren, welche gerechnet werden von dem Ablaufe desjenigen Jahres an, in welches ihr Zahlungstermin fällt.

Unterbrochen wird die Verjährung

a. durch eine an den Steuerpflichtigen erlassene Aufforderung zur Zahlung, oder

*) O. V. G. E. Bd. VII p. 77.

b. durch Verfügung der Execution, oder

c. durch bewilligte Stundung der Steuer.

Eine neue vierjährige Verjährungsfrist beginnt nach Ablauf desjenigen Jahres, in welchem die letzte Zahlungsforderung gestellt, oder die Execution verfügt worden oder die bewilligte Stundungsfrist abgelaufen ist.*)

Eine besondere Verjährungsfrist ist in dem § 10 des Gesetzes vom 18. Juni 1840 für den Fall bestimmt, daß in der unterlassenen Entrichtung der ganzen Steuer oder eines Theiles derselben eine Contravention gegen die Steuergesetze enthalten ist. In einem solchen Falle soll nämlich die Nachforderung erst gleichzeitig mit der gesetzlichen Strafe verjähren.

Was den Lauf der Fristen und die Wirkung der Verjährung anlangt, so wird der Steuerpflichtige durch den Ablauf der Verjährungsfrist von jedem ferneren Anspruche sowohl des Staates, als der Steuerbeamten und der Steuersocietäten befreit, und sind ferner die Minderjährigen und bevormundeten Personen, sowie die moralischen Personen, welchen gesetzlich die Rechte der Minderjährigen zustehen, ohne das Recht auf Zulassung der Wiedereinsetzung in den vorigen Stand, jedoch mit Vorbehalt des Regresses gegen ihre Vormünder und Verwalter, an die Beobachtung der festgestellten Fristen gebunden.

§ 128. Das wider den Beschluß des Bezirksausschusses in Communalsteuersachen zulässige Rechtsmittel und das darauf bezügliche Verfahren.

Es ist vielfach in den vorhergehenden §§ dieses Capitels davon die Rede gewesen, daß in den Kreisordnungsprovinzen

---

*) Ges. vom 18. Juni 1840 § 8.

in Betreff der Genehmigung der Gemeindesteuern, der Steuerregulative und der Vertheilung der Gemeindedienste der Beschluß des Bezirksausschusses erforderlich ist. Ein solcher Beschluß ist anfechtbar. Es findet gegen denselben auf Grund des § 121 des L. V. G. vom 30. Juli 1883 innerhalb der präclusivischen Frist von zwei Wochen, jedoch abgesehen von den auf Einholung der Zustimmung der Minister des Innern und der Finanzen zur Einführung neuer oder in ihren Grundsätzen veränderter direkter oder indirekter Gemeindesteuern gerichteten Beschlüssen, die Beschwerde an den Provinzialrath statt. Diese Beschwerde ist bei dem Bezirksausschusse, gegen dessen Beschluß sie gerichtet ist, einzureichen. Ist die Frist gewahrt, so werden die Acten mittelst Berichts dem Provinzialrathe zur weiteren Beschlußfassung überreicht. Die Frist gilt übrigens auch als gewahrt, wenn die Beschwerde rechtzeitig direct bei dem Provinzialrathe eingereicht worden ist. In solchem Falle hat dann der Letztere zunächst die Beschwerde an den Bezirksausschuß zur weiteren Veranlassung abzugeben.*)

Hierbei muß besonders bemerkt werden, daß die Einlegung der Beschwerde aus Gründen des öffentlichen Interesses auch dem Vorsitzenden des Bezirksausschusses zusteht, und daß derselbe dies sofort dem Collegium mittheilen muß, wenn er von der beregten Befugniß Gebrauch machen will. Die Zustellung des Beschlusses bleibt in diesem Falle einstweilen, jedoch längstens drei Tage, ausgesetzt; sie erfolgt mit der Eröffnung, daß im öffentlichen Interesse die Beschwerde eingelegt worden sei. Ist die Zustellung ohne diese Eröffnung erfolgt, so gilt die Beschwerde des Vorsitzenden als zurückgenommen. Die Gründe solcher Beschwerde sind dem Magistrate zur schriftlichen Erklärung binnen zwei Wochen mitzutheilen.

*) L. V. G. § 122.

Nach Ablauf dieser präclusivischen Frist sind die Acten dem Provinzialrathe zu überreichen.*)

Letzterer beschließt alsdann über die Beschwerde. Gegen den desfallsigen Beschluß des Provinzialraths steht nur dem Vorsitzenden des letzteren, wenn es sich um die Aufbringung der Gemeindeabgaben und Dienste handelt, die Einlegung der weiteren Beschwerde an die Minister des Innern und der Finanzen aus Gründen des öffentlichen Interesses auf Grund des Zust.G. § 16, Abs. 4 zu. Auch hier hat der Vorsitzende dem Collegium sofort Mittheilung zu machen, wenn er von der vorberegten Befugniß Gebrauch machen will. Die Zustellung des Beschlusses bleibt auch hier in diesem Falle, jedoch längstens drei Tage, ausgesetzt und erfolgt mit der Eröffnung, daß im öffentlichen Interesse die weitere Beschwerde eingelegt worden sei. Erfolgt die Zustellung ohne diese Eröffnung, so gilt die Beschwerde als zurückgenommen. Die Gründe der Beschwerde sind dem Magistrate zur schriftlichen Erklärung binnen zwei Wochen mitzutheilen. Nach Ablauf dieser präclusivischen Frist sind die Acten den Ministern des Innern und der Finanzen zur Entscheidung zu überreichen.

In diesem Beschlußverfahren wird ein Kostenpauschquantum nicht erhoben; ebensowenig haben die Betheiligten das Recht, den Ersatz ihrer baaren Auslagen zu fordern. — cfr. im Uebrigen §§ 124—126 des Zust.G. —

§ 129. Das Steuerexecutionsverfahren.

Den Stadtgemeinden ist das Privilegium verliehen, die Gemeindeabgaben, ferner die Geldbeträge, auf welche die Hand- und Spanndienste abgeschätzt werden, sodann die für die Theilnahme an den Gemeindenutzungen zur Hebung gelangenden

*) L.V.G. § 123.

Abgaben und endlich alle sonstigen Gemeindegefälle von den Säumigen im Steuerexecutionswege beizutreiben. Das bezügliche Verfahren ist im Jahre 1879 neugeregelt, und zwar:

a. durch den § 14 des Ausführungsgesetzes zur Deutschen Civilprozeßordnung vom 24. März 1879 (G.S. p. 281), in Gemäßheit dessen die Vorschriften der Deutschen Civilprozeßordnung über die Wirkungen der Pfändung auch auf die durch eine Entscheidung oder Anordnung der zuständigen Verwaltungsbehörde bewirkte Pfändung entsprechende Anwendung finden sollen,

b. durch die Verordnung, betreffend das Verwaltungszwangsverfahren wegen Beitreibung von Geldbeträgen, vom 7. September 1879 (G. S. p. 591), und

c. die Anweisung vom 15. September 1879 zur Ausführung der Verordnung vom 7. September 1879, betreffend das Verwaltungszwangsverfahren wegen Beitreibung von Geldbeiträgen.

Die sub b beregte Verordnung und die zur Erläuterung derselben erlassene Anweisung enthalten die das Verwaltungszwangsverfahren betreffenden Bestimmungen in detaillirtester Weise. Hinsichtlich der Grundprincipien ist hier hervorzuheben:

I. **Das Mahnverfahren.** Es soll dem Zwangsverfahren in der Regel ein Mahnverfahren (Art. 10—16 der Anweisung vom 15. September 1879) vorausgehen. Die Verwaltungsbehörde ist nur ausnahmsweise in folgenden Fällen befugt, von der Mahnung Abstand zu nehmen:

a. wenn nach ihrem pflichtmäßigen Ermessen zu befürchten ist, daß durch die mit der Mahnung verbundene Verzögerung der Vollstreckung der Erfolg der letzteren gefährdet werden würde; oder wenn

b. die Mahnung wegen eines in der Person des Schuldners liegenden Hindernisses nicht ausgeführt werden kann.

II. Das Zwangsverfahren theilt sich:

a. in die Zwangsvollstreckung in das bewegliche Vermögen:

α. körperliche Sachen
β. Forderungen
γ. andere Vermögensrechte

} des Schuldners

Es können diese Objecte zu gleicher Zeit gepfändet werden; es ist indeß in der Regel diejenige Art der Pfändung zu wählen, welche voraussichtlich am sichersten und leichtesten zur Deckung der beizutreibenden Summe führen wird, und an zweiter Stelle ist derjenigen Art der Pfändung der Vorzug zu geben, welche dem Schuldner am wenigsten nachtheilig ist und den geringsten Betrag an Gebühren und Kosten verursacht.

Die Zwangsvollstreckung in körperliche Sachen erfolgt durch Pfändung, welche durch die städtischen Vollziehungsbeamten zu beschaffen ist, auf Grund eines von dem Magistrate auszufertigenden Pfändungsbefehls. Zur Pfändung von Forderungen und anderer Vermögensrechte des Schuldners ist nur dann zu schreiten, wenn es nach den angestellten Ermittelungen wenigstens wahrscheinlich ist, daß die zu pfändende Forderung wirklich zu Recht besteht, und wenn der Drittschuldner selbst zahlungsfähig ist. Die Pfändung erfolgt in der Art, daß der Magistrat durch schriftliche Verfügung dem Drittschuldner verbietet, an den Schuldner zu zahlen und an den Letzteren durch schriftliche Verfügung das Gebot erläßt, sich jeder Verfügung über die Forderung, insbesondere der Einziehung derselben zu enthalten, während die Thätigkeit der Vollziehungsbeamten nur insoweit in Anspruch genommen wird, als sie angewiesen werden, die solche gepfändete Forderung betreffenden Urkunden (Wechsel, durch Indossament übertragbare Papiere, Hypothekendocumente rc.) dem Schuldner abzunehmen und sich in den Besitz solcher Werthpapiere zu setzen.

b. Zwangsvollstreckung in das unbewegliche Vermögen. Dieselbe erfolgt auf Antrag des Magistrats als gerichtliche Zwangsvollstreckung; sie ist unbeschadet des Antrages auf hypothecarische Eintragung nur zulässig, sobald feststeht, daß durch Pfändung die Beitreibung der Geldbeträge nicht erfolgen kann. Das competente Amtsgericht hat dem Antrage statt zu geben, ohne daß seiner Beurtheilung und Prüfung die Vollstreckbarkeit der Forderung und die Zulässigkeit der Zwangsvollstreckung unterliegen.

c. Arrest. Derselbe ist zur Sicherung der Zwangsvollstreckung auch wegen einer im Verwaltungszwangsverfahren beizutreibenden Geldforderung zulässig. Die Vollziehung desselben erfolgt unter entsprechender Anwendung der Verordnung vom 7. September 1879.

Es muß hier schließlich noch darauf hingewiesen werden, daß diejenigen städtischen Vollziehungsbeamten, welche nicht eine besondere Dienstkleidung tragen, bei allen amtlichen Verrichtungen mit einem Dienstschilde versehen sein müssen, welches in der Mitte den Preußischen Adler enthalten und auf der linken Brustseite getragen werden soll.*) Versehentlich ist in dem vorgehenden § 102 eines solchen Amtszeichens keine Erwähnung geschehen.

§ 130. Die Gemeindedienste.

Dieselben kommen hier insofern in Betracht, als die Hand- und Spanndienste, zu deren Leistung die Gemeinde behufs Ausführung von Gemeindearbeiten in den geeigneten Fällen, jedoch mit Ausschluß der kunst- und handwerksmäßi-

*) Ausführungsanweisung vom 15. September 1879.

gen Arbeiten, durch Beschluß der Stadtverordnetenversammlung verpflichtet werden kann, in Geld abgeschätzt werden, und als deren Vertheilung auf die Gemeindeabgabenpflichtigen nach dem Maaßstabe der Gemeindeabgaben oder in deren Ermangelung nach dem Maaßstabe der direkten Steuern zu erfolgen hat. Die vorberegte Verpflichtung kann nur der Gemeinde, als Corporation, und nicht den einzelnen Gemeindeeinwohnern auferlegt werden;[1]) es bleibt der Gemeinde dagegen überlassen, die zu ihr gehörigen gemeindeabgabenpflichtigen Personen zu solchen Leistungen, welche nach dem obenberegten Maaßstabe auf Grund zuvoriger Abschätzung in Geld repartirt werden, heranzuziehen. Den Gemeindeabgabenpflichtigen ist es indeß gestattet, die so repartirten Dienste, abgesehen von Nothfällen, durch taugliche Stellvertreter abzuleisten oder den in obiger Weise festgestellten Werthbetrag an die Gemeindekasse zu bezahlen. Sollten Seitens der Gemeinde Abweichungen von der vorberegten Vertheilungsart beliebt werden, so ist dazu die Genehmigung des Bezirksausschusses in den Kreisordnungsprovinzen[2]) (bezw. der Regierung in den übrigen Provinzen) erforderlich. Die Forensen, juristischen Personen und Actiengesellschaften sind zu diesen Leistungen verpflichtet, jedoch nicht aus dem in dem M. R. vom 30. April 1866 (M. Bl. p. 164) angeführten Grunde, weil dieselben zu den nur aus den Einwohnern bestehenden Gemeinden gehören,[3]) sondern deshalb, weil sie zu den gemeindeabgabenpflichtigen Personen gehören, und die Heranziehung zu den Gemeindediensten der besprochenen Art nach dem Maaßstabe und den Grundsätzen der Gemeindeabgaben erfolgt. Befreit von diesen Hand- und Spanndiensten, sowie auch von den nachberegten Diensten sind:

---

[1]) M. R. vom 28. Mai 1850.

[2]) Zust. G. § 16, Abs. 3.

[3]) cfr. Bd. I § 18 p. 66.

a. Geistliche und Schullehrer, soweit die Dienste nicht auf den ihnen gehörigen Grundstücken lasten.[1])

b. Kirchendiener, soweit ihnen eine solche Befreiung zur Zeit der Verkündigung der Gemeindeordnung vom 11. März 1850 zustand.[2]) —

c. Beamte, soweit die Dienste nicht mit den ihnen gehörigen Grundstücken oder mit dem von ihnen betriebenen stehenden Gewerbe verbunden sind.[3])

d. Die Postillone nebst den Postpferden, welche vorschriftsmäßig zu halten sind, in Betreff der zu leistenden Spanndienste auf Grund des Postreichsgesetzes vom 28. October 1871 § 22 (R. G. Bl. p. 352).

Außer diesen vorberegten Hand- und Spanndiensten, welche einen steuerlichen Character an sich tragen, giebt es noch mehrere Arten von Diensten, für welche anderweitige Gesichtspunkte maßgebend sind, und zu deren Leistung theils die Gemeinde, als Corporation, theils die Gemeindemitglieder verpflichtet sind. Es sind dies:

I. **Die Bürgerwachdienste.** Die Cabinetsordre vom 7. April 1809 enthält die Bestimmung, daß in den Garnisonstädten der Soldat in jeder Woche nur einmal auf die Wache ziehen darf, und daß dort, wo das Militär zur Besetzung der für die öffentliche Sicherheit unumgänglich nothwendigen Posten nicht hinreicht, die Bürger des Orts zu den Wachdiensten herangezogen werden sollen. — cfr. M. R. vom 10. April 1809 (Ann. p. 678), vom 21. September 1829 (Ann. p. 589) und vom 5. März 1831 (Ann. p. 127).

Diese Bestimmung ist durch die Cabinetsordre vom 11. Juli 1829 auch auf die in den Freiheitskriegen wieder

---

[1]) cfr. Bd. I § 35 p. 143.

[2]) cfr. Bd. I § 35 p. 142.

[3]) cfr. Bd. I § 34 p. 139.

oder neuerworbenen Provinzen mit der Beschränkung ausgedehnt, daß die Bürger bei nur vorübergehender Abwesenheit der Garnison von der Besetzung der Ehrenposten sowie von der Bewachung der Fortificationsanstalten, der Militärgebäude, der Militärpulvermagazine, der Militärstrafanstalten und der Zuchthäuser befreit sein sollen.

II. **Die Nachtwachtdienste.** Wenn in einer Stadt die vorhandenen Nachtwächter zur Verhütung von Diebstahl und Feuersgefahr nicht ausreichen, so kann die Abhaltung von Nachtwachen und nächtlichen Patrouillen durch die Einwohner der Stadt von Seiten der städtischen Behörden auf Grund des M. R. vom 11. December 1833 (Ann. p. 1014) beschlossen werden.

III. **Die Dienste der Sicherheitsvereine.** Mit Rücksicht darauf, daß die Gemeinde für alle diejenigen Beschädigungen des Eigenthums oder Verletzungen von Personen, welche bei einer Zusammenrottung oder bei einem Zusammenlaufe von Menschen innerhalb ihres Bezirks durch offene Gewalt oder durch Anwendung der dagegen getroffenen gesetzlichen Maßregeln stattfinden, auf Grund des Gesetzes vom 11. März 1850 für den dadurch verursachten Schaden haften soll, ist auf den Antrag der Gemeinde mit Genehmigung der Regierungspräsidenten die Errichtung eines bewaffneten Sicherheitsvereins anzuordnen, falls nicht etwa ein allgemeines Gesetz über eine Gemeinde-, Bürger- oder Schutzwehr erlassen wird. Für die Bildung eines solchen Sicherheitsvereins, welcher aus zuverlässigen, wohlgesinnten und wehrhaften Einwohnern bestehen soll, sind die Bestimmungen des Publicandum vom 4. October 1830*) maßgebend. Die Cabinetsordre vom 1. October 1830 hatte bereits die Bildung solcher Sicherheitsvereine zum Zwecke der Erhaltung der öffentlichen Ruhe und

---

*) Ann. Bd. XIV p. 805.

des Schutzes von Eigenthum für die mit einer Garnison nicht belegten Städte für den Fall, wenn dort begründete Besorgnisse für die öffentliche Sicherheit eintreten, angeordnet. Vereine dieser Art, welche unter Leitung des Landraths in den zu einem Landkreise gehörigen Städten, bezw. der Ortspolizeibehörde in den zu solchem Kreise nicht gehörigen Städten stehen, dürfen nur an dem Orte der Gemeinde und nur während der Zeit des Bedürfnisses in Action treten.

Der Magistrat kann sich übrigens zum Zwecke der Hemmung von Excessen und Ruhestörungen in Maßgabe des M. R. vom 8. Januar 1844 (M. Bl. p. 285) der Mitwirkung etwa vorhandener Schützengilden bedienen.

§ 131. Die Verwaltungsthätigkeit des Magistrats bei der Veranlagung und Erhebung der direkten Staatssteuern.

In mehrfacher Beziehung wird die fortlaufende Thätigkeit des Magistrats bei der Veranlagung und Erhebung der direkten Staatssteuern in den Städten in Anspruch genommen — eine Thätigkeit, aus welcher zwischen dem Staatsfiscus und den Stadtgemeinden gegenseitige Verpflichtungen entstehen. Solche Thätigkeit gestaltet sich, ebenso wie die gegenseitigen Rechte und Pflichten, bei den einzelnen Staatssteuern in der verschiedensten Weise.

I. **Die Grundsteuer.** Die Veranlagung derselben fällt ausschließlich dem Staate und seinen Organen selbst zu, während die Erhebung derselben in den östlichen Provinzen Ostpreußen, Westpreußen, Pommern, Sachsen, Brandenburg mit Ausschluß der Stadt Berlin, Schlesien und Posen durch die Stadtgemeinde, beziehungsweise durch die von derselben bestellten Gemeindeeinnehmer erfolgt, falls nicht etwa von Seiten des Staats besondere Erhebungsbezirke angeordnet, und für dieselben eigene Erheber der Steuer bestellt werden. Es tritt hier die abweichende Erscheinung hervor, daß die Stadtgemeinde auf Erstattung der mit der Erhebung verbundenen Kosten oder auf eine sonstige Entschädigung gar keinen Anspruch wider den Staatsfiscus hat. In den übrigen Provinzen und in der Stadt Berlin wird die Grundsteuer durch die Königlichen Steuerkassen erhoben.

II. **Die Gebäudesteuer.** Wenn auch bei dieser die Veranlagung und die Kosten derselben im Allgemeinen dem Staate zufallen, so liegt doch den Stadtgemeinden die Pflicht ob, einzelne zur Ausführung der Veranlagung erforderlichen Vorarbeiten, zu welchen namentlich die Nachweisungen und Beschreibungen der innerhalb des Stadtbezirks belegenen Gebäude gehören, auf eigene Kosten zu beschaffen und in dem Falle, wenn diese Vorarbeiten nicht geschehen oder nicht rechtzeitig oder nicht genügend beschafft werden, dem Staate die durch eine anderweitige Anfertigung erwachsenden Kosten zu erstatten.

Die Erhebung dagegen ist in den obengenannten östlichen Provinzen mit Ausschluß der Stadt Berlin den Stadtgemeinden gegen die Vergütung einer Hebegebühr in der Höhe von drei Procent der zur Hebung gelangten Steuersumme zugewiesen, wogegen dieselben verpflichtet sind, alle mit der Erhebung verbundenen Kosten zu tragen, monatlich die Steuerbeträge, welche in den ersten acht Tagen jeden Monats beim Mangel anderweitiger Anordnungen zahlfällig sind, einzuziehen und die eingezahlte Summe fünf Tage vor dem Ablaufe eines jeden Monats an die Königlichen Kreissteuerkassen abzuliefern. In den übrigen Provinzen und in der Stadt Berlin wird die Erhebung durch die Königlichen Steuerkassen selbst besorgt.

III. **Die Gewerbesteuer für den stehenden Gewerbebetrieb.** Die Thätigkeit des Magistrats erstreckt sich hier auf

a. die Organisation des Veranlagungsgeschäfts. Es muß hier zunächst zum weiteren Verständniß hervorgehoben werden, daß die Handels- und Gewerbeklassen AI AII und C auf Grund gesetzlicher Bestimmung, die Klassen B und H dagegen nur auf zuvorige specielle Anordnung der Regierung unter sich besondere Steuergesellschaften bilden, und daß diese aus den Mitgliedern der betreffenden Klassen bestehen. Jede eine Steuergesellschaft bildende Steuerklasse wählt nun alle drei Jahre unter sich je sieben Gesellschaftsabgeordnete und ebensoviel Vertreter aus ihrer Mitte. Die Wahl derselben wird, abgesehen von der Klasse AI, von dem Magistrate in der ortsüblichen Weise rechtzeitig zusammenberufen und findet unter der Leitung eines Magistratsdeputirten statt.

b. Die Vorbereitung der Veranlagung, insbesondere die Aufstellung der namentlichen Nachweisungen. Die zu diesem Zwecke erforderlichen Arbeiten sind Seitens des Magistrats bis zum 1. Februar jeden Jahren zu beschaffen, jedoch mit Ausschluß der die Klasse AI und die vierte Abtheilung der übrigen Steuerklassen betreffenden Vorarbeiten.

c. Die Feststellung der Zahl der zu den Handelsklassen AI, AII und B gehörigen steuerpflichtigen Personen liegt, abgesehen von der Klasse AI, dem Magistrate ob, nachdem die Gesellschaftsabgeordneten zuvor gehört worden sind.

d. Die Veranlagung. Diese erfolgt alljährlich für die eine Steuergesellschaft bildende Klasse durch die gewählten Gesellschaftsabgeordneten, und zwar, abgesehen von der Klasse AI, unter Leitung eines Magistratsdeputirten, welchem indeß ein Stimmrecht nicht zusteht. Die Veranlagung der keine Steuergesellschaft bildenden Klassen wird dagegen ausschließlich von dem Magistrate nach zuvoriger gutachtlicher Aeußerung der von ihm zur Auskunft heranzuziehenden Gewerbetreibenden bewirkt. Der Magistrat, welcher im Uebrigen als Veranlagungsbehörde fungirt und überall dort, wo die Thätigkeit der Gesellschaftsabgeordneten ihren Abschluß findet, als Organ der Staatsgewalt die zur Abwickelung der Veranlagung erforderlichen Geschäfte zu besorgen hat, tritt insbesondere auch dort an die Stelle der Letzteren, wenn deren Wahl unterblieben ist oder die Vertheilung der Gewerbesteuer nicht erfolgt. Es muß jedoch darauf hingewiesen werden, daß als Veranlagungsbehörde ausnahmsweise für die Klasse AI die Regierung, für Berlin die Direction der Verwaltung der direkten Steuern und in den zur vierten Abtheilung*) gehörigen kleinen Städten der Landrath fungirt.

e. Benachrichtigung der Steuerpflichtigen. Sobald die Steuerrollen der Klassen AII, B, C, H und K von Seiten der Regierung geprüft und festgestellt worden sind, werden dieselben dem Magistrate zum Zwecke der Erhebung übermittelt. Letzterer hat sodann jedem Steuerpflichtigen von dem Betrage, welcher auf diesen entfällt, und von der Klasse, zu welcher er veranlagt ist, durch ein Benachrichtigungsschreiben oder durch Zustellung eines Steuerzettels, aus welchem die Höhe des Betrags und die Art der Klasse ersichtlich ist, Kenntniß zu geben.

f. Die Steuererhebung. Dieselbe erfolgt in den östlichen Provinzen mit Ausschluß der Stadt Berlin durch die von den Stadtgemeinden zu bestellenden Steuererheber, jedoch abgesehen von der Gewerbesteuer, welche zur Klasse AI an die Königliche Kreiskasse zu zahlen ist. Die Steuer, welche beim Mangel entgegenstehender Anordnungen überall pränumerando zu gleichen Monats-

---

*) cfr. oben § 121 sub III.

raten in den ersten acht Tagen jeden Monats zahlfällig ist, muß, soweit sie eingegangen ist, fünf Tage vor Ablauf desselben Monats an die Königlichen Kreiskassen abgeliefert werden. Letztere sind auch in den übrigen Provinzen sowie in der Stadt Berlin zur direkten Erhebung bestimmt.

Was die Veranlagungs- und Erhebungskosten anlangt, so fallen diese rücksichtlich der Klasse AI dem Staate, dagegen rücksichtlich der übrigen fünf Klassen in den östlichen Provinzen excl. Berlin den Stadtgemeinden gegen die Vergütung einer Hebegebühr in der Höhe von vier Procent der erhobenen Summe zu. In den Provinzen Westphalen, Hannover, Hessen-Nassau, Schleswig-Holstein und Rheinprovinz haben die Stadtgemeinden die Veranlagung gegen Vergütung von ein Procent der aufgekommenen Gesammtsteuer auf ihre Kosten zu beschaffen, während dort die mit der Erhebung verbundenen von der Staatskasse getragen werden. In der Stadt Berlin endlich übernimmt der Staat die gesammten Kosten der Veranlagung und der Erhebung aus dem Grunde, weil dort die Thätigkeit des Magistrats nicht in Anspruch genommen wird, die Ausführung beider Geschäfte vielmehr der Direction für die Verwaltung der direkten Steuern unmittelbar überwiesen ist.

IV. **Die Gewerbesteuer für den Gewerbebetrieb im Umherziehen.** Es findet in Bezug auf diese Steuer eine Heranziehuug der Gemeinden zu den Geschäften der Veranlagung und der Erhebung im Allgemeinen nicht statt. Nur in zwei Fällen ist es zulässig, den Stadtgemeinden ausnahmsweise die Einziehung eines Steuerbetrags zu überweisen, und zwar:

a. der von einem Ausländer beim Betreten des Inlandes zu entrichtenden Steuer in dem dazu geeigneten Falle zum Zwecke der Ablieferung an die Königliche Kreiskasse gegen die Vergütung von drei Procent der zur Auszahlung gelangten Summe, und

b. der Wanderlagergewerbesteuer ausnahmslos zur eigenen freien Verwendung ohne Anspruch auf jegliche Vergütung auf Grund des Gesetzes vom 27. Februar 1880 § 5.

V. Die Klassensteuer. Das Veranlagungsgeschäft ist ausschließlich dem Magistrate, als Organ der Staatsgewalt, gesetzlich überwiesen. Derselbe hat zu diesem Zwecke innerhalb der Gemeinde behufs Aufstellung der Klassensteuerrollen den Personenstand regelmäßig am 12. November, event. nicht früher als am 4. November und nicht später als den 25. November, in jedem Jahre für die Dauer des darauf folgenden Steuerjahrs, welches vom 1. April bis zum 31. März läuft, aufnehmen zu lassen. Diese Aufnahme hat sich auf alle steuerpflichtigen Personen, welche innerhalb des Stadtbezirks ihren Wohnsitz haben, ohne Unterschied des Einkommens und ohne Rücksicht, ob sie zur Klassen- oder zur klassificirten Einkommensteuer herangezogen werden müssen, zu erstrecken. Auf Grund des Personenstandsregisters werden demnächst von Seiten des Magistrats die Klassensteuerrollen aufgestellt, in welche die sämmtlichen steuerpflichtigen Haushaltungsvorstände und Einzelsteuernde namentlich unter Beifügung der Zahl der zu jedem Haushalte gehörigen Personen eingetragen, und in welchen die ermittelten, für die Höhe des Einkommens entscheidenden und für die Einschätzung maßgebenden Ergebnisse vermerkt werden. Die Einschätzung selbst erfolgt durch die von der Stadtverordnetenversammlung aus der Zahl der steuerpflichtigen Personen in der Regel alljährlich zu wählende Klassensteuer-Einschätzungscommission, welche unter dem Vorsitze eines mit Stimmrecht versehenen Magistratsdeputirten zusammentritt; es kann indeß auf geeigneten Antrag des Magistrats die Wahl solcher Commission auf zwei oder drei Jahre ausnahmsweise gestattet werden. Die demnächstige Feststellung der Steuerrollen ist der Regierung überlassen, welche bei einer intendirten Einschätzung einer klassensteuerpflichtigen Person zu einer höheren Klassensteuerstufe, als der vorgeschlagenen, die Commission nochmals zu hören angewiesen ist. Die definitiv festgestellte Klassensteuerrolle wird alsdann von Seiten des Magistrats in einem öffentlich bekannt zu machenden Locale innerhalb einer bestimmten Frist zur Einsicht offen gelegt und dadurch mit der Wirkung bekannt gemacht, daß die jedem Steuerpflichtigen zustehende Reclamationsfrist mit dem ersten Tage beginnt, welcher auf den letzten Tag der Offenlegung folgt. Außerdem wird jedem Steuerpflichtigen ein Steuerzettel behändigt, in welchem die Höhe des Jahressteuerbetrags und die betreffende Klassensteuerstufe vermerkt ist.

Die Erhebung der Klassensteuer erfolgt in den östlichen Provinzen mit Einschluß der Stadt Berlin durch die von den Stadtgemeinden zu bestellenden Gemeindeeinnehmer, jedoch mit Ausschluß der Steuern der beiden untersten, mit einem Einkommen von 900 Mark abschließenden Stufen, welche durch das Gesetz vom 26. März 1883 überhaupt von Zahlung befreit sind. Die Steuer, welche regelmäßig in gleichen Monatsraten pränumerando innerhalb der ersten acht Tage eines jeden Monats zahlfällig ist und nur ausnahmsweise auf Anordnung des Finanzministers vierteljährlich erhoben werden darf, muß in Ermangelung anderer Anordnungen spätestens fünf Tage vor Ablauf des Zahlungsmonats durch den Einnehmer an die Königliche Kreiskasse abgeführt werden, und zwar in der Soll-Höhe, wenn er nicht etwa den Ausfall, bezw. die fruchtlose Zwangsvollstreckung wegen nicht zur Hebung gelangter Steuerposten nachzuweisen vermag. Den Gemeinden wird als Aequivalent für die aufzuwendenden Kosten 6 Procent der wirklich aufkommenden Steuern Seitens des Staates vergütet. In den übrigen Provinzen (Westphalen, Schleswig-Holstein, Hannover, Hessen-Nassau und Rheinprovinz) dagegen, in welchen den Gemeinden nur die Veranlagung gegen eine Vergütung von 3 Procent der aufgekommenen

Steuern zufällt, sind die Königlichen Steuerkassen mit der Steuererhebung betraut. Mit Rücksicht darauf, daß die beiden untersten Stufen der Klassensteuer aufgehoben sind, die Veranlagung derselben aber trotzdem zu erfolgen hat, wird den Gemeinden für die Geschäfte der Veranlagung eine Gebühr von 3 Procent des betreffenden Veranlagungssolls gewährt.*)

VI. **Die classificirte Einkommensteuer.** Bei der Veranlagung dieser Steuer, welche von dem Vorsitzenden der Einschätzungscommission, dem Landrathe event. einer von der Regierung zu ernennenden Persönlichkeit, zu beschaffen ist, tritt der Magistrat nicht weiter in Action, als daß er auf etwaige Anfragen des Vorsitzenden der Einschätzungscommission die erforderte Auskunft zu ertheilen hat. Die Steuererhebung dagegen ruht in der Hand der Königlichen Kreiskassen, falls nicht etwa irgend eine andere Behörde Seitens des Ministers, wie z. B. in Berlin die Königliche Steuercasse, dazu bestimmt ist.

---

*) Ges. vom 26. März 1883 § 5.

V. Buch: Die Oberaufsicht des Staates über die Stadtverwaltung.

§ 132. Die Staatsaufsichtsbehörden.

Durch die Stein-Hardenberg'sche Gesetzgebung, welcher die durchgreifende Reform der städtischen Verfassung und Verwaltung zu verdanken ist, wurde auch das Verhältniß der Gemeinden zum Staate durch Feststellung des dem letzteren über die Verwaltung der Städte gebührenden Oberaufsichtsrechts neu geregelt. Danach wurde die Aufsicht des Staates in erster Instanz von der Regierung, in den höheren Instanzen von dem Oberpräsidenten und dem Minister des Innern ausgeübt. Dieser Grundsatz wurde auch in den Städteordnungen der östlichen Provinzen, der Rheinprovinz und der Provinz Westphalen festgehalten. In den zur Ausführung derselben erlassenen Instructionen vom 20. Juni 1853, bezw. vom 9. Mai 1856 und 18. Juni 1856 wurde insbesondere bestimmt, daß die Aufsicht des Staates, welche der Regierung und dem Oberpräsidenten zusteht, in Gemäßheit der Instructionen vom 23. October 1817 und vom 31. December 1825 (G. S. 1817 p. 248 und 1826 p. 1 und 5) gehandhabt werden solle. Die Instruction vom 23. October 1817 hat nämlich den Geschäftskreis der Regierung auf alle von den Ministerien abhängenden Gegenstände der inneren Landesverwaltung, welche überhaupt von einer Territorialbehörde verwaltet werden können und nicht etwa besonderen Verwaltungsbehörden ausdrücklich übertragen sind, erstreckt und speciell der früher bestandenen ersten Abtheilung der Regierung das gesammte Communalwesen, insoweit dem Staate eine Einmischung darüber vorbehalten ist, sowie überhaupt die Aufsicht über alle Corporationen, öffentliche Institute und Anstalten übertragen. Die Cabinetsordre vom 31. December 1825 hat sodann hinsichtlich der Regierungen die Bildung einer besonderen Abtheilung des Innern zugelassen und zugleich angeordnet, daß bei dieser die früher der ersten Regierungsabtheilung zugetheilten Gegenstände bearbeitet werden sollen. Durch die Instruction vom 31. December 1825 ist endlich den Oberpräsidenten die Entscheidung in allen Communalangelegenheiten überwiesen, sofern es nicht auf die Besetzung der Oberbürgermeisterstellen in den großen Städten oder auf die Frage ankommt, ob durch die von den Gemeinden beabsichtigte Aufbringungsweise der Gemeindebedürfnisse dem Steuerinteresse des Staates Nachtheil geschehe. Bei diesem Stande der Sache waren die Regierung, Abtheilung des Innern, sowie die derselben vorgesetzten Instanzbehörden nicht bloß für die eigentlichen Aufsichtsrechte, sondern auch für alle das Gemeindewesen betreffenden Angelegenheiten, insbesondere auch die streitigen Verwaltungssachen competent.

Diese Competenzverhältnisse sind nun durch das Landesverwaltungsgesetz vom 30. Juli 1883 und das Zuständigkeitsgesetz vom 1. August 1883 wesentlich modificirt, und zwar dadurch:

a. daß die Aufsicht des Staates in erster Instanz dem Regierungspräsidenten, in höherer und letzter Instanz dem Oberpräsidenten in dem § 7 des Zust. G. übertragen ist,

b. daß die Regierungs- und Oberpräsidenten innerhalb ihres Geschäftskreises selbstständig unter voller persönlicher Verantwortlichkeit handeln, jedoch in einer Reihe von Gemeindeangelegenheiten an die collegialische Mitwirkung des Bezirksausschusses und des Provinzialraths gebunden sind,

c. daß diejenigen Gemeindeangelegenheiten, welche sich ihrer Natur nach zu einer verwaltungsgerichtlichen Entscheidung eignen, als streitige Verwaltungssachen ausschließlich besonderen Verwaltungsgerichten, als welche in erster Instanz der Bezirksausschuß, in zweiter und letzter Instanz das Oberverwaltungsgericht fungiren, gesetzlich überwiesen sind, und

d. daß der Bezirksausschuß in erster Instanz und der Provinzialrath in zweiter Instanz berufen sind, über verschiedene Gemeindeangelegenheiten an Stelle der Aufsichtsbehörde zu beschließen,

e. daß für die Stadt Berlin an die Stelle des Regierungspräsidenten der Oberpräsident, an die Stelle des Oberpräsidenten der Minister des Innern, sowie daß in den Hohenzollern'schen Landen an die Stelle des Oberpräsidenten der Minister des Innern tritt.

Der Wirkungskreis des Regierungs- und des Oberpräsidenten ist also in einem sehr erheblichen Maaße durch die sub c und d beregte Abzweigung der den Verwaltungsgerichtsbehörden und den vorgenannten Beschlußbehörden zugetheilten Geschäfte beschränkt worden. Es wird sich deshalb zunächst die Begrenzung der letzteren vernothwendigen.

§ 133. Die Gemeindebeschlußsachen des Bezirksausschusses.

Dieselben sind in dem Zuständigkeitsgesetze vom 1. August 1883 festgesetzt. Der Bezirksausschuß hat danach an Stelle der Aufsichtsbehörde zu beschließen:

a. über die Veränderung der Grenzen der Stadtbezirke (§ 8);

b. über die in Folge einer Veränderung der Grenzen der Stadtbezirke nothwendig werdende Auseinandersetzung zwischen den betheiligten Gemeinden (für Berlin ist das Oberverwaltungsgericht zuständig). — cfr. § 8. —

c. über die vorläufige Festsetzung streitiger Grenzen (für Berlin ist der Oberpräsident zuständig). — cfr. § 9. —

d. über die Zahl der aus jeder einzelnen Ortschaft einer Stadtgemeinde zu wählenden Mitglieder der Gemeindevertretung (§ 12);

e. über die Vornahme außergewöhnlicher Ersatzwahlen zur Gemeindevertretung oder in den Gemeindevorstand (§ 12);

f. über die Versagung der Bestätigung von Wahlen der Magistratsmitglieder (§ 13);

g. über die Gültigkeit von Wahlen solcher Gemeindebeamten, welche der Bestätigung nicht bedürfen (§ 14);

h. über die in den Gemeindeverfassungsgesetzen der Aufsichtsbehörde vorbehaltene Bestätigung von Ortsstatuten und sonstigen die städtischen Gemeindeangelegenheiten betreffenden Gemeindebeschlüssen (§ 16);

i. über die zwischen dem Gemeindevorstande und der Gemeindevertretung, beziehungsweise dem Bürgermeister und dem collegialischen Gemeindevorstande entstehenden Meinungsverschiedenheiten, wenn von einem Theile auf Entscheidung angetragen wird und zugleich die Angelegenheit nicht auf sich beruhen bleiben kann. (In Berlin ist der Oberpräsident zuständig) — cfr. § 17 sub 1; —

k. an Stelle der Gemeindebehörde im Falle ihrer durch widersprechende Interessen herbeigeführten Beschlußunfähigkeit (§ 17 sub 2);

l. an Stelle der nach Maßgabe der Gemeindeverfassungsgesetze aufgelösten Gemeindevertretung. (In Berlin ist der Oberpräsident zuständig) — cfr. § 17 sub 3. —

m. über die Art der gerichtlichen Zwangsvollstreckung wegen Geldforderungen gegen Stadtgemeinden. (In Berlin ist der Oberpräsident zuständig). — cfr. § 17 sub 4. —

n. über die Feststellung und den Ersatz der Defecte der Gemeindebeamten nach Maßgabe der Verordnung vom 24. Januar 1844 (§ 17 sub 5);

o. über vorläufige Feststellung darüber, welcher Theil des Diensteinkommens im Falle des Streites über Pensionsansprüche als Gehalt anzusehen ist (§ 20).

Der Provinzialrath beschließt in Angelegenheiten der Stadtgemeinden nur in zweiter Instanz auf Beschwerden, welche gegen die Beschlüsse des Bezirksausschusses erhoben werden.

§ 134. Die Verwaltungsstreitsachen.

Die Verwaltungsgerichtsbarkeit ist, als ein abgesonderter Zweig der Verwaltung, im Anschluß an die Kreisordnung durch die neuen Reformverwaltungsgesetze besonderen Verwaltungsgerichten, und zwar rücksichtlich der bezüglichen Gegenstände der Städteordnungen in erster Instanz dem Bezirksausschusse und in zweiter Instanz dem Oberverwaltungsgerichte, übertragen. Der Zweck ist darauf gerichtet, die Entscheidung aller Streitigkeiten, welche über Ansprüche und Verbindlichkeiten aus dem öffentlichen Rechte entstehen, in einem dem Civilprozesse nachgebildeten Verfahren durch selbstständige Behörden, von denen das Oberverwaltungsgericht von der Verwaltung völlig getrennt ist, herbeizuführen, also die Verwaltungsrechtsprechung von der eigentlichen Verwaltung selbst zu trennen. In dem Zuständigkeitsgesetze vom 1. August 1883 sind nun die einzelnen Verwaltungsstreitsachen, für welche die Verwaltungsgerichtsbehörden als competent erachtet sind, näher bezeichnet. Es sind dies, soweit die Städteordnungen dadurch betroffen werden, folgende:

a. Streitigkeiten über die bestehenden Grenzen der Stadtbezirke (in Berlin ist das Oberverwaltungsgericht zuständig) cfr. § 9.

b. Klagen gegen Beschlüsse der Gemeindevertretung auf Beschwerden und Einsprüche, welche betreffen:

α. den Besitz oder Verlust des Bürgerrechts, insbesondere des Rechts zur Theilnahme an den Wahlen zur Gemeindevertretung, sowie des Rechts zur Bekleidung einer den Besitz des Bürgerrechts voraussetzenden Stelle in der Gemeindeverwaltung oder Gemeindevertretung,

β. die Verpflichtung zum Erwerbe oder zur Verleihung des Bürgerrechts, bezw. zur Zahlung von Bürgergewinngeldern (Ausfertigungsgebühren) und zur Leistung des Bürgereides,

γ. die Zugehörigkeit zu einer bestimmten Bürgerklasse,

δ. die Richtigkeit der Gemeindewählerliste. — cfr. § 10 und 11; —

c. Klagen gegen Beschlüsse der Gemeindevertretung, welche die Wahlen zur Gemeindevertretung betreffen. (§ 10 und 11).

d. Klagen gegen Beschlüsse der Gemeindevertretung, welche betreffen:

α. die Berechtigung zur Ablehnung oder Niederlegung von Aemtern und Stellen in der Gemeindeverwaltung und Gemeindevertretung,

β. die Nachtheile, welche gegen Mitglieder der Stadtgemeinde wegen Nichterfüllung der ihnen nach den Gemeindeverfassungsgesetzen obliegenden Pflichten zu verhängen sind,

γ. die Strafen, welche gegen Mitglieder der Gemeindevertretung wegen Zuwiderhandlungen gegen die

Geschäftsordnung nach Maßgabe der Gemeindeverfassungsgesetze zu verhängen sind. (§ 10 und 11).

e. Klagen gegen die Verfügung des Gemeindevorstandes, durch welche Beschlüsse der Gemeindevertretung oder des collegialischen Gemeindevorstandes, welche deren Befugnisse überschreiten oder die Gesetze verletzen, beanstandet werden. (In Berlin ist das Oberverwaltungsgericht zuständig). — cfr. § 15. —

f. Klagen gegen Beschlüsse des Gemeindevorstandes über Beschwerden und Einsprüche, welche betreffen:

   α. das Recht zur Mitbenutzung der öffentlichen Gemeindeanstalten, sowie zur Theilnahme an den Nutzungen und Erträgen des Gemeindevermögens,

   β. die Heranziehung oder die Veranlagung zu den Gemeindelasten. (§ 18).

g. Dienstvergehen der Bürgermeister, Beigeordneten, Magistratsmitglieder und sonstigen Gemeindebeamten. (§ 20).

h. Streitigkeiten über Pensionsansprüche der besoldeten Gemeindebeamten. (§ 20).

§ 135. Die aus dem Oberaufsichtsrechte fließenden Befugnisse des Regierungspräsidenten.

Solche Befugnisse sind weder in den Städteordnungen noch in den neuen Reformverwaltungsgesetzen ausreichend geregelt; es sind dort vielmehr nur beiläufig einige wichtige Aufsichtsrechte, z. B. das Beschlußbeanstandungsrecht und die Zwangsetatisirung, hervorgehoben. Jene Befugnisse ergeben sich indeß aus dem Zwecke, zu welchem die Oberaufsicht staatlicherseits ausgeübt wird und fallen mit den Rechten und Pflichten zusammen, welche den Regierungen in dem § 139 der revidirten Städteordnung vom 17. März 1831 zugewiesen, bezw. auferlegt worden sind. Man hat sich in praxi daran gewöhnt, das Aufsichtsrecht auf die in dem § 139 leg. cit. hervorgehobenen Rechte und Pflichten auszudehnen. Diese bestehen nun für den Regierungspräsidenten in Folgendem:

a. sich Ueberzeugung davon zu verschaffen, ob in jeder Stadt die Verwaltung nach den Gesetzen überhaupt, und nach der Städteordnung insbesondere eingerichtet ist. Er kann also Visitationen der Verwaltung vornehmen,[1] Auskunft und Rechenschaft von dem Magistrate verlangen, Acten und Berichte desselben einfordern, kurz alles vornehmen, was zur Erlangung der Ueberzeugung erforderlich erscheint;

b. dafür zu sorgen, daß die Verwaltung fortwährend in dem vorgeschriebenen Gange bleibe und angezeigte Störungen beseitigt werden. Er kann somit zu solchem Zwecke außergewöhnliche Kämmerei- und Gemeindecassenrevisionen vornehmen,[2] Gemeinderechnungen einfordern, die Wiederherstellung einer geregelten städtischen Verwaltung selbst durch Commissarien auf Kosten der Stadt bewirken lassen,[3] kurz Alles anordnen, welches die Förderung des Geschäftsganges und die Beseitigung eingetretener Störungen bezweckt;

c. die Beschwerden einzelner über die Verletzung der ihnen als Mitglieder der Gemeinde zustehenden Rechte zu untersuchen und zu entscheiden, abgesehen jedoch von den zur Competenz der Verwaltungsgerichtsbehörden verstellten oder auf einen speciellen privatrechtlichen Titel sich stützenden Beschwerden;[4]

---

[1]) M. R. vom 9. April 1842 (M. Bl. p. 107) und vom 7. Juli 1847 (M. Bl. p. 191).

[2]) M. R. vom 7. April 1842 (M. Bl. p. 182) und vom 18. August 1845 (M. Bl. p. 249).

[3]) M. R. vom 20. August 1840.

[4]) C. C. E. vom 7. Juni 1856.

d. die Stadtgemeinden zur Erfüllung ihrer Pflichten anzuhalten. Er kann deshalb z. B. die Gemeinden zur Anstellung von Prozessen behufs Reclamation vorschriftswidrig verkaufter Grundstücke anhalten,[1]) zur Abtragung ihrer Schulden nöthigen, und zu diesem Behufe die Aufstellung und Festhaltung eines Tilgungsplans veranlassen;[2])

e. in den Fällen zu entscheiden und einzugreifen, welche in den Städteordnungen dahin verwiesen sind. Es gehört hieher z. B.:

α. das Beschlußbeanstandungsrecht — cfr. § 138 —

β. die Zwangsetatisirung — cfr. § 139 —

γ. die Befugniß, auf Antrag der Stadtverordnetenversammlung einen Anwalt zur Führung eines Prozesses zu bestellen, welcher von Seiten der Stadtgemeinde gegen alle oder mehrere Magistratsmitglieder aus Veranlassung ihrer Amtsführung anhängig gemacht werden soll.[3])

Der Regierungspräsident muß diese Befugnisse selbst ausüben; es ist ihm indeß durch die zu den Städteordnungen erlassenen Ministerialinstructionen vom 20. Juni 1853 Art. XVI, vom 9. Mai 1856 und 18. Juni 1856, abgesehen jedoch von den seiner Entscheidung oder Genehmigung in den Städteordnungen ausdrücklich vorbehaltenen Gegenständen, gestattet, den Landräthen, als seinen beständigen Commissarien, nach Bedürfniß eine Mitwirkung bei Ausübung der Aufsicht über die Communalangelegenheiten derjenigen Städte, welche keinen eigenen Kreis bilden, aufzutragen. Falls eine dauernde Einrichtung in letzterer Beziehung von Seiten des Regierungs-

---

[1]) M. R. vom 18. März 1840.

[2]) M. R. vom vom 20. März 1831 (Ann. p. 102).

[3]) O. St. O. § 44, W. St. O. § 43.

präsidenten angestrebt wird, muß zuvor die Genehmigung des Ministers des Innern durch Vermittelung des Oberpräsidenten eingeholt.

Der Landrath ist übrigens rücksichtlich derjenigen Städte, welche nicht mehr als 10000 Einwohner zählen, auch in dem Falle, wenn ihm sonst eine regelmäßige Mitwirkung bei der Aufsicht über die städtischen Gemeindeangelegenheiten nicht besonders übertragen ist, als diejenige Behörde bestimmt, durch deren Vermittelung die Berichte der Magistrate der vorbezeichneten Städte an den Regierungspräsidenten, bezw. die Regierungen erstattet werden müssen. Der Landrath ist angewiesen, solche Berichte mit seinen etwaigen Bemerkungen zu versehen und demnächst weiter zu befördern.

Es muß schließlich hier noch darauf hingewiesen werden, daß die Polizeiaufsicht in allen denjenigen Städten, welche keine eigenen Kreise bilden, in erster Instanz nicht dem Regierungspräsidenten bezw. der Regierung, sondern auf Grund der Verordnung vom 30. April 1815 (G. S. p. 85) und insbesondere auf Grund der Kreisordnungen § 77 dem Landrathe zusteht, und zwar ohne Unterschied, ob solche Städte die Einwohnerzahl von 10 000 überschritten haben oder nicht.*)

§ 136. Der Instanzenzug.

Der Instanzenzug ist für die Gemeindeangelegenheiten ein verschiedener, je nachdem eine zur Competenz des Bezirksausschusses als Beschlußbehörde oder als Verwaltungsgerichtsbehörde oder des Regierungspräsidenten bezw. der Regierung als Aufsichtsbehörde zur Frage steht.

---

*) M. R. vom 15. März 1874 (M. Bl. p. 103).

I. **Die Beschlußsachen**, für welche der Bezirksausschuß als Beschlußbehörde an Stelle der Aufsichtsbehörde competent ist, können durch das Rechtsmittel der Beschwerde angefochten werden und führen an den Provinzialrath.

II. **Die Verwaltungsstreitsachen**, über welche der Bezirksausschuß als Verwaltungsgerichtsbehörde entschieden hat, gelangen im Instanzenwege an das Oberverwaltungsgericht, falls nicht in dem Zuständigkeitsgesetze bestimmt ist, daß die Entscheidung des Bezirksausschusses endgültig sein soll.

III. **Die übrigen Aufsichtssachen** gingen früher regelmäßig von der Regierung an den Oberpräsidenten und in letzter Instanz an den Minister des Innern. Das Beschwerderecht in Angelegenheiten der Stadtgemeinden ist jetzt dadurch, daß der Instanzenzug mit dem Oberpräsidenten abschließt, mehr beschränkt worden. Es bleibt jedoch bestehen die Befugniß des Ministers, innerhalb seiner Zuständigkeit Verfügungen und Anordnungen des Oberpräsidenten und des Regierungspräsidenten von Amtswegen oder auf erhobene Beschwerde außer Kraft zu setzen oder diese Behörden mit Anweisungen zu versehen. Diese Befugniß ist in dem § 50 des Landesverwaltungsgesetzes vom 30. Juli 1883 ausdrücklich aufrechterhalten. Es ist also nur formell die frühere Ministerialinstanz fortgefallen, da es den Gemeindemitgliedern in den geeigneten Fällen unverwehrt bleibt, in Gemeindeangelegenheiten die Hülfe des Ministers des Innern in Anspruch zu nehmen.

§ 137. Die Beschwerdefrist.

Die früher für alle Instanzen festgesetzte vierwöchentliche Frist ist hinsichtlich der bei den Aufsichtsbehörden in städtischen Gemeindeangelegenheiten anzubringenden Beschwerden in eine vierzehntägige durch den § 7 des Zuständigkeitsgesetzes vom

1. August 1883 umgewandelt worden. Es kann dieser Frist die Eigenschaft einer präclusivischen nicht zukommen, da die Aufsichtsbehörden verpflichtet sind, beständig das Communalwesen zu überwachen und auf begründete Beschwerden, welche an sie gelangen, ohne Rücksicht darauf, ob die obenberegte vierzehntägige Frist von Seiten des Beschwerdeführers innegehalten ist oder nicht, einzuschreiten. Der fraglichen Fristbestimmung ist somit keine weitere Bedeutung beizulegen, als daß der Beschwerdeführer im Falle einer unbegründeten Beschwerde die Ertheilung eines besonderen Bescheides nicht beanspruchen kann.

Dagegen sind die in dem Beschluß- und Verwaltungsstreitverfahren bestimmten Fristen präclusivisch, so daß die Versäumung der Frist den Verlust des verspätet eingereichten Rechtsmittels nach sich zieht. Diese Frist ist in dem Verwaltungs-Streitverfahren stets eine zweiwöchentliche, falls nicht etwa die Gesetze eine andere Zeitdauer ausdrücklich vorschreiben.

Es muß hier noch einer anderen Frist, welche für Reclamationen bei öffentlichen Abgaben angeordnet ist, gedacht werden. Auf Grund des Gesetzes vom 18. Juni 1840 § 3 belief sich früher die Frist in Communalsteuersachen, welche zur Erhebung des Recurses gegen einen die Reclamation zurückweisenden Bescheid in Communalsteuersachen freistand, auf sechs Wochen. Diese Frist kann in den Kreisordnungsprovinzen in Gemäßheit des Zuständigkeitsgesetzes vom 1. August 1883 deshalb nicht mehr zur Anwendung kommen, weil die Beschwerden und Einsprüche, welche die Heranziehung oder Veranlagung zu den städtischen Gemeindelasten betreffen, beim Magistrate anzubringen sind und der Beschluß des Magistrats nur im Verwaltungsstreitverfahren nur durch eine beim Bezirksausschusse binnen einer präclusivischen Frist von zwei Wochen zu erhebende Klage angefochten werden kann.

§ 138. Das Beschlußbeanstandungsrecht des Regierungspräsidenten.

Der Regierungspräsident war auf Grund der Städteordnungen[1]) ebenso befugt, als verpflichtet, den Magistrat zur vorläufigen Beanstandung der Ausführung solcher von den Stadtverordneten gefaßten Beschlüsse zu veranlassen, welche deren Befugnisse überschritten, gesetz- oder rechtswidrig waren, oder das Staatswohl verletzten. Diese Befugniß und Pflicht ist durch den § 15 des Zuständigkeitsgesetzes vom 1. August 1883 insofern eingeschränkt, als danach seiner Beanstandung nur noch solche Beschlüsse unterliegen, welche die Befugnisse der Stadtverordneten überschreiten oder die Gesetze verletzen, dagegen insofern erweitert, als der Regierungspräsident auch den Bürgermeister veranlassen kann, ebenso die Beschlüsse des collegialischen Magistrats, welche dessen Befugnisse überschreiten oder die Gesetze verletzen, zu beanstanden. Eine solche Beanstandung erfolgt in beiden Fällen, ohne Unterschied, ob die Beschlüsse bereits in der Ausführung begriffen sind oder nicht,[2]) mit aufschiebender Wirkung unter Angabe der Gründe,[3]) damit die Stadtverordneten bezw. der Magistrat in die Lage kommen, für ihre Klage, welche sie gegen den Beanstandungsbeschluß binnen zwei Wochen beim Bezirksausschusse (in Berlin beim Oberverwaltungsgerichte) erheben können, die erforderliche Grundlage zu gewinnen. Der Regierungspräsident ist berechtigt, von dem Magistrate die Einreichung von Abschriften der jedesmaligen Beschlüsse zu fordern.[4])

Der Beanstandung unterliegen jedoch nicht solche Beschlüsse, welche noch einer Bestätigung bedürfen. Es handelt

---

1) O. St. O. § 77, W. St. O. § 78.

2) O. V. G. Bd. VI p. 57.

3) cfr. Bd. I p. 305.

4) M. R. vom 23. August 1851.

sich bei diesen nur darum, ob solche Bestätigung zu versagen ist, weil der Beschluß ohne dieselbe nicht verbindlich und wirksam ist. Welche Beschlüsse die Befugniß überschreiten oder die Gesetze verletzen, wird auf Grund des einzelnen Falles der Prüfung zu unterziehen sein. So hat z. B. das Oberverwaltungsgericht (cfr. E. Bd. XIV p. 76) die Beschlüsse über Gewährung von Reisevergütigungen aus dem Kämmereivermögen an städtische Wahlmänner für die Wahl eines Landtagsabgeordneten als eine Verletzung der Gesetze und Ueberschreitung der Befugnisse der städtischen Behörden erachtet.

Was das Verwaltungsstreitverfahren anlangt, so können die Stadtverordneten und der collegialische Magistrat zur Wahrnehmung ihrer Rechte einen besonderen Vertreter bestellen.*) Das Verwaltungsgericht hat nach verhandelter Sache, bezw. auf Grund der Acten, ohne an die Ansicht der beanstandenden Behörde gebunden zu sein, die Frage zu prüfen, ob eine Ueberschreitung der Befugnisse bezw. Verletzung der Gesetze vorliegt oder nicht, und den Beschluß entweder im ersteren Falle aufzuheben, oder im letzteren Falle als zulässig zu erachten; es ist aber nicht berechtigt, den Beschluß zu modificiren oder so abzuändern, daß er nach seiner Ansicht keine Ueberschreitung oder Verletzung enthält.**)

§ 139. Die Zwangsetatisirung.

Es ist bereits in dem § 135 als ein allgemeines Recht des Regierungspräsidenten anerkannt, die Stadtgemeinden zur Erfüllung ihrer Pflichten anzuhalten. Es ist ihm zu diesem Zwecke ein besonderes Zwangsmittel für den Fall verliehen, wenn die Stadtgemeinde es unterläßt oder verweigert, die ihr ge-

*) Zust. G. § 21.
**) O. V. G. Bd. III p. 74.

setzlich obliegenden, von der Behörde innerhalb der Grenzen ihrer Zuständigkeit festgestellten Leistungen auf den Haushaltsetat zu bringen oder außerordentlich zu genehmigen. Dieses Zwangsmittel, welches sich früher auf den § 78 der Städteordnungen, jetzt auf den § 19 des Zuständigkeitsgesetzes vom 1. August 1883 stützt, besteht nun in der mit Gründen versehenen Verfügung des Regierungspräsidenten, durch welche die Eintragung einer Ausgabe in den Etat, bezw. die Feststellung einer außerordentlichen Ausgabe angeordnet wird. Wesentliche Voraussetzung dieses Zwangsrechts ist die Thatsache, daß eine der Stadtgemeinde gesetzlich obliegende Leistung von einer zuständigen Behörde innerhalb der Grenzen ihrer Zuständigkeit festgestellt ist. Fehlt diese Voraussetzung, so ist die Zwangsetatisirung unzulässig. Aus diesem Grunde hat das Oberverwaltungsgericht in dem Urtheile vom 2. October 1884 (Bd. XI p. 35) die Zwangsetatisirung von Kosten, welche durch die commissarische Verwaltung einer Bürgermeisterstelle bei Uebergehung des Beigeordneten entstanden waren, deshalb aufgehoben, weil die Stadtgemeinde zur Tragung solcher Kosten nicht verpflichtet ist. Welche der zuständigen Behörden die fragliche Leistung festgestellt hat, ist irrelevant; sie braucht nicht gerade die Aufsichtsbehörde selbst zu sein. Es ist deshalb auch in den M. R. vom 31. Januar 1835 (Ann. p. 154) und vom 28. Mai 1845 (M. Bl. p. 161) die Zwangsetatisirung für zulässig erklärt, wenn die Stadtgemeinde sich weigert, die erforderlichen Mittel zur Unterhaltung einer städtischen Schule zu bewilligen oder das von der Regierung, Abtheilung für Kirchen- und Schulwesen, für unzulänglich erklärte Gehalt eines städtischen Lehrers zu erhöhen. Vor Allem ist aber solches Zwangsmittel davon abhängig, daß die einzutragende Leistung eine solche ist, welche der Gemeinde gesetzlich obliegt. Es ist darunter eine solche Leistung zu verstehen, welche durch ein Gesetz angeordnet oder in Maßgabe eines Gesetzes von der zuständigen Behörde festzustellen ist. So ist z. B. in der Ministerialinstruction vom 20. Juni 1853 Art. X die Befugniß der Regierung, die Gehälter der städtischen Gemeindebeamten zu prüfen und nöthigenfalls auf einen angemessenen Betrag bringen zu lassen, unter Bezugnahme auf das in § 78 der O. St. O. gegebene Recht der Zwangsetatisirung anerkannt; ebenso in dem Urtheile des Oberverwaltungsgerichts vom 20. November 1886 (Bd. XIV p. 98) die Befugniß des Regierungspräsidenten, die sachlichen Kosten der Polizeiverwaltung zwangsweise in den Etat der Gemeinden zu bringen.

Daß das Zwangsmittel nur dann zur Anwendung zu bringen ist, wenn es sich um eine in öffentlich-rechtlichen Verhältnissen begründete Leistung handelt, bedarf nur der Hervorhebung, da alle aus privatrechtlichen Verpflichtungen originirenden Leistungen im Civilprozeßwege zu verfolgen sind. Ob eine solche Leistung Gegenstand eines Civilprozesses oder einer streitigen Verwaltungssache sein oder werden kann, ist ohne Einfluß, da die Zwangsetatisirung auch insbesondere den Zweck verfolgt, die der Gemeinde obliegende Leistung vorläufig vor der im Rechtswege oder im Verwaltungsstreitverfahren erfolgenden rechtskräftigen Entscheidung zu erwirken, wie z. B. bei Ansprüchen auf Zahlung des Diensteinkommens, der Pensionen 2c. Andererseits ist die Zwangsetatisirung überflüssig, wenn die Leistung bereits in einer rechtskräftigen oder doch vollstreckbaren Entscheidung festgestellt ist, da eine solche Leistung durch einen bezüglichen Antrag bei dem Bezirksausschusse, welchem die Beschlußfassung über die Art der gerichtlichen Zwangsvollstreckung gegen Gemeinden zusteht, in Bezug auf Beitreibung hinreichend gesichert ist.

Die von dem Regierungspräsidenten erlassene Verfügung kann von Seiten der Gemeinde durch eine beim Oberverwaltungsgerichte binnen zwei Wochen zu erhebende Klage angefochten werden. Als Prozeßparthei darf nur der Magistrat, nicht die Stadtverordnetenversammlung auftreten, weil nur der Erstere ausschließlich zur Vertretung der Gemeinde legitimirt ist. Das Oberverwaltungsgericht nimmt in dem Urtheile vom 2. Februar 1887 Veranlassung, darauf hinzuweisen, daß dieser vorberegten Auffassung der § 21 des Zust. G. nicht entgegensteht. Die zweiwöchige Frist läuft von dem Tage, an welchem die Zwangetatisirungsverfügung dem Magistrate zugestellt ist. Wird die von diesem Zustellungstage an zu berechnende Klagefrist versäumt, so zieht dies den Verlust des Klagerechts nach sich, und zwar ohne Rücksicht darauf, an welchem Tage die betreffende Verfügung der Stadtverordnetenversammlung zugegangen ist.*) Der Magistrat ist befugt, sich zur Wahrnehmung seiner Rechte einen besonderen Vertreter in dem Verwaltungsstreitverfahren zu bestellen.

§ 140. Die Ordnungsstrafgewalt der Aufsichtsbehörden.

Alle Communalbeamten, zu denen selbstverständlich die Mitglieder der Stadtverordnetenversammlung nicht gehören, unterliegen hinsichtlich der ihnen zur Last fallenden Dienstvergehen der Ordnungsstrafgewalt der Aufsichtsbehörden. Es kommen in dieser Beziehung im Allgemeinen auf Grund des L. V. G. vom 30. Juli 1883 § 157 sub 2 und des Zust. G. vom 1. August 1883 § 20 die Vorschriften des Disciplinargesetzes vom 21. Juli 1852 in Anwendung, jedoch mit folgenden Modificationen:

I. **Das Ordnungsstrafrecht der Bürgermeister.** Den Bürgermeistern steht in Gemäßheit des § 58 der Städteordnungen der sechs östlichen Provinzen und der Provinz Westphalen zur Erhaltung der nöthigen Disciplin das Recht zu

*) O. V. G. E. Bd. XIV p. 89.

den Gemeindeunterbeamten Geldbußen bis zu neun Mark und außerdem den unteren Beamten Arreststrafen bis zu drei Tagen aufzuerlegen. Sie sind ferner auf Grund des § 18 des Disciplinargesetzes vom 21. Juli 1852 befugt, auch den Mitgliedern des Magistrats Warnungen und Verweise zu ertheilen.

Gegen solche Strafverfügungen der Bürgermeister findet in den Kreisordnungsprovinzen innerhalb zwei Wochen die Beschwerde an den Regierungspräsidenten, und gegen den auf die Beschwerde ergehenden Beschluß des Letzteren die innerhalb zwei Wochen direct bei dem Oberverwaltungsgerichte zu erhebende Klage statt.*)

II. **Das Ordnungsstrafrecht der Regierungspräsidenten.** Es ist denselben in dem Zust.G. § 20 sub 1 das Recht zugesprochen, gegen die Bürgermeister, Beigeordneten und Magistratsmitglieder, sowie gegen alle sonstigen Gemeindebeamten an Stelle der Bezirksregierung und innerhalb des derselben früher zugestandenen Ordnungsstrafrechts Ordnungsstrafen festzusetzen. Sie sind demnach auf Grund des Disciplinargesetzes vom 21. Juli 1852 §§ 15, 18 und 19, in welchen jenes Ordnungsstrafrecht begrenzt ist, nur befugt, gegen die vorberegten Beamten Warnungen, Verweise, Geldbußen bis 90 Mark, bei besoldeten Beamten jedoch nicht über den Betrag eines einmonatlichen Diensteinkommens hinaus, sowie gegen die unteren Beamten Arreststrafen bis zu acht Tagen zu verfügen. Gegen solche Strafverfügungen der Regierungspräsidenten findet innerhalb zwei Wochen die Beschwerde an den vorgesetzten Oberpräsidenten und gegen den auf die Beschwerde ergehenden Beschluß des Letzteren die innerhalb zwei Wochen direct bei dem Oberverwaltungsgerichte zu erhebende Klage**)

---

*) Zust.G. § 20 sub 2 und L.V.G. § 63.
**) L.V.G. § 63 und Zust.G. § 20 sub 1.

statt. Eine Ausnahme hiervon ist nur für Berlin und die hohenzollernschen Lande festgesetzt, indem dort gegen die Strafverfügungen des Regierungspräsidenten innerhalb zwei Wochen unmittelbar die Klage bei dem Oberverwaltungsgerichte zugelassen ist.

III. **Der Bezirksausschuß als Disciplinarbehörde** Macht der Regierungspräsident von dem ihm zustehenden Ordnungsstrafrechte keinen Gebrauch, so tritt rücksichtlich der Dienstvergehen aller Communalbeamten auf erhobene Anklage der Bezirksausschuß als entscheidende Disciplinarbehörde auf. Für das betreffende Verfahren normiren die Vorschriften des Disciplinargesetzes vom 21. Juli 1852 bezw. des L.V.G. vom 30. Juli 1883, jedoch mit folgenden Modificationen. In dem auf Entfernung aus dem Amte gerichteten Verfahren wird die Einleitung desselben von dem Regierungspräsidenten bezw. dem Minister des Innern verfügt und von demselben der Untersuchungscommissar ernannt. Der Minister des Innern ist dann ermächtigt, mit Rücksicht auf den Ausfall der Voruntersuchung das fernere Verfahren einzustellen und geeigneten Falles nur eine Ordnungsstrafe zu verhängen. Ist aber der Regierungspräsident der Ansicht, daß das fernere Verfahren einzustellen sei, so muß er darüber an den Minister des Innern zu dessen Beschlußnahme berichten.*) Abgesehen von dieser Einstellung, wird in allen Disciplinarsachen, in welchen die Entscheidung des Bezirksausschusses angerufen werden soll, der Vertreter der Staatsanwaltschaft für das dort einzuleitende Verfahren von dem Regierungspräsidenten ernannt. Gegen das Urtheil des Bezirksausschusses steht sowohl der Staatsanwaltschaft, als dem Angeschuldigten die bei dem Bezirksausschusse binnen zwei Wochen anzubringende Berufung zu. Dieses Rechtsmittel führt die Sache an das Ober-ver-

*) Disciplinargesetz vom 21. Juli 1852 § 33.

waltungsgericht, als die zweite und letzte Instanz. In dem dort durchzuführenden Verfahren wird der Vertreter der Staatsanwaltschaft von dem Minister des Innern ernannt. Es muß hier auch darauf hingewiesen werden, daß in dem bezüglich der Entfernung aus dem Amte vorgesehenen Verfahren entstehenden Falls auch über die Thatsache der Dienstunfähigkeit der Bürgermeister, Beigeordneten, Magistratsmitglieder und sonstigen Gemeindebeamten Entscheidung zu treffen ist.

Gegen Mitglieder der Gemeindevertretung als solche kann unter keinen Umständen und in keiner Provinz ein Disciplinarverfahren stattfinden.*)

IV. Die Ordnungsstrafgewalt des Ministers des Innern. Derselbe ist auf Grund des § 19 des Disciplinargesetzes vom 21. Juli 1852, dessen Bestimmungen in dem L.V.G. vom 30. Juli 1883 § 158 sub 2 ausdrücklich aufrechterhalten sind, mit der Befugniß ausgestattet, allen ihm unmittelbar oder mittelbar untergebenen Beamten, und somit allen Communalbeamten, Geldbußen bis zum Betrage des einmonatlichen Diensteinkommens, unbesoldeten Beamten aber nur bis zur Summe von 90 Mark aufzuerlegen.

Da es zu weit führen würde, hier noch die das Disciplinarverfahren selbst betreffenden Specialbestimmungen eingehend zu erörtern, so soll in dieser Beziehung hiemit auf den vortrefflichen Commentar von F. Seydel zu dem Gesetze vom 21. Juli 1852 verwiesen sein.

---

*) Zust. G. vom 1. August 1883 § 20, Abs. 3.

Alphabetisches Register.

Die römischen Zahlen I und II verweisen auf Band I resp. II, die beigefügten arabischen Ziffern dagegen auf die Seitenzahl des betreffenden Bandes.

Druck von Greßner & Schramm in Leipzig.

FSC
www.fsc.org
MIX
Papier | Fördert
gute Waldnutzung
FSC® C083411

Kolibri 360 GmbH
Ferdinand-Jühlke-Straße 7
99095 Erfurt, Deutschland
produktsicherheit@kolibri360.de